JAN-ERIK BURCHARDI

Die Vereinbarkeit der europäischen Vorschriften zur Kennzeichnung gentechnisch veränderter Lebensmittel mit dem Welthandelsrecht

Rechtsfragen der Globalisierung

Herausgegeben von
Prof. Dr. Karl Albrecht Schachtschneider, Erlangen-Nürnberg

Band 14

Die Vereinbarkeit
der europäischen Vorschriften
zur Kennzeichnung gentechnisch
veränderter Lebensmittel
mit dem Welthandelsrecht

Von

Jan-Erik Burchardi

Duncker & Humblot · Berlin

Die Rechtswissenschaftliche Fakultät
der Albert-Ludwigs-Universität Freiburg hat diese Arbeit
im Jahre 2003 als Dissertation angenommen.

Bibliografische Information der Deutschen Nationalbibliothek

Die Deutsche Nationalbibliothek verzeichnet diese Publikation in
der Deutschen Nationalbibliografie; detaillierte bibliografische Daten
sind im Internet über http://dnb.d-nb.de abrufbar.

Alle Rechte vorbehalten
© 2007 Duncker & Humblot GmbH, Berlin
Fremddatenübernahme: Klaus-Dieter Voigt, Berlin
Druck: Berliner Buchdruckerei Union GmbH, Berlin
Printed in Germany

ISSN 1619-0890
ISBN 978-3-428-11738-3

Gedruckt auf alterungsbeständigem (säurefreiem) Papier
entsprechend ISO 9706 ♾

Internet: http://www.duncker-humblot.de

Meinen Eltern

Vorwort

Der Konflikt um die Gentechnik wird auf vielen Ebenen ausgetragen. Er betrifft die Anwendung von Gentechnik in Umwelt, Landwirtschaft und Lebensmitteln ebenso wie im Bereich der Arzneimittel. Ihr Einsatz ist dabei sowohl rechtlich als auch naturwissenschaftlich umstritten. Auch wird dieser Streit nicht nur auf nationaler, sondern auch auf europäischer und internationaler Ebene ausgetragen.

Letzteres gilt besonders für das im Mittelpunkt dieser Arbeit stehende Lebensmittel- und Umweltrecht, da diese Rechtsgebiete immer stärker europarechtlich oder international vorgeprägt sind. Ein weiterer Grund für die zunehmende Konfliktverlagerung in den europäischen und internationalen Bereich sind die Streitschlichtungsmöglichkeiten, die diese Ebenen bieten. Gerade die WTO entwickelt sich dabei zu einem der wesentlichen Akteure, deren Entscheidungen maßgeblichen Einfluss auf die nationale und europäische Rechtssetzung haben.

Einer der Hauptkonflikte im Bereich der Gentechnik betrifft die Frage der verpflichtenden Kennzeichnung gentechnisch veränderter Lebensmittel. Die in der EG bestehenden Regelungen sind seit Jahren Gegenstand eines Handelsstreits zwischen der EG und den USA als einer der maßgeblichen Exporteure von gentechnisch veränderten Produkten.

Die vorliegende Arbeit untersucht die europäischen Regelungen zur Kennzeichnung gentechnisch veränderter Lebensmittel auf ihre Vereinbarkeit mit dem Welthandelsrecht. Neben der Beantwortung dieser konkreten Rechtsfrage soll diese Arbeit auch einen Beitrag zu grundsätzlichen Auslegungs- und Anwendungsfragen von Lebensmittelrecht, Gentechnikrecht und Welthandelsrecht leisten. Sie wurde im Frühjahr 2003 abgeschlossen und von der Albert-Ludwigs-Universität zu Freiburg im Breisgau als Dissertation angenommen. Die Dissertation wurde mit dem Werner-von-Simson-Preis 2004 ausgezeichnet.

Dass die Veröffentlichung erst jetzt erfolgt, ist auch der Tatsache geschuldet, dass der Ausgang der ersten Entscheidung eines WTO-Panels zu Fragen der Gentechnik abgewartet werden sollte. Die Entscheidung *EC-Biotech* vom 29.9.2006 stellt sowohl vom Umfang als auch von der Bearbeitungsdauer eine außergewöhnliche Entscheidung dar. Für die mehr als 1000 Seiten lange Entscheidung brauchte das WTO-Panel statt der vorgesehenen 6 Monate 3 Jahre. Die Ergebnisse dieser Entscheidung, die die vorliegend vertretenen Thesen in weitem Umfang stützen, sind am Ende der Arbeit im Ausblick dargestellt.

Rechtsentwicklung und ausgewählte Literatur wurde bis Mai 2007 in den Fußnoten und im Ausblick berücksichtigt.

Am Gelingen dieser Arbeit haben viele Menschen einen Anteil gehabt. An erster Stelle gilt mein herzlicher Dank meinem Doktorvater Herrn Professor Dr. Rainer Wahl, der mit seiner Aufgeschlossenheit neuen Rechtsthemen gegenüber und seinem Interesse am Gentechnikrecht meinen weiteren Berufsweg entscheidend geprägt hat. Ebenso gebührt mein herzlicher Dank Herrn Professor Dr. Dietrich Murswiek, nicht zuletzt für die zügige Erstellung des Zweitgutachtens. Für das Promotionsstipendium bedanke ich mich bei der Landesgraduiertenförderung Baden-Württemberg und für die finanzielle Unterstützung bei der Veröffentlichung bei der Wissenschaftlichen Gesellschaft in Freiburg im Breisgau.

Danken möchte ich darüber hinaus den Menschen, die diese Arbeit in fachlicher und persönlicher Hinsicht unterstützt haben. Dazu gehört in erster Linie Dr. Detlef Groß, der mit seinem Fachwissen zum Novel Food Recht ein wichtiger Wegbereiter dieser Arbeit war und der bei schwierigen Fragen mit Sachverstand und Feingefühl zur Stelle war. Gleiches gilt für Prof. Dr. Ivo Appel, dessen fachlicher und persönlicher Rat immer eine große Unterstützung bedeutete. Die Arbeit in ihrer jetzigen Form wäre auch nicht möglich gewesen ohne die Hilfe von Tobias Kunzmann, Judith Ottmann und Dr. Ivo Gross, deren unerbittliches, aber stets zutreffendes Urteil wesentlich zur Straffung der Arbeit beigetragen hat. Außerdem schulde ich Dank und Pflege meiner *Ctenanthe Oppenheimiana* für ihre ungebrochene moralische Unterstützung.

Hervorzuheben ist jedoch vor allem anderen die unschätzbare, liebevolle Unterstützung, die ich während der ganzen Zeit von Dr. Vera Hinkelmann erfahren durfte. Ihr gilt von ganzem Herzen mein Dank, ebenso wie meinen Eltern, die diese Arbeit ermöglicht und stets interessiert begleitet haben. Ihnen ist sie gewidmet.

Seit 2005 arbeite ich in der Abteilung Gentechnik des Bundesamtes für Verbraucherschutz und Lebensmittelsicherheit (BVL). Die in dieser Arbeit vertretenen Argumente und Schlussfolgerungen stellen jedoch meine persönliche Rechtsauffassung dar und müssen nicht mit denen des BVL übereinstimmen.

Berlin, im Mai 2007   *Jan-Erik Burchardi*

Inhaltsverzeichnis

§ 1	Einleitung	19
I.	Ausgangslage: Einsatz der Gentechnik in der Lebensmittelproduktion	19
	1. Die Bedeutung der Gentechnik für die Lebensmittelproduktion	19
	2. Vorteile und Gefahren der Gentechnik	22
	a) Vorteile der Gentechnik	22
	b) Gefahren der Gentechnik	24
	3. Wissenschaftliche Erkenntnisse über Risiken der Gentechnik	27
	4. Verbraucherreaktionen	28
	5. Hauptstreitpunkt Kennzeichnung	30
	a) Systemunterschiede zwischen der Lebensmittelkennzeichnung in den USA und in der EG	31
	b) Hintergründe der unterschiedlichen Haltungen zum Einsatz der Gentechnik im Lebensmittelsektor	35
	c) Technische Probleme der Kennzeichnungspflicht	37
	d) Wirtschaftliche Konsequenzen der Kennzeichnungspflicht	38
	6. Die WTO als Forum eines Streits zwischen den USA und der EG	40
II.	Gang der Untersuchung und Eingrenzung der Thematik	42
	1. Grundlegende Fragestellungen der Untersuchung	42
	2. Gang der Untersuchung im Einzelnen	44
	3. Aus der Untersuchung ausgeklammerte Fragestellungen und Materien	47

1. Teil

Die Bedeutung der Kennzeichnung im Spiegel der Entwicklung des Lebensmittelrechts   51

§ 2	Die Kennzeichnung im europäischen Lebensmittelrecht	51
I.	Die Entwicklung des europäischen Lebensmittelrechts und seiner Ziele	51
	1. Einleitung	51
	2. Die geschichtliche Entwicklung des europäischen Lebensmittelrechts	51
	3. Gesundheitsschutz	55
	4. Täuschungsschutz	60

		a) Prinzip der gegenseitigen Anerkennung	60
		b) EuGH-Rechtsprechung zu Verbraucherschutz und -leitbild	63
	5.	Vom Täuschungsschutz zur allgemeinen Information des Verbrauchers	67
	6.	Funktionen der Verbraucherinformation über Lebensmittel	74
		a) Binnenmarktpolitische Bedeutung der Verbraucherinformation	75
		b) Wettbewerbssichernde Bedeutung der Verbraucherinformation	77
		c) Sozialpolitische Bedeutung der Verbraucherinformation	77
	7.	Der Bedeutungswandel der Verbraucherinformation unter Berücksichtigung der allgemeinen Binnenmarktentwicklung	79
II.	Vermittlung von Information durch die Lebensmittelkennzeichnung und deren Rezeption		85
	1.	Die Informationsvermittlung durch die RL 2000/13/EG	85
		a) Vermittlung von Information durch die Verkehrsbezeichnung und das Zutatenverzeichnis	85
		b) Die Art und Weise der Informationsvermittlung	88
	2.	Rezeption der Information durch den Verbraucher	89
III.	Ergebnis		92

§ 3 Einfluss der Risiko- und Vorsorgelehre auf die Bedeutung von Information und Kennzeichnung im Lebensmittelrecht 93

I.	Risiko und Vorsorge im Lebensmittelrecht		93
	1.	Einleitung	93
	2.	Risiko und Risikovorsorge	93
	3.	Instrumente der Risikosteuerung	98
		a) Allgemeine Elemente der Risikosteuerung	99
		b) Vermittlung von Risikoinformationen in Form einer Kennzeichnung als Bestandteil der Risikosteuerung	106
	4.	Einwirkung der Risiko- und Vorsorgelehre auf das Lebensmittelrecht	109
		a) Rezeption der Risiko- und Vorsorgelehre im Lebensmittelrecht	109
		b) Lebensmittelkennzeichnung als Bestandteil der Risikosteuerung	112
	5.	Doppelfunktionalität der Kennzeichnung im Lebensmittelrecht	114
II.	Bestimmung des Kennzeichnungszwecks im Lebensmittelrecht		115
	1.	Notwendigkeit einer Abgrenzung zwischen den Kennzeichnungszwecken	115
	2.	Zuordnungen zu den Kennzeichnungszwecken in der Literatur	117
		a) Kennzeichnung zur Verbraucherinformation	117
		b) Kennzeichnung zur Gesundheits- und Risikoinformation	118
	3.	Die Zuordnung von Kennzeichnungen zur allgemeinen Verbraucherinformation oder zur Gesundheits- und Risikoinformation	119

Inhaltsverzeichnis 11

    a) Zuordnung nach der objektiven Bedeutung der Kennzeichnung .. 119
    b) Zuordnung gemäß der Rezeption durch die Verbraucher 120
    c) Zuordnung nach dem objektivierten Normzweck 122
   4. Indizien für die Zuordnung der Kennzeichnung nach dem
    objektivierten Normzweck 122
    a) Entstehungsgeschichte und Erwägungsgründe 122
    b) Vorliegen einer Risikobewertung 123
    c) Art und Weise der Kennzeichnung 124
   5. Ergebnis 125

2. Teil

Kennzeichnungsvorschriften für gentechnisch veränderte Lebensmittel nach europäischem Recht   127

§ 4 Die Novel Food-Verordnung 127
 I. Intention des Normgebers bezüglich der Kennzeichnung in der NFVO 127
  1. Einleitung 127
  2. Die Kennzeichnung als zentrale Streitfrage der Entstehungsgeschichte 128
   a) Erste Regelungsansätze 128
   b) Kommissionsentwurf von 1992 129
   c) Stellungnahme des Wirtschafts- und Sozialausschusses (WSA) . 131
   d) Stellungnahme des Europäischen Parlaments 132
   e) Geänderter Kommissionsvorschlag von 1994 133
   f) Gemeinsamer Standpunkt des Rates 134
   g) Zweite Lesung des Parlaments 136
   h) Vermittlungsverfahren 138
   i) Fazit aus der Entstehungsgeschichte der NFVO 139
  3. Zielsetzung der Novel Food-Verordnung 139
 II. Umsetzung der Intention bezüglich der Kennzeichnung in der NFVO ... 143
  1. Anwendungsbereich in Bezug auf gentechnisch veränderte
   Lebensmittel 143
  2. Kennzeichnung von Novel Food nach Art. 8 NFVO 146
   a) Einführung 146
   b) Art. 8 Abs. 1 lit. a) 148
   c) Art. 8 Abs. 1 lit. b) 156
   d) Art. 8 Abs. 1 lit. c) 159
   e) Art. 8 Abs. 1 lit. d) 161
   f) Zwischenergebnis 163

Inhaltsverzeichnis

      3. Reichweite der Kennzeichnungsregelung und Verhältnis zur Zulassung 164
         a) Die Kennzeichnung im Verhältnis zu den Zulassungsverfahren . 164
         b) Reichweite der Kennzeichnungspflicht 169
      4. Art und Weise der Kennzeichnung 171
         a) Allgemeine Kennzeichnungsanforderungen 171
         b) Möglichkeit einer „Kann-Enthalten"-Kennzeichnung 174
         c) Möglichkeit einer Negativkennzeichnung 177
      5. Zusammenfassung 177

§ 5 Verordnung (EG) 1139/98, geändert durch Verordnung (EG) 49/2000 .. 179
   I. Die Verordnung (EG) 1139/98 179
      1. Einleitung 179
      2. Entstehungsgeschichte und Regelungsziele der VO 1139/98 179
      3. Anwendungsbereich der Verordnung 181
      4. Kennzeichnungsregelung 182
         a) Umfang der Kennzeichnungsregelung 182
         b) Art und Weise der Kennzeichnung 184
   II. Die Verordnung (EG) 49/2000 186
      1. Regelungsziele und Anwendungsbereich der Verordnung 186
      2. Kennzeichnungsregelung 187
         a) Neufassung der Ausnahmen von der Kennzeichnungspflicht 187
         b) Art. 2 Abs. 2 lit. a) 187
         c) Art. 2 Abs. 2 lit. b) 188
      3. Ergebnis 193

§ 6 Verordnung (EG) 50/2000 194
   I. Regelungsziele und Anwendungsbereich der Verordnung (EG) 50/2000 194
   II. Kennzeichnungsregelung 197
      1. Inhalt der Kennzeichnungspflicht 197
      2. Art und Weise der Kennzeichnung 198
   III. Ergebnis 199

§ 7 Freisetzungsrichtlinie 2001/18/EG 201
   I. Einleitung 201
   II. Regelungsinhalt der Freisetzungsrichtlinie 2001/18/EG 201
      1. Hintergründe und Entstehung der novellierten Freisetzungsrichtlinie 201
      2. Regelungsziele der Freisetzungsrichtlinie 203
      3. Anwendungsbereich der Freisetzungsrichtlinie 205
      4. Überblick über das Genehmigungsverfahren 206
   III. Die Kennzeichnung und ihre Funktion in der Freisetzungsrichtlinie ... 209

	1. Einleitung 209
	2. Entwicklung der Kennzeichnung in der Freisetzungsrichtlinie 209
	3. Die Kennzeichnung von GVO nach der Freisetzungsrichtlinie 214
	a) Die Kennzeichnung von GVO 214
	b) Ausnahmen von einer verpflichtenden Kennzeichnung 215
	4. Zuordnung der Kennzeichnung zur Risiko- oder Verbraucherinformation 217
	a) Vorliegen einer Risikobewertung 217
	b) Erwägungsgründe 219
	c) Art und Weise der Kennzeichnung 219
	5. Ergebnis 220

§ 8 **Zusammenfassung des zweiten Teils** 221

3. Teil

**Vereinbarkeit der Kennzeichnungsvorschriften
für gentechnisch veränderte Lebensmittel mit den WTO-Regeln**   223

§ 9   **Die WTO** 223
      I. Einleitung 223
     II. Überblick über die WTO und ihre Übereinkommen 223
          1. Institutionelle und verfahrensrechtliche Reformen durch das WTO-Übereinkommen 224
          2. Inhaltliche Ausweitung durch das WTO-Übereinkommen 226
     III. Grundlagen der Überprüfung der Kennzeichnungspflicht für gentechnisch veränderte Lebensmittel durch die WTO 229
          1. Politische Hintergründe eines möglichen WTO-Verfahrens 229
          2. Eingrenzung der Untersuchung in Bezug auf die zu prüfende Kennzeichnung 230
          3. Eingrenzung der Untersuchung in Bezug auf die zu prüfenden WTO-Übereinkommen 232
             a) Die einschlägigen Übereinkommen im Verhältnis zueinander ... 232
             b) Das Verhältnis von GATT und SPS 234
             c) Das Verhältnis von GATT und TBT 236
          4. Folgen eines eventuellen Verstoßes gegen das WTO-Übereinkommen 239
          5. Ergebnis 242

§ 10 **Vereinbarkeit mit dem SPS-Übereinkommen** 243
      I. Einführung 243
          1. Anwendungsbereich des SPS-Übereinkommens 243
             a) Vorliegen eines sanitären Zwecks der Maßnahme 245

14　Inhaltsverzeichnis

    b) Direkte oder indirekte Beeinträchtigung des Welthandels 248
  2. Überblick über das SPS-Übereinkommen 250
    a) Überblick über die anwendbaren Vorschriften 250
    b) Die Verteilung der Beweislast 251
 II. Vereinbarkeit der Kennzeichnungsvorschriften mit SPS im Einzelnen .. 253
  1. Wissenschaftliche Begründetheit der Maßnahme 253
    a) Vorliegen einer ausreichenden Risikobewertung 253
    b) Das Beruhen der Maßnahmen auf einer Risikobewertung 258
    c) Anwendung auf die europäischen Kennzeichnungsvorschriften .. 262
    d) Ausnahme vom Erfordernis der Wissenschaftlichkeit 266
  2. Minimierung negativer Handelsauswirkungen 269
    a) Kontrolle des Schutzniveaus (Art. 5 Abs. 4 SPS) 269
    b) Kontrolle der Maßnahme an sich (Art. 5 Abs. 6 SPS) 270
    c) Anwendung auf die europäischen Kennzeichnungsvorschriften .. 272
  3. Verbot von Diskriminierung und verschleierten Handels-
    beschränkungen 276
    a) Verbot von Diskriminierung und verschleierten Handels-
     beschränkungen bei der Wahl des Schutzniveaus (Art. 5 Abs. 5) 277
    b) Verbot von Diskriminierung und verschleierten Handels-
     beschränkungen durch die Maßnahmen an sich (Art. 2 Abs. 3) . 281
    c) Anwendung auf die europäischen Kennzeichnungsvorschriften .. 282
  4. Gleichwertigkeit anderer Schutzmaßnahmen 284
  5. Harmonisierung mit internationalen Standards 285
    a) Überblick über die Systematik des Art. 3 Abs. 1–3 SPS 285
    b) Vorliegen von internationalen Normen 288
    c) Anwendung auf die europäischen Kennzeichnungsvorschriften .. 291
 III. Einwirkungen des Völkerrechts auf das SPS-Übereinkommen 295
  1. Einfluss des Vorsorgeprinzips auf die Beurteilung der europäischen
    Kennzeichnungsvorschriften durch die WTO 295
    a) Das allgemeine Völkerrecht in der Streitschlichtung der WTO .. 295
    b) Einwirkung des Vorsorgeprinzips auf das SPS-Übereinkommen .. 298
  2. Besondere völkerrechtliche Instrumente: Das Protokoll von
    Cartagena 303
    a) Bedeutung des CPB für die Beurteilung der europäischen
     Kennzeichnungsvorschriften unter SPS 304
    b) Verhältnis zwischen CPB und SPS 310
  3. Zwischenergebnis 318
 IV. Ergebnis und Gesamtwürdigung des SPS-Übereinkommens 318

§ 11 **Vereinbarkeit mit dem TBT-Übereinkommen** 322
 I. Einführung 322
  1. Anwendbarkeit des TBT-Übereinkommens 322

a) Anwendungsbereich des TBT nach Ansicht der Literatur 323
b) Anwendungsbereich des TBT in der Streitschlichtungspraxis ... 326
c) Anwendbarkeit auf die europäischen Kennzeichnungsregeln 327
2. Überblick über das TBT-Übereinkommen 329
II. Vereinbarkeit der Kennzeichnungsvorschriften mit TBT im Einzelnen .. 331
1. Diskriminierungsverbot zwischen gleichartigen Produkten
(Art. 2.1 TBT) 331
a) Gleichartigkeit unter GATT 332
b) Bedeutung der Gleichartigkeit für das Diskriminierungsverbot .. 335
c) Die Gleichartigkeit unter TBT 340
d) Anwendung auf die europäischen Kennzeichnungsvorschriften .. 341
2. Minimierung negativer Handelsauswirkungen (Art. 2.2 TBT) 347
a) Systematik von Art. 2.2 TBT 347
b) Anwendung auf die europäischen Kennzeichnungsvorschriften .. 351
3. Harmonisierung mit internationalen Standards (Art. 2.4–2.6 TBT) ... 358
a) Überblick über Art. 2.4–2.6 TBT 358
b) Anwendung auf die europäischen Kennzeichnungsvorschriften .. 361
4. Gegenseitige Anerkennung (Art. 2.7 TBT) 365
5. Inhaltliche Anforderungen an technische Vorschriften
(Art. 2.8 TBT) 366
6. Notifizierung (Art. 2.9–2.12 TBT) 366
7. Zwischenergebnis 368
III. Einwirkungen des Völkerrechts auf das TBT 368
IV. Ergebnis und Gesamtwürdigung des TBT-Übereinkommens 369

§ 12 **Zusammenfassung und Ausblick** 373
I. Zusammenfassung 373
1. Die Bedeutung der Kennzeichnung im Spiegel der Entwicklung des
Lebensmittelrechts 373
2. Kennzeichnungsvorschriften für gentechnisch veränderte
Lebensmittel nach europäischem Recht 375
3. Die Vereinbarkeit der Kennzeichnungsregelungen für gentechnisch
veränderte Lebensmittel mit den WTO-Vorschriften 377
II. Ausblick 380
1. Verordnungen zur Kennzeichnung gentechnisch veränderter
Lebensmittel 382
a) Die Novel Food und Feed Verordnung (NFFVO) 382
b) Verordnung über die Rückverfolgbarkeit von GVO und
gentechnisch veränderten Lebens- und Futtermitteln 386
2. Zu erwartende Konflikte mit dem Welthandelsrecht 389
3. Die Panelentscheidung in EC-Biotech 394
III. Fazit 398

Inhaltsverzeichnis

Anhang 401

Verordnung (EG) Nr. 258/97 des Europäischen Parlaments und des Rates 401

Verordnung (EG) Nr. 1139/98 des Rates, geändert durch Verordnung (EG) Nr. 49/2000 der Kommission 403

Verordnung (EG) Nr. 50/2000 der Kommission 405

Richtlinie 2001/18/EG des Europäischen Parlaments und des Rates 407

Verordnung (EG) Nr. 1829/2003 des Europäischen Parlaments und des Rates ... 409

Verordnung (EG) Nr. 1830/2003 des Europäischen Parlaments und des Rates ... 411

WTO-Übereinkommen: Anhang 1A 414

Übereinkommen über die Anwendung gesundheitspolizeilicher und pflanzenschutzrechtlicher Maßnahmen 415

Übereinkommen über technische Handelshemmnisse 422

Protokoll von Cartagena über die biologische Sicherheit 427

Literaturverzeichnis 429

Sachwortverzeichnis 455

Abkürzungsverzeichnis

A. A.	anderer Ansicht, anderer Auffassung
AB	Appellate Body – Ständiges Berufungsgremium der WTO
ABl.	Amtsblatt der Europäischen Gemeinschaften
a. E.	am Ende
a. F.	alte Fassung
Alt.	Alternative
Art.	Artikel
Bd.	Band
BGBl.	Bundesgesetzblatt
CAK	Codex Alimentarius Kommission
CPB	Cartagena Protokoll über die biologische Sicherheit
ders.	derselbe
dies.	dieselbe(n)
DNA	desoxyribonucleic acid
DNS	Desoxyribonucleinsäure
Dok.	Dokument
DSU	Dispute Settlement Understanding – Vereinbarung über Regeln und Verfahren zur Beilegung von Streitigkeiten
EGV	Vertrag zur Gründung der Europäischen Gemeinschaft
EP	Europäisches Parlament
Erwg.	Erwägungsgrund
EWGV	Vertrag zur Gründung der Europäischen Wirtschaftsgemeinschaft
f./ff.	folgende/fortfolgende Seite(n)
FAO	Food and Agriculture Organisation of the UN – Organisation der Vereinten Nationen für Ernährung und Landwirtschaft
FDA	Food and Drug Administration
Fn.	Fußnote(n)
GATT	General Agreement on Tariffs and Trade – Allgemeines Zoll- und Handelsabkommen
GMO	Genetically Modified Organism – GVO
GVO	Genetisch veränderter Organismus bzw. gentechnisch veränderter Organismus
HS.	Halbsatz
i. e.	*id est*
i. E.	im Ergebnis
iSd.	im Sinne des
iSv.	im Sinne von
ITO	International Trade Organization (geplanter Vorläufer der WTO)

iVm.	in Verbindung mit
KBV	Konvention über die Biologische Vielfalt
lit.	*litera*/Buchstabe
LMBG	Lebensmittel- und Bedarfsgegenständegesetz
LMKV	Lebensmittelkennzeichnungsverordnung
LMO	Living Modified Organisms – lebende gentechnisch veränderte Organismen
LMO-FFP	LMO zur direkten Verwendung als Lebensmittel, Futtermittel oder zur Weiterverarbeitung
m.A.	meiner Ansicht nach
m.E.	meiner Einschätzung nach
MEA	Multilateral Environmental Agreements – Multilaterale Umweltabkommen
m.w.N.	mit weiteren Nachweisen
n.F.	neue Fassung
NFFVO	Novel Food und Feed Verordnung
NFVO	Novel Food Verordnung
NPR-PPM	non product related PPM – nicht produktbezogene Verfahrensregelung
OECD	Organization for Economic Cooperation and Development – Organisation für wirtschaftliche Zusammenarbeit und Entwicklung
PPM	Production Process Method – Verfahrensregelung
Rdnr.	Randnummer
RL	Richtlinie
Rs.	Rechtssache
Rz.	Randziffer
SEC	Sekretariatsdokument der EG
Slg.	Sammlung der Rechtsprechung des Gerichtshofes der Europäischen Gemeinschaften und des Gerichts erster Instanz
sog.	sogenannte(n)
SPS	Agreement on the Application of Sanitary and Phytosanitary Measures – Übereinkommen über die Anwendung gesundheitspolizeilicher und pflanzenschutzrechtlicher Maßnahmen
TBT	Agreement on Technical Barriers to Trade – Übereinkommen über technische Handelshemmnisse
UAbs.	Unterabsatz
u.U.	unter Umständen
vgl.	vergleiche
VO	Verordnung
Vorb.	Vorbemerkung
WHO	World Health Organization – Weltgesundheitsorganisation
WTO	World Trade Organization – Welthandelsorganisation
WVK	Wiener Übereinkommens über das Recht der Verträge – Wiener Vertragsrechtskonvention
z.T.	zum Teil

§ 1 Einleitung

I. Ausgangslage: Einsatz der Gentechnik in der Lebensmittelproduktion

1. Die Bedeutung der Gentechnik für die Lebensmittelproduktion

Die Krisen der letzten Jahre in Bezug auf Lebensmittel und die Lebensmittelproduktion, seien es nun jüngere Krisen wie Acrylamid, Nitrofen und BSE, oder ältere wie Hormon- und Antibiotikabelastungen von Fleisch und Glykol im Wein[1], haben den Verbrauchern immer wieder vor Augen geführt, dass die Lebensmittelherstellung in der Regel nichts mehr mit ihren traditionellen Vorstellungen zu tun hat. Diese Feststellung gilt gleichermaßen für die Erzeugung der landwirtschaftlichen Ausgangsprodukte, die überwiegend von Großbetrieben und Massentierhaltung geprägt ist, wie für die eigentliche Lebensmittelherstellung, die vorwiegend im Wege der industriellen Fertigung von statten geht. Dies ist auch nicht wirklich erstaunlich, entspricht es doch der allgemeinen Tendenz der zunehmenden Technisierung und Industrialisierung von Arbeitsabläufen, die in allen Wirtschaftszweigen zu beobachten ist.

Jüngster Höhepunkt dieser Entwicklung im Lebensmittelsektor stellt der Einsatz der Gentechnik in der Lebensmittelproduktion dar[2]. Seit der ersten erfolgreichen Übertragung von genetischem Material im Wege der DNA-Rekombination 1973[3] hat sich die Gentechnologie[4] rapide fortentwickelt und zahlreiche neue Anwendungsfelder erschlossen. Im Bereich der Lebensmittelproduktion lässt sich der Einsatz der Gentechnik dabei in verschiedene Schwerpunkte unterteilen.

---

[1] Zum Ganzen *Groß*, S. 27 f. Eine Aufstellung jüngerer Lebensmittelskandale gibt die Süddeutsche Zeitung Nr. 301 vom 31.12.02, S. 6.

[2] *Teuber*, S. 7 ff. (10 f.). Zur Entwicklung des Einsatzes der Gentechnik in der Lebensmittelproduktion *Schauzu*, ZLR 1996, S. 655 ff.

[3] *Adler*, TXILJ 2000, S. 173 ff. (181).

[4] Die Gentechnologie ist die Wissenschaft von der Handhabung biologischer Erbinformationen als Unterart der Biotechnologie. Die Gentechnik als dazugehöriges Handwerkszeug befasst sich mit der Isolierung, dem Klonen, der Übertragung und Expression von Genen als den Trägern der Erbinformation, wobei besonders der Transfer von Genen zwischen Organismen verschiedener Arten über biologische Vermehrungsschranken hinweg darunter fällt. Dazu *Wahl*, Vorbemerkung GenTG, in: Landmann/Rohmer (Hrsg.), Umweltrecht, Band III, Stand Okt. 2001, Rdnr. 2 f.; *Henning*, II.H Gentechnik, in: Streinz (Hrsg.), Lebensmittelrechtshandbuch, Stand 2001, Rdnr. 450 ff.

Den wirtschaftlich bedeutendsten und umfangreichsten Schwerpunkt stellt die Produktion widerstandsfähigerer und ertragreicherer Ausgangsprodukte durch die Agrobiotechnologie dar[5]. Dabei kann wiederum zwischen drei Gruppen von Produkten unterschieden werden. Die erste Gruppe umfasst Produkte, bei denen durch die gentechnische Veränderung eine Herbizidresistenz bewirkt wurde, so dass bei einem Herbizideinsatz nur die Nutzpflanze übrigbleibt[6]. Dazu zählen besondere Mais- und Sojasorten, die den Einsatz bestimmter Herbizide, wie Round-Up Ready, überstehen. Dieser Einsatz der Gentechnik stellt mehr als die Hälfte der Anwendungen der Agrobiotechnologie dar[7]. Die zweite Gruppe umfasst Produkte, bei denen die gentechnische Modifikation zu einer Krankheits- oder Schädlingsresistenz führt. Dazu gehört der sog. Bt-Mais, der durch den Einbau eines Gens des Bacillus thuringiensis ein Gift produziert, dass ihn vor dem Maiszünsler schützt[8]. Diese Anwendungen umfassen etwa ein Viertel der Anwendungen der Agrobiotechnologie[9]. Die dritte Gruppe umfasst Produkte, bei denen der Ertrag gentechnisch gesteigert wurde[10]. Dazu zählen z. B. ertragsgesteigerter Raps und Chicorée[11]. Ferner gehören dazu gentechnisch veränderte Rinderhormone, die zu einer erhöhten Milchproduktion führen[12], und gentechnisch hergestelltes Chymosin, dass zur Produktion von Käse genutzt wird[13]. Diese Gruppe macht bislang aber den geringsten Teil der Anwendungen der Gentechnik aus. Allen drei Gruppen ist gemeinsam, dass die Vorteile der gentechnischen Entwicklung den Lebensmittelproduzenten, vor allem den Bauern zugute kommen. Dem Verbraucher nützen die gentechnischen Änderungen allenfalls indirekt, wenn die unter Umständen gesunkenen Produktionskosten an sie weitergegeben werden[14].

Während dieser Einsatz der Gentechnik den zurzeit umfangreichsten Bereich darstellt, entwickelt sich daneben ein neuer Bereich, der dadurch gekennzeichnet ist, dass direkter Nutznießer der Anwendung von Gentechnik der Verbrau-

---

[5] Diese macht laut *Phillips/Kerr*, JWT 2000, S. 63 ff., 99 % der Gentechnikanwendungen aus.
[6] Davon verspricht man sich eine Reduktion der eingesetzten Unkrautvernichtungsmittel. Dazu *Grabowski*, S. 225 ff. (227); *Francer*, VAJSPL 2000, S. 257 ff. (263). Kritisch dazu *Saigo*, GEOIELR 2000, S. 779 ff. (797 f.).
[7] *Rücker*, S. 57.
[8] *Adler*, TXILJ 2000, S. 173 ff. (200). Allgemein zum Bt-Mais *Cendrovicz*, Europe Environnemental (supplément) 1998, S. 1 ff. (12); *Nelson*, S. 7 ff. (9 f.).
[9] *Rücker*, S. 57.
[10] Dazu *Adler*, TXILJ 2000, S. 173 ff. (199); *Breuer*, NuR 1994, S. 157 ff. (159).
[11] *Rücker*, S. 58.
[12] *Adler*, TXILJ 2000, S. 173 ff. (176); *Murphy*, HVILJ 2001, S. 47 ff. (55).
[13] *Rücker*, S. 63; *Meyer*, ZLR 1996, S. 403 ff. (404).
[14] Dazu am Beispiel von Baumwolle *Falck-Zepeda/Traxler/Nelson*, S. 47 ff. (54). Dagegen gehen Lebensmittelproduzenten davon aus, dass die Verbraucher am meisten von gentechnisch veränderten Lebensmitteln profitieren werden; dazu *Jenner*, S. 151 ff. (153).

§ 1 Einleitung

cher ist. Dazu gehört zum einen die sog. Flavr-Savr-Tomate („Antimatsch-Tomate")[15], die sich durch längere Haltbarkeit auszeichnet. Daneben wird aber auch an Lebensmitteln mit verbessertem Nährwertgehalt geforscht[16]. Bedeutendstes Beispiel dafür ist der sog. „Golden Rice", der mehr Vitamin A enthält als herkömmlicher Reis und damit Vitamin-A-Mangelerkrankungen, gerade im asiatischen Raum, vorbeugen kann. Ebenfalls zu dieser Gruppe gehören gentechnisch veränderte Kartoffeln, die weniger Fett aufnehmen, für gesündere Pommes frites[17]. Bislang machen verbraucherorientierte Entwicklungen der Gentechnik nur einen geringen Teil des Einsatzes der Gentechnik im Lebensmittelsektor aus, was auch daran liegt, dass Stoffwechselabläufe meist so komplex sind, dass es für eine gezielte Beeinflussung durch die Gentechnik bislang an ausreichendem Wissen fehlt[18].

Ein dritter Schwerpunkt ist die Forschung an Lebensmitteln, die selbständig Impfstoffe produzieren sollen, wie Bananen, die einen Impfstoff gegen Hepatitis B enthalten[19]. Dieser Bereich der Gentechnik ist allerdings noch weit von einer Anwendung in der Praxis entfernt, so dass mit der Produktion von „impfenden Lebensmitteln" in absehbarer Zeit nicht zu rechnen ist[20].

Trotz dieser auf den ersten Blick begrenzten Anwendung der Gentechnik im Lebensmittelbereich ist deren wirtschaftliche Bedeutung enorm. Insbesondere der Bereich der Agrobiotechnologie zur Herstellung der Ausgangsprodukte der Lebensmittelproduktion konnte in den letzten Jahren ein rasantes Wachstum verzeichnen. Konservative Schätzungen beziffern den Wert der landwirtschaftlichen Biotechnologie weltweit mit US$ 2 Mia. mit einer voraussichtlichen Steigerung auf US$ 8 Mia. bis 2005[21]. Anderen zufolge ist bis 2005 eine Steigerung auf US$ 20 Mia. möglich[22]. Allein in Europa wurde der Marktwert von Produkten und Dienstleistungen der Biotechnologie auf 40 Mia. ECU und für 2005 auf 250 Mia. ECU und 3 Mio. Arbeitsplätze geschätzt[23].

---

[15] Dazu ausführlich *Groß*, S. 70 f.
[16] *Adler*, TXILJ 2000, S. 173 ff. (176).
[17] *Grabowski*, S. 225 ff. (227).
[18] *Rücker*, S. 62, sieht verbraucherorientierte Ziele in der Gentechnik als vorgeschoben an, da sich der Schwerpunkt der Forschung auf die Bereiche Produktion und Landwirtschaft konzentriere.
[19] Dazu oben Fn. 17. Vgl. *Murphy*, HVILJ 2001, S. 47 ff. (52).
[20] *Cendrovicz*, Europe Environnemental (supplément) 1998, S. 1 ff. (12); *Francer*, VAJSPL 2000, S. 257 ff. (263).
[21] Dazu *Phillips/Kerr*, JWT 2000, S. 63 ff.; *Falkner*, International Affairs 2000, S. 299 ff. (301).
[22] Dazu *Saigo*, GEOIELR 2000, S. 779 ff. (810). Vgl. auch *Rosegrant*, S. 39 ff.
[23] *Cendrovicz*, Europe Environnemental (supplément) 1998, S. 1 ff. (4); *Rücker*, S. 67 ff.

Der Schwerpunkt der Wertschöpfung entfällt auf die Hauptexportstaaten gentechnisch veränderter Nutzpflanzen wie die USA, Kanada, Argentinien, Australien, Chile und Uruguay[24]. Allein in den USA betrug im Jahr 2000 der Anteil von gentechnisch verändertem Mais etwa 25% der Anbaufläche für Mais (31,6 Mio. ha.), von Soja 52% (von 30,4 Mio. ha.)[25]. Bereits 1999 betrug der Anteil der USA an den weltweit produzierten gentechnisch veränderten Nutzpflanzen 72%[26]. Entsprechend umfasste 1999 der Handel mit landwirtschaftlichen Erzeugnissen zur Lebensmittelproduktion, bei denen auch genetische Veränderungen vorliegen können, ca. 35% der US Exporte bzw. US$ 12 Mia. Rechnet man auch die verarbeiteten Produkte dazu, so beläuft sich die Summe auf US$ 24 Mia. bzw. 70% der Exporte[27]. Schwerpunkt der Exporte stellen dabei gentechnisch veränderter Mais und Soja dar[28], die für die Lebensmittelproduktion besonders bedeutsam sind[29].

2. Vorteile und Gefahren der Gentechnik

Die vermehrte Anwendung der Gentechnik bei der Lebensmittelproduktion hat zu einer Ausweitung der Debatte um Vorteile und Gefahren der Gentechnik[30] auf den Lebensmittelbereich geführt. Hier sollen daher kurz die gängigen Argumente zur Gentechnik, insbesondere mit Blick auf Lebensmittel, dargestellt werden.

a) Vorteile der Gentechnik

Allgemein erlaubt die Gentechnik eine höhere Präzision und kürzere Entwicklungszeiten bei der Züchtung von Pflanzen mit den gewünschten Eigenschaften[31], die als Ausgangsprodukte für Lebensmittel dienen. Außerdem kann durch Überwindung der natürlichen Reproduktionsgrenzen eine größere Vielfalt

---

[24] *Teuber*, S. 7 ff. (12); *Buck*, ZUR 2000, S. 319 ff. (321).
[25] *Murphy*, HVILJ 2001, S. 47 ff. (55). Vgl. *Francer*, VAJSPL 2000, S. 257 ff. (260).
[26] *Phillips/Kerr*, JWT 2000, S. 63 ff.; *Hagen/Weiner*, GEOIELR 2000, S. 697 ff. (698). Andere Schätzungen gehen von bis zu 75% aus; dazu *Souza*, ANNSICL 2000, S. 129 ff. (141).
[27] *Kerr*, The World Economy 1999, S. 245 ff. (249).
[28] *Eggers/Mackenzie*, JIEL 2000, S. 525 ff.
[29] Allein in Deutschland sollen 60% der Lebensmittel, also über 30000 Produkte, Soja enthalten, wobei 60% der Sojabohnen aus den USA kommen. Dazu *Lange*, NUR 1999, S. 247 ff. Vgl. auch *Teel*, NYUELJ 2000, S. 649 ff. (668).
[30] Ausführlich *Wahl*, Vorbemerkung GenTG, in: Landmann/Rohmer (Hrsg.), Umweltrecht, Band III, Stand Okt. 2001, Rdnr. 4 ff.; *Katz*, GEOIELR 2001, S. 949 ff. (967 ff.). Speziell zu Vorteilen und Risiken der Gentechnik bei der Lebensmittelherstellung *Hottinger*, S. 29 ff.; *Tappeser*, S. 75 ff.
[31] *Saigo*, GEOIELR 2000, S. 779 ff. (784); *Adler*, TXILJ 2000, S. 173 ff. (176).

§ 1 Einleitung 23

an Eigenschaften erreicht werden[32]. Daher gilt die Gentechnologie bei vielen als die Schlüsseltechnologie für die wirtschaftliche Entwicklung im Bereich der chemischen Industrie und der Nahrungsmittelproduktion[33]. Insbesondere die kürzeren Entwicklungszeiten würden zu Kostenersparnissen führen. So wurden die Einsparungen durch gentechnisch verändertes Getreide 1997 auf insgesamt US$ 465 Mio. in den USA und Kanada geschätzt[34].

Über die wirtschaftlichen Vorteile für die (Saatgut-)Produzenten hinaus, werden von den Befürwortern der Gentechnik noch weitere Vorteile geltend gemacht. Wie bereits gezeigt, lassen sich durch gentechnische Verfahren Nutzpflanzen schaffen, die gegenüber Schädlingen und Herbiziden widerstandsfähiger sind. Dadurch wird zunächst die Ertragslage der Landwirte gesichert[35]. Außerdem wird von den Verfechtern der Gentechnik angeführt, dass die mit diesen Pflanzen verbundene Reduktion des Einsatzes von Pestiziden und Herbiziden[36] dazu führe, dass Lebensmittel billiger und gesünder produziert werden können[37]. Dies würde auch zu gesundheitlichen Verbesserungen für die Landwirte führen, da sie weniger mit Pestiziden in Berührung kämen[38]. Der geringere Verbrauch von Pestiziden und Herbiziden käme darüber hinaus der Umwelt zugute[39].

Befürworter der Gentechnik führen weiter an, dass sich mit Hilfe gentechnisch veränderter, ertragreicherer Nutzpflanzen ein wirkungsvoller Beitrag zur Bekämpfung des weltweiten Hungers leisten lasse[40]. Gleiches gelte auch für Nutzpflanzen, die mit Hilfe der Gentechnik auch auf trockenen oder nährstoff-

---

[32] *Saigo*, GEOIELR 2000, S. 779 ff. (785). Ein Beispiel dafür sind Erdbeeren, die zur Erhöhung der Kältetoleranz Fischgene enthalten; dazu *Groß*, S. 336.
[33] *Cozigou*, RMUE 1997, S. 67 ff. (68); *Barling*, European Environment 1996, S. 48 ff.
[34] *Runge/Jackson*, JWT 2000, S. 111 ff. (113).
[35] Zu den wirtschaftlichen Vorteilen des Einsatzes gentechnisch veränderter Nutzpflanzen für Landwirte *Bullock/Nitsi*, S. 21 ff.
[36] *Cendrovicz*, Europe Environnemental (supplément) 1998, S. 1 ff. (12) sowie oben Fn. 17.
[37] *Katz*, GEOIELR 2001, S. 949 ff. (975 ff.); *Smitherman*, GAJICL 2002, S. 475 ff. (480 f.).
[38] Siehe oben Fn. 37.
[39] *Honnefelder*, S. 21 ff. (29 f.). Vgl. zur Bedeutung der Gentechnik für den Umweltschutz *Cozigou*, RMUE 1997, S. 67 ff. (68).
[40] *Kniesel/Müllensiefen*, NJW 1999, S. 2564 ff. (2565); *Pinstrup-Andersen/Cohen*, S. 180 ff. Zweifelnd an dem Beitrag der Gentechnik zur Bekämpfung der Ursachen von Hungers, die nicht im allgemeinen Fehlen von Nahrung liegen, sondern in der ungleichen Verteilung von Kaufkraft *Honnefelder*, S. 21 ff. (33); *Shiva*, S. 191 ff. (194 f.); *Kucinich*, S. 217 ff. (220). Außerdem haben sich trotz Hungersnöten bislang einige Entwicklungsländer geweigert, gentechnisch veränderte Getreidesorten als Nahrungsmittelhilfen zu akzeptieren: Vgl. Süddeutsche Zeitung Nr. 174 vom 30.7.2002, S. 2.

armen Böden wachsen können[41]. Darüber hinaus ließen sich mit Hilfe der Gentechnik gesündere Lebensmittel mit verbesserten Nährwerten produzieren[42]. Auch Mangelerkrankungen ließen sich dadurch beseitigen. Bekanntestes Beispiel dafür ist der bereits erwähnte „Golden Rice"[43]. Angesichts dieser Vorteile für Produzenten, Verbraucher und die Allgemeinheit sei ein Verzicht auf den Einsatz der Gentechnik daher mindestens ebenso riskant, wie deren Anwendung[44].

b) Gefahren der Gentechnik

Gegen die Anwendung der Gentechnik im Lebensmittelbereich werden vor allem die damit verbundenen Gefahren und Risiken eingewandt. Der Übersichtlichkeit halber ist dabei zu trennen zwischen Gefahren und Risiken, die speziell die Anwendung der Gentechnik im Lebensmittelsektor betreffen, und solchen, die allgemein als der Gentechnik inhärent angesehen werden.

Speziell gegen die Anwendung der Gentechnik im Lebensmittelbereich werden Gefahren und Risiken für die Verbrauchergesundheit angeführt, die sich aus dem Einsatz einer neuartigen, nicht hinreichend sicheren Technologie ergeben[45]. So wird befürchtet, dass der Einsatz der Gentechnik zu vermehrten allergischen Reaktionen gegen Lebensmittel führt[46], sei es durch neuartige Allergene[47] oder durch bekannte Allergene, die bei der gentechnischen Veränderung von anderen Lebensmitteln übertragen wurden, mit denen Verbraucher aber mangels Erkennbarkeit nicht rechnen[48]. Dies wird besonders für Soja befürch-

---

[41] Vgl. *Rücker*, S. 56. Dagegen führt *Murphy*, HVILJ 2001, S. 47 ff. (66) an, dass der mangelnde Patentschutz in Entwicklungsländern Unternehmen davon abhalten wird, dort gentechnisch verändertes Saatgut einzusetzen oder spezielle Pflanzensorten zu entwickeln. Für diese Länder erwägen einige Unternehmen daher den Einsatz von sog. „Terminator-Genen", die verhindern, dass Reste der Ernte für die nächste Aussaat eingesetzt werden können. Dazu *Hamilton*, DRAKEJAL 2001, S. 81 ff. (106 ff.).

[42] *Fredland*, VDBJTL 2000, S. 183 ff. (186); *Cozigou*, RMUE 1997, S. 67 ff. (68); *Barling*, European Environment 1996, S. 48 ff.

[43] Vgl. oben Fn. 17 sowie *Katz*, GEOIELR 2001, S. 949 ff. (975 ff.). Kritisch zum Beitrag des Vitamin-A-Reises zur Vorbeugung von Mangelerkrankungen *Hamilton*, DRAKEJAL 2001, S. 81 ff. (115), der einwendet, dass die zugrunde liegenden Patente und Lizenzvereinbarungen von privaten Firmen gehalten werden, die ihre Kosten nicht durch Abgabe des Reises an zahlungsunfähige Bauern in Entwicklungsländern decken können.

[44] *Adler*, TXILJ 2000, S. 173 ff. (177).

[45] Zur Einschätzung von Gesundheitsrisiken der Gentechnik durch die Food and Agricultural Organization (FAO) der UN und die Weltgesundheitsorganisation (WHO) *Quintillán*, JWT 1999, S. 147 ff. (178). Kritisch *Lange*, ZLR 1998, S. 415 ff. Zur Einschätzung durch die WHO *Krell*, ZLR 2005, S. 563 ff. (570 ff.).

[46] Bereits jetzt beträgt die Allergieprävalenz für Lebensmittel in Deutschland bei Erwachsenen 1–5% und bei Kindern 5–10%; dazu *Böhm*, ZLR 2000, S. 241 ff. (247).

[47] Vgl. *Huber*, ZLR 1996, S. 277 ff. (287); *Nelson/De Pinto*, S. 59 ff. (65).

tet, das in 2/3 aller im Supermarkt verkauften Lebensmittel enthalten ist[49]. Weiter werden gesundheitliche Schäden durch unbekannte Giftstoffe befürchtet, die im Zuge der gentechnischen Veränderung entstehen[50]. Daneben stelle auch die Entstehung von Antibiotikaresistenzen beim Menschen durch die Aufnahme von Antibiotikaresistenzmarkern über die Darmflora eine Gefahr dar[51]. Außerdem angeführt werden Gefahren durch einen möglichen Genaustausch mit der Darmflora[52], ein gesteigertes Krebsrisiko[53] und Ernährungsmängel durch Einwirkungen auf den Stoffwechsel[54].

Neben diesen speziell die Lebensmittelproduktion betreffenden Vorbehalten werden in Bezug auf die Agrobiotechnologie auch ökologische Konsequenzen angeführt[55]. So wird befürchtet, dass durch Auskreuzungen[56] gentechnisch er-

---

[48] Wissenschaftler der Universität Nebraska konnten nachweisen, dass in Soja-Bohnen eingebaute Proteine der Paranuss allergische Reaktionen bei Menschen mit Paranuss-Allergie auslösten. Das Produkt wurde daraufhin nicht vermarktet; dazu *Quintillán*, JWT 1999, S. 147 ff. (177). Vgl. *Barling*, European Environment 1996, S. 48 ff. (51).

[49] Einige gentechnisch veränderte Sojabohnen haben bis zu 27% mehr eines Allergens (Trypsin-Inhibitor) als herkömmliche Sojabohnen; dazu *Saigo*, GEOIELR 2000, S. 779 ff. (792).

[50] Durch die Einnahme des Medikaments L-Tryptophan, das in den USA z.T. als Lebensmittelzusatzstoff verwendet wird, starben 1987 27 Menschen. Nachforschungen ergaben, dass die in dem Medikament enthaltenen Aminosäuren von gentechnisch veränderten Bakterien erzeugt worden waren. Allerdings haben sich die Befürchtungen, es handele sich um ein gentechnikspezifisches Problem, nicht bestätigt. Dazu *Leible*, EuZW 1992, S. 599 ff. (601); *Meyer*, ZLR 1996, S. 403 ff. (409 f.).

[51] Antibiotikaresistenzgene, z.B. gegen Kanamycin, werden verbunden mit dem gewünschten Genabschnitt als „Markergene" in das Zielerbgut eingesetzt. Anschließend wird das entsprechende Antibiotikum benutzt, um misslungene Gentransfers, bei denen auch Antibiotikaresistenz entsteht, auszusieben. Dazu *Barling*, European Environment 1996, S. 48 ff. (51), der aber von einer sehr geringen Wahrscheinlichkeit einer Gefahr ausgeht. Ebenso *Schauzu*, ZUR 1999, S. 3 ff. (6). Vgl. *Rehbinder*, ZUR 1999, S. 6 ff. (8).

[52] Dazu *Huber*, ZLR 1996, S. 277 ff. (287).

[53] In Versuchen an Ratten mit gentechnisch veränderten Kartoffeln konnte eine Erhöhung der Krebsrate nachgewiesen werden, woraus z.T. geschlossen wird, dass die Gefahr im gentechnischen Verfahren als solchem liegt. Allerdings sind der wissenschaftliche Ansatz und das Ergebnis dieses Versuches sehr umstritten; dazu *Groß*, S. 331 f.; *Katz*, GEOIELR 2001, S. 949 ff. (973).

[54] *Schlacke*, ZUR 1996, S. 285 ff. (288). Vgl. *Runge/Jackson*, JWT 2000, S. 111 ff. (112). Umstritten ist z.B. auch, ob der Verzehr von Bt-Mais Durchfall auslöst; dazu *Saigo*, GEOIELR 2000, S. 779 ff. (792); *Adler*, TXILJ 2000, S. 173 ff. (200).

[55] *Barling*, European Environment 1996, S. 48 ff. (50). Nach Ansicht des Bundes für Lebensmittelrecht und Lebensmittelkunde e.V. (BLL) sind nach Aussagen von Experten bisher keine negativen ökologischen Auswirkungen der Grünen Gentechnik beobachtet worden, trotz 15jähriger Erfahrung mit Freilandversuchen und langjähriger kommerzieller Praxis in Ländern außerhalb Europas; vgl. Pressemitteilung des BLL anlässlich der Fachtagung zum nationalen, europäischen und internationalen Sachstand der Grünen Gentechnik am 19./20. April 2002 in Bad Neuenahr. Zu den mit der Freisetzung gentechnisch veränderter Organismen verbundenen Gefahren für die Umwelt *Scherzberg*, VerwArch 84 (1993), S. 484 ff. (488); *Karthaus*, S. 29 ff.

zeugte Herbizidresistenzen auf einheimische Pflanzen ohne Nutzwert („Unkraut") übergehen und diese Pflanzen sich daraufhin unkontrollierbar ausbreiten[57]. Ähnliche Auswirkungen könnten in Bezug auf Pestizidresistenzen bei Schädlingen[58] und in Bezug auf Antibiotikaresistenz bei Bakterienstämmen[59] auftreten. Zu den sekundären negativen Auswirkungen zählen Gefahren für die Umwelt durch den sorglosen Umgang mit Unkrautvernichtungsmitteln, gegen die die gentechnisch veränderte Nutzpflanze immun ist[60], und negative Auswirkungen auf die Artenvielfalt, wenn Arten, die nicht zu den Schädlingen gehören, an den von gentechnisch veränderten Nutzpflanzen gegen Schädlinge produzierten Abwehrstoffen sterben[61].

Daneben werden auch sozioökonomische[62] und ethische Bedenken gegen die Anwendung der Gentechnik im Bereich der Lebensmittelproduktion eingewandt. So wird vielfach befürchtet, dass durch Patente auf Saatgut für gentechnisch veränderte Nutzpflanzen Entwicklungsländer in erhöhte Abhängigkeit von Biotechnologieunternehmen geraten[63]. Außerdem besteht die Befürchtung dieser

---

[56] Vgl. zu einem Fall unbeabsichtigter Auskreuzung von gentechnisch verändertem Raps in England *Fredland*, VDBJTL 2000, S. 183 ff. (187 f.), sowie zu Auskreuzungen in Mexiko BRIDGES Trade BioRes Vol. 2 No. 7 vom 18.4.02. Auskreuzungen stellen auch ein Problem für Biobauern dar, die die Gentechnikfreiheit ihrer Produkte von Feldern in der Nähe von Anbaugebieten gentechnisch veränderter Nutzpflanzen nicht mehr garantieren können. Dazu BRIDGES Trade BioRes, Vol. 2, No. 1 vom 24.1.2002. Vgl. *Groß*, ZLR 2001, S. 243 ff.

[57] *Katz*, GEOIELR 2001, S. 949 ff. (967 ff.). Diese Gefahr besteht vor allem in den Heimatländern gentechnisch veränderter Pflanzen (z.B. Mexiko für Mais und China für Soja). In Europa ist diese Gefahr eher gering; dazu *Teel*, NYUELJ 2000, S. 649 ff. (652 f.); *Murphy*, HVILJ 2001, S. 47 ff. (91). Ob gentechnisch veränderte Pflanzen eine größere Tendenz zur Auskreuzung haben, ist umstritten; vgl. *Saigo*, GEOIELR 2000, S. 779 ff. (787); *van den Daele*, S. 259 ff. (266).

[58] *Murphy*, HVILJ 2001, S. 47 ff. (59); *Saigo*, GEOIELR 2000, S. 779 ff. (789 ff.).

[59] *Barling*, European Environment 1996, S. 48 ff. (50). Ob ein Gentransfer zwischen Bakterien stattfinden kann, ist allerdings umstritten; dazu *Saigo*, GEOIELR 2000, S. 779 ff. (788); *Quintillán*, JWT 1999, S. 147 ff. (177).

[60] *Murphy*, HVILJ 2001, S. 47 ff. (59); *Gassen*, S. 11 ff. (24). Weiterführend *Nöh*, ZUR 1999, S. 12 ff. (14 f.).

[61] So löste das angebliche Sterben des Monarch-Falters durch den Pollen des Bt-Maises heftige Reaktionen bei Verbrauchern in den USA aus. Der wissenschaftliche Wert der entsprechenden Studie wurde aber angezweifelt. Dazu *Katz*, GEOIELR 2001, S. 949 ff. (971 f.); *Hellmich/Siegfried*, S. 283 ff.; *King*, DRAKEJAL 2001, S. 241 ff. Mit weiteren Beispielen aus Taiwan und Irland *Saigo*, GEOIELR 2000, S. 779 ff. (792 ff.).

[62] Dazu *Rücker*, S. 84 ff. sowie *Open Ended Ad Hoc Working Group on Biosafety*, Potential Socio-Economic Effects of Biotechnology: A Bibliography, UNEP/CBD/BSWG/2/4 vom 6. März 1997.

[63] *Runge/Jackson*, JWT 2000, S. 111 ff. (112); *Lange*, NUR 1999, S. 247 ff. (248). Ähnliche Befürchtungen wurden bei den Verhandlungen zum Cartagena Protokoll über die Biologische Sicherheit von Entwicklungsländern geäußert; dazu *Stoll*, YIEL 1999, S. 82 ff. (86).

§ 1 Einleitung

Länder, als Versuchslabor für Freisetzungen missbraucht zu werden[64]. Ethische Bedenken stammen primär von religiösen Gruppen, aber auch von Vegetariern und Veganern, die besorgt sind, dass der Gentransfer zum Verzehr verbotener Tierprodukte in anderen Nahrungsmitteln führt[65]. Gegen die Gentechnik wird aber auch allgemein der Einwand einer unzulässigen Einmischung in die Schöpfung erhoben[66].

3. Wissenschaftliche Erkenntnisse über Risiken der Gentechnik

Trotz der befürchteten gesundheitlichen Auswirkungen von gentechnisch veränderten Lebensmitteln ist deren wissenschaftlicher Nachweis bislang höchst umstritten[67]. Zwar gibt es immer wieder Studien, die Anhaltspunkte für Gesundheitsgefährdungen aufzeigen[68]. Bisher konnte aber keine dieser Studien einen endgültigen Beweis für Gesundheitsgefahren erbringen[69], so dass die wohl herrschende Meinung unter den Wissenschaftlern zur Annahme der Ungefährlichkeit gentechnisch veränderter Lebensmittel zumindest auf kurze Sicht tendiert[70]. Gleichermaßen scheint sich ein wissenschaftlicher Konsens herausgebildet zu haben, dass sich langfristige Auswirkungen aufgrund von fehlenden Langzeitstudien gegenwärtig nicht ausschließen lassen[71].

Allerdings sind die Forschungen zu den Risiken der Gentechnik keineswegs abgeschlossen, so dass nicht einmal sicher ist, inwieweit sich aufgrund der bestehenden Unkenntnisse über Wirkungszusammenhänge überhaupt gesicherte Aussagen treffen lassen. So verweigert die Versicherungswirtschaft angesichts des derzeit dürftigen Standes der Risikoforschung in diesem Bereich und der

---

[64] Zu einem Fall von 1986, in dem ein gentechnisch veränderter Impfstoff der USA in Argentinien ohne Wissen der argentinischen Regierung getestet wurde, *Gupta*, Environment 2000, S. 22 ff. (24). Vgl. auch die Befürchtungen der Entwicklungsländer bei den Verhandlungen zum Cartagena Protokoll über die Biologische Sicherheit *Steinmann/Strack*, NuR 2000, S. 367 ff. Selbst Entwicklungsländer, in denen Hungersnot herrscht verweigern zum Teil die Einfuhr gentechnisch veränderten Saatguts als Lebensmittelhilfe; vgl. Süddeutsche Zeitung Nr. 174 vom 30.7.2002, S. 2.

[65] *Barling*, European Environment 1996, S. 48 ff. (51).

[66] *Teuber*, S. 7 ff. (16); *Perdikis/Kerr/Hobbs*, The World Economy 2001, S. 379 ff. (380). Zu der Frage, welche Ethik einer ethischen Beurteilung zugrunde liegt *Honnefelder*, S. 21 ff. (25 ff.).

[67] Eine umfassende Darstellung des naturwissenschaftlichen Streitstandes sprengt aber sowohl vom Umfang als auch thematisch den Ansatz dieser Arbeit.

[68] *Fredland*, VDBJTL 2000, S. 183 ff. (188 f.). Vgl. *Cendrovicz*, Europe Environnemental (supplément) 1998, S. 1 ff. (8).

[69] *Murphy*, HVILJ 2001, S. 47 ff. (58 f.); *Krenzler/MacGregor*, EFAR 2000, S. 287 ff. (305).

[70] *Perdikis/Kerr/Hobbs*, The World Economy 2001, S. 379 ff. (380); *Eggers/Mackenzie*, JIEL 2000, S. 525 ff.

[71] *Eggers/Mackenzie*, JIEL 2000, S. 525 ff. (526); *Kerr*, The World Economy 1999, S. 245 ff. (253). Allgemein zur Gentechnik *Tünnesen-Harmes*, S. 20 ff.

möglichen immensen Schäden die Versicherung von Unternehmen oder Staaten gegen das Haftungsrisiko für durch gentechnisch veränderte Organismen verursachte Schäden[72].

4. Verbraucherreaktionen

Die Bedenken gegen die Gentechnik im Allgemeinen haben sich besonders in den Verbraucherreaktionen auf gentechnisch veränderte Lebensmittel manifestiert[73]. So lehnen nach Umfragen 65–85 % der europäischen Verbraucher den Einsatz der Gentechnik in der Lebensmittelproduktion gänzlich ab oder befürworten eine strikte Trennung von herkömmlichen und veränderten Lebensmitteln[74]. Diese hohen Werte lassen sich nicht allein mit dem Misstrauen der Verbraucher gegenüber der Gentechnik erklären[75], da deren Einsatz beispielsweise in der Medizin auf erhebliche Zustimmung trifft[76].

Entscheidend dürfte hier zum einen die Tatsache sein, dass Verbraucher nicht erkennen können, was ihnen der Kauf von gentechnisch veränderten Lebensmitteln an Vorteilen im Vergleich zu den möglichen Risiken bringt, da die Vorteile bislang vor allem den Lebensmittelproduzenten zugute kommen[77]. Zum anderen ist hier die besondere Bedeutung der Lebensmittel für die Verbraucher zu beachten. Für die Verbraucher hat die Ernährung nicht nur die Funktion der Nahrungsaufnahme, sondern auch eine große Bedeutung als Element der Identität, Sozialität und Heimat vermittelnden Kultur[78]. Dies zeigt sich insbesondere an der Werbung, die das Vertraute im Lebensmittel beschwört, obwohl der Verbraucher immer mehr die Nähe zur Produktion verliert[79], die heutzutage vorwiegend industriell abläuft und Lebensmittel in vorverpackter Form auf den Markt bringt[80]. Auch beim Kauf ist dem Verbraucher das Produkt in der Regel weder geschmacklich, geruchlich noch in der Textur zugänglich, sondern nur

---

[72] *Buck*, ZUR 2000, S. 319 ff. (330).
[73] *Hervey*, RECIEL 2001, S. 321 ff. (327).
[74] *Krenzler/MacGregor*, EFAR 2000, S. 287 ff. (303 f.). Für Deutschland schwanken die Angaben zwischen 66 % und 80 %; dazu *Honnefelder*, S. 21 ff.; *Lange*, NUR 1999, S. 247 ff. (248).
[75] Ausführlich zur Akzeptanz gentechnisch veränderter Lebensmittel *Rücker*, S. 91 ff.
[76] *Bjerregaard*, EFLR 1998, S. 1 ff. Ebenso *Katzek*, EFLR 1993, S. 205 ff. (217 f.), der anführt, dass sich 38 % der befragten Deutschen sich für eine Förderung der Gentechnik im Bereich der Lebensmittelproduktion aussprächen, aber 74 % im pharmazeutischen Bereich.
[77] *Teel*, NYUELJ 2000, S. 649 ff. (668 f.); *Beaucamp*, NuR 2001, S. 450 ff.
[78] *Honnefelder*, S. 21 ff. (22); *Reichenbach*, EuZW 1997, S. 673 ff.; *Gassen/Bangsow/Hektor/König/Sinemus*, ZLR 1996, S. 381 ff.
[79] *Honnefelder*, S. 21 ff. (23); *Lell*, S. 223.
[80] *Horst*, S. 2.

§ 1 Einleitung

optisch, beschränkt auf das Maß, das die Verpackung erlaubt. Zudem findet der Kauf weitgehend als Selbstbedienung statt, so dass der Verbraucher auch keine Beratung erfährt[81]. Die hohe Bedeutung der Ernährung für den Verbraucher steht somit im krassen Gegensatz zu seiner Einflussmöglichkeit darauf.

Die Versorgung mit Lebensmitteln setzt also ein nahezu absolutes Vertrauen der Verbraucher voraus[82]. Da dieses Vertrauen durch die o. g. Lebensmittelskandale erschüttert ist[83], wurde gerade in Bezug auf gentechnisch veränderte Lebensmittel die Forderung nach einer ausreichenden Kennzeichnung erhoben, um den Verbrauchern die Möglichkeit einer informierten Entscheidung zu geben[84]. So sprechen sich nach Umfragen bis zu 95% der europäischen Verbraucher für eine Kennzeichnung gentechnisch veränderter Lebensmittel aus[85], da heute eine weitgehende Abhängigkeit von korrekter Information durch Kennzeichnung besteht[86]. Dieser Forderung schlossen sich auch Umweltverbände an[87].

Auch wenn die Ablehnung gentechnisch veränderter Lebensmittel durch die europäischen Verbraucher und ihre Forderung nach einer Kennzeichnung besonders vehement ist, regen sich auch in anderen Ländern Verbraucherproteste. Selbst in den USA als einem der Hauptexportstaaten gentechnisch veränderter Produkte, wo die Verbraucher traditionell der Gentechnik gegenüber eher indifferent sind[88], konnte sich die Flavr-Savr-Tomate nicht durchsetzen, da führende Unternehmen aufgrund der mangelnden Akzeptanz durch die Verbraucher auf eine Verarbeitung verzichteten[89]. Inzwischen regt sich auch dort vermehrt Verbraucherwiderstand[90], der auch die Forderung nach einer Kennzeichnung umfasst[91]. So belegen Umfragen, dass 68% der amerikanischen Verbraucher für

---

[81] Vgl. *Groß*, S. 121.
[82] *Berg*, S. 31 ff. (38). Vgl. *Lange*, NUR 1999, S. 247 ff.
[83] Dazu *Fredland*, VDBJTL 2000, S. 183 ff. (188).
[84] *Katzek*, EFLR 1993, S. 205 ff. (207); *Streinz*, ZUR 1999, S. 16 ff. (19).
[85] *Cendrovicz*, Europe Environnemental (supplément) 1998, S. 1 ff. (7).
[86] Dazu auch *Groß*, S. 120 f.
[87] *Katzek*, EFLR 1993, S. 205 ff. (206 f.); *Barling*, European Environment 1996, S. 48 ff. (49 f.). Damit dürfte zumindest wohl z.T. die Hoffnung verbunden sein, dass die Ablehnung der Verbraucher zu einer nachhaltigen Behinderung der Gentechnik als ganzer beiträgt; vgl. *Cendrovicz*, Europe Environnemental (supplément) 1998, S. 1 ff. (9).
[88] *Krenzler/MacGregor*, EFAR 2000, S. 287 ff. (304). Zu den Gründen *Rücker*, S. 103.
[89] *Katzek*, EFLR 1993, S. 205 ff. (216).
[90] *Babinard/Josling*, S. 81 ff. (88 f.). Vgl. auch *Murphy*, HVILJ 2001, S. 47 ff. (93 f.). Dies umfasst auch die Forderung nach einem Moratorium für den Einsatz von Gentechnik; dazu bereits *Wahl*, UTR 14 (1990), S. 7 ff. (9, 22 f.); *Breuer*, NuR 1994, S. 157 ff.
[91] *Teel*, NYUELJ 2000, S. 649 ff. (660); *Runge/Jackson*, JWT 2000, S. 111 ff. (112). Insbesondere nach Bekanntwerden, dass für den menschlichen Verzehr nicht zugelassener, gentechnisch veränderter Mais der Firma Starlink in Taco-Fladen gelangt

eine Kennzeichnung sind, selbst wenn dies zu höheren Preisen führen sollte[92]. Insbesondere religiöse Gruppen haben versucht, die Kennzeichnung wegen Verstoßes gegen die Religionsfreiheit im Klageweg durchzusetzen, da es ohne Kennzeichnung unmöglich sei, religiösen Ernährungsregeln zu folgen[93]. Ähnliche Tendenzen lassen sich in asiatischen Staaten, aber auch in Australien und Neuseeland beobachten, wobei sich Verbraucher überall auf ihr Recht auf eine informierte Auswahlentscheidung stützen[94]. Auch internationale Organisationen wie die FAO haben die Bedeutung der Kennzeichnung für eine informierte Auswahlentscheidung anerkannt[95].

5. Hauptstreitpunkt Kennzeichnung

Als Folge hat die EG Vorschriften zur Kennzeichnung gentechnisch veränderter Lebensmittel erlassen und sich dabei auf die Verbraucherinformation berufen[96]. Aber auch andere Staaten, wie China[97] oder Brasilien[98], haben entsprechende Regelungen eingeführt[99]. Das Komitee für Lebensmittelkennzeichnung der Codex Alimentarius Kommission (CAK)[100] geht dabei von mindestens 30 Ländern aus, die bereits Kennzeichnungsregeln für gentechnisch veränderte Lebensmittel eingeführt haben oder dies planen[101]. Dennoch ist gerade die Einführung verbindlicher Kennzeichnungsvorschriften zwischen Hauptexportstaaten, die Wettbewerbsnachteile bei der Vermarktung ihrer Produkte befürchten[102],

---

war, wurde eine verschärfte Kontrolle und Kennzeichnung gefordert. Dazu *Unnevehr/Hill/Cunningham,* S. 131 ff. (140).

[92] *Francer,* VAJSPL 2000, S. 257 ff. (299). Nach Angaben von NGOs wollen sogar 99% der Amerikaner eine Kennzeichnung von Produkten, die gentechnisch veränderte Organismen enthalten; dazu *Souza,* ANNSICL 2000, S. 129 ff. (144).

[93] *Teel,* NYUELJ 2000, S. 649 ff. (660 f.).

[94] *Eggers/Mackenzie,* JIEL 2000, S. 525 ff. (526); *Francer,* VAJSPL 2000, S. 257 ff. (297).

[95] *Souza,* ANNSICL 2000, S. 129 ff. (147 f.). Dazu www.fao.org/docrep/w9950e/w9114e5.htm.

[96] Dazu umfassend unten § 4–6.

[97] Bridges Trade BioRes Vol. 2 No. 7 vom 18.4.02.

[98] Art. 1 des Decreto N° 3.871 vom 18.7.2001 statuiert eine Kennzeichnungspflicht. Ausführlich zur Gentechnikregelung in Brasilien, die das Recht auf Verbraucherinformation als Kennzeichnungsgrund anerkennt *Souza,* ANNSICL 2000, S. 129 ff. (151 ff.).

[99] Vgl. *Francer,* VAJSPL 2000, S. 257 ff. (290) am Beispiel von Kolumbien und der Schweiz. Einen kurzen Überblick über Gesetze betreffend gentechnisch veränderte Organismen in verschiedenen Staaten gibt *Yu,* S. 575 ff. (624 ff.).

[100] Weiterführend zur CAK *Sander,* ZEuS 2000, S. 335 ff.; *Romi,* RJE 2001, S. 201 ff. sowie die Nachweise in § 10.

[101] Codex Committee on Food Labelling, 30th Session, 6.–10.5.2002, Comment from Japan, CX/FL 02/06-ADD.1, S. 3.

und den übrigen Staaten, die auf die Wahrung der Integrität bestehender Kennzeichnungssysteme bestehen, um eine Unterscheidung zwischen gentechnisch veränderten und herkömmlichen Produkten insbesondere im Bereich der Agrarmassengüter, wie Mais und Soja, zu ermöglichen[103], umstritten[104]. Am Beispiel der USA soll im Folgenden die Dimension des Konflikts aufgezeigt werden, der seine Wurzeln zunächst in Systemunterschieden zwischen der Lebensmittelkennzeichnung in der EG und den USA[105] hat.

a) Systemunterschiede zwischen der Lebensmittelkennzeichnung in den USA und in der EG

Die Lebensmittelkennzeichnung in der EG dient primär der Information der Verbraucher, damit diese eine informierte Auswahlentscheidung zwischen verschiedenen Produkten treffen können. Neben dem sozialpolitischen Anspruch der allgemeinen Verbraucherinformation soll damit auch der Wettbewerb zwischen verschiedenen Produkten gefördert werden. Außerdem dient die Kennzeichnung auch der Herstellung des gemeinsamen Marktes für Lebensmittel, da Verbraucher, die mit unbekannten Lebensmitteln aus anderen EG-Staaten konfrontiert werden, Informationen brauchen, um diese Lebensmittel in ihre Auswahl einzubeziehen[106].

In Bezug auf gentechnisch veränderte Lebensmittel kommt der Kennzeichnung in der EG auch noch die politische Funktion der Schaffung von Akzeptanz für die Gentechnik zu[107]. Ausgangspunkt ist damit eher der Wunsch der Verbraucher nach einer Kennzeichnung als das Vorliegen gravierender und nachgewiesener wissenschaftlicher Risiken von gentechnisch veränderten Lebensmitteln für die Gesundheit. Dabei wird darauf vertraut, dass Verbrauchern durch die Einräumung einer selbstbestimmten Wahl zwischen gentechnisch veränderten und herkömmlichen Lebensmitteln die Angst vor der Gentechnik genommen werden kann, insbesondere wenn sie Vor- und Nachteile der Lebens-

---

[102] *Buck*, ZUR 2000, S. 319 ff. (321). Daneben befürchten die betroffenen Unternehmen einen Absatzverlust bei entsprechend aufgeklärten Verbrauchern; dazu *Souza*, ANNSICL 2000, S. 129 ff. (164).

[103] *Buck*, ZUR 2000, S. 319 ff. (321).

[104] Vgl. ausführlich zu Argumenten für und gegen eine entsprechende Kennzeichnung *Katzek*, EFLR 1993, S. 205 ff.; *Appleton*, NYUELJ 2000, S. 566 ff. (567 ff.).

[105] Zum Vergleich zwischen dem US-amerikanischen und dem europäischen System unter besonderer Berücksichtigung der Entscheidungen des EuGH *Heydebrand*, ELR 1991, S. 391 ff.

[106] Zur Entwicklung und Bedeutung der Lebensmittelkennzeichnung in der EG unten § 2.

[107] David Byrne, EG Kommissar für Gesundheit und Verbraucherschutz: A European approach to food safety and GMOs, Speech/01/442, Washington D.C., 9. Oktober 2001, S. 1.

mittel gegeneinander abwägen[108]. Letztlich soll die Entscheidung über gentechnisch veränderte Lebensmittel aber dem Markt und damit den Verbrauchern überlassen werden[109].

Die Lebensmittelkennzeichnung in den USA basiert dagegen auf wissenschaftlich erwiesenen Gesundheitsbedenken bezüglich eines Lebensmittels[110] und nicht auf dem Interesse der Verbraucher an einer Information, die für die Sicherheitsbeurteilung keine Rolle spielt[111]. Während in der EG die Lebensmittelkennzeichnung nicht nur der Vermittlung von Risikoinformationen sondern auch von allgemeinen Verbraucherinformationen dient[112], kennt das amerikanische System nur ein Recht auf Information bei Gesundheitsrisiken[113]. Im Gegensatz zur EG ist in den USA daher keine besondere Kennzeichnung von gentechnisch veränderten Lebensmitteln vorgesehen[114]. Dem liegt die Prämisse zugrunde, dass die Gentechnik lediglich eine Fortentwicklung der herkömmlichen Züchtungsmethoden ist[115] und es keine ausreichenden wissenschaftlichen Belege für eine Gesundheitsschädlichkeit gentechnisch veränderter Lebensmittel *per se* gibt[116]. Dementsprechend gibt es auch keine den europäischen Vorschriften entsprechenden Zulassungsverfahren mit Sicherheitskontrollen speziell für gentechnisch veränderte Lebensmittel[117]. Letztendlich liegt damit die Verant-

---

[108] Robert J. Coleman, Generaldirektion Gesundheit und Verbraucherschutz der EG-Kommission: Communicating Risk to Consumers, Speech, Brussels, 30. Oktober 2001, S. 3.

[109] David Byrne, EG Kommissar für Gesundheit und Verbraucherschutz: A European approach to food safety and GMOs, Speech/01/442, Washington D.C., 9. Oktober 2001, S. 2. Vgl. auch *Grabowski*, S. 225 ff. (226); *Falkner*, International Affairs 2000, S. 299 ff. (312).

[110] Vgl. in Bezug auf GVO *Wahl/Melchinger*, JZ 1994, S. 973 ff. (976).

[111] *Francer*, VAJSPL 2000, S. 257 ff. (302).

[112] Ausführlich unten § 2, 3.

[113] *Hamilton*, DRAKEJAL 2001, S. 81 ff. (96). Eine Ausnahme dazu stellt allerdings die Bestrahlungskennzeichnung dar, die auch in de USA vorgeschrieben ist, obwohl die Lebensmittelbestrahlung als sicher gilt; dazu *Eiseman*, S. 373 ff. (397 f.).

[114] *Stewart/Johanson*, DRAKEJAL 1999, S. 243 ff. (250); *Smitherman*, GAJICL 2002, S. 475 ff. (485). Allgemeine Kennzeichnungsvorschriften in den USA finden sich im Fair Package and Labelling Act (15 U.S.C. 1451–1461) bezüglich des Inhalts und der Platzierung der Information auf der Verpackung und im Nutrition Labelling and Education Act von 1990 (21 CFR 101.9) bezüglich Nährwertkennzeichnung und Gesundheitsbehauptungen. Dazu *Krenzler/MacGregor*, EFAR 2000, S. 287 ff. (301).

[115] *Stewart/Johanson*, DRAKEJAL 1999, S. 243 ff. (247); *Streinz*, in: Streinz (Hrsg.), Neuartige Lebensmittel, 1999, S. 239 ff. (265).

[116] *Echols*, CLMJEURL 1998, S. 525 ff. (537); *Krenzler/MacGregor*, EFAR 2000, S. 287 ff. (298). Vgl. *Streinz*, EFLR 1998, S. 265 ff. (285).

[117] *Murphy*, HVILJ 2001, S. 47 ff. (58); *Echols*, CLMJEURL 1998, S. 525 ff. (537). Insgesamt verteilt sich die Zuständigkeit für gentechnisch veränderte Produkte auf die Food and Drug Agency (FDA), die vor allem für gentechnisch veränderte Lebensmittel zuständig ist, den Animal and Plant Inspection Service (APHIS) des US Department of Agriculture (USDA), den USDA Food Safety and Inspection Service

§ 1 Einleitung   33

wortung für die Risikoabschätzung und die Entscheidung über eine Vermarktung bei den Produzenten[118]. Eine Kennzeichnung gentechnisch veränderter Lebensmittel muss nur vorgenommen werden, wenn diese unterschiedliche Nähreigenschaften haben oder ein potentielles Allergen eingefügt wurde[119]. Daneben kommt eine Kennzeichnung außerdem in Betracht, wenn sich das Produkt in seiner Zusammensetzung so wesentlich unterscheidet, dass der gewöhnliche Name nicht mehr auf das neuartige Produkt zutrifft[120]. Ein besonderer Hinweis auf den Einsatz von Gentechnik ist dabei aber nicht zwingend vorgesehen[121]. Im Übrigen wird davon ausgegangen, dass weitergehende Information durch die Produzenten freiwillig gegeben werden kann[122].

Zwar wurde auch in den USA unter Berufung auf das Recht auf eine informierte Auswahlentscheidung[123] in einzelnen Bundesstaaten versucht, eine verbindliche Kennzeichnung einzuführen[124]. Dies scheiterte aber an der höchstrich-

---

(FSIS) und die Environmental Protection Agency (EPA). Ausführlich zur Gentechnikregelung in den USA *Krenzler/MacGregor*, EFAR 2000, S. 287 ff. (298 f.); *Teel*, NYUELJ 2000, S. 649 ff. (662 ff.); *Nelson/Babinard/Josling*, S. 97 ff. (99 ff.). Zum Vergleich der Systeme in den USA und Deutschland *Dederer*, S. 201 ff.
Das bisherige FDA System wurde im Mai 2000 geändert, um zumindest ein allgemeines Anzeigeverfahren vor dem Inverkehrbringen von gentechnisch veränderten Lebensmitteln einzuführen; dazu *Francer*, VAJSPL 2000, S. 257 ff. (276); *Murphy*, HVILJ 2001, S. 47 ff. (118). Im Bereich der Freisetzungen existieren dagegen vereinzelt Erlaubnisvorbehalte; dazu *Dederer*, S. 249 ff.

[118] *Baram/Juma/Krimsky/King*, BUJSTL 1998, S. 1 ff. (21). Vgl. *Hammes/Bräutigam/Schmidt/Hertel*, ZLR 1996, S. 525 ff. (532). Allerdings wird die Risikoabschätzung von den Firmen nach Anleitungen der FDA vorgenommen. Falls sich ein Produkt nicht als sicher erweist, kann die FDA eine weitere Vermarktung stoppen; dazu *Stewart/Johanson*, DRAKEJAL 1999, S. 243 ff. (249 f.). Das System der USA ist somit eher reaktiv als präventiv ausgerichtet.

[119] *Adler*, TXILJ 2000, S. 173 ff. (182); *Komindr*, S. 673 ff. (678). Da es aber keine systematischen Sicherheitskontrollen durch die Behörden selbst gibt, steht diese Kennzeichnung unter der Prämisse, dass die FDA durch Konsultationen mit dem Produzenten von dem Allergen erfährt. Dazu *Francer*, VAJSPL 2000, S. 257 ff. (273).

[120] Vgl. Section 403(a) des Federal Food, Drug and Cosmetic Act. Dazu *Francer*, VAJSPL 2000, S. 257 ff. (272). Ebenso *Grabowski*, S. 225 ff. (230); *Streinz*, EFLR 1998, S. 265 ff. (285). Allerdings ist auch dann nicht unbedingt ein Hinweis auf den Einsatz von Gentechnik nötig. Es genügt mitunter ein neuer Produktname zur Vermarktung; so *Dederer*, ZFL 49, Nr. 6 (1998), S. 46 ff. (48). Dies liegt auch daran, dass die FDA die Methode, die zu einer wesentlichen Änderung führt, nicht als für den Verbraucher relevante Information betrachtet; dazu *Krenzler/MacGregor*, EFAR 2000, S. 287 ff. (301).

[121] Vgl. *Dederer*, ZFL 49, Nr. 6 (1998), S. 46 ff. (48); *Hansen*, S. 239 ff. (252 f.).

[122] *Francer*, VAJSPL 2000, S. 257 ff. (302). Vgl. auch *Baram/Juma/Krimsky/King*, BUJSTL 1998, S. 1 ff. (34).

[123] *Grabowski*, S. 225 ff. (230).

[124] Zum Vorstoß Vermonts zur Kennzeichnung des gentechnisch veränderten „recombinant bovine growth hormone" in der Milchproduktion *Charnovitz*, TLNELJ 2000, S. 271 ff. (298 Fn. 194); *Stewart/Johanson*, DRAKEJAL 1999, S. 243 ff. (251 f.).

terlichen Rechtsprechung, die darin einen Eingriff in die negative Meinungsfreiheit der Produzenten sah[125]. So sei in geschäftlichen Zusammenhängen die Verbraucherneugier allein kein ausreichendes Staatsinteresse, um eine Angabe zu erzwingen[126]. Auch auf Bundesebene wurden entsprechende Gesetzesinitiativen eingebracht, deren Erfolgsaussichten allgemein aber als gering eingeschätzt werden[127]. Daher kommt als besondere Gentechnikkennzeichnung nur eine freiwillige Kennzeichnung in Betracht[128], wobei die FDA dazu eine Richtlinie ausarbeitet[129]. Auch gegen eine freiwillige Kennzeichnung wird aber eingewandt, dass diese nicht den Eindruck erwecken dürfe, dass gentechnisch veränderte Lebensmittel gefährlich seien[130]. Insbesondere die Lebensmittelindustrie unterstützt die restriktive Handhabung von Kennzeichnungen, da eine „unwissenschaftliche" Kennzeichnung alarmierend und verwirrend sei und die Verbraucher von wichtigeren Informationen ablenke[131]. Insgesamt bleibt es also dabei, dass eine der EG-Regelung vergleichbare Kennzeichnung in den USA nicht vorgesehen ist und auch dem zugrundeliegenden System der Lebensmittelkennzeichnung widersprechen würde.

Bereits dieser kurze Abriss der unterschiedlichen Systeme zur Lebensmittelkennzeichnung in den USA und der EG zeigt potentielle Konflikte im Bereich gentechnisch veränderter Lebensmittel. Ein wesentlicher Aspekt davon ist zunächst der unterschiedliche Umgang mit der allgemeinen Verbraucherinformation als Grund für eine Kennzeichnung. Aber auch die Bedeutung der Wissenschaftlichkeit und die Frage, ob die Gentechnik lediglich eine Weiterentwicklung herkömmlicher Zuchtmethoden sei, führt zur Unvereinbarkeit der entsprechenden Positionen. So verweisen die USA auf die bisher nicht erwiesenen Risiken der Gentechnik und kritisieren die Sonderbehandlung gentechnisch veränderter Produkte durch die EG als diskriminierend[132]. Aus Sicht der USA ist die Gentechnik lediglich eine präzisere Form von traditionellen Zuchtmetho-

---

[125] Dazu *Grabowski*, S. 225 ff. (228). Zur Bedeutung verfassungsrechtlicher Vorgaben für den Umgang mit der Gentechnik in den USA *Dederer*, S. 127 ff.
[126] *Stewart/Johanson*, DRAKEJAL 1999, S. 243 ff. (252).
[127] *Hamilton*, DRAKEJAL 2001, S. 81 ff. (110); *Murphy*, HVILJ 2001, S. 47 ff. (75). Vgl. auch *Kennedy*, FDLJ 2000, S. 81 ff. (102).
[128] *Grabowski*, S. 225 ff. (230 f.). Selbst gegen freiwillige Kennzeichnungen wehrt sich die Industrie und versucht diese zu untergraben; dazu *Hamilton*, DRAKEJAL 2001, S. 81 ff. (97).
[129] Vgl. FDA Premarket Notice Concerning Bioengineered Foods, 21 CFR Parts 192 & 592. Dazu *Francer*, VAJSPL 2000, S. 257 ff. (276).
[130] *Grabowski*, S. 225 ff. (231). Vgl. *Runge/Jackson*, JWT 2000, S. 111 ff. (117 ff.).
[131] *Grabowski*, S. 225 ff. (228).
[132] Dabei ist aber zu berücksichtigen, dass bei mangelnder Verbraucherakzeptanz jede Kennzeichnung „diskriminierend" wirkt; dazu *Katzek*, EFLR 1993, S. 205 ff. (213).

den[133]. Von europäischer Seite wird dagegen den USA vorgeworfen, dass höhere Präzision nicht automatisch bessere Vorhersagbarkeit von Risiken bedeute[134]. Zwar sei der Gentransfer mit Hilfe von moderner Gentechnik genauer als klassische Kreuzungsmethoden. Dies führe aber nicht automatisch zu einem besseren Verständnis der Folgen dieser Technik. Stattdessen werde in ungerechtfertigter Weise vom besseren Verständnis der Genotypen auf ein besseres Verständnis der Phänotypen und auf die Vorhersagbarkeit ihrer Auswirkungen geschlossen. Bisher fehle aber der Zwischenschritt von der Kenntnis des Genotyps auf das Verständnis des Phänotyps[135], zumal mit Hilfe der Gentechnik Gentransfers vorgenommen werden können, die mit traditionellen Methoden nicht erreichbar sind[136].

Der Streit um die Kennzeichnung gentechnisch veränderter Lebensmittel zwischen den USA und der EG hat somit seinen Ausgangspunkt in den dargestellten Systemunterschieden zum Umgang mit der Gentechnik. Allerdings sind auch die Systemunterschiede ihrerseits nur Ausprägung der zugrundeliegenden Anschauungen. Daher soll im Folgenden versucht werden, die Hintergründe der unterschiedlichen Haltungen der USA und der EG zum Einsatz der Gentechnik im Lebensmittelsektor zu benennen.

b) Hintergründe der unterschiedlichen Haltungen zum Einsatz der Gentechnik im Lebensmittelsektor

Bei der Benennung der Hintergründe für die Systemunterschiede zwischen den USA und der EG in Bezug auf den Umgang mit gentechnisch veränderten Lebensmitteln ist zunächst die bereits erwähnte kulturelle Bedeutung der Nahrungsaufnahme und ihre historische Entwicklung zu beachten.

In den USA ist das Essen im Gegensatz zur EG eher zu einem Ausdruck von Effizienz und der technologischen Entwicklung geworden[137]. Dies wird durch die Tatsache gefördert, dass sich die USA historisch als technologiefreundlich begreifen[138]. Dementsprechend begegnen amerikanische Verbraucher traditionellen Herstellungsmethoden eher skeptisch[139]. Dagegen bevorzugen europäische Verbraucher kulturell und traditionell bedingt herkömmliche Lebensmittel

---

[133] *Grabowski*, S. 225 ff. (226 f.). *Rücker*, S. 48 ff. lehnt eine Gleichartigkeit mit traditionellen Zuchtmethoden dann ab, wenn der Gentransfer im Wege des Überschreitens der Grenzen zwischen den Organismusreichen stattfindet.
[134] *Baram/Juma/Krimsky/King*, BUJSTL 1998, S. 1 ff. (18).
[135] Siehe oben Fn. 134.
[136] *Kerr*, The World Economy 1999, S. 245 ff. (247).
[137] *Krenzler/MacGregor*, EFAR 2000, S. 287 ff. (304).
[138] Zur Position der USA *Hamilton*, DRAKEJAL 2001, S. 81 ff. (86 f.). Zur Akzeptanz der Biotechnologie *Haniotis*, S. 171 ff. (172).
[139] *Echols*, CLMJEURL 1998, S. 525 ff. (526).

mit minimaler Verarbeitung, wobei sie skeptisch gegenüber neuen Technologien sind[140]. Diese unterschiedliche Einstellung liegt auch darin begründet, dass traditionelle und regionale Herstellungsweisen bis ins Mittelalter zurückgehen. Europäische Verbraucher vertrauen also eher auf eine jahrhundertelange Erfahrung mit der Sicherheit der Lebensmittel als auf deren wissenschaftliche Nachweisbarkeit[141]. Exemplarisch lassen sich diese Unterschiede am Umgang mit europäischem Rohmilchkäse belegen. Während dieser in Europa als Delikatesse geschätzt wird, sehen ihn die Amerikaner als unsicher an und reagieren zurückhaltend[142].

Verstärkt wurde die europäische Skepsis gegenüber neuen Technologien im Lebensmittelbereich durch die zahlreichen Lebensmittelkrisen[143]. Diese Krisen wurden nicht nur als Fehler im Regelungssystem begriffen, sondern auch als ein Versagen der Wissenschaft, die diese Risiken nicht früher erkannt hat[144]. Insofern hat in Europa ein Umdenken in Bezug auf die Lebensmittelvorschriften eingesetzt, die dem Wunsch der Verbraucher nach Transparenz Rechnung tragen sollen und daneben einen auf unabhängige wissenschaftliche Meinungen gestützten Entscheidungsprozess umfassen sollen[145]. Während in Europa die Tendenz somit zu einer vermehrten staatlichen Aufsicht und besserer Information geht, wird in den USA stärker als in Europa auf die Fähigkeit der betroffenen Industrien zur Selbstregulierung vertraut[146]. Dementsprechend stehen europäische Kennzeichnungspflichten der amerikanischen Position, die Produzenten selbst entscheiden zu lassen, worüber sie informieren wollen, diametral gegenüber.

Aber auch der wirtschaftlichen Entwicklung in der Lebensmittelproduktion wird ein Einfluss auf die unterschiedlichen Positionen der EG und der USA zugeschrieben. Die Landwirtschaft in den USA sei primär exportorientiert, so dass der Trend zu einer höheren Produktivität ginge, ohne dass die Landwirte unbedingt auf einheimische Märkte angewiesen wären[147]. Hinzu komme, dass ein Wachstum im weltweiten Bedarf an eben den Nahrungsmitteln erwartet worden sei, bei denen die Biotechnologie ihre größten Fortschritte gemacht hat, nämlich Mais und Soja[148]. Dementsprechend habe sich der regulative Rahmen an die Bedürfnisse der Agrobiotechnologieindustrie angepasst[149]. Dagegen herr-

---

[140] Siehe oben Fn. 139; vgl. auch *Teel*, NYUELJ 2000, S. 649 ff. (651).
[141] *Echols*, CLMJEURL 1998, S. 525 ff. (528).
[142] Siehe oben Fn. 141.
[143] *Haniotis*, S. 171 ff. (173); *Reichenbach*, EuZW 1997, S. 673 ff.
[144] *Krenzler/MacGregor*, EFAR 2000, S. 287 ff. (315); *Haniotis*, S. 171 ff. (173).
[145] *Haniotis*, S. 171 ff. (173 f.).
[146] *Echols*, CLMJEURL 1998, S. 525 ff. (533 f.).
[147] *Haniotis*, S. 171 ff. (172); *Krenzler/MacGregor*, EFAR 2000, S. 287 ff. (306).
[148] *Haniotis*, S. 171 ff. (173).
[149] *Haniotis*, S. 171 ff. (172).

sche in der EG als weltweit größtem Importeur von Lebensmitteln[150] eher die Tendenz, weniger zu erzeugen und stattdessen die Qualität zu erhöhen[151]. Dieser Trend, den auch die Lebensmittelwirtschaft unterstützt[152], diene auch der Schaffung von Vertrauen bei den Verbrauchern, das durch die Lebensmittelkrisen beschädigt wurde[153].

Es lässt sich somit zeigen, dass die unterschiedlichen Regelungssysteme für gentechnisch veränderte Lebensmittel in der EG und den USA nicht nur ihren Ausgangspunkt in einer unterschiedlichen Einstellung zur Gentechnik haben, sondern tiefer liegende kulturelle und wirtschaftliche Hintergründe. Aber nicht nur die unterschiedlichen Regelungssysteme in der EG und in den USA und ihre Hintergründe führen dazu, dass die Kennzeichnungspflicht zu einer der umstrittensten Fragen in Bezug auf gentechnisch veränderte Lebensmittel gehört. Hinzu kommen auch technische Probleme und wirtschaftliche Folgen der Kennzeichnungspflicht.

c) Technische Probleme der Kennzeichnungspflicht

Ein weiterer Grund dafür, dass sich gerade die Kennzeichnung zu einem der wesentlichen Streitpunkte in Bezug auf gentechnisch veränderte Lebensmittel entwickelt hat, liegt in den technischen Problemen, die diese mit sich bringt. Um eine den Anforderungen der EG genügende Kennzeichnung zu gewährleisten, müssten die Exportstaaten entweder umfassende Testverfahren einführen oder getrennte Produktionswege für gentechnisch veränderte und herkömmliche Produkte einrichten[154], um eine zufällige Vermischung zu verhindern. In bezug auf Testverfahren stellt sich das Problem, dass in den USA gentechnisch veränderte und herkömmliche Lebensmittelausgangsprodukte wie Mais und Soja als Massenlieferungen („bulk shipments") gehandelt werden[155], so dass befürchtet wird, dass entsprechend umfangreiche Testverfahren technisch nicht zu bewältigen sind[156]. Außerdem wurden die Nachweismethoden bislang noch nicht stan-

---

[150] *Horst,* ZLR 2000, S. 475 ff. (484).
[151] Siehe oben Fn. 148. Vgl. auch *Cendrovicz,* Europe Environnemental (supplément) 1998, S. 1 ff. (2).
[152] *Haniotis,* S. 171 ff. (174 f.). Vgl. *Stewart/Johanson,* DRAKEJAL 1999, S. 243 ff. (271) in Bezug auf die Kennzeichnung gentechnisch veränderter Lebensmittel.
[153] Vgl. *Haniotis,* S. 171 ff. (175).
[154] *Murphy,* HVILJ 2001, S. 47 ff. (74 f.).
[155] Massenlieferungen von Getreide und Soja machen 90% des Handels mit GVO aus; dazu *Eggers/Mackenzie,* JIEL 2000, S. 525 ff.; vgl. *Giraudel,* RJE 1998, S. 327 ff. (338).
[156] *Lange,* NUR 1999, S. 247 ff. (251); *Unnevehr/Hill/Cunningham,* S. 131 ff. (138).

dardisiert[157], so dass fraglich sein kann, ob die genutzte Methode anerkannt wird[158]. Ferner wird eingewandt, dass häufig eine gentechnische Verunreinigung, z.B. durch Pollenflug, nicht ausgeschlossen werden könne, so dass es verbindlicher Nachweisgrenzen bedürfe[159]. Auch getrennte Produktionswege für gentechnisch veränderte und herkömmliche Ausgangsprodukte wie Mais und Soja lehnen Firmen insbesondere in den USA als technisch unmöglich ab[160]. Dagegen spricht allerdings, dass auch in den USA bereits solche getrennten Systeme existieren[161].

d) Wirtschaftliche Konsequenzen der Kennzeichnungspflicht

Schwerer noch als die technischen Probleme wiegen die wirtschaftlichen Konsequenzen einer Kennzeichnungspflicht. Dazu gehören zum einen Absatzprobleme, da befürchtet wird, dass eine Kennzeichnung Endverbraucher vom Kauf der entsprechenden Produkte abschreckt[162]. So beklagen US Firmen aufgrund der Haltung gegenüber gentechnisch veränderten Produkten in der EG Handelseinbußen von bis zu 90% für Produkte wie Mais[163], der in den USA vor allem gentechnisch verändert angebaut wird. Die finanziellen Verluste werden insgesamt auf bis zu US$ 1 Mia. geschätzt, wobei aber die Folgen des derzeit in der EG bestehenden faktischen Moratoriums[164] für die Zulassung gentechnisch veränderter Produkte eingerechnet werden[165]. Neben den Absatzproblemen befürchten die Firmen außerdem erhöhte Kosten für die Kennzeichnung und Zertifizierung von Lebensmitteln bzw. für getrennte Produktionswege[166], zumal nach Schätzungen 60% aller Lebensmittel zu kennzeichnen wären[167].

---

[157] *Grugel*, ZLR 1998, S. 71 ff. Zu den Nachweismethoden *Hemmer/Pauli*, EFLR 1998, S. 27 ff.; *Schauzu*, S. 147 ff.

[158] *Fredland*, VDBJTL 2000, S. 183 ff. (192).

[159] Vgl. *Lange*, NUR 1999, S. 247 ff. (251). Zur Verbreitung gentechnisch veränderten Erbguts durch Pollenflug siehe auch *Süddeutsche Zeitung* Nr. 112 vom 16.5. 2001, S. 6; *Süddeutsche Zeitung* vom 20.4.2001, S. 12.

[160] *Cendrovicz*, Europe Environnemental (supplément) 1998, S. 1 ff. (15); *Quintillán*, JWT 1999, S. 147 ff. (183).

[161] Dazu *Fredland*, VDBJTL 2000, S. 183 ff. (192); *Runge/Jackson*, JWT 2000, S. 111 ff. (116 f.). Vgl. *Eggers/Mackenzie*, JIEL 2000, S. 525 ff. (526), die dadurch eine Steigerung der Produktionskosten um 30% erwarten. Andere Schätzungen belaufen sich auf 6–10%; vgl. *Unnevehr/Hill/Cunningham*, S. 131 ff. (139); *King*, DRAKEJAL 2001, S. 241 ff.

[162] *Fredland*, VDBJTL 2000, S. 183 ff. (191).

[163] *Murphy*, HVILJ 2001, S. 47 ff. (81). Zu den Handelseinbußen vgl. *Francer*, VAJSPL 2000, S. 257 ff. (258); *Perdikis/Kerr/Hobbs*, The World Economy 2001, S. 379 ff.

[164] Ausführlich dazu *Krenzler/MacGregor*, EFAR 2000, S. 287 ff. (297); *Kuilwijk/Pouncey*, Int.T.L.R. 1999, S. 89 ff. (91 f.); *Stewart/Johanson*, DRAKEJAL 1999, S. 243 ff. (266 ff.).

[165] *Krenzler/MacGregor*, EFAR 2000, S. 287 ff. (287 f.).

Die wirtschaftlichen Konsequenzen, die mit einer Kennzeichnung gentechnisch veränderter Lebensmittel und der mangelnden Akzeptanz bei den Verbrauchern verbunden sind, lassen sich bereits gegenwärtig beobachten. So haben die Einstellungen der Verbraucher und der Erlass von verbindlichen Kennzeichnungsregelungen in der EG bereits zu entsprechenden Marktreaktionen geführt. Insbesondere verlangen einige Lebensmittelunternehmen den Nachweis, dass die gelieferten Ausgangsprodukte nicht gentechnisch verändert sind bzw. garantieren, dass die eigenen Produkte gentechnikfrei sind[168]. Nestlé war aufgrund von Absatzschwierigkeiten gezwungen, den Riegel „Butterfinger" aus gentechnisch verändertem Mais vom Markt zu nehmen[169]. In den USA haben Großhändler z.T. angekündigt, sie würden keine gentechnisch veränderten Getreidesorten mehr kaufen, so dass Saatgutunternehmen den Farmern Hilfe beim Finden von Absatzmärkten anbieten mussten[170]. Daher ist in den USA die Anbaufläche für gentechnisch verändertes Getreide im Jahr 2000 erstmals zurückgegangen[171], ebenso wie die Verkaufszahlen des entsprechenden Saatguts[172]. Selbst amerikanische Biotechnologieunternehmen wie Monsanto haben Kennzeichnungszugeständnisse gemacht[173]. Solche Reaktionen lassen sich auch in anderen Staaten wie Frankreich, Spanien und der Schweiz beobachten[174]. Insgesamt ist daher von erheblichen Handelseinbußen für die Hauptexportstaaten gentechnisch veränderter Lebensmittel auszugehen.

Die direkte Kausalität der Kennzeichnungsanforderungen wird allerdings zum Teil dahingehend bezweifelt, dass Umsatzrückgänge eher eine Folge der Ver-

---

[166] *Unnevehr/Hill/Cunningham*, S. 131 ff. (138). A.A. in Bezug auf Nischenmärkte *Runge/Jackson*, JWT 2000, S. 111 ff. (116).

[167] *Teel*, NYUELJ 2000, S. 649 ff. (678). Andere gehen für die USA von 70–100% aus; vgl. *Runge/Jackson*, JWT 2000, S. 111 ff.

[168] Zu diesen Firmen gehören sowohl Hersteller von Babynahrung, aber auch Supermarktketten und McDonalds. Ausführlich *Unnevehr/Hill/Cunningham*, S. 131 ff. (132 f.). Vgl. auch *Krenzler/MacGregor*, EFAR 2000, S. 287 ff. (316); *Teel*, NYUELJ 2000, S. 649 ff. (677). Daneben haben auch Organisationen in den USA, wie die American Corn Growers Association (ACGA), obligatorische Testverfahren vor der Vermarktung von gentechnisch veränderten Lebensmitteln gefordert. Zur Position der ACGA *Goldberg*, S. 157 ff.

[169] *Krenzler/MacGregor*, EFAR 2000, S. 287 ff. (305); *Steinmann/Strack*, NuR 2000, S. 367 ff. (368).

[170] *Hamilton*, DRAKEJAL 2001, S. 81 ff. (100).

[171] *Krenzler/MacGregor*, EFAR 2000, S. 287 ff. (316). Vgl. auch *King*, DRAKEJAL 2001, S. 241 ff.

[172] *Macmillan/Blakeney*, TLNJTIP 2001, S. 93 ff. (114).

[173] *Teel*, NYUELJ 2000, S. 649 ff. (677). Im Übrigen unterstützt die europäische Lebensmittelindustrie die Kennzeichnungsforderungen der Verbraucher; dazu oben Fn. 153. Vgl. *Toussaint*, ZLR 1998, S. 81 ff. (82 f.).

[174] *Runge/Jackson*, JWT 2000, S. 111 ff. (112). Zu weiteren Staaten vgl. *Murphy*, HVILJ 2001, S. 47 ff. (88).

braucherablehnung als der entsprechenden Kennzeichnungen sind[175]. Insbesondere sei die obligatorische Kennzeichnung kein Versuch, den Handel zu behindern, sondern fördere ihn langfristig durch Schaffung von Akzeptanz. Schließlich seien die Produzenten beim Verkauf ihrer Waren auf die Akzeptanz von seiten der Verbraucher angewiesen[176]. Auf kurze Sicht dürfte sich aber kaum bezweifeln lassen, dass eine Kennzeichnungspflicht Auswirkungen auf den Handel, insbesondere zwischen den USA und der EG hat.

6. Die WTO als Forum eines Streits zwischen den USA und der EG

Vor dem Hintergrund dieser Auswirkungen drohen die USA damit, die europäischen Kennzeichnungsvorschriften von den Streitschlichtungsorganen der Welthandelsorganisation (WTO) überprüfen zu lassen[177]. Bereits in der Vergangenheit haben die USA unter Beweis gestellt, dass sie grundsätzlich gewillt sind, Handelshemmnisse der EG im Lebensmittelsektor von der WTO überprüfen zu lassen. Zuletzt war dies der Fall im sogenannten Rinderhormonfall[178], wo die USA 1996 auf Drängen von Monsanto die EG-Restriktionen für den Import von hormonbehandeltem Rindfleisch vor die WTO brachten[179]. Auch für die EG-Vorschriften zum Umgang mit der Gentechnik mehren sich die Anzeichen, dass die USA, trotz der Einrichtung eines gemeinsamen Pilotprogrammes mit der EG zur Beurteilung biotechnologischer Produkte[180], die EG-Vorschriften vor die WTO bringen werden[181], wobei im Zentrum der Differenzen die Kennzeichnung gentechnisch veränderter Lebensmittel steht[182].

Beurteilungsmaßstab für die Vereinbarkeit der EG-Vorschriften zur Kennzeichnung gentechnisch veränderter Lebensmittel mit dem Welthandelsrecht sind insbesondere die im Rahmen der WTO geschlossenen Übereinkommen über die Anwendung gesundheitspolizeilicher und pflanzenschutzrechtlicher Maßnahmen (Agreement on the Application of Sanitary and Phytosanitary Measures – SPS)[183] und über technische Handelshemmnisse (Agreement on

---

[175] Zu Recht weist *Katzek,* EFLR 1993, S. 205 ff. (213) darauf hin, dass sich bei fehlender Verbraucherakzeptanz jegliche Kennzeichnung „diskriminierend" auswirkt.
[176] Siehe oben Fn. 153, sowie *Grabowski,* S. 225 ff. (226).
[177] *Kuilwijk/Pouncey,* Int.T.L.R. 1999, S. 89 ff.; *Krenzler/MacGregor,* EFAR 2000, S. 287 ff.
[178] *EC – Measures Concerning Meat and Meat Products (Hormones),* Panel Report (US), WT/DS26/R/USA vom 18.8.1997; Appellate Body Report, WT/DS26/AB/R, WT/DS48/AB/R vom 16.1.1998. Dazu *Schohe,* EFLR 1998, S. 253 ff.; *O'Connor,* EFLR 1998, S. 143 ff. sowie die Nachweise in § 10.
[179] *Fredland,* VDBJTL 2000, S. 183 ff. (194).
[180] *Buckingham/Phillips,* JWT 2001, S. 1 ff. (20).
[181] *Fredland,* VDBJTL 2000, S. 183 ff. (184, 185); *Murphy,* HVILJ 2001, S. 47 ff. (48). Vgl. auch BRIDGES Trade BioRes, Vol. 2 No. 4 vom 7.3.2002.
[182] *Haniotis,* S. 171 ff. (176).

§ 1 Einleitung   41

Technical Barriers to Trade – TBT)[184]. So haben die USA bereits gegen einzelne Kennzeichnungsregelungen, die seitens der EG gemäß dem TBT-Übereinkommen notifiziert wurde, Einwände erhoben[185]. Zur Darlegung der WTO-Widrigkeit der europäischen Regelungen argumentieren die USA, dass die europäischen Vorschriften zur Kennzeichnung gentechnisch veränderter Lebensmittel ein protektionistisches Handelshemmnis darstellten, das die europäischen Firmen vor der amerikanischen Konkurrenz schützen solle[186]. Im Einzelnen machen die USA geltend, die Kennzeichnungsverpflichtungen seien übermäßig restriktiv[187] und würden die Verbraucher eher verwirren als informieren[188]. Außerdem beruhten sie auf der irrigen Annahme, das bloße Vorhandensein gentechnisch veränderter DNA oder entsprechender Proteine könnte eine fehlende Gleichwertigkeit zwischen gentechnisch veränderten und herkömmlichen Lebensmitteln begründen[189]. Konkret machen die USA geltend, eine freiwillige Kennzeichnung, die auf die Gentechnikfreiheit bestimmter Produkte hinweist[190], oder der Hinweis, dass ein Produkt gentechnisch veränderte Bestandteile enthalten *kann*, seien weniger handelshemmende Alternativen zur EG-Regelung[191]. Außerdem werfen die USA der EG einen inkonsequenten Umgang mit der Gentechnik vor, da deren Einsatz in der Lebensmittelproduktion streng reglementiert sei, bei Medikamenten oder bestimmten Käsesorten aber toleriert würde[192].

---

[183] Abgedruckt im ABl. (EG) Nr. L 336 vom 23.12.1994, S. 40 ff.
[184] Abgedruckt im ABl. (EG) Nr. L 336 vom 23.12.1994, S. 86 ff. Das TBT-Übereinkommen ist insofern kein neues Übereinkommen, als es bereits in der Kennedy-Runde (1963–1967) diskutiert wurde, da nicht-tarifäre Handelshemmnisse ein zunehmendes Problem darstellten, aber erst im Rahmen der Tokyo-Runde 1979 als sog. Standards Code verabschiedet wurde, mit dem die Anwendung nicht-tarifärer technischer Handelshemmnisse diszipliniert werden sollte. Allerdings konnten die Mitgliedstaaten wählen, ob sie sich dem Code unterwerfen wollten, so dass der Standards Code wenig Wirkung hatte. Zur Entstehungsgeschichte des TBT-Übereinkommens *Völker*, S. 281 ff.; *Douma/Jacobs*, EELR 1999, S. 137 ff. (138); *Ritter*, EuZW 1997, S. 133 ff. (134); *Roberts*, JIEL 1998, S. 377 ff. (379 ff.).
[185] Zum Ganzen: European Council Regulation No. 1139/98: Compulsory Indication of the Labelling of Certain Foodstuffs Produced from Genetically Modified Organisms, Submission by the United States, G/TBT/W/94 vom 16.10.1998. Dazu *Krenzler/MacGregor*, EFAR 2000, S. 287 ff. (311); *Appleton*, NYUELJ 2000, S. 566 ff. (574). *Streinz*, ZUR 1999, S. 16 ff. (17).
[186] *Murphy*, HVILJ 2001, S. 47 ff. (81); *Hamilton*, DRAKEJAL 2001, S. 81 ff. (114 f.); *Perdikis/Kerr/Hobbs*, The World Economy 2001, S. 379 ff. (381).
[187] *Streinz*, ZUR 1999, S. 16 ff. (21).
[188] Vgl. *Grabowski*, S. 225 ff. (231).
[189] *Streinz*, ZUR 1999, S. 16 ff. (21); *Stewart/Johanson*, DRAKEJAL 1999, S. 243 ff. (286). Vgl. zur Gleichwertigkeit auch *Minol*, S. 137 ff.
[190] Vgl. *Teel*, NYUELJ 2000, S. 649 ff. (655).
[191] Vgl. zu den Handelsauswirkungen einer Negativkennzeichnung oder einer „Kann-Enthalten"-Kennzeichnung *Unnevehr/Hill/Cunningham*, S. 131 ff. (133).
[192] *Cendrovicz*, Europe Environnemental (supplément) 1998, S. 1 ff. (6).

Auch wenn im Falle ihres Unterliegens die EG zwar verpflichtet ist, aber nicht gezwungen werden kann, die betroffenen Regelungen aufzuheben[193], hätte eine Verurteilung durch die Streitschlichtungsorgane der WTO für die EG erhebliche wirtschaftliche Konsequenzen. Insbesondere drohen der EG bei Nichtbefolgen der WTO-Entscheidung die Zulassung amerikanischer Vergeltungsmaßnahmen in Form von Straf- bzw. Ausgleichszöllen. Angesichts des dargelegten hohen wirtschaftlichen Wertes, der mit der Kennzeichnung verbunden ist, könnten der EG also gravierende wirtschaftliche Einbußen bevorstehen[194].

II. Gang der Untersuchung und Eingrenzung der Thematik

1. Grundlegende Fragestellungen der Untersuchung

Vor diesem Hintergrund soll in dieser Arbeit die Vereinbarkeit der europäischen Kennzeichnungsregelungen für gentechnisch veränderte Lebensmittel mit dem Welthandelsrecht untersucht werden. Die zentralen Aspekte einer eventuellen Vereinbarkeit der europäischen Vorschriften sind dabei der Zweck und die Ausgestaltung der europäischen Kennzeichnungsvorschriften.

Die Bestimmung des Zwecks ist dabei wesentlich für die Einordnung der zu prüfenden Vorschriften unter das einschlägige WTO-Übereinkommen. Wie bereits erwähnt, kommen als einschlägige Übereinkommen das SPS- und das TBT-Übereinkommen in Betracht, deren Anwendungsbereiche sich gegenseitig ausschließen und die sich in ihren Anforderungen an handelshemmende Maßnahmen stark unterscheiden. Während das SPS-Übereinkommen handelshemmende Maßnahmen regelt, die auf den Gesundheitsschutz abzielen, fallen unter das TBT-Übereinkommen technische Handelshemmnisse, die aus anderen Gründen ergriffen werden. Zu diesen anderen Gründen zählt nach der hier vertretenen Ansicht auch die allgemeine, nicht gesundheitsspezifische Verbraucherinformation. Da beide Übereinkommen auch auf Kennzeichnungsvorschriften anwendbar sind, ist der zentrale Gegenstand dieser Untersuchung der mit der Kennzeichnung verfolgte Zweck. Soll die Kennzeichnung gentechnisch veränderter Lebensmittel die Verbraucher vor Gesundheitsgefahren warnen oder über Risiken aufklären, so ist das SPS-Übereinkommen anwendbar. Dient die Kennzeichnung hingegen der allgemeinen Verbraucherinformation, damit diese eine informierte Auswahlentscheidung treffen können, so ist sie anhand des TBT-Übereinkommens zu überprüfen.

---

[193] Vgl. *Schroeder/Schonard*, RIW 2001, S. 658 ff. (660). Ausführlich zu den Folgen eines Unterliegens unten § 9.
[194] *Streinz*, ZLR 1996, S. 123 ff. (139).

§ 1 Einleitung   43

Ein weiterer zentraler Aspekt der Vereinbarkeit von Kennzeichnungsregelungen mit den WTO-Übereinkommen ist deren Ausgestaltung. Bislang wurde in der Streitschlichtungspraxis zwischen verfahrensbezogenen Regelungen und produktbezogenen Regelungen unterschieden[195]. Während verfahrensbezogene Handelshemmnisse darauf abstellen, wie ein bestimmtes Produkt erzeugt wird, unabhängig davon, ob Unterschiede zu Produkten, die anders erzeugt werden, feststellbar sind, greifen produktbezogene Handelshemmnisse nachweisbare Produktunterschiede auf, unabhängig davon, wie diese zustande kommen. Bislang hat sich die Streitschlichtungspraxis verfahrensbezogenen Regelungen ablehnend gegenüber gezeigt, da befürchtet wird, dass Staaten verfahrensbezogene Regelungen missbrauchen, um die einheimische Produktion zu schützen.

Für die EG-Vorschriften zur Kennzeichnung gentechnisch veränderter Lebensmittel ist insbesondere die Bestimmung des Zwecks nicht einfach, da sie im Überschneidungsbereich zwischen dem klassischen, die Marktfreiheit und die lediglich nachträgliche behördliche Kontrolle betonenden Lebensmittelrecht und dem stark präventiv ausgerichteten Gentechnikrecht angesiedelt sind[196]. Während sich das Gentechnikrecht durch sein risikovorbeugendes Instrumentarium auszeichnet, zu dem auch Maßnahmen der Informationsgewinnung und -verarbeitung gehören[197], wird im klassischen Lebensmittelrecht grundsätzlich von der freien Verkehrsfähigkeit von Lebensmitteln ausgegangen und eine systematische Risikoermittlung findet nur für spezifische, eng umgrenzte Bereiche statt[198]. Da es in der vorliegenden Untersuchung um Kennzeichnung gentechnisch veränderter *Lebensmittel* geht, ist zunächst zu klären, ob und inwieweit die Lebensmittelkennzeichnung der allgemeinen Verbraucherinformation dient oder Risiko- und Gesundheitsinformationen vermitteln soll. Dies soll anhand der Darstellung der Entwicklung des Lebensmittelrechts in der EG unter besonderer Berücksichtigung der Binnenmarktentwicklung untersucht werden, wobei auch der Einfluss der Risiko- und Vorsorgelehre zu beachten ist. Anhand der gefundenen Ergebnisse sollen anschließend die materiellen Regelungen der Kennzeichnungsvorschriften für gentechnisch veränderte Lebensmittel untersucht werden.

Die inhaltlichen Schwerpunkte der vorliegenden Untersuchung liegen auf europäischer Ebene also in der Systematisierung und Trennung der beiden Funktionen der Lebensmittelkennzeichnung – der Risikoinformation und der allgemeinen Verbraucherinformation – und in der Darstellung und Bewertung der materiellen Kennzeichnungsregelungen für gentechnisch veränderte Lebensmittel. Auf internationaler Ebene kommt hinzu die Einordnung und Untersuchung

---

[195] *Okubo,* GEOIELR 1999, S. 599 ff. (611).
[196] Vgl. *Schlacke,* ZUR 1996, S. 285 ff. (292).
[197] Ausführlich *Schlacke,* ZUR 1996, S. 285 ff. (287 f.).
[198] Siehe oben Fn. 197.

der europäischen Kennzeichnungsvorschriften anhand des SPS- und des TBT-Übereinkommens unter gleichzeitiger Abgrenzung von GATT, wobei die Beurteilung der Konformität anhand der Spruchpraxis der Streitschlichtungsorgane vorgenommen wird. Daneben wird auf den Einfluss weiterer internationaler Vorschriften, wie diejenigen der Codex Alimentarius Kommission oder das Cartagena Protokoll über die Biologische Sicherheit, auf die Konformitätsbewertung durch die Streitschlichtungsorgane eingegangen.

2. Gang der Untersuchung im Einzelnen

Aus den inhaltlichen Schwerpunkten der Arbeit ergibt sich auch der Gang der Untersuchung, die in drei Teile gegliedert ist. Aufgabe des ersten Teils ist die Darstellung der Bedeutung der Lebensmittelkennzeichnung im Spiegel des Lebensmittelrechts. Dabei geht es um folgende Fragestellungen: Welche Zwecke verfolgt die Lebensmittelkennzeichnung, wie haben sich die Funktionen der Lebensmittelkennzeichnung entwickelt und wie lassen sich unterschiedliche Kennzeichnungszwecke abgrenzen? Mit diesem Teil soll somit das systematische Fundament für die Beurteilung des Zwecks der Kennzeichnung gentechnisch veränderter Lebensmittel und damit letztlich für ihre Einordnung unter das jeweils einschlägige WTO-Übereinkommen geschaffen werden.

In § 2 wird daher zunächst die Kennzeichnung im europäischen Lebensmittelrecht dargestellt. Dazu wird ein kurzer Überblick über die Entwicklung des europäischen Lebensmittelrechts und seiner wesentlichen Funktionen – Gesundheitsschutz durch Harmonisierung und Täuschungsschutz durch gegenseitige Anerkennung und Kennzeichnung – gegeben. In der Folge wird dargestellt, wie sich die Lebensmittelkennzeichnung vom Täuschungsschutz hin zur allgemeinen Verbraucherinformation fortentwickelt hat. Die politischen und wirtschaftlichen Funktionen der allgemeinen Verbraucherinformation und ihre Koinzidenz mit der Binnenmarktentwicklung in der EG sollen dabei zeigen, dass die Fortentwicklung der Lebensmittelkennzeichnung in der Logik der Entwicklung der EG selbst liegt. Abschließend soll gezeigt werden, wie nach der Richtlinie 2000/13/EG[199] Informationen durch Lebensmittelkennzeichnung vermittelt werden und wie diese vom Verbraucher rezipiert werden.

In § 3 soll der Einfluss der Risiko- und Vorsorgelehre auf die Bedeutung von Information und Kennzeichnung im Lebensmittelrecht untersucht werden. Nach einer kurzen Darstellung von Risiko und Risikovorsorge sowie der Instrumente der Risikosteuerung soll der Einfluss der Risiko- und Vorsorgelehre auf das Le-

---

[199] RL 2000/13/EG des Europäischen Parlaments und des Rates vom 20.3.2000 zur Angleichung der Rechtsvorschriften der Mitgliedstaaten über die Etikettierung und Aufmachung von Lebensmitteln sowie der Werbung hierfür, ABl. Nr. L 109 vom 6.5.2000 S. 29 ff.

§ 1 Einleitung

bensmittelrecht untersucht werden. Dabei wird geprüft werden, inwieweit der Kennzeichnung durch die Risiko- und Vorsorgelehre nicht mehr nur die Funktion einer allgemeinen Verbraucherinformation, sondern auch einer Risiko- und Gesundheitsinformation zukommt. Im Anschluss daran wird die Notwendigkeit einer Abgrenzung zwischen den verschiedenen Funktionen der Kennzeichnung erörtert und Kriterien werden entwickelt, um bei Lebensmittelkennzeichnungen zwischen solchen zur allgemeinen Verbraucherinformation und solchen zur Risikoinformation zu unterscheiden.

Der zweite Teil dient der Darstellung der unterschiedlichen Vorschriften zur Kennzeichnung gentechnisch veränderter Lebensmittel. Anhand der im ersten Teil entwickelten Kriterien soll für jede Vorschrift beurteilt werden, ob die Kennzeichnung der allgemeinen Verbraucherinformation oder der Gesundheits- und Risikoinformation dient. Dazu wird die Art und Weise der Kennzeichnung, das Verhältnis zum Zulassungsverfahren und die Entstehungsgeschichte und Zielsetzung der jeweiligen Vorschrift sowie deren Anwendungsbereich dargestellt. Außerdem wird die Ausgestaltung der jeweiligen Kennzeichnung unter dem Aspekt untersucht, ob es sich um eine produktbezogene oder um eine verfahrensbezogene Kennzeichnung handelt. Diese Untersuchung wird für die speziell auf Lebensmittel zugeschnittenen Vorschriften der Novel Food Verordnung[200] (§ 4), der Verordnung 1139/98, geändert durch die Verordnung 49/2000 zur Kennzeichnung von gentechnisch verändertem Mais und Soja[201] (§ 5) und der Verordnung 50/2000 zur Kennzeichnung von gentechnisch veränderten Zusatzstoffen und Aromen[202] (§ 6) vorgenommen. Soweit sich auch aus der Freisetzungsrichtlinie 2001/18/EG[203] Kennzeichnungsanforderungen für gentechnisch veränderte Lebensmittel ergeben, werden auch diese berücksichtigt (§ 7), auch wenn diese Richtlinie nicht speziell auf den Lebensmittelsektor zugeschnitten ist. Abschließend werden in § 8 die Ergebnisse des zweiten Teils zusammengefasst.

---

[200] VO (EG) Nr. 258/97 des Europäischen Parlaments und des Rates vom 27. Januar 1997 über neuartige Lebensmittel und neuartige Lebensmittelzutaten, ABl. L 43 vom 14.2.1997, S. 1 ff.

[201] VO (EG) 49/2000 der Kommission vom 10.1.2000 zur Änderung der Verordnung (EG) 1139/98 des Rates über Angaben, die zusätzlich zu den in der Richtlinie 79/112/EWG aufgeführten Angaben bei der Etikettierung bestimmter aus genetisch veränderten Organismen hergestellter Lebensmittel vorgeschrieben sind, ABl. Nr. L 6 vom 11.1.2000, S. 13 f.

[202] VO (EG) 50/2000 der Kommission vom 10.1.2000 über die Etikettierung von Lebensmitteln und Lebensmittelzutaten, die genetisch veränderte oder aus genetisch veränderten Organismen hergestellte Zusatzstoffe und Aromen enthalten, ABl. Nr. L 6 vom 11.1.2000, S. 15 f.

[203] RL 2001/18/EG des Europäischen Parlaments und des Rates vom 12.3.2001 über die absichtliche Freisetzung genetisch veränderter Organismen in die Umwelt und zur Aufhebung der RL 90/220/EWG des Rates, ABl. Nr. L 106 vom 17.4.2001, S. 1 ff.

Aufgabe des dritten Teils ist es schließlich, die europäischen Kennzeichnungsregelungen auf Konformität mit den Vorschriften der WTO zu prüfen. Dies geschieht auf der Grundlage der bisher ergangenen Entscheidungen der Streitschlichtungsorgane der WTO. Sie wird nicht für alle dargestellten Kennzeichnungsvorschriften einzeln vorgenommen, sondern am Beispiel der Novel Food Verordnung durchgeführt, allerdings in der Überformung, die diese durch die übrigen Verordnungen erfahren hat. Besondere Aufmerksamkeit kommt dabei völkerrechtlichen Entwicklungen zu, deren Einfluss auf die WTO-Konformität der EG-Vorschriften anhand der Streitschlichtungspraxis zu bewerten ist.

In § 9 wird zunächst ein kurzer Überblick über die WTO gegeben und eine Eingrenzung der Untersuchung in Bezug auf die Kennzeichnungsvorschriften und die heranzuziehenden Übereinkommen vorgenommen. Dabei wird insbesondere das Verhältnis von GATT, SPS- und TBT-Übereinkommen dargestellt. Außerdem werden die Folgen der Feststellung eines WTO-Verstoßes für die EG erörtert.

In § 10 wird die Vereinbarkeit der europäischen Kennzeichnungsvorschriften mit dem SPS-Übereinkommen geprüft. Nach einer kurzen Darstellung des Anwendungsbereichs des SPS-Übereinkommens, werden, dessen Anwendbarkeit unterstellt, die europäischen Vorschriften anhand der SPS-Bestimmungen zur wissenschaftlichen Begründetheit einer Maßnahme, zur Pflicht zur Minimierung negativer Handelsauswirkungen, zum Verbot von Diskriminierung und verschleierten Handelsbeschränkungen und zur Harmonisierung mit internationalen Standards, insbesondere denen der Codex Alimentarius Kommission, überprüft. Anschließend wird erörtert, ob völkerrechtliche Einflüsse, wie das Vorsorgeprinzip oder das Cartagena Protokoll zur Biologischen Sicherheit, den Ausgang eines möglichen Streitschlichtungsverfahrens zu beeinflussen vermögen.

In § 11 wird die Vereinbarkeit der Kennzeichnungsvorschriften mit dem TBT-Übereinkommen untersucht. Dabei wird zunächst dessen Anwendungsbereich erörtert, der aufgrund der bislang spärlichen Spruchpraxis noch unkonturiert ist. Im Anschluss daran werden die Kennzeichnungsvorschriften anhand der TBT-Bestimmungen zum Diskriminierungsverbot zwischen gleichartigen Produkten, zur Minimierung negativer Handelsauswirkungen und zur Harmonisierung mit internationalen Standards geprüft, wobei der Schwerpunkt der Untersuchung auf der Funktion der Gleichartigkeit im TBT-Übereinkommen im allgemeinen und der Gleichartigkeit von gentechnisch veränderten und herkömmlichen Lebensmitteln im speziellen liegt. Abschließend sollen wiederum die Einflüsse des Völkerrechts erörtert werden, bevor in § 12 die Ergebnisse dieser Arbeit zusammengefasst werden und ein Ausblick auf die zu erwartende weitere Entwicklung gegeben wird.

3. Aus der Untersuchung ausgeklammerte Fragestellungen und Materien

Aufgrund der Vielzahl der Fragestellungen, die sich aus dem Bereich Gentechnik und Lebensmittelkennzeichnung ergeben, erscheint es nötig, das gewählte Thema im Sinne einer stringenten Lösung in einigen Aspekten einzugrenzen.

Die erste Eingrenzung betrifft die Art der untersuchten Kennzeichnung. Kennzeichnungen lassen sich sowohl in Positiv- („Dieses Produkt enthält X") und Negativkennzeichnungen[204] („Garantiert ohne X") als auch in obligatorische und freiwillige Kennzeichnungen einteilen[205]. Während insbesondere freiwillige Negativkennzeichnungen meist geringere Probleme in Bezug auf ihre WTO-Konformität bereiten[206], da Unternehmen nicht gezwungen werden, die Produkte zu kennzeichnen, bevor sie sie vermarkten können[207], stehen obligatorischen Positivkennzeichnungen im Zentrum des Streits um die Vereinbarkeit mit dem Welthandelsrecht. Zwar gehen die europäischen Kennzeichnungsregelungen von der Zulässigkeit einer Negativkennzeichnung für nicht gentechnisch veränderte Lebensmittel aus[208]. Eine detaillierte Ausgestaltung bleibt aber dem nationalen Recht überlassen[209]. Entsprechend dem Schwerpunkt der europäischen Kennzeichnungsregelungen für gentechnisch veränderte Lebensmittel be-

---

[204] Zur Zulässigkeit und Ausgestaltung einer Negativkennzeichnung für gentechnisch veränderte Lebensmittel *Streinz,* ZLR 1998, S. 53 ff. (59 ff.); *Lange,* NUR 1999, S. 247 ff. (250).

[205] Zu den verschiedenen Einteilungen ausführlich *Okubo,* GEOIELR 1999, S. 599 ff. (603 ff.).

[206] Zur Vereinbarkeit freiwilliger Umweltkennzeichnungen mit GATT und dem TBT-Übereinkommen *Okubo,* GEOIELR 1999, S. 599 ff. (621 ff.). Zur Vereinbarkeit einer freiwilligen Negativkennzeichnung für gentechnisch veränderte Lebensmittel mit dem SPS-Übereinkommen *Feldmann,* ZLR 1997, S. 493 ff. (513 ff.).

[207] *Okubo,* GEOIELR 1999, S. 599 ff. (611). Eher hingegen stellen sich Probleme des Wettbewerbsrechts durch unzulässige Angaben; dazu *Streinz,* ZUR 1999, S. 16 ff. (19); *Krohn,* ZLR 1998, S. 257 ff.

[208] Vgl. Erwg. 10 der NFVO und Erwg. 20 der VO 1139/98. Dazu *Dederer,* EWS 1999, S. 247 ff. (253); *Long/Cardonnel,* EFLR 1998, S. 11 ff. (20 f.). Zu den gleichwohl existierenden europarechtlichen Vorgaben für eine entsprechende Negativkennzeichnung *Streinz,* ZUR 1999, S. 16 ff. (19 ff.); *Grugel,* ZLR 1998, S. 71 ff. (73 f.); *Feldmann,* ZLR 1997, S. 493 ff. Vgl. auch *Cozigou,* RMUE 1997, S. 67 ff. (79).

[209] Zur Ausgestaltung im deutschen Recht siehe die Verordnung zur Durchführung gemeinschaftsrechtlicher Vorschriften über neuartige Lebensmittel und Lebensmittelzutaten und über die Kennzeichnung von Erzeugnissen aus gentechnisch veränderten Sojabohnen und gentechnisch verändertem Mais sowie über die Kennzeichnung ohne Anwendung gentechnischer Verfahren hergestellter Lebensmittel vom 19.05.1998, BGBl. 1998 I, S. 1125; Erste Verordnung zur Änderung der Neuartige Lebensmittel- und Lebensmittelzutaten-Verordnung vom 13.10.1998, BGBl. 1998 I, S. 3167; Zweite Verordnung zur Änderung der Neuartige Lebensmittel- und Lebensmittelzutaten-Verordnung vom 13.08.1999, BGBl. 1999 I, S. 1885; Neufassung der Neuartige Lebensmittel- und Lebensmittelzutaten-Verordnung, BGBl. 2000 I, S. 123 ff. Ausführlich

schränkt sich die vorliegende Arbeit daher auf die Untersuchung obligatorischer Positivkennzeichnungen.

Eine weitere Eingrenzung betrifft den Zusammenhang zwischen Kennzeichnungsvorschriften und der Produktzulassung von gentechnisch veränderten Lebensmitteln. Einige europäische Vorschriften, wie die Novel Food Verordnung, regeln sowohl die Produktzulassung als auch die Kennzeichnung. Da die Produktzulassung, insbesondere in der Novel Food Verordnung, bereits Gegenstand umfassender wissenschaftlicher Untersuchungen war[210], beschränkt sich die vorliegende Arbeit darauf, die Zulassung in dem Maße darzustellen, wie es für das Verständnis der Kennzeichnungsvorschriften notwendig ist.

In Bezug auf die WTO ist eine Einschränkung insoweit angebracht, als nur die Vereinbarkeit der Kennzeichnungsregelungen mit den Vorschriften der einschlägigen WTO-Übereinkommen geprüft wird. Ausgeklammert bleibt damit die Untersuchung einer Nullifikationsklage nach Art. XXIII.1(b) GATT[211], die keinen Verstoß gegen GATT sondern nur die Zunichtemachung von Zugeständnissen oder sonstigen Vorteilen von GATT durch die Maßnahmen eines anderen Staates voraussetzt[212]. Bezüglich der Kennzeichnung ließe sich argumentieren, dass eine Verbraucherkennzeichnung die Vermarktungschancen für gentechnisch veränderte Lebensmittel ändert, auf denen die Zollzugeständnisse beruhen, und deren Wettbewerbsposition verschlechtert[213]. Da eine Nullifikationsklage den unterlegenen Staat nicht dazu verpflichtet, die Maßnahme abzuändern[214], beschränkt sich die vorliegende Arbeit auf die Untersuchung eines möglichen Streitverfahrens wegen Verstoßes gegen die WTO-Übereinkommen, bei dessen Feststellung die EG verpflichtet wäre, die Vorschriften zu ändern[215].

Gänzlich ausgeklammert bleiben Rechtsfragen, die die Kennzeichnung gentechnisch veränderter Lebensmittel und deren Vereinbarkeit mit den Vorschriften der WTO nur am Rande oder aus einem völlig anderen Blickwinkel betreffen. Dazu gehören insbesondere patentrechtliche Fragen gentechnisch veränderter Lebensmittel[216]. Diese können zwar auch auf internationaler Ebene, insbesondere seit der Ausweitung der WTO durch das Übereinkommen über

---

Okonek, ZLR 2000, S. 733 ff.; *Loosen*, ZLR 2000, S. 434 ff. (453 ff.); *Dederer*, EWS 1999, S. 247 ff. (253 f.).

[210] Umfassend dazu *Groß*, S. 205 ff., *Wahl/Groß*, DVBl. 1998, S. 2 ff. sowie die Literaturangaben in den Fußnoten zu § 4.

[211] Zu den Voraussetzungen einer Nullifikationsklage *Okubo*, GEOIELR 1999, S. 599 ff. (628 ff.); *Tietje*, JWT 1995, S. 123 ff. (131 f., 151 ff.).

[212] *Tietje*, JWT 1995, S. 123 ff. (131 f.).

[213] *Tietje*, JWT 1995, S. 123 ff. (153 f.).

[214] *Tietje*, JWT 1995, S. 123 ff. (132); *Okubo*, GEOIELR 1999, S. 599 ff. (630).

[215] Auch wenn die EG nicht dazu gezwungen werden kann. Siehe oben Fn. 193.

[216] Vgl. dazu *Straus*, S. 269 ff.; *Leible*, S. 299 ff.; *Souza*, ANNSICL 2000, S. 129 ff. (130 ff.).

§ 1 Einleitung

handelsbezogene Aspekte der Rechte des geistigen Eigentums (TRIPS)[217] eine Rolle spielen[218]. Sie berühren aber das Thema der Kennzeichnung allenfalls mittelbar, so dass auf die Darstellung der Problematik hier verzichtet werden kann. Ebenfalls dazu gehören institutionelle Fragen, wie die der Zuständigkeit der neuen Europäischen Behörde für Lebensmittelsicherheit für die Risikokommunikation[219], da diese keine Auswirkungen auf die materielle Vereinbarkeit der Kennzeichnung mit den WTO-Vorschriften hat.

Abschließend ist noch eine allgemeine Einschränkung des Themas notwendig. Ziel der Untersuchung ist die rechtliche Beurteilung der Vereinbarkeit der europäischen Kennzeichnungsregelungen mit den Vorschriften der WTO. Nicht Gegenstand der Untersuchung ist die primär politische Frage der allgemeinen Ausgestaltung der WTO, insbesondere in Bezug auf die Balance zwischen nationalen und multilateralen Politiken und Fragen der nationalen Souveränität innerhalb der WTO[220]. Grund für diese Eingrenzung ist die Beobachtung, dass die Debatte über die Kennzeichnung gentechnisch veränderter Lebensmittel zum Teil zum „Stellvertreterkrieg" über grundsätzliche Fragen der politischen Ausgestaltung der WTO instrumentalisiert wird. Insbesondere nach der Hormon-Entscheidung wurde vor den Folgen des SPS-Übereinkommens gewarnt, das dazu führe, dass Staaten nicht mehr souverän ihre Lebensmittelsicherheit bestimmen könnten, sondern statt dessen gezwungen seien, internationale Standards von Organisationen zu übernehmen, die einseitig von der Industrie dominiert wären[221]. Dem zugrunde liegt die Befürchtung, die WTO könnte sich als eine Art „Globale Meta-Regulierungsbehörde" erweisen, die wissenschaftliche Fragen nach Risiken und erforderlichen Schutzstandards abschließend beurteilt[222].

Eine solche Aufladung des Einzelproblems der Kennzeichnung gentechnisch veränderter Lebensmittel mit grundlegenden Fragestellungen insbesondere zur WTO ist angesichts der großen Bedeutung von Lebensmitteln für die Gesellschaft nachvollziehbar[223], wobei sich das Lebensmittelrecht wieder einmal als Referenzgebiet für grundlegende Gegenwartsprobleme von Recht, Technik, Natur und Gesellschaft erweist[224]. Insbesondere die Probleme, die die zukünftige Ausgestaltung der WTO betreffen, bedürfen jedoch einer Antwort, die weit

---

[217] Abgedruckt bei *Benedek*, S. 423 ff.
[218] Dazu *Murphy*, HVILJ 2001, S. 47 ff. (61 ff.); *Cripps*, INJGLS 2001, S. 119 ff. (130 ff.).
[219] *Engelbrechten*, ZLR 2000, S. 428 ff.
[220] Vgl. *Teel*, NYUELJ 2000, S. 649 ff. (651).
[221] Dazu *Victor*, NYJILP 2000, S. 865 ff. (871 f.).
[222] Dazu *Walker*, CNLILJ 1998, S. 251 ff. (254 f.).
[223] Vgl. *Victor*, NYJILP 2000, S. 865 ff. (922); *Lange*, NUR 1999, S. 247 ff.
[224] *Hufen*, ZLR 1998, S. 1 ff.; *Wahl*, ZLR 1998, S. 275 ff. (295); *Wahl*, Internationalisierung, S. 193 ff. (206).

über den thematischen Rahmen dieser Untersuchung hinausgeht und hinausgehen sollte, will man nicht der Gefahr erliegen, für richtig erkannte Lösungsmodelle für einen kleinen Teilbereich pauschal auf die WTO als Ganze zu übertragen, ohne zu überprüfen, ob eine solche Übertragung auch in anderen Teilbereichen sachgerecht ist. Zweifelsohne können rechtliche Untersuchungen in diesem Bereich die grundlegenden Konflikte nicht völlig außer Acht lassen. Dennoch ist der Verfasser der Ansicht, dass eine genaue Analyse des gegenwärtigen Zustands des Rechts nicht grundlegende Probleme ignoriert, sondern vielmehr die Basis für eine rationale Auseinandersetzung schafft, die primär auf politischer Ebene zu führen ist. Dies sollte m.A. angesichts der stark emotionalisierten Debatte um Gentechnik und Globalisierung im weitesten Sinne beachtet werden[225].

---

[225] Zur politischen Auseinandersetzung um die Berücksichtigung handelsfremder Argumente in der WTO *Altemöller,* RabelsZ (Band 64) 2000, S. 213 ff. (214 f.).

1. Teil

Die Bedeutung der Kennzeichnung im Spiegel der Entwicklung des Lebensmittelrechts

§ 2 Die Kennzeichnung im europäischen Lebensmittelrecht

I. Die Entwicklung des europäischen Lebensmittelrechts und seiner Ziele

1. Einleitung

Im ersten Teil dieses Kapitels (I.) soll die allgemeine Entwicklung des europäischen Lebensmittelrechts und seiner Ziele dargestellt werden. Dabei soll anhand einer geschichtlichen Darstellung die unterschiedliche Entwicklung des Gesundheitsschutzes und des Täuschungsschutzes verdeutlicht werden. Maßgeblich ist dabei auf die Rechtsprechung in *Cassis de Dijon* und die daraus resultierenden unterschiedlichen Konzepte der Harmonisierung und der gegenseitigen Anerkennung unter Berücksichtigung der Kennzeichnung einzugehen. Anschließend soll die Weiterentwicklung des Kennzeichnungszwecks im Lebensmittelrecht vom reinen Täuschungsschutz hin zur allgemeinen Verbraucherinformation dargestellt werden, wobei auch die unterschiedlichen Funktionen der Lebensmittelkennzeichnung für die Binnenmarktentwicklung, den Wettbewerb und die Sozialpolitik zu berücksichtigen sind. Anhand der allgemeinen Entwicklung des Binnenmarkts soll dabei gezeigt werden, dass die unterschiedlichen Funktionen der Lebensmittelkennzeichnung unterschiedlichen Stadien der Binnenmarktentwicklung zugeordnet und daraus erklärt werden können. Im zweiten Teil des Kapitels (II.) soll die Umsetzung der Lebensmittelkennzeichnung zur Verbraucherinformation anhand der Richtlinie 2000/13/EG erläutert werden, wobei auch auf die Grenzen der Rezeption von Information hinzuweisen ist.

2. Die geschichtliche Entwicklung des europäischen Lebensmittelrechts

Ziel des europäischen Wirtschaftsrechts und des Lebensmittelrechts im besonderen ist die Beseitigung von Handelshemmnissen, die aus unterschiedlichen nationalen Vorschriften und mengenmäßigen Beschränkungen für die Ein- und Ausfuhr von Waren resultieren. Daher sah bereits der EWG-Vertrag von 1957

1. Teil: Kennzeichnung im Spiegel der Entwicklung des Lebensmittelrechts

in Art. 3 lit. h „die Angleichung der innerstaatlichen Rechtsvorschriften soweit dies für das ordnungsgemäße Funktionieren des Gemeinsamen Marktes[1] erforderlich ist" vor und untersagte in Art. 30 EWGV „mengenmäßige Beschränkungen bei der Ein- und Ausfuhr von Waren sowie alle sonstigen Maßnahmen mit gleicher Wirkung zwischen den Mitgliedstaaten"[2]. Dass Lebensmitteln sowohl im Bereich der Rechtsetzung als auch im Bereich der Rechtsprechung[3] eine herausragende Bedeutung zukommen sollte, war dabei keineswegs offensichtlich, zumal Lebensmittel selbst in den Vertragstexten nicht vorkommen[4].

Die EWG begann schon bald nach ihrer Gründung mit den ersten Akten zur Harmonisierung des Lebensmittelrechts[5]. 1969 und 1973 folgten Arbeitsprogramme für die Harmonisierung im Lebensmittelrecht[6], wozu auch die Harmonisierung der Kennzeichnung gehörte[7]. Allerdings scheiterte eine umfassende Harmonisierung daran, dass die Mitgliedstaaten zwar in der Lage waren, sich über allgemeine Grundsätze des Lebensmittelrechts zu einigen[8], nicht aber über eine „Rezepturgesetzgebung" bezüglich der Zusammensetzung einzelner Lebensmittel[9].

---

[1] Da es für die Arbeit auf eine Abgrenzung der Begriffe „Gemeinsamer Markt" und „Binnenmarkt" nicht ankommt, werden sie im Folgenden als weitgehend deckungsgleich behandelt. Ausführlich dazu *Meier*, S. 43 ff.

[2] Dazu *Nentwich*, S. 95; *Schlacke*, S. 43; *Grube*, S. 59.

[3] Nicht nur anteilsmäßig stellt die Rechtsprechung zu Lebensmitteln einen großen Teil der Arbeit des EuGH dar – vergleiche dazu die Liste in der Mitteilung der Kommission über den freien Verkehr mit Lebensmitteln innerhalb der Gemeinschaft, ABl. Nr. C 271 vom 24.10.1989, S. 3 ff. (14) –, auch inhaltlich bahnbrechende Urteile wurden mit Blick auf Lebensmittel gefällt. Verwiesen sei hier insbesondere auf die Cassis-de-Dijon-Rechtsprechung des EuGH: EuGH, Urteil vom 20.2.1979, Rs. 120/79, *Rewe-Zentral-AG/Bundesmonopolverwaltung für Branntwein*, Slg. 1979, 649 ff.

[4] Ebenso *Nentwich*, S. 95; *Streinz*, GRUR 1996, S. 16 ff. (18).

[5] Zu den ersten harmonisierenden Richtlinien, die von der EWG überhaupt erlassen wurden, gehört die Richtlinie über Farbstoffe als Zusatzstoffe von 1962, vgl. dazu *Nentwich*, S. 110 Fn. 450. Da es im EWGV an einer speziellen Ermächtigungsnorm für die Angleichung im Lebensmittelrecht fehlt, kam als Rechtsgrundlage nur Art. 100 EWGV, bzw. der durch die Einheitliche Europäische Akte eingeführte Art. 100a EGV in Betracht. Dazu *Grube*, S. 60; *Schlacke*, S. 60.

[6] Allgemeines Programm vom 28.5.1969 zur Beseitigung der technischen Hemmnisse im Warenverkehr mit Lebensmitteln, die sich aus Unterschieden in den Rechts- und Verwaltungsvorschriften der Mitgliedstaaten ergeben, ABl. Nr. C 76 vom 17.6.1969, S. 1 ff. *Schlacke*, S. 45, weist darauf hin, dass Gesundheitsschutz nicht in den Zielvorgaben des Programms auftaucht; *Streinz*, ZLR 1993, S. 31 ff. (32). Siehe außerdem Entschließung des Rates vom 17.12.1973 über die Industriepolitik, ABl. Nr. C 117 vom 31.12.73, S. 1; dazu *Streinz*, ZfRV 1991, S. 357 ff. (362); *Streinz*, in: Damm/Hart (Hrsg.), Rechtliche Regulierung von Gesundheitsrisiken, 1993, S. 151 ff. (156).

[7] Zum ganzen *Nentwich*, S. 96.

[8] *Streinz*, ZfRV 1991, S. 357 ff. (362).

[9] So auch die Mitteilung der Kommission an den Europäischen Rat und das Europäische Parlament, Vollendung des Binnenmarktes. Das Gemeinschaftliche Lebensmit-

§ 2 Die Kennzeichnung im europäischen Lebensmittelrecht

Zum Scheitern trug auch die Rechtsprechung des EuGH im Fall *Cassis de Dijon*[10] bei, durch die faktisch eine gegenseitige Anerkennung der jeweiligen nationalen Lebensmittelrechte bewirkt wurde[11]. Darin stellt der EuGH fest, dass ein in einem Mitgliedstaat rechtmäßig hergestelltes und in Verkehr gebrachtes Erzeugnis grundsätzlich auch in allen anderen Mitgliedstaaten verkehrsfähig ist[12]. Einschränkend führt der EuGH aber bestimmte zwingende Erfordernisse (u. a. des Gesundheitsschutzes und des Verbraucherschutzes) als „Rechtfertigungsgründe"[13] ein, um dem Prinzip der gegenseitigen Anerkennung Grenzen zu setzen[14]. Als Schranken-Schranke[15] für die „zwingenden Erfordernisse" fungiert dabei das Prinzip der Verhältnismäßigkeit[16], welches daraus hergeleitet wird, dass die Bestimmungen *notwendig* sein müssen, um *zwingenden Erforder-*

---

telrecht, vom 8.11.1985, KOM (85) 603 endg., S. 5 Nr. 6 (abgedruckt als BR-Drs. 35/86 vom 27.1.1986). Erschwerend hinzu kam, dass im Ministerrat nach Art. 100 EWGV Einstimmigkeit erforderlich war und die Kommission ein überzeugendes Konzept für die Harmonisierung vermissen ließ; dazu auch *Nentwich*, S. 98; *Schlacke*, S. 46; *Horst/Mrohs*, ZLR 2000, S. 125 ff.; *Berg*, Art. 153 EGV, in: Schwarze (Hrsg.), EU-Kommentar, 2000, Rdnr. 2. Vgl. auch *Krämer*, Vorbemerkung zu Artikel 129a EGV, in: von der Groeben/Thiesing/Ehlermann (Hrsg.), Kommentar zum EU-/EG-Vertrag, 1998, Rdnr. 6.

[10] EuGH, Rs. 120/79 *(Rewe-Zentral-AG/Bundesmonopolverwaltung für Branntwein)*, Urteil vom 20.2.1979, Slg. 1979, 649 ff. Die Einschränkung der Cassis-Rechtsprechung durch das „Keck"-Urteil betrifft die Problematik einer ausreichenden Etikettierung nicht, da der EuGH klargestellt hat, dass warenbezogene Regelungen, unter die er auch Vorschriften über die Bezeichnung, Zusammensetzung, Aufmachung und Etikettierung von Waren rechnet, nicht zu den Verkaufsmodalitäten zählen, die aus dem Anwendungsbereich des Art. 30 (jetzt Art. 28) EGV fallen; vgl. EuGH, verb. Rs. C-267/91 und C-268/91 (Strafverfahren gegen Bernard Keck und Daniel Mithouard), Urteil vom 24.11.1993, Slg. 1993, I-6097 ff. (6131, Rz. 15 f.). Dazu *Grube*, S. 38 f.; *Reich*, 1996, S. 83 ff.

[11] So auch *Grube*, S. 60; ähnlich *Horst/Mrohs*, ZLR 2000, S. 125 ff. Zur Entwicklung des europäischen Lebensmittelrechts nach *Cassis de Dijon Schroeter*, ZLR 2005, S. 191 ff.

[12] EuGH, Rs. 120/79 (Rewe-Zentral-AG gegen Bundesmonopolverwaltung für Branntwein), Urteil vom 20.2.1979, Slg. 1979, S. 649 ff. (664, para. 14). Ebenso die „Mitteilung der Kommission über die Auswirkungen des Urteils des Europäischen Gerichtshofs vom 20. Februar 1979 in der Rechtssache 120/78 („Cassis de Dijon"), ABl. Nr. C 256 vom 3.10.1980, S. 2 f.

[13] Ob die „zwingenden Erfordernissen" dabei ungeschriebene Rechtfertigungsgründe sind, so z.B. *Köhler*, JuS 1993, S. 447 ff. (448), oder tatbestandsimmanente Schranken von Art. 28 EGV darstellen, so z.B. *Meyer*, WRP 1993, S. 215 ff. (219), kann hier dahingestellt bleiben.

[14] EuGH, Rs. 120/79 (Rewe-Zentral-AG gegen Bundesmonopolverwaltung für Branntwein), Urteil vom 20.2.1979, Slg. 1979, S. 649 ff. (664, Rz. 8). Daneben nennt der EuGH noch Erfordernisse einer wirksamen steuerlichen Kontrolle und die Lauterkeit des Handelsverkehrs. Dazu *Grube*, S. 61; *Schlacke*, S. 46. Vgl. zur Fortentwicklung auch EuGH, Rs. C-368/95 (Vereinigte Familiapress Zeitungsverlags- und -vertriebs GmbH gegen Heinrich Bauer Verlag), Urteil vom 26.6.1997, Slg. 1997 I-3689 ff. (3713, Rz. 8).

[15] Dazu *Streinz*, Europarecht, 2001, S. 300.

nissen gerecht zu werden[17]. Während daher Erfordernisse des Gesundheitsschutzes auch Verkehrsverbote rechtfertigen, sind diese aus Gründen des Verbraucherschutzes grundsätzlich[18] unverhältnismäßig[19]. Stattdessen greift der EuGH für den Verbraucherschutz auf eine angemessene Lebensmittelkennzeichnung als generell milderes Mittel zurück[20].

Basierend auf dem Prinzip der Cassis-de-Dijon-Rechtsprechung verzichtete die Kommission in ihrer „neuen Strategie" im Lebensmittelsektor ab 1985 auf die Harmonisierung von Vorschriften, die aufgrund des Prinzips der gegenseitigen Anerkennung die Warenverkehrsfreiheit nicht behinderten[21]. Soweit Handelshemmnisse also durch Art. 36 EWGV (jetzt Art. 30 EGV) oder zwingende Erfordernisse gerechtfertigt waren und der Grundsatz der gegenseitigen Anerkennung daher nicht greifen konnte, war die Warenverkehrsfreiheit nur durch die Beseitigung dieser Hemmnisse im Wege der Harmonisierung herzustellen[22]. Während dabei im Bereich des Gesundheitsschutzes eine vollständige Harmonisierung weiterhin für notwendig erachtet wurde, konnte hingegen im Bereich des Verbraucherschutzes gegen Täuschung und Irreführung auf eine Rezepturgesetzgebung zugunsten einer harmonisierten Kennzeichnung verzichtet werden[23].

---

[16] Dazu u.a. EuGH, Rs. 178/84 (Kommission der Europäischen Gemeinschaften gegen Bundesrepublik Deutschland – „Reinheitsgebot für Bier"), Urteil vom 12.3.1987, Slg. 1987, S. 1227 ff. (1270, Rz. 28).

[17] Ebenso *Streinz*, Europarecht, 2001, S. 281; *Köhler*, JuS 1993, S. 447 ff. (448). Das vom EuGH benutzte Verhältnismäßigkeitsprinzip ähnelt dabei der Anwendung im deutschen Recht. So muss eine Regelung ein angemessenes Ziel (zwingende Erfordernisse) verfolgen und dazu notwendig, das heißt angemessen und nicht unverhältnismäßig sein; vgl. Mitteilung der Kommission, oben Fn. 12, S. 2 f.

[18] Ausnahmsweise können aber relative Verkehrsverbote, d.h. mit Auflagen, wie der Änderung einer Verkehrsbezeichnung verbundene Erlaubnisse, gerechtfertigt sein; dazu *Nentwich*, S. 74; *Streinz*, WiVerw 1993, S. 1 ff. (13).

[19] Vgl. EuGH, Rs. 120/79 (Rewe-Zentral-AG gegen Bundesmonopolverwaltung für Branntwein), Urteil vom 20.2.1979, Slg. 1979, S. 649 ff. (664, Rz. 13). Dazu *Nentwich*, S. 74; *Grube*, S. 48.

[20] So in ständiger Rechtsprechung der EuGH: vgl. EuGH, Rs. 193/80 (Kommission gegen Italienische Republik – „Essig"), Slg. 1981, S. 3019 ff. (3036, Rz. 27); Rs. 261/81 (Walter Rau Lebensmittelwerke gegen De Smedt P.v.b.A.), Urteil vom 10.11.1982, Slg. 1982, S. 3961 ff. (3973, Rz. 17); Rs. 178/84 (Kommission der Europäischen Gemeinschaften gegen Bundesrepublik Deutschland – „Reinheitsgebot für Bier"), Urteil vom 12.3.1987, Slg. 1987, S. 1227 ff. (1271 f., Rz. 35 ff.). Ebenso *Leisner*, EuZW 1991, S. 498 ff. (502). *Oppermann*, S. 887 spricht daher von der „Labelling Theory" des EuGH.

[21] Weißbuch der Kommission über die Vollendung des Binnenmarktes vom 14.6.1985, KOM (85) 310 endg., S. 1 ff. (18) (abgedruckt als BR-Drs. 289/85 vom 10.7.1985). Mitteilung der Kommission, oben Fn. 9, S. 5 Nr. 8. Dazu *Grube*, S. 61; *Streinz*, in: Damm/Hart (Hrsg.), Rechtliche Regulierung von Gesundheitsrisiken, 1993, S. 151 ff. (156 ff.); *Streinz*, ZfRV 1991, S. 357 ff. (366).

[22] *Streinz*, ZfRV 1991, S. 357 ff. (363); *Streinz*, ZLR 1992, S. 233 ff. (240).

[23] *Grube*, S. 61; *Streinz*, ZfRV 1991, S. 357 ff. (363); *Streinz*, WiVerw 1993, S. 1 ff. (31 ff.).

Mit dieser „neuen Strategie" legte die Kommission auf der Basis der EuGH-Rechtsprechung die bis heute fortwirkenden Grundlagen des europäischen Lebensmittelrechts. Dabei ist besonders hervorzuheben, dass neben das ursprüngliche Ziel des Lebensmittelrechts, Handelshemmnisse abzubauen, der Schutz der Gesundheit und der Verbraucherschutz gegen Täuschung und Irreführung als weitere Ziele des Lebensmittelrechts getreten sind[24]. Weiterhin beachtenswert ist die Gegenüberstellung von Harmonisierung und gegenseitiger Anerkennung als einander ergänzende Konzepte[25]. Da die „neue Strategie" bei der Wahl zwischen Harmonisierungsmaßnahmen und der gegenseitigen Anerkennung zwischen Zielen des Gesundheits- und des Verbraucherschutzes differenzierte, bildeten sich in der Folge unterschiedliche Regelungskonzepte im Lebensmittelrecht für Gesundheitsschutz einerseits und Täuschungsschutz andererseits heraus.

3. Gesundheitsschutz

Für den Bereich des Gesundheitsschutzes bestand also das Problem, dass unterschiedliche nationale Schutzmaßnahmen weiterhin gerechtfertigte Ausnahmen von der Warenverkehrsfreiheit darstellten[26]. Daher kündigte die Kommission für den Bereich des Gesundheitsschutzes eine vollständige Harmonisierung an[27]. Zu den speziellen, für die Harmonisierung aus Gesundheitsgründen vorgesehenen Bereichen zählte die Kommission auch bestimmte Verfahren der Biotechnologie[28].

---

[24] Vgl. auch *Schlacke*, ZUR 1996, S. 285 ff. (288); *Leible*, EuZW 1992, S. 599 ff.; *Streinz*, ZfRV 1991, S. 357 ff. (358); *Streinz*, ZLR 1992, S. 233 ff. (237); *Eckert*, ZLR 1991, S. 221 ff. (226). Zur geschichtlichen Dimension von Gesundheitsschutz und Verbraucherschutz im Lebensmittelrecht *Eckert*, ZLR 1991, S. 221 ff. (224).

[25] Dazu *Streinz*, ZLR 1993, S. 31 ff.; *Streinz*, ZfRV 1991, S. 357 ff.; *Streinz*, ZLR 1991, S. 243 ff. (266).

[26] Dabei ist es hier unerheblich, ob die Ausnahme auf Art. 30 EGV, der den Gesundheitsschutz ausdrücklich erwähnt, basiert, oder auf so genannten immanenten Schranken des Art. 28 EGV, zu denen nach der Rechtsprechung des EuGH im Fall Cassis de Dijon auch zwingende Erfordernisse des Gesundheitsschutzes zählen. Vgl. *Schlacke*, S. 53 f.; *Nentwich*, S. 57 ff.; *Streinz*, ZLR 1991, S. 243 ff. (252). Vgl. *Streinz*, ZfRV 1991, S. 357 ff. (364, 368). Neuerdings wird das Erfordernis des Gesundheitsschutzes nur noch im Rahmen von Art. 30 EGV geprüft; dazu *Streinz*, Europarecht, 2001, S. 298.

[27] Weißbuch der Kommission, oben Fn. 21, S. 1 ff. (19). Mitteilung der Kommission, oben Fn. 9, S. 7 Nr. 11. Dazu *Grube*, S. 68 f. Ebenso *Streinz*, ZfRV 1991, S. 357 ff. (368 f.); *Streinz*, ZLR 1992, S. 233 ff. (253); *Eckert*, ZLR 1991, S. 221 ff. (232); *Bjerregaard*, EFLR 1998, S. 1 ff. (2); *Streinz*, in: Damm/Hart (Hrsg.), Rechtliche Regulierung von Gesundheitsrisiken, 1993, S. 151 ff. (158 ff.).

[28] Mitteilung der Kommission, oben Fn. 9, S. 8 Nr. 15. Dazu *Grube*, (69). Vgl. auch *Streinz*, ZLR 1992, S. 233 ff. (254 f.); *Eckert*, ZLR 1991, S. 221 ff. (232 f.).

Die Harmonisierung im Bereich des Gesundheitsschutzes geschah primär in Form von horizontalen Richtlinien[29], die für bestimmte Produkt- oder Verfahrenskategorien einheitliche Regeln einführten[30], unter weitgehendem Verzicht auf eine „Rezepturgesetzgebung"[31]. Wesentliche Rechtsgrundlage der Harmonisierung des Lebensmittelrechts im Bereich des Gesundheitsschutzes blieb dabei Art. 100a EGV (jetzt Art. 95 EGV)[32], der die Kommission auf ein hohes Schutzniveau in den Bereichen Gesundheits- und Verbraucherschutz festlegt[33]. Der durch den Vertrag zur europäischen Union neu eingefügte Art. 129 EGV[34]

---

[29] U.a. die Rahmenrichtlinie 89/107/EWG des Rates vom 21.12.1988 zur Angleichung der Rechtsvorschriften der Mitgliedstaaten über Zusatzstoffe, die in Lebensmitteln verwendet werden dürfen, ABl. 1989 Nr. L 40, S. 27 ff. Mit weiteren Beispielen *Streinz*, WiVerw 1993, S. 1 ff. (37 ff.); *Streinz*, ZLR 1992, S. 233 ff. (254). Zu der quantitativ unterlegenen Harmonisierung durch Verordnungen *Streinz*, WiVerw 1993, S. 1 ff. (43 f.), zu der auch die Novel-Food-Verordnung gehört. Dazu ausführlich unten § 4.

[30] *Streinz*, ZLR 1993, S. 31 ff. (33). Zur vertikalen Harmonisierung *Streinz*, WiVerw 1993, S. 1 ff. (67 ff.).

[31] Ebenso *Streinz*, ZLR 1992, S. 233 ff. (241, 256). Beispiele für eine Rezepturgesetzgebung bei *Streinz*, ZfRV 1991, S. 357 ff. (364); *Streinz*, WiVerw 1993, S. 1 ff. (67 ff.); *Streinz*, ZLR 1993, S. 31 ff. (33).

[32] Vgl. *Schmidt am Busch*, Art. 129 EGV, in: Grabitz/Hilf (Hrsg.), Das Recht der Europäischen Union, Band 1 (Fassung des Vertrages von Maastricht), Stand: Mai 1998, Rdnr. 9; *Willms*, Artikel 129 EGV, in: von der Groeben/Thiesing/Ehlermann (Hrsg.), Kommentar zum EU-/EG-Vertrag, 1998, Rdnr. 7. Dies schränkt der EuGH in seinem Urteil zur Tabakwerberichtlinie insoweit ein, als ein auf der Grundlage von Art. 100a EGV erlassener Rechtsakt tatsächlich den Zweck haben muss, die Voraussetzungen für die Errichtung und das Funktionieren des Binnenmarktes zu verbessern. Die bloße Feststellung von Unterschieden zwischen den nationalen Vorschriften und die abstrakte Gefahr von Beeinträchtigungen der Grundfreiheiten reicht alleine nicht aus, um die Wahl von Art. 100a EGV als Rechtsgrundlage zu rechtfertigen. Der EuGH muss daher prüfen, ob durch heterogene nationale Vorschriften Handelshindernisse wahrscheinlich sind und die Harmonisierungsmaßnahme ihre Vermeidung bezweckt. Sofern diese Voraussetzungen aber erfüllt sind, steht der Heranziehung von Art. 100a EGV durch den Gemeinschaftsgesetzgeber nicht entgegen, dass dem Gesundheitsschutz bei den zu treffenden Entscheidungen eine maßgebliche Bedeutung zukommt; siehe EuGH, Rs. C-376/98 (Bundesrepublik Deutschland gegen Europäisches Parlament und Rat), Urteil vom 5.10.2000, Slg. 2000, I-8419 ff. (8524 Rz. 84 ff.).

[33] Art. 100a Abs. 3 EGV. Dazu *Eckert*, ZLR 1999, S. 579 ff. (590); *Streinz*, ZfRV 1991, S. 357 ff. (368). EuGH, Rs. C-376/98 (Bundesrepublik Deutschland gegen Europäisches Parlament und Rat), Urteil vom 5.10.2000, Slg. 2000, I-8419 ff. (8525 Rz. 88).

[34] Dazu *Schlacke*, S. 98 ff. *Eckert*, ZLR 1999, S. 579 ff. (590) spricht von einer schrittweisen Verbesserung der formalen Vertragslage zugunsten von Gesundheits- und Verbraucherschutz durch Einfügung des Art. 100a Abs. 3 EGV und die Aufnahme der Titel „Gesundheitswesen" (Art. 129 EGV, jetzt Art. 152 EGV) und „Verbraucherschutz" (Art. 129a EGV, jetzt Art. 153 EGV) durch den Vertrag von Maastricht und die Neufassung durch den Vertrag von Amsterdam. Dazu auch *Micklitz/Weatherill*, S. 3 ff. (16 ff.).

§ 2 Die Kennzeichnung im europäischen Lebensmittelrecht

(jetzt Art. 152 EGV) als eigenständige Rechtsgrundlage[35] des Gesundheitsschutzes spielte dagegen keine Rolle[36]. Als nicht-binnenmarktfinale Maßnahmen können Harmonisierungsmaßnahmen auch nach Art. 129a Abs. 1 lit. b) (jetzt Art. 153) EGV erlassen werden[37], der speziell den Gesundheitsschutz der Verbraucher umfasst und insoweit *lex specialis* zu Art. 129 EGV ist[38]. Als Folge der BSE-Krise wurde die gemeinschaftliche Gesundheitspolitik durch die im Vertrag von Amsterdam geänderten Art. 152, 153 EGV weiter aufgewertet[39], ohne dass es aber zu einer wesentlichen Erweiterung der Gemeinschaftskompetenzen kam[40]. Damit bedarf es zur Harmonisierung weiterhin eines Rückgriffs auf Art. 95 EGV bzw. Art. 153 Abs. 3 lit. b) EGV[41].

---

[35] *Streinz*, ZLR 1992, S. 233 ff. (236). Vgl. auch *Berg*, Art. 152 EGV, in: Schwarze (Hrsg.), EU-Kommentar, 2000, Rdnr. 3.

[36] Art. 129 Abs. 4 schließt ausdrücklich jegliche Harmonisierung der Rechts- und Verwaltungsvorschriften der Mitgliedstaaten aus. Dazu *Schmidt am Busch*, Art. 129 EGV, in: Grabitz/Hilf (Hrsg.), Das Recht der Europäischen Union, Band 1 (Fassung des Vertrages von Maastricht), Stand: Mai 1998, Rdnr. 2; *Streinz*, ZLR 1992, S. 233 ff. (236). Davon geht auch das EuGH-Urteil zur Tabakwerberichtlinie aus: EuGH, Rs. C-376/98 (Bundesrepublik Deutschland gegen Europäisches Parlament und Rat), Urteil vom 5.10.2000, Slg. 2000, I-8419 ff. (8522 Rz. 77). Zu dem Urteil auch *Amtenbrink*, VuR 2001, S. 163 ff.; *Reich*, VuR 2001, S. 203 ff.

[37] *Geiger*, EG-Vertrag, 1995, Art. 129a, Rdnr. 8. Vgl. auch *Wichard*, Art. 153 EGV, in: Callies/Ruffert (Hrsg.), Kommentar des Vertrages über die Europäische Union und des Vertrages zur Gründung der Europäischen Gemeinschaft – EUV/EGV –, 1999, Rdnr. 17 ff.

[38] *Schmidt am Busch*, Art. 129 EGV, in: Grabitz/Hilf (Hrsg.), Das Recht der Europäischen Union, Band 1 (Fassung des Vertrages von Maastricht), Stand: Mai 1998, Rdnr. 5; *Willms*, Artikel 129 EGV, in: von der Groeben/Thiesing/Ehlermann (Hrsg.), Kommentar zum EU-/EG-Vertrag, 1998, Rdnr. 4 f.

[39] Zur Stärkung des Gesundheitsschutzes und zur Verschärfung der Querschnittsklausel *Schmidt am Busch*, Art. 152 EGV, in: Grabitz/Hilf (Hrsg.), Das Recht der Europäischen Union, Band 1 (Amsterdamer Fassung), 1999, Rdnr. 4; *Berg*, Art. 152 EGV, in: Schwarze (Hrsg.), EU-Kommentar, 2000, Rdnr. 4 ff.; *Wichard*, Art. 153 EGV, in: Callies/Ruffert (Hrsg.), Kommentar des Vertrages über die Europäische Union und des Vertrages zur Gründung der Europäischen Gemeinschaft – EUV/EGV –, 1999, Rdnr. 1.

[40] *Schmidt am Busch*, Art. 152 EGV, in: Grabitz/Hilf (Hrsg.), Das Recht der Europäischen Union, Band 1 (Amsterdamer Fassung), 1999, Rdnr. 4. *Wichard*, Art. 152 EGV, in: Callies/Ruffert (Hrsg.), Kommentar des Vertrages über die Europäische Union und des Vertrages zur Gründung der Europäischen Gemeinschaft – EUV/EGV –, 1999, Rdnr. 10. Insbesondere bleibt im Rahmen von Art. 152 Abs. 4 lit. c) EGV eine Harmonisierung der Vorschriften der Mitgliedstaaten ausschließlich zum Zweck einer bindenden Gesundheitspolitik der EG untersagt. Zur schwierigen Abgrenzung, wann eine Maßnahme unter Art. 95 und wann unter Art. 152 EGV fällt, vgl. *Schmidt am Busch*, Art. 152 EGV, in: Grabitz/Hilf (Hrsg.), Das Recht der Europäischen Union, Band 1 (Amsterdamer Fassung), 1999, Rdnr. 57. Kritisch zur Bedeutung des Ausschlusses von Harmonisierungsmaßnahmen *Berg*, Art. 152 EGV, in: Schwarze (Hrsg.), EU-Kommentar, 2000, Rdnr. 32.

[41] *Wichard*, Art. 152 EGV, in: Callies/Ruffert (Hrsg.), Kommentar des Vertrages über die Europäische Union und des Vertrages zur Gründung der Europäischen Gemeinschaft – EUV/EGV –, 1999, Rdnr. 26; *Wichard*, Art. 153 EGV, in: Callies/Ruf-

Im Zuge der Harmonisierung wurde in Teilbereichen des Gesundheitsschutzes in Abkehr vom im Lebensmittelrecht geltenden „Missbrauchsprinzip"[42], welches der freien Verkehrsfähigkeit von Waren nach Art. 28 EGV Rechnung trägt[43], das Verbotsprinzip[44] eingeführt in Form des präventiven Verbots mit Erlaubnisvorbehalt[45]. Damit geht die EG z.B. im Bereich der Zusatzstoffe von deren grundsätzlicher Schädlichkeit aus, solange nicht das Gegenteil erwiesen ist[46]. Das präventive Verbot mit Erlaubnisvorbehalt stellt sich somit als typisches Mittel des Gesundheitsschutzes im Wege der präventiven Produktkontrolle dar[47].

Soweit eine Harmonisierung handelshemmender Vorschriften zum Schutze der Gesundheit auf Gemeinschaftsebene (noch) nicht erfolgt ist, bleibt im Prinzip Raum für nationale Verkehrsverbote unter Berufung auf den Gesundheitsschutz[48]. Diesen Spielraum hat der EuGH in ständiger Rechtsprechung allerdings eingeschränkt, indem er nicht die bloße Berufung auf Gesundheitsgefahren als Rechtfertigung einer handelshemmenden Maßnahme genügen lässt, sondern die Einhaltung bestimmter Verfahrensanforderungen verlangt[49]. Außer-

---

fert (Hrsg.), Kommentar des Vertrages über die Europäische Union und des Vertrages zur Gründung der Europäischen Gemeinschaft – EUV/EGV –, 1999, Rdnr. 13 ff.; *Oppermann*, S. 893 f.

[42] Dem Missbrauchsprinzip zufolge darf ein Produzent seine Erzeugnisse in Verkehr bringen, ohne einer präventiven Eröffnungskontrolle zu unterliegen, solange dadurch kein Missbrauch getrieben wird, indem er gegen eine Rechtspflicht in Form eines Gebots oder Verbots verstößt. Dazu *Groß*, S. 95 f. Vgl. auch *Streinz*, Lebensmittelrechtshandbuch, Stand 2000, I Rdnr. 7.

[43] So auch *Schlacke*, S. 144.

[44] Dazu *Streinz*, Lebensmittelrechtshandbuch, Stand 2000, I, Rdnr. 8; *Groß*, S. 96 f.; *Streinz*, in: Damm/Hart (Hrsg.), Rechtliche Regulierung von Gesundheitsrisiken, 1993, S. 151 ff. (179 f.). *Wahl/Groß*, DVBl. 1998, S. 2 ff. (6) machen zu Recht geltend, dass eine solche Einschränkung der freien Verkehrsfähigkeit insbesondere bei der Einführung neuer, zumeist industrieller Herstellungs- und Bearbeitungsmethoden durch die innovative Lebensmitteltechnologie zu beobachten ist.

[45] Beispielsweise in Form von Positivlisten in der Zusatzstoffrahmenrichtlinie; dazu *Schlacke*, S. 116 ff., 144; *Streinz*, ZfRV 1991, S. 357 ff. (368); *Streinz*, ZLR 1992, S. 233 ff. (254).

[46] *Schlacke*, S. 144; *Streinz*, in: Damm/Hart (Hrsg.), Rechtliche Regulierung von Gesundheitsrisiken, 1993, S. 151 ff. (158).

[47] Vgl. *Schlacke*, S. 144; *Streinz*, Lebensmittelrechtshandbuch, Stand 2000, I Rdnr. 8; *Streinz*, in: Damm/Hart (Hrsg.), Rechtliche Regulierung von Gesundheitsrisiken, 1993, S. 151 ff. (153).

[48] Vgl. oben Fn. 26. Obwohl der EuGH seine Rechtsprechung zum Gesundheitsschutz im wesentlichen im Bereich des Zusatzstoffrechts entwickelte, übertrug er in der Folge diese Grundsätze auf andere gesundheitsrelevante Bereiche, so dass heute tendenziell von einer Einheit der Grundsätze für den Rechtfertigungsgrund „Gesundheitsschutz" ausgegangen werden kann; dazu *Nentwich*, S. 62.

[49] Der Mitgliedstaat muss dabei ein Zulassungsverfahren bereitstellen, innerhalb dessen insbesondere die von einem Stoff ausgehende Gesundheitsgefahr zu klären ist. EuGH, Rs. 178/84 (Kommission der Europäischen Gemeinschaften gegen Bundes-

§ 2 Die Kennzeichnung im europäischen Lebensmittelrecht

dem stellt der EuGH für das Vorliegen einer Gesundheitsgefahr insbesondere auf internationale Standards[50] ab, wobei er in begrenztem Umfang auch die Berufung auf unterschiedliche nationale Ernährungsgewohnheiten zulässt[51]. Auch eine Berufung auf das von Art. 129 Abs. 1 EGV geforderte hohe Schutzniveau im Gesundheitsbereich wurde als Rechtfertigung einer gemeinschaftlichen Maßnahme[52] anerkannt.

Zusammenfassend lässt sich festhalten, dass im Bereich des Gesundheitsschutzes die Beseitigung von Handelshemmnissen vor allem durch Maßnahmen zur Harmonisierung verfolgt wurde. Dazu gehört zum einen im Wege der Rechtsetzung eine inhaltliche Harmonisierung mittels horizontaler Richtlinien, in deren Folge sich primär präventive Verbote mit Erlaubnisvorbehalt als Kontrollinstrument im Bereich des Gesundheitsschutzes herausgebildet haben. Zum anderen gehört dazu die harmonisierende Wirkung der Rechtsprechung des EuGH insbesondere durch die Beurteilung von Gesundheitsrisiken anhand internationaler Standards. Im Rahmen dieser Vorgaben besteht aber weiterhin die Zulässigkeit von nationalen Verkehrsverboten durch eine Berufung auf den Gesundheitsschutz als Ausnahme vom freien Warenverkehr. Insofern wurde die „neue Strategie", die eine Berufung auf den Gesundheitsschutz im Wege der Harmonisierung letztlich ausschließen wollte, nicht bis zu Ende geführt[53]. Die Verwirklichung der Totalharmonisierung des Gesundheitsschutzes bleibt somit eine Aufgabe für die Zukunft.

---

republik Deutschland – „Reinheitsgebot für Bier"), Urteil vom 12.3.1987, Slg. 1987, S. 1227 ff. (1274, Rz. 45 f.); Rs. 304/84 (Ministère public gegen Claude Muller, SARL Kampfmeyer-France et al.) Urteil vom 6.5.1986, Slg. 1986, S. 1511 ff. (1528 f., Rz. 23 ff.); Rs. 227/82 (Strafverfahren gegen Leendert van Bennekom), Urteil vom 30.11.1983, Slg. 1983, 3883 ff. (3905 para. 39). Ausführlich *Schlacke*, S. 84 ff.; *Nentwich*, S. 70 ff.

[50] EuGH, Rs. C-42/90 (Strafverfahren gegen Jean-Claude Bellon), Urteil vom 13.12.1990, Slg. 1990, I-4863 ff. (4882 f. Rz. 14). Vgl. dazu *Schlacke*, S. 57 f.

[51] Grundlegend dazu EuGH, Rs. 53/80 (Strafverfahren gegen Koninklije Kaasfabrik Eyssen BV) Slg. 1981, S. 409 ff. (421 ff., Rz. 13 ff.); Rs. C-42/90 (Strafverfahren gegen Jean-Claude Bellon) Urteil vom 13.12.1990, Slg. 1990, I-4863 ff. (4883 Rz. 17); dazu *Streinz*, ZLR 1993, S. 31 ff. (38).

[52] EuGH, Rs. C-180/96 R (Vereinigtes Königreich gegen Kommission), Beschluss vom 12.7.1996, Slg. 1996 I-3903 ff. (3928, Rz. 63); dazu *Eckert*, ZLR 1999, S. 579 ff. (590 f.).

[53] *Streinz*, ZLR 1993, S. 31 ff. (39). Dies liegt auch daran, dass zwar grundsätzlich Konsens zwischen den Mitgliedstaaten besteht, dass die Gesundheit der Bürger geschützt werden müsse, deutliche Divergenzen aber darin bestehen, was als gesundheitsgefährlich anzusehen ist, welche Anforderungen an den vorbeugenden Gesundheitsschutz zu stellen sind und ob nur wissenschaftliche Erkenntnisse oder auch gefühlsbedingte Abneigungen der Verbraucher als Kriterien dafür ausschlaggebend sind. Dazu *Streinz*, ZLR 1992, S. 233 ff. (238); *Streinz*, WiVerw 1993, S. 1 ff. (14 f.).

4. Täuschungsschutz

a) Prinzip der gegenseitigen Anerkennung

Während es zum Gesundheitsschutz bei einer Harmonisierung blieb, sollte der freie Warenverkehr im Bereich des Täuschungsschutzes nach der „neuen Strategie" im Wege der gegenseitigen Anerkennung[54] und einer angemessenen Kennzeichnung verwirklicht werden[55]. Der Sinn der gegenseitigen Anerkennung besteht darin, dass die Unterschiede in den nationalen Rechtsordnungen in Kauf genommen werden, in den jeweiligen Rechtsordnungen aber keine negativen Folgen an die Nichterfüllung der eigenen Standards geknüpft werden[56]. Jedes Hemmnis des freien Warenverkehrs (auch das nichtdiskriminierende) bedarf somit einer Rechtfertigung, und wenn diese nicht gelingt, muss das in einem anderen Mitgliedstaat rechtmäßig hergestellte oder in Verkehr gebrachte Produkt zugelassen werden („Herkunftslandprinzip")[57]. Damit wird den unterschiedlichen nationalen Normen Gleichwertigkeit hinsichtlich ihres Regelungsziels attestiert[58]. Insbesondere kann die Einfuhr- und Vermarktung von Importprodukten nicht mehr allein deshalb untersagt werden, weil die Erzeugnisse den nationalen Rezepturvorschriften nicht entsprechen[59].

Anwendung findet das Prinzip der gegenseitigen Anerkennung überall dort, wo eine Harmonisierung von Vorschriften nicht aus gesundheits-, sicherheits- oder industriepolitischen Gründen als zwingend angesehen wird, besonders also bei unterschiedlichen Vorschriften über die Qualität und die Zusammensetzung von Lebensmitteln[60]. Auch wenn der EuGH in *Cassis de Dijon* den Schutz der Verbraucher vor Irreführung und Täuschung, die sich u.a. aus der unterschiedli-

---

[54] Das Prinzip der gegenseitigen Anerkennung war dabei keineswegs neu. Art. 100b EGV sah beispielsweise die gegenseitige Anerkennung mitgliedstaatlicher Vorschriften durch Beschluss des Rates vor. Das Konzept des Art. 100b EGV war aber schon deswegen wenig erfolgversprechend, da es unwahrscheinlich ist, dass sich eine Mehrheit im Rat für eine gegenseitige Anerkennung von Vorschriften findet, bei denen schon eine Harmonisierung gescheitert ist. Dieses Konzept wurde daher nicht konsequent verfolgt und Art. 100b EGV wurde inzwischen durch den Vertrag von Amsterdam abgeschafft. Zum Ganzen *Streinz*, ZLR 1993, S. 31 ff. (34 ff.); *Streinz*, ZLR 1992, S. 233 ff. (259 ff.); *Eckert*, ZLR 1991, S. 221 ff. (231 f.); *Streinz*, in: Damm/Hart (Hrsg.), Rechtliche Regulierung von Gesundheitsrisiken, 1993, S. 151 ff. (157).

[55] Vgl. auch *Streinz*, in: Damm/Hart (Hrsg.), Rechtliche Regulierung von Gesundheitsrisiken, 1993, S. 151 ff. (160).

[56] *Streinz*, ZLR 1992, S. 233 ff. (251).

[57] Dazu *Meyer*, WRP 1993, S. 215 ff. (219). Vgl. *Dauses/Sturm*, ZfRV 1996, S. 133 ff. (139).

[58] So auch die Mitteilung der Kommission, oben Fn. 9, S. 6 Nr. 10 f. Dazu *Streinz*, ZfRV 1991, S. 357 ff. (366); *Streinz*, ZLR 1992, S. 233 ff. (252).

[59] Weißbuch der Kommission, oben Fn. 21, S. 22 Nr. 77. Ebenso *Streinz*, ZLR 1993, S. 31 ff. (46).

[60] Weißbuch der Kommission, oben Fn. 21, S. 22 Nr. 77.

§ 2 Die Kennzeichnung im europäischen Lebensmittelrecht

chen Zusammensetzung von Lebensmitteln ergeben kann, als zwingendes Erfordernis begreift, das die Durchsetzung des freien Warenverkehrs einschränken kann, hat er dies durch den Grundsatz der Verhältnismäßigkeit insofern beschränkt, als Verkehrsverbote aus Verbraucherschutzgründen grundsätzlich[61] unverhältnismäßig und daher gemeinschaftsrechtswidrig sind[62]. Erforderlich und angemessen sei lediglich eine Kennzeichnung des (abweichenden) Produkts[63]. Diesen Grundsatz der Verhältnismäßigkeit hat auch die Kommission in ihre „neue Strategie" aufgenommen, so dass danach eine Harmonisierung der unterschiedlichen Produktanforderungen und Zusammensetzungen von Lebensmittel zum Täuschungsschutz ausscheidet[64]. Diese Materien bleiben der gegenseitigen Anerkennung überlassen, die damit zum zentralen Element des Binnenmarktes geworden ist[65].

Da sich der Verbraucher nach der gegenseitigen Anerkennung nicht mehr darauf verlassen kann, unter einer bekannten Bezeichnung auch ein in der Zusammensetzung bekanntes Lebensmittel vorzufinden[66], muss seinem Schutz vor Täuschung und seinem Informationsbedürfnis durch eine ausreichende Kennzeichnung Rechnung getragen werden. Das Prinzip der gegenseitigen Anerkennung bedingt daher ein System deutlicher Etikettierung, um Verbraucher vor Täuschung zu schützen[67] und ihm eine hinreichende Informationsquelle für die Wahl zwischen Lebensmitteln aus allen Mitgliedstaaten zu eröffnen[68]. Um dies sicherzustellen, bedurfte es nach der neuen Strategie der Harmonisierung des

---

[61] Zu möglichen Ausnahmen vgl. EuGH, Rs. 94/82 (Strafverfahren gegen De Kikvorsch Groothandel-Import-Export BV), Urteil vom 17.3.1983, Slg. 1983, S. 947 ff. (959, Rz. 12).

[62] Dazu auch *Streinz,* ZLR 1993, S. 31 ff. (40).

[63] EuGH, Rs. 120/79 (Rewe-Zentral-AG gegen Bundesmonopolverwaltung für Branntwein), Urteil vom 20.2.1979, Slg. 1979, S. 649 ff. (664, Rz. 13 f.); Rs. 193/80 (Kommission gegen Italienische Republik – „Essig"), Slg. 1981, S. 3019 ff. (3036, Rz. 27); Rs. 261/81 (Walter Rau Lebensmittelwerke gegen De Smedt P.v.b.A.), Urteil vom 10.11.1982, Slg. 1982, S. 3961 ff. (3973, Rz. 17). Siehe auch *Streinz,* ZLR 1993, S. 31 ff. (46). dass diese Rechtsprechung auch in Deutschland aufgegriffen wurde, zeigt BVerfGE 53, 135 (143 ff.). Dazu *Hufen,* Die Verwaltung 1994, S. 329 ff. (333).

[64] So auch die Mitteilung der Kommission, oben Fn. 9, S. 12 Nr. 26. Allenfalls kann fakultativ eine Anregung der betroffenen Wirtschaft durch die Gemeinschaft erfolgen, eine aktive Qualitätspolitik für Lebensmittel zu führen. Dies kann gegebenenfalls auch Regelungen zur gegenseitigen Anerkennung von Gütesiegeln und anderen Qualitätszeichen umfassen; dazu a.a.O. S. 12 f. Nr. 28. Vgl. auch *Bjerregaard,* EFLR 1998, S. 1 ff. (2).

[65] So auch die Kommission in ihrer „Mitteilung über die gegenseitige Anerkennung im Rahmen der Folgemaßnahmen zum Aktionsplan für den Binnenmarkt" vom 3.1.1999, Dok. CA-15-0136; dazu *Eckert,* ZLR 1999, S. 579 ff. (586).

[66] Nach ständiger Rechtsprechung des EuGH scheidet auch die „Reservierung" von Verkehrsbezeichnungen für nationale Produkte aus. Dazu unten Fn. 83, sowie *Grube,* S. 129 f.

[67] So auch die Mitteilung der Kommission, oben Fn. 9, S. 9 Nr. 18. Ebenso *Streinz,* ZLR 1993, S. 31 ff. (46).

Lebensmittelkennzeichnungsrechts[69]. Ansätze zu dessen Harmonisierung waren schon mit der RL 79/112/EWG[70] geschaffen worden, die allerdings an zahlreichen Stellen mitgliedstaatliche Wahlmöglichkeiten vorsah und somit keine ausreichende Einheitlichkeit der Etikettierung gewährleistete. Daher setzte die neue Strategie der Kommission in erster Linie auf die Beseitigung dieser Wahlmöglichkeiten[71], die in der Folge im Wege der Rechtsetzung abgeschafft wurden[72].

Die Kennzeichnung hat somit für das Prinzip der gegenseitigen Anerkennung und den darunter fallenden Schutz der Verbraucher vor Täuschung und Irreführung zentrale Bedeutung[73]. Die Kommission benutzt in ihrer neuen Strategie die Kennzeichnung, um eine Harmonisierung im Bereich der Lebensmittelzusammensetzung zu vermeiden[74]. Im Wege der Informationsvermittlung[75] bewirkt die Kennzeichnung, dass ein Verbraucher ein fremdes, nicht den nationalen Herstellungsanforderungen entsprechendes Erzeugnis kaufen kann, ohne Gefahr zu laufen, sich über für seine Kaufentscheidung wesentliche Merkmale zu täuschen. Die wesentliche Voraussetzung für den erfolgreichen Einsatz des Prinzips der gegenseitigen Anerkennung ist daher eine hinreichende, harmonisierte Kennzeichnung[76].

Obwohl das Prinzip der gegenseitigen Anerkennung anerkannt ist und auch eine Harmonisierung des Kennzeichnungsrechts erfolgt ist, sind noch längst nicht alle damit verbundenen Probleme[77] gelöst, so dass auch heute noch Be-

---

[68] Siehe oben Fn. 60. Dazu *Streinz*, ZfRV 1991, S. 357 ff. (363). Vgl. auch *Horst*, ZLR 1993, S. 133 ff.

[69] Weißbuch der Kommission, oben Fn. 21, S. 20 Nr. 71. *Streinz*, ZfRV 1991, S. 357 ff. (363); *Streinz*, ZLR 1993, S. 31 ff. (47).

[70] Richtlinie 79/112/EWG des Rates vom 18.12.1978 zur Angleichung der Rechtsvorschriften der Mitgliedstaaten über die Etikettierung und Aufmachung von Lebensmitteln sowie der Werbung hierfür, ABl. Nr. L 33 vom 8.2.1979, S. 1 ff.

[71] So auch die Mitteilung der Kommission, oben Fn. 9, S. 9 Nr. 19 ff., 41.

[72] Vgl. RL 86/187/EWG des Rates vom 26.5.1986, ABl. Nr. L 144, S. 38 f.; RL 89/395/EWG des Rates vom 30.6.1989, ABl. Nr. L 186, S. 17 ff. Dazu *Streinz*, ZLR 1993, S. 31 ff. (47).

[73] *Oppermann*, S. 888, sieht in der Verbraucherinformation das vorrangige Instrument des Verbraucherschutzes.

[74] *Bjerregaard*, EFLR 1998, S. 1 ff. (2); *Horst*, ZLR 1993, S. 133 ff. (135); vgl. auch *Horst*, S. 3 unter Berufung auf *Cassis de Dijon*.

[75] Zur informatorischen Kennzeichnung vgl. auch *Eckert*, ZLR 1991, S. 221 ff. (225).

[76] Vgl. auch *Streinz*, in: Damm/Hart (Hrsg.), Rechtliche Regulierung von Gesundheitsrisiken, 1993, S. 151 ff. (161 ff.).

[77] Außer Betracht bleibt hier das Problem der umgekehrten Diskriminierung, welches sich immer dann stellt, wenn ausländischen Produzenten eine Einfuhr von Waren, die nicht den nationalen Vorschriften entsprechen, unter Berufung auf die gegenseitige Anerkennung genehmigt wird, die einheimischen Produzenten aber weiterhin diesen Vorschriften unterliegen. Dazu *Eckert*, ZLR 1999, S. 579 ff. (585 f.).

§ 2 Die Kennzeichnung im europäischen Lebensmittelrecht

darf für eine umfangreiche Rechtsprechung bleibt[78]. Dies kommt daher, dass eine Berufung auf den Verbraucherschutz nach Rechtsprechung des EuGH nur im Wege des Einwandes als „immanente Schranke" des Art. 28 EGV geltend gemacht werden kann[79]. Es bedarf also jeweils einer Entscheidung des EuGH, ob ein Staat eine handelsbeschränkende Maßnahme zu Recht auf den Verbraucherschutz stützt[80]. Aber auch im harmonisierten Bereich der Kennzeichnung bleiben offene, durch den EuGH zu lösende Fragen, die insbesondere das Problem des Empfängerhorizonts einer Kennzeichnung und damit die Frage nach einem einheitlichen europäischen Verbraucherleitbild betreffen[81]. Im Folgenden soll die Bedeutung des Prinzips der gegenseitigen Anerkennung und der Kennzeichnung überblicksartig anhand der Rechtsprechung des EuGH nachgezeichnet werden.

b) EuGH-Rechtsprechung zu Verbraucherschutz und -leitbild

Im Anschluss an „Cassis de Dijon" hat der EuGH seine Rechtsprechung zum Verbraucherschutz[82] und zur gegenseitigen Anerkennung im Bereich des Lebensmittelrechts verfeinert. So dürfen Gattungsbegriffe für Lebensmittel und Verkehrsbezeichnungen nicht einheimischen Lebensmitteln vorbehalten werden[83]. Unterhalb von Verkehrsbezeichnungen dürfen durch mitgliedstaatliche Regelung aber zusätzliche Angaben verlangt werden[84], um eine Verwechslungsgefahr zu vermeiden und die korrekte Information der Verbraucher zu gewähr-

---

[78] Siehe auch den Überblick bei *Nentwich*, S. 74 ff.
[79] *Eckert*, ZLR 1999, S. 579 ff. (590).
[80] *Streinz*, ZLR 1993, S. 31 ff. (37).
[81] Dazu unten I.4.b). Vgl. auch *Streinz*, ZLR 1993, S. 31 ff. (47).
[82] Zu beachten ist dabei, dass der vom EuGH verwendete Begriff des „Verbraucherschutzes" in seinen genauen Konturen unbestimmt ist. So kann darunter sowohl die Lauterkeit des Handelsverkehrs, der Schutz des Verbrauchers vor Irreführung und Täuschung, aber auch der Schutz der Gesundheit fallen. Nach Rechtsprechung des EuGH kommt dem Verbraucherschutz damit die Rolle eines Auffangtatbestandes zu, unter den alle, nicht bereits anderen Schutzzielen zugeordneten Belange zugunsten des Verbrauchers fallen. Dazu auch *Grube*, S. 47. Im Folgenden wird der Begriff des Verbraucherschutzes aber im engen Sinne, d.h. als Schutz vor Täuschung und Irreführung gebraucht.
[83] So bereits seit EuGH, Rs. 12/74 (Kommission gegen Bundesrepublik Deutschland – „Sekt"), Urteil vom 20.2.1975, Slg. 1975, S. 181 ff. (198, Rz. 14) in ständiger Rechtsprechung. Weitergehend EuGH, Rs. 193/80 (Kommission gegen Italienische Republik – „Obstessig II"), Urteil vom 9.12.1981, Slg. 1981, S. 3019 ff. (3036, Rz. 27); EuGH, Rs. 182/84 (Strafverfahren gegen Miro BV – „Genever"), Urteil vom 26.11.1985, Slg. 1985 S. 3731 ff. Dieser Grundsatz wird vom EuGH in den Fällen eingeschränkt, wo das aus einem anderen Mitgliedstaat importierte Produkt derart in Zusammensetzung oder Herstellungsweise abweicht, dass es nicht mehr der gleichen Warenkategorie zugerechnet werden kann. Vgl. EuGH, Rs. 286/86 (Ministère public gegen Gérard Deserbais – „Edamer"), Urteil vom 22.9.1988, Slg. 1988, S. 4907 ff. (4925, Rz. 13).

leisten[85], solange sie keine negative Einschätzung des Lebensmittels zur Folge haben[86]. Ähnliches gilt für Vorschriften bezüglich Verpackungen von Lebensmitteln[87] und Substitutionserzeugnisse[88]. Die grundsätzliche Bedeutung des Prinzips der gegenseitigen Anerkennung für die mitgliedstaatliche Gesetzgebung hat der EuGH auch in seiner „Stopfleber-Entscheidung" hervorgehoben[89].

Ferner musste sich der EuGH mit den unterschiedlichen Verbraucherleitbildern in Europa auseinandersetzen. Denn während der EuGH beim freien Warenverkehr vom „Herkunftslandprinzip" ausgeht, muss in Fragen der Kennzeichnung auf den Horizont des Verbrauchers abgestellt werden, um diesen wirksam zu erreichen. Es müsste also das „Bestimmungslandprinzip" gelten[90] und damit Rücksicht genommen werden auf die unterschiedlichen europäischen Verbraucherleitbilder[91]. Der EuGH kam daher nicht umhin, sich mit einem europäisier-

---

[84] Vgl. dazu u.a. EuGH, Rs. 178/84 (Kommission der Europäischen Gemeinschaften gegen Bundesrepublik Deutschland – „Reinheitsgebot für Bier"), Urteil vom 12.3.1987, Slg. 1987, S. 1227 ff. (1271, Rz. 35); Rs. 298/87 (Vergleichsverfahren gegen Smanor SA), Urteil vom 14.7.1988, Slg. 1988, S. 4489 ff. (4512, Rz. 19).

[85] Dazu *Nentwich*, S. 81 ff. Vgl. auch EuGH, Rs. 216/84 (Kommission gegen Französische Republik – „Milchersatzstoffe I"), Urteil vom 23.2.1988, Slg. 1988 S. 793 ff. (812, Rz. 10 f.); Rs. 27/80 (Strafverfahren gegen Anton Adriaan Fietje), Urteil vom 16.12.1980, Slg. 1980, 3839 ff. (3853 Rz. 11).

[86] EuGH, Rs. 178/84 (Kommission der Europäischen Gemeinschaften gegen Bundesrepublik Deutschland – „Reinheitsgebot für Bier"), Urteil vom 12.3.1987, Slg. 1987, S. 1227 ff. (1271, Rz. 35). Kritisch dazu auch *Grube*, S. 51.

[87] EuGH, Rs. 261/81 (Walter Rau Lebensmittelwerke gegen De Smedt), Urteil vom 10.11.1982, Slg. 1982, S. 3961 ff. (3973 ff., Rz. 17 ff.). Dazu *Meyer*, WRP 1993, S. 215 ff. (222 f.). EuGH, Rs. 16/83 (Strafverfahren gegen Karl Prantl – „Bocksbeutel"), Urteil vom 13.3.1984, Slg. 1984, S. 1299 ff. (1329, Rz. 30). Allerdings macht der EuGH davon Ausnahmen bei mitgliedstaatlichen Traditionen; dazu *Nentwich*, S. 84.

[88] EuGH, Rs. 788/79 (Strafverfahren gegen Herbert Gilli und Paul Andres – „Obstessig I"), Urteil vom 26.6.1980, Slg. 1980, S. 2071 ff. (2078, Rz. 7 f.).

[89] EuGH, Rs. C-184/96 (Kommission gegen Französische Republik – „Stopfleber"), Urteil vom 22.10.1998, Slg. 1998 I-6197 (6226, Rz. 28). Darin sah der EuGH Art. 30 (jetzt Art. 28) EGV dadurch verletzt, dass Frankreich eine Neuregelung von Verkaufsbezeichnungen für Stopfleberzubereitungen ohne Hinweis auf das Prinzip der gegenseitigen Anerkennung erlassen hatte. Dazu auch *Eckert*, ZLR 1999, S. 579 ff. (586).

[90] *Streinz*, ZLR 1993, S. 31 ff. (47); *Meier*, GRUR Int. 1986, S. 701 ff. (702 f.). Dieser Ansatz wurde auch in Art. 5 RL 79/112/EWG gewählt, wovon die Kommission aber in ihrer Mitteilung über den freien Verkehr mit Lebensmitteln innerhalb der Gemeinschaft, ABl. 1989 Nr. C 271, S. 3 ff. (9 Nr. 18), und ihrer Erläuternden Mitteilung über die Verkehrsbezeichnung von Lebensmitteln, ABl. 1991 Nr. C 270, S. 2 ff. (3 f.), durch Einräumung eines Wahlrechts zwischen der im Herkunftsland oder der im Bestimmungsland üblichen Bezeichnung zu Unrecht abweicht. Zum ganzen *Streinz*, ZLR 1993, S. 31 ff. (48).

[91] Die europäischen Verbraucherleitbilder reichen dabei vom aufgeklärten und skeptischen, den Werbebehauptungen nur begrenzt Glauben schenkenden italienischen Verbraucher über den französischen „bon père de famille" und den englischen „ordinary man" bis hin zum deutschen und österreichischen „flüchtigen Verbraucher", der Werbebehauptungen unkritisch aufnimmt und von einem Lebensmittel die übliche Be-

§ 2 Die Kennzeichnung im europäischen Lebensmittelrecht

ten Verbraucherleitbild[92] auseinanderzusetzen, um nicht Ausnahmen vom Prinzip der gegenseitigen Anerkennung unter Berufung auf unterschiedliche nationale Verbraucherleitbilder und – damit verbunden – unterschiedliche Schutz- und Informationsbedürfnisse zulassen zu müssen[93]. Auch wenn der EuGH dabei nicht ausdrücklich ein europäisches Verbraucherleitbild aufgestellt hat[94], führte die Rechtsprechung doch faktisch zu einem europäisierten Verbraucherleitbild[95].

Die Betonung des EuGH, dass der Schutz des Verbrauchers vor Täuschungen durch eine angemessenen Kennzeichnung des Erzeugnisses sichergestellt werden kann, zeigt bereits, dass der EuGH von einem Verbraucher ausgeht, der willens und in der Lage ist, Informationen zur Kenntnis zu nehmen, zu verstehen und auf ihrer Grundlage seine Entscheidung zu treffen[96]. Im Gegensatz zu deutschen Leitbild des flüchtigen Verbrauchers, der Etikettierungen nicht zur Kenntnis nimmt, weil er die übliche Beschaffenheit erwartet[97], setzt der EuGH also eine Auseinandersetzung mit vorhandenen Informationsmöglichkeiten voraus[98], die auch über das bloße Lesen von Informationen hinausgehen kann[99].

---

schaffenheit erwartet, ohne sich damit näher auseinanderzusetzen. Dazu *Nentwich,* S. 87 ff.; *Meyer,* Kennzeichnung importierter Lebensmittel, 1992, S. 114 ff.; *Streinz,* ZLR 1991, S. 243 ff. (256 ff.); *Dannecker,* WiVerw 1996, S. 190 ff. (194). Vgl. auch zum Unterschied zwischen dem deutschen Verbraucherleitbild und der Rechtsprechung des EuGH: *Wahl/Groß,* DVBl. 1998, S. 2 ff. (9, Fn. 58).

[92] Zum Begriff des „europäisierten Verbraucherleitbildes" *Nentwich,* S. 89.

[93] Zwar verbietet Art. 30 (jetzt Art. 28) EGV nach der Rechtsprechung des EuGH keineswegs, dass ein Mitgliedstaat seine Verbraucher gegen eine irreführende Etikettierung schützt; dazu EuGH, Rs. 94/82 (Strafverfahren gegen De Kikvorsch Groothandel-Import-Export BV), Urteil vom 17.3.1983, Slg. 1983, S. 947 ff. (958, Rz. 11). Die Frage, ob ein solcher Schutz *notwendig* ist, bleibt laut EuGH aber nicht der ausschließlichen Zuständigkeit der Mitgliedstaaten vorbehalten. Vielmehr handelt es sich bei der Frage um eine vom Gemeinschaftsrecht anerkannte Einschränkung der Warenverkehrsfreiheit, die sich in den durch das Gemeinschaftsrecht gesetzten Grenzen halten muss. Daher ist es in letzter Instanz Sache des EuGH – und nicht die der Mitgliedstaaten –, über deren Einhaltung zu wachen; vgl. EuGH, Rs. 182/84 (Strafverfahren gegen Miro BV – „Genever"), Urteil vom 26.11.1985, Slg. 1985 S. 3731 ff. (3744, Rz. 13 f.). Dazu *Meier,* GRUR Int. 1986, S. 701 ff. (704).

[94] Ebenso *Streinz,* ZLR 1993, S. 31 ff. (49); *Streinz,* ZLR 1991, S. 243 ff. (262); *Streinz,* in: Damm/Hart (Hrsg.), Rechtliche Regulierung von Gesundheitsrisiken, 1993, S. 151 ff. (167). *Dauses/Sturm,* ZfRV 1996, S. 133 ff. (141).

[95] *Streinz,* ZLR 1991, S. 243 ff. (262); *Meier,* GRUR Int. 1990, S. 817 ff. (819 f.); *Meyer,* WRP 1993, S. 215 ff. (222 ff.).

[96] *Meier,* GRUR Int. 1990, S. 817 ff. (819 f.); *Streinz,* ZLR 1993, S. 31 ff. (49); *Grube,* S. 103.

[97] *Streinz,* ZLR 1991, S. 243 ff. (257); *Nentwich,* S. 88.

[98] *Streinz,* ZLR 1993, S. 31 ff. (49).

[99] So hat der EuGH im Mars-Urteil angenommen, dass ein Verbraucher erkennen kann, dass die werbende Farbmarkierung für einen 10% größeren Schokoriegel größer ist als 10%. Dagegen war eingewandt worden, die Markierung würde den Verbraucher irreführen, da sie ein Mehr an zusätzlichem Inhalt vorspiegle, als tatsächlich vorhanden sei; siehe EuGH, Rs. C-470/93 (Verein gegen Unwesen in Handel und Gewerbe

So sind auch u. U. irreführende Produktbezeichnungen nicht verboten, solange diese durch die Lektüre des Etiketts oder sogar durch äußere Umstände, wie Verkaufsorte, korrigiert werden können[100]. Der EuGH geht also davon aus, dass der Verbraucher sich nicht auf seinen ersten Eindruck verlässt, sondern sich aktiv informiert und die erhaltenen Informationen kritisch würdigt[101]. Ferner steht die Rechtsprechung des EuGH einer „Zementierung" bestimmter Verbrauchererwartungen ausdrücklich entgegen[102]. Vom Verbraucher wird also neben der Auseinandersetzung mit vorhandenen Informationsquellen die Beobachtung des europäischen Marktes und seiner Veränderungen verlangt[103]. Im Gegensatz zu den hohen Anforderungen an das Informationsverhalten der Verbraucher, hat sich der EuGH zur Art und Weise der Informationsvermittlung nur zurückhaltend geäußert und sich mit dem allgemeinen Verweis auf eine „angemessene Etikettierung", in der Regel im Zutatenverzeichnis, begnügt[104].

Durch die Annahme, dass der Schutz des Verbrauchers der gegenseitigen Anerkennung unterliegt und im Regelfall durch eine ausreichende Kennzeichnung verwirklicht werden kann, stellt der EuGH hohe Anforderungen an das Informationsverhalten und die Kritikfähigkeit des Verbrauchers als umsichtigem Wirtschaftsteilnehmer[105]. Daher wurden nicht die bereits vorgegebenen Verbraucherleitbilder der Mitgliedstaaten übernommen, sondern auf deren Grundlage ein europäisiertes Verbraucherleitbild geschaffen. Im Ergebnis liegt diesem europäisierten Verbraucherleitbild ein mündiger, aufgeklärter Verbraucher zu-

---

Köln e.V. gegen Mars GmbH), Urteil vom 6.7.1995, Slg. 1995, I-1923 ff. (1944, Rz. 24). Dazu auch *Streinz*, GRUR 1996, S. 16 ff. (28 ff.). Zu fremdsprachigen Kennzeichnungen vgl. EuGH, Rs. 27/80 (Strafverfahren gegen Anton Adriaan Fietje), Urteil vom 16.12.1980, Slg. 1980, 3839 ff. Weiterführend *Schilling*, EFLR 1996, S. 57 ff. Vgl. *Meyer*, WRP 1993, S. 215 ff. (223).

[100] EuGH, Rs. 315/92 (Verband Sozialer Wettbewerbe e.V. gegen Clinique Laboratoires SNC u. Estée Lauder Cosmetics GmbH), Urteil vom 2.2.1994, Slg. 1994 I-317 ff. (337, Rz. 21). Dazu *Grube*, S. 104 f.; *Leible*, DZWir 1994, S. 177 ff.

[101] So auch *Grube*, S. 104 f.

[102] EuGH, Rs. 178/84 (Kommission der Europäischen Gemeinschaften gegen Bundesrepublik Deutschland – „Reinheitsgebot für Bier"), Urteil vom 12.3.1987, Slg. 1987, S. 1227 ff. (1270 f., Rz. 32). Dazu *Leisner*, EuZW 1991, S. 498 ff. (501).

[103] *Streinz*, ZLR 1991, S. 243 ff. (264).

[104] So auch *Grube*, S. 131. In seinem „Sauce Bernaise"-Urteil – EuGH, Rs. C-51/94 (Kommission gegen Bundesrepublik Deutschland – „Sauce Bernaise"), Urteil vom 26.10.1995, Slg. 1995 I-3599 ff. (3629, Rz. 34, 36) – hat der EuGH ausgeführt, dass in der Regel die Aufführung eines Stoffes im Zutatenverzeichnis ausreichend ist, da dieses vom Verbraucher als erstes gelesen werde. Allerdings gesteht der EuGH ein, dass in Einzelfällen Verbraucher trotz Hinweis im Zutatenverzeichnis irregeführt werden können. Diese Gefahr stuft der EuGH aber als gering ein, so dass sie die Einführung einer weitergehenden Maßnahme, wie eines Zusatzes zur Verkehrsbezeichnung, nicht rechtfertigen kann; a.a.O. Rz. 33 f. Dazu auch *Eckert*, ZLR 1999, S. 579 ff. (583); *Dannecker*, WiVerw 1996, S. 190 ff. (206 f.).

[105] So *Grube*, S. 105; *Leisner*, EuZW 1991, S. 498 ff. (502); *Knörr*, S. 115.

grunde, der willens und in der Lage ist, Informationen kritisch zur Kenntnis zu nehmen und auf ihrer Grundlage eine Entscheidung zu fällen[106].

5. Vom Täuschungsschutz zur allgemeinen Information des Verbrauchers

Obwohl die primäre Funktion der Kennzeichnung im Rahmen der gegenseitigen Anerkennung zunächst die Vermeidung von Täuschungen des Verbrauchers war, ist die Bedeutung der Informationsvermittlung durch die Kennzeichnung damit keineswegs erschöpft. So lässt sich anhand einer geschichtlichen Betrachtung eine Weiterentwicklung des Kennzeichnungszwecks vom Täuschungsschutz hin zu einer allgemeinen Verbraucherinformation beobachten[107].

Auf der Ebene der Rechtsetzung wurde bereits früh zur Kenntnis genommen, dass Verbraucherpolitik mehr umfasst als die Gewährung von Schutz vor Gesundheitsgefahren und Täuschung. Bereits 1975 wird das Recht auf Bildung und Unterrichtung als eines der „fünf fundamentalen Rechte des Verbrauchers" postuliert[108], damit er in die Lage versetzt werde, die wesentlichen Merkmale[109] der ihm angebotenen Erzeugnisse zu kennen, eine sachgerechte Wahl zwischen ihnen zu treffen und die Waren sicher und zufrieden stellend zu nutzen[110]. Die dort erfolgende Gegenüberstellung des Rechts des Verbrauchers auf

---

[106] *Streinz*, ZLR 1993, S. 31 ff. (49); *Meyer*, WRP 1993, S. 215 ff. (224); *Leible*, DZWir 1994, S. 177 ff. (178 f.); vgl. *Hufen*, ZLR 1998, S. 1 ff. (7); *Leible*, EuZW 1992, S. 599 ff. (601). Neuere Auffassungen in der Wissenschaft gehen, im Gegensatz zu den jeweiligen Extrempositionen des deutschen Rechts bzw. des EuGH, von dem differenzierten Verbraucherleitbild des „ökonomischen Verbrauchers" aus, das nach dem unterschiedlichen Aufmerksamkeitspotential eines Kaufinteressenten beim Erstkauf im Vergleich zum späteren Folgekauf eines (dann bereits bekannten) Produkts differenziert. Obwohl für diese Analyse eine gewisse Erfahrung spricht, wendet *Groß*, S. 126, zu Recht ein, dass dieses Modell keine Lösungsmöglichkeit für die Frage nach dem Umfang der notwendigen Information in Form einer Produktkennzeichnung bietet. Zum „ökonomischen Verbraucher" siehe *Michaelis*, ZLR 1990, S. 233 ff.

[107] Einen Überblick über die Entwicklung der Verbraucherinformation gibt *Reich*, VuR 1999, S. 3 ff. (5 f.).

[108] Entschließung des Rates vom 14. April 1975 betreffend ein Erstes Programm der Europäischen Wirtschaftsgemeinschaft für eine Politik zum Schutz und zur Unterrichtung der Verbraucher, ABl. Nr. C 92 vom 25.4.1975, S. 1 ff. Dazu *Dauses/Sturm*, ZfRV 1996, S. 133 ff. (134); *Joerges/Falke/Micklitz/Brüggemeier*, S. 282 ff.; *Berg*, Art. 153 EGV, in: Schwarze (Hrsg.), EU-Kommentar, 2000, Rdnr. 1.

[109] Als wesentliche Merkmale werden neben Art, Qualität, Menge und Preis, die allesamt das direkte Preis-Leistungsverhältnis betreffen und damit unmittelbar wettbewerbserhebliche Informationen sind, auch der Energieverbrauch eines Produktes genannt, der an sich keinen Einfluss auf das direkte Preis-Leistungsverhältnis hat, dem aber durch die Folgekosten, die aus dem Kauf entstehen können, aus Sicht des Käufers als indirekt preisrelevantes Merkmal durchaus kaufentscheidende Bedeutung zukommen kann.

[110] Dazu *Horst*, S. 2; *Groß*, S. 117; *Knörr*, S. 109; *Leible*, EuZW 1992, S. 599 ff. (600).

68 1. Teil: Kennzeichnung im Spiegel der Entwicklung des Lebensmittelrechts

Unterrichtung mit dem Recht auf Schutz der Gesundheit und dem Recht auf Schutz seiner wirtschaftlichen Interessen sowie auf Wiedergutmachung erlittenen Schadens, die der Vermeidung bzw. Wiedergutmachung von Täuschung (-sschäden) dienen, zeigt, dass dem Recht auf Unterrichtung gegenüber dem Gesundheits- und Täuschungsschutz ein eigenständiger Gehalt zukommen soll. Das Recht auf Unterrichtung verfolgt also nicht nur den unselbständigen Zweck, auf Gesundheits- und Täuschungsgefahren aufmerksam zu machen[111]. Vielmehr dient es, wie auch die Formulierung zeigt, dazu, die Auswahlfreiheit[112] des Verbrauchers sicherzustellen[113], dem Verbraucher also die Möglichkeit eines „informed choice" zu geben[114].

---

[111] So *Knörr*, S. 109. Vgl. die Entschließung des Rates vom 14.4.1975 betreffend ein Erstes Programm der Europäischen Wirtschaftsgemeinschaft für eine Politik zum Schutz und zur Unterrichtung der Verbraucher, ABl. Nr. C 92 vom 25.4.1975, S. 1 ff. (S. 4 Nr. 14; S. 9 ff. Nr. 35–41).

[112] Die Begriffe Auswahlfreiheit, Wahlfreiheit und Konsumfreiheit werden hier synonym verstanden; im Folgenden wird der Begriff der Auswahlfreiheit verwendet. In der Sache geht es darum, dass der Verbraucher entsprechend seiner Bedürfnisstruktur frei und unbeeinflusst bestimmte Güter und Dienstleistungen auswählen, kaufen und konsumieren können soll. Dies umfasst das Fällen der Kaufentscheidung ohne äußeren Zwang und fremden Einfluss und damit die Möglichkeit der Verteilung der Geldmittel auf das angebotene Leistungssortiment nach seinen eigenen Vorstellungen. Zur Verwirklichung der Auswahlfreiheit bedarf es im Wesentlichen zweier Grundvoraussetzungen. Die erste Voraussetzung für den Verbraucher ist seine Handlungsfreiheit, die das Recht der freien Konsumwahl umfasst: es müssen ihm verschiedene Handlungsmöglichkeiten zur Verfügung stehen, die echte Alternativen darstellen und daher eine Wahlentscheidung ermöglichen. Die zweite Voraussetzung ist die Entscheidungs- und Entschließungsfreiheit, die bedeutet, dass der Verbraucher seine Entscheidung ohne äußere Beeinflussung treffen kann. Zum ganzen *Albrecht*, S. 14 ff. Systematisch beruht die Auswahlfreiheit damit auf dem Selbstbestimmungsrecht des Verbrauchers; dazu *Albrecht*, S. 11 f. Vgl. auch *Heiss*, ZEuP 1996, S. 625 ff. (629), sowie *Reich*, ZEuP 1994, S. 381 ff. (387), der in dem Wahlfreiheitspostulat die Subjektivierung von Markzugangsrechten des aktiven Bürgers hin zur Nachfragefreiheit des Konsumbürgers sieht. Auch in Art. 8 der Verordnung (EG) Nr. 178/2002 des Europäischen Parlaments und des Rates vom 28.1.2002 zur Festlegung der allgemeinen Grundsätze und Anforderungen des Lebensmittelrechts, zur Errichtung der Europäischen Behörde für Lebensmittelsicherheit und zur Festlegung von Verfahren zur Lebensmittelsicherheit, ABl. Nr. L 31 vom 1.2.2002, S. 1 ff. wurde das Ziel des Lebensmittelrechts, dem Verbraucher die Möglichkeit einer sachkundigen Wahl zu eröffnen, wieder betont. Kritisch zur Umsetzung der Auswahlfreiheit *Micklitz*, KritV 1992, S. 172 ff. (181).

[113] Dazu auch *Leible*, EuZW 1992, S. 599 ff. (600). Vgl. auch Weißbuch der Kommission, oben Fn. 21, S. 22 Nr. 77.

[114] So auch in Bezug auf eine Gentechnikkennzeichnung *Haniotis*, S. 171 ff. (S. 175). In Teilen der Literatur wurde versucht, bereits aus den Verbraucherprogrammen der EG eine Kennzeichnungspflicht für gentechnisch veränderte Lebensmittel abzuleiten; vgl. *Leible*, EuZW 1992, S. 599 ff. (600); *Micklitz*, KritV 1992, S. 172 ff. (182 f.). Dagegen spricht aber die Rechtsnatur der Verbraucherprogramme, die nicht zu den im Vertrag vorgesehenen rechtsverbindlichen Akten der EG gehören, sondern hier sog. „soft law" darstellen. Vgl. *Beutler/Bieber/Pipkorn/Streil*, S. 200. Auch wenn diese Verbraucherprogramme auf einer „Entschließung" des Rates beruhen, handelt es sich dabei nicht um eine Entscheidung i. S. v. Art. 249 Abs. 4 EGV, da hier keine, an

§ 2 Die Kennzeichnung im europäischen Lebensmittelrecht 69

Auch das Zweite Verbraucherschutzprogramm behält die Eigenständigkeit des Rechts auf Unterrichtung neben den anderen Verbraucherrechten bei, „um eine ausreichende Unterrichtung des Verbrauchers über Merkmale und Qualität der angebotenen Güter ... zu gewährleisten"[115]. Die Zielsetzung der beiden Programme wurde durch eine Entschließung des Rates 1986 bestätigt[116]. 1990 legte die Kommission dann einen Drei-Jahres-Aktionsplan zur beschleunigten Behandlung der Verbraucherpolitik vor[117], wobei zwischen der Verbraucherinformation und der Verbrauchersicherheit unterschieden wird. Neben zwei Initiativen zur Erhöhung der Markttransparenz durch Information, die davon ausgehen, dass durch verbesserte Verbraucherinformationen Verbraucherentscheidungen vereinfacht würden, wird insbesondere geprüft, wieweit bestehende Etikettierungsvorschriften verbessert werden können[118]. Hier zeigt sich somit deutlich die Verbindung von Kennzeichnung und allgemeiner Verbraucherinformation als eigenständiger Zweck. Diese Verbindung wird auch in den Erwägungsgründen der Etikettierungsrichtlinie RL 79/112/EWG hervorgehoben, wo als Zweck der Etikettierung die Unterrichtung des Verbrauchers noch vor dessen Schutz genannt wird[119].

Die eigenständige Bedeutung der Verbraucherinformation betont auch das Weißbuch zur Lebensmittelsicherheit[120]. Ausgehend vom Recht des Verbrauchers auf Information und unabhängig vom Schutz gegen Täuschung und Irreführung sieht die Kommission vor, dass den Verbrauchern wesentliche, korrekte und genaue Informationen zur Verfügung gestellt werden müssen, damit sie Entscheidungen in Kenntnis der Sachlage treffen können[121]. Insbesondere durch

---

einen bestimmten oder bestimmbaren Personenkreis adressierte Entscheidung vorliegt. Vgl. *Oppermann*, S. 214 ff.; *Streinz*, Europarecht, 2001, S. 168. Zum „soft law" *Bothe*, S. 761 ff. Ablehnend zu einer daraus hergeleiteten Kennzeichnungspflicht daher *Pfleger*, ZLR 1993, S. 367 ff. (371); *Knörr*, S. 122.

[115] Entschließung des Rates vom 19.5.1981 betreffend ein zweites Programm der Europäischen Wirtschaftsgemeinschaft für eine Politik zum Schutz und zur Unterrichtung der Verbraucher, ABl. Nr. C 133 vom 3.6.1981, S. 1 ff. (S. 10 Nr. 41); dazu auch *Knörr*, S. 110; *Leible*, EuZW 1992, S. 599 ff. (600).

[116] Entschließung des Rates vom 23.6.1986 betreffend die künftige Ausrichtung der Politik der Gemeinschaft zum Schutz und zur Förderung der Interessen der Verbraucher, ABl. Nr. C 167 vom 5.7.1986, S. 1 f.; dazu *Leible*, EuZW 1992, S. 599 ff. (600).

[117] KOM(90) 98 vom 3.5.1990. Dazu *van Miert*, EuZW 1990, S. 401 ff.

[118] Dazu *van Miert*, EuZW 1990, S. 401 ff. (403).

[119] Richtlinie 79/112/EWG des Rates vom 18.12.1978 zur Angleichung der Rechtsvorschriften der Mitgliedstaaten über die Etikettierung und Aufmachung von Lebensmitteln sowie der Werbung hierfür, ABl. Nr. L 33 vom 8.2.1979 S. 1 ff.

[120] Weißbuch zur Lebensmittelsicherheit, KOM(1999) 719 endg., vom 12.1.2000. Kritisch zu den Vorschlägen zur Verbraucherinformation, die keinerlei neuen Ansatz erkennen ließen *Horst/Mrohs*, ZLR 2000, S. 125 ff. (137 f.), der insoweit von einer verpassten Chance spricht.

[121] Weißbuch zur Lebensmittelsicherheit, KOM(1999) 719 endg., vom 12.1.2000, S. 40 Rdnr. 98 f. Kritisch dazu *Grunert*, ZLR 2000, S. 831 ff.

verbindliche Kennzeichnungsvorschriften soll sichergestellt werden, dass der Verbraucher diejenigen Produkteigenschaften erkennen kann, die Wahl, Zusammensetzung, Lagerung und Verwendung eines Produkts bestimmen[122]. Es geht der Kommission darum, dem Verbraucher durch klare Informationen eine korrekte Auswahl zu ermöglichen[123], also um die Erhaltung der Auswahlfreiheit. Verbraucherinformation stellt sich somit als eigenständiger Aspekt einer Ernährungspolitik dar[124], unabhängig von der Funktion des Täuschungsschutzes.

Auch im EG-Vertrag wurde die Verbraucherinformation zunehmend berücksichtigt. Im ursprünglichen EWG-Vertrag von 1958 fanden sich die „Interessen der Verbraucher" als spezielles Schutzobjekt nur für die Landwirtschafts- und Wettbewerbspolitik in Art. 39 I (e) und Art. 85 III EWGV. Erweitert wurde dies erst mit Inkrafttreten der Einheitlichen Europäischen Akte durch Art. 100a Abs. 3 (jetzt Art. 95) EGV[125], wonach die Kommission in ihren Vorschlägen auch zum Verbraucherschutz von einem hohen Schutzniveau ausgeht[126]. Eine besondere Berücksichtigung der Verbraucherinformation als eigenständigem Ziel findet sich dabei noch nicht.

Erst mit dem Vertrag von Maastricht findet die Verbraucherinformation eine eigenständige Erwähnung im Vertrag. So bestimmt Art. 129a Abs. 1 lit. b) (jetzt Art. 153) EGV, dass die Gemeinschaft einen Beitrag zur Erreichung eines hohen Verbraucherschutzniveaus leistet, durch „spezifische Aktionen, welche die Politik der Mitgliedstaaten zum Schutz der Gesundheit, der Sicherheit und der wirtschaftlichen Interessen der Verbraucher und *zur Sicherung einer angemessenen Information der Verbraucher* unterstützen und ergänzen"[127]. Hier wird deutlich zwischen den Schutzzielen Gesundheits- und Täuschungsschutz und dem Ziel der Sicherstellung von Verbraucherinformation unterschieden[128]. Das Ziel einer angemessenen Verbraucherinformation wird damit eigenständiges Objekt einer entsprechenden Gemeinschaftstätigkeit[129].

---

[122] Weißbuch zur Lebensmittelsicherheit, KOM(1999) 719 endg., vom 12.1.2000, S. 41 Rdnr. 99.

[123] Vgl. Weißbuch zur Lebensmittelsicherheit, KOM(1999) 719 endg., vom 12.1. 2000, S. 42 Rdnr. 104.

[124] Weißbuch zur Lebensmittelsicherheit, KOM(1999) 719 endg., vom 12.1.2000, S. 43 Rdnr. 107.

[125] Allerdings wurde durch Art. 100a Abs. 3 EGV nur die Kommission verpflichtet, während durch die spätere Einführung des Art. 129a EGV durch den Vertrag von Maastricht die Gemeinschaft als solche verpflichtet wurde. Dazu *Micklitz/Weatherill*, S. 3 ff. (16 f.).

[126] Ebenso *van Miert*, EuZW 1990, S. 401 ff. (402).

[127] Dazu *Krämer*, Artikel 129a EGV, in: von der Groeben/Thiesing/Ehlermann (Hrsg.), Kommentar zum EU-/EG-Vertrag, 1998, Rdnr. 2.

[128] Entgegen dem Wortlaut anderer Ansicht hier *Krämer*, Artikel 129a EGV, in: von der Groeben/Thiesing/Ehlermann (Hrsg.), Kommentar zum EU-/EG-Vertrag, 1998, Rdnr. 5.

§ 2 Die Kennzeichnung im europäischen Lebensmittelrecht 71

Der Vertrag von Amsterdam führte diese Tendenz in Art. 153 Abs. 1 EGV fort, wonach „zur Förderung der Interessen der Verbraucher und zur Gewährleistung eines hohen Verbraucherschutzniveaus ... die Gemeinschaft einen Beitrag zum Schutz der Gesundheit, der Sicherheit und der wirtschaftlichen Interessen der Verbraucher sowie zur Förderung ihres Rechts auf Information, Erziehung und Bildung von Vereinigungen zur Wahrnehmung ihrer Interessen" leistet. Aufrechterhalten wurde damit die Trennung zwischen den Schutzzielen Gesundheits- und Täuschungsschutz einerseits und der Verbraucherinformation als eigenständigem Ziel andererseits[130]. Außerdem übernimmt der Amsterdamer Vertrag weitgehend die aus dem ersten Verbraucherschutzprogramm bekannten fünf „Grundrechte des Verbrauchers"[131]. Neu ist aber der Wortlaut in Bezug auf die Verbraucherinformation, der jetzt von einem „Recht des Verbrauchers auf Information" spricht[132]. Diese Aufwertung zeigt die Bedeutung, die der Verbraucherinformation als eigenständigem, für die Gemeinschaft bindendem Regelungsziel nach dem Wortlaut des Vertrages nun zukommen soll[133]. Dieses „Informations-

---

[129] Ebenso *Berg*, Art. 153 EGV, in: Schwarze (Hrsg.), EU-Kommentar, 2000, Rdnr. 3. Dazu und zur Abgrenzung zu anderen Kompetenznormen wie Art. 100a EGV *Micklitz/Reich*, EuZW 1992, S. 293 ff. Zur ungeklärten Frage der „Angemessenheit" der Information *Pfleger*, ZLR 1993, S. 367 ff. (370).

[130] So *Reich*, ZEuP 1994, S. 381 ff. (387).

[131] So auch *Wichard*, Art. 153 EGV, in: Callies/Ruffert (Hrsg.), Kommentar des Vertrages über die Europäische Union und des Vertrages zur Gründung der Europäischen Gemeinschaft – EUV/EGV –, 1999, Rdnr. 9. Vgl. *Oppermann*, S. 885.

[132] Dazu *Reich*, VuR 1999, S. 3 ff. (6 ff.). Das „Recht auf Information" stellt aber keinen individuell einklagbaren Anspruch dar, da Art. 153 Abs. 3 EGV vorsieht, dass in Abs. 1 genannten Ziele der Umsetzung durch die EG oder die Mitgliedstaaten bedürfen. Vgl. dazu *Weatherill/Beaumont*, S. 1049 f.; *Wichard*, Art. 153 EGV, in: Callies/Ruffert (Hrsg.), Kommentar des Vertrages über die Europäische Union und des Vertrages zur Gründung der Europäischen Gemeinschaft – EUV/EGV –, 1999, Rdnr. 9; *Groß*, S. 119, Fn. 31. Zwar geht die Kommission in ihrem Grünbuch zum Verbraucherschutz in der Europäischen Union, KOM(2001) 531 endg. vom 2.10.2001, S. 16, von einem in „Art. 153 EGV verankerten Anspruch der Verbraucher auf Information" aus, räumt aber gleichzeitig ein, dass es zur Umsetzung „unerlässlich" ist, eine allgemeine Verpflichtung der Unternehmen zur Offenlegung von Informationen beispielsweise in Form einer Rahmenrichtlinie vorzusehen.

[133] Darin zeige sich laut *Reich*, VuR 1999, S. 3 ff. (5 ff.) das „Informationsparadigma" des EG-Verbraucherrechts. Für die Frage nach einem Recht auf Information in Bezug auf gentechnisch veränderte Lebensmittel hatte die Group of Advisors on the Ethical Implications of Biotechnology, die von der Kommission zur Beratung bezüglich ethischer Fragen (Commission for consultation on ethical concerns) gegründet wurde, bereits 1995 in ihrer Stellungnahme bezüglich „Ethischer Aspekte der Kennzeichnung von Lebensmitteln, die mit moderner Biotechnologie hergestellt wurden", IP/95/445, S. 4 ff., ausgeführt, dass die Verbraucherrechte ein Recht auf Information und das Gegenstück, die Pflicht zur Information (durch den Staat) enthielten. Dies sei notwendig, um das öffentliche Vertrauen in die Sicherheit und Qualität der Produkte zu erhalten. Daher sei Kennzeichnung zur Verbraucherinformation wichtig, um Verbrauchern die Möglichkeit, eine informierte Auswahlentscheidung („informed choice") zu treffen, zu geben. Dazu auch *Bjerregaard*, EFLR 1998, S. 1 ff. Auch in anderen Bereichen der Kennzeichnung, wie bei Umweltkennzeichen, wird mit dem Recht auf

paradigma des EG-Verbraucherrechts" kann sich daher zum Auslegungsgrundsatz „*in dubio pro informatione*" für unscharfe Sekundärrechtsakte verdichten[134]. Außerdem stellt Art. 153 Abs. 2 EGV klar, dass den Erfordernissen des Verbraucherschutzes bei der Festlegung und Durchführung anderer Gemeinschaftspolitiken und -maßnahmen Rechnung getragen wird[135]. Damit kommen zwar dem Verbraucherschutz und der Verbraucherinformation kein automatischer Vorrang vor anderen Gemeinschaftsbelangen zu, sie müssen aber mit kollidierenden Belangen abgewogen und in ein Verhältnis „praktischer Konkordanz" gebracht werden[136].

Außerdem wird der EG durch Art. 153 EGV, wie schon vorher durch Art. 129a EGV, eine eigenständige Kompetenzgrundlage für den Verbraucherschutz und somit auch für die Verbraucherinformation gegeben[137]. Dies hat zur Folge, dass die Mitgliedstaaten nach Art. 10 Abs. 2 iVm. Art. 3 Abs. 1 lit. t) EGV verpflichtet sind, eine Absenkung des Verbraucherschutzniveaus zu unterlassen[138]. Durch den Amsterdamer Vertrag wurde also die Eigenständigkeit und Bedeutung der Verbraucherinformation erheblich gestärkt[139].

Information der Verbraucher argumentiert; dazu *Okubo*, GEOIELR 1999, S. 599 ff. (602).

[134] So *Reich*, VuR 1999, S. 3 ff. (5 ff., 8), auch für die Kennzeichnung gentechnisch veränderter Lebensmittel.

[135] Dazu auch *Wichard*, Art. 153 EGV, in: Callies/Ruffert (Hrsg.), Kommentar des Vertrages über die Europäische Union und des Vertrages zur Gründung der Europäischen Gemeinschaft – EUV/EGV –, 1999, Rdnr. 21; *Berg*, Art. 153 EGV, in: Schwarze (Hrsg.), EU-Kommentar, 2000, Rdnr. 12 f. *Oppermann*, S. 886.

[136] *Wichard*, Art. 153 EGV, in: Callies/Ruffert (Hrsg.), Kommentar des Vertrages über die Europäische Union und des Vertrages zur Gründung der Europäischen Gemeinschaft – EUV/EGV –, 1999, Rdnr. 21; *Reich*, VuR 1999, S. 3 ff. (7); vgl. auch *Berg*, Art. 153 EGV, in: Schwarze (Hrsg.), EU-Kommentar, 2000, Rdnr. 12.

[137] *Wichard*, Art. 153 EGV, in: Callies/Ruffert (Hrsg.), Kommentar des Vertrages über die Europäische Union und des Vertrages zur Gründung der Europäischen Gemeinschaft – EUV/EGV –, 1999, Rdnr. 12 ff. Zu Recht einschränkend *Berg*, Art. 153 EGV, in: Schwarze (Hrsg.), EU-Kommentar, 2000, Rdnr. 14 ff., der darauf hinweist, dass dazu nicht Art. 153 Abs. 3 lit. a) EGV gehört, der ausdrücklich auf Art. 95 EGV verweist.

[138] *Berg*, Art. 153 EGV, in: Schwarze (Hrsg.), EU-Kommentar, 2000, Rdnr. 11; *Wichard*, Art. 153 EGV, in: Callies/Ruffert (Hrsg.), Kommentar des Vertrages über die Europäische Union und des Vertrages zur Gründung der Europäischen Gemeinschaft – EUV/EGV –, 1999, Rdnr. 11. Nach Ansicht von *Micklitz/Reich*, EuZW 1992, S. 293 ff. (595) geht die Wirkung von (ex-)Art. 129a EGV über eine bloße Unterlassungspflicht der Mitgliedstaaten hinaus, hin zu einer eigenständigen Handlungspflicht im Bereich des Verbraucherschutzes. Dagegen wendet *Wichard*, Art. 153 EGV, in: Callies/Ruffert (Hrsg.), Kommentar des Vertrages über die Europäische Union und des Vertrages zur Gründung der Europäischen Gemeinschaft – EUV/EGV –, 1999, Rdnr. 11 allerdings zutreffend ein, dass sich sowohl Art. 3 lit. t) EGV als auch Art. 153 EGV ausschließlich an die Gemeinschaft richten.

[139] Im Ergebnis ebenso *Reich*, VuR 1999, S. 3 ff. (5 ff.). *Berg*, Art. 153 EGV, in: Schwarze (Hrsg.), EU-Kommentar, 2000, Rdnr. 22 betont, dass die Regelungen zur

§ 2 Die Kennzeichnung im europäischen Lebensmittelrecht 73

Auch der EuGH hat das Bedürfnis nach Verbraucherinformation zur Sicherstellung der Auswahlfreiheit des Verbrauchers anerkannt. So geht der EuGH davon aus, dass der Verbraucher durch eine angemessene Etikettierung in die Lage versetzt wird, seine Wahl in Kenntnis aller Umstände zu treffen; auch die Transparenz der Handelsgeschäfte und der Angebote an die Verbraucher würden sichergestellt[140]. Ausdrücklich stellt hier der EuGH also auf die Auswahlfreiheit des Verbrauchers[141] und die wettbewerbsfördernde Funktion von Information ab[142]. Er betont auch, dass das Gemeinschaftsrecht eines der grundlegenden Erfordernisse des Verbraucherschutzes in der Information des Verbrauchers sieht[143]. Der EuGH erkennt also die Verbraucherinformation als notwendig zur Sicherstellung der Auswahlfreiheit und nicht nur im Rahmen des Täuschungsschutzes an[144].

Zusammenfassend lässt sich festhalten, dass sich der Zweck der Kennzeichnung im Laufe der Rechtsentwicklung gewandelt hat. Diente anfänglich die Verbraucherinformation durch Kennzeichnung noch vorwiegend dem Schutz der Verbraucher vor Täuschung durch Waren, die der gegenseitigen Anerkennung unterliegen, kam im Laufe der Rechtsentwicklung die allgemeine Verbraucherinformation als eigenständiger Zweck der Kennzeichnung und als eigenständiges Ziel des Gemeinschaftsrechtes hinzu[145]. Diese Entwicklung wurde auch vom EuGH unterstützt, der die Bedeutung von Verbraucherinformation und Kennzeichnung nicht nur zum Schutz gegen Täuschung, sondern auch zur Sicherstellung der Auswahlfreiheit des Verbrauchers betonte. Die Schutzfunktion der Kennzeichnung gegen Irreführung und Täuschung hat sich somit zu

---

Verbraucherinformation sich vor allem in den Vorschriften der Lebensmittelkennzeichnung niedergeschlagen haben.

[140] EuGH Rs. 178/84 (Kommission der Europäischen Gemeinschaften gegen Bundesrepublik Deutschland – „Reinheitsgebot für Bier"), Urteil vom 12.3.1987, Slg. 1987, S. 1227 ff. (1271, Rz. 35); Rs. 193/80 (Kommission gegen Italienische Republik – „Essig"), Urteil vom 9.12.1981, Slg. 1981, S. 3019 ff. (3036, Rz. 27); Rs. 298/87 (Vergleichsverfahren gegen Smanor SA), Urteil vom 14.7.1988, Slg. 1988 S. 4489 ff. (4512, Rz. 18).

[141] *Nentwich*, S. 88.

[142] Zur wettbewerbsfördernden Funktion der Information und der damit verbundenen Auswahlfreiheit EuGH, Rs. 182/84 (Strafverfahren gegen Miro BV – „Genever"), Urteil vom 26.11.1985, Slg. 1985 S. 3731 ff. (3747, Rz. 26).

[143] EuGH, Rs. C-362/88 (GB-INNO-BM gegen Confédération du commerce luxembourgeois), Urteil vom 7.3.1990, Slg. 1990 I-667 ff. (689, Rz. 18). Dazu auch *Leisner*, EuZW 1991, S. 498 ff. (503); *Leible*, EuZW 1992, S. 599 ff. (600 f.); *Meyer*, WRP 1993, S. 215 ff. (222). Zu den Grenzen der Berücksichtigung des Informationsbedürfnisses der Verbraucher EuGH, Rs. 207/83 (Kommission gegen Vereinigtes Königreich), Urteil vom 25.4.1985, Slg. 1985, S. 1201 ff. (1211, Rz. 17); dazu *Streinz*, ZLR 1991, S. 243 ff. (265).

[144] Vgl. auch *Grube*, S. 47, 57.

[145] Vgl. *Knörr*, S. 118.

einer selbständigen allgemeinen Informationsfunktion weiterentwickelt[146], die sicherstellen soll, dass Verbraucher in angemessener Weise von ihrer Auswahlfreiheit Gebrauch machen können[147].

6. Funktionen der Verbraucherinformation über Lebensmittel

Wie gezeigt hat die Rechtsentwicklung in der EG die fundamentale Bedeutung der Verbraucherinformation herausgestellt. Verbraucherinformation mit dem Ziel, dass Verbraucher durch einen „informed choice" von ihrer Auswahlfreiheit Gebrauch machen können, ist damit Teil der allgemeinen Sozialpolitik der EG, in der auch eine bestimmte Sichtweise des Gemeinschaftsbürgers als aufgeklärtem, mündigen Bürger zum Ausdruck kommt. Darüber hinaus hat sie aber im Lebensmittelbereich auch eine wichtige binnenmarkt- und wettbewerbspolitische Funktion. Im Folgenden sollen die Funktionen der Verbraucherinformation und ihre Bedeutung für den gemeinschaftlichen Lebensmittelverkehr dargestellt werden.

Die Anerkennung der gesteigerten Bedeutung von Verbraucherinformation in Rechtsetzung und Rechtsprechung entspricht der gesellschaftlichen Realität und dem Bedürfnis der Verbraucher in Bezug auf Lebensmittel. Unabhängig von tagespolitischer Sensibilisierung der Verbraucher durch Lebensmittelskandale, BSE und Maul-und-Klauen-Seuche besteht für den Verbraucher von Lebensmitteln eine weitgehende Abhängigkeit von korrekter Information durch Kennzeichnung[148]. Der überwiegende Teil der landwirtschaftlich erzeugten Lebensmittel wird durch Lebensmittelhandwerk und Industrie weiterverarbeitet und kommt in Fertigpackungen auf den Markt[149]. Das Produkt selbst bietet dem Verbraucher keine Möglichkeit, etwas über die Art seiner Herstellung zu erfahren. Es ist ihm weder geschmacklich, geruchlich noch in der Textur zugänglich, sondern nur optisch, beschränkt auf das Maß, das die Fertigpackung erlaubt. Der Kauf selbst findet meist als Selbstbedienung statt, so dass der Verbraucher seine Kaufentscheidung weitgehend ohne Beratung und somit eigenverantwortlich treffen muss[150].

Gleichzeitig ist das Warenangebot durch den freien Handel innerhalb der EG, aber auch durch Importe aus anderen Ländern enorm angewachsen[151]. Es bieten

---

[146] So auch *Knörr*, S. 110; *Leible*, EuZW 1992, S. 599 ff.; *Horst*, S. 1. Zur entsprechenden Entwicklung im deutschen Lebensmittelrecht *Eckert*, ZLR 1991, S. 221 ff. (224). Zur LMKV ebenso *Zipfel/Rathke*, Lebensmittelrecht, Band II, Stand 1.2.2000, C 104, Rdnr. 11.
[147] *Streinz*, ZfRV 1991, S. 357 ff. (363); *Horst*, ZLR 1993, S. 133 ff.; vgl. *Grube*, S. 82.
[148] Dazu auch *Groß*, S. 120 f.
[149] *Horst*, S. 2.
[150] Vgl. *Groß*, S. 121.

§ 2 Die Kennzeichnung im europäischen Lebensmittelrecht   75

sich dem Verbraucher zahlreiche Konkurrenzprodukte, zwischen denen er wählen kann. Daher ist er in erster Linie auf Angaben angewiesen, die er auf der Packung findet[152]. Die Vermittlung von Verbraucherinformation im Wege der Kennzeichnung dient also nicht nur seinem Schutz vor Irreführung und Täuschung, sondern soll den Verbraucher überhaupt in die Lage versetzen, eine bewusste Entscheidung zu treffen[153]. Nur wer bestimmte Vorstellungen hat, kann auch getäuscht werden. Ein vorverpacktes Produkt ohne irgendeine Form von Etikettierung wäre aber kaum in der Lage, bestimmte Vorstellungen über seinen Inhalt und seine Qualität zu vermitteln. Ohne eine Kennzeichnung wäre der Verbraucher bei Fertigpackungen auf die Methode von *„trial and error"* verwiesen. Ferner gewährleistet eine einheitliche Kennzeichnung die Vergleichbarkeit verschiedener Produkte, was die Voraussetzung für eine bewusste Wahl ist. Vor diesem faktischen Hintergrund hat die Verbraucherinformation verschiedene wichtige Bedeutungen für das Funktionieren der Markt- und Wettbewerbsmechanismen und das legitime sozialpolitische Ziel der Förderung des mündigen Verbrauchers.

a) Binnenmarktpolitische Bedeutung der Verbraucherinformation

Aus der dargestellten Kaufsituation für Lebensmittel resultiert die binnenmarktpolitische Bedeutung der Verbraucherinformation[154]. Verbraucherinformation ist notwendig, um den Verbraucher überhaupt in die Lage zu versetzen, durch eine bewusste Kaufentscheidung vom Gemeinsamen Markt zu profitieren. Nur durch ausreichende Verbraucherinformation in Form einer Etikettierung kann der Verbraucher die Eigenschaften von verpackten Lebensmitteln wahrnehmen und daraufhin auswählen. Dabei darf nicht vergessen werden, dass der Gemeinsame Markt kein Selbstzweck ist, sondern der Hebung von Lebenshaltung und Lebensqualität dient[155]. Dies kann nur gelingen, wenn die unterschiedlichen Produkte auch Absatz finden, denn nur so kann der Markt seine wirtschaftliche Kraft entfalten und eine Besserung der Lebensqualität beim Verbraucher ankommen. Eine Marktöffnung muss auch auf Seiten der Verbraucher

---

[151] *Horst*, S. 2; *Groß*, S. 121.

[152] *Horst*, S. 2. Daneben haben natürlich auch andere Arten der Informationsvermittlung, wie Werbung, Hotlines, und Informationskampagnen Bedeutung. Diese Arten der Information sind aber nicht in gleicher Weise jedermann zugänglich wie die Produktkennzeichnung und erlangen damit keine ähnlich essentielle Bedeutung, so dass sich die vorliegende Analyse auf die Kennzeichnung beschränkt. Vgl. dazu auch *Saint*, EFLR 1997, S. 377 ff., der aber die Produktkennzeichnung als das wichtigste Werkzeug der Verbraucherinformation ansieht. Ebenso *Grabowski*, S. 225 ff. (228).

[153] *Groß*, S. 121; *Horst*, ZLR 1993, S. 133 ff.; *Dauses/Sturm*, ZfRV 1996, S. 133 ff. (140); *Meyer*, WRP 1993, S. 215 ff. (221).

[154] Dazu auch *Gill/Bizer/Roller*, Riskante Forschung, 1998, S. 345.

[155] Art. 2 EGV. Dazu *Micklitz/Weatherill*, S. 3 ff.

stattfinden[156]. Dazu müssen Verbraucher aber ihre Kaufgewohnheiten ändern, um auch unbekannte Produkte zu berücksichtigen, die im Zuge der gegenseitigen Anerkennung auf die nationalen Märkte kommen. Solange der Verbraucher nicht weiß, was ein ihm unbekanntes Produkt an Vorteilen bringt, wird er es nicht kaufen. Damit das Prinzip der gegenseitigen Anerkennung ausländischen Produkten die Chance gibt, nicht nur unverändert angeboten, sondern auch gekauft zu werden, braucht der Verbraucher Informationen, um bewusst aus einem habitualisierten Kaufverhalten, welches nur einheimische, bekannte Produkte berücksichtigt, auszubrechen[157]. Verbraucherinformation ist also nötig, um die mit der gegenseitigen Anerkennung intendierte Marktöffnung auch herbeizuführen.

Dabei genügt es nicht, diese Information der Werbung zu überlassen[158]. Selbst sachliche, eigenschaftsbezogene Werbung stellt selektiv einzelne Produkteigenschaften[159] heraus, ohne aber dem Verbraucher einen umfassenden Überblick über verkaufsentscheidende Merkmale zu bieten[160]. Um seine Auswahlfreiheit wahrnehmen zu können, muss der Verbraucher aber in der Lage sein, das Pro und Contra der verschiedenen Auswahlentscheidungen abzuwägen[161]. Die Information als Grundlage seines Entschlusses darf also nicht einseitig beeinflusst oder verkürzt werden, sondern muss das Für und Wider der Entscheidung maßstabsgerecht abbilden[162]. Verbraucherinformation ist die Voraussetzung dafür, dass alle Waren in einem Gemeinsamen Markt gleichermaßen gekauft werden können und trägt somit zu dessen Öffnung bei[163]. Die Förderung der Verbraucherinformation und der Auswahlfreiheit rückt somit die Verbraucher in den Mittelpunkt des Binnenmarktes[164], sichert dessen Funktionieren und bewirkt eine Marktöffnung für Lebensmittel aus anderen Mitgliedstaaten.

---

[156] Vgl. auch *Micklitz*, KritV 1992, S. 172 ff. (178); *Reich*, ZEuP 1994, S. 381 ff. (387 f.); *Heiss*, ZEuP 1996, S. 625 ff. (626).

[157] Ebenso *Meyer*, WRP 1993, S. 215 ff. (225). Zu habitualisierten Kaufentscheidungen für Lebensmittel siehe *Grunert*, ZLR 2000, S. 831 ff. (834).

[158] Ebenso *Joerges*, S. 42 f. Zur Bedeutung der Werbung *Albrecht*, S. 36 ff.

[159] Z.B. die Kalorienarmut eines Produkts. Häufig werden aber immaterielle Aspekte wie der „Genuss", den ein Lebensmittel verspricht, betont, die nicht direkt auf Produkteigenschaften beruhen und damit nicht zu einer sachlichen, eigenschaftsbezogenen Werbung gehören.

[160] *Albrecht*, S. 43.

[161] Dazu wiederum bedarf es eines Überblicks über die auf dem Markt vorhandenen Möglichkeiten. Dazu *Kemper*, S. 37.

[162] *Albrecht*, S. 43.

[163] Vgl. auch *Joerges*, S. 42 f.

[164] *Knörr*, S. 111.

§ 2 Die Kennzeichnung im europäischen Lebensmittelrecht

b) Wettbewerbssichernde Bedeutung der Verbraucherinformation

Eng verbunden mit der binnenmarktpolitischen Funktion der Verbraucherinformation ist deren wettbewerbssichernde Bedeutung[165]. Ziel der gemeinschaftlichen Wettbewerbspolitik ist neben der unternehmerischen Freiheit die Steigerung von Effizienz[166]. Wettbewerb bedarf aber an Information, sowohl zwischen den Wettbewerbern als auch gegenüber den Abnehmern[167]. Gerade in dem durch den Gemeinsamen Markt geförderten „Inter-Brand-Wettbewerb" zwischen substituierbaren Produkten verschiedener Marken[168] ist die Information des Verbrauchers zur Sicherung des Wettbewerbs unerlässlich[169]. Nur wenn der Verbraucher durch den Vergleich von Informationen das beste Produkt herausfinden und kaufen kann, kann es sich am Markt durchsetzen[170]. Nur so kann sich die Lenkungswirkung des Marktes[171] durch Angebot und Nachfrage entfalten. Dadurch wirkt der Wettbewerb wiederum zurück auf die Verbraucher, denn verstärkter Wettbewerb erweitert die Angebotspalette von Lebensmitteln, intensiviert den Preiswettbewerb und erhöht letztlich die Entscheidungsmöglichkeiten der Verbraucher[172]. Voraussetzung dafür ist aber die Wahrnehmbarkeit von Effizienz- und Qualitätssteigerungen durch den Verbraucher, die wiederum von ausreichender Information abhängen. Dies ist die wettbewerbssichernde Komponente der Verbraucherinformation.

c) Sozialpolitische Bedeutung der Verbraucherinformation

Verbraucherinformation, und damit die allgemeine Bildung und Unterrichtung der Gemeinschaftsbürger zur Sicherstellung ihrer Auswahlfreiheit, stellt sich

---

[165] Vgl. *Dauses/Sturm*, ZfRV 1996, S. 133 ff. (141).
[166] *Reich*, 1996, S. 54 f.
[167] Dies erkennt die Kommission bereits in der Mitteilung der Kommission, oben Fn. 9, S. 9 Nr. 18. Zur wettbewerbspolitischen Funktion von Information vgl. auch *Kemper*, S. 163. Aus wirtschaftswissenschaftlicher Sicht anerkennend, dass Information und Kennzeichnung auch im Welthandel die besten regulativen Instrumente darstellen, um andere Schutzziele (wie Verbraucherschutz) zu erreichen *Motaal*, JWT 2001, S. 1215 ff. (1231 f.).
[168] Dazu *Reich*, 1996, S. 55.
[169] Vgl. *Horst*, ZLR 1993, S. 133 ff.
[170] Auch die amerikanische Lebensmittelindustrie betont, dass über die Frage, ob gentechnisch veränderte Lebensmittel sich am Markt durchsetzen, letztlich der Verbraucher entscheidet. Dazu *Grabowski*, S. 225 ff. (226). Vgl. auch *Haniotis*, S. 171 ff. (175).
[171] Auch *Albrecht*, S. 35, betont, dass es für das Funktionieren der Marktlenkung durch Angebot und Nachfrage notwendig ist, dass dem Verbraucher ausreichende Informationen zur Verfügung stehen und er sich einen Überblick darüber verschaffen kann. Ebenso *Leible*, EuZW 1992, S. 599 ff. (600). In Bezug auf gentechnisch veränderte Lebensmittel auch *Unnevehr/Hill/Cunningham*, S. 131 ff. (135, 142).
[172] *Reich*, 1996, S. 55.

außerdem als Teil der allgemeinen Sozialpolitik der EG dar, in der eine bestimmte Sichtweise des Gemeinschaftsbürgers als aufgeklärtem, mündigen Bürger zum Ausdruck kommt[173]. Verbraucherinformation in Form der Produktkennzeichnung dient dabei der Vermittlung von Akzeptanz gegenüber neuen, unbekannten Lebensmitteln[174]. Es soll durch die Information der Verbraucher irrationalen Ängsten begegnet werden, die einem Verhalten als aufgeklärtem, mündigem Bürger widersprechen würden[175]. Für den mündigen Bürger stellt sich dabei die Auswahlfreiheit als Teil seines Selbstbestimmungsrechts und seiner persönlichen Freiheit dar[176], welche die Gemeinschaft durch Anerkennung eines „Rechts auf Verbraucherinformation" schützt. Die Abkehr von mitgliedstaatlichen Schutzkonzepten in Form von Verkehrsverboten hin zu einem gemeinschaftlichen Konzept, welches es dem einzelnen Verbraucher auferlegt, sich durch Lektüre des Etiketts selbst vor Täuschungen zu schützen und die notwendigen Informationen zu vergegenwärtigen, zeigt auch die Abkehr von der Bevormundung der Verbraucher[177] und die Anerkennung ihres Selbstbestimmungsrechts[178].

Außerdem dient die Verbraucherinformation der Herstellung einer stärkeren Marktparität zwischen Lebensmittelproduzenten und Verbrauchern[179] und so dem sozialpolitischen Ziel der Förderung wirtschaftlich Schwächerer. Hintergrund dafür ist, dass Marktmechanismen allein kaum Anreize bieten, eine ausreichende Verbraucherinformation zu gewährleisten und Produktrisiken zu internalisieren, und dass ein Machtungleichgewicht zwischen Produzenten und Verbrauchern zuungunsten der Lebensqualität der Bürger geht[180]. Dies aber widerspricht der Zielsetzung des Binnenmarktes in Art. 2 EGV, der ausdrücklich auf eine Hebung der Lebensqualität abstellt. Die EG „entdeckt" damit die

---

[173] Vgl. *Reich,* ZEuP 1994, S. 381 ff. (387).
[174] Dazu *Saint,* EFLR 1997, S. 377 ff. (380) am Beispiel der „E-Kennzeichnung" für Zusatzstoffe, die in den Augen der Verbraucher eine Art „behördlicher Billigung" der Zusatzstoffe signalisiere. Auch *Gassen/Bangsow/Hektor/König/Sinemus,* ZLR 1996, S. 381 ff. (401) fordern eine realistische Kennzeichnung von Gentechnik in der Lebensmittelproduktion zur Vermittlung von Akzeptanz der Gentechnik beim Verbraucher. Dies war auch das Ziel der EG bei der Einführung einer obligatorischen Kennzeichnung für gentechnisch veränderte Lebensmittel; dazu *Haniotis,* S. 171 ff. (175). Vgl. auch *Unnevehr/Hill/Cunningham,* S. 131 ff. (137).
[175] Vgl. *Leible,* EuZW 1992, S. 599 ff. (601). Kritisch dazu *Pfleger,* ZLR 1993, S. 367 ff. (381 f.).
[176] Ausführlich zur Auswahlfreiheit des Verbrauchers und deren Grundlage im Selbstbestimmungsrecht *Albrecht,* S. 9 ff.
[177] Vgl. *Reich,* 1996, S. 111.
[178] Vgl. allgemein auch *Heiss,* ZEuP 1996, S. 625 ff. (629).
[179] Vgl. *Reich,* 1996, S. 34. Zur fehlenden Marktparität auch *Kemper,* S. 59. Vgl. auch *Wahl,* UTR 14 (1990), S. 7 ff. (17).
[180] *Reich,* 1996, S. 34.

§ 2 Die Kennzeichnung im europäischen Lebensmittelrecht   79

Lebensqualität im Sinne des Art. 2 EGV auch als umfassende Integrationsaufgabe[181], welche durch eine umfassende Verbraucherinformation gefördert wird.

Verbraucherinformation dient neben ihrer sozialpolitischen Bedeutung der Förderung des Selbstbestimmungsrechts der Verbraucher[182] also binnenmarktpolitischen und wettbewerbspolitischen Zwecken. Dabei kommt der Verbindung von Verbraucherinformation und Auswahlfreiheit besondere Bedeutung zu[183]. Sozialpolitisch wird über die Verbraucherinformation die Auswahlfreiheit und damit das dahinterliegende Selbstbestimmungsrecht, das in neuerer Dogmatik als eigentlicher Kern des Verbraucherschutzes gesehen wird[184], um ihrer selbst Willen geschützt. Dagegen dient die Auswahlfreiheit in Verbindung mit der Verbraucherinformation binnenmarkt- und wettbewerbspolitisch gesehen lediglich dem „Funktionieren" des Verbrauchers als passivem Markt- und Wettbewerbsfaktor, sozusagen als *homo oeconomicus passivus*[185]. Verbraucherinformation findet also nicht nur um ihrer selbst bzw. um der Verbraucher willen statt, sondern wird als Werkzeug benutzt, um eine Marktöffnung und ein Funktionieren des Wettbewerbs zu erreichen. Die hier dargestellten unterschiedlichen Funktionen der Verbraucherinformation existieren aber nicht unverbunden nebeneinander, sondern lassen sich anhand der Entwicklung der Verbraucherinformation verschiedenen Stadien in der Entwicklung der EG zuordnen und in ihrem Ursprung erklären. Dieser Versuch soll im folgenden Abschnitt unternommen werden.

7. Der Bedeutungswandel der Verbraucherinformation unter Berücksichtigung der allgemeinen Binnenmarktentwicklung

Der geschilderte Bedeutungswandel der Verbraucherinformation vollzog sich nicht unabhängig von sonstigen Entwicklungstendenzen in der EG, sondern steht in engem Zusammenhang mit der allgemeinen Entwicklung des Gemeinsamen Marktes. Dabei lassen sich auch die herausgearbeiteten, unterschiedlichen drei Funktionen der Verbraucherinformation (binnenmarktpolitische, wettbewerbssichernde und sozialpolitische) schwerpunktmäßig unterschiedlichen Stadien der Entwicklung der EG zuordnen. Diese Zuordnung ist dabei keineswegs exklusiv zu verstehen, erleichtert aber das Verständnis der Entwicklung der Verbraucherinformation und ihrer Gesamtbedeutung für die EG.

---

[181] *Reich*, 1996, S. 34.
[182] *Reich*, ZEuP 1994, S. 381 ff. (382) sieht darin die eigentliche Bedeutung der Verbraucherinformation.
[183] Vgl. *Albrecht*, S. 35.
[184] *Groß*, S. 120. Vgl. auch *Hufen*, Die Verwaltung 1994, S. 329 ff. (333).
[185] Dazu *Reich*, 1996, S. 29, 301.

Der ursprüngliche EWG-Vertrag war produktivistisch angelegt, richtete sich also in erster Linie an die Produzenten ökonomischer Werte. Auch die Integration der EWG sollte über den zu errichtenden Gemeinsamen Markt, also ökonomisch-marktbezogen, stattfinden[186]. Auch wenn der Gemeinsame Markt laut Präambel und Art. 2 EWGV nur das Mittel zur Steigerung der Lebensqualität als sozialpolitischem Zweck darstellte, blieb dieser Zweck wegen Art. 3 EWGV eine von der an Förderung von Produktion und Distribution ausgerichteten Politik abhängige Variable, ohne dabei einen selbständigen Politikbereich darzustellen. Dieser Ansatz entspricht klassischem Freihandelsdenken, nach dem sich bestimmte sozialpolitische Ergebnisse wie Verbraucherwohlfahrt und Lebensqualität von selbst einstellen, wenn nur die Rahmenbedingungen, insbesondere der Marktzugang und der freie Wettbewerb, stimmen[187].

Die Beseitigung von Marktzugangshindernissen für Waren zeichnet dabei die „erste Generation"[188] der Entwicklung des EG-Binnenmarktes aus[189]. Insbesondere die weite Auslegung von Art. 30 EWGV (jetzt Art. 28 EGV) durch die Dassonville-Rechtsprechung[190] und die enge Auslegung der Rechtfertigung aus Art. 36 EWGV (jetzt Art. 30 EGV)[191] liegen in dieser Logik der Schaffung eines Gemeinsamen Marktes[192]. Allerdings führte dieser Ansatz dazu, dass der EuGH legitime Politikziele, wie den Verbraucherschutz, nicht als Rechtfertigung eines Handelshindernisses zulassen konnte, da sie nicht in Art. 36 EWGV genannt waren. In dem Fall, dass eine nationale Maßnahme des Gesundheitsschutzes nach Art. 36 EWGV gerechtfertigt werden konnte, war es in der Regel nicht möglich, dieses Handelshemmnis anschließend im Wege der Harmonisierung auszuräumen, da Art. 100 EWGV Einstimmigkeit vorsah[193]. Eine Rechtfertigung nach Art. 36 EWGV stellte damit kein temporäres Hindernis des Gemeinsamen Marktes dar, das durch eine Harmonisierung ausgeräumt werden

---

[186] *Reich*, 1996, S. 30.

[187] *Reich*, 1996, S. 30.

[188] Aus Gründen der Anschaulichkeit folgt die Unterteilung dieses Abschnitts in wesentlichen Teilen der Einteilung J. H. H. Weilers in fünf „Generationen" der Binnenmarktentwicklung, *Weiler*, S. 349 ff. (350 f.). Allerdings spielen nicht alle Generationen gleichermaßen eine Rolle für die Entwicklung der Verbraucherinformation, so dass sich die folgende Darstellung auf drei „Generationen" der EG-Entwicklung beschränken kann.

[189] Kritisch *Weiler*, S. 349 ff. (353 ff.), der anmerkt, dass der EuGH mit der Dassonville-Formel über das Ziel, Marktzugangshindernisse zu beseitigen, hinausgeschossen ist.

[190] Ständige Rechtsprechung seit EuGH, Rs. 8/74 (Staatsanwaltschaft gegen Benoît und Gustave Dassonville), Urteil vom 11.7.1974, Slg. 1974, S. 837 ff. (852, Rz. 5). Dazu *Meyer*, WRP 1993, S. 215 ff. (218).

[191] *Meyer*, WRP 1993, S. 215 ff. (219 f.).

[192] Vgl. auch *Weiler*, S. 349 ff. (363).

[193] Vgl. *Berg*, Art. 153 EGV, in: Schwarze (Hrsg.), EU-Kommentar, 2000, Rdnr. 2.

§ 2 Die Kennzeichnung im europäischen Lebensmittelrecht

könnte, sondern es blieb entgegen der Intention des EWG-Vertrages bei einer Marktfragmentierung[194].

Diesen beiden Problemen begegnete die *Cassis-de-Dijon*-Rechtsprechung in der zweiten Generation der Binnenmarktentwicklung und prägte damit entscheidend die EG-Politik im Bereich des Verbraucherschutzes. Der EuGH erweiterte zum einen die Rechtfertigungsmöglichkeiten für legitime Politikziele, wie den Verbraucherschutz, durch die Anerkennung „zwingender Erfordernisse"[195]. Zum anderen machte das Prinzip der gegenseitigen Anerkennung die wegen des Einstimmigkeitserfordernisses aus Art. 100 EWGV stagnierende Harmonisierung in vielen Bereichen überflüssig[196], so dass eine Harmonisierung danach vor allem noch für den Gesundheitsbereich relevant war. Diese doppelte Problemlösung wurde daher von der Kommission enthusiastisch aufgegriffen[197].

Allerdings führte der gewählte Weg den EuGH immer tiefer in die Frage hinein, welche nationalen Politikziele als legitim anzuerkennen sind und somit Markthindernisse rechtfertigen. Damit stellt sich die Frage nach der Souveränität nationaler Politikentscheidungen[198]. Auch das scheinbar neutrale Konzept der gegenseitigen Anerkennung ist schon an sich ein erheblicher Eingriff in die nationale Regelungshoheit: Statt der völligen Vermeidung von Verbrauchertäuschungen durch Produktharmonisierung, schreibt der EuGH das Prinzip der gegenseitigen Anerkennung in Verbindung mit einer Kennzeichnung vor. Dies bedeutet aber, dass eine bestimmte Anzahl von Täuschungen im Interesse des freien Handels hinzunehmen sind[199], da Kennzeichnungen nicht denselben Wirkungsgrad haben wie eine Produktharmonisierung[200].

Letztlich entschied also der EuGH mit dem Wechsel zur gegenseitigen Anerkennung, dass eine Politik des absoluten Schutzes gegenüber Täuschungen und

---

[194] *Weiler*, S. 349 ff. (364 f.).
[195] *Weiler*, S. 349 ff. (365).
[196] *Weiler*, S. 349 ff. (365). Vgl. auch *Heydebrand*, ELR 1991, S. 391 ff. (407).
[197] Vgl. auch Mitteilung der Kommission, oben Fn. 12, S. 2 f. Dazu auch *Heydebrand*, ELR 1991, S. 391 ff. (393).
[198] *Weiler*, S. 349 ff. (367).
[199] In seinem „Sauce Bernaise"-Urteil – EuGH, Rs. C-51/94 (Kommission gegen Bundesrepublik Deutschland – „Sauce Bernaise"), Urteil vom 26.10.1995, Slg. 1995 I-3599 ff. (3629, Rz. 34, 36) – gesteht der EuGH selbst eine gewisse Irreführungsgefahr trotz der Kennzeichnung im Zutatenverzeichnis ein. Diese Gefahr stuft der EuGH aber als zu gering ein, um ein (weitergehendes) Hemmnis für den freien Warenverkehr als die Kennzeichnung im Zutatenverzeichnis zu rechtfertigen; a.a.O. Rz. 33 f. Im Ergebnis gesteht der EuGH also ein, dass im Interesse des freien Warenverkehrs eine gewisse Anzahl getäuschter Verbraucher hinzunehmen ist. Vgl. auch *Micklitz*, KritV 1992, S. 172 ff. (180).
[200] *Weiler*, S. 349 ff. (368); *Reich*, 1996, S. 90; *Heydebrand*, ELR 1991, S. 391 ff. (408).

Irrtümern hinter den Erfordernissen des Gemeinsamen Marktes zurückzustehen hat, und traf damit im Ergebnis eine quasi-legislative Entscheidung[201]. Auch wenn das Urteil *Cassis de Dijon* im konkreten Fall und unter Berücksichtigung der Tatsache, dass das Ziel der Schaffung des Binnenmarkt zu Lasten protektionistischer nationaler Maßnahmen von den Regierungen noch internalisiert werden musste, verständlich und richtig ist, so ist es dennoch ein Eingriff in mitgliedstaatliche Politikentscheidungen, dessen umfangreiche Auswirkungen vom EuGH weder thematisiert noch legitimiert werden[202].

Zwangsläufiges Korrelat dazu war die Wahl des Verbraucherleitbildes. Nur wenn der Verbraucher mündig ist, ist es ihm zumuten, sich selbst vor Täuschungen zu schützen, und dem Mitgliedstaat, keine Marktzugangsbeschränkungen zum Verbraucherschutz zu treffen. Nur wenn sich ein mündiger Bürger selbst schützen kann, lässt sich die vom EuGH erzwungene Reduktion staatlichen Schutzes rechtfertigen. Je mehr dieser Schutz aber auf den Verbraucher verlagert wird, desto mehr Information braucht er, um diesen Schutz auch wirksam ausüben zu können. Das Verbraucherleitbild der EG und die Bedeutung der Verbraucherinformation sind damit die direkte Folge der mit der gegenseitigen Anerkennung verbundenen (Legitimations-)Probleme. Diese Entwicklung liegt dabei noch in der Logik der Schaffung eines Gemeinsamen Marktes[203]. Der Weg der gegenseitigen Anerkennung bedingt insofern die Bedeutung von Verbraucherinformation als binnenmarktpolitischem Instrument.

In der dritten und vierten Generation[204] änderte sich der faktische Hintergrund dieser Entwicklung. Der Binnenmarkt wurde von den Regierungen zunehmend akzeptiert; es wurde nicht mehr (primär) versucht, unter dem Deck-

---

[201] Ebenso *Heydebrand,* ELR 1991, S. 391 ff. (409, 413).

[202] Vgl. *Reich,* 1996, S. 53, der kritisiert, dass das weitgehend mit dem Prinzip der gegenseitigen Anerkennung identische Herkunftslandprinzip bedeute, dass der Empfangsstaat in Umkehrung des völkerrechtlichen Territorialprinzips seine souveräne Befugnis verliere, fremde Güter in seinem Gebiet einschränkenden Regeln zu unterwerfen. Unternehmen könnten Schutzvorschriften somit durch das Ausweichen in andere Mitgliedstaat mit niedrigerem Schutzniveau entgehen. Der verbraucherpolitische „ordre public" eines Mitgliedstaates wäre so eine kontingente Größe im unternehmerischen Kalkül, über den durch freie Standortwahl und damit Konkurrenz der Rechtsordnungen frei entschieden werden kann. Darin liege eine Gefährdung des hohen Schutzniveaus der EG. Kritisch auch *Heydebrand,* ELR 1991, S. 391 ff. anhand des Vergleich mit der Rechtslage in den USA.

[203] Vgl. auch *Reich,* 1996, S. 90.

[204] *Weiler,* S. 349 ff. (369 ff.) verortet die dritte Generation dabei in dem neuen Ansatz zur Harmonisierung, dem Weißbuch zum Binnenmarkt und der Einfügung des Art. 100a EGV. Die vierte Generation umfasst das Keck-Urteil des EuGH und die daran anschließende Rechtsprechung. Da es hier aber nicht um die Abgrenzung zwischen EuGH und Legislative geht, sondern um die Entwicklung des Binnenmarktes und deren Einfluss auf die Verbraucherinformation, lassen sich diese Generationen zusammen betrachten.

§ 2 Die Kennzeichnung im europäischen Lebensmittelrecht

mantel legitimer Ziele protektionistische Maßnahmen zu ergreifen[205]. Stattdessen sah sich der EuGH im Rahmen der „zwingenden Erfordernisse" immer öfter genötigt, zwischen verschiedenen legitimen politischen Zielen zu entscheiden und damit eine delikate politische Funktion einzunehmen[206]. Hinzu kam, dass zumindest nach Maastricht die Frage der Kompetenzabgrenzung zwischen den Mitgliedstaaten und der EG und das Prinzip der Subsidiarität eine erhöhte politische und rechtliche Bedeutung gewannen[207]. Außerdem war durch die Möglichkeit der Mehrheitsentscheidung in Art. 100a (jetzt Art. 95) EGV der Harmonisierungsstau und damit zu einem großen Teil die Marktfragmentierung behoben worden[208]. Unter diesen geänderten Vorzeichen politischer und rechtlicher Legitimität ist fraglich, ob eine Entscheidung wie *Cassis de Dijon* mit gleichem Resultat gefallen wäre.

Im Ergebnis ging es also nicht mehr um die Schaffung des Binnenmarktes, sondern um seine Ausgestaltung[209]. Während der EuGH dieser Entwicklung in der Keck-Rechtsprechung Rechnung trägt[210], indem er bestimmte Maßnahmen aus dem Rechtfertigungszwang des Art. 28 EGV ausklammert und damit die Spielräume für nationale Politikentscheidungen wieder vergrößert, verlagert sich die Rechtsetzungstätigkeit der EG entsprechend vom Konzept der Marktöffnung hin zur Marktgestaltung. In dem Maße wie der Binnenmarkt an Produktions- und Distributionsfaktoren verwirklicht wurde und es nicht mehr um seine grundsätzliche Durchsetzung gegen die Mitgliedstaaten ging, konnte sich die Gemeinschaft auf seine Ausgestaltung im Sinne eines „Binnenmarktes für Lebensqualität" als eigentlichem Zweck des Gemeinsamen Marktes konzentrieren[211]. Es ging dabei vor allem um die Schaffung bestimmter Mindeststandards für den Verbraucher[212].

Dabei gewinnt die Verbraucherinformation als Grundpfeiler der gegenseitigen Anerkennung zunehmend an Bedeutung[213]. Es genügt nicht mehr, auf die marktöffnende Bedeutung der Verbraucherinformation in Verbindung mit der

---

[205] *Weiler*, The Constitution of the Common Market Place: Text and Context in the Evolution of the Free Movement of Goods, in: Craig/de Búrca (Hrsg.), The Evolution of Europe, 1999, S. 349 ff. (371).
[206] *Weiler*, S. 349 ff. (367).
[207] *Weiler*, S. 349 ff. (371 f.). Zu den Auswirkungen des Prinzips der Subsidiarität auf den Verbraucherschutz *Micklitz/Weatherill*, S. 3 ff. (22 ff.); *Gibson*, S. 41 ff.
[208] *Weiler*, S. 349 ff. (371).
[209] *Reich*, 1996, S. 302.
[210] EuGH, Verb. Rs. C-267 und C-268/91 (Strafverfahren gegen Bernard Keck und Daniel Mithouard), Urteil vom 24.11.1993, Slg. 1993, I-6097 ff. Dazu *Weiler*, S. 349 ff. (370 ff.).
[211] *Reich*, 1996, S. 302 f.
[212] *Reich*, 1996, S. 303.
[213] *Reich*, 1996, S. 304 geht sogar soweit, vom „Informationsparadigma" des Verbraucherschutzes zu sprechen. Vgl. auch *Albrecht*, S. 73 f.

gegenseitigen Anerkennung hinzuweisen, sondern es geht im Bereich der Ausgestaltung des Marktes darum, eine ausreichende Information für den Verbraucher sicherzustellen[214]. Als zu gewährleistendes „Recht des Verbrauchers" bekommt die Verbraucherinformation eine Schlüsselposition dafür, dass der Gemeinsame Markt funktioniert, ohne auf Kosten der Verbraucher zu gehen[215]. Gleichzeitig trägt die EG dadurch der Tatsache Rechnung, dass Märkte allein keine ausreichenden Anreize für Verbraucherschutz und -information bieten[216]. Die EG ist also von ihrem zunächst produktivistischen Ansatz der Negativintegration[217] durch Abbau von Hemmnissen zu einem positiven, „konsumeristischen" Ansatz der aktiven rechtlichen Ausgestaltung des Gemeinsamen Marktes übergegangen[218], was die Übernahme der Verbrauchergrundrechte in Art. 153 EGV zeigt.

Die Entwicklung der Verbraucherinformation fand also in enger Abhängigkeit von der allgemeinen Entwicklung des Binnenmarktes statt und lässt sich als deren konsequente Fortsetzung erklären. Die bereits dargestellten Funktionen der Verbraucherinformation lassen sich daher bestimmten Phasen der Binnenmarktentwicklung zuordnen. Während die binnenmarktpolitische und die damit eng verbundene wettbewerbssichernde Funktion der Verbraucherinformation zur Marktöffnung in den ersten beiden Generationen der Binnenmarktentwicklung eine größere Rolle spielte, dominiert in der dritten und vierten Generation die sozialpolitische Bedeutung, die sich insbesondere in der Anerkennung der Verbrauchergrundrechte in Art. 153 EGV niedergeschlagen hat. Insgesamt lässt sich ein Übergang von der Negativ- zur Positivintegration feststellen, in deren Zuge die Verbraucherinformation eine zunehmend eigenständige, von Marktgesichtspunkten unabhängige Bedeutung erlangt hat[219].

---

[214] Vgl. *Reich*, ZEuP 1994, S. 381 ff. (387).
[215] Vgl. auch *Reich*, 1996, S. 304 ff. Dies erklärt auch den Übergang von unzureichenden, weil nicht bindenden Erklärungen im Rahmen der Verbraucherprogramme, zur Regelung im Vertrag selbst. Die sozialpolitische Komponente der Verbraucherinformation war zwar bereits im Recht auf Information in den Verbraucherprogrammen angelegt, konnte sich aber erst nach „Abschluss" der Politik der Marktöffnung als selbständige Funktion der Verbraucherinformation gegen deren marktöffnende Funktion durchsetzen.
[216] Dazu *Reich*, 1996, S. 34.
[217] Dazu *Micklitz*, KritV 1992, S. 172 ff.
[218] Ebenso *Reich*, 1996, S. 301.
[219] Vgl. *Reich*, 1996, S. 304 ff.

II. Vermittlung von Information durch die Lebensmittelkennzeichnung und deren Rezeption

1. Die Informationsvermittlung durch die RL 2000/13/EG

a) Vermittlung von Information durch die Verkehrsbezeichnung und das Zutatenverzeichnis

Nachdem die grundsätzliche Bedeutung der Information über Lebensmittel im Wege der Kennzeichnung erläutert wurde, bleibt zu klären, wie diese Informationsvermittlung im konkreten Fall zustande kommt. Die Lebensmittelkennzeichnung ist jetzt geregelt in der Etikettierungsrichtlinie RL 2000/13/EG[220]. Deren Ziel ist, neben der Sicherstellung des freien Verkehrs mit Lebensmitteln, des Funktionierens des Binnenmarktes und des Wettbewerbs[221], vor allem die Unterrichtung und der (Täuschungs-)Schutz[222] der Verbraucher[223]. Dabei wird besonders die Sicherstellung einer ausreichenden Verbraucherinformation und deren Bedeutung für die Auswahlfreiheit in den Erwägungsgründen hervorgehoben[224]. Dazu stellt Art. 3 ein Verzeichnis mit Angaben auf, die bei der Kennzeichnung zu beachten sind[225]. Dazu zählen insbesondere die Verkehrsbezeichnung und das Zutatenverzeichnis. Das Primat der Verbraucherinformation für diese Angaben wird dadurch betont, dass ein Abweichen von Art. 3 nur erlaubt

---

[220] Richtlinie 2000/13/EG des Europäischen Parlaments und des Rates vom 20.3.2000 zur Angleichung der Rechtsvorschriften der Mitgliedstaaten über die Etikettierung und Aufmachung von Lebensmitteln sowie der Werbung hierfür, ABl. Nr. L 109 vom 6.5.2000 S. 29 ff.

[221] Erwägungsgründe 2, 3. Die binnenmarktpolitische Bedeutung findet sich auch in Art. 18 Abs. 1, wonach die Mitgliedstaaten den Verkehr mit Lebensmitteln nicht durch zusätzliche Etikettierungsregeln behindern dürfen.

[222] Art. 2 Abs. 1 lit. a) i) verbietet mit Selbstverständlichem zu werben oder mit Wirkungen, die das Lebensmittel nicht besitzt. Ferner darf die Kennzeichnung oder die Art und Weise in der sie erfolgt nicht geeignet sein, „den Käufer über Eigenschaften des Lebensmittels, namentlich über Art, Identität, Beschaffenheit, Zusammensetzung, Menge, Haltbarkeit, Ursprung oder Herkunft und Herstellungs- oder Gewinnungsart irrezuführen". Dazu auch *Bjerregaard*, EFLR 1998, S. 1 ff. (2); *Reich*, 1996, S. 310 f.

[223] Erwg. 6. Zum Primat der Informationsfunktion der Richtlinie vgl. *Streinz*, ZLR 1993, S. 31 ff. (49). Vgl. auch *Saint*, EFLR 1997, S. 377 ff. (378).

[224] Erwg. 8: „Eine detaillierte Etikettierung, die Auskunft gibt über die genaue Art und die Merkmale des Erzeugnisses, ermöglicht es dem Verbraucher, sachkundig seine Wahl zu treffen, und ist insofern am zweckmäßigsten, als sie die geringsten Handelshemmnisse nach sich zieht." Dazu auch *Bjerregaard*, EFLR 1998, S. 1 ff. (2); *Leible*, EuZW 1992, S. 599 ff. (600).

[225] Der Zweck davon ist nach Erwg. 9, Verbrauchern die notwendigen Informationen über die essentiellen Charakteristika der Lebensmittel zu geben. Vgl. *Bjerregaard*, EFLR 1998, S. 1 ff. (3).

ist, wenn die Unterrichtung der Käufer nicht beeinträchtigt bzw. anders gewährleistet wird[226].

Eine Primärinformation über das angebotene Lebensmittel bietet die Verkehrsbezeichnung nach Art. 5 Abs. 1 RL 2000/13/EG[227]. Die Verkehrsbezeichnung dient der Identifikation des Lebensmittels und seiner Abgrenzung von ähnlichen Erzeugnissen[228]. Mit der Verkehrsbezeichnung verbindet der Verbraucher bestimmte Vorstellungen. An ihr kann er sich orientieren, wenn er weiß, dass er ein bestimmtes Erzeugnis kaufen will[229]. Eine genaue Information über die Zusammensetzung der Lebensmittel bietet die Verkehrsbezeichnung hingegen nicht. Ihre Bedeutung erschöpft sich in einer Grobinformation, die das entscheidende Signal für eine nähere Befassung mit dem Lebensmittel oder für den Kaufentschluss gibt[230]. Für die Vermittlung von Produktinformationen spielt die Verkehrsbezeichnung aufgrund ihres begrenzten Aussagegehalts aber nur eine untergeordnete Rolle.

Die wesentliche Vermittlung von Informationen findet über das Zutatenverzeichnis statt[231]. Das Zutatenverzeichnis gibt dem Verbraucher Auskunft über die bei der Herstellung eines Lebensmittels verwendeten Stoffe[232], bietet also Detailinformation über die stoffliche Zusammensetzung eines Lebensmittels[233]. Eine Zutat ist dabei jeder Stoff, einschließlich der Zusatzstoffe, der bei der Herstellung oder Zubereitung eines Lebensmittels verwendet wird und – wenn auch möglicherweise in veränderter Form – im Enderzeugnis vorhanden bleibt[234]. Auch wenn es Ausnahmen von der Aufführung im Zutatenverzeichnis gibt[235], stellt es dennoch die Hauptinformationsquelle über die stoffliche Zusammensetzung eines Lebensmittels dar[236]. Durch die nüchterne Auflistung dessen, was bei der Herstellung des Lebensmittels verwendet wird, wird außerdem ein ob-

---

[226] Art. 4 Abs. 1; Art. 14, Art. 16 Abs. 1 RL 2000/13/EG.

[227] Verkehrsbezeichnungen sind beispielsweise „koffeinhaltige Limonade" für Coca-Cola oder „Langkornreis". Keine Verkehrsbezeichnungen sind Hersteller- oder Handelsmarken (wie „Coca-Cola" oder „Jägermeister"), oder Phantasienamen („Punika Oase"). Vgl. zum Ganzen *Horst*, S. 24 ff.; *Nentwich*, S. 128 ff.

[228] *Horst*, S. 24.

[229] *Horst*, S. 24.

[230] *Horst*, S. 25.

[231] Art. 3 Abs. 1 Nr. 2 der RL 2000/13/EG. Vgl. *Horst*, S. 25; *Zipfel/Rathke*, Lebensmittelrecht, Band II, Stand 1.2.2000, C 100 § 16 Rdnr. 10 f.

[232] Art. 6 Abs. 5 der RL 2000/13/EG.

[233] *Horst*, S. 38.

[234] Art. 6 Abs. 4 lit. a) RL 2000/13/EG.

[235] So bedarf es zum einen einer bewussten Verwendung eines Stoffes, damit dieser eine Zutat darstellt. Vgl. auch *Horst*, S. 41 ff. Ferner genügt es nach Anhang I der RL 2000/13/EG, wenn bestimmte Zutaten nur mit ihrem Klassennamen angegeben werden. Vgl. auch *Hammerl*, ZLR 2000, S. 723 ff.

[236] *Horst*, S. 39.

§ 2 Die Kennzeichnung im europäischen Lebensmittelrecht

jektives Bild des Lebensmittels vermittelt und eine warnende „Plakatierung" bestimmter Stoffe vermieden[237]. Dem Zutatenverzeichnis kann der Verbraucher daher die Zusammensetzung des Lebensmittels und dessen wesentliche Qualitätsmerkmale in Form des Anteils der werthaltigen Bestandteile entnehmen. Dies versetzt ihn in die Lage, eine informierte Auswahlentscheidung in Kenntnis der Sachlage zu treffen. Dies hat auch der EuGH bestätigt, der davon ausgeht, dass Verbraucher, die sich in ihrer Kaufentscheidung nach der Zusammensetzung der Erzeugnisse richten, zunächst das Zutatenverzeichnis lesen und dadurch hinreichend informiert werden[238]. Das Zutatenverzeichnis hat also für die Sicherstellung der informierten Auswahlentscheidung zentrale Bedeutung[239].

Neben dem Zutatenverzeichnis gibt es weitere Kennzeichnungen, die den Verbraucher über bestimmte Einzelaspekte des Lebensmittels informieren. Dazu zählen die Mengenangabe einzelner Zutaten, die aufgrund ihrer herausgehobenen Stellung eine besondere Bedeutung haben[240], das Mindesthaltbarkeitsdatum, die Nettofüllmenge, der Herkunfts- oder Ursprungsort, falls dessen Weglassen irreführend ist, der Alkoholgehalt und gegebenenfalls besondere Anweisungen für die Aufbewahrung und Verwendung von Lebensmitteln[241]. Dadurch wird der Verbraucher über Aspekte informiert, die zwar nicht die Zusammensetzung des Lebensmittels betreffen, aber dennoch als Informationen über wertbildende Faktoren in die Kaufentscheidung einbezogen werden können. Für die umfassende Sicherstellung der informierten Auswahlentscheidung bleibt es aber bei der zentralen Bedeutung des Zutatenverzeichnisses[242].

---

[237] So *Horst*, S. 39, der dazu ausführt, dass ein allgemeines Zutatenverzeichnis in Deutschland bis zum Erlass der „alten" Kennzeichnungsrichtlinie RL 79/112/EWG unbekannt war. Stattdessen musste im Einzelfall auf den Gehalt an bestimmten Stoffen (insb. Zusatzstoffen) hingewiesen werden. Dieser besonderen Kenntlichmachung konnte eine warnende Wirkung nicht abgesprochen werden; sie entfällt heute aber regelmäßig, wenn ein Zutatenverzeichnis gegeben ist.

[238] EuGH, Rs. C-51/94 (Kommission gegen Bundesrepublik Deutschland – „Sauce Bernaise"), Urteil vom 26.10.1995, Slg. 1995 I-3599 ff. (3629, Rz. 34, 36). Im Ergebnis ebenso *Eckert*, ZLR 1999, S. 579 ff. (583).

[239] Vgl. auch *Zipfel/Rathke*, Lebensmittelrecht, Band II, Stand 1.2.2000, C 100 § 16 Rdnr. 10 f.

[240] Diese wird als „Quantitative Ingredients Declaration" bezeichnet. Dazu *Zipfel/Rathke*, Lebensmittelrecht, Band II, Stand 1.2.2000, C 104 Vorb. Rdnr. 5 h sowie § 8 Rdnr. 1a ff. Außerdem *Meyer*, Lebensmittelrecht, 1998, S. 61; *Loosen*, ZLR 1998, S. 627 ff.; *Loosen*, ZLR 1999, S. 682 ff.

[241] Zu den einzelnen Kennzeichnungselementen *Horst*, C. IV. Lebensmittelrecht, in: Dauses (Hrsg.), Handbuch des EU-Wirtschaftsrechts, Stand Aug. 2000, Rdnr. 113; *Dannecker*, WiVerw 1996, S. 190 ff. (199); *Streinz*, in: Damm/Hart (Hrsg.), Rechtliche Regulierung von Gesundheitsrisiken, 1993, S. 151 ff. (162). Ausführlich *Nentwich*, S. 128 ff.

[242] Vgl. auch *Zipfel/Rathke*, Lebensmittelrecht, Band II, Stand 1.2.2000, C 100 § 16 Rdnr. 10 f.

b) Die Art und Weise der Informationsvermittlung

Auch die Anforderungen an die Art und Weise der Kennzeichnung sollen eine ausreichende Verbraucherinformation sicherstellen. Daher müssen die Angaben leicht verständlich sein, an gut sichtbarer Stelle deutlich lesbar und unverwischbar angebracht werden und nicht durch andere Angaben oder Bildzeichen verdeckt oder getrennt sein[243]. Außerdem müssen sie in einer dem Verbraucher leicht verständlichen Sprache abgefasst sein[244]. Diese Anforderungen sorgen dafür, dass die mit der Etikettierung zu vermittelnde Verbraucherinformation von den Adressaten auch verstanden und zur Grundlage einer informierten Auswahlentscheidung gemacht werden kann.

Ferner ist hervorzuheben, dass der Großteil der Kennzeichnungsanforderungen einen produktbezogenen Ansatz[245], der auf Produktunterschiede abstellt, anstelle eines verfahrensbezogenen Ansatzes[246], der auf Unterschiede im Herstellungsverfahren unabhängig von Auswirkungen im Endprodukt abstellt, verfolgt. So sind fast alle Kennzeichnungsangaben abhängig von konkreten Produkteigenschaften[247]. Ausnahmen dazu stellen lediglich die Angabe des Ursprungs- oder Herkunftsortes dar, die allerdings nur vorgeschrieben ist, wenn durch das Weglassen bei dem Verbraucher ein Irrtum entstehen würde[248], und die Angabe nach Art. 5 Abs. 3, dass ein Lebensmittel bestrahlt ist, da die Bestrahlung keine Änderung des Erscheinungsbildes eines Lebensmittels bewirkt[249]. Die Einfügung der verfahrensbezogenen Bestrahlungskennzeichnung stellt insoweit einen Fremdkörper in dem ansonsten produktbezogenen Ansatz von Art. 5 Abs. 3 dar[250] und wird wohl zu Recht als politisches Opfer dafür gesehen, dass die von

---

[243] Art. 13 Abs. 2 RL 2000/13/EG. Vgl. dazu *Nentwich*, S. 147 ff. Zur analogen Art und Weise der Kennzeichnung im deutschen Recht vgl. *Meyer*, Lebensmittelrecht, 1998, S. 55 f.

[244] Art. 16 Abs. 1 RL 2000/13/EG. Dazu *Horst*, C. IV. Lebensmittelrecht, in: Dauses (Hrsg.), Handbuch des EU-Wirtschaftsrechts, Stand Aug. 2000, Rdnr. 119; *Nentwich*, S. 147 ff.

[245] Dazu oben § 1 II.1. Vgl. *Groß*, S. 101 ff.

[246] Dazu oben § 1 II.1. Vgl. *Groß*, S. 100 f.

[247] Ähnlich *Bjerregaard*, EFLR 1998, S. 1 ff. (3).

[248] Art. 3 Abs. 1 Nr. 8. Zum Teil wird auch der Ursprungskennzeichnung ein produktbezogener Ansatz beigemessen, da die Lebensmittel ihre Güte oder Eigenschaften überwiegend oder ausschließlich den bezeichneten geographischen Verhältnissen verdanken; dazu *Dannecker*, WiVerw 1996, S. 190 ff. (203). Auch das Verbot der Irreführung u. a. über „die Herstellungs- oder Gewinnungsart" aus Art. 2 Abs. 1 lit. a) i) verlangt keine Kennzeichnung des Herstellungsverfahrens *per se*, sondern nur weil und soweit sie Eigenschaften des Lebensmittels sind. Vgl. Grünbuch der Kommission: Allgemeine Grundsätze des Lebensmittelrechts in der Europäischen Union, KOM(97) 176 endg., S. 53. Dazu *Streinz*, ZLR 1998, S. 145 ff. (163). Ebenso *Pfleger*, ZLR 1993, S. 367 ff. (370).

[249] *Grube*, S. 255. A. A. *Bjerregaard*, EFLR 1998, S. 1 ff. (2).

§ 2 Die Kennzeichnung im europäischen Lebensmittelrecht

einigen Mitgliedstaaten vehement abgelehnte Lebensmittelbestrahlung überhaupt gemeinschaftsweit praktiziert werden kann[251]. Der ansonsten produktbezogene Ansatz der Richtlinie hingegen entspricht deren Zielsetzung, den Verbraucher über die genaue Art und die Merkmale eines Erzeugnisses aufzuklären[252].

Durch den gewählten, primär produktbezogenen Kennzeichnungsansatz wird der Verbraucher somit in die Lage versetzt, eine informierte Auswahlentscheidung zwischen den einzelnen Produkten zu treffen. Neben ihrer Bedeutung für den freien Verkehr mit Lebensmitteln und für den Wettbewerb zeigt sich an der Etikettierungsrichtlinie daher die positivrechtliche Umsetzung der Bedeutung der Verbraucherinformation als Grundlage der Auswahlfreiheit des Verbrauchers[253].

2. Rezeption der Information durch den Verbraucher

Trotz der dargestellten großen Bedeutung Lebensmittelkennzeichnung für die Verbraucherinformation, findet die tatsächliche Verbraucherinformation ihre Grenze in der Rezeption der Kennzeichnung durch den Verbraucher[254]. Die EG geht davon aus, dass dem Verbraucher die für eine korrekte Auswahlentscheidung erforderliche Information durch die Kennzeichnung vermittelt werden kann. Dieses Konzept wird aber von der neueren Verbraucherforschung unter Berufung auf empirische Befunde zum Entscheidungsverhalten von Verbrauchern bei Lebensmitteln teilweise in Frage gestellt[255].

Die Verbraucherforschung geht davon aus, dass das Ausmaß der Informationssuche vor einer Kaufentscheidung von Faktoren abhängig ist, wie Komplexität der Kaufalternativen, Zeitdruck, Risiko, Preis des Produktes, Häufigkeit des Kaufs der Produktkategorie und der Persönlichkeitsstruktur des Verbrauchers[256]. Da die Informationsverarbeitung Zeitaufwand für den Verbraucher bedeutet, durch den Opportunitätskosten in Form von Freizeitverlust entstehen, lohnt sie

---

[250] Art. 5 Abs. 3 stellt ansonsten auf geänderte Eigenschaften des Endproduktes (pulverförmig, gefriergetrocknet, tiefgekühlt, konzentriert, geräuchert) ab. Vgl. *Pfleger*, ZLR 1993, S. 367 ff. (372 f.); *Grube*, S. 250; *Katzek*, EFLR 1993, S. 205 ff. (209); *Streinz*, EFLR 1994, S. 155 ff. (164).
[251] Ebenso *Pfleger*, ZLR 1993, S. 367 ff. (375 f.). Vgl. auch *Grube*, S. 255.
[252] Erwägungsgrund 8.
[253] Vgl. *Dannecker*, WiVerw 1996, S. 190 ff. (199); *Bjerregaard*, EFLR 1998, S. 1 ff. (2); *Saint*, EFLR 1997, S. 377 ff. (378).
[254] Ausführlich zur Rezeption der Verbraucherinformation *Albrecht*, S. 74 ff., S. 126 ff.
[255] Dazu *Grunert*, ZLR 2000, S. 831 ff. (833 ff.). Ebenso *Grube*, S. 110 ff. unter Berufung auf das Modell des ökonomischen Verbrauchers. Dazu oben Fn. 106.
[256] *Grunert*, ZLR 2000, S. 831 ff. (833 f.).

sich nur, wenn Preis oder Risiko[257] hoch sind oder der Verbraucher ein besonderes Informationsinteresse hat, weil er ein Produkt noch nicht kennt oder zu besonderen Zwecken kauft[258]. Bei Lebensmitteln wird der gedankliche Aufwand der Kaufentscheidung daher so gering wie möglich gehalten, da es sich um viel gekaufte, billige Produkte handelt, die unter Zeitdruck im Supermarkt gekauft werden und als nicht risikoträchtig gelten[259]. Daher reproduziert der Verbraucher bei seiner Kaufentscheidung in der Regel frühere Entscheidungen; es kommt zu einem habitualisierten Kaufverhalten[260], das meist ohne Heranziehung neuer Informationen abläuft[261]. Eine Erweiterung des Informationsangebots führt somit nicht zwangsläufig zu einer besseren Sicherstellung einer korrekten Auswahlentscheidung.

Und selbst wenn der Verbraucher die Informationen eines Etiketts liest, zieht er daraus nicht unbedingt die richtigen Schlüsse[262]. So schließen Verbraucher durch Inferenzprozesse aus bestimmten Merkmalen oder Zutaten eines Lebensmittels auf dessen Qualität zurück, wobei Qualität ein subjektiver, vom Verbraucher ausgelegter Begriff ist[263]. Deswegen suchen Verbraucher gezielt nach Informationen, denen sie Bedeutung für die Qualität des Produktes zumessen. Dabei kommt es häufig zu Fehlinterpretationen[264]. Außerdem zeigt sich eine deutliche Bevorzugung solcher Informationen, die als „Globalindikatoren" eine Aussagekraft in Bezug auf möglichst viele Qualitätsaspekte haben[265]. Zu solchen Indikatoren zählt auch eine Gentechnik-Kennzeichnung[266]. Dies gilt insbe-

---

[257] Risiko umfasst dabei gesundheitliche Risiken, Täuschungsgefahren, aber auch die allgemeine Gefahr eines Fehlkaufs wegen Nichtgefallens und den damit verbundenen Zeit- und Geldverlust. Ausführlich aus verhaltenswissenschaftlicher Sicht *Albrecht*, S. 129 ff.

[258] Vgl. *Nentwich*, S. 89 f. sowie *Albrecht*, S. 160 ff.

[259] *Grunert*, ZLR 2000, S. 831 ff. (834); *Grube*, S. 113 f.

[260] Dazu auch *Albrecht*, S. 106 f.

[261] *Grunert*, ZLR 2000, S. 831 ff. (834); *Grube*, S. 113; *Albrecht*, S. 110 f.

[262] Diese Ergebnisse der Verbraucherforschung widersprechen interessanterweise dem Verbraucherleitbild des EuGH, was die oben unter I.7 vertretene These unterstützt, dass das Verbraucherleitbild in *Cassis de Dijon* eher Korrelat zum Instrument der gegenseitigen Anerkennung war als eine wirkliche Analyse des europäischen Verbraucherverhaltens.

[263] Qualität ist dabei in der Regel ein Konglomerat aus sensorischen, ernährungsbezogenen, gesundheitlichen und *convenience*-bezogenen Aspekten. Dazu *Grunert*, ZLR 2000, S. 831 ff. (835 f.).

[264] Am Beispiel des Fettgehalts von Fleisch erläutert *Grunert*, ZLR 2000, S. 831 ff. (836), dass die Gleichsetzung von fetterem Fleisch mit schlechterer Qualität fehlerhaft ist. Stattdessen steigen bis zu einem gewissen Anteil an intramuskulärem Fett Geschmack und Zartheit des Fleisches an.

[265] *Grunert*, ZLR 2000, S. 831 ff. (836 f.).

[266] Dem Hinweis auf eine gentechnische Veränderung trauen Verbraucher auch eine Aussage in Bezug auf Qualität, Umwelteffekte und Geschmack zu, weshalb er gute Chancen hat, von Verbrauchern in die Kaufentscheidung einbezogen zu werden. Dazu

§ 2 Die Kennzeichnung im europäischen Lebensmittelrecht

sondere für Produkteigenschaften, die der Verbraucher nicht durch Wahrnehmung erfahren kann, sondern bei denen er auf die Angaben des Produzenten vertrauen muss[267]. Daraus wird einerseits abgeleitet, dass ein Mehr an Kennzeichnung nicht immer ein Mehr an Information bedeute. Insbesondere müsse darauf geachtet werden, vorhandene Information in Sinne von Globalindikatoren zu bündeln, um den Verbraucher nicht zu verwirren[268]. Anderseits bestätigt die Verbraucherforschung damit, dass das vom EuGH postulierte Verbraucherleitbild weniger dem tatsächlichen Verbraucherverhalten entspricht, als vielmehr das Korrelat zur gegenseitigen Anerkennung darstellt[269].

Trotz der Kritik an der Vermittlung von Verbraucherinformation durch die Lebensmittelkennzeichnung bedeutet dies nicht, dass Verbraucherinformation so nicht gewährleistet werden kann. Die dargestellte Sachlage ändert sich bei Verbrauchern mit speziellen Ernährungsinteressen, die eine höhere Motivation zur Informationsaufnahme haben[270]. Auch Verbraucher, die ein Produkt zum ersten Mal kaufen, haben einen höheren Informationsbedarf und eine entsprechend höhere Motivation[271], was gerade für die verstärkte Berücksichtigung unbekannter ausländischer Erzeugnisse von Bedeutung ist[272]. Anderseits kann die Produktkennzeichnung natürlich nicht die allgemeine Verbraucheraufklärung ersetzen. Eine solche muss unabhängig von einer Kennzeichnung stattfinden mit dem Ziel, den Verbraucher vor Fehlinterpretationen der gegebenen Informationen zu schützen[273]. Die Bereitstellung von konkreten Produktinformationen im Wege der Kennzeichnung bleibt aber zur Ermöglichung einer informierten Auswahlentscheidung in Hinblick auf das einzelne Produkt unverzichtbar[274]. Trotz der kritischen Befunde der Verbraucherforschung ist daher der von der EG eingeschlagene Weg der Produktkennzeichnung eine notwendige Bedingung für eine ausreichende Verbraucherinformation[275].

Grunert, ZLR 2000, S. 831 ff. (840); vgl. auch *Gassen/Bangsow/Hektor/König/Sinemus*, ZLR 1996, S. 381 ff. (399).
[267] Zu diesen sog. Vertrauenseigenschaften zählen gesundheitliche Aspekte, aber auch Anbauweisen wie ökologischer Anbau oder gentechnische Veränderung. Dazu *Grunert*, ZLR 2000, S. 831 ff. (838 ff.).
[268] *Grunert*, ZLR 2000, S. 831 ff. (841).
[269] Dazu oben § 2 I.7.
[270] Ebenso *Grunert*, ZLR 2000, S. 831 ff. (841); *Grube*, S. 113 f.
[271] Vgl. *Grunert*, ZLR 2000, S. 831 ff. (834).
[272] Vgl. *Grube*, S. 114.
[273] *Horst*, ZLR 1993, S. 133 ff. (134); vgl. *Grunert*, ZLR 2000, S. 831 ff. (841).
[274] So auch *Grube*, S. 111; *Albrecht*, S. 170; *Saint*, EFLR 1997, S. 377 ff.
[275] So auch *Albrecht*, S. 167 ff.

III. Ergebnis

Als Ergebnis lässt sich festhalten, dass es im europäischen Lebensmittelrecht eine auf der Entscheidung *Cassis de Dijon* beruhende Trennung zwischen dem Gesundheitsschutz und dem Täuschungsschutz gibt. Während der Gesundheitsschutz im Wesentlichen durch die Harmonisierung mitgliedstaatlicher Vorschriften erreicht werden soll, unterliegt der Bereich des Täuschungsschutzes der gegenseitigen Anerkennung. Wichtigstes Instrument zur Sicherstellung der gegenseitigen Anerkennung ist dabei die Lebensmittelkennzeichnung. Nach dem Urteil entwickelte sich der Zweck der Lebensmittelkennzeichnung allerdings weiter und ging über den bloßen Täuschungsschutz hinaus, hin zu einer selbständigen, allgemeinen Verbraucherinformation, die sich auch im „Recht auf Information" des Art. 153 EGV niedergeschlagen hat. Mit der Ausweitung des Kennzeichnungszwecks kommt der Kennzeichnung neben ihrer binnenmarkt- und wettbewerbspolitischen Bedeutung auch eine allgemeine sozialpolitische Funktion zu. Es konnte gezeigt werden, dass sich das Instrument der gegenseitigen Anerkennung und die anschließende Entwicklung der Verbraucherinformation als Korrelat der allgemeinen Binnenmarktentwicklung erklären lassen, die einen ähnlichen Werdegang von der negativen, marktorientierten Integration hin zu einer positiven, auch andere Ziele berücksichtigenden Integration hatte.

Ferner konnte anhand der Etikettierungsrichtlinie 2000/13/EG gezeigt werden, dass im Bereich der Lebensmittelkennzeichnung dem Zutatenverzeichnis die Funktion der wesentlichen Quelle für Produktinformationen zukommt. Andere Angaben der Kennzeichnung haben dazu nur ergänzende Funktion. Ihre Grenzen findet die Vermittlung von Verbraucherinformationen in der Rezeption durch den Verbraucher. Dabei zeigt sich, dass der Verbraucher im Regelfall in seiner Informationswahrnehmung noch weit von dem vom EuGH postulierten Leitbild des mündigen Verbrauchers entfernt ist. Trotzdem bleibt die Kennzeichnung der einzig gangbare Weg, um eine allgemeine Verbraucherinformation zu verwirklichen. Die Vermittlung von Produktinformationen im Wege der Lebensmittelkennzeichnung bleibt also unverzichtbar.

§ 3 Einfluss der Risiko- und Vorsorgelehre auf die Bedeutung von Information und Kennzeichnung im Lebensmittelrecht

I. Risiko und Vorsorge im Lebensmittelrecht

1. Einleitung

Nach der Darstellung der Kennzeichnung im allgemeinen Lebensmittelrecht soll nun der Einfluss der Risiko- und Vorsorgelehre auf das Lebensmittelrecht und die Kennzeichnung untersucht werden. Dabei soll in Teil I zunächst ein allgemeiner Überblick über Risiko und Risikovorsorge und über Instrumente der Risikosteuerung inklusive der Kennzeichnung gegeben werden. Danach soll der Einfluss dieser Entwicklung auf das Lebensmittelrecht und die Lebensmittelkennzeichnung geprüft werden, wobei eine Fortentwicklung der Kennzeichnung zu konstatieren ist, so dass dieser jetzt eine Doppelfunktion zur Verbraucher- und zur Risikoinformation zukommt. In Teil II wird die Notwendigkeit einer Unterscheidung der beiden Kennzeichnungsarten herausgestellt. Dabei werden ausgehend von der beispielhaften Zuordnung in der Literatur eigene Kriterien entwickelt, wonach sich Kennzeichnungen entweder der Verbraucherinformation oder der Gesundheits- und Risikoinformation zuordnen lassen.

2. Risiko und Risikovorsorge

Ausgangspunkt der Betrachtung von Risiko und Risikovorsorge soll hier die klassische Dreiteilung aus Gefahr, Risiko und Restrisiko[1] im deutschen Umweltrecht sein[2]. Der Begriff des Risikos[3] wurde dabei in die aus dem Polizei-

---

[1] Das Restrisiko liegt unterhalb der Risikoschwelle und ist als sozialadäquat hinzunehmen, ohne dass staatliche Maßnahmen zulässig wären; dazu *Wahl/Appel*, S. 1 ff. (89 f.); *Murswiek*, Restrisiko, in: Kimminich/von Lersner/Storm (Hrsg.), Handwörterbuch des Umweltrechts, Band II, 2. Aufl., Sp. 1719 ff.

[2] Dazu *Appel*, NuR 1996, S. 227 ff. (228 f.); *Reich*, 1989, S. 1 ff.; *Knörr*, S. 55. Eine graphische Darstellung findet sich bei *Groß*, S. 362.

[3] Zur Herkunft unter Zurückverfolgung des Begriffs bis in das italienische Seeversicherungswesen des 14. Jahrhunderts *Karthaus*, S. 45 f. *Tünnesen-Harmes*, S. 49, führt den Begriff auf das arabische „rizq" zurück, was „Lebensunterhalt, der von Gott und dem Schicksal abhängt" bedeute. Beim Begriff des Risikos handelt es sich nicht um einen klassischen Rechtsbegriff; so auch *Di Fabio*, NuR 1991, S. 353 ff. Früher wurde sogar bestritten, dass es sich beim Risikobegriff überhaupt um einen Rechtsbe-

recht stammende, bipolare Systematik aus Gefahr und Restrisiko eingeführt, um auf Ungewissheiten und Geschehensabläufe reagieren zu können, die der allgemeinen Lebenserfahrung nicht mehr zugänglich sind[4], insbesondere weil Entwicklungen nicht-linear verlaufen[5] oder bestimmte schadensträchtige Kausalverläufe sich theoretisch darstellen lassen, aber nicht im Sinne einer Eintrittswahrscheinlichkeit abschätzen lassen[6], und die deshalb vom klassischen Gefahrenbegriff[7] mit seinen hohen Anforderungen an die Bestimmung von Eintrittswahrscheinlichkeit und Schadenshöhe[8] nur unzureichend erfasst wurden[9]. Dies war insbesondere im modernen Technik- und Umweltrecht der Fall[10]. Die Einführung des Risikobegriffs sollte damit verhindern, dass der Staat abwarten muss, „bis das Kind im Brunnen liegt oder zumindest kopfüber über dem Brunnenrand hängt"[11].

Der Begriff des Risikos beschreibt demnach eine Lage, in der bei ungehindertem Ablauf eines Geschehens ein Zustand oder Verhalten möglicherweise zu einem Schaden führen kann[12], stellt also ein Produkt aus Schadenshöhe und

---

griff handelt; dazu *Murswiek*, S. 80; *Breuer*, NVwZ 1990, S. 211 ff. (213). Dies wird man dem Risikobegriff in Anbetracht seiner Entwicklung heute nicht mehr absprechen können. So zu Recht *Wahl*, ZLR 1998, S. 275 ff. (279); *Meier*, S. 24; *Steinberg*, S. 17 ff. Vgl. auch Murswiek, der unterscheidet zwischen „Risiko" als rein deskriptivem Begriff und „Gefahr" als Begriff mit deskriptiven und normativen Elementen: *Murswiek*, Gefahr, in: Kimminich/von Lersner/Storm (Hrsg.), Handwörterbuch des Umweltrechts, Band 1, 2. Aufl., Sp. 803 ff. (803 f.); ähnlich *Schlacke*, S. 42. Zur Behandlung des „Risikos" in der Literatur siehe den Überblick in *Köck*, ZUR 1995, S. 340 ff.; *Di Fabio*, S. 1 ff.; *Breuer*, NuR 1994, S. 157 ff.; *Bechmann*, S. 1 ff.; *Knoepfel*, S. 1 ff. Zum Umweltrisiko *Hansjürgens*, ZAU (Sonderheft 10) 1999, S. 7 ff.

[4] *Murswiek*, VVDStRL 48 (1990), S. 207 ff. (211); *Murswiek*, S. 379.

[5] Zur Vernetztheit ökologischer Zusammenhänge als Regelungsproblem *Wahl*, UTR 14 (1990), S. 7 ff. (10).

[6] Vgl. dazu *Scherzberg*, VerwArch 84 (1993), S. 484 ff. (493 ff.); *Köck*, AöR 121 (1996), S. 1 ff. (18).

[7] Dieser Gefahrbegriff wird im allgemeinen definiert „als Lage, in der bei ungehindertem Ablauf des objektiv zu erwartenden Geschehens ein Zustand oder ein Verhalten mit hinreichender Wahrscheinlichkeit zu einem Schaden an einem geschützten Rechtsgut führen wird"; vgl. BVerwGE 45, 51 (57), sowie bereits PrOVG 77, 333 (338). Dazu *Meier*, S. 26 f.; *Tünnesen-Harmes*, S. 50 ff.; *Lisken/Denninger*, S. 220; *Drews/Wacke/Vogel/Martens*, S. 223 ff.; *Knemeyer*, S. 54 ff. Voraussetzung für die Annahme einer Gefahr ist die Kenntnis der Umstände, aus denen im Wege einer Prognose oder Erfahrungsregel mit einer gewissen Wahrscheinlichkeit auf einen Schadenseintritt geschlossen werden kann. Vgl. dazu *Wahl/Appel*, S. 1 ff. (84 ff.); *Würtenberger/Heckmann/Riggert*, S. 139 f.; *Darnstädt*, S. 53; *Ladeur*, KritV 1991, S. 241 ff. (242).

[8] *Wahl*, ZLR 1998, S. 275 ff. (280); *Appel*, NuR 1996, S. 227 ff. (228).

[9] *Karthaus*, S. 23; *Huber*, ZLR 1996, S. 277 ff. (294).

[10] Vgl. *Scherzberg*, VerwArch 84 (1993), S. 484 ff. (490); *Ladeur*, 1995, S. 9. *Berg*, ZLR 1998, S. 375 ff. (376) spricht vom Risiko als neuem Paradigma im technischen Sicherheitsrecht.

[11] So prägnant *Wahl*, ZLR 1998, S. 275 ff. (281).

§ 3 Einfluss der Risiko- und Vorsorgelehre auf die Kennzeichnung

Eintrittswahrscheinlichkeit unterhalb der Gefahrenschwelle dar[13]. Allerdings hat der Risikobegriff auch im juristischen Sprachgebrauch noch keine abschließende Verfestigung erfahren[14]. Insbesondere lassen sich zum „Risiko" noch weitere Unterarten bilden, wie das *hypothetische Risiko*, das zwar sehr unwahrscheinlich ist, aber auf wissenschaftlich nachvollziehbaren Modellen beruht, und das *spekulative Risiko*, das entweder völlig ohne ein schlüssiges Modell auskommt oder sich ausschließlich auf Vermutungen stützt[15].

Im Bereich des Risikos hat der Staat die Aufgabe der Risikovorsorge im Sinne einer Risikominimierung[16]. In einem der Gefahrenabwehr vorgelagerten Bereich soll verhindert werden, dass überhaupt eine Lage entsteht, in der eine Gefahr drohen kann[17]. Der Begriff der Risikovorsorge[18] stellt somit den Komplementärbegriff zum Risiko dar[19] und knüpft an die Erkenntnis an, dass die Beurteilungsgrundlagen für die Schädlichkeit einzelner Tätigkeiten häufig ungewiss sind[20]. Das Vorsorgekonzept reagiert damit auf Sachverhalte, in denen die

---

[12] *Wahl/Appel*, S. 1 ff. (88). *Murswiek*, S. 81; *Appel*, NuR 1996, S. 227 ff. (228).

[13] So bereits *Ossenbühl*, NVwZ 1986, S. 161 ff. (163). Vgl. auch *Di Fabio*, S. 104 ff.; *Kloepfer*, Umweltrecht, 1998, § 3 Rdnr. 17.

[14] *Meier*, S. 25; *Pitschas*, S. 215 ff. (223). Zu den unterschiedlichen Verwendungen des Risikobegriffs innerhalb der Rechtswissenschaften vgl. *Berg*, ZLR 1998, S. 375 ff. (376). Im Folgenden soll der Risikobegriff aus öffentlich-rechtlicher, die Verteilung von Verantwortung zwischen Staat und Gesellschaft beschreibender Perspektive verwendet werden. Umfassend *Karthaus*, S. 58 ff.

[15] Dazu *Murswiek*, VVDStRL 48 (1990), S. 207 ff. (213, 231 f.); *van den Daele*, 1999, S. 259 ff. (266); *Honnefelder*, S. 21 ff. (31). Vgl. auch *Wahl*, UTR 14 (1990), S. 7 ff. (9).

[16] *Appel*, NuR 1996, S. 227 ff. (229). Dazu müssen dem Staat durch ausdrücklich die Vorsorge normierende Gesetze entsprechende Handlungsbefugnisse eingeräumt werden. Dazu *Wahl*, ZLR 1998, S. 275 ff. (285); *Streinz*, ZLR 1998, S. 145 ff. (159 f.).

[17] *Wahl/Appel*, S. 1 ff. (74 f.); *Murswiek*, Gefahr, in: Kimminich/von Lersner/Storm (Hrsg.), Handwörterbuch des Umweltrechts, Band I, 2. Aufl., Sp. 803 ff. (812); *Ossenbühl*, NVwZ 1986, S. 161 ff. (164). Zu Vorsorgerisiken *Wolf*, S. 65 ff. (80 ff.).

[18] Üblicherweise werden zwei Aspekte der Vorsorge unterschieden. Zum einen wird die „risikobezogene Dimension der Vorsorge" angesprochen, um die es im Folgenden unter der Bezeichnung der „Risikovorsorge" geht; dazu *Wahl/Appel*, S. 1 ff. (75 f.); *Böhm*, Der Normmensch, 1996, S. 113; *Kloepfer*, Umweltrecht, 1998, § 4 Rdnr. 10 ff.; *Fleury*, S. 8 f. Daneben gibt es auch die „ressourcenbezogene Variante der Vorsorge", deren Ziel ist, eine Distanz zur Gefahrenschwelle durch schonende Inanspruchnahme der natürlichen Lebensgrundlagen zu schaffen; dazu *Wahl/Appel*, S. 1 ff. (78 ff.); *Appel*, NVwZ 2001, S. 395 ff. (397); *von Lersner*, Vorsorgeprinzip, in: Kimminich/von Lersner/Storm (Hrsg.), Handwörterbuch des Umweltrechts, Band II, 2. Aufl., Sp. 2704 f.; *Reich*, 1989, S. 184 ff. *Di Fabio*, 1997, S. 807 ff. (812) weist daraufhin, dass die ressourcenbezogene Variante der Vorsorgeprinzips heute vor allem unter dem Stichwort der Nachhaltigkeit *(sustainable development)* diskutiert wird.

[19] Vgl. zur Verknüpfung von Risiko und Vorsorge *Wahl/Appel*, S. 1 ff. (84); *Kloepfer*, Umweltrecht, 1998, § 3 Rdnr. 10 ff.

[20] *Wahl*, ZLR 1998, S. 275 ff. (284). Zu den Grundannahmen der Risikovorsorge *McIntyre/Mosedale*, JEL 1997, S. 221 ff. (222).

Ungewissheit nicht nur eine vorübergehende Erscheinung ist, sondern eine auf längere Sicht, vielleicht sogar auf Dauer bestehende Situation[21].

Während im klassischen Umweltrecht Gefahr und Risiko zwei eigenständige, vollständig getrennte Kategorien darstellen[22], streben neuere Ansätze[23] danach, diese grundsätzliche Trennung aufzuheben und den Risikobegriff als Oberbegriff für das gesamte Kontinuum der unterschiedlichen Produkte aus Eintrittswahrscheinlichkeit und Schadenshöhe zu wählen[24]. „Gefahr" stellt demnach nur noch einen Teilbereich des Risikos dar, nämlich dasjenige gesteigerte Risiko, welches nicht mehr hinnehmbar erscheint[25]. Es bleibt aber trotz der terminologischen Unterschiede bei den zwei Eingriffsschwellen, der Gefahrenschwelle, bei deren Überschreiten Eingriffe in die Rechte des Einzelnen erlaubt sind, und der Risikoschwelle, deren Überschreiten den Einsatz von Vorsorgemaßnahmen legitimiert[26].

Das Risiko scheint sich auch auf europäischer und internationaler Ebene als Oberbegriff durchzusetzen[27]. So beschäftigt sich eine Vielzahl von europäischen und internationalen Instrumenten mit Fragen der Risikoanalyse und des Risikomanagements, also dem Umgang mit Risiko[28]. Dabei geht es weniger um des-

---

[21] *Wahl*, ZLR 1998, S. 275 ff. (284).

[22] *Wahl*, ZLR 1998, S. 275 ff. (282); *Groß*, S. 362.

[23] Der Professorenentwurf für ein einheitliches Umweltgesetzbuch definiert in § 2 Abs. 6 S. 1 UGB-AT „*Umweltrisiko*" als die „Möglichkeit des Eintritts einer Umweltbeeinträchtigung, soweit sie nicht aufgrund praktischer Vernunft ausgeschlossen erscheint" und „*Umweltgefahr*" als „dasjenige Umweltrisiko, welches unter Berücksichtigung des Grades seiner Eintrittswahrscheinlichkeit und des möglichen Schadensumfanges nicht mehr hinnehmbar ist"; *Kloepfer/Rehbinder/Schmidt-Aßmann/Kunig*, S. 38; vgl. dazu *Wahl*, ZLR 1998, S. 275 ff. (282 f.); *Meier*, S. 30 ff.; *Ipsen*, VVDStRL 48 (1990), S. 177 ff. (186 f.); *Reich*, 1989, S. 232 f. Dagegen kehrt der Kommissionsentwurf der Unabhängigen Sachverständigenkommission zum Umweltgesetzbuch (UGB-KomE) wieder zum klassischen Konzept der Trennung von Risiko und Gefahr zurück; vgl. *Bundesministerium für Umwelt, Naturschutz und Reaktorsicherheit*, Umweltgesetzbuch (UGB-KomE), S. 109.

[24] Dazu *Wahl/Appel*, S. 1 ff. (97); *Appel*, NuR 1996, S. 227 ff. (229); *Pitschas*, S. 215 ff. (236 f.). Kritisch zur Leistungsfähigkeit des Risikobegriffs in seiner jetzigen Form *Ladeur*, 1995, S. 76 ff.

[25] *Wahl*, ZLR 1998, S. 275 ff. (282); *Murswiek*, 1995, S. 34; *Groß*, S. 367. Kritisch aufgrund konzeptioneller Unterschiede zwischen Gefahr und Risiko *Ladeur*, KritV 1991, S. 241 ff.

[26] Dazu *Wahl*, ZLR 1998, S. 275 ff. (283); *Streinz*, ZLR 1998, S. 413 ff. (418). Für eine Abschaffung der Trennung zwischen Maßnahmen der Gefahrenabwehr und der Risikovorsorge plädiert hingegen *Böhm*, 1997, S. 43 ff. (56).

[27] Insbesondere spielt der im deutschen Recht prägende Begriff der „Gefahr" in anderen Rechtsordnungen keine vergleichbare Rolle. Dazu *Rehbinder*, S. 249 ff.; *Wahl*, ZLR 1998, S. 275 ff. (296).

[28] Z.B. Art. 5 des Übereinkommens über die Anwendung gesundheitspolizeilicher und pflanzenschutzrechtlicher Maßnahmen, vom 15.4.1994, ABl. Nr. L 336 vom 23.12.1994, S. 40 ff.; Procedural Manual der Codex Alimentarius Commission, 12th Edition, Joint FAO/WHO Food Standards Programme, Food and Agriculture Organi-

§ 3 Einfluss der Risiko- und Vorsorgelehre auf die Kennzeichnung

sen konkrete Abgrenzung und Definition, sondern funktional um seine Rolle als Eingriffsschwelle. Entsprechend hat sich auf europäischer und internationaler Ebene auch noch keine einheitliche Definition des Risikos herausgebildet[29], zumal Begriffe häufig bereichsspezifisch definiert werden[30], und Übersetzungsprobleme, inkonsistenter Gebrauch und unterschiedliche zugrunde liegende Auffassungen eine einheitliche Definition erschweren[31].

Eine etwas stärkere Vereinheitlichung hat sich dagegen beim Begriff der Risikovorsorge in Form des Vorsorgeprinzips ergeben[32], das in zahlreichen internationalen Umweltabkommen[33], aber auch auf europäischer Ebene inzwischen

---

zation of the United Nations, 2001, S. 44; OECD, Safety Evaluation of Foods Derived by Modern Biotechnology – Concepts and Principles, 1993. Vgl. dazu *Arnold*, ZLR 2000, S. 227 ff. (230 ff.). Zum Stand der gegenwärtigen Risikodiskussion in der Codex Alimentarius Commission *Eckert*, ZLR 2000, S. 414 ff. (415 ff.).

[29] Beispielsweise findet auf europäischer Ebene keine deutliche Differenzierung zwischen Gefahr und Risiko statt, so dass die Grenzen des Risikobegriffs verschwimmen. Siehe dazu die Verwendung der Begriffe in der Mitteilung der Kommission: Die Anwendbarkeit des Vorsorgeprinzips vom 2.2.2000, KOM(2000) 1 endg., S. 15 ff. Allgemein dazu *Karthaus*, S. 57. Ebenso *Schenek*, S. 201; *Streinz*, ZLR 1998, S. 413 ff. (417). Vgl. auch für die Novel Food Verordnung *Wahl/Groß*, DVBl. 1998, S. 2 ff. (9). Zur Gefahrenabwehr und Risikovorsorge bei Freisetzungen von GVO nach deutschem GenTG siehe auch *Ladeur*, NuR 1992, S. 254 ff.

[30] Vgl. die lebensmittelbezogene Definition von Risiko als „a function of the probability of an adverse health effect and the severity of that effect, consequential to a hazard(s) in food" in Codex Alimentarius Commission, Procedural Manual, oben Fn. 28. *OECD Group of National Experts on Safety in Biotechnology*, Concepts and Principles Underpinning the Safety Evaluation of Food Derived From Modern Biotechnology, 1993, S. 16.

[31] Vgl. *Hartig/Untermann*, ZLR 1997, S. 602 ff. zu Systemunterschieden bei der Übernahme des HAACP-Konzepts der EG vom Codex Alimentarius. Außerdem *Wahl*, ZLR 1998, S. 275 ff. (277 f.); *Karthaus*, S. 74 Fn. 284.

[32] *Matthee*, EELR 2001, S. 183 ff. (184). Dabei darf nicht übersehen werden, dass dies in erster Linie für die europäische bzw. internationale Ebene gilt, während auf den nationalen Ebenen zwischen den unterschiedlichen Staaten erhebliche Unterschiede deutlich werden. Rechtsvergleichend zu dieser Frage *Rehbinder*, S. 1 ff. Von einem Minimalkonsens spricht *Werner*, UPR 2001, S. 337 ff. Zu den Unterschieden zwischen dem deutschen Verständnis des Vorsorgeprinzips und dem europäischen Precautionary Principle *Douma*, RECIEL 2000, S. 132 ff. (133). *Streinz*, ZLR 1998, S. 413 ff. (418) kritisiert, dass die rechtliche Substanz des Vorsorgeprinzips im Vergleich zur politischen noch recht unbestimmt ist.

[33] 15. Grundsatz der Abschlusserklärung der Konferenz von Rio de Janeiro über Umwelt und Entwicklung (UNCED), 1992: „Zum Schutz der Umwelt wenden die Staaten den Vorsorgeansatz entsprechend ihren Möglichkeiten umfassend an. Angesichts der Gefahr erheblicher oder irreversibler Schäden soll fehlende vollständige Gewissheit nicht als Grund dafür dienen, kostenwirksame Maßnahmen zur Verhinderung von Umweltschäden hinauszuzögern." Dazu *Werner*, UPR 2001, S. 337 ff. (338). Einen Überblick über das Vorsorgeprinzip in internationalen Abkommen gibt die Mitteilung der Kommission: Die Anwendbarkeit des Vorsorgeprinzips vom 2.2.2000, KOM(2000) 1 endg., S. 30 f. Vgl. auch *McIntyre/Mosedale*, JEL 1997, S. 221 ff. (223 ff.); *Adler*, TXILJ 2000, S. 173 ff. (194 f.).

anerkannt ist[34]. Trotz dieser Vereinheitlichung sind aber keineswegs alle inhaltlichen Unklarheiten des Vorsorgeprinzips beseitigt[35]. Dies liegt u. a. daran, dass die Grundlage des Vorsorgeprinzips, die Annahme eines Risikos, keine abschließende begriffliche Verfestigung erfahren hat. Hinzu kommt, dass die in den Abkommen gebrauchten Definitionen des Vorsorgeprinzips nicht immer deckungsgleich sind[36].

Trotz dieser Unklarheiten werden die europäische und internationale Ebene verstärkt auf das nationale Verständnis von Risiko und Risikovorsorge zurückwirken. Entsprechend soll im Folgenden ein europäisiertes bzw. internationalisiertes Verständnis des Risikos zugrundegelegt werden[37]. Allerdings geht es entsprechend der europäischen und internationalen Ausrichtung weniger um eine genaue Definition von Risiko und Vorsorge, sondern um den Umgang damit. Dieser soll in Form der Risikosteuerung im folgenden Abschnitt erläutert werden.

3. Instrumente der Risikosteuerung

Entsprechend der Bedeutung des „Risikos" als Oberbegriff beschäftigt sich insbesondere die europäische und internationale Diskussion hauptsächlich mit der Frage des verantwortlichen Umgangs mit Risiko, der Risikosteuerung[38]. Zu-

---

[34] Art. 174 Abs. 2 S. 2 EGV; dazu *Rengeling*, S. 13; *Werner*, UPR 2001, S. 337 ff.; *Di Fabio*, Jura 1996, S. 566 ff. (571). Zur Entstehung und Abgrenzung des Vorsorgeprinzips vom Vorbeugeprinzip siehe *Epiney*, S. 98 ff. Auch der EuGH hat das Vorsorgeprinzip in Rs. C-157/96 (Queen gegen Ministry of Agriculture), Urteil vom 5.5.1998, Slg. 1998, I-2211 (2259, Rz. 63 f.) und Rs. C-180/96 (Vereinigtes Königreich gegen Kommission), Urteil vom 5.5.1998, Slg. 1998, I-2265 (2298 Rz. 100) anerkannt. Dazu *Streinz*, ZLR 1998, S. 413 ff. (422); *Douma*, RECIEL 2000, S. 132 ff. (135 ff.). Siehe auch Mitteilung der Kommission: Die Anwendbarkeit des Vorsorgeprinzips vom 2.2.2000, KOM(2000) 1 endg., S. 1 ff. Dazu *Appel*, NVwZ 2001, S. 395 ff.
[35] Vgl. *Kloepfer*, Umweltrecht, 1998, § 4 Rdnr. 7; *Arnold*, ZLR 2000, S. 227 ff.; *Rengeling*, DVBl. 2000, S. 1473 ff. (1478).
[36] Überblicksartig zu den verschiedenen Versionen des Vorsorgeprinzips in völkerrechtlichen Verträgen *Katz*, GEOIELR 2001, S. 949 ff. (956 ff.). Dabei ist aber zu fragen, inwieweit ein einheitlicher Wortlaut überhaupt nötig und möglich ist angesichts der Vielgestaltigkeit der Anforderungen an das Vorsorgeprinzips; vgl. dazu *Ossenbühl*, NVwZ 1986, S. 161 ff. (164). Auch auf europäischer Ebene sind noch nicht alle Unklarheiten beseitigt. So gesteht die Kommission in ihrer der Mitteilung der Kommission: Die Anwendbarkeit des Vorsorgeprinzips vom 2.2.2000, KOM(2000) 1 endg., S. 11 ein, dass das Vorsorgeprinzip auf europäischer Ebene nicht abschließend definiert ist, was aber nicht zu Rechtsunsicherheit führe. Vgl. auch *Fisher*, JEL 2001, S. 315 ff. (317).
[37] Dafür *Wahl*, ZLR 1998, S. 275 ff. (294 ff.). Vgl. *Scherzberg*, VerwArch 84 (1993), S. 484 ff. (512 f.). Zur Europäisierung des Rechts der Risikokontrolle auch *Joerges*, KritV 1991, S. 416 ff. *Bryde*, Archiv für Völkerrecht, Bd. 31 1993, S. 1 ff. (11) spricht von der internationalen Gemeinschaft als Risikogesellschaft.
[38] Dem liegt auch die Erkenntnis zugrunde, dass es eine völlige Risikovermeidung nicht geben kann, da sich Risiken aufgrund der wissenschaftlich-technologischen Ent-

§ 3 Einfluss der Risiko- und Vorsorgelehre auf die Kennzeichnung

nächst sollen daher die allgemeinen Elemente einer hoheitlichen Risikosteuerung beschrieben werden, die ihren Niederschlag auf europäischer Ebene u. a. in der Mitteilung der Kommission zur Anwendung des Vorsorgeprinzips gefunden haben[39]. Neben der Darstellung des Systems der Risikosteuerung und der daran vorgetragenen die Kritik, geht es insbesondere um die Frage, inwieweit und auf welcher Stufe der Risikosteuerung die Vorsorge zu berücksichtigen ist. In einem zweiten Schritt soll die Bedeutung der Risikoinformation in Form der Kennzeichnung für die Risikosteuerung herausgearbeitet und den beschriebenen Elementen der Risikosteuerung zugeordnet werden. Dabei ist zu klären, inwieweit Risikoinformation und Kennzeichnung im Besonderen der Risikovorsorge dienen.

a) Allgemeine Elemente der Risikosteuerung

Bei der hoheitlichen Steuerung von Risiken geht es um den Umgang mit potentiell schädigenden Geschehensabläufen unter Bedingungen der wissenschaftlichen Ungewissheit. Ausgangspunkt muss daher eine weitest mögliche Reduktion der Ungewissheit durch Hinzuziehung und Einbindung wissenschaftlichen Sachverstandes in die Entscheidungsabläufe sein[40]. Risikosteuerung stellt sich damit als enge Verbindung aus (natur-)wissenschaftlicher, legislativer und exekutiver Tätigkeit dar[41]. Zur Beschreibung des rechtlichen Prozesses der Risikosteuerung hat sich in der Risikoforschung dabei ein dreistufiges Modell aus Risikobewertung, Risikomanagement und Risikokommunikation herausgebildet[42],

---

wicklung als bis zu einem gewissen Grad unvermeidlich darstellen, und es daher auf deren Steuerung ankommt; dazu auch *Karthaus*, S. 71 ff.; ähnlich *Hansjürgens*, ZAU (Sonderheft 10) 1999, S. 7 ff. (7 f.). Statt des hier gebrauchten Begriffs der „Risikosteuerung" findet sich in der Diskussion der Begriff des „Risikomanagements" oder „risk managements" als Oberbegriff für den rechtlichen Umgang mit Risiken; so auch *Gill/Bizer/Roller*, S. 81; *Trute*, S. 55 ff.; *Cameron*, S. 151 ff. Dieser Begriff birgt aber den Nachteil, dass er z.T. gleichzeitig als Unterpunkt des allgemeinen Umgangs mit Risiken benutzt wird, zur Beschreibung der zu treffenden oder getroffenen staatlichen Maßnahme als Antwort auf ein festgestelltes Risiko. Dies wird u.U. durch die Bezeichnung „Risikomanagement i.e.S." kenntlich gemacht, trägt aber trotzdem zur Verwirrung der Begrifflichkeit bei. Daher wird im Folgenden der Begriff der Risikosteuerung als allgemeiner Oberbegriff zum Umgang mit Risiko gebraucht.
[39] Siehe oben Fn. 34. Zwar ist die Mitteilung der Kommission rechtlich unverbindlich, sie erläutert aber, welchen Ansatz die Kommission bei der Anwendung des Vorsorgeprinzips zugrunde legt und kann daher für künftige Entscheidungen der Kommission bedeutsam sein. Ebenso *Pfundt/Zimmer*, UTR 58 (2001), S. 563 ff. (585). Zur Mitteilung auch *Wägenbaur*, EuZW 2000, S. 162 ff.
[40] *Karthaus*, S. 73.
[41] Vgl. *Wahl*, ZLR 1998, S. 275 ff. (288); *Millstone*, ZLR 2000, S. 815 ff. (817); *Böhm*, NVwZ 2005, S. 609 ff.
[42] Vgl. auch Mitteilung der Kommission: „Gesundheit der Verbraucher und Lebensmittelsicherheit", KOM(97) 183 endg. vom 30.4.1997, S. 7; dazu *Streinz*, ZLR 1998, S. 413 ff. (422). Zum früher zweistufigen Modell *Köck*, KJ 1993, S. 125 ff. (129).

das die jeweiligen Einflüsse in unterschiedlicher Gewichtung den jeweiligen Stufen zuordnet[43]. Im Folgenden sollen die unterschiedlichen Stufen am Beispiel der Risikosteuerung in der EG[44], die dieser Stufenfolge nachgebildet ist[45], untersucht werden.

Auf der ersten Stufe der Risikosteuerung, der *Risikobewertung*[46], geht es vornehmlich um das Erkennen und Beschreiben möglicher Risiken und ihrer Bewertung hinsichtlich Schadensausmaß und Eintrittswahrscheinlichkeit[47]. Gleichzeitig müssen die verbleibenden Restunsicherheiten benannt und abgeschätzt werden, um eine Aussage über die Verlässlichkeit der gewonnenen Daten zu machen[48]. Ziel dieser ersten Stufe ist es daher, einen soliden wissenschaftlichen Hintergrund für nachfolgende, darauf aufbauende Entscheidungen zu liefern[49]. Auf der ersten Stufe spielen daher hauptsächlich (natur-)wissenschaftliche Erwägungen eine Rolle. Nach den Vorstellungen der Kommission verläuft die Risikobewertung dabei in vier Schritten. Zunächst sind in einem ersten Schritt der „Gefahrermittlung" Stoffe zu identifizieren, die negative Auswirkungen auf Gesundheit oder Umwelt haben können. Anschließend sind im Wege der „Gefahrbeschreibung" die negativen Auswirkungen quantitativ oder qualitativ zu beschreiben. Als dritter Schritt ist in einer „Abschätzung des Risikos" die quantitative oder qualitative Wahrscheinlichkeit, mit den untersuchten Stoffen in Berührung zu kommen, zu bestimmen. Zuletzt entspricht die „Risikobeschreibung" einer quantitativen oder qualitativen Schätzung der Wahrscheinlichkeit und Häufigkeit sowie des Schweregrads möglicher umwelt- oder gesundheits-

---

[43] Zur Entwicklung des dreistufigen Modells *Millstone*, ZLR 2000, S. 815 ff. (818 ff.). Auch bezüglich der einzelnen Stufen ist die Terminologie uneinheitlich, zumal z.T. daneben die englischen Begriffe benutzt werden; vgl. dazu die Aufstellung bei *Karthaus*, S. 73 Fn. 283. Die hier gewählte Terminologie entspricht derjenigen der Kommission in ihrem Weißbuch zur Lebensmittelsicherheit, KOM(1999) 719 endg., vom 12.1.2000, S. 18 ff. Im Englischen sind die entsprechenden Begriffe „risk assessment", „risk management" und „risk communication".

[44] Mitteilung der Kommission: Die Anwendbarkeit des Vorsorgeprinzips vom 2.2. 2000, KOM(2000) 1 endg., S. 1 ff.

[45] *Millstone*, ZLR 2000, S. 815 ff. (819); *Appel*, NVwZ 2001, S. 395 ff. (396). Dass diese Stufen auch organisatorisch unterschieden werden sollen, zeigt die Tatsache, dass der neuen Europäischen Lebensmittelbehörde nur die Risikobewertung und -kommunikation übertragen werden soll, nicht aber das Risikomanagement; dazu *Engelbrechten*, ZLR 2000, S. 428 ff.

[46] *Groß*, S. 372 ff. weist zutreffend darauf hin, dass es bei der von der Kommission „Risikobewertung" genannten Stufe nach deutscher Terminologie um die „Risikoermittlung" geht, während die zweite Stufe des „Risikomanagements" in deutscher Terminologie eher der „Risikobewertung" entspricht. Weiterführend auch *Gill/Bizer/Roller*, S. 82 ff.

[47] *Karthaus*, S. 74. Ausführlich zu den Konzepten der Risikoermittlung unter besonderer Berücksichtigung der Gentechnik *Tünnesen-Harmes*, S. 68 ff.

[48] Siehe Mitteilung der Kommission, oben Fn. 44, S. 16. Ebenso *Karthaus*, S. 75.

[49] Siehe Mitteilung der Kommission, oben Fn. 44, S. 4, 9.

§ 3 Einfluss der Risiko- und Vorsorgelehre auf die Kennzeichnung

schädigender Wirkungen auf Grundlage der vorgenannten Schritte[50]. Sofern auf dieser Stufe die verfügbaren Daten nicht ausreichen, ist nach dem Vorsichtsprinzip immer vom ungünstigsten Fall auszugehen[51]. Die Risikobewertung liefert somit die wissenschaftliche Basis für den anschließenden Umgang mit dem festgestellten Risiko[52].

Auf der zweiten Stufe der Risikosteuerung, dem *Risikomanagement*[53], werden die auf der ersten Stufe gewonnenen wissenschaftlichen Erkenntnisse in Entscheidungen umgesetzt[54]. Nach Auffassung der Kommission ist die Stufe des Risikomanagements dabei zweigeteilt. Zunächst ist zu entscheiden, ob man tätig werden soll, bevor in einem zweiten Schritt entschieden wird, welche Maßnahmen ergriffen werden[55]. Im ersten Schritt ist damit politisch zu entscheiden, welches Risikoniveau als akzeptabel angesehen wird[56]. In diese Entscheidung fließen gerade auch wissenschaftsfremde Elemente, wie die Ängste der Öffentlichkeit und andere soziale, ökonomische oder technische Faktoren mit ein[57]. Ebenfalls zu berücksichtigen sind die möglichen Folgen eines Nichttätigwerdens[58]. Bereits hier ist auch das Vorsorgeprinzip zu beachten[59], da nach

---

[50] Zum ganzen siehe Mitteilung der Kommission, oben Fn. 44, S. 33. Dazu *Werner*, UPR 2001, S. 337 ff. (338 f.).

[51] Vgl. Mitteilung der Kommission, oben Fn. 44, S. 15.

[52] Vgl. auch Mitteilung der Kommission: „Gesundheit der Verbraucher und Lebensmittelsicherheit", KOM(97) 183 endg. vom 30.4.1997, S. 20.

[53] Zu den Unterschieden des Risikomanagements in Betriebswirtschaftslehre und Rechtswissenschaft siehe *Berg*, ZLR 1998, S. 375 ff. (376). Zum Risikomanagement im Umweltrecht *Köck*, 1999, S. 129 ff. (132 f.).

[54] Dazu auch *Groß*, S. 373 f.

[55] Vgl. Mitteilung der Kommission, oben Fn. 44, S. 15. Ebenso *Pfundt/Zimmer*, UTR 58 (2001), S. 563 ff. (585). In diesem Bereich gibt es aber noch inhaltliche Unstimmigkeiten in den unterschiedlichen Kommissionsdokumenten. So geht die Kommission zwar auch im Weißbuch zur Lebensmittelsicherheit, KOM(1999) 719 endg., vom 12.1.2000, S. 18 f., von einer Zweiteilung des Risikomanagements aus, definiert die beiden Teile aber als Rechtsetzung und Überwachung. Da beide Ansätze sich nicht gegenseitig ausschließen, wird wohl vielmehr von einer Dreiteilung des Risikomanagements in die Fragen, ob man tätig werden soll, wie man tätig werden soll und die Überwachung auszugehen sein.

[56] Mitteilung der Kommission, oben Fn. 44, S. 18.

[57] Siehe oben Fn. 56; vgl. *Millstone*, ZLR 2000, S. 815 ff. (819 f.); *Streinz*, ZLR 1998, S. 413 ff. (426). Ebenso Erwg. 19 der Verordnung (EG) Nr. 178/2002 des Europäischen Parlaments und des Rates vom 28.1.2002 zur Festlegung der allgemeinen Grundsätze und Anforderungen des Lebensmittelrechts, zur Errichtung der Europäischen Behörde für Lebensmittelsicherheit und zur Festlegung von Verfahren zur Lebensmittelsicherheit, ABl. Nr. L 31 vom 1.2.2002, S. 1 ff.

[58] Mitteilung der Kommission, oben Fn. 44, S. 20. Dazu *Falke*, ZUR 2000, S. 265 ff.

[59] Vgl. dazu *Arnold*, ZLR 2000, S. 227 ff. (228). Im Gegensatz zur europäischen Position wird in der internationalen Diskussion teilweise die Anwendung des Vorsorgeprinzips bereits auf der Stufe der Risikobewertung vertreten; vgl. auch *Horst/Mrohs*, ZLR 2000, S. 125 ff. (139).

Ansicht der Kommission ein Nichttätigwerden nicht mit dem Fehlen wissenschaftlicher Beweise für einen Kausalzusammenhang, einer quantifizierbaren Dosis-Wirkungsrelation oder einer quantitativen Bewertung der Wahrscheinlichkeit des Eintritts nachteiliger Wirkungen begründet werden sollte[60]. Auch die Tatsache, dass nur eine Mindermeinung in der Wissenschaft zu Maßnahmen rät, kann in Übereinstimmung mit dem Vorsorgeprinzip unter Umständen ein Tätigwerden auslösen[61].

Sofern die Entscheidung, tätig zu werden, im ersten Schritt gefallen ist, ist im zweiten Schritt des Risikomanagements zu entscheiden, welche Maßnahmen zur Risikosteuerung ergriffen werden. Dabei stehen nach Ansicht der Kommission alle ordnungsrechtlichen Maßnahmen zur Gewährleistung eines angemessenen Schutzniveaus von der Einführung eines repressiven Verbots, über präventive Zulassungsverfahren, bis hin zu bloßen Empfehlungen für bestimmte Risikogruppen zur Verfügung[62]. Insbesondere die Einführung von Zulassungsverfahren in Form des präventiven Verbots mit Erlaubnisvorbehalt und die (damit z.T. verbundene) Übertragung der Beweislast für die Ungefährlichkeit eines Stoffes oder Verfahrens auf den Hersteller oder Importeur wird als Anwendung des Vorsorgeprinzips begriffen[63]. Trotzdem rechtfertigt die Berufung auf das Vorsorgeprinzip kein Abweichen von den allgemeinen Grundsätzen eines ordnungsgemäßen Risikomanagements. Daher müssen bei der Auswahl der zu treffenden Maßnahmen stets der Verhältnismäßigkeitsgrundsatz, das Diskriminierungsverbot, das Kohärenzgebot, der Grundsatz der Abwägung der mit einem Tätigwerden bzw. Nichttätigwerden verbundenen Vor- und Nachteile[64] und die wissen-

---

[60] Mitteilung der Kommission, oben Fn. 44, S. 20.

[61] Die Mitteilung der Kommission, oben Fn. 44, S. 20 verweist dabei auf die Glaubwürdigkeit und den guten Ruf der Minderheit der Wissenschaftler, die anerkannt sein müssten.

[62] Vgl. Mitteilung der Kommission, oben Fn. 44, S. 21. Dazu *Pfundt/Zimmer*, UTR 58 (2001), S. 563 ff. (585). Umfassende Aufstellungen ordnungsrechtlicher Maßnahmen zur Risikosteuerung finden sich bei *Meier*, S. 37 ff.; *Wahl*, Erlaubnis, in: Kimminich/von Lersner/Storm (Hrsg.), Handwörterbuch des Umweltrechts, Band I, 2. Aufl., Sp. 528 ff.; *Köck*, KJ 1993, S. 125 ff. (136 ff.).

[63] Mitteilung der Kommission, oben Fn. 44, S. 25. Vgl. auch *Arnold*, ZLR 2000, S. 227 ff. (229); *Murswiek*, Gefahr, in: Kimminich/von Lersner/Storm (Hrsg.), Handwörterbuch des Umweltrechts, Band I, 2. Aufl., Sp. 803 ff. (812); *Ipsen*, VVDStRL 48 (1990), S. 177 ff. (181).

[64] Diese Abwägung umfasst eine wirtschaftliche Kosten-Nutzen-Analyse, sollte aber auch nicht-wirtschaftliche Erwägungen einbeziehen. Insbesondere verweist die Kommission auf die Bereitschaft der Gesellschaft, für Interessen wie Gesundheit oder Umwelt größere wirtschaftliche Opfer zu bringen, und auf die Rechtsprechung des EuGH, wonach dem Schutz der öffentlichen Gesundheit ein größeres Gewicht beizumessen ist als wirtschaftlichen Erwägungen; Mitteilung der Kommission, oben Fn. 44, S. 23. Dazu auch *Rengeling*, DVBl. 2000, S. 1473 ff. (1475, 1479). Allgemein zu den entscheidungstheoretischen Vorgaben von Chancen-Risiko-Abwägungen *Karthaus*, S. 82 ff.

§ 3 Einfluss der Risiko- und Vorsorgelehre auf die Kennzeichnung

schaftliche Entwicklung beachtet werden[65]. Im Gegensatz zur ersten Stufe, wo es im Wesentlichen um eine wissenschaftliche Beurteilung geht, basiert die zweite Stufe, insbesondere für die Frage, ob man tätig werden soll, aber auch was die Auswahl der Maßnahmen angeht[66], in erster Linie auf politischen Entscheidungen. Die Stufe des Risikomanagements beruht somit auf den wissenschaftlichen Erkenntnissen der Risikobewertung, trifft aber auf dieser Basis eine politische Entscheidung, die zwar von der wissenschaftlichen Bewertung beeinflusst, aber nicht vorgegeben wird, sondern die auch andere, sozioökonomische Einflüsse berücksichtigt[67].

Die dritte Stufe der Risikosteuerung, die *Risikokommunikation*[68], soll die Information der Gesellschaft über den Umgang mit Risiken sicherstellen. Dazu gehört nicht nur die Aufklärung über die Höhe eines Risikos, sondern auch die Information über die wissenschaftlichen Grundlagen der ergriffenen Maßnahmen des Risikomanagements[69]. Die Risikokommunikation erschöpft sich aber nicht in der einseitigen Vermittlung dieser Informationen durch die Kommission an die Gesellschaft, sondern es soll vielmehr auch umgekehrt ein Dialog der Gesellschaft mit der Kommission im Sinne eines Austausches von Informationen über die Art der Gefährdung und die zu ihrer Eindämmung zu ergreifenden Maßnahmen stattfinden[70]. Damit dient die Risikokommunikation nicht nur der

---

[65] Mitteilung der Kommission, oben Fn. 44, S. 21 ff. Dazu auch *Werner*, UPR 2001, S. 337 ff. (339).

[66] Demgegenüber unterscheidet die Kommission zwischen der Entscheidung, ob man tätig wird, bei der es sich um eine politische Entscheidung handele, und den sich aus dem Vorsorgeprinzip selbst ergebenden Maßnahmen, denen offenbar unterstellt wird, dass es sich nicht um politische Entscheidungen handele; vgl. Mitteilung der Kommission, oben Fn. 44, S. 26. Tatsächlich sind aber sowohl die Auswahl einer Maßnahme als auch die erforderliche Abwägung nach den allgemeinen Grundsätzen des Risikomanagements politische Entscheidungen, was auch darin zum Ausdruck kommt, dass es nicht um rein wissenschaftliche oder wirtschaftliche Abwägungen geht, sondern gesellschaftliche Wertungen einbezogen werden; dazu oben Fn. 64.

[67] Vgl. auch *Millstone*, ZLR 2000, S. 815 ff. (819).

[68] Auch hier variiert die Terminologie. Während die Mitteilung der Kommission, oben Fn. 44, S. 4, von „Information über Risiken" spricht, verwendet die Mitteilung der Kommission: „Gesundheit der Verbraucher und Lebensmittelsicherheit", KOM(97) 183 endg. vom 30.4.1997, S. 21, den Begriff der „Risikomitteilung". Im Folgenden wird der Begriff „Risikokommunikation" in Übereinstimmung mit dem Weißbuch der Kommission zur Lebensmittelsicherheit, KOM(1999) 719 endg., vom 12.1.2000, S. 19 f., verwendet, da er am ehesten der Tatsache Ausdruck verleiht, dass es sich nicht um einen einseitigen Vorgang der Mitteilung von Risiken durch die Kommission an die Gesellschaft handelt. Ebenso *Pitschas*, UTR 36 (1996), S. 175 ff. (187). Umfassend *Gill/Bizer/Roller*, S. 89 ff.; *Berg*, ZLR 2003, S. 527 ff.

[69] Mitteilung der Kommission: „Gesundheit der Verbraucher und Lebensmittelsicherheit", KOM(97) 183 endg. vom 30.4.1997, S. 21.

[70] Mitteilung der Kommission: „Gesundheit der Verbraucher und Lebensmittelsicherheit", KOM(97) 183 endg. vom 30.4.1997, S. 7; Weißbuch der Kommission zur Lebensmittelsicherheit, KOM(1999) 719 endg., vom 12.1.2000, S. 40. Zur Bedeutung des Wissensaustausches auch *Gill/Bizer/Roller*, S. 89 ff.

Information der Gesellschaft über Risiken[71] sowie der Vermittlung von Akzeptanz gegenüber den gewählten Abwehrmaßnahmen[72], sondern auch der Generierung von Wissen über Risiken, indem im Wege des Dialogs Informationen in der Gesellschaft gesammelt werden[73]. Dieses Wissen kann dann wiederum als Teil der Risikobewertung Eingang finden in ein neues, verbessertes Risikomanagement[74]. Auf diese Weise kann ein flexibler, dem jeweiligen Stand der wissenschaftlichen Erkenntnisse angepasster Umgang mit Risiken sichergestellt werden[75].

Kritik hat das dargestellte Modell der Risikosteuerung allerdings schon in seinen Grundlagen erfahren. So basiert es auf der impliziten Annahme, dass auf der ersten Stufe der Risikobewertung eine rein wissenschaftliche Erforschung und Bewertung von Risiken stattfindet, auf die dann für die politische Entscheidung auf der zweiten Stufe zurückgegriffen wird[76]. Wissenschaftliche Risikobewertung scheint also in einem sozialen, politischen und kulturellen Vakuum stattzufinden[77]. Dagegen wird angeführt, dass schon bei den Fragen, was noch als Risiko gilt, was als wissenschaftlich relevanter Beweis anerkannt wird und welche potentiellen Schadensverläufe ausgewählt werden, soziologische Rahmenbedingungen eine Rolle spielen, die dazu führen, dass in die wissenschaftliche Bewertung nicht-wissenschaftliche Faktoren einfließen[78]. Die erste Stufe der „wissenschaftlichen Bewertung" ist damit nur vermeintlich neutral und objektiv[79]. Diese Erkenntnis, zusammen mit der Analyse und Darstellung der ei-

---

[71] Nach *Klinke/Renn*, ZAU (Sonderheft 10) 1999, S. 138 ff. (148) soll Risikokommunikation die Bürger „risikomündig" machen.

[72] Weißbuch der Kommission zur Lebensmittelsicherheit, KOM(1999) 719 endg., vom 12.1.2000, S. 40. Zur Akzeptanzschaffung durch Informationsvermittlung *Gassen/Bangsow/Hektor/König/Sinemus*, ZLR 1996, S. 381 ff. (397 ff.); *Klinke/Renn*, ZAU (Sonderheft 10) 1999, S. 138 ff. (139); zu deren demokratietheoretischen Bedeutung *Gill/Bizer/Roller*, S. 134 f. Zur Akzeptanzvermittlung durch Gentechnikkennzeichnung *Wahl*, UTR 14 (1990), S. 7 ff. (17).

[73] Vgl. Mitteilung der Kommission: „Gesundheit der Verbraucher und Lebensmittelsicherheit", KOM(97) 183 endg. vom 30.4.1997, S. 8, sowie Weißbuch der Kommission zur Lebensmittelsicherheit, KOM(1999) 719 endg., vom 12.1.2000, S. 23 f. So auch *Pitschas*, S. 215 ff. (233); *Pitschas*, UTR 36 (1996), S. 175 ff. (189).

[74] Zur Bedeutung der begleitenden Wissensgenerierung am Beispiel der Freisetzung von GVO *Karthaus*, S. 89 ff.

[75] Für eine rechtliche „Institutionalisierung der Lernfähigkeit" der Gesellschaft *Ladeur*, 1995, S. 11. Ebenso *Ladeur*, 1999, S. 41 ff. (57). Kritisch *Hiller*, S. 29 ff.

[76] Dazu *Millstone*, ZLR 2000, S. 815 ff. (820).

[77] Kritisch dazu *Haniotis*, S. 171 ff. (176).

[78] Diese Faktoren werden mit dem Terminus „*science policies*" beschrieben. Dazu *Walker*, CNLILJ 1998, S. 251 ff. (260 ff.). Ähnlich *Wahl*, ZLR 1998, S. 275 ff. (288); *Wahl/Appel*, S. 1 ff. (111); *Di Fabio*, 1993, S. 109 ff. (113).

[79] *Karthaus*, S. 79. Vgl. auch *Millstone*, ZLR 2000, S. 815 ff. (826); *Hervey*, RECIEL 2001, S. 321 ff. (329); *Matthee*, EELR 2001, S. 183 ff. (184). *Streinz*, ZLR 1998, S. 413 ff. (421) betont, dass die Wissenschaft häufig nicht in der Lage ist festzustellen, ob eine bestimmte Kausalität gegeben ist.

§ 3 Einfluss der Risiko- und Vorsorgelehre auf die Kennzeichnung

ner wissenschaftlichen Bewertung zugrunde liegenden soziologischen Rahmenbedingungen, ist aber notwendig, um vollständigere Informationen zum Risikomanagement zu bekommen und um die Vergleichbarkeit verschiedener gleichermaßen wissenschaftlicher Bewertungen, die auf unterschiedlichen impliziten Annahmen fußen, zu gewährleisten[80]. In diesem Zusammenhang ist auch auf die Bedeutung der Europäisierung bzw. Internationalisierung der Risikobewertung hinzuweisen[81], die sich auch darin äußert, dass verschiedene wissenschaftliche Bewertungen auf unterschiedlichen soziologischen Grundannahmen beruhen und damit zu unterschiedlichen Ergebnissen hinsichtlich desselben Risikos kommen können[82]. Solange die einer wissenschaftlichen Bewertung zugrundeliegenden Annahmen nicht aufgedeckt sind, büßt das Kriterium der Wissenschaftlichkeit seine Kraft als objektive Vergleichsgrundlage für nachfolgende politische Entscheidungen ein[83]. Daher bedarf es auch bezüglich der wissenschaftlichen Grundlagen der Risikosteuerung eines Vergleichs mit anderen nationalen, supranationalen und internationalen Konzepten[84].

Zusammenfassend lässt sich somit festhalten, dass auf europäischer Ebene ein dreistufiges Modell der Risikosteuerung anvisiert wird. Dabei findet auf der ersten Stufe, der Risikobewertung, eine wissenschaftliche Bewertung des Risikos statt, wobei bei unsicherer wissenschaftlicher Erkenntnislage das Vorsichtsprinzip zugrundezulegen ist. Auf der zweiten Stufe wird dann politisch über das „Ob" und „Wie" von Abwehrmaßnahmen entschieden, wobei auch nicht-wissenschaftliche Erwägungen Eingang in die Entscheidung finden. Auf dieser Stufe findet gegebenenfalls das Vorsorgeprinzip Berücksichtigung[85]. Zwischen

---

[80] *Köck*, KJ 1993, S. 125 ff. (131); *Walker*, CNLILJ 1998, S. 251 ff. (261).

[81] Deren Bedeutung erkennt auch die Kommission prinzipiell an. Vgl. die Mitteilung der Kommission: „Gesundheit der Verbraucher und Lebensmittelsicherheit", KOM(97) 183 endg. vom 30.4.1997, S. 20, und zwar insbesondere im Hinblick auf eine mögliche Verteidigung europäischer Regelungen vor der WTO. Weiterführend *Wahl*, ZLR 1998, S. 275 ff. (287 ff.).

[82] *Millstone*, ZLR 2000, S. 815 ff. (826) führt an, dass Umweltrisiken bei einer Risikobewertung von gentechnisch veränderten Nutzpflanzen in den USA in der Regel keine Rolle spielen, während die österreichische Risikobewertung als Vergleichsmaßstab für gentechnisch veränderte Nutzpflanzen den organischen Anbau zugrunde legt. Dagegen *Grabowski*, S. 225 ff. (229 f.).

[83] *Karthaus*, S. 79.

[84] *Wahl*, ZLR 1998, S. 275 ff. (288 f.) weist zu Recht darauf hin, dass sich die nationalen Rechtsordnungen, aber auch das europäische Recht, auf ein internationalisiertes Verständnis von Risikosteuerung beziehen müssen, wollen sie nicht als protektionistische Handelshemmnisse gelten. Bei einem Abweichen davon muss die jeweilige Rechtsordnung die Begründungslast insbesondere dafür tragen, dass ihre Bewertung auf wissenschaftlicher anerkannter Grundlage geschieht, wobei auch über die Frage, was „wissenschaftlich" anerkannt ist, auf internationaler Ebene entschieden wird. Vgl. auch Mitteilung der Kommission: „Gesundheit der Verbraucher und Lebensmittelsicherheit", KOM(97) 183 endg. vom 30.4.1997, S. 14 f.

[85] Insbesondere *Di Fabio*, 1997, S. 807 ff. (821) weist darauf hin, dass das Vorsorgeprinzip erst auf der Ebene des Risikomanagements eine Rolle spielen darf und nicht

wissenschaftlicher Risikobewertung und politischem Risikomanagement verläuft im europäischen Ansatz also eine klare Grenze[86], ohne dass berücksichtigt wird, dass bereits bei der Risikobewertung nicht-wissenschaftliche Rahmenbedingungen Einfluss haben. Auf der dritten Stufe, der Risikokommunikation, werden die Risiken und die getroffenen Maßnahmen der Gesellschaft vermittelt. Gleichzeitig findet im Dialog mit der Gesellschaft eine Wissensgenerierung über Risiken statt.

b) Vermittlung von Risikoinformationen in Form einer Kennzeichnung als Bestandteil der Risikosteuerung

Nach der Darstellung des allgemeinen Aufbaus der europäischen Risikosteuerung soll jetzt die Bedeutung von Informationsvermittlung über Risiken, insbesondere in Form der Kennzeichnung, für die Risikosteuerung geklärt werden. Dabei wird die Kennzeichnung häufig pauschal als Maßnahme der Risikovorsorge eingeordnet, also der Stufe des Risikomanagements zugewiesen, ohne dass näher auf ihre Funktion und Wirkung eingegangen wird[87]. Eine detailliertere Betrachtung aber zeigt, dass die Kennzeichnung keineswegs immer ein Teil des Risikomanagements ist, sondern ihre Einordnung in diese Stufe sich häufig als problematisch erweist, da sie nicht im eigentlichen Sinn der Verhinderung der Entstehung von Gefahren dient. Daher soll zunächst die allgemeine Bedeutung der Informationsvermittlung über Risiken im Rahmen der Risikosteuerung dargestellt werden, um anschließend zu einer differenzierten Betrachtung und Einordnung der Kennzeichnung in die dargestellten Stufen der Risikosteuerung zu kommen.

Informations*ver*mittlung über Risiken ist zunächst deutlich von der wissenschaftlichen Informations*er*mittlung zu unterscheiden. Bei der Vermittlung von Informationen über Risiken geht es um die präventive oder reaktive Vermittlung von Informationen über Produktgefährdungspotentiale an die Bevölkerung[88]. Diese Vermittlung kann durch Kennzeichnung, aber auch behördliche Produktaufklärungen[89], Warnungen, Empfehlungen, Instruktionspflichten der

---

von der genauen Ermittlung von Risiken (also der Risikobewertung) entbinde. Damit wird der Kritik von *Adler*, TXILJ 2000, S. 173 ff. (195 ff.) begegnet, das Vorsorgeprinzip würde einer Wissensgenerierung entgegenstehen, da unter Berufung auf das Vorsorgeprinzip auf eine Ermittlung von Risiken verzichtet würde. Vgl. *Macmillan/Blakeney*, TLNJTIP 2001, S. 93 ff. (107).

[86] Allgemein zu dieser Trennung *Wahl/Appel*, S. 1 ff. (109 ff.); *Murswiek*, VVDStRL 48 (1990), S. 207 ff. (218 ff.); *Breuer*, NuR 1994, S. 157 ff. (160 f.). Kritisch *Ladeur*, 1995, S. 219 ff. Zu dieser Trennung in den USA *Köck*, 1999, S. 129 ff. (133).

[87] Beispielsweise *Ossenbühl*, NVwZ 1986, S. 161 ff. (165); *Böhm*, ZLR 2000, S. 241 ff. (245).

[88] *Köck*, 1993, S. 215 ff. (216).

§ 3 Einfluss der Risiko- und Vorsorgelehre auf die Kennzeichnung

Hersteller, private Warentests oder nichtbehördliche Produktkritik geschehen[90]. Dabei wird über ein bereits erkanntes Risiko informiert. In der oben dargestellten Stufenfolge der Risikosteuerung ist die erste Stufe der Risikobewertung damit jedenfalls verlassen.

Zu fragen ist aber, ob die gewählte Maßnahme eine Vorsorgemaßnahme des Risiko*managements* ist, welche die Entstehung von Gefahren verhindern will, oder ob sie zur Risiko*kommunikation* gehört und damit die Bevölkerung über Risiken informieren will, ohne damit direkt die Entstehung von Gefahren zu verhindern. Maßnahmen der Informationsvermittlung, wie Produktaufklärungen, lassen sich unproblematisch der Risikokommunikation zuordnen, da die Bevölkerung von staatlicher Seite über besondere Risiken informiert wird[91]. Problematischer erscheint aber die Einordnung von Maßnahmen der Informationsvermittlung als Vorsorgemaßnahmen[92], also als Teil des Risikomanagements. Dies liegt vor allem daran, dass Informationsvermittlung keine klassische hoheitliche Maßnahme der Risikovorsorge darstellt[93]: es wird nicht durch die hoheitliche Maßnahme selbst ein Risiko gemindert oder die Entstehung einer Gefahr abgewehrt, wie durch die Einführung von Zulassungsverfahren. Dies lässt sich am Beispiel der hoheitlichen Warnung verdeutlichen[94]. Die Warnung vor einer möglicherweise schädlichen Substanz in einem Lebensmittel ändert nichts an dem Vorhandensein der Substanz in der Bevölkerung, ohne direkte Zugriffsmöglichkeit durch den Hoheitsträger, insbesondere wenn das gefährliche Produkt bereits in die weitverzweigte Handelskette oder in Verbraucherhände gelangt ist, so dass die Gefahr durch Veräußerungsverbote oder Sicherstellungsverfügungen nicht mehr zu bannen ist[95]. Stattdessen soll die hoheitliche Maßnahme den Betroffenen in die Lage versetzen, *sich selbst* gegen ein Risiko zu schützen[96]. Risikovorsorge wird erreicht, indem Private eigenverantwortlich

---

[89] Zur staatlichen Verbraucheraufklärung als Verbraucherschutzinstrument ausführlich *Kemper*, Verbraucherschutzinstrumente, 1994, S. 98 ff.
[90] *Köck*, 1993, S. 215 ff. (216). Vgl. zu den privatrechtlichen Instrumenten *Paschke*, S. 199 ff. Im Folgenden soll entsprechend der gewählten Thematik nur auf die hoheitliche Risikosteuerung im Wege der Informationsvermittlung eingegangen werden.
[91] Ebenso *Groß*, S. 374; *Schlacke*, ZUR 1996, S. 285 ff. (290).
[92] Vgl. etwa *Knörr*, S. 64. Auch *Köck*, KJ 1993, S. 125 ff. (141) spricht von „informationeller Prävention". Ebenso *Pitschas*, DÖV 1989, S. 785 ff. (799).
[93] Von einer „instrumentellen Sonderstellung" spricht *Köck*, KJ 1993, S. 125 ff. (138). Vgl. *Pitschas*, S. 215 ff. (218).
[94] Zur Bedeutung der staatlichen Warnung und Informationspolitik im deutschen Recht siehe auch *Murswiek*, DVBl. 1997, S. 1021 ff.; *Brandt*, S. 187 ff.; *Philipp*, S. 1 ff.; *Heintzen*, NuR 1991, S. 301 ff.; *Gramm*, ZRP 1990, S. 183 ff.; *Schoch*, DVBl. 1991, S. 667 ff.; *Di Fabio*, JuS 1997, S. 1 ff.
[95] *Köck*, 1993, S. 215 ff. (219). Vgl. auch *Philipp*, S. 11.
[96] Vgl. dazu *Dauses/Sturm*, ZfRV 1996, S. 133 ff. (135); *Heiss*, ZEuP 1996, S. 625 ff. (631). Vgl. auch *Berg*, ZLR 2003, S. 527 ff. (529 ff.).

der Warnung Folge leisten und ein Produkt meiden[97]. Es findet damit eine Verlagerung des Risikoschutzes vom Staat auf den Einzelnen statt[98], eine „Privatisierung" des Schutzes vor Risiken.

Zum Teil sind Maßnahmen der Informationsvermittlung aber auch Resultat einer Risiko-Nutzen-Abwägung im Sinne einer Verhältnismäßigkeitsprüfung, bei der die Einführung von klassischen Vorsorgemaßnahmen unverhältnismäßig wäre, um den zu erwartenden Risiken zu begegnen[99]. Der Einzelne soll daher durch die Informationsvermittlung in die Lage versetzt werden, selbst zu entscheiden, ob er sich dem Risiko aussetzen will. Das Risiko wird so in ein selbstbestimmtes Risiko umgewandelt[100]. Daran zeigt sich wieder die Nähe zur Risikokommunikation: auch dort wird durch Information die Aufmerksamkeit der Bevölkerung auf bestimmte Risiken gelenkt und gleichzeitig für Akzeptanz bezüglich der Abwehrmaßnahmen geworben[101]. Ob sich der Einzelne aber darauf verlässt, bleibt seine Entscheidung. Auch hier verwandelt Information ein Risiko in ein selbstbestimmtes Risiko. Die durch die Informationsvermittlung bewirkte Verlagerung der Vorsorgehandlung auf den Einzelnen erschwert somit die Zuordnung einer Maßnahme zur Stufe des Risikomanagements oder der Risikokommunikation.

Besonders problematisch ist dabei die Einordnung von Kennzeichnungspflichten, wie am Beispiel von Arzneimittel erläutert werden kann. Wenn das Gefahrenpotential eines bestimmten Wirkstoffs für bestimmte Bevölkerungsgruppen, wie Schwangere, mangels hinreichender Erforschung noch nicht sicher ist, also ein Risiko vorliegt, die Risiko-Nutzen-Bilanz aber insgesamt günstig ist, so dass er nicht verboten werden soll, kann mittels einer Kennzeichnung oder eines Hinweises im Beipackzettel auf die schädlichen Nebenwirkungen aufmerksam gemacht werden[102]. Dadurch können die betroffenen Gruppen das Medikament meiden und verhindern so die Entstehung von Gesundheitsgefahren für den Fötus. Es findet somit eine Risikovorsorge statt[103]. Gleichzeitig kann aber die allgemeine Angabe von Nebenwirkungen auch Teil der Risikokommunikation sein, indem die Bevölkerung über mögliche Risiken, die mit der Einnahme dieses Wirkstoffes zusammenhängen, informiert wird und in der

---

[97] Vgl. *Di Fabio,* JuS 1997, S. 1 ff. (4 f.).
[98] *Grube,* S. 211. Dies ändert aber nichts an der Hoheitlichkeit der Informationsmaßnahme; *Di Fabio,* JuS 1997, S. 1 ff. (2, 4 f.). Vgl. *Murswiek,* DVBl. 1997, S. 1021 ff. (1022 ff.).
[99] Vgl. *Huber,* ZLR 1996, S. 277 ff. (292 f.); *Köck,* 1993, S. 215 ff. (219 f.).
[100] Vgl. *Berg,* ZLR 1998, S. 375 ff. (392); *Meier,* S. 37; *Berg,* ZLR 2003, S. 527 ff. (529).
[101] Weißbuch der Kommission zur Lebensmittelsicherheit, KOM(1999) 719 endg., vom 12.1.2000, S. 40.
[102] Vgl. *Köck,* 1993, S. 215 ff. (219 f.).
[103] Ebenso *Köck,* 1993, S. 215 ff. (220). Vgl. *Grube,* S. 211 f.

Folge durch Eigenbeobachtung während der Einnahme zur erneuten Wissensgenerierung beiträgt.

Die eindeutige Zuordnung einer Kennzeichnung zum Risikomanagement oder zur Risikokommunikation wird daher nur in den seltensten Fällen gelingen können[104]. Auch die Zuordnung von „reinen" Hinweisen auf das Bestehen eines Risikos zur Risikokommunikation, wie beim allgemeinen Hinweis auf Nebenwirkungen, und des „kombinierten" Hinweises auf ein Risiko verbunden mit einer konkreten Verhaltensaufforderung zum Risikomanagement, wie im Fall des Abratens von einem bestimmten Wirkstoff für bestimmte Bevölkerungsgruppen, führt zwar in einigen Fällen, aber nicht zwangsläufig zu einer trennscharfen Abgrenzung[105]. Denn auch der Hinweis auf ein Risiko verbunden mit einer Verhaltensaufforderung stellt eine Information über Risiken im Sinne einer Risikokommunikation dar, während der Einzelne auch an die bloße Mitteilung eines bestimmten Risikos eigene Maßnahmen anknüpfen kann und damit der Entstehung einer Gefahr für seine Person vorbeugt. Aufgrund der Besonderheit von Maßnahmen der Informationsvermittlung, dass die Vorsorgehandlung vom Einzelnen getroffen werden muss, entzieht sich die Kennzeichnung einer generellen Zuordnung zu einer der beschriebenen Kategorien. Es muss daher in jedem Einzelfall geprüft werden, ob eine Kennzeichnung überhaupt, und wenn, dann auf welcher Stufe, der Risikosteuerung dient[106]. Es steht aber außer Frage, dass grundsätzlich auch die Kennzeichnung der Risikosteuerung auf der Stufe des Risikomanagements oder auf der Stufe der Risikokommunikation dienen kann[107].

4. Einwirkung der Risiko- und Vorsorgelehre auf das Lebensmittelrecht

a) Rezeption der Risiko- und Vorsorgelehre im Lebensmittelrecht

Die dargestellte Entwicklung der Risiko- und Vorsorgelehre hat sich auch auf das Lebensmittelrecht ausgewirkt. Das Lebensmittelrecht war anfangs ein klas-

---

[104] Lediglich eine Kennzeichnung zur Sicherstellung der Rückverfolgbarkeit eines Produktes durch eine fortlaufende Nummerierung wäre eindeutig der Vorsorge zuzuordnen, da damit die Auffindbarkeit eines Produktes sichergestellt und somit der möglicherweise entstehende Schaden verringert wird. Da eine Nummerierung aber keine Informationen über Risiken vermittelt, entfiele eine gleichzeitige Zuordnung zur Risikokommunikation. Vgl. auch Food Labelling and Traceability, Codex Committee on Food Labelling, 30th Session, 6.–10.5.2002, CX/FL 02/2-ADD.2, para. 10.

[105] Dazu *Köck*, 1993, S. 215 ff. (221). Vgl. *Murswiek*, DVBl. 1997, S. 1021 ff. (1027).

[106] Vgl. *Köck*, 1993, S. 215 ff. (221).

[107] Daher im Ergebnis richtig *Knörr*, S. 64; *Böhm*, ZLR 2000, S. 241 ff. (245). Weiterführend mit der Forderung, Risikomanagement müsse Informationsmanagement werden, *Berg*, ZLR 1998, S. 375 ff. (392 f.), sowie *Pitschas*, DÖV 1989, S. 785 ff. (798 f.).

sisches Gefahrenabwehrrecht[108], das vom Missbrauchsprinzip geprägt war[109], also von der freien Verkehrsfähigkeit eines Lebensmittels ausging, sofern dadurch kein Missbrauch getrieben wurde und daher Eingriffsermächtigungen ein hoheitliches Einschreiten erlaubten[110]. Präventive Kontrollen von Gesundheitsrisiken, z.B. in Form von Zulassungsverfahren, waren prinzipiell nicht vorgesehen[111].

Mit der Betonung eines gemeinschaftlichen „hohen Schutzniveaus für die Gesundheit"[112] rückte aber verstärkt der Umgang mit Gesundheitsrisiken ins Blickfeld[113] und der rein auf (reaktive) Gefahrenabwehr ausgerichtete Ansatz im Lebensmittelrecht wurde durch den Grundsatz des vorbeugenden Gesundheitsschutzes der Verbraucher erweitert[114]. Die dargestellte Dreiteilung der Risikosteuerung als allgemeiner Grundlage zum Umgang mit Risiken wurde insbesondere für den Bereich der Lebensmittelsicherheit entwickelt[115]. Dabei sollten sich sowohl die Konzeption der Risikosteuerung als auch einzelne Risikobewertungen an der internationalen Ebene orientieren[116].

Auch das Vorsorgeprinzip fand in der Form des vorbeugenden Gesundheitsschutzes[117] Anwendung im Lebensmittelrecht[118], obwohl es im EGV für den

---

[108] Vgl. *Wahl*, ZLR 1998, S. 275 ff. (291).

[109] *Wahl/Groß*, DVBl. 1998, S. 2 ff. (6); zur Lage im deutschen Lebensmittelrecht *Huber*, ZLR 1996, S. 277 ff. (279 f.).

[110] In der Regel wegen Gesundheitsgefährdungen des Verbrauchers; vgl. *Wahl*, ZLR 1998, S. 275 ff. (291).

[111] Vgl. *Wahl/Groß*, DVBl. 1998, S. 2 ff. (5). Dazu ausführlich oben § 2 I.3.

[112] Dazu oben § 2 I.3. Siehe auch *Streinz*, ZLR 1998, S. 145 ff. (159).

[113] Dies zeigt sich auch an der Fortentwicklung des Lebensmittelrechts vom klassischen Lebensmittelstrafrecht hin zu einem modernen Lebensmittelverwaltungsrecht; dazu *Wahl*, ZLR 1998, S. 275 ff. (276).

[114] Vgl. *Eckert*, ZLR 1991, S. 221 ff. (224) für das nationale Lebensmittelrecht. Dieser Ansatz entspricht auch Art. 7 der Verordnung (EG) Nr. 178/2002 des Europäischen Parlaments und des Rates vom 28.1.2002 zur Festlegung der allgemeinen Grundsätze und Anforderungen des Lebensmittelrechts, zur Errichtung der Europäischen Behörde für Lebensmittelsicherheit und zur Festlegung von Verfahren zur Lebensmittelsicherheit, ABl. Nr. L 31 vom 1.2.2002, S. 1 ff.

[115] Dazu Grünbuch der Kommission: Allgemeine Grundsätze des Lebensmittelrechts in der Europäischen Union, KOM(97) 176 endg., S. viii f.; Weißbuch der Kommission zur Lebensmittelsicherheit, KOM(1999) 719 endg., vom 12.1.2000, S. 11. Dazu auch *Reichenbach*, EuZW 1997, S. 673 ff.; *Streinz*, ZLR 1998, S. 145 ff. (158). Mittlerweile wurde dieser Ansatz in Art. 6 der VO 178/2002 zur Festlegung der allgemeinen Grundsätze des Lebensmittelrechts übernommen; s.o. Fn. 114.

[116] Vgl. Grünbuch der Kommission: Allgemeine Grundsätze des Lebensmittelrechts in der Europäischen Union, KOM(97) 176 endg., S. 40; *Streinz*, ZLR 1998, S. 145 ff. (158 f.).

[117] Dazu *Groß*, S. 362 f.

[118] Im Grünbuch der Kommission: Allgemeine Grundsätze des Lebensmittelrechts in der Europäischen Union, KOM(97) 176 endg., S. ix noch als „Prinzip der Vorbeugung" bezeichnet, danach aber als „Vorsorge": Mitteilung der Kommission, oben

§ 3 Einfluss der Risiko- und Vorsorgelehre auf die Kennzeichnung

Gesundheitsschutz nicht ausdrücklich vorgeschrieben ist[119]. Trotz der im Grundsatz fortbestehenden Prägung des Lebensmittelrechts durch das Missbrauchsprinzip[120], führte das Vorsorgeprinzip zu präventiven Eröffnungskontrollen für Stoffe, deren Risikopotential sich einer abschließenden Beurteilung entzieht[121]. Ferner kann das Vorsorgeprinzip zu einer Umkehr der Beweislast bezüglich der Sicherheit eines Produkts zu Lasten des Produzenten führen[122], ohne dass damit eine generelle Beweislastumkehr im Lebensmittelrecht verbunden wäre[123]. Auch auf internationaler Ebene wurde mit der Verankerung des Vorsorgeprinzips im Lebensmittelrecht begonnen[124]; sie ist in den Einzelheiten aber noch umstritten[125].

Die Einbeziehung von Risikosteuerung und Vorsorge in das Lebensmittelrecht vollzog sich auch in der Rechtsprechung. So hat der EuGH das Vorsorgeprinzip im Lebensmittelrecht als Begründung von Schutzmaßnahmen, die den freien Warenverkehr mit Lebensmitteln beschränken, akzeptiert. So ließ er in Fällen von wissenschaftlicher Unsicherheit[126] ein Gesundheitsrisiko bzw. eine mögliche Gesundheitsgefährdung[127] zur Bejahung des Rechtfertigungsgrundes

---

Fn. 44, S. 12; Weißbuch der Kommission zur Lebensmittelsicherheit, KOM(1999) 719 endg., vom 12.1.2000, S. 11. Die Mitteilung der Kommission wurde von der Kommission als Ergänzung zum Grünbuch verstanden und aus der Perspektive des Lebensmittelrechts verfasst; dazu *Appel*, NVwZ 2001, S. 395 ff. (396 f.). Siehe auch oben Fn. 114.

[119] *Böhm*, ZLR 2000, S. 241 ff. (253).

[120] *Berg*, ZLR 1998, S. 375 ff. (381) stellt zurecht darauf ab, dass in der Regel nur Stoffe, die wie Zusatzstoffe nicht unmittelbar der Ernährung dienen, solchen Zulassungsverfahren unterworfen werden, was also keine Ausnahme von Grundsatz der freien Verkehrsfähigkeit für die eigentlichen Lebensmittel darstelle.

[121] Mitteilung der Kommission, oben Fn. 44, S. 25; dazu *Arnold*, ZLR 2000, S. 227 ff. (229). Präventive Eröffnungskontrollen fanden in erster Linie Anwendung im Bereich neuer Technologien; dazu *Wahl/Groß*, DVBl. 1998, S. 2 ff. (6).

[122] Mitteilung der Kommission, oben Fn. 44, S. 25. Kritisch *Rengeling*, DVBl. 2000, S. 1473 ff. (1479 f.); *Fisher*, JEL 2001, S. 315 ff. (330 ff.). *Van den Daele*, 1999, S. 259 ff. (269 ff.) weist zu Recht darauf hin, dass mit der Frage der Beweislast zwei unterschiedliche Konzepte verbunden sind. Belässt man die Beweislast wie sie ist, indem derjenige, der ein Risiko behauptet, es beweisen muss, so nimmt man mögliche unbekannte Schäden als Preis für technische Innovation in Kauf. Eine Beweislastumkehr hingegen begünstigt den *status quo* der Technik und verzichtet im Zweifel eher auf Innovation, als unbekannte Risiken einzugehen.

[123] Mitteilung der Kommission, oben Fn. 44, S. 25; dazu *Falke*, ZUR 2000, S. 265 ff. (266).

[124] Dazu auch *Arnold*, ZLR 2000, S. 227 ff. (228); *Falke*, ZUR 2000, S. 265 ff. (266).

[125] Zur Diskussion im Codex Alimentarius *Eckert*, ZLR 2000, S. 414 ff. (415 ff.).

[126] Dabei orientiert sich der EuGH an den internationalen Forschungsergebnissen; dazu *Nentwich*, S. 63 f.

[127] EuGH, Rs. 53/80 (Strafverfahren gegen Koninklije Kaasfabrik Eyssen BV), Urteil vom 5.2.1981, Slg. 1981, S. 409 ff. (421 Rz. 13 ff.).

„Gesundheitsschutz", im Gegensatz zu seinen sonstigen Entscheidungen zum Gesundheitsschutz[128], genügen[129]. Dabei berief sich der Gerichtshof zum Teil auf den vorbeugenden Gesundheitsschutz[130]. Später wird der Grundsatz der Vorsorge explizit bei Ungewissheit über Gesundheitsgefahren als Rechtfertigungsaspekt angeführt[131]. Damit hat der EuGH ausdrücklich anerkannt, dass trotz einer unsicheren Erkenntnislage Maßnahmen zur Risikosteuerung im Lebensmittelrecht ergriffen werden dürfen, auch wenn diese den freien Verkehr mit Lebensmitteln beeinträchtigen[132].

Trotz der breiten Anerkennung des Vorsorgeprinzips im Lebensmittelrecht[133] darf dies nicht dazu führen, bestehenden lebensmittelrechtlichen Regelungen generell einen Vorsorgeansatz zu unterstellen[134]. Natürlich können in speziellen Bereichen durch Rechtsnormen verstärkte Handlungsbefugnisse eingeräumt werden, die ein Handeln schon im Vorfeld der eigentlichen Gefahrenschwelle gestatten. Voraussetzung dafür aber ist, dass dies in ausdrücklich der Vorsorge dienenden Rechtsnormen angeordnet wird[135]. Ob eine Norm im Lebensmittelrecht der Vorsorge dient, muss aber immer anhand des Einzelfalles beurteilt werden[136].

b) Lebensmittelkennzeichnung als Bestandteil der Risikosteuerung

Mit der zunehmenden Bedeutung der Risikovorsorge im Lebensmittelrecht finden sich dort auch Maßnahmen der Risikosteuerung und insbesondere des Risikomanagements. Dazu gehören nicht nur die erwähnten präventiven Zulas-

---

[128] Dabei verlangt der EuGH in der Regel den Nachweis einer direkten oder ernsten Gefahr für die menschliche Gesundheit; vgl. EuGH, Rs. 227/82 (Strafverfahren gegen Leendert van Bennekom), Urteil vom 30.11.1983, Slg. 1983, 3883 ff. (3905, Rz. 40).

[129] Vgl. auch EuGH, Rs. 97/83 (Strafverfahren gegen CMC Melkunie BV), Urteil vom 6.6.1984, Slg. 1984 S. 2367 ff. (2385 Rz. 15 ff.); Rs. 174/82 (Strafverfahren gegen Sandoz BV – Vitamine), Urteil vom 14.7.1983, Slg. 1983 S. 2445 ff. (2463 Rz. 16 ff.); Rs. 54/85 (Ministère Public gegen Xavier Mirepoix), Urteil vom 13.3.1986, Slg. 1986 S. 1067 ff. (1078 Rz. 12 ff.). Zum Ganzen *Schlacke*, S. 59 ff.

[130] EuGH, Rs. 53/80 (Strafverfahren gegen Koninklije Kaasfabrik Eyssen BV), Urteil vom 5.2.1981, Slg. 1981 S. 409 ff. (421 Rz. 13); dazu *Schlacke*, S. 60.

[131] EuGH, Rs. C-180/96 (Vereinigtes Königreich gegen Kommission), Urteil vom 5.5.1998, Slg. I-2269 ff. (2298, Rz. 99 f.); dazu *Eckert*, ZLR 1999, S. 579 ff. (590 f.).

[132] Ebenso *Schlacke*, S. 93 ff.; *Quintillán*, JWT 1999, S. 147 ff. (150 ff.).

[133] *Böhm*, ZLR 2000, S. 241 ff. (253).

[134] Vgl. zum LMBG *Wahl*, ZLR 1998, S. 275 ff. (291 ff.).

[135] *Wahl*, ZLR 1998, S. 275 ff. (281). Inwieweit dabei im Bereich des Lebensmittelrechts ein Bedarf zum Erlass vorsorgender Rechtsnormen besteht, ist umstritten. Dazu auch *Eckert*, ZLR 1999, S. 579 ff. (595).

[136] *Wahl*, ZLR 1998, S. 275 ff. (293 f.).

§ 3 Einfluss der Risiko- und Vorsorgelehre auf die Kennzeichnung 113

sungsverfahren[137], sondern auch die Kennzeichnung als Teil von Risikomanagement und Risikokommunikation. Lebensmittelkennzeichnung als Risikokennzeichnung spielt damit auch im gesundheitsrelevanten Bereich des Lebensmittelrechts eine Rolle[138]. Als klassisches Beispiel für eine gesundheitsrelevante Risikokennzeichnung gelten insbesondere die Allergiekennzeichnung[139] oder die Kennzeichnung diätischer Lebensmittel[140]. Entsprechend der Zuordnung der Kennzeichnung sowohl zum Risikomanagement als auch zur Risikokommunikation soll die Lebensmittelkennzeichnung die Entstehung von Gefahren verhindern helfen und die Verbraucher über Risiken aufklären.

Die Kennzeichnung von Risiken bei Lebensmitteln und die Information des Verbrauchers darüber binden Produzenten und Verbraucher somit in die Verantwortung für Risiken ein, statt sie zu bevormunden und durch staatliche Zulassungsverfahren zu entlasten[141]. Die Information über Risiken dient neben der damit verbundenen Möglichkeit der Instruktion[142] auch als Mittel zur Abmilderung der aus Uninformiertheit entstehenden Ängste vor undurchsichtigen Gefährdungen[143]. Diese Aufgabe ist besonders deshalb wichtig, da, wie gezeigt, im Lebensmittelbereich eine beinahe völlige Abhängigkeit von sozial vermittelten Informationen besteht[144], die ein großes Vertrauen der Verbraucher in die Sicherheit der Lebensmittel voraussetzt[145]. Mit Hilfe der Risikokennzeichnung werden die Verbraucher also in die Lage versetzt, ein hinreichend sicheres Ur-

---

[137] Vgl. Art. 2 Abs. 1 iVm. Art. 3 Abs. 2 RL 89/107/EWG des Rates vom 21.12. 1988 zur Angleichung der Rechtsvorschriften der Mitgliedstaaten über Zusatzstoffe, die in Lebensmitteln verwendet werden dürfen, ABl. Nr. L 40 vom 11.2.1989, S. 27, zuletzt geändert durch die RL 94/34/EG des Europäischen Parlaments und des Rates vom 30.6.1994, ABl. Nr. L 237 vom 10.9.1994, S. 1. Dazu *Schlacke*, S. 144. Allgemein zu Verbotsprinzip und Zulassung als Ausdruck des Gesundheitsschutzes *Streinz*, 1993, S. 151 ff. (153, 158).
[138] *Hufen*, ZLR 1998, S. 1 ff. (7); *Berg*, ZLR 2003, S. 527 ff. (534). Der EuGH hat allerdings festgestellt, dass ein bloße Kennzeichnung eines Lebensmittels im Fall von Risiken für die menschliche Gesundheit keine zufriedenstellende Lösung ist; EuGH, Rs. C-228/91 (Kommission gegen Italienische Republik – Nematoden-Larven –), Urteil vom 25.5.1993, Slg. 1993 I-2701 ff. (2748 Rz. 35 f.). Dazu *Quintillán*, JWT 1999, S. 147 ff. (151).
[139] Z.B. „Kann Spuren von Gluten, Nüssen und/oder Erdnüssen sowie Milchbestandteile enthalten" auf Schokoladenverpackungen. Für eine umfassende Allergiekennzeichnung *Böhm*, ZLR 2000, S. 241 ff. (247 f.).
[140] Vgl. *Streinz*, 1993, S. 151 ff. (153). Ferner werden genannt die Kennzeichnung von bestrahlten Lebensmitteln und Zusatzstoffen; dazu *Schlacke*, ZUR 1996, S. 285 ff. (290).
[141] Vgl. auch *Huber*, ZLR 1996, S. 277 ff. (301).
[142] Z.B. besondere Aufbewahrungshinweise, beispielsweise bei Tiefkühlkost; *Nentwich*, S. 134.
[143] *Berg*, ZLR 1998, S. 375 ff. (392 f.).
[144] Dazu oben § 2 I.6.
[145] *Berg*, ZLR 1998, S. 375 ff. (381).

teil über die mit einem Lebensmittel verbundenen Risiken zu fällen und es gegebenenfalls zu meiden[146]. Die Risikokennzeichnung von Lebensmitteln stellt damit einen wichtigen Teil der Risikosteuerung im Lebensmittelrecht dar[147].

5. Doppelfunktionalität der Kennzeichnung im Lebensmittelrecht

Durch die Risiko- und Vorsorgelehre wurde die Bedeutung der Kennzeichnung im Lebensmittelrecht somit erweitert. Während sie ursprünglich primär im Bereich des Täuschungsschutzes zur Gewährleistung der gegenseitigen Anerkennung und der allgemeinen Verbraucherinformation eine Rolle spielte, soll sie nach der Konzeption zur Risikosteuerung auch im Bereich des Gesundheitsschutzes eingesetzt werden. Die Kennzeichnung soll somit nicht nur Produktinformationen zur allgemeinen Verbraucherinformation vermitteln, sondern auch Gesundheits- und Risikoinformationen, damit der Verbraucher sich selbst vor gesundheitlichen Risiken schützen kann. Daher lässt sich insoweit von einer Doppelfunktionalität der Kennzeichnung im Lebensmittelrecht sprechen: Die Lebensmittelkennzeichnung kann sowohl der allgemeinen Verbraucherinformation als auch dem Gesundheitsschutz in der Form der Gesundheits- und Risikoinformation dienen[148].

Gemeinsam ist den beiden Funktionen dabei die Stärkung der Privatautonomie[149]. Ebenso wie bei der allgemeinen Verbraucherinformation werden mit der Vermittlung von Risikoinformationen und der damit verbundenen Umwandlung des Risikos in ein selbstbestimmtes Risiko die Privatautonomie des Einzelnen und seine Auswahlfreiheit gestärkt[150]. In die Auswahlentscheidung zwischen mehreren Produkten fließen nicht mehr nur die durch Kennzeichnung vermittelten allgemeinen Produktinformationen ein, sondern auch die ebenso vermittelten Risikoinformationen. Damit beginnen sich die Funktionen der Kennzeichnung in den Bereichen Gesundheitsschutz und Verbraucherinformation durch die in beiden Fällen erfolgende Stärkung der Privatautonomie zu überlappen.

Dennoch sind beide Bereiche dadurch nicht einfach deckungsgleich. Während die Kennzeichnung zur Verbraucherinformation das Selbstbestimmungsrecht des Verbrauchers und damit seine Privatautonomie als eigenständigen sozialpolitischen Zweck schützen will, bedient sich die Risikokennzeichnung einer Stär-

---

[146] *Huber*, ZLR 1996, S. 277 ff. (302); *Grube*, S. 211 f.
[147] Ebenso *Grube*, S. 211 f.
[148] *Grube*, S. 57. Ähnlich *Murswiek*, VVDStRL 48 (1990), S. 207 ff. (222), der für eine Kennzeichnung gentechnisch hergestellter Produkte nicht nur wegen potentieller Gesundheitsrisiken, sondern auch aus Gründen der Selbstbestimmung der Verbraucher plädiert. Ebenso *Wahl*, UTR 14 (1990), S. 7 ff. (16 f.); *Souza*, ANNSICL 2000, S. 129 ff. (164).
[149] Vgl. auch *Berg*, ZLR 1998, S. 375 ff. (392).
[150] Dazu *Damm/Hart*, S. 7 ff. (10 f.).

kung der Privatautonomie, um einen ausreichenden Gesundheitsschutz zu gewährleisten, indem die eigentliche Schutzhandlung privatisiert wird. Die Stärkung der Privatautonomie im Gesundheitsbereich wird instrumentalisiert, um einen anderen Regelungszweck, den Gesundheitsschutz, zu erreichen. Insofern geht es hier nicht um die Verbraucherinformation an sich als Ausdruck des Selbstbestimmungsrechts des Verbrauchers, sondern Informationsvermittlung wird lediglich als ein Mittel begriffen, um den Gesundheitsschutz zu gewährleisten.

Zusammenfassend ist festzuhalten, dass sich das Lebensmittelrecht unter der Einwirkung der Risiko- und Vorsorgelehre auch als Risikobewältigungsrecht darstellt[151]. Die Lebensmittelkennzeichnung dient nicht mehr nur der allgemeinen Verbraucherinformation als sozialpolitischem Zweck, sondern sie soll auch private Risikoentscheidungen ermöglichen und so den Gesundheitsschutz fördern[152]. Insofern lässt sich von einer Doppelfunktionalität der Kennzeichnung im Lebensmittelrecht sprechen[153]. Während die Kennzeichnung dabei in beiden Fällen zu einer Stärkung der Privatautonomie durch die Möglichkeit einer informierten Auswahlentscheidung führt, dient dies im Bereich des Gesundheitsschutzes nur als Mittel zu dessen Gewährleistung. Dagegen stellt die Verbraucherinformation im Rahmen des Verbraucherschutzes ein eigenständiges sozialpolitisches Ziel dar. Im Folgenden ist daher zu prüfen, woran sich eine Unterscheidung des jeweiligen Kennzeichnungszwecks festmachen lässt.

II. Bestimmung des Kennzeichnungszwecks im Lebensmittelrecht

1. Notwendigkeit einer Abgrenzung zwischen den Kennzeichnungszwecken

Trotz der festgestellten Doppelfunktionalität der Kennzeichnung und deren Überlappung im Bereich der Stärkung der Privatautonomie bedarf es einer Abgrenzung zwischen einer rein informativen Produktkennzeichnung und einer Kennzeichnung zum Schutz vor gesundheitlichen Risiken. Dies ergibt sich nicht nur aus der Formulierung von Art. 153 Abs. 1 EGV, wo zwischen dem „Schutz der Gesundheit" und dem „Recht der Verbraucher auf Information" unterschieden wird, was der Entwicklung des Lebensmittelrechts entspricht[154]. Der maßgebliche Grund für eine Differenzierung liegt für die Fragestellung dieser Arbeit bei der unterschiedlichen Regelung von Gesundheits- und allgemeiner Kennzeichnung in der WTO.

---

[151] *Hufen*, ZLR 1998, S. 1 ff. (2).
[152] *Meier*, S. 37, 42; *Schlacke*, ZUR 1996, S. 285 ff. (290).
[153] Ähnlich *Hufen*, ZLR 1998, S. 1 ff. (7); *Grube*, S. 74.
[154] Dazu ausführlich oben § 2 I.

Zum einen fallen unter das Übereinkommen über die Anwendung gesundheitspolizeilicher und pflanzenschutzrechtlicher Maßnahmen[155] gemäß Anhang A Nr. 1 Abs. 1 gesundheitspolizeiliche oder pflanzenschutzrechtliche Maßnahmen, wozu nach Abs. 2 auch „unmittelbar mit der Sicherheit von Nahrungsmitteln zusammenhängende Verpackungs- und Kennzeichnungsvorschriften" gehören. Im übrigen lässt das SPS-Übereinkommen gemäß Art. 1.4 die Rechte der Mitglieder nach dem Übereinkommen über technische Handelshemmnisse in Bezug auf nicht in den Geltungsbereich des SPS-Übereinkommens fallende Maßnahmen unberührt. Daneben fallen allgemeine „Kennzeichnungserfordernisse für ein Produkt, ein Verfahren oder eine Produktionsmethode" unter Anhang 1 Nr. 1, 2 des Übereinkommens über technische Handelshemmnisse[156], das nach Art. 1.3 alle Waren einschließlich Industrieprodukte und landwirtschaftliche Erzeugnisse, also auch Lebensmittel umfasst. Allerdings gilt das Übereinkommen gemäß Art. 1.5 nicht für Maßnahmen des SPS-Übereinkommens. Damit fallen also solche Kennzeichnungsvorschriften nicht unter das TBT-Übereinkommen, die unmittelbar mit der Sicherheit von Nahrungsmitteln zusammenhängen.

Damit wird zwischen zwei Arten von Kennzeichnungen unterschieden. Das SPS-Übereinkommen regelt Kennzeichnungen, die „unmittelbar mit der Sicherheit von Nahrungsmitteln zusammenhängen" und vor Gesundheitsgefahren in Nahrungsmitteln schützen. Kennzeichnungszweck ist also der Gesundheitsschutz und die Kennzeichnung muss *unmittelbar* damit zusammenhängen. Damit fällt eine Gesundheits- und Risikokennzeichnungen unter das insoweit speziellere SPS-Übereinkommen. Kennzeichnungen zu anderen Zwecken, die nicht unmittelbar der Lebensmittelsicherheit dienen, fallen dagegen unter das TBT-Übereinkommen[157].

Auch auf internationaler Ebene wird also zwischen gesundheitsbezogener und sonstiger Kennzeichnung unterschieden. Es stellt sich für eine Beurteilung der WTO-Konformität der europäischen Kennzeichnungsregelungen somit die Frage, nach welchen Kriterien eine gesundheitsbezogene Risikokennzeichnung von einer Produktkennzeichnung zur allgemeinen Verbraucherinformation zu unterscheiden ist. Dabei werden von den genannten Abkommen keine Unterscheidungsmerkmale vorgegeben. Im Folgenden soll daher die bisherige, beispielhaft erfolgende Zuordnung von Kennzeichnungen zu den jeweiligen Regelungszwecken (Verbraucherinformation oder Gesundheitsschutz) in der Literatur

---

[155] Übereinkommen über die Anwendung gesundheitspolizeilicher und pflanzenschutzrechtlicher Maßnahmen, vom 15.4.1994, ABl. Nr. L 336 vom 23.12.1994, S. 40 ff. (im Folgenden „SPS-Übereinkommen").

[156] Übereinkommen über technische Handelshemmnisse vom 15.4.1994, ABl. Nr. L 336 vom 23.12.1994, S. 86 ff. (im Folgenden „TBT-Übereinkommen").

[157] Dazu *Streinz*, UTR 36 (1996), S. 435 ff. (444); *Dederer*, EWS 1999, S. 247 ff. (255); *Spranger*, ZLR 2000, S. 111 ff. (112); *Burchardi*, ZLR 2001, S. 83 ff. (98).

dargestellt werden, um im Anschluss daran abstrakte Zuordnungskriterien zu entwickeln.

2. Zuordnungen zu den Kennzeichnungszwecken in der Literatur

a) Kennzeichnung zur Verbraucherinformation

Die Kennzeichnung zur Vermittlung allgemeiner Produktinformationen soll den Verbraucher über die wesentlichen Eigenschaften eines Lebensmittels und dessen wertbildende Faktoren informieren, um ihm eine informierte Auswahlentscheidung zu ermöglichen[158]. Diese Kennzeichnung entspricht der klassischen Funktion der Lebensmittelkennzeichnung[159]. Korrespondierende Rechtsgüter sind neben dem Täuschungsschutz das Recht auf Verbraucherinformation und das Selbstbestimmungsrecht des Verbrauchers. Zu der Kennzeichnung zur Verbraucherinformation werden in der Literatur gezählt das allgemeine Zutatenverzeichnis[160], Mengenangaben[161], Qualitätsangaben auf Lebensmitteln[162], Angaben über die Art der Herstellung[163], aber auch das Mindesthaltbarkeitsdatum[164] als Information über einen wertbildenden Faktor, nämlich darüber, wie lange ein Produkt haltbar sein wird und ob sich der Kauf daher lohnt. Hinzu kommen spezielle Angaben, die verhindern sollen, dass der Verbraucher durch das äußere Erscheinungsbild des Lebensmittels getäuscht wird[165]. Durch die Vermittlung dieser Angaben wird dem Verbraucher eine informierte Auswahlentscheidung ermöglicht.

---

[158] Vgl. *Horst/Mrohs,* ZLR 2000, S. 125 ff. (137).
[159] Siehe dazu oben § 2 I.6.
[160] Dazu bereits oben § 2 II.1.a).
[161] Vgl. dazu *Horst,* S. 124.
[162] Z.B. die Bezeichnung „Konfitüre extra", die auf einen hohen Fruchtanteil hinweist; *Horst,* S. 126.
[163] Z.B. „aus Konzentrat" oder „gefriergetrocknet"; dazu auch *Horst,* S. 134 ff.
[164] Dazu *Nentwich,* S. 134. *Streinz,* oben Fn. 140, hingegen rechnet das Mindesthaltbarkeitsdatum ohne Angabe von Gründen zu den Gesundheitsinformationen. Dagegen spricht aber Art. 9 Abs. 1 RL 2000/13/EG, wonach das Mindesthaltbarkeitsdatum eines Lebensmittels das Datum ist, „bis zu dem dieses Lebensmittel seine spezifischen Eigenschaften unter angemessenen Aufbewahrungsbedingungen behält". Da aber die gesundheitliche Unbedenklichkeit des Lebensmittels keine *spezifische Eigenschaft* dieses Lebensmittels ist, sondern allen Lebensmitteln zukommt, scheidet m.E. eine Zuordnung zur Gesundheitsinformation aus. Dafür spricht auch Art. 10 Abs. 1, der für das *Verbrauchsdatum* ausdrücklich auf eine unmittelbare Gefahr für die menschliche Gesundheit abstellt. Vgl. auch *Meyer,* Lebensmittelrecht, 1998, S. 62 f.
[165] Dazu gehört z.B. die besondere Erwähnung bestimmter Zutaten, wie „hergestellt aus Schafsmilch", wenn der Verbraucher eigentlich Kuhmilch erwartet oder „mit Zusatz von Kirschsaft", wenn der Verbraucher aus der roten Farbe des Himbeersaftes sonst auf einen besonders hohen Himbeeranteil schließen würde. Weitere Beispiele bei *Horst,* S. 127 f.

b) Kennzeichnung zur Gesundheits- und Risikoinformation

Die Kennzeichnung zur Vermittlung von Gesundheits- und Risikoinformationen soll den Verbraucher auf Gefahren und Risiken eines Lebensmittels aufmerksam machen. Damit soll der Verbraucher in die Lage versetzt werden, das Lebensmittel so zu handhaben, dass er sich keiner Gefahr aussetzt bzw. das Lebensmittel nicht zu verzehren, wenn er sich dem Gesundheitsrisiko nicht aussetzen will. Korrespondierendes Rechtsgut ist hier also der Gesundheitsschutz. Die Literatur rechnet zur Gesundheits- und Risikokennzeichnung Hinweise zum Umgang mit einem Lebensmittel[166], wie etwa das Verbrauchsdatum[167] in Verbindung mit dem Hinweis „Nach dem Auftauen sofort verbrauchen", da die so gekennzeichneten Produkte bakterienanfällig sind und nach dem Auftauen schnell verderben[168]. Ähnliches gilt für bestimmte Lagerungshinweise, wie „Nach dem Öffnen kühl aufbewahren", oder Hinweise auf Gebrauchseinschränkungen[169]. Ferner zählen zu Risikokennzeichnungen im Lebensmittelrecht die Zusatzstoffkennzeichnungen[170], die Allergiekennzeichnung[171] oder die Kennzeichnung diätischer Lebensmittel[172] und bestrahlter Lebensmittels[173]. Durch diese Kennzeichnungen soll dem Verbraucher ermöglicht werden, Gesundheitsgefährdungen selbst abzuwehren.

Während diese Zuordnungen in der Literatur in der Regel durch beispielhafte Aufzählungen im jeweiligen Kontext vorgenommen werden, fehlt es bisher, soweit ersichtlich, an systematischen Kriterien für diese Zuordnungen, was nicht zuletzt daran liegt, dass dies primär für die genannten WTO-Übereinkommen von Bedeutung ist. Im Folgenden sollen daher Kriterien für die Zuordnung von

---

[166] Vgl. *Streinz*, 1993, S. 151 ff. (172).

[167] Dazu *Nentwich*, S. 134.

[168] Dazu *Nentwich*, S. 134, S. 189 f. *Zipfle/Rathke*, Lebensmittelrecht, Band III, Stand Okt. 2000, C 232, Hackfleisch-Verordnung, Vorb. Rdnr. 5.

[169] Z.B. der Hinweis „zum Braten und Backen nicht geeignet" auf Halbfettmargarinen, der auf die Gefahr des Verspritzens von heißem Fett aufgrund des erhöhten Wassergehalts der Lebensmittel aufmerksam macht; dazu *Horst*, S. 138.

[170] *Schlacke*, S. 154; *Zipfel/Rathke*, Lebensmittelrecht, Band II, Stand Feb. 2000, § 47a LMBG Rdnr. 28. Ausführlich *Grube*, S. 211 f., 263 ff., 275 ff. und 304 ff.

[171] Siehe oben Fn. 139.

[172] Dazu *Streinz*, oben Fn. 140; *Horst*, S. 141 ff.

[173] *Streinz*, 1993, S. 151 ff. (184). Der Hinweis auf eine Bestrahlung stellt insofern einen Sonderfall dar, da die Bestrahlung nach allgemeiner wissenschaftlicher Ansicht gesundheitlich unbedenklich ist, die Kennzeichnung aber dennoch eingeführt wurde, um den Verbrauchern die Möglichkeit zu geben, eine Technologie zu meiden, von deren gesundheitlicher Unbedenklichkeit sie nicht überzeugt sind. Vgl. Erwg. 4 RL 1999/2/EG des Europäischen Parlaments und des Rates vom 22.2.1999 zur Angleichung der Rechtsvorschriften der Mitgliedstaaten über mit ionisierenden Strahlen behandelte Lebensmittel und Lebensmittelbestandteile, ABl. Nr. L 66 vom 13.3.1999, S. 16 ff. Zum Teil wird die Kennzeichnung von Bestrahlung aber auch als Täuschungsschutz verstanden; dazu *Kemper*, S. 172.

Kennzeichnungsvorschriften zu den Kategorien der Gesundheits- und Risikokennzeichnung und der allgemeinen Verbraucherinformation entwickelt werden.

3. Die Zuordnung von Kennzeichnungen zur allgemeinen Verbraucherinformation oder zur Gesundheits- und Risikoinformation

a) Zuordnung nach der objektiven Bedeutung der Kennzeichnung

In Abwesenheit vorgegebener Zuordnungskriterien stellt sich die Frage, wonach die jeweilige Kennzeichnung der Kategorie der Verbraucherinformation oder der Gesundheits- und Risikoinformation zugeordnet werden kann. Ein mögliches Zuordnungskriterium ist dabei der objektive Aussagegehalt einer Kennzeichnung. Enthält die Kennzeichnung objektiv eine Aussage zu einem Gesundheitsrisiko, so ist sie der Kategorie der Gesundheits- und Risikoinformation zuzuordnen, ansonsten fällt sie unter die allgemeine Verbraucherinformation. Eindeutig lassen sich so Warnhinweise oder Instruktionen, die einen gefahrlosen Umgang mit Lebensmitteln ermöglichen sollen, der Gesundheits- und Risikoinformation zuordnen.

In Fällen hingegen, wo der Verbraucher ein Risiko aus einer objektiv neutralen Kennzeichnung ableiten müsste, führt der objektive Aussagegehalt einer Kennzeichnung nicht zu einer eindeutigen Zuordnung[174]. Als Beispiel dazu kann das Mindesthaltbarkeitsdatum dienen. Allein aus seinem objektiven Aussagegehalt („Das Lebensmittel ist mindestens haltbar bis …") lässt sich nicht bestimmen, ob die Kennzeichnung auf ein wertbestimmendes Merkmal („die Dauer der Haltbarkeit") im Sinne einer allgemeinen Verbraucherinformation oder auf ein Risiko („nach Ablauf könnte das Lebensmittel gefährlich sein") hinweist. Ähnliches gilt für die Auflistung allergener Zutaten im allgemeinen Zutatenverzeichnis. Während dies für die meisten Verbraucher einen neutralen Hinweis auf die Zusammensetzung eines Lebensmittels im Sinne einer Verbraucherinformation darstellt, ist derselbe Hinweis für einen Allergiker eine Gesundheits- und Risikoinformation. Die Zuordnung einer Kennzeichnung anhand des objektiven Aussagegehalts der Kennzeichnung führt somit nicht notwendigerweise zu einem eindeutigen Ergebnis. Für sich genommen stellt der objektive Aussagegehalt einer Kennzeichnung daher kein taugliches Zuordnungskriterium dar.

---

[174] Vgl. die unterschiedliche Zuordnung der Bestrahlungskennzeichnung. Dazu oben Fn. 173.

b) Zuordnung gemäß der Rezeption durch die Verbraucher

Eine weitere Zuordnungsmöglichkeit stellt die Sicht der Verbraucher auf eine bestimmte Kennzeichnung dar. Eine Kennzeichnung würde damit nicht nach dem objektiven Aussagegehalt beurteilt werden, sondern nach ihrer subjektiven Rezeption durch den Verbraucher. Eine Kennzeichnung fiele danach immer dann unter die Gesundheits- und Risikoinformation, wenn der Verbraucher aus ihr ein Risiko oder eine Gesundheitsgefahr ableitete. Wenn dies nicht der Fall ist, würde die Kennzeichnung zur allgemeinen Verbraucherinformation zählen.

Zuzugeben ist einem solchermaßen subjektivierten Ansatz zwar, dass es für die Wirkung einer Kennzeichnung nicht allein auf ihren objektiven Aussagegehalt ankommt, sondern insbesondere darauf, wie sie von den Verbrauchern interpretiert wird. Dennoch ist dieser Ansatz nicht geeignet, eine eindeutige Zuordnung von Kennzeichnungen zur Risiko- bzw. Verbraucherinformation vorzunehmen[175]. Dagegen spricht zunächst die bereits dargestellte Gefahr der Fehlinterpretation der gegebenen Information durch die Verbraucher[176]. Der eine Kennzeichnungspflicht einführende Hoheitsträger könnte sich nie sicher sein, wie die von ihm vorgeschriebene Information rezipiert wird und, damit verbunden, in welche Kategorie von Risiko- oder Verbraucherinformation sie fällt. Dennoch obliegt es dem Hoheitsträger im Zweifel, die eingeführte Regelung vor der WTO zu rechtfertigen. Die Frage, unter welches Abkommen diese Regelung fällt, ließe sich dann allenfalls noch empirisch beurteilen. Auch eine Beachtung der WTO-Regelungen bei der Schaffung der Kennzeichnungspflicht wäre unmöglich, da sich erst über die Rezeption der bestehenden Regelung ergeben würde, unter welches Abkommen sie fällt, und damit welche Regeln bei der Schaffung zu beachten gewesen wären. Ferner spricht dagegen die Wechselhaftigkeit der Rezeption durch den Verbraucher. Eine Regelung, die heute eine reine Verbraucherinformation darstellt, kann morgen unter anderen Bedingungen eine Risikoinformation sein. Dies lässt sich am Beispiel der Kennzeichnung von Rindfleisch verdeutlichen. Stellte der Hinweis auf einen bestimmten Rindfleischanteil bis zur BSE-Krise eine reine Verbraucherinformation dar, die den Verbraucher auf die wertbestimmenden Bestandteile teureren Rindfleischs in einem Produkt aufmerksam machte, so wurde dieselbe Kennzeichnung angesichts der BSE-Krise zur Risikoinformation, aus der die Verbraucher eine mögliche Gefahr ableiteten, ohne dass dies bei der Schaffung der Kennzeichnungspflicht intendiert war. Da in einer derart subjektivierten Zuordnung jede Information potentiell eine Risikoinformation sein kann, kann dieser Ansatz nicht zu einer trennscharfen und dauerhaften Abgrenzung zwischen Produkt- und Risikoinformation führen.

---

[175] Ähnlich kritisch gegenüber einem rein subjektiven Ansatz, allerdings zur Begründung einer Kennzeichnungspflicht *Pfleger*, ZLR 1993, S. 367 ff. (385).

[176] Dazu *Grunert*, ZLR 2000, S. 831 ff. (836 f.) sowie oben § 2 II.2.

§ 3 Einfluss der Risiko- und Vorsorgelehre auf die Kennzeichnung

Gleiches gilt für die „Theorie der divergierenden Risikoabschätzung", wonach eine (Risiko-)Kennzeichnung in Frage kommt, wenn „die fachwissenschaftliche und politische Risikobewertung zur Zulassung bestimmter Behandlungs- oder Herstellungsverfahren geführt hat, aber gleichwohl gewisse Vorbehalte bleiben, die nicht als unerheblich abgetan werden können"[177]. Durch die Kennzeichnung soll dem Verbraucher eine Entscheidung aufgrund einer persönlichen Risikobewertung ermöglicht werden, in die auch nicht rational begründete Ablehnungshaltungen einfließen können[178]. Auch hier ist aber die Frage, was der Verbraucher zur Grundlage seiner „persönlichen Risikoentscheidung" macht, für den Hoheitsträger nicht kalkulierbar. Die persönliche Risikoabschätzung läuft darauf hinaus, dass dem Verbraucher die Vorteile des Produkts die Eingehung eines Risikos nicht wert sind[179], wobei die Frage, ob überhaupt ein Risiko vorliegt, auch an persönlichen Vorlieben und irrationalen Ängsten festgemacht wird[180]. Letztlich erkennt diese Theorie damit zwar das Recht auf eine freie Auswahlentscheidung an[181], in die auch Risikoinformationen einfließen können, vermag aber aufgrund der rein subjektiven Risikobestimmung eine Abgrenzung zwischen Verbraucher- und Risikoinformation nicht zu leisten.

---

[177] Grundlegend dazu *Streinz*, 1995, S. 131 ff. (141); *Streinz*, EFLR 1994, S. 155 ff., der die Theorie als Begründung für eine Kennzeichnungspflicht entwickelte.

[178] *Streinz*, 1995, S. 131 ff. (141, 148); *Streinz*, EFLR 1994, S. 155 ff. (162). Kritisch dazu *Knörr*, S. 93.

[179] Zurecht weist *Groß*, S. 366 darauf hin, dass im Gegensatz zur Risikoabschätzung durch Experten, bei der es primär um die Eintrittswahrscheinlichkeit schädlicher Folgen geht, sich beim Laien die Risikowahrnehmung eher nach der Freiwilligkeit der Risikokonfrontation, der fehlenden Kontrollierbarkeit von möglichen Folgeentwicklungen und der Verteilungsgerechtigkeit zwischen Risiko und Nutzen richtet. Vgl. auch *Citlak/Kreyenfeld*, ZAU 1999, S. 112 ff. (113). *Engel*, Die Verwaltung 1996, S. 265 ff. (268) legt dar, dass auch innerhalb von Laien- oder Expertengruppen unterschiedliche Risikowahrnehmungen existieren, beispielsweise je nach Höhe des Vermögens oder des Grades der Verantwortlichkeit. Umfassend zur Risikowahrnehmung Bayerische Rück (Hrsg.), Risiko ist ein Konstrukt, 1993. Zu individuellen Bewertungsproblemen von (Umwelt-)Risiken *Schuldt*, 1997, S. 132 ff. Vgl. auch *Wiedemann*, ZAU (Sonderheft 10) 1999, S. 63 ff. (67 ff.). Speziell zur Wahrnehmung von Risiken der Gentechnik *van den Daele*, 1993, S. 169 ff.

[180] Vgl. *Grunert*, ZLR 2000, S. 831 ff. (839 f.). Auch *Bohanes*, CLMJTL 2002, S. 323 ff. (359) betont, dass Laien Risiken mit geringer Eintrittswahrscheinlichkeit und großem Schaden (der sprichwörtliche Kernkraft-GAU) als bedrohlicher wahrnehmen, als Risiken mit hoher Eintrittswahrscheinlichkeit und geringem Schaden (Autounfälle), selbst wenn die Gefahr (Eintrittswahrscheinlichkeit mal Schaden) wissenschaftlich gesehen identisch wäre.

[181] Vgl. auch *Grube*, S. 274.

c) Zuordnung nach dem objektivierten Normzweck

Eine weitere Möglichkeit der Zuordnung von Kennzeichnungsregelungen ist nach dem hinter der Kennzeichnung liegende Normzweck. Wenn der Normgeber mit der Kennzeichnung die Verbraucher über ein Risiko aufklären wollte, so fällt sie in den Bereich der Gesundheits- und Risikoinformation. Entscheidend kommt es somit darauf an, ob der Normgeber mit der Kennzeichnung eine Steuerungsabsicht verfolgt, die den Verbraucher in Bezug auf bestimmte Risiken sensibilisieren soll[182]. Fehlt es an einer intendierten Verhaltenslenkung, so liegt eine allgemeine Verbraucherinformation vor[183].

Problematisch daran ist die Frage, wie eine solche Steuerungsabsicht des Normgebers im Zeitpunkt des Erlasses einer Kennzeichnungspflicht festzustellen ist. Da sich aus den Materialien eine solche Intention nicht immer zweifelsfrei ablesen lässt, besteht die Gefahr, dass sich Normgeber zur Rechtfertigung einer Regelung auf eine Intention berufen, die bei Erlass der Kennzeichnungspflicht nicht vorhanden war. Außerdem können nachträgliche Entwicklungen, wie beispielsweise die Einführung des Vorsorgeprinzips, dazu führen, dass die ursprüngliche Intention einer Norm plötzlich in einem anderen Licht erscheint. Die subjektive Intention zur Verhaltenslenkung genügt daher für die Zuordnung nicht. Vielmehr muss sich die Steuerungsabsicht objektiv im Zusammenhang mit der entsprechenden Kennzeichnungsvorschrift niedergeschlagen haben. Feststellbar muss also eine objektivierte Absicht des Normgebers sein[184], auf das Verhalten der Verbraucher mit Blick auf bestimmte Risiken einwirken zu wollen. In diesem Fall ist von einer Gesundheits- und Risikokennzeichnung auszugehen. Ansonsten bleibt es bei einer allgemeinen Verbraucherinformation. Mit diesem Ansatz werden die Schwächen der anderen Ansätze umgangen und eine eindeutige Zuordnung zu den beiden Kennzeichnungskategorien wird möglich. Im Folgenden sollen daher Indizien zur Bestimmung der objektivierten Intention des Normgebers aufgezeigt werden.

4. Indizien für die Zuordnung der Kennzeichnung nach dem objektivierten Normzweck

a) Entstehungsgeschichte und Erwägungsgründe

Zunächst können Entstehungsgeschichte und Erwägungsgründe Aufschluss über die Zuordnung zu einer Kennzeichnungskategorie geben. Erwägungs-

---

[182] Ähnlich *Murswiek*, DVBl. 1997, S. 1021 ff. (1027) zu staatlichen Warnungen. Ebenso *Di Fabio*, JuS 1997, S. 1 ff. (2 ff.).
[183] Vgl. *Murswiek*, DVBl. 1997, S. 1021 ff. (1027).
[184] Vgl. *Wahl*, ZLR 1998, S. 275 ff. (291 ff.) zur Frage eines Vorsorgeansatzes einer Regelung.

gründe geben dabei nicht nur einen Hinweis auf die Intention des Normgebers, sondern können auch zur Interpretation der betreffenden Norm herangezogen werden[185]. Falls in den Erwägungsgründen also auf den Schutz der Gesundheit durch Kennzeichnung hingewiesen wird, liegt eine Gesundheits- und Risikokennzeichnung vor. Hier ist aber zu beachten, dass gerade die Kennzeichnung diesem Ziel dienen muss. Ein allgemeiner Hinweis auf die Schutzfunktion der gesamten Norm genügt in der Regel nicht, um daraus abzuleiten, dass gerade die Kennzeichnung, der ja eine Doppelfunktionalität in Bezug auf Gesundheitsschutz und Verbraucherinformation zukommt, dem Gesundheitsschutz dienen soll, zumal wenn auch noch andere Formen der Risikosteuerung (wie Zulassungsverfahren) ergriffen werden[186].

b) Vorliegen einer Risikobewertung

Ein Indiz für eine Gesundheits- und Risikokennzeichnung ist auch eine Risikobewertung im Rahmen der Normsetzung oder der Gesamtregelung. Da aber unterschiedliche Teile lebensmittelrechtlicher Regelungen oft unterschiedlichen Zielen (Gesundheitsschutz oder Verbraucherinformation) dienen, stellt das Vorhandensein einer Risikobewertung allein keine hinreichende Bedingung für die Annahme einer Risikokennzeichnung dar. Zusätzlich muss geprüft werden, ob gerade mit der Kennzeichnung dem festgestellten Risiko begegnet werden soll, oder ob der Umgang damit bereits durch ein Zulassungsverfahren geregelt ist. In diesem Fall lässt sich die Kennzeichnung nur dann der Gesundheits- und Risikokennzeichnung zuordnen, wenn trotz der Durchführung eines Zulassungsverfahrens ein eventuell verbleibendes Risiko mit Hilfe der Kennzeichnungspflicht – sei es als Maßnahme des Risikomanagements oder der Risikokommunikation – geregelt werden soll. Dies ist anzunehmen, wenn sich die Kennzeichnungspflicht eng an das Zulassungsverfahren anlehnt oder nur in dessen Rahmen besteht. Ist die Kennzeichnungspflicht hingegen unabhängig davon, spricht dies gegen eine Risikoinformation. Grund dafür ist die Funktion des Zulassungsverfahrens und die entsprechende Verbrauchererwartung, dass ein in Abweichung vom Prinzip der freien Verkehrsfähigkeit von Lebensmitteln staatlich geprüftes Lebensmittel sicher und gesundheitlich unbedenklich ist[187]. Trotz einer Risikobewertung muss es also in der Regelung selbst Anhaltspunkte dafür geben, dass gerade die Kennzeichnung nicht ihrer klassischen Funktion, der Verbraucherinformation, dienen soll, sondern speziell dem Risikomanagement oder der Risikokommunikation.

---

[185] Dazu *Okonek*, ZLR 2000, S. 733 ff. (735); *Streinz*, ZLR 1998, S. 53 ff. (61).
[186] Dazu sogleich.
[187] Vgl. *Streinz*, EFLR 1994, S. 155 ff. (160); *Streinz*, ZLR 1998, S. 145 ff. (163).

c) Art und Weise der Kennzeichnung

Ein weiteres Indiz für die Zuordnung der Kennzeichnung stellt die Art und Weise der Kennzeichnung dar[188]. Sofern sich die Intention des Normgebers zur Verhaltenssteuerung in konkreten Handlungsanweisungen oder expliziten Hinweisen auf eine bestehende Gesundheitsgefahr niederschlägt, ist von einer Gesundheits- und Risikokennzeichnung auszugehen.

Allerdings muss es nicht in jedem Fall einen ausdrücklichen Hinweis auf ein Risiko geben, um von einer Gesundheits- bzw. Risikoinformation auszugehen. Auch aus der hervorgehobenen Erwähnung oder dem gesonderten Hinweis auf bestimmte Stoffe, kann ein Verbraucher auf ein mit diesem Stoff verbundenes Risiko schließen[189]. Zu beachten ist aber, dass sich ein Risiko dem Verbraucher ohne besondere Vorkenntnisse erschließen muss, da er durch die Kennzeichnung in die Lage versetzt werden soll, sich selbst zu schützen[190]. Dazu muss er aber das Risiko erkennen können[191]. Die bloße Auflistung einer Substanz im allgemeinen Zutatenverzeichnis genügt daher nicht, um auf ein Risiko und damit auf eine Gesundheits- oder Risikokennzeichnung zu schließen[192]. Nur Allergiker bilden insofern eine Ausnahme, da sie schon aus dem allgemeinen Zutatenverzeichnis auf eine Gesundheitsgefährdung schließen können müssen, wobei der allergene Stoff, der im Zutatenverzeichnis aufgelistet wird, nicht *per se* gefährlich ist, sondern nur aufgrund der besonderen Prädisposition der allergischen Verbraucher[193]. Zudem sind Allergiker an eine genauere Lektüre auch allgemeiner Produktinformationen gewöhnt[194]. Allein aus der durch allergische Verbrau-

---

[188] Zu den Schwierigkeiten einer rein objektiven Abgrenzung siehe bereits oben II.3.a).

[189] Die EG-Kommission sieht bereits in der gesonderten Erwähnung von Zusatzstoffen außerhalb des allgemeinen Zutatenverzeichnisses einen Warnhinweis, der zu einer negativen Einschätzung des Erzeugnisses führt; dazu *Zipfel/Rathke*, Lebensmittelrecht, Band II, Stand Feb. 2000, C 100 § 16 LMBG Rdnr. 10b. Daraus lässt sich im Gegenzug schließen, dass es sich bei Angaben im allgemeinen Zutatenverzeichnis nicht um Warnhinweise oder Risikokennzeichnungen handelt, da sich darin keine negative Einschätzung des Erzeugnisses findet. Ebenso *Horst*, S. 122.

[190] Vgl. auch *Böhm*, 1996, S. 141.

[191] *Huber*, ZLR 1996, S. 277 ff. (302).

[192] Ebenso *Gramm*, ZRP 1990, S. 183 ff. (188 f.). Dies zeigt auch die nach der BSE-Krise eingeführte Sonderkennzeichnung für Rindfleisch, die über die allgemeine Auflistung im Zutatenverzeichnis hinausging. Vgl. dazu Verordnung (EG) Nr. 820/97 des Rates vom 21.4.1997 zur Einführung eines Systems zur Kennzeichnung und Registrierung von Rindern und über die Etikettierung von Rindfleisch und Rindfleischerzeugnissen, ABl. Nr. L 117 vom 7.5.1997, S. 1 ff. Siehe auch oben Fn. 189.

[193] *Hammerl*, ZLR 2000, S. 723 ff. (731). Die Bestimmung der Gesundheitsschädlichkeit im Lebensmittelrecht richtet sich dabei nicht nach besonders empfindlichen Verbrauchern, wie Allergikern, sondern nach gesunden Menschen; *Zipfel/Rathke*, Lebensmittelrecht, Band II, Stand Feb. 2000, C 100, § 8 LMBG, Rdnr. 8.

[194] *Groß*, S. 392; *Grunert*, ZLR 2000, S. 831 ff. (841).

cher subjektiv zu konstatierenden Gefährlichkeit eines Produkts lässt sich aber, wie bereits dargestellt, kein Hinweis für die Einordnung einer bestehenden Kennzeichnungspflicht gewinnen[195]. Die Art und Weise der Kennzeichnung, insbesondere im Unterschied zur allgemeinen Verbraucherinformation im Zutatenverzeichnis, bleibt also ein wichtiges Indiz für die Zuordnung einer Kennzeichnung zur Gesundheits- und Risikoinformation.

Zusammenfassend ist festzuhalten, dass das Vorliegen einer Risikoabschätzung, Erwägungsgründe und die Art und Weise einer Kennzeichnung Hinweise auf die Zuordnung der Kennzeichnung zur allgemeinen Verbraucherinformation oder zur Gesundheits- und Risikoinformation geben können. Zu beachten ist bei der Zuordnung zur Gesundheits- und Risikoinformation stets, dass die Indizien einen direkten Zusammenhang zwischen einem Gesundheitsrisiko und der darauf hinweisenden Kennzeichnung aufzeigen müssen. Aus Verbraucherperspektive ist wichtig, dass ein wirksamer Selbstschutz vor Gesundheitsrisiken nur dann möglich ist, wenn der Verbraucher aus der Kennzeichnung eindeutig ablesen kann, dass mit dem Verzehr dieses Lebensmittels ein Risiko verbunden ist. Ob im Einzelfall also eine Kennzeichnung zur Gesundheits- und Risikoinformation oder zur allgemeinen Verbraucherinformation vorliegt, ist anhand dieser Indizien zu beurteilen.

5. Ergebnis

Als Ergebnis ist festzuhalten, dass die Risiko- und Vorsorgelehre erheblichen Einfluss auf das Lebensmittelrecht im Allgemeinen und die Lebensmittelkennzeichnung im Besonderen hat. Die dreistufige Risikosteuerung aus Risikobewertung, Risikomanagement und Risikokommunikation und die Anwendung des Vorsorgeprinzips haben sich auch im Lebensmittelrecht niedergeschlagen. Dabei kommt der Informationsvermittlung zur Risikosteuerung eine besondere Stellung zu, da es sich nicht um eine klassische hoheitliche Maßnahme der Risikoabwehr handelt, sondern eine Verlagerung des Schutzes auf den Einzelnen stattfindet. Eine mögliche Kennzeichnung kann sich dabei als Maßnahme der Risikokommunikation oder des Risikomanagements darstellen, in beiden Fällen aber dem Gesundheitsschutz dienen. Damit ergibt sich eine Doppelfunktionalität der Lebensmittelkennzeichnung, die einerseits dem Täuschungsschutz und der allgemeinen Verbraucherinformation dienen soll, andererseits Risikoinformationen vermitteln kann und so dem Gesundheitsschutz dient.

Trotz dieser Doppelfunktionalität ergibt sich zumindest auf der Ebene der WTO die Notwendigkeit einer Abgrenzung zwischen der Kennzeichnung zur Verbraucherinformation und der Gesundheits- und Risikokennzeichnung. Während bestimmte Arten der Lebensmittelkennzeichnung in der Literatur im Wege

---

[195] Dazu bereits oben II.3.b).

der Aufzählung teils der Verbraucherinformation, teils der Risikokennzeichnung zugeordnet werden, stellt sich aber die Frage nach generellen Kriterien für eine Abgrenzung. Eine Zuordnung kann weder nach rein objektiven Kriterien oder ausschließlich aus der Sicht der Verbraucher vorgenommen werden, sondern muss sich nach der Intention des Normgebers, wie sie sich in der konkreten Norm niedergeschlagen hat, also nach dem objektivierten Normzweck richten. Die zu dessen Bestimmung herangezogenen Indizien sind dabei Entstehungsgeschichte und Erwägungsgründe, das Vorliegen einer Risikobewertung und die Art und Weise der Kennzeichnung. In jedem Fall ist aber zu prüfen, ob gerade die Kennzeichnung der Risikosteuerung dienen soll, denn nur dann liegt in Abweichung von der allgemeinen Verbraucherinformation eine Risikokennzeichnung vor. Dies ist in den folgenden Kapiteln für die Kennzeichnung von gentechnisch veränderten Lebensmitteln zu untersuchen.

2. Teil
Kennzeichnungsvorschriften für gentechnisch veränderte Lebensmittel nach europäischem Recht

§ 4 Die Novel Food-Verordnung

I. Intention des Normgebers bezüglich der Kennzeichnung in der NFVO

1. Einleitung

Die Novel Food-Verordnung[1] (NFVO) stellt die erste umfassende Regelung gentechnisch veränderter Lebensmittel und die Grundlage für die nachfolgenden, speziellen Kennzeichnungsverordnungen dar. Daher sind anhand der NFVO grundlegende Fragen der Kennzeichnung gentechnisch veränderter Lebensmittel zu klären. Neben der Darstellung der materiellen Kennzeichnungspflicht geht es vornehmlich darum, ob die Kennzeichnung der allgemeinen Verbraucherinformation dient, oder ob es sich um eine Gesundheits- und Risikokennzeichnung handelt. Dies soll anhand der aufgestellten Indizien für die Feststellung des objektivierten Normzwecks geprüft werden. Dabei soll in Teil I die Intention des Normgebers anhand der Entstehungsgeschichte (2.) und der Zielsetzung (3.) der NFVO ermittelt werden. Danach soll in Teil II anhand des Anwendungsbereichs (1.), der Kennzeichnungsregelung (2.) und ihrer Reichweite (3.) geprüft werden, inwieweit sich die Intention des Normgebers in der Regelung niedergeschlagen hat. Dabei kommt es insbesondere auf das Verhältnis zum Zulassungsverfahren und der darin enthaltenen Risikobewertung an. Schließlich soll die Fragestellung auch anhand der Art und Weise der Kennzeichnung (4.) untersucht werden.

Bei der Darstellung der Kennzeichnungsregelung soll ferner ermittelt werden, ob die Kennzeichnung gentechnisch veränderter Lebensmittel eine Produktkennzeichnung ist, also an bestimmten Produkteigenschaften ansetzt, oder eine Verfahrenskennzeichnung, die Lebensmittel unabhängig von feststellbaren Unterschieden einer Kennzeichnung unterwirft, weil sie mit gentechnischen Verfah-

---

[1] Verordnung (EG) Nr. 258/97 des Europäischen Parlaments und des Rates vom 27. Januar 1997 über neuartige Lebensmittel und neuartige Lebensmittelzutaten, ABl. L 43 vom 14.2.1997, S. 1 ff.

ren hergestellt wurden. Beide Fragen spielten schon im Rechtsetzungsverfahren, welches sich in weiten Teilen um die Kontroverse zum Thema Kennzeichnung drehte[2], eine tragende Rolle und sollen daher zunächst in ihrer historischen Entwicklung untersucht werden.

2. Die Kennzeichnung als zentrale Streitfrage der Entstehungsgeschichte

a) Erste Regelungsansätze

Eine erste Beschäftigung mit Biotechnologie im Bereich der Lebensmittelherstellung erfolgte bereits 1985 durch das Weißbuch „Vollendung des Binnenmarkts", worin für 1987 eine „Allgemeine Richtlinie für neue Lebensmittel, die mit biotechnologischen Verfahren hergestellt werden" angekündigt wurde[3]. Gentechnisch veränderte Lebensmittel sollten also nicht der gegenseitigen Anerkennung überlassen bleiben, wie dies im Lebensmittelrecht in Abwesenheit von Gesundheitsgefahren der Regelfall ist, sondern bedurften einer expliziten Harmonisierung. Dies wurde von der Kommission konkretisiert, indem sie unter den lebensmitteltechnischen Verfahren, für die aufgrund des Standes der industriellen und technologischen Entwicklung im Hinblick auf den Gesundheitsschutz ein besonderes Bedürfnis nach gemeinschaftlicher Harmonisierung bestand, „gewisse Verfahren der Biotechnologie" aufführte[4]. Dies war konsequent, weil es hier um Fragen des Gesundheitsschutzes ging, die nicht der gegenseitigen Anerkennung überlassen bleiben können[5], sondern einer Harmonisierung bedürfen. Eine Harmonisierung sollte daneben mitgliedstaatlichen Regelungsbestrebungen zuvorkommen[6], um eine Behinderung des Verkehrs mit gentechnisch

---

[2] *Barling*, European Environment 1996, S. 48 ff. (52); *Schroeter*, ZLR 1997, S. 373 ff. Zur Diskussion der Kennzeichnung im Laufe des Rechtsetzungsverfahrens *Ronellenfitsch*, Teil I, D.IV., EG-Verordnung „neuartige Lebensmittel und -zutaten" – Einleitung, in: Eberbach/Lange/Ronellenfitsch (Hrsg.), Recht der Gentechnik und der Biomedizin, Stand Juni 2000, Rdnr. 4 ff. Eine Übersicht zu den zu kennzeichnenden Produkten nach dem jeweiligen Stand des Rechtsetzungsverfahrens findet sich bei *Rücker*, S. 277.

[3] KOM (85) 310 vom 13.6.1985, S. 20. Ausführlich dazu *Streinz*, ZLR 1992, S. 233 ff. (239 ff.). Zum Rechtsetzungsverfahren der NFVO *Streinz*, ZLR 1996, S. 123 ff. (125 ff.).

[4] Mitteilung der Kommission an den Europäischen Rat und das Europäische Parlament, Vollendung des Binnenmarktes: Das Gemeinschaftliche Lebensmittelrecht, vom 8.11.1985, KOM (85) 603 endg., S. 5 Nr. 6 (abgedruckt als BR-Drs. 35/86 vom 27.1. 1986) S. 8; dazu *Streinz*, EuZW 1997, S. 487 ff.; *Grube*, S. 213.

[5] *Streinz*, ZLR 1996, S. 123 ff. (125 m.w.N.). Zum ganzen oben § 2 I.3.

[6] *Cozigou*, RMUE 1997, S. 67 ff. (73). In Großbritannien war bereits 1980 eine freiwillige Vereinbarung zwischen dem Ministerium für Landwirtschaft, Ernährung und Fischerei, dem Department of Health und der Lebensmittelindustrie geschlossen worden, wonach der Umgang mit Novel Food gemeinsam geklärt werden sollte. Dazu *Streinz*, ZLR 1996, S. 123 ff. (126).

veränderten Lebensmitteln durch unterschiedliche nationale Regelungen zu verhindern und Bestrebungen, den Import von gentechnisch veränderten Produkten einseitig zu blockieren, abzuwehren[7].

b) Kommissionsentwurf von 1992

1992 veröffentlichte die Kommission nach erheblicher Kritik an den Vorentwürfen[8] die elfte Fassung des Entwurfs zur NFVO[9], der ein Notifizierungs- oder Genehmigungsverfahren für neuartige Lebensmittel vor dem ersten Inverkehrbringen vorsah, um ihre Unbedenklichkeit im Hinblick auf die Gesundheit der Verbraucher und eine eventuelle Irreführungsgefahr zu prüfen[10]. Neuartige Lebensmittel waren danach solche, die bislang noch nicht in nennenswertem Umfang für den menschlichen Verzehr verwendet wurden oder in einem Produktionsverfahren hergestellt wurden, welches eine bedeutende Änderung ihrer Zusammensetzung, ihres Nährwertes oder ihrer Bestimmung zur Folge haben[11]. Die Forderung nach einer bedeutenden Änderung reflektierte dabei den OECD-Ansatz der „wesentlichen Gleichwertigkeit" (*substantial equivalence*)[12], wonach ein neuartiges Lebensmittel im Hinblick auf seine Sicherheit wie ein herkömmliches Lebensmittel behandelt werden kann, wenn es mit diesem wesentlich gleichwertig ist[13]. Grundsätzlich fielen somit Lebensmittel, die GVO oder Teile

---

[7] *Long/Cardonnel*, EFLR 1998, S. 11 ff. (12).

[8] Zur Ablehnung des 10. Entwurfes *Streinz*, ZLR 1992, S. 233 ff. (261 ff.). Außerdem *Ronellenfitsch*, Teil I, D.IV., EG-Verordnung „neuartige Lebensmittel und -zutaten" – Einleitung, in: Eberbach/Lange/Ronellenfitsch (Hrsg.), Recht der Gentechnik und der Biomedizin, Stand Juni 2000, Rdnr. 3; *Horst*, C. IV. Lebensmittelrecht, in: Dauses (Hrsg.), Handbuch des EU-Wirtschaftsrechts, Stand Aug. 2000, Rdnr. 144. Zu den politischen Kontroversen um die Vorentwürfe *Rücker*, S. 178 ff.

[9] Vorschlag für eine Verordnung (EWG) des Rates über neuartige Lebensmittel und Lebensmittelzutaten, KOM(92) 295 endg. vom 7.7.1992, ABl. Nr. C 190 vom 29.7. 1992, S. 3 ff.

[10] Art. 5 Abs. 1 iVm. Anhang II.

[11] Art. 1. Kritisch zum weitgehend unbestimmten Anwendungsbereich *Rücker*, S. 181 f.

[12] *OECD Group of National Experts on Safety in Biotechnology*, Concepts and Principles Underpinnig the Safety Evaluation of Food Derived From Modern Biotechnology, 1993, S. 16. Vgl. *Barling*, European Environment 1996, S. 48 ff. (52). Zur Bedeutung der „wesentlichen Gleichwertigkeit" im internationalen Vergleich auch *Hammes/Bräutigam/Schmidt/Hertel*, ZLR 1996, S. 525 ff. (528 ff.).

[13] Zu Recht weist *Long/Cardonnel*, EFLR 1998, S. 11 ff. (17 f.) darauf hin, dass das Konzept der wesentlichen Gleichwertigkeit eben nicht selbst eine Sicherheitsprüfung darstellt. Die Rolle der wesentlichen Gleichwertigkeit in Bezug auf die Biotechnologie wird allerdings zunehmend in Frage gestellt, da dem Konzept vorgeworfen wird, einseitig die kommerziellen Interessen der Produzenten zu berücksichtigen, die die Kosten für eine ausreichende Sicherheitsbewertung ihrer Produkte vermeiden wollten. Außerdem würden Produzenten einerseits argumentieren, ihre Produkte seien im wesentlichen gleichwertig, so dass es keiner zusätzlichen Sicherheitsüberprüfung be-

davon enthalten, und solche, die aus GVO hergestellt waren, ohne diese zu enthalten, unter den Vorschlag[14], der damit einen verfahrensbezogenen Ansatz verfolgte. Für Lebensmittel, die aus GVO bestehen, konnte die Kommission dabei Auflagen bezüglich der Verkehrsbezeichnung oder der Etikettierung im Genehmigungsverfahren machen[15], ohne dass die Art und Weise der Auflagen aber genauer gefasst wurde[16]. Statt einer allgemeinen Kennzeichnungspflicht[17] sah der Vorschlag also nur eine Kennzeichnung im Ermessen der Kommission vor[18].

Die mangelhafte Kennzeichnung wurde schnell zum wesentlichen Kritikpunkt an dem Verordnungsvorschlag und erwies sich als eine der schwierigsten Fragen[19]. Die Forderung nach einer umfassenden Kennzeichnung aller mit Hilfe der Gentechnik hergestellten Lebensmittel wurde dabei nicht nur im Rechtsetzungsverfahren selbst erhoben, sondern auch von den Mitgliedstaaten[20] und Kreisen des Umwelt- und Verbraucherschutzes[21]. In der Literatur reichen die Argumente für eine Kennzeichnung dabei von Sicherheitsgründen[22] über das Recht auf eine divergierende Risikoabschätzung[23], den Schutz vor Täuschung über Produktmerkmale[24], die Erhaltung der Auswahlfreiheit des Verbrauchers[25] und die Notwendigkeit von Verbraucherinformation für die Akzeptanz der

---

dürfe, andererseits aber hinreichend neuartig, um patentierbar zu sein. Zu der Kritik *Macmillan/Blakeney*, Int.T.L.R. 2000, S. 131 ff. (136 f.).

[14] Anhang I des Verordnungsvorschlages.

[15] Art. 6 Abs. 3. Dazu *Grube*, S. 223 f.; *Pfleger*, ZLR 1993, S. 367 ff.; *Ronellenfitsch*, Teil I, D.IV., EG-Verordnung „neuartige Lebensmittel und -zutaten" – Einleitung, in: Eberbach/Lange/Ronellenfitsch (Hrsg.), Recht der Gentechnik und der Biomedizin, Stand Juni 2000, Rdnr. 6.

[16] *Rücker*, S. 184 f.

[17] *Leible*, EuZW 1992, S. 599 ff. Außerdem entfiel nach Art. 7 Abs. 1 eine mögliche Kennzeichnung aus Art. 11 Abs. 1, 2. Spiegelstrich iVm. Anhang III B5 der Freisetzungs-RL 90/220/EWG.

[18] *Knörr*, S. 201; *Grube*, S. 224; *Katzek*, EFLR 1993, S. 205 ff. (209).

[19] *Streinz*, ZLR 1998, S. 53 ff. Vgl. auch *Barling*, European Environment 1996, S. 48 ff. (52). Zur Diskussion der Kennzeichnung im Laufe des Rechtsetzungsverfahrens *Ronellenfitsch*, Teil I, D.IV., EG-Verordnung „neuartige Lebensmittel und -zutaten" – Einleitung, in: Eberbach/Lange/Ronellenfitsch (Hrsg.), Recht der Gentechnik und der Biomedizin, Stand Juni 2000, Rdnr. 4 ff. Zur allgemeinen Diskussion um die Kennzeichnung *Streinz*, EFLR 1994, S. 155 ff.

[20] Insbesondere der deutsche Bundesrat schloss sich dieser Forderung an: BR-Drs. 550/1/92, S. 2 ff. *Grube*, S. 224; *Streinz*, EFLR 1994, S. 155 ff. (157).

[21] *Leible*, EuZW 1992, S. 599 ff.; *Grube*, S. 241.

[22] Vgl. *Leible*, EuZW 1992, S. 599 ff. (602).

[23] *Streinz*, EFLR 1994, S. 155 ff.; *Streinz*, 1995, S. 131 ff. (141 ff.).

[24] *Oberender/Herzberg/Kienle*, S. 43 ff. (65).

[25] *Barling*, European Environment 1996, S. 48 ff. (53); *Streinz*, EFLR 1994, S. 155 ff. (156).

neuen Produkte[26], bis hin zum Recht des Verbrauchers auf Information[27] und dem Transparenzgebot[28].

Gegen eine Kennzeichnung wurde vorgebracht, dass die Produkte sicher wären und daher eine Kennzeichnung überflüssig sei[29]. Außerdem würde die Kennzeichnung des Herstellungsverfahrens die Verbraucher verwirren, wenn identische Produkte auf traditionelle Weise hergestellt werden können[30]. Schließlich bestärke eine Kennzeichnung irrationale Ängste von Verbrauchern, wie Technologiefeindlichkeit, und stünde so einer Akzeptanz der Produkte im Wege[31]. Auch die Kommission hielt die Einführung einer Sonderkategorie, die vom Verbraucher wie Gift behandelt würde, für verfehlt[32]. Dies steht allerdings im Widerspruch zur bisherigen Entwicklung des Lebensmittelrechts und dem Leitbild des mündigen Verbrauchers[33].

c) Stellungnahme des Wirtschafts- und Sozialausschusses (WSA)

Auch der WSA forderte in seiner Stellungnahme zum Verordnungsvorschlag[34] eine verbesserte Information der Verbraucher über Herstellungsverfahren und Zusammensetzung von Lebensmitteln, die GVO oder deren Produkte enthalten, oder aus solchen bestehen, durch eine „klare Etikettierung". Dies wurde mit dem „Grundrecht der Verbraucher auf Information und Wahlfreiheit" begründet[35]. Eine Kennzeichnung sollte also nicht dem Gesundheitsschutz dienen, sondern ausschließlich der Verbraucherinformation. Daneben forderte der WSA, das Vorhandensein von DNA als entscheidendes Kriterium für die Anwendbarkeit der Verordnung auf Lebensmittel, die Teile eines GVO enthalten, einzuführen[36]. Damit zeichnete sich trotz des weiterhin verfahrensbezogenen

---

[26] *Wahl/Melchinger*, JZ 1994, S. 973 ff. (975); *Wahl*, UTR 14 (1990), S. 7 ff. (17); *Murswiek*, VVDStRL 48 (1990), S. 207 ff. (222).

[27] *Barling*, European Environment 1996, S. 48 ff. (53).

[28] *Tappeser*, S. 75 ff. (83).

[29] Diese Position wurde insbesondere vom Interessenverband der Lebensmittelindustrie vertreten; dazu *Rücker*, S. 179 ff.

[30] *Leible*, EuZW 1992, S. 599 ff.

[31] *Katzek*, EFLR 1993, S. 205 ff. (214); *Grube*, S. 242 ff.

[32] *Streinz*, EFLR 1994, S. 155 ff. (160 f.); *Leible*, EuZW 1992, S. 599 ff.

[33] Die politischen Gründe dafür liegen, laut *Rücker*, S. 203 ff., in dem der Wettbewerbsfähigkeit eingeräumten Vorrang vor Fragen des Verbraucherschutzes. Vgl. auch *Leible*, EuZW 1992, S. 599 ff. (600); *Simon*, S. 85 ff. (92); kritisch dazu *Pfleger*, ZLR 1993, S. 367 ff. (381 f.).

[34] Stellungnahme zu dem Vorschlag für eine Verordnung (EWG) des Rates über neuartige Lebensmittel und neuartige Lebensmittelzutaten, ABl. Nr. C 108 vom 19.4.1993, S. 8.

[35] Siehe oben Fn. 34, S. 8, 10.

[36] Siehe oben Fn. 34, S. 9.

Ansatzes[37] eine stärkere Berücksichtigung produktbezogener und damit nachweisbarer Unterschiede ab.

d) Stellungnahme des Europäischen Parlaments

Der Kritik an der unzureichenden Kennzeichnungsregelung schloß sich auch das Parlament an und forderte in Übereinstimmung mit der Stellungnahme des Komitees für Umwelt, öffentliche Gesundheit und Verbraucherschutz[38] eine umfassende Kennzeichnung[39]. Dazu sollten alle neuartigen Lebensmittel unter das Genehmigungsverfahren fallen[40], welches nach den Vorstellungen des Parlaments eine verbindliche, nicht im Ermessen der Kommission stehende Kennzeichnung beinhalten sollte[41]. Falls ein Lebensmittel gentechnisch veränderte Bestandteile enthielte, müssten diese in der Liste der Inhaltsstoffe, bei Hauptbestandteilen im Produktnamen oder der Verkaufsbezeichnung, erwähnt werden[42]. Falls es gentechnisch hergestellt wurde, ohne veränderte Bestandteile zu enthalten, so müsste das Herstellungsverfahren gekennzeichnet werden[43]. Das Parlament verlangte also in jedem Fall eine Kennzeichnung, trennte aber zum ersten Mal deutlich zwischen einer Verfahrens- und einer Produktkennzeichnung[44]. Als Begründung für die Kennzeichnungspflicht berief sich das Parlament auf die

---

[37] Vgl. oben Fn. 34, S. 9, Punkt 3.1.2. in Bezug auf „Stoffwechselprodukte von GVO".

[38] Bericht des Ausschusses für Umweltfragen, Volksgesundheit und Verbraucherschutz über den Vorschlag der Kommission an den Rat für eine Verordnung über neuartige Lebensmittel und neuartigen Lebensmittelzutaten (KOM(92)0295 – C3 0329/92 – SYN 426) vom 26.7.93 (A3 – 0244/93). Dazu *Barling*, European Environment 1996, S. 48 ff. (52); *Rücker*, S. 216 ff.

[39] Legislative Entschließung mit der Stellungnahme des Europäischen Parlaments zu dem Vorschlag für eine Verordnung des Rates über neuartige Lebensmittel und Lebensmittelzutaten vom 27.10.1993, ABl. Nr. C 315 vom 22.11.93, S. 139 ff.; dazu *Grube*, S. 239 f.; *Ronellenfitsch*, Teil I, D.IV., EG-Verordnung „neuartige Lebensmittel und -zutaten" – Einleitung, in: Eberbach/Lange/Ronellenfitsch (Hrsg.), Recht der Gentechnik und der Biomedizin, Stand Juni 2000, Rdnr. 7.

[40] Änderung Nr. 20 zu Art. 5, ABl. Nr. C 315 vom 22.11.93, S. 144. Dies ging mit einer Erweiterung des Anwendungsbereichs der Verordnung auf alle mit Hilfe der Gentechnik hergestellten Lebensmittel einher und führte damit zu einer deutlichen Betonung des Verfahrensansatzes. Dazu *Groß*, S. 222 f.

[41] Änderung 22 zu Art. 6 Abs. 3, ABl. Nr. C 315 vom 22.11.93, S. 145.

[42] Änderung 22 zu Art. 6 Abs. 3, zweiter Spiegelstrich, ABl. Nr. C 315 vom 22.11.93, S. 145.

[43] Änderung 22 zu Art. 6 Abs. 3, erster Spiegelstrich, ABl. Nr. C 315 vom 22.11.93, S. 145. Dazu gehört Zucker aus transgenen Rüben und gereinigtes Öl aus transgenen Sojabohnen.

[44] Eine ähnlich deutliche Trennung findet sich im Anwendungsbereich, der nun Lebensmittel, die GVO enthalten (a), und solche, die mit Hilfe von GVO hergestellt wurden (b), in verschiedenen Unterpunkten aufführt: Änderung Nr. 15 zu Art. 1 Abs. 2 (neu), ABl. Nr. C 315 vom 22.11.93, S. 142.

§ 4 Die Novel Food-Verordnung   133

Auswahlfreiheit des Verbrauchers[45]. Allerdings bleibt die Kennzeichnung eingebunden in das Genehmigungsverfahren und damit im direkten Zusammenhang mit der Sicherheitsbewertung der Lebensmittel[46]. Auch wenn das Parlament von der Auswahlfreiheit des Verbrauchers und einer entsprechenden Kennzeichnungspflicht ausgeht, findet auch in der Modifikation durch das Parlament eine klare Trennung zwischen Verbraucherinformation durch Kennzeichnung und Marktzulassung nach einer Sicherheitsbewertung nicht statt.

e) Geänderter Kommissionsvorschlag von 1994

Als Reaktion auf die Kritik des Parlaments, legte die Kommission einen geänderten Verordnungsvorschlag vor[47], jetzt auf Grundlage des Mitentscheidungsverfahrens, was dem Parlament eine gestärkte Verhandlungsposition gab[48]. Allerdings wies die Kommission die Kennzeichnungsvorschläge des Parlaments weitgehend ab, da sie auf die „Einführung einer systematischen technologiespezifischen Etikettierung von Lebensmittel, die genetisch veränderte Organismen enthalten oder aus solchen bestehen oder mit Hilfe solcher Organismen hergestellt wurden, abzielen" und die Biotechnologie dadurch stigmatisiert würde, ohne dass der Verbraucher weitere nützliche Informationen erhielte[49]. Nur die Möglichkeit, in der Genehmigungsentscheidung eine spezifische Kennzeichnung festzulegen, um den Verbraucher über etwaige signifikante Unterschiede zwischen neuartigen Lebensmitteln und herkömmlichen Lebensmitteln zu unterrichten[50], gestand die Kommission zu, wobei diese Entscheidung aber im Ermessen der Kommission blieb und nur genehmigungspflichtige, nicht aber anzeigepflichtige Lebensmittel betraf[51]. Selbst bei signifikanten Unterschieden musste nicht unbedingt auf das gentechnische Verfahren, mit dem die Änderung

---

[45] Änderung 8 zu Erwägung 6b (neu), ABl. Nr. C 315 vom 22.11.93, S. 141.

[46] Änderung 18 zu Art. 4 Abs. 1 iVm. Änderung 22 zu Art. 6 Abs. 3 und Art. 6 Abs. 2 iVm. Änderungen Nr. 49 und 27 zu Art. 10.

[47] Geänderter Vorschlag für eine Verordnung (EG) des Europäischen Parlament und des Rates über neuartige Lebensmittel und neuartige Lebensmittelzutaten, KOM(93) 631 endg. vom 1.12.1993, ABl. Nr. C 16 vom 19.1.1994, S. 10 ff. Dazu *Cozigou*, RMUE 1997, S. 67 ff. (74); *Streinz*, EuZW 1997, S. 487 ff.

[48] Durch Einführung des Mitentscheidungsverfahrens nach (ex-)Art 189b EGV durch den Vertrag von Maastricht konnte das Parlament die Verordnung nun alleine verhindern. Dazu *Groß*, S. 138 f.; *Streinz*, ZLR 1995, S. 720 ff.

[49] KOM(93) 631 endg., S. 3 Nr. 3. Vgl. *Ronellenfitsch*, Teil I, D.IV., EG-Verordnung „neuartige Lebensmittel und -zutaten" – Einleitung, in: Eberbach/Lange/Ronellenfitsch (Hrsg.), Recht der Gentechnik und der Biomedizin, Stand Juni 2000, Rdnr. 9. Kritisch dazu *Streinz*, ZLR 1995, S. 397 ff. (409 f.).

[50] Art. 4 Abs. 7 UAbs. 2 S. 2. Dazu *Rücker*, S. 191.

[51] Art. 4 Abs. 5 iVm. Abs. 7 UAbs. 1. Eine Genehmigungspflicht gab es nur für GVO selbst und falls die Mitgliedstaaten Einwände erheben. Dazu *Streinz*, ZLR 1995, S. 397 ff. (409); *Grube*, S. 225.

erzielt wurde, hingewiesen werden[52]. Die Kommission blieb in ihrem geänderten Vorschlag somit ganz dem Konzept der wesentlichen Gleichwertigkeit treu[53]. Damit war aber klar, dass der Vorschlag die Forderungen des Parlaments nicht zu befriedigen vermochte und somit keine Basis für einen Kompromiss in der Kennzeichnungsfrage darstellte.

f) Gemeinsamer Standpunkt des Rates

Auch die Mitgliedstaaten untereinander konnten im Rat lange Zeit keine Einigung erzielen, wobei einer der wesentlichen Gründe dafür die Uneinigkeit über die Kennzeichnungsfrage war[54]. Während England, Frankreich, Irland und Belgien verhindern wollten, dass eine Kennzeichnungspflicht das Vertrauen der Verbraucher in gentechnisch erzeugte Lebensmittel untergräbt, drängten Deutschland, Holland und Dänemark auf eine Kennzeichnungspflicht zur Verbraucherinformation und zur Aufrechterhaltung der Auswahlfreiheit[55], wobei die Positionen aber keineswegs statisch waren[56]. Erst 1995 konnte der Gemeinsame Standpunkt gegen die Stimmen Dänemarks, Deutschlands, Österreichs und Schwedens[57] angenommen werden[58].

Der Gemeinsame Standpunkt betonte zunächst noch einmal die Erforderlichkeit einer gemeinschaftlichen Regelung mit einheitlicher Sicherheitsprüfung für

---

[52] Art. 4 Abs. 7 UAbs. 2.
[53] Dies zeigt sich auch im Anwendungsbereich, aus dem nach Art. 1 Abs. 2 lit. b) bereits Lebensmittel herausfallen, die aus GVO hergestellt wurden, aber keine wesentlichen Veränderungen ihrer Zusammensetzung, ihres Nährwerts oder ihrer Bestimmung erfahren haben.
[54] *Barling*, European Environment 1996, S. 48 ff. (53); *Grube*, S. 225 f.; *Groß*, S. 140. Auch in den USA gilt die Kennzeichnung von genetisch veränderten Lebensmitteln als zentrale Streitfrage. Dazu *Grabowski*, S. 225 ff. (228).
[55] *Barling*, European Environment 1996, S. 48 ff. (53). Vgl. dazu auch *Rücker*, S. 196.
[56] Vgl. dazu die Rolle Griechenlands, das zunächst eine umfassendere Kennzeichnung forderte, dann aber seine Vorbehalte gegen die Kennzeichnungsregelung zurückzog und dem Gemeinsamen Standpunkt schließlich zustimmte. Zu den Hintergründen siehe *Grube*, S. 225 f.; *Streinz*, ZLR 1995, S. 397 ff. (400).
[57] *Streinz*, II. I, Novel Food, in: Streinz (Hrsg.), Lebensmittelrechtshandbuch, Stand April 2001, Rdnr. 502. Auch die Bundesregierung blieb bei ihrer Forderung nach einer umfassenden Kennzeichnung gentechnisch veränderter Lebensmittel und bekräftigte dies in einer gemeinsamen Erklärung der Bundesminister für Ernährung, Forschung und Gesundheit; dazu *Streinz*, ZLR 1995, S. 720 ff. (721).
[58] Gemeinsamer Standpunkt (EG) Nr. 25/95 vom Rat festgelegt am 23. Oktober 1995 im Hinblick auf den Erlass der Verordnung (EG) Nr. .../95 des Europäischen Parlaments und des Rates vom ... über neuartige Lebensmittel und neuartige Lebensmittelzutaten, ABl. Nr. C 320 vom 30.11.1995, S. 1 ff. Zu der Entwicklung bis dahin *Streinz*, ZLR 1995, S. 397 ff. (398 f.); *Cozigou*, RMUE 1997, S. 67 ff. (74); *Rücker*, S. 197 ff.

§ 4 Die Novel Food-Verordnung

neuartige Lebensmittel zur Sicherung des freien Verkehrs mit Lebensmitteln und zum Schutz der öffentlichen Gesundheit[59]. Darüber hinaus wird aber die Sicherstellung ausreichender Information für die Verbraucher als selbständiger Zweck einer Kennzeichnungsregelung postuliert. Aufrechterhalten wurde die Dualität aus Notifizierungs- und Genehmigungsverfahren[60], wobei das auf Lebensmittel, die aus GVO hergestellt wurden, ohne diese zu enthalten, anwendbare Notifizierungsverfahren keinen Bezug auf die Kennzeichnungsregelung nimmt[61].

Entsprechend der Bedeutung der Verbraucherinformation und unter ausdrücklichem Hinweis darauf wurde die Kennzeichnungspflicht in einem eigenen Artikel außerhalb des Genehmigungsverfahrens verselbständigt und differenziert ausgestaltet[62]. Zu kennzeichnen sind neuartige Lebensmittel, die sich in Zusammensetzung, Nährwert oder Verwendungszweck in signifikanter Weise von bestehenden gleichwertigen Lebensmitteln unterscheiden[63]. Ferner zu kennzeichnen sind Stoffe, die in herkömmlichen Lebensmitteln fehlen und welche die Gesundheit von bestimmten Bevölkerungsgruppen beeinflussen können oder gegen die ethische Vorbehalte bestehen[64]. Außerdem anzugeben ist das Vorhandensein von GVO, es sei denn, es wurden lediglich agronomische Merkmale verändert[65]. Die gegenüber der vom Parlament geforderten Kennzeichnung beschränkte Regelung wurde mit dem geringen Risikopotential der nicht kennzeichnungspflichtigen Produkte begründet und damit, dass Verbraucher aus Irreführungsgesichtspunkten nur über produktspezifische Eigenschaften, nicht aber über Herstellungsverfahren informiert werden müssten[66]. Insgesamt zeigt sich

---

[59] Erwägungsgründe 1, 2. Dazu kritisch *Streinz*, ZLR 1996, S. 123 ff. (128 f.).

[60] Art. 3 Abs. 4 iVm. Art. 5 und Art. 3 Abs. 2 iVm. Art. 4,6, und 7.

[61] Art. 3 Abs. 4 iVm. Art. 5. Entgegen des Kommissionsvorschlags fallen somit nicht nur solche aus GVO hergestellten Produkte in den Anwendungsbereich, die eine wesentliche Änderung ihrer Zusammensetzung, ihres Nährwertes oder ihrer Bestimmung im Vergleich zu herkömmlichen Erzeugnissen erfahren haben. Dazu *Toussaint*, ZLR 1995, S. 723 ff. (724).

[62] Art. 8 Abs. 1 lit. a)–d).

[63] Art. 8 Abs. 1 lit. a). Der Begriff des „signifikanten Unterschieds" wurde jedoch nicht definiert. Entsprechend dem deutschen Sprachgebrauch müsste es sich also um eine „bezeichnende" oder „bedeutsame" Änderung des Produktes handeln; dazu *Grube*, (228). Siehe auch *Streinz*, ZLR 1996, S. 123 ff. (136) mit dem Hinweis, dass die Feststellung eines signifikanten Unterschieds aus naturwissenschaftlicher Sicht problematisch ist.

[64] Art. 8 Abs. 1 lit. b), c).

[65] Art. 8 Abs. 1 lit. d); dazu *Schlacke*, ZUR 1996, S. 285 ff. (287); *Barling*, European Environment 1996, S. 48 ff. (49, 53). Eine virusresistente Kartoffel hätte somit nicht gekennzeichnet werden müssen; dazu *Toussaint*, ZLR 1995, S. 723 ff. (725).

[66] *Schlacke*, ZUR 1996, S. 285 ff. (291). Ausgeschlossen vom Anwendungsbereich und der Kennzeichnung bleiben aber Lebensmittelzusatzstoffe, Aromen und Extraktionslösungsmittel. Kritisch dazu *Streinz*, ZLR 1996, S. 123 ff. (130, 137), der darauf hinweist, dass sich eine Kennzeichnungspflicht aber aus Art. 5 Abs. 2 UAbs. 1 und

im Gemeinsamen Standpunkt aber gegenüber dem Kommissionsvorschlag eine erhebliche Fortentwicklung unter besonderer Betonung der allgemeinen Verbraucherinformation.

g) Zweite Lesung des Parlaments

Während die Kommission den Gemeinsamen Standpunkt billigte[67], empfahl der Ausschuss für Umweltfragen, Volksgesundheit und Verbraucherschutz[68] dem Parlament für die zweite Lesung eine Reihe von Änderungen, deren Hauptaugenmerk wieder auf den Kennzeichnungsregelungen lag[69]. Die Kennzeichnung müsse sich am „Prinzip der möglichst vollständigen Information" ausrichten[70]. Da der Hinweis auf die Gentechnik als ein für die Kaufentscheidung wesentliches Merkmal zu betrachten sei, stelle die entsprechende Kennzeichnung das zentrale Element der Verbraucherinformation dar. Der Ausschuss betonte nochmals die Auswahlfreiheit der Verbraucher, die zu ermöglichen es einer Kennzeichnung bedürfe[71]. Dementsprechend schlug der Ausschuss eine Ausweitung der Kennzeichnungspflicht vor. Gentechnisch veränderte Lebensmittel sollten bereits dann gekennzeichnet werden, wenn gegenüber gleichwertigen Lebensmitteln eine Abweichung hinsichtlich der Zusammensetzung, des Nährwertes, des Stoffwechsels, des Verwendungszwecks oder des Gehalts an unerwünschten Stoffen vorliegt, ohne dass es auf einen „signifikanten Unterschied" ankäme[72]. Außerdem sollte die Beschränkung der GVO-Kennzeichnung auf agronomische Veränderungen gestrichen werden[73]. Die bedeutsamste Änderung war allerdings die Einführung detaillierter Vorgaben für die Art und Weise der Kennzeichnung im Zutatenverzeichnis bzw. bei Produkten, die ganz oder in ihren Hauptbestandteilen gentechnisch verändert wurden, im Produktnamen oder der Verkehrsbezeichnung[74].

---

eventuell aus Art. 2 Abs. 1 der RL 79/112/EWG ergeben könnte, wenn der Einsatz der Gentechnik zu einer substantiellen Änderung des Endproduktes führt.

[67] Dazu *Knörr,* S. 206; *Ronellenfitsch,* Teil I, D.IV., EG-Verordnung „neuartige Lebensmittel und -zutaten" – Einleitung, in: Eberbach/Lange/Ronellenfitsch (Hrsg.), Recht der Gentechnik und der Biomedizin, Stand Juni 2000, Rdnr. 12. Zu den politischen Gründen für ein Umdenken der Kommission in Bezug auf die Kennzeichnung *Rücker,* S. 155 ff.

[68] Empfehlung des Ausschusses für Umweltfragen, Volksgesundheit und Verbraucherschutz für die zweite Lesung vom 23.2.1996, Dok. PE 215.404 endg., S. 1 ff.

[69] *Grube,* S. 232; *Rücker,* S. 226.

[70] Oben Fn. 68, S. 25.

[71] Oben Fn. 70. Auch die Ethikkommission, die die Kommission zu ihrem geändertem Vorschlag beraten hatte, betonte, dass die mit dem Recht auf Information begründete Kennzeichnung dem Verbraucher eine gezielte Produktauswahl ermöglichen soll; dazu *Hammes/Bräutigam/Schmidt/Hertel,* ZLR 1996, S. 525 ff. (530).

[72] Änderungsantrag 32. Dazu auch *Schauzu,* ZLR 1996, S. 655 ff. (661).

[73] Änderungsantrag 34. Die Kennzeichnungsvorschrift von Art. 8 Abs. 1 lit. d) war besonders umstritten. Zu alternativen Vorschlägen der Kennzeichnung *Knörr,* S. 207.

Der Beschluss des Parlaments[75] blieb trotz der geforderten Änderungen hinter der Empfehlung des Ausschusses zurück[76], da die erforderliche absolute Mehrheit der Mitglieder nur für sechs Änderungsanträgen erreicht werden konnte, von denen allerdings vier die Kennzeichnung betrafen[77]. Dies macht noch einmal deutlich, dass auch innerhalb der Institutionen keineswegs Einigkeit bezüglich der zentralen Streitfragen herrschte[78]. Die Änderungsanträge erstreckten die Kennzeichnungspflicht auch auf Lebensmittel, die nur dem Notifizierungsverfahren unterliegen[79]. Außerdem folgte das Parlament dem Ausschuss in der Streichung der „agronomischen Veränderung"[80] und des „signifikanten Unterschieds"[81]. Nach Ansicht von Europaabgeordneten führt dies immer dann zu einer Kennzeichnung, wenn ein „chemischer Unterschied" zwischen neuartigen und herkömmlichen Lebensmitteln nachweisbar ist[82].

Während die Änderungsvorschläge des Parlaments im Vergleich zum Gemeinsamen Standpunkt wichtige Erweiterungen der Kennzeichnungsregeln darstellen, zeigt sich dennoch ein deutliches Abrücken des Parlaments von seinen bisherigen Maximalforderungen[83]. Statt einer umfassenden Verfahrenskennzeichnung bleibt es beim im Wesentlichen produktbezogen Ansatz des Rates. Auch die Erstreckung der Kennzeichnung auf Produkte, die im Notifizierungsverfahren zugelassen werden, führt nicht zu einer Verfahrenskennzeichnung, da zunächst der Tatbestand des Art. 8 erfüllt sein muss, bevor ein Produkt gekennzeichnet wird. Da Art. 8 aber Unterschiede im Produkt voraussetzt, die zu

---

[74] Änderungsanträge 39, 40. Lebensmittel mussten demnach den Hinweis „enthält gentechnisch veränderte (Verkehrsbezeichnung)" bzw. „enthält (Lebensmittel/-zutaten/ technische Hilfsstoffe) aus gentechnisch veränderten Organismen" tragen.

[75] Beschluss betreffend den Gemeinsamen Standpunkt des Rates im Hinblick auf den Erlass einer Verordnung des Europäischen Parlaments und des Rates über neuartige Lebensmittel und neuartige Lebensmittelzutaten (C4-0490/95 – 00/0426(COD)) vom 12.3.1996, ABl. C 96 vom 1.4.1996, S. 26.

[76] *Knörr*, S. 209. Zu den politischen Auseinandersetzungen im Vorfeld der Abstimmung *Rücker*, S. 221 ff.

[77] Die anderen zwei Änderungen nehmen Zusatzstoffe, Aromen und Extraktionslösungsmittel nur dann vom Anwendungsbereich der NFVO aus, wenn diese das Sicherheitsniveau der NFVO erfüllen und verkürzen die Frist für das Inkrafttreten auf 90 Tage; Änderungen 53 zu Art 2 Abs. 1a (neu) und Änderung 48 zu Art. 15 Abs. 1, ABl. Nr. C 96 vom 1.4.1996, S. 26 f.

[78] Außerdem war die Präsenz der Abgeordneten in der Schlussabstimmung gering, so dass die erforderliche Mehrheit nur schwer erreicht werden konnte; dazu *Rücker*, S. 166, 229.

[79] Änderung 54 zu Art. 5 Abs. 1 (neu), ABl. C 96 vom 1.4.1996, S. 26.

[80] Änderung 51 zu Art. 8 Abs. 1 lit. d), ABl. C 96 vom 1.4.1996, S. 27. Dazu *Streinz*, ZLR 1996, S. 123 ff. (137).

[81] Änderung 55 zu Art. 8 Abs. 1 lit. a) UAbs. 1, ABl. C 96 vom 1.4.1996, S. 27; dazu *Streinz*, ZLR 1997, S. 99 ff. (100).

[82] *Streinz*, ZLR 1996, S. 123 ff. (125).

[83] Kritisch *Grube*, S. 236 ff.

kennzeichnen sind, bleibt es bei einer produktbezogenen Kennzeichnung[84]. Anstelle einer Verfahrenskennzeichnung kommt es nur zu einer Abkopplung der Kennzeichnungspflicht vom Genehmigungsverfahren. Mit der Streichung des „signifikanten Unterschieds" hat sich das Parlament allerdings vom Konzept der wesentlichen Gleichwertigkeit entfernt. Außerdem erweitert die Streichung „agronomischer Veränderungen" den praktischen Anwendungsbereich der Kennzeichnung erheblich, da der Schwerpunkt der gentechnischen Entwicklung eindeutig bei agronomischen Änderungen liegt.

Bedeutsam ist auch der Änderungsantrag auf Erstreckung des Sicherheitsniveaus der NFVO auf Zusatzstoffe, Aromen und Extraktionslösungsmittel[85]. Damit verzichtet das Parlament zwar darauf, diese Produkte ebenfalls der NFVO zu unterwerfen, etabliert aber die NFVO als Sicherheitsstandard für alle neuartigen Lebensmittel[86]. Wichtig ist dabei, dass die Übernahme des Sicherheitsniveaus nicht eine Übernahme der Kennzeichnungspflicht umfasst[87]. Es zeigt sich vielmehr eine Trennung zwischen der Sicherheitsprüfung und der Kennzeichnung. Die Kennzeichnungspflicht wird somit zunehmend als eigenständige, von der Produktzulassung unabhängige Regelung etabliert.

h) Vermittlungsverfahren

Kommission und Rat lehnten jedoch die Änderungen des Parlaments zum Gemeinsamen Standpunkt in den wesentlichen Punkten ab, so dass es zu dem in ex-Art. 189b (jetzt Art. 251) Abs. 3–7 EGV vorgesehenen Vermittlungsverfahren kam[88]. Darin gelang den Vertretern des Rates und des Parlaments eine Einigung auf einen gemeinsamen Entwurf, der gegen die Stimmen Österreichs, Dänemarks und Schwedens und eines deutschen Vertreters des Parlaments ange-

---

[84] Siehe auch *Grube*, S. 237.
[85] Siehe oben Fn. 77. Dazu ausführlich *Groß*, S. 238 ff.
[86] Danach dürfen neuartige Lebensmittel gemäß Art. 3 Abs. 1 keine Gefahr für den Verbraucher darstellen, keine Irreführung des Verbrauchers bewirken und keine Ernährungsmängel mit sich bringen. Außerdem gehören dazu die Untersuchung von Risiken für die menschliche Gesundheit und die Umwelt in Art. 9, die Umweltverträglichkeitsprüfung sowie die Umweltsicherheitsanforderungen des Art. 7 RL 90/220/EWG. Ebenso *Groß*, S. 251 f. Vgl. *Lange*, ZLR 1998, S. 415 ff. (421).
[87] Zwar erwähnt Art. 6 Abs. 1 die Kriterien des Art. 3 Abs. 1 zusammen mit „einem angemessenen Vorschlag für die Aufmachung und Etikettierung". Art. 6 regelt aber nur das Verfahren, nicht jedoch das materielle Sicherheitsniveau, welches in Art. 3 Abs. 1 festgelegt ist. Der Kennzeichnungsvorschlag gehört somit nicht zum Sicherheitsniveau. Ebenso *Groß*, S. 250 f.; *Grube*, S. 236. Dafür spricht auch die später eingeführte eigenständige Kennzeichnungsregelung der VO (EG) 50/2000. Dazu unten § 6 2.
[88] Zu den Positionen der Kommission und des Rates siehe KOM(96) 229 endg.; Interinstitutionelles Dossier Nr. 94/0426 (COD) – Dokument-Nr. 8896/96 vom 5.7.1996 (10.07.); *Cozigou*, RMUE 1997, S. 67 ff. (74). Zum Verfahren vor dem Vermittlungsausschuss ausführlich *Streinz*, ZLR 1996, S. 123 ff. (139 f.).

§ 4 Die Novel Food-Verordnung

nommen wurde. Dem gemeinsamen Entwurf stimmten sowohl der Rat[89] als auch das Parlament[90] zu. Am 15.5.1997 trat die NFVO schließlich in Kraft[91].

i) Fazit aus der Entstehungsgeschichte der NFVO

An der Entstehungsgeschichte der NFVO lässt sich exemplarisch die Diskussion um die Kennzeichnungspflicht gentechnisch veränderter Lebensmittel nachvollziehen. Weder die von der Kommission erhobene Forderung nach einer bloß fakultativen Produktkennzeichnung, noch die vom Parlament geforderte umfassende Verfahrenskennzeichnung waren als Maximalforderungen durchsetzbar. Herausgebildet hat sich, vorbehaltlich einer genaueren Untersuchung, eine produktbezogene Kennzeichnungspflicht für gentechnisch veränderte Lebensmittel, die sich allerdings von dem ursprünglich zugrunde liegenden Konzept der „substantial equivalence" erheblich entfernt hat. Auch in der Begründung der Kennzeichnungspflicht hat sich ein bedeutsamer Wandel vollzogen. Während die NFVO anfänglich hauptsächlich gesundheitsschutzbezogen konzipiert war, hat sich aufgrund des Drucks, insbesondere aus dem Parlament, aber auch durch einzelne Mitgliedstaaten, die Verbraucherinformation als eigenständige Begründung der Kennzeichnungspflicht, die sich vom Zulassungsverfahren emanzipiert hat, etabliert. Es bleibt im Folgenden zu untersuchen, inwieweit eine konsequente Durchführung einer produktbezogenen Kennzeichnungspflicht im operativen Teil der NFVO vorliegt. Außerdem ist anhand der Struktur der NFVO zu prüfen, ob Verbraucherinformation als wesentliche Begründung der Kennzeichnungspflicht Bestand hat, oder ob der Gesundheitsschutz weiterhin Bedeutung für die Kennzeichnungspflicht hat.

3. Zielsetzung der Novel Food-Verordnung

Entsprechend der in § 3 dargestellten Problematik bedarf es für die Bestimmung des objektivierten Normzwecks der Kennzeichnung zur Zuordnung zu den Kategorien der Verbraucherinformation oder der Risikoinformation zunächst einer Untersuchung der Zielsetzung, die der Normgeber mit der NFVO verfolgt hat. Die Intention des Normgebers findet sich dabei vor allem in den Erwägungsgründen[92].

---

[89] Der Beschluss wurde als sogenannter A-Punkt ohne Abstimmung angenommen. Dazu *Groß*, S. 143; *Streinz*, ZLR 1997, S. 99 ff.
[90] Mit 339 zu 60 Stimmen bei 5 Enthaltungen. Dazu *Cozigou*, RMUE 1997, S. 67 ff. (74).
[91] Verordnung (EG) Nr. 258/97 des Europäischen Parlaments und des Rates vom 27. Januar 1997 über neuartige Lebensmittel und neuartige Lebensmittelzutaten, ABl. Nr. L 43 vom 14.2.1997, S. 1 ff.
[92] *Okonek*, ZLR 2000, S. 733 ff. (735).

Vorrangiges Ziel der Novel Food-Verordnung ist die Sicherstellung des freien Verkehrs mit Lebensmitteln. Dies ergibt sich aus der Entstehungsgeschichte der NFVO, insbesondere den ursprünglichen Kommissionserwägungen[93], aber auch aus ihrem ersten Erwägungsgrund, worin ausdrücklich darauf hingewiesen wird, dass „Unterschiede zwischen den einzelstaatlichen Rechtsvorschriften über neuartige Lebensmittel ... den freien Verkehr mit Lebensmitteln behindern" können, was zu ungleichen Wettbewerbsbedingungen und letztlich zu einer Funktionsbeeinträchtigung des Gemeinsamen Marktes führen kann[94].

Ein weiteres Ziel der NFVO ist der Schutz der öffentlichen Gesundheit[95]. Bereits in den Erwägungsgründen wird darauf hingewiesen, dass der Gesundheitsschutz durch eine einheitliche Sicherheitsprüfung neuartiger Lebensmittel in einem gemeinschaftlichen (Zulassungs-)Verfahren gewährleistet werden soll[96]. Sofern neuartige Lebensmittel mit herkömmlichen Lebensmitteln im wesentlichen gleichwertig sind und somit keine Gesundheitsrisiken zu erwarten sind, soll statt des Genehmigungsverfahrens ein vereinfachtes Verfahren gelten[97]. In den Erwägungsgründen besteht also ein direkter Zusammenhang zwischen dem Gesundheitsschutz und dem Zulassungsverfahren, ohne dass die Kennzeichnung hier in Bezug auf den Gesundheitsschutz erwähnt würde.

Daneben tritt als Ziel der Verordnung die Verbraucherinformation[98], insbesondere zur Sicherstellung der Auswahlfreiheit des Verbrauchers[99]. Im achten Erwägungsgrund findet dabei eine Verknüpfung zwischen der Kennzeichnungspflicht und der Verbraucherinformation statt. Dort wird ausdrücklich betont, dass

„unbeschadet der übrigen Anforderungen in gemeinschaftlichen Rechtsvorschriften an die Etikettierung von Lebensmitteln sind zusätzliche spezifische Etikettierungsanforderungen festzulegen. Diese Anforderungen müssen in präzis formulierten Vorschriften niedergelegt werden, damit sichergestellt ist, daß dem Verbraucher die notwendigen Informationen zur Verfügung stehen"[100].

---

[93] Dazu oben I.2.a).
[94] Erwägungsgrund 1. Der in Erwägungsgrund 5 angesprochene Schutz der Umwelt kann für die Fragestellung hier außer Betracht bleiben. Dazu *Groß*, S. 153; *Long/Cardonnel*, EFLR 1998, S. 11 ff.; *Meier*, S. 109.
[95] *Cozigou*, RMUE 1997, S. 67 ff.
[96] Erwägungsgrund 2, S. 1.
[97] Erwägungsgrund 2, S. 2.
[98] So auch *Cozigou*, RMUE 1997, S. 67 ff.; *Dannecker*, ZLR 1998, S. 425 ff. (428).
[99] *Ronellenfitsch*, Teil I, D.IV., EG-Verordnung „neuartige Lebensmittel und -zutaten" – Einleitung, in: Eberbach/Lange/Ronellenfitsch (Hrsg.), Recht der Gentechnik und der Biomedizin, Stand Juni 2000, Rdnr. 17. Dies geht über den klassischen Täuschungsschutz im Lebensmittelrecht hinaus. Dazu *Groß*, S. 152.
[100] Erwägungsgrund 8, Satz 1 und 2. Dazu *Loosen*, ZLR 2000, S. 434 ff. (438); *Lange*, NUR 1999, S. 247 ff. (249).

§ 4 Die Novel Food-Verordnung   141

Daraus lässt sich zunächst ablesen, dass für neuartige Lebensmittel zusätzliche spezifische Kennzeichnungsanforderungen erforderlich sind, welche über die allgemeine Lebensmittelkennzeichnung hinausgehen. Diese Kennzeichnung dient explizit der allgemeinen Verbraucherinformation. Als Beispiel wird im Erwägungsgrund selbst die Gewährleistung einer ausreichenden Information über bestimmte Stoffe, welche in herkömmlichen Lebensmitteln nicht vorkommen und gegen die bei bestimmten Bevölkerungsgruppen mit festen Ernährungsgewohnheiten ethische Bedenken bestehen, angeführt[101].

Neben der Gewährleistung von ausreichender Verbraucherinformation wird im achten Erwägungsgrund in Bezug auf GVO aber auch auf den Gesundheitsschutz eingegangen. So heißt es dort:

„Lebensmittel und Lebensmittelzutaten, die genetisch veränderte Organismen enthalten und die in den Verkehr gebracht werden, dürfen keine Gefahr für die menschliche Gesundheit darstellen. Dies wird gewährleistet durch die Einhaltung des in der Richtlinie 90/220/EWG enthaltenen Genehmigungsverfahrens und durch das in dieser Verordnung festgelegte einheitliche Prüfungsverfahren. Soweit „Organismus" im Gemeinschaftsrecht definiert ist, stellt die Unterrichtung des Verbrauchers von der Anwesenheit eines genetisch veränderten Organismus, was die Etikettierung angeht, eine zusätzliche Anforderung dar, die für die unter diese Verordnung fallenden Lebensmittel und Lebensmittelzutaten gilt."[102]

Zu prüfen ist also, ob entgegen der obigen Annahme, dass die Kennzeichnung der Verbraucherinformation diene, nicht doch eine Gesundheitsinformation intendiert ist, wofür dieser Teil des Erwägungsgrundes sprechen könnte.

Allerdings wird hier eine klare Trennung zwischen dem Gesundheitsschutz, für den das Genehmigungsverfahren verantwortlich ist, und der Verbraucherinformation, die zusätzlich dazu erfolgt, vollzogen[103]. So soll der Schutz vor Gesundheitsrisiken von GVO durch das Genehmigungsverfahren der RL 90/220/EWG und das einheitliche Prüfungsverfahren der NFVO gewährleistet werden[104]. Die Unterrichtung des Verbrauchers mittels Kennzeichnung der entsprechenden Lebensmittel stellt dazu eine Anforderung dar, die *zusätzlich*, das heißt neben dem Gesundheitsschutz existiert[105]. Die Unterrichtung des Verbrau-

---

[101] Erwägungsgrund 8, Satz 3.
[102] Erwägungsgrund 8, Satz 4 bis 6.
[103] Vgl. auch *Lange*, NUR 1999, S. 247 ff. (249); *Cozigou*, RMUE 1997, S. 67 ff. (78).
[104] So auch *Berg*, ZLR 1998, S. 375 ff. (386); *Quintillán*, JWT 1999, S. 147 ff. (181).
[105] Dies entspricht auch der Entstehungsgeschichte der NFVO, da der Hinweis auf die Gesundheitsgefahren von GVO und die Verknüpfung mit dem Genehmigungsverfahren in den Sätzen 4 und 5 erst im Vermittlungsverfahren eingefügt wurde, während die übrigen Sätze (inklusive des letzten Satzes über die Unterrichtung als zusätzliche Anforderung) bereits im Gemeinsamen Standpunkt enthalten waren. Ebenso *Quintillán*, JWT 1999, S. 147 ff. (181).

chers wird also als eigenständige, von der Gewährleistung des Gesundheitsschutzes unabhängige Aufgabe der NFVO gesehen. Diese Aufgabe ist mit Hilfe einer entsprechenden Kennzeichnung zu erfüllen, die zum Gesundheitsschutz durch das Zulassungs- und Prüfungsverfahren keinen direkten Zusammenhang hat. Die Kennzeichnung dient damit ausschließlich der Verbraucherinformation und spielt für den Gesundheitsschutz vor GVO keine Rolle. Hier zeigt sich exemplarisch die Emanzipation der Kennzeichnung von der Frage des Gesundheitsschutzes, welche sich ja bereits in der Entstehungsgeschichte der NFVO andeutete. Trotz der Erwähnung von Gesundheitsschutz und Verbraucherinformation in einem Erwägungsgrund spielt die Kennzeichnung nur im Rahmen des Letzteren eine Rolle.

Ferner bleibt festzuhalten, dass der Verordnungsgeber von einem Informationsbedürfnis der Verbraucher über das Vorhandensein von GVO in Lebensmitteln ausgeht, was ebenfalls unabhängig von der Frage einer Gesundheitsgefährdung ist. Obwohl die gesundheitliche Unbedenklichkeit der Lebensmittel bereits durch das Zulassungsverfahren sichergestellt ist, wird von einem berechtigten Interesse der Verbraucher an der Frage ausgegangen, ob ein Lebensmittel GVO enthält, welchem mit einer entsprechenden Kennzeichnung Rechnung getragen wird. Die bloße Tatsache des Vorliegens von – gesundheitlich unbedenklichen – GVO wird vom Normgeber als ausreichender Grund für ein Informationsbedürfnis und damit für eine Kennzeichnung eingestuft. Auch wenn das vielfach vom Parlament geforderte „Recht auf Information" nicht explizit in die Verordnungsziele aufgenommen wurde, trägt die eigenständige Bedeutung der Verbraucherinformation und ihre Gewährleistung durch eine weit verstandene, gesundheitsunabhängige Kennzeichnungsregelung den Bedenken der Verbraucher in Bezug auf neuartige Lebensmittel und insbesondere auf den Einsatz von Gentechnik in Lebensmitteln Rechnung[106].

Zusammenfassend lässt sich festhalten, dass sowohl die Entwicklung der NFVO als auch die Erwägungsgründe dafür sprechen, dass mit der Kennzeichnungsregelung eine vom Gesundheitsschutz unabhängige allgemeine Verbraucherinformation bezweckt wurde. Anhand des materiellen Teils der Verordnung ist nun zu prüfen, ob die Trennung zwischen Gesundheitsschutz durch Zulassungsverfahren und Verbraucherinformation mittels Kennzeichnung durchgehalten wurde.

---

[106] Vgl. *Long/Cardonnel,* EFLR 1998, S. 11 ff.; *Hammes/Bräutigam/Schmidt/Hertel,* ZLR 1996, S. 525 ff. (529).

II. Umsetzung der Intention bezüglich der Kennzeichnung in der NFVO

In diesem Abschnitt soll geprüft werden, inwieweit sich die oben festgestellte Intention objektiv in den materiellen Regelungen der NFVO niedergeschlagen hat. Nach der kurzen Darstellung des Anwendungsbereichs soll daher auf die materiellen Kennzeichnungsregeln, das Verhältnis zum Zulassungsverfahren und die Art und Weise der Kennzeichnung eingegangen werden. Dabei soll geprüft werden, ob die Kennzeichnung, wie sie in der NFVO umgesetzt wurde, der Verbraucherinformation oder dem Gesundheitsschutz dient.

1. Anwendungsbereich in Bezug auf gentechnisch veränderte Lebensmittel

Voraussetzung für die Anwendbarkeit der NFVO auf gentechnisch veränderte Lebensmittel ist zunächst deren Neuartigkeit. Neuartig sind nach Art. 1 Abs. 2, 1. Hs. Produkte, die in der EG bisher noch nicht in nennenswertem Umfang für den menschlichen Verzehr verwendet wurden. Was ein „nennenswerter Umfang" ist, wird in der Verordnung allerdings nicht definiert[107]. Die Verwendung solcher unbestimmter Rechtsbegriffe, insbesondere bei der Bestimmung des Anwendungsbereichs, hat der NFVO heftige Kritik eingetragen[108]. Allerdings betrifft die NFVO einen Bereich, der einer rasanten technischen Entwicklung unterliegt. Der Gebrauch unbestimmter Rechtsbegriffe erweist sich insofern als „Tribut an das begrenzte menschliche Erkenntnis- und Definitionsvermögen"[109].

Für die Neuartigkeit entscheidend ist nach der o. g. Definition sowohl ein zeitliches („bisher") als auch ein quantitatives („in nennenswertem Umfang") Element[110]. Produkte, die nur wenige Tage vor Inkrafttreten oder nur in geringem Umfang vermarktet wurden, fallen somit weiterhin unter die NFVO[111]. Wegen der Zielsetzung der Verordnung, gerade „neuartige Produkte" zu erfassen, kommt dem zeitlichen Aspekt bei der Bestimmung des Anwendungsbereiches eine herausgehobene Bedeutung zu[112]. Allerdings legt die Kommission

---

[107] Dazu auch *Sheridan/Coleman*, S. 120, der die Praxis der Kommission dahingehend interpretiert, dass es eher darauf ankommt, dass das Produkt sich auf dem Markt befindet, als dass es tatsächlich in nennenswertem Umfang konsumiert wird.
[108] *Groß*, S. 211 m.w.N.; *Schroeter*, ZLR 1998, S. 397 ff. (399). *Schroeter*, ZLR 1997, S. 373 ff. (375).
[109] So *Ossenbühl*, S. 127 ff., S. 202; ebenso *Streinz*, ZLR 1998, S. 19 ff. (23).
[110] *Schroeter*, ZLR 1998, S. 397 ff. (399) möchte hier zusätzlich noch ein räumliches Element (in welchen Teilen der Gemeinschaft) berücksichtigen.
[111] *Groß*, S. 216 f.
[112] *Groß*, S. 217, mit Hinweis darauf, dass ein jahrelang nur regional vermarkteter Hüttenkäse nicht mehr als neuartig im Sinne der Verordnung gelten könne. Ebenso *Schroeter*, ZLR 1998, S. 397 ff. (400) allerdings unter dem Topos der Rückwirkung.

diesen Aspekt eng aus und nimmt selbst Produkte, die erst kurz vor dem Inkrafttreten der NFVO zugelassen wurden, aus dem Anwendungsbereich heraus[113].

Zusätzlich müssen die Produkte nach Art. 1 Abs. 2, 2. Hs. in eine der in Art. 1 Abs. 2 lit. a)–f) aufgeführten Produktkategorien passen. Für gentechnisch veränderte Lebensmittel[114] kommen dabei die Kategorien a), b) und f) in Frage[115].

Unter Art. 1 Abs. 2 lit. a) fallen Lebensmittel und -zutaten, die genetisch veränderte Organismen im Sinne der RL 90/220/EWG[116] enthalten oder aus solchen bestehen[117]. Klassisches Beispiel für diese Lebensmittel ist die „Flavr Savr" Tomate, die selbst ein GVO ist[118]. Aber auch Joghurt, der unter Verwendung von gentechnisch veränderten Kulturen hergestellt wurde und diese noch enthält, fällt unter lit. a)[119]. Unklar ist allerdings, ob es sich um „lebende" GVO handeln muss[120], also solche GVO, die die aktive Fähigkeit zur Vermehrung oder Übertragung von genetischem Material besitzen. Dafür könnte die Definition der Freisetzungsrichtlinie sprechen, die Organismus definiert als „jede biologische Einheit, die fähig ist, sich zu vermehren oder genetisches Material zu übertragen"[121]. Allerdings stellt die Freisetzungsrichtlinie in erster

---

[113] So auch *Schroeter,* ZLR 1998, S. 397 ff. (400); kritisch dazu *Streinz,* ZLR 1998, S. 19 ff. (31); *Knörr,* S. 227. Unbeantwortet bleibt freilich die Frage, wie lange die „Neuartigkeit" eines Lebensmittels anhält, mit der Folge, dass das Lebensmittel danach nicht mehr unter die NFVO fällt; dazu *Schroeter,* ZLR 1997, S. 373 ff. (388 f.).

[114] Eine Typisierung gentechnischer Lebensmittel nach Art des Einsatzes der Gentechnik und dem Vorkommen von GVO im Endprodukt findet sich bei *Groß,* S. 69 ff.

[115] *Steinhart/Biernoth,* S. 61 ff. (63). Nach dem Wortlaut wäre auch eine Anwendung von lit. c) („Lebensmittel und Lebensmittelzutaten mit neuer oder gezielt modifizierter Molekularstruktur") möglich, da diese Kategorie lediglich die entsprechende Veränderung des Endproduktes beschreibt, ohne das dafür notwendige Verfahren zu bezeichnen. Nach der Empfehlung der Kommission vom 29. Juli 1997, ABl. L 253 vom 16.9.97, S. 1 ff. (17), fallen darunter aber nur reine Chemikalien oder einfache Mischungen aus nicht genetisch veränderten Quellen. Dazu *Groß,* S. 231 f. Zur Empfehlung der Kommission *Schroeter,* ZLR 1998, S. 39 ff. (41 ff.); *Sheridan/Coleman,* S. 104 ff.

[116] Jetzt RL 2001/18/EG des Europäischen Parlaments und des Rates vom 12.3.2001 über die absichtliche Freisetzung genetisch veränderter Organismen in die Umwelt und zur Aufhebung der Richtlinie 90/220/EWG des Rates, ABl. Nr. L 106 vom 17.4.2001, S. 1 ff.

[117] Der Plural soll aber solche Produkte, die aus nur einem GVO bestehen oder nur einen GVO enthalten, nicht aus dem Anwendungsbereich der NFVO ausschließen. Dazu *Groß,* S. 219.

[118] Dazu ausführlich *Groß,* S. 70.

[119] *Groß,* S. 71.

[120] So wohl *Nentwich,* S. 192.

[121] Art. 2 Nr. 1 RL 90/220/EWG; Art. 2 Nr. 1 RL 2001/18/EG.

Linie auf die potentielle Übertragungsfähigkeit von genetischem Material ab[122]. Da diese auch möglich ist, ohne dass ein lebender Organismus vorliegt[123], sollte ein Organismus nur dann nicht unter lit. a) fallen, wenn eine (ggf. auch passive) Übertragung von genetischem Material mit Sicherheit ausgeschlossen werden kann[124]. Im Ergebnis werden also alle Produkte durch Art. 1 Abs. 2 lit. a) erfasst, bei denen GVO im Zeitpunkt des Inverkehrbringens[125] vorhanden sind.

Unter Art. 1 Abs. 2 lit. b) fallen Lebensmittel und -zutaten, die aus genetisch veränderten Organismen hergestellt wurden, solche jedoch nicht enthalten. Typische Anwendungsfälle dafür sind Zucker, der aus transgenen Rüben gewonnen wurde oder Pflanzenöl aus transgenem Raps oder Soja[126]. Diese Produkte fallen unabhängig von einem chemisch-analytischen Unterschied zu konventionellen Produkten allein aufgrund ihrer Herkunft bzw. ihres Herstellungsverfahrens unter die NFVO[127]. Im Verhältnis zum spezielleren lit. a) tritt lit. b), auch aufgrund der verfahrensmäßigen Privilegierung für die Produkte in seinem Anwendungsbereich, zurück[128]. Unter lit. b) fallen aber nicht alle Anwendungsfälle der Gentechnik bei der Lebensmittelherstellung. Insbesondere wurde die vom Parlament geforderte Einbeziehung aller „mit Hilfe gentechnisch veränderter Organismen hergestellten Produkte"[129] in den Anwendungsbereich der NFVO nicht übernommen[130], so dass jedenfalls Produkte, bei denen weder die Ausgangsstoffe noch die während der Verarbeitung zugefügten Hilfsstoffe selbst GVO sind, aus dem Anwendungsbereich der NFVO fallen[131].

Außerdem umfasst der Anwendungsbereich nach der Auffangklausel[132] des Art. 1 Abs. 2 lit. f) Lebensmittel und -zutaten, „bei deren Herstellung ein nicht

---

[122] Vgl. zum § 3 GenTG, der die Definition der Richtlinie übernommen hat *Wahl*, § 3 GenTG, in: Landmann/Rohmer (Hrsg.), Umweltrecht Band III, Stand Okt. 2000, Rdnr. 11 f., der darauf hinweist, dass die Übertragung genetischen Materials nicht auf die Reproduktion durch „lebende" GVO beschränkt ist, sondern auch andere Arten des natürlichen Gentransfers umfasst. Außerdem *Koch/Ibelgaufts*, Gentechnikgesetz, Stand Juni 1994, § 3 Rdnr. 37 ff.; *Groß*, S. 220; *Gorny*, ZLR 1993, S. 105 ff. (107).
[123] Zur Frage der Resorption von DNA unabhängig von der Lebensfähigkeit des Organismus: *Steinhart/Biernoth*, S. 61 ff. (69).
[124] *Groß*, S. 221.
[125] Auch das Inverkehrbringen ist nicht in der NFVO definiert, sondern nur im Grünbuch zu den Allgemeinen Prinzipien des Lebensmittelrechts der Europäischen Union, KOM(97) 176 endg.; dazu *Cozigou*, RMUE 1997, S. 67 ff. (75). Ausführlich zum Grünbuch *Streinz*, ZLR 1998, S. 145 ff.
[126] *Groß*, S. 223; *Steinhart/Biernoth*, S. 61 ff. (70).
[127] *Groß*, S. 223 ff.; *Steinhart/Biernoth*, S. 61 ff. (70).
[128] *Groß*, S. 210.
[129] Siehe oben I.2.d).
[130] Siehe oben I.2.f).
[131] *Groß*, S. 224.
[132] *Groß*, S. 228 f. Dazu auch *Sheridan/Coleman*, S. 128 ff.

übliches Verfahren angewandt worden ist und bei denen dieses Verfahren eine bedeutende Veränderung ihrer Zusammensetzung oder der Struktur der Lebensmittel oder der Lebensmittelzutat bewirkt hat, was sich auf ihren Nährwert, ihren Stoffwechsel oder auf die Menge unerwünschter Stoffe im Lebensmittel auswirkt". Da sich das „nicht übliche Verfahren" nach der bisherigen lebensmittel-technologischen Relevanz bestimmt, also wiederum nach zeitlichen und quantitativen Faktoren[133], kann auch ein bisher nicht in erheblichem Umfang zur Lebensmittelproduktion eingesetztes gentechnisches Verfahren in den Anwendungsbereich des lit. f) fallen[134]. Trotz der Betonung des Verfahrens fallen nur solche Lebensmittel unter lit. f), bei denen es zu Änderungen im Produkt kommt. Lit. f) verfolgt also einen produktbezogenen Ansatz.

Aus dem Anwendungsbereich heraus fallen gem. Art. 2 Abs. 1 NFVO Lebensmittelzusatzstoffe[135], Aromen[136] und Extraktionslösungsmittel[137], da diese Produkte bereits spezifischen Richtlinien unterliegen und Doppelprüfungen vermieden werden sollten[138]. Allerdings gilt der Ausschluss vom Anwendungsbereich der NFVO nur solange das Sicherheitsniveau der NFVO durch diese Richtlinien nicht unterschritten wird[139].

2. Kennzeichnung von Novel Food nach Art. 8 NFVO

a) Einführung

Die Kennzeichnungsregelung in Art. 8 NFVO stellt den Kompromiss zwischen dem Parlament und der Kommission in der Kennzeichnungsfrage dar. Auch wenn die getroffene Regelung weit entfernt ist vom ursprünglichen Vorschlag der Kommission, die lediglich eine fakultative Kennzeichnung vorsah, bleibt sie doch auch hinter den Maximalforderungen des Parlaments zurück.

---

[133] *Groß*, S. 230.
[134] *Groß*, S. 211; *Steinhart/Biernoth*, S. 61 ff. (71, 73).
[135] Geregelt durch RL 89/107/EWG des Rates vom 21.12.1988, ABl. Nr. L 40 vom 11.2.1989, S. 27, zuletzt geändert durch RL 94/34/EG, ABl. Nr. L 237 vom 10.9.1994, S. 1.
[136] Geregelt durch RL 88/388/EWG des Rates vom 22.6.1988, ABl. Nr. L 184 vom 15.7.1988, S. 61, zuletzt geändert durch die RL 91/71/EWG, ABl. Nr. L 42 vom 15.2.1991, S. 25.
[137] Dazu RL 88/344/EWG des Rates vom 13.6.1988, ABl. Nr. L 157 vom 24.6.1988, S. 28, zuletzt geändert durch RL 92/115/EWG, ABl. Nr. L 409 vom 31.12.1992, S. 31. Zu Recht weist *Rehbinder*, ZUR 1999, S. 6 ff. (10) darauf hin, dass Extraktionslösungsmittel gentechnisch nicht besonders bedeutsam seien.
[138] *Streinz*, ZUR 1999, S. 16 ff. (18); *Cozigou*, RMUE 1997, S. 67 ff. (76); *Streinz*, EuZW 1997, S. 487 ff. (489).
[139] *Schlacke*, S. 162; *Schroeter*, ZLR 1997, S. 373 ff. (375). Unklar bleibt allerdings, nach welchen Kriterien eine Vergleichbarkeit der Sicherheitsniveaus beurteilt wird. Dazu *Long/Cardonnel*, EFLR 1998, S. 11 ff. (13).

§ 4 Die Novel Food-Verordnung

Nach Art. 8 Abs. 1 NFVO sind Unterschiede zu gleichwertigen Lebensmitteln in Bezug auf Ernährungseigenschaften (lit. a) Stoffe, die die Gesundheit beeinflussen können (lit. b) oder gegen die ethische Bedenken bestehen (lit. c) und das Vorhandensein von GVO (lit. d) zu kennzeichnen. Art. 8 Abs. 2 enthält die Ermächtigung, Bestimmungen zur Information des Verbrauchers zu erlassen, falls keine gleichwertigen Lebensmittel iSd. lit. a)–c) als Vergleichsgruppe existieren. Art. 8 Abs. 3 verweist für den Erlass etwaiger Durchführungsbestimmungen auf Art. 13 NFVO.

Bevor die eigentlichen Kennzeichnungskategorien unter lit. a)–d) aufgeführt werden, legt Art. 8 Abs. 1 fest:

„Unbeschadet der übrigen Anforderungen der gemeinschaftlichen Rechtsvorschriften für die Etikettierung von Lebensmitteln gelten folgende zusätzliche spezifische Etikettierungsanforderungen für Lebensmittel zur Unterrichtung der Endverbraucher über: ..."

Festzustellen ist zunächst, dass die Kennzeichnung der *Unterrichtung* der Endverbraucher über bestimmte *Merkmale,* die in den folgenden Kennzeichnungskategorien beschrieben werden, dienen soll. Betont wird hier nicht die Information zum Zweck des Gesundheitsschutzes, sondern die Verbraucherinformation an sich. Derselbe Grundgedanke wird auch in Abs. 2 aufgegriffen, indem dort sichergestellt werden soll, dass trotz des Fehlens von gleichwertigen Lebensmitteln, der Verbraucher „in angemessener Weise über die *Art* des Lebensmittels oder der Lebensmittelzutat *informiert* wird." Auch hier findet eine Risikoinformation keine Erwähnung. Insoweit entspricht die Zielsetzung der Kennzeichnung in Art. 8 dem in den Erwägungsgründen hervorgehobenen Ziel der Verbraucherinformation[140].

Weiterhin ist festzustellen, dass Art. 8 NFVO eine zusätzliche Kennzeichnungsverpflichtung schafft, welche die übrigen gemeinschaftsrechtlichen Regelungen unberührt lässt[141]. Außerdem postuliert Art. 8 Abs. 1 eine Kennzeichnungspflicht ohne Einschränkung, also auch unabhängig von einem Genehmigungsverfahren[142]. Auch dies spricht für eine Kennzeichnung aus Gründen der Verbraucherinformation[143]. Nach einer Darstellung des Inhalts und des Umfangs der Kennzeichnungsregelung ist daher zu prüfen, ob die These, dass die Kennzeichnung der Verbraucherinformation dient, in vollem Umfang Bestand hat. Außerdem ist zu überprüfen, ob es sich bei der Kennzeichnung um eine Verfahrens- oder Produktkennzeichnung handelt.

---

[140] Vgl. *Reich,* VuR 1999, S. 3 ff. (8).
[141] Dazu unten II.4.
[142] Dazu ausführlich unten II.3.
[143] Dazu oben § 3 II.4.b).

b) Art. 8 Abs. 1 lit. a)

Art. 8 Abs. 1 lit. a) besteht aus drei Unterabsätzen, von denen der erste Merkmale festlegt, die zu einer Ungleichwertigkeit mit herkömmlichen Lebensmitteln führen, der zweite die Art der Feststellung der Ungleichwertigkeit regelt und der dritte die Art und Weise der Kennzeichnung betrifft. Zu Beginn sieht Art. 8 Abs. 1 lit. a) UAbs. 1 vor, dass Endverbraucher informiert werden müssen über:

„alle Merkmale oder Ernährungseigenschaften wie
Zusammensetzung,
Nährwert oder nutritive Wirkungen,
Verwendungszweck des Lebensmittels,
die dazu führen, daß ein neuartiges Lebensmittel oder eine neuartige Lebensmittelzutat nicht mehr einem bestehenden Lebensmittel oder einer bestehenden Lebensmittelzutat gleichwertig ist".

Die Aufzählung der Merkmale in lit. a) ist dabei weder abschließend noch kumulativ[144]. Es genügt die Veränderung eines Merkmals, sei es benannt oder unbenannt, welches dazu führt, dass das neuartige Lebensmittel nicht mehr mit herkömmlichen gleichwertig ist, um die Kennzeichnungspflicht auszulösen. Dabei ist hier zunächst zu untersuchen, wann gentechnisch veränderte Lebensmittel unter Art. 8 Abs. 1 lit. a) fallen.

Zunächst können gentechnisch veränderte Lebensmittel unter lit. a) fallen, weil die gentechnische Veränderung die Ernährungseigenschaften des Lebensmittels beeinflusst hat. Durch Verfahren der Gentechnik kann beispielsweise die Zusammensetzung, der Nährwert oder der Verwendungszweck eines Lebensmittels so verändert werden, dass es einem herkömmlichen Lebensmittel in Bezug auf die Ernährungseigenschaften nicht mehr gleichwertig ist. Dies betrifft z. B. pflanzliche Öle, bei denen sich durch die Anwendung der Gentechnik die Fettsäurestruktur verändert hat, oder Produkte mit einem erheblich gesteigerten Vitamingehalt[145]. Dabei ist eine trennscharfe Abgrenzung zwischen den einzelnen Merkmalen des Art. 8 Abs. 1 lit. a) nicht immer möglich. So kann Pflanzenöl mit veränderter Fettsäurestruktur unter die Kennzeichnungspflicht fallen, weil durch einen besonders hohen Anteil an Linolsäure[146] der Nährwert des Öls dem eines herkömmlichen Öls nicht mehr gleichwertig ist[147]. Dies kann gleichzeitig dazu führen, dass das Produkt als diätisches Lebensmittel eingesetzt werden

---

[144] *Toussaint*, ZLR 1998, S. 81 ff. (82); *Schroeter*, ZLR 1997, S. 373 ff. (383).
[145] *Streinz*, EuZW 1997, S. 487 ff. (491).
[146] Linolsäure ist eine zweifach ungesättigte, essentielle Fettsäure, die in pflanzlichen Ölen vorkommen kann und mit der Nahrung aufgenommen werden muss, da sie vom menschlichen Körper nicht synthetisierbar ist.
[147] Zur Angabe von gesättigten und ungesättigten Fettsäuren im Rahmen der Nährwertkennzeichnung: *Meyer*, Lebensmittelrecht, 1998, S. 66 ff.

kann[148], so dass sich eine Kennzeichnungspflicht auch aus einem geänderten Verwendungszweck ergibt.

Zu prüfen ist ferner, ob gentechnisch veränderte Lebensmittel auch unter lit. a) fallen, wenn keine Ernährungseigenschaften verändert wurden, aber die gentechnische Änderung im Endprodukt in Form von DNA oder Proteinen nachweisbar ist[149]. Dies betrifft beispielsweise Tomatenmark aus gentechnisch veränderten Tomaten[150]. Hier ist eine Kennzeichnung wegen einer Abweichung in der „Zusammensetzung" eines Lebensmittels nach Art. 8 Abs. 1 lit. a) 1. Alt. denkbar[151]. Der Begriff der „Zusammensetzung" geht dabei weiter als der im Rahmen der allgemeinen Lebensmittelkennzeichnung verwendete Begriff der „Zutaten"[152], da es für die Zusammensetzung keines planmäßigen Einsatzes eines Stoffes bedarf, der ausgerichtet an der Rezeptur ziel- und zweckgerichtet auf das zu erstellende Enderzeugnis erfolgt[153]. Die „Zusammensetzung" erfasst also potentiell alle Bestandteile eines Lebensmittels[154], inklusive Proteine und DNA-Reste[155]. Außerdem darf nicht vergessen werden, dass die Aufzählung

---

[148] Zur Eignung von Lebensmitteln als diätische Lebensmittel: *Horst*, S. 141 ff. Dabei gehört ein hoher Anteil an Linolsäure zu den diätischen Besonderheiten.

[149] Falls die gentechnische Änderung in Form eines GVO vorläge, so fiele dies dagegen unter lit. d), dessen Wortlaut ganze GVO, nicht aber Teile davon umfasst. Dazu unten II.2.e).

[150] Dazu *Streinz*, ZUR 1999, S. 16 ff. (18); *Streinz*, ZLR 1998, S. 53 ff. (57 f.).

[151] Dazu bereits die Mitteilung der Kommission zum Gemeinsamen Standpunkt des Rates im Hinblick auf den Vorschlag für eine Novel Food Verordnung vom 6.11.1995, SEK(95) 1802 endg. COD 426, Nr. 4, welche das Vorliegen eines neuen Proteins in Sojaverarbeitungsprodukten, die aus gentechnisch veränderten Sojabohnen hergestellt werden, für kennzeichnungsbedürftig erachtet. Für eine Kennzeichnung bei Vorliegen von DNA-Resten *Meyer*, Lebensmittelrecht, 1998, S. 72 f.; *Streinz*, EuZW 1997, S. 487 ff. (491); *Dederer*, EWS 1999, S. 247 ff. (252).

[152] Nach Art. 6 Abs. 4 lit. a) RL 2000/13/EG (dazu oben § 2 Fn. 220) ist eine Zutat „jeder Stoff, ... der bei der Herstellung oder Zubereitung eines Lebensmittels verwendet wird und – wenn auch möglicherweise in veränderter Form – im Enderzeugnis vorhanden bleibt." Daraus, dass in Art. 8 NFVO der Begriff „Zusammensetzung" statt „Zutaten" verwendet wurde, lässt sich schließen, dass die mit dem Begriff „Zutaten" verbundenen Einschränkungen hier gerade keine Anwendung finden sollten.

[153] Ebenso zur entsprechenden deutschen Regelung in § 5 Abs. 1 der Lebensmittel-KennzeichnungsVO (LMKV) *Horst*, S. 41, 51; *Zipfel/Rathke*, Lebensmittelrecht, Band II, Stand Feb. 2000, C 104 § 5 Rdnr. 3. Insbesondere fallen Stoffe, die unbeabsichtigt in das Endprodukt gelangen, wie dies bei Rückständen von Pflanzenschutzmitteln, aber auch bei der unbeabsichtigten Vermischung mit gentechnisch veränderten Ausgangsstoffen der Fall sein kann, nicht unter Zutaten. Auch natürliche Bestandteile eines Lebensmittels oder einer Zutat sind nicht selbst Zutat; dazu *Meyer*, Lebensmittelrecht, 1998, S. 59. Damit würden die in Tomatenmark aus gentechnisch veränderten Tomaten vorkommenden (gentechnisch veränderten) Proteine und DNA-Reste nicht im Zutatenverzeichnis erscheinen.

[154] Darunter fallen Zutaten und alle (natürlichen) Inhaltsstoffe. Dazu *Horst*, S. 131. Vgl. *Meyer*, Lebensmittelrecht, 1998, S. 59.

[155] So auch *Dederer*, EWS 1999, S. 247 ff. (252); offengelassen bei *Knörr*, S. 224. A.A. *Toussaint*, ZLR 1998, S. 81 ff. (83).

der zu kennzeichnenden Merkmale in lit. a) nicht abschließend ist, so dass gentechnisch veränderte Proteine und DNA-Reste auch dann gekennzeichnet werden müssen, wenn sie nicht zur Zusammensetzung gezählt werden, falls ihr Vorliegen dazu führt, dass das neuartige Lebensmittel mit herkömmlichen Lebensmitteln nach Art. 8 Abs. 1 lit. a) UAbs. 2 NFVO nicht mehr gleichwertig ist[156].

Zuletzt ist fraglich, ob Lebensmittel auch dann unter lit. a) fallen, wenn sie im Laufe der Herstellung mit Gentechnik in Berührung gekommen sind, aber weder geänderte Ernährungseigenschaften haben, noch veränderte Proteine oder DNA enthalten. Eine Kennzeichnung käme dann allenfalls nach Art. 8 Abs. 1 lit. a) 3. Alt. in Frage, falls zum „Verwendungszweck des Lebensmittels" auch der Gebrauch zu einer „biotechnologiefreien Ernährung" zählt. Dies würde im Ergebnis dazu führen, dass alle Lebensmittel, die im Laufe ihrer Produktion mit Gentechnik in Berührung gekommen sind, zu kennzeichnen wären[157], was der Einführung einer Verfahrenskennzeichnung gleichkäme.

Für ein solches Verständnis könnte sprechen, dass sich Art. 8 Abs. 1 auf die „Unterrichtung der Endverbraucher" beruft[158], für die auch eine von Änderungen im Produkt unabhängige Verfahrenskennzeichnung von Interesse sein kann[159], und der Verwendungszweck eine subjektive Bestimmung nahelegt. Dagegen sprechen allerdings historische und systematische Argumente. Wie bereits gezeigt, konnte das Parlament eine Verfahrenskennzeichnung gerade nicht durchsetzen[160]. Aber auch systematisch stößt eine solche Interpretation auf Schwierigkeiten. Sowohl „Zusammensetzung" als auch „Nährwert" sind *stoffliche* Eigenschaften des Nahrungsmittels. Da „Zusammensetzung", „Nährwert", und „Verwendungszweck" bloße Beispiele für die Oberbegriffe „Merkmale" und „Eigenschaften" sind, spricht die Systematik dafür, alle drei Beispielsfälle gleichförmig im Sinne von stofflichen Eigenschaften zu interpretieren. Das entspricht auch dem Wortlaut der Oberbegriffe, da „Merkmale" und „Eigenschaften" nur am Lebensmittel festzumachen sind und nicht an den subjektiven Zwecksetzungen durch die Verbraucher. Dieses Ergebnis wird auch durch Art. 8 Abs. 1 lit. a) UAbs. 2 bekräftigt[161], welcher auf eine wissenschaftliche Beurteilung der Gleichwertigkeit „unter Beachtung der anerkannten Grenzwerte für natürliche Schwankungen dieser Merkmale" abstellt, was eine naturwissenschaftliche, nicht eine sozialwissenschaftliche Analyse nahe legt[162]. Dem subjektiven

---

[156] Dazu unten II.2.b).
[157] Vgl. *Lange*, NUR 1999, S. 247 ff. (249).
[158] *Lange*, NUR 1999, S. 247 ff. (249).
[159] *Grube*, S. 241.
[160] Dazu I.2.i).
[161] Dazu sogleich unten.
[162] So im Ergebnis auch *Lange*, NUR 1999, S. 247 ff. (249).

Element des „Verwendungszwecks" kann dadurch Rechnung getragen werden, dass man auf den vom *Produzenten* intendierten Verwendungszweck abstellt, wie er sich in den Eigenschaften des Produkts niedergeschlagen hat[163].

Nach diesem Verständnis, das sowohl die Entwicklung als auch die Systematik des Art. 8 berücksichtigt, müssen Lebensmittel nicht gekennzeichnet werden, bei denen die gentechnische Veränderung im Endprodukt nicht mehr nachweisbar ist, oder sich nicht in den Ernährungseigenschaften auswirken kann. Der aus gentechnisch veränderten Zuckerrüben gewonnene Zucker muss somit nicht gekennzeichnet werden[164], da er mit herkömmlichem Zucker chemisch, physikalisch und biologisch völlig identisch ist und sich die gentechnische Änderung im Endprodukt nicht auswirkt[165]. Nicht zu kennzeichnen, unabhängig von der Frage, ob es sich überhaupt um eine neue Lebensmittelzutat handelt, ist auch Chymosin, das aus gentechnisch veränderten Mikroorganismen gewonnen wird, und der damit hergestellte Käse[166]. Festzuhalten ist somit, dass der Ausgangspunkt der Kennzeichnung in lit. a) UAbs. 1 der Nachweis eines Unterschieds in den Merkmalen oder Ernährungseigenschaften eines Lebensmittels ist[167], was einer produktbezogenen Kennzeichnungspflicht entspricht.

Allerdings reicht die Feststellung eines Unterschieds allein noch nicht aus, um die Kennzeichnungspflicht auszulösen. Vielmehr bedarf es dazu nach lit. a) UAbs. 2 der positiven Feststellung der Ungleichwertigkeit:

„Ein neuartiges Lebensmittel oder eine neuartige Lebensmittelzutat gilt als nicht mehr gleichwertig im Sinne dieses Artikels, wenn durch eine wissenschaftliche Beurteilung auf der Grundlage einer angemessenen Analyse der vorhandenen Daten nachgewiesen werden kann, daß die geprüften Merkmale Unterschiede gegenüber konventionellen Lebensmitteln oder Lebensmittelzutaten aufweisen, unter Beachtung der anerkannten Grenzwerte für natürliche Schwankungen dieser Merkmale".

Trotz dieser detailliert wirkenden Bestimmung fehlt es an einer praktikablen Definition der Gleichwertigkeit. Dies liegt zunächst an der Selbstreflektivität des Art. 8 Abs. 1 lit. a). Bestimmte Merkmale sind nach Art. 8 Abs. 1 lit. a) UAbs. 1 zu kennzeichnen, wenn sie dazu führen, dass ein neuartiges Lebensmittel gegenüber einem herkömmlichen nicht mehr gleichwertig ist. „Merkmale" werden also über die „Gleichwertigkeit" genauer definiert. Dagegen wird in UAbs. 2 bei der Definition der „Gleichwertigkeit" auf die „geprüften

---

[163] So wäre beispielsweise ein unverdaulicher Fettersatz wie OLESTRA wegen des vom Produzenten intendierten Verwendungszwecks (zur Diät), wie er sich in den Produkteigenschaften (Unverdaulichkeit) manifestiert hat, zu kennzeichnen, da das Produkt im Vergleich zu herkömmlicher Margarine in Bezug auf den Verwendungszweck nicht gleichwertig ist. Zu OLESTRA siehe *Meyer*, ZLR 1996, S. 403 ff. (415 f.).

[164] *Streinz*, ZUR 1999, S. 16 ff. (18); *Streinz*, EuZW 1997, S. 487 ff. (491).

[165] Vgl. auch *Meyer*, Lebensmittelrecht, 1998, S. 70 f.

[166] *Streinz*, ZUR 1999, S. 16 ff. (18); *Streinz*, ZLR 1998, S. 53 ff. (58).

[167] Vgl. *Toussaint*, ZLR 1998, S. 81 ff. (82).

Merkmale" verwiesen. Wie Lange zutreffend feststellt, ist, „wenn von zwei Unbekannten jede durch die andere definiert wird, ... der resultierende Erkenntnisgewinn bekanntlich mager"[168]. Aus Art. 8 Abs. 1 lit. a) lässt sich also eine praktikable Definition der „Gleichwertigkeit" nicht herleiten. Hinzu kommt, dass Begriffe wie „angemessen" und „vorhanden" einen gewissen Interpretationsspielraum zulassen[169]. Insbesondere fehlen präzise Kriterien für die Feststellung der „Angemessenheit" der Analyse. Solange einheitliche Analysemethoden fehlen, bleibt die Unsicherheit darüber, ob eine angemessene Analyse durchgeführt wurde und das Produkt somit zu kennzeichnen ist[170]. Aus Sicht der NFVO bedarf es daher *de lege ferenda* einer gemeinschaftlich einheitlichen Interpretation, die in Durchführungsbestimmungen ihren Niederschlag finden muss[171].

Weitgehende Einigkeit besteht allerdings darüber, dass das von der OECD gebrauchte Konzept der *substantial equivalence*[172] nicht auf die Gleichwertigkeit des Art. 8 Abs. 1 übertragbar ist. „Wesentliche Gleichwertigkeit" ist eben nicht identisch mit „Gleichwertigkeit" an sich[173]. Die „wesentliche Gleichwertigkeit" spielt im Rahmen der NFVO eine Rolle bei der Möglichkeit der Durchführung eines (leichteren) Anzeigeverfahrens[174]. Doch auch für das Anzeigeverfahren gelten die Anforderungen des Art. 8, inklusive des lit. a)[175], der bei einer identischen Interpretation von „wesentlicher Gleichwertigkeit" und „Gleichwertigkeit" bedeutungslos würde[176]. Auch für im Wesentlichen gleichwertige

---

[168] *Lange*, NUR 1999, S. 247 ff. (249 f.).

[169] *Streinz*, EuZW 1997, S. 487 ff. (490); *Grugel*, ZLR 1998, S. 71 ff.

[170] *Loosen*, ZLR 2000, S. 434 ff. (439); *Schroeter*, ZLR 1998, S. 397 ff. (409).

[171] Ebenso *Toussaint*, ZLR 1998, S. 81 ff. (82); *Groß*, S. 391. Einen wichtigen Beitrag dazu hat die VO 1139/98 geleistet, allerdings ohne Analysemethoden gemeinschaftseinheitlich festzulegen. Dazu ausführlich unten § 5.

[172] Siehe oben Fn. 12. Die Kommission weist in ihrer Empfehlung 97/618/EG vom 29.7.1997 zu den wissenschaftlichen Aspekten und zur Darbietung der für Anträge auf Genehmigung des Inverkehrbringens neuartiger Lebensmittel und Lebensmittelzutaten erforderlichen Informationen sowie zur Erstellung der Berichte über die Erstprüfung gemäß der Verordnung (EG) Nr. 258/97 des Europäischen Parlaments und des Rates, ABl. Nr. L 253 vom 16.9.1997 S. 1 ff. (5 f.), auf die OECD Definition hin; dazu auch *Long/Cardonnel*, EFLR 1998, S. 11 ff. (17 f.). Danach dienen herkömmliche Lebensmittel, für deren Unbedenklichkeit ein gewisser Erfahrungswert spricht, als Vergleichsmaßstab für die Beurteilung der Sicherheit neuartiger Lebensmittel. Es wird also nicht der Herstellungsprozess als solcher beurteilt, sondern das entstandene Produkt im Vergleich zu bereits bekannten Produkten; dazu *Cozigou*, RMUE 1997, S. 67 ff. (78). Die Inhalte der Empfehlung 97/618/EG werden in der Praxis behandelt wie Teile der Novel Food Verordnung, so dass eine verbindliche Wirkung der Empfehlung anzunehmen ist; dazu *Sheridan/Coleman*, S. 104 ff.

[173] *Streinz*, ZUR 1999, S. 16 ff. (17); *Streinz*, ZLR 1998, S. 53 ff. (57); *Schroeter*, ZLR 1997, S. 373 ff. (385).

[174] Art. 3 Abs. 4 NFVO; dazu *Loosen*, ZLR 2000, S. 434 ff. (440).

[175] Art. 5 Abs. 2. Siehe auch *Cozigou*, RMUE 1997, S. 67 ff. (78).

neuartige Lebensmittel bleibt daher zu prüfen, ob eine Verpflichtung zur Kennzeichnung nach Art. 8 besteht[177]. Gleichwertigkeit ist somit enger als „wesentlich gleichwertig", bedeutet aber nicht „identisch"[178].

Trotz des Fehlens einer praktikablen Definition der „Gleichwertigkeit" in Art. 8 lassen sich gewisse „Eckpunkte" der Gleichwertigkeit festhalten. So reicht die bloße Feststellung analytischer Unterschiede zwischen dem neuartigen und dem konventionellen Lebensmittel allein nicht aus, um ohne weiteres eine fehlende Gleichwertigkeit anzunehmen[179]. Stattdessen ist eine wissenschaftliche Bewertung der festgestellten Unterschiede im Hinblick auf die natürliche Schwankungsbreite erforderlich, da Unterschiede innerhalb der natürlichen Schwankungsbreite außer Betracht bleiben[180].

Vielfach wird gefordert, dass bei der wissenschaftlichen Bewertung vor allem die ernährungsphysiologische Relevanz der Unterschiede zu würdigen sei[181]. Daran ist richtig, dass es in jedem Fall einer „wissenschaftlichen Beurteilung" im Sinne einer wertenden Stellungnahme bedarf. Diese Beurteilung ist aber nicht „frei" in der Entscheidung, ob festgestellte Unterschiede, die über die anerkannten Grenzwerte für die natürlichen Schwankungen der geprüften Merkmale hinausgehen, von ausreichender ernährungsphysiologischer Relevanz sind[182]. Die Verordnung ist insoweit präzise, als sie vorschreibt, dass neuartige Lebensmittel nicht mehr gleichwertig sind, „wenn durch eine wissenschaftliche Beurteilung ... nachgewiesen werden kann, dass die geprüften Merkmale *Unterschiede* gegenüber konventionellen Lebensmitteln oder Lebensmittelzutaten aufweisen", die über die anerkannten Grenzwerte hinausgehen. Ein Beurteilungsspielraum liegt also vor in Bezug auf die „angemessene Analyse", die „vorhandenen Daten" und die „anerkannten Grenzwerte für natürliche Schwankungen dieser Merkmale", nicht aber in Bezug auf eine Bewertung der Unterschiede, die insoweit zwingend formuliert ist. Sobald Unterschiede nachgewiesen wer-

---

[176] Da das Anzeigeverfahren nach Art. 3 Abs. 4 nur für im Wesentlichen gleichwertige Lebensmittel gilt, könnte eine Kennzeichnung nach Art. 8 niemals stattfinden, da es keine „wesentliche Ungleichwertigkeit" zu kennzeichnen gäbe.
[177] *Loosen,* ZLR 2000, S. 434 ff. (440).
[178] *Loosen,* ZLR 2000, S. 434 ff. (440).
[179] *Streinz,* ZUR 1999, S. 16 ff. (17); *Long/Cardonnel,* EFLR 1998, S. 11 ff. (19); *Schroeter,* ZLR 1997, S. 373 ff. (385).
[180] *Toussaint,* ZLR 1998, S. 81 ff. (82); *Meyer,* Lebensmittelrecht, 1998, S. 70; *Streinz,* II. I, Novel Food, in: Streinz (Hrsg.), Lebensmittelrechtshandbuch, Stand April 2001, Rdnr. 510.
[181] *Loosen,* ZLR 2000, S. 434 ff. (439); *Streinz,* ZLR 1998, S. 53 ff. (57); *Toussaint,* ZLR 1998, S. 81 ff. (82); *Schroeter,* ZLR 1997, S. 373 ff. (385).
[182] Im Ergebnis ebenso *Dederer,* EWS 1999, S. 247 ff. (252), der allerdings den Zweck der wissenschaftlichen Bewertung der gefundenen Unterschiede in erster Linie in der Beurteilung der Möglichkeit einer zufälligen Verunreinigung mit gentechnisch veränderter DNA oder Proteinen sieht.

den, die über die natürlichen Schwankungen hinausgehen, ist ein neuartiges Lebensmittel einem herkömmlichen nicht mehr gleichwertig und damit zu kennzeichnen[183]. In diesem Punkt hat sich das Parlament in der Entstehungsgeschichte durchgesetzt, indem es auf die Streichung der *„signifikanten"* Unterschiede im Gemeinsamen Standpunkt bestand[184].

Lebensmittel, deren Ernährungseigenschaften gentechnisch verändert wurden, sind daher zu kennzeichnen, wenn ihre Ernährungseigenschaften von denen herkömmlicher Lebensmittel unter Berücksichtigung der natürlichen Schwankungen abweichen. Pflanzenöl aus gentechnisch verändertem Raps ist also nur dann zu kennzeichnen, wenn beispielsweise der Anteil von Linolsäure (quantitativ) höher ist, als bei herkömmlichen Rapsöl unter Berücksichtigung der natürlichen Schwankungen des Gehalts an Linolsäure, oder (qualitativ) das neuartige Öl eine Fettsäure enthält, die in herkömmlichen Ölen gar nicht vorkommt. Lebensmittel, bei denen sich die Änderung lediglich im Vorliegen von gentechnisch veränderter DNA oder Proteinen auswirkt, sind zu kennzeichnen, wenn der Gehalt an DNA oder Proteinen nachweisbar ist. Da in diesem Fall ein Unterschied in der Zusammensetzung vorliegt, der immer über die natürlichen Schwankungen in herkömmlichen Lebensmitteln hinausgeht, weil diese keine gentechnisch veränderten Reststoffe enthalten, ist eine Gleichwertigkeit nach UAbs. 2 ausgeschlossen. Die Nachweisbarkeit von gentechnisch veränderten Proteinen und DNA führt somit immer zu einer Kennzeichnung[185]. Auch UAbs. 2 betont somit die Produktbezogenheit der Kennzeichnung, da es für die Gleichwertigkeit auf eine Analyse der im Produkt feststellbaren Unterschiede ankommt.

Falls Unterschiede in den Merkmalen nachweisbar sind, die dazu führen, dass ein neuartiges Lebensmittel einem herkömmlichen nicht mehr gleichwertig ist, sieht Art. 8 Abs. 1 lit. a) UAbs. 3 vor:

„In diesem Fall sind auf der Etikettierung diese veränderten Merkmale oder Eigenschaften sowie das Verfahren, mit dem sie erzielt wurden, anzugeben;"

In Bezug auf gentechnisch veränderte Lebensmittel muss hier also auf die Verwendung von Gentechnik bei der Herstellung hingewiesen werden. Dies betrifft sowohl den Fall, dass Reste veränderter DNA oder Proteine nachweisbar

---

[183] *Grube*, S. 237; so wohl auch *Streinz*, ZLR 1997, S. 99 ff. (103).

[184] Siehe dazu oben I.2.g). Kritisch zu den Auswirkungen dieser Änderung *Streinz*, ZLR 1998, S. 53 ff. (56); *Streinz*, EuZW 1997, S. 487 ff. (490).

[185] Vgl. dazu die Mitteilung der Kommission zum gemeinsamen Standpunkt des Rates im Hinblick auf den Vorschlag für eine Novel Food-Verordnung vom 6.11.1995, SEK (95) 1802 endg. COD 426, Nr. 4. Ähnlich auch *Streinz*, ZUR 1999, S. 16 ff. (18); *Streinz*, ZLR 1998, S. 53 ff. (57); *Bjerregaard*, EFLR 1998, S. 1 ff. (5). Dies entspricht auch dem Ansatz der VO 1139/98 (Erwg. 16), der das Vorliegen von Proteinen oder DNA als ausschlaggebend für eine fehlende Gleichwertigkeit betrachtet. Dazu unten § 5 I.4.a).

§ 4 Die Novel Food-Verordnung 155

sind, als auch Nähreigenschaften, die mit Hilfe gentechnischer Verfahren so verändert wurden, dass sie über die natürliche Schwankungsbreite hinausgehen. Die Formulierung von UAbs. 3 untermauert ferner die aufgestellte These, dass die bloße Verwendung von Gentechnik im Herstellungsverfahren ohne nachweisbare Änderungen von Merkmalen nicht für eine Kennzeichnungspflicht ausreicht, da hier Merkmale und Eigenschaften von dem Verfahren, in dem sie erzielt wurden, unterschieden werden[186]. Trotz der Kenntlichmachung des Verfahrens bleibt der Ansatzpunkt der Regelung die Nachweisbarkeit von Veränderungen. Im Übrigen macht Art. 8 keine Vorgaben bezüglich der Formulierung, mit der das Verfahren zu kennzeichnen ist[187].

Für die Kennzeichnungspflicht nach Art. 8 Abs. 1 lit. a) lässt sich zusammenfassend ein produktbezogener Regelungsansatz feststellen. Auslöser der Kennzeichnungspflicht bleiben wissenschaftlich nachweisbare Unterschiede zwischen neuartigen und herkömmlichen Lebensmitteln, was nicht nur durch die Beispielsfälle für kennzeichnungsrelevante Merkmale in UAbs. 1 zum Ausdruck kommt, sondern insbesondere durch die Regelung der Gleichwertigkeit in UAbs. 2. Erst bei der Frage der Art und Weise der Kennzeichnung in UAbs. 3 spielt das Verfahren, mit dem die Unterschiede erreicht wurden, eine Rolle. Dies führt aber nicht zu einer genuinen Verfahrenskennzeichnung, da in UAbs. 3 eine deutliche Trennung zwischen den kennzeichnungsauslösenden Merkmalen und dem daraufhin anzugebendem Verfahren vorliegt.

Zu prüfen bleibt, ob der zu Beginn von Art. 8 Abs. 1 festgestellte Zweck der Kennzeichnungsregelung, die Verbraucherinformation, in lit. a) zum Ausdruck kommt, oder ob lit. a) Gesundheitsinformationen vermitteln soll. Für die Annahme des Gesundheitsschutzes als Regelungszweck könnte hier die Auflistung von Nährwert und nutritiven Wirkungen unter den kennzeichnungsrelevanten Merkmalen sprechen[188], da die Kennzeichnung von Nährwertmängeln einen direkten Bezug zum Gesundheitsschutz der Bevölkerung aufweist. Dagegen spricht aber, dass die Kennzeichnung nicht auf negative, die Gesundheit gefährdende Nährwertunterschiede beschränkt ist, sondern alle Abweichungen, die über die natürliche Schwankungsbreite hinausgehen, gekennzeichnet werden müssen, also auch ein erhöhter Vitamingehalt oder ein verbesserter Gehalt an lebenswichtigen ungesättigten Fettsäuren[189]. Eine solche allgemeine Kennzeichnung ist mit dem Hinweis auf die Information über Gesundheits*risiken* nicht zu

---

[186] *Lange,* NUR 1999, S. 247 ff. (250).
[187] Allerdings entfaltet die Verordnung 1139/98 für die Art und Weise der Kennzeichnung nach Art. 8 Abs. 1 lit. a) UAbs. 3 NFVO Präjudizwirkung; dazu *Loosen,* ZLR 2000, S. 434 ff. (439). Mit Beispielen für die Art und Weise der Kennzeichnung *Meyer,* Lebensmittelrecht, 1998, S. 71. Ausführlich auch unten II.4.
[188] So wird beispielsweise eine Diätkennzeichnung zur Gesundheitskennzeichnung gezählt; dazu oben § 3 I.4.b).
[189] So auch *Streinz,* ZUR 1999, S. 16 ff. (18).

begründen. Auch die anderen Beispielsfälle des lit. a), „Zusammensetzung" und „Verwendungszweck", weisen keinen Bezug zum Gesundheitsschutz durch Information auf. Vielmehr geht es hier um die Information der Verbraucher über für sie wesentliche Unterschiede zwischen neuartigen und herkömmlichen Lebensmitteln. Das eingangs festgestellte Ziel der Verbraucherinformation hat sich also objektiv in der Regelung des Art. 8 Abs. 1 lit. a) niedergeschlagen.

c) Art. 8 Abs. 1 lit. b)

Nach Art. 8 Abs. 1 lit. b) müssen die Endverbraucher informiert werden über:

„vorhandene Stoffe, die in bestehenden gleichwertigen Lebensmitteln nicht vorhanden sind und die Gesundheit bestimmter Bevölkerungsgruppen beeinflussen können".

Damit übernimmt lit. b) nicht nur die Definition der Gleichwertigkeit aus lit. a) UAbs. 2, die ausweislich ihres Wortlauts für den ganzen Art. 8 gilt, sondern auch dessen stoffbezogenen Ansatz. Nach lit. b) zu kennzeichnen sind Stoffe, die schädliche Auswirkungen auf die Gesundheit haben, ohne dass dazu aber eine nähere Spezifizierung stattfindet[190]. Darunter fallen, insbesondere in Bezug auf gentechnisch veränderte Lebensmittel, solche gentechnisch veränderten Proteine, die bekanntermaßen Allergien auslösen[191]. Nach der hier vertretenen Ansicht stellt lit. b) in Bezug auf gentechnisch veränderte, gesundheitsschädliche Proteine in Lebensmitteln also einen Spezialfall zu lit. a) dar[192].

Allerdings ist damit die Weite des lit. b) nicht ausgeschöpft. Auch der Cholesteringehalt eines Lebensmittels kann beispielsweise die Gesundheit bestimmter Bevölkerungsteile beeinflussen. Ähnlich weit ist das Merkmal der „bestimmten

---

[190] Kritisch dazu *Loosen*, ZLR 2000, S. 434 ff. (440 f.); *Schroeter*, ZLR 1998, S. 397 ff. (410).

[191] Ein Beispiel dafür sind gentechnisch veränderte Bohnen, denen ein Paranussprotein eingefügt wurde; dazu *Streinz*, ZUR 1999, S. 16 ff. (18) m.w.N.; *Groß*, S. 392 f.

[192] Ähnlich *Groß*, S. 392. A.A. *Dederer*, EWS 1999, S. 247 ff. (253), der davon ausgeht, dass sich die Anwendungsbereiche von lit. a) und b) gegenseitig ausschließen und Proteine und DNA-Reste nur nach lit. a) wegen Ungleichwertigkeit kennzeichnen will. Dagegen spricht aber die Entstehungsgeschichte der NFVO, in der es ausdrücklich um den Schutz vor Gesundheitsgefahren durch Allergien aufgrund von gentechnischen Veränderungen ging. Hinzu kommt, dass noch im Gemeinsamen Standpunkt den lit. b) und c) auch in Bezug auf gentechnisch veränderte Lebensmittel ein eigenständiger Anwendungsbereich zukam, da durch lit. a) nur *signifikante Unterschiede* erfasst wurden. Nicht signifikante Unterschiede waren hingegen nur nach Maßgabe der lit. b) und c) zu kennzeichnen. Es erscheint daher fraglich, ob mit der Streichung der „Signifikanz" und der damit verbundenen Ausweitung des lit. a) gleichzeitig eine bewusste Einschränkung der lit. b) und c) bis hin zu deren Bedeutungslosigkeit für gentechnische Veränderungen gewollt war, oder ob nicht vielmehr ein Abstimmungsproblem vorliegt; vgl. *Streinz*, ZLR 1997, S. 99 ff. (103).

§ 4 Die Novel Food-Verordnung   157

Bevölkerungsgruppen", die neben Allergikern oder Diabetikern[193], auch nicht durch eine gemeinsame Krankheit definierte Gruppen, wie Kinder[194], umfassen können. Um hier den Produzenten von neuartigen Lebensmitteln nicht eine nicht erfüllbare, weil stets mit Risiko der Unvollständigkeit behaftete[195], Ermittlungs- und Kennzeichnungspflicht aller möglichen, die Gesundheit beeinflussenden Stoffe in Bezug auf alle möglichen Bevölkerungsgruppen aufzubürden, bedarf es hier dringend einer Klarstellung *de lege ferenda* in Form einer Positivliste oder zumindest einer Liste von Kategorien der mit Blick auf eine mögliche Kennzeichnungspflicht zu überprüfenden Stoffe[196].

Unbeschadet der irreführenden Formulierung des lit. b), welche nur auf das Vorhandensein solcher Stoffe in bestehenden gleichwertigen *Lebensmitteln* abstellt, gilt diese Regelung, wie sich sowohl aus dem Vergleich mit dem ebenfalls für lit. b) geltenden lit. a) UAbs. 2 als auch aus dem Gesamtzusammenhang der NFVO ergibt, ebenfalls in Bezug auf *Lebensmittelzutaten*[197].

Bezüglich der Art und Weise der Kennzeichnung schweigt lit. b). Hier ist zu beachten, dass die Verbraucher die möglichen Gesundheitsgefahren aus der Kennzeichnung klar ersehen können müssen[198]. Dabei wird neben einer Kenntlichmachung im Zutatenverzeichnis auch eine Kennzeichnung mittels eines besonders auffälligen Symbols diskutiert[199]. Zu beachten ist in Bezug auf gentechnisch veränderte Lebensmittel, dass die für den Verbraucher relevante Information das betreffende allergieauslösende Protein, nicht die gentechnische Veränderung als solche ist[200]. Ein pauschaler Hinweis auf gentechnisch veränderte Inhaltsstoffe genügt also nicht. Es bedarf hier jedenfalls der genauen Angabe der neu eingeführten allergenen Substanzen[201]. Daher erscheint eine Kenntlichmachung im Zutatenverzeichnis gegenüber einer Kennzeichnung mittels eines auffälligen Symbols sowohl im Hinblick auf den Informationsgehalt[202] als auch mit Blick auf die Verhältnismäßigkeit gegenüber den Vertreibenden[203] vorzugswürdig, zumal Allergiker an das genaue Lesen des Zutaten-

---

[193] *Groß*, S. 392 f.; *Knörr*, S. 220.
[194] *Long/Cardonnel*, EFLR 1998, S. 11 ff. (19).
[195] *Schroeter*, ZLR 1998, S. 397 ff. (410). *Loosen*, ZLR 2000, S. 434 ff. (441).
[196] Dazu *Böhm*, ZLR 2000, S. 241 ff. (248), die generell Kennzeichnungspflichten für Stoffe befürwortet, die entweder zu erheblichen allergischen Reaktionen führen oder bei größeren Bevölkerungsgruppen Allergien zur Folge haben.
[197] *Groß*, S. 390.
[198] Dazu oben § 3 II.4.c).
[199] *Grube*, S. 260 f.
[200] *Bjerregaard*, EFLR 1998, S. 1 ff. (5).
[201] *Groß*, S. 392.
[202] Bei augenfälligen Kennzeichnungen besteht oft die Gefahr, dass sie zu Lasten des Informationsgehalts gehen; dazu auch *Groß*, S. 392.
[203] So kann eine auffällige Symbolkennzeichnung immer auch als ein allgemeiner Warnhinweis missverstanden werden.

verzeichnisses gewöhnt sind[204]. Ein Hinweis auf den Einsatz von gentechnischen Verfahren im Rahmen von lit. b) ist dabei nicht zwingend erforderlich, da lit. a) UAbs. 3, der eine Angabe des Verfahrens erfordert, im Rahmen von lit. b), der nur auf die Gleichwertigkeit des lit. a) UAbs. 2 verweist, keine Anwendung findet[205]. Zwingend muss also nur auf den allergieauslösenden Stoff an sich und nicht auf das Verfahren, mit dem er in das Lebensmittel gelangt ist, hingewiesen werden.

Mit Blick auf die zugrundeliegende Frage des Kennzeichnungszwecks Gesundheitsschutz oder Verbraucherinformation lässt sich lit. b) eindeutig der Gesundheits- und Risikoinformation zuordnen. Lit. b) vermittelt Risikoinformationen über Stoffe, die die Gesundheit bestimmter Bevölkerungsgruppen beeinflussen können und mit denen im Vergleich zu herkömmlichen Lebensmitteln nicht gerechnet wird. Gegenstand der Informationsvermittlung sind also schon dem Wortlaut nach Gesundheitsinformationen. Außerdem ergänzt lit. b) das Zulassungsverfahren in einem wichtigen Aspekt[206], da die Zulassung in der Regel nur verweigert werden kann, wenn das Lebensmittel generell gesundheitsschädlich ist, unabhängig von einer besonderen Prädisposition von bestimmten Verbrauchergruppen[207]. Die Kennzeichnung nach lit. b) bietet daher den einzelnen gefährdeten Gruppen Hilfe zum Selbstschutz vor (atypischen) Risiken[208]. Entgegen dem eingangs postulierten Kennzeichnungszweck dient lit. b) somit nicht der Sicherstellung der Auswahlfreiheit durch allgemeine Verbraucherinformation, sondern entspricht dem klassischen Bild der Gesundheits- und Risikoinformation[209].

---

[204] Ebenso *Groß*, S. 392; *Grunert*, Korrekte Entscheidung in Kenntnis der Sachlage? Anmerkungen zum Verbraucherleitbild im Weißbuch zur Lebensmittelsicherheit, ZLR 2000, S. 831 ff. (841). Zu den Problemen einer Allergiekennzeichnung im Zutatenverzeichnis und einer eventuellen Produkthaftung *Hammerl*, ZLR 2000, S. 723 ff. (725 ff.).

[205] Im Aufbau des lit. a) stellt UAbs. 1 den „Kennzeichnungstatbestand" dar und UAbs. 3 beschreibt die Art und Weise der „Rechtsfolge". Dagegen stellt UAbs. 2 nur eine eingeschobene Definition der „Gleichwertigkeit" dar. Dies folgt auch daraus, dass UAbs. 3 im Wortlaut („In diesem Fall", „diese veränderten Merkmale oder Eigenschaften") nur auf UAbs. 1 verweist, ohne sich auf UAbs. 2 zu beziehen.

[206] Zur Bedeutung der Ergänzung von Zulassungsverfahren durch Kennzeichnungsregelungen für die Einordnung des Kennzeichnungszwecks oben § 3 II.4.b).

[207] Für die NFVO *Groß*, S. 334 ff. Vgl. auch *Hammerl*, ZLR 2000, S. 723 ff. (724); *Zipfel/Rathke*, Lebensmittelrecht, Band II, Stand Feb. 2000, C 100, § 8 LMBG, Rdnr. 8; *Grube*, S. 211.

[208] *Groß*, S. 335 f.

[209] So auch *Knörr*, S. 220 ff.; *Streinz*, ZUR 1999, S. 16 ff. (18). Vgl. *Meier*, S. 143.

d) Art. 8 Abs. 1 lit. c)

Art. 8 Abs. 1 lit. c) sieht außerdem eine Information der Endverbraucher vor über:

„vorhandene Stoffe, die in bestehenden gleichwertigen Lebensmitteln nicht vorhanden sind und gegen die ethische Vorbehalte bestehen".

Zu prüfen ist zunächst, welche Lebensmittel nach lit. c) gekennzeichnet werden müssen. Wie lit. b) übernimmt auch lit. c) den stoffbezogenen Ansatz und den Verweis auf die „Gleichwertigkeit" von lit. a). Und ähnlich wie lit. b) fehlt auch bei lit. c) eine Eingrenzung der zu kennzeichnenden Stoffe angesichts der nur sehr pauschal bezeichneten „ethischen Vorbehalte"[210]. Eine gewisse Konkretisierung in Bezug auf die zu kennzeichnenden Lebensmittel lässt sich allerdings aus den Erwägungsgründen herleiten. So geht es laut Erwägungsgrund 8 darum, dass „bestimmte Bevölkerungsgruppen mit festen Ernährungsgewohnheiten über Stoffe, ... gegen die ethische Vorbehalte in dieser Bevölkerungsgruppe bestehen, informiert werden". Damit kommen nicht alle in der Bevölkerung vorhandenen ethischen Vorbehalte zum Tragen, sondern nur solche, die von Gruppen mit festen Ernährungsgewohnheiten formuliert werden. Dazu gehören in erster Linie religiös motivierte Vorbehalte, die zur Ablehnung von Produkten führen können, die Gene von bestimmten Tierarten, wie Schweinen, enthalten[211]. Der Wortlaut geht aber über religiöse Motivationen hinaus und umfasst auch allgemein weltanschaulich motivierte ethische Vorbehalte[212], sofern sie von Bevölkerungsgruppen mit festen Ernährungsgewohnheiten, wie beispielsweise Vegetariern[213], stammen.

Trotz dieser Konkretisierung bleibt lit. c) noch zu unbestimmt, um Produzenten von neuartigen Lebensmitteln eine sichere Grundlage zur Kennzeichnung zu bieten. Daher bedarf es, neben einer *de lege ferenda* zu schaffenden Eingrenzung[214], auch einer restriktiven Interpretation[215]. So sind „Vorbehalte", die ja

---

[210] Kritisch dazu *Wahl/Groß*, DVBl. 1998, S. 2 ff. (9); *Streinz*, ZLR 1998, S. 53 ff. (55); *Schroeter*, ZLR 1998, S. 397 ff. (410). Zu der Frage, welche Ethik man einer ethischen Beurteilung zugrunde legt *Honnefelder*, S. 21 ff. (25 ff.).

[211] Dazu *Groß*, S. 393; *Long/Cardonnel*, EFLR 1998, S. 11 ff. (19). Allerdings sehen verschiedene religiöse Gemeinschaften in Europa solche in anderen Produkten enthaltene Tiergene nicht als Verstoß gegen die religiösen Ernährungsvorschriften; dazu *Bjerregaard*, EFLR 1998, S. 1 ff. (6). Hingegen haben religiöse Gruppen in den USA Klagen eingereicht, weil die fehlende Kennzeichnung das Recht auf freie Religionsausübung verletze, da es ohne Kennzeichnung unmöglich sei, religiösen Ernährungsregeln zu folgen. Dazu *Teel*, NYUELJ 2000, S. 649 ff. (660 f.).

[212] *Loosen*, ZLR 2000, S. 434 ff. (440).

[213] So auch *Groß*, S. 393; *Streinz*, ZUR 1999, S. 16 ff. (18); *Bjerregaard*, EFLR 1998, S. 1 ff. (6).

[214] *Sheridan/Coleman*, S. 177 f.

[215] Ebenso *Groß*, S. 393.

stets subjektiv sind, so zu interpretieren, dass sie zumindest präzisierbar und damit für den Produzierenden oder Vertreibenden zu erwarten sein müssen, damit diese sich bei der Kennzeichnung daran orientieren können[216]. Unabhängig von der Frage, ob eine allgemeine Ablehnung der Gentechnologie als „Eingriff in die Schöpfung"[217], was ja durchaus ein ethisch motivierter Vorbehalt ist, angesichts der kritischen Haltung von Verbraucherverbänden gegenüber dem Einsatz von Gentechnik bei der Nahrungsmittelproduktion für die Produzierenden vorhersehbar wäre, würde dies zu einer allgemeinen Verfahrenskennzeichnung führen, was sowohl dem produktbezogenen Ansatz von lit. c), aber auch dem gesamten Kennzeichnungskonzept der NFVO widerspräche und daher abzulehnen ist.

Zu prüfen ist weiterhin, ob lit. c) Verbraucherinformationen oder Gesundheitsinformationen vermitteln soll. Bereits Erwägungsgrund 8 betont, dass Zweck der Kennzeichnung nach lit. c) die Information, und nicht der Gesundheitsschutz, der Verbraucher ist[218]. Gerade bei einer Kennzeichnung aufgrund *ethischer* Vorbehalte einzelner Bevölkerungsgruppen lässt sich nicht ersehen, wie dies dem Gesundheitsschutz dienen könnte, da ethische Bedenken in der Regel keinen Bezug zu Gesundheitsrisiken haben. Die Kennzeichnung nach lit. c) geht außerdem über den allgemeinen Schutz vor Täuschung und Irreführung im Lebensmittelrecht hinaus, der sich an der Verkehrsauffassung orientiert, also an den Erwartungen des Durchschnittsverbrauchers[219]. Art. 8 Abs. 1 lit. c) NFVO schützt aber nicht nur die Erwartungen des Durchschnittsverbrauchers, sondern stellt ausreichende Information sicher, damit auch für untypische Verbraucher mit ethischen Bedenken die Freiheit der selbstbestimmten Ernährungsweise gewährleistet wird[220]. Lit. c) sichert also auch für untypische Verbraucher die Auswahlfreiheit mittels Verbraucherinformation und geht somit weit über den traditionellen Verbraucherschutz hinaus[221]. Damit zeigt sich an lit. c) deutlich das Ergebnis der Weiterentwicklung der Kennzeichnung im Lebensmittelrecht zu einer allgemeinen Verbraucherinformation zur Sicherstellung der Aus-

---

[216] Insbesondere *Streinz,* ZUR 1999, S. 16 ff. (18); ähnlich *Schroeter,* ZLR 1998, S. 397 ff. (410).

[217] So *Cendrovicz,* Europe Environnemental (supplément) 1998, S. 1 ff. (6 f., 9); *Teuber,* 2000, S. 7 ff. (16). Allerdings ist fraglich, ob die Bevölkerungsgruppe, die diesen Einwand erhebt, feste Ernährungsgewohnheiten hat. Vgl. *Sheridan/Coleman,* S. 179 f.

[218] Dazu oben II.2.d). Dagegen bejaht *Knörr,* S. 220, eine Verbindung von ethischer Kennzeichnung und Gesundheitsgefahr in Erwägungsgrund 8, allerdings unter Missachtung von dessen Aufbau und Entstehungsgeschichte. Zur Trennung zwischen Information und Gesundheitsschutz in der Entstehungsgeschichte der NFVO siehe oben Fn. 105; zur Verknüpfung zwischen Kennzeichnung aus ethischen Gründen und dem Informationsbedürfnis auch *Berg,* ZLR 1998, S. 375 ff. (387, Fn. 60).

[219] Siehe dazu *Meyer,* Lebensmittelrecht, 1998, S. 76 f.

[220] *Groß,* S. 151 ff.

[221] *Groß,* S. 153.

wahlfreiheit. Art. 8 Abs. 1 lit. c) entspricht also mit seinem produktbezogenen Ansatz und dem Ziel der Verbraucherinformation der eingangs postulierten These der Kennzeichnung in der NFVO.

e) Art. 8 Abs. 1 lit. d)

Nach Art. 8 Abs. 1 lit. d) müssen Endverbraucher informiert werden über:

„vorhandene genetisch veränderte Organismen, die durch die in der nicht erschöpfenden Liste in Anhang I A Teil 1 der Richtlinie 90/220/EWG genannten Verfahren der Gentechnik genetisch verändert wurden."

Auch lit. d) macht eine Kennzeichnung von Produktunterschieden abhängig, nämlich dem Vorhandensein genetisch veränderter Organismen im Lebensmittel. Unter lit. d) fallen also Lebensmittel, in denen GVO, wie die „Flavr Savr" Tomate[222], vorkommen[223]. Eines Vergleichs mit herkömmlichen Lebensmitteln bedarf es dabei nicht: Das Vorhandensein von GVO stellt *ipse facto* einen Grund dar, die Verbraucher zu informieren[224] und impliziert von vornherein die Ungleichwertigkeit mit einem herkömmlichen Lebensmittel[225].

„Genetisch veränderte Organismen" im Sinne des Art. 8 NFVO sind dabei solche Organismen, die durch eines der in Anhang I A Teil 1 der Freisetzungsrichtlinie 90/220/EWG aufgelisteten Verfahren der Gentechnik verändert wurden. Der Hinweis, dass diese Liste nicht abschließend ist, hat hier nur klarstellende Funktion[226]. Für die Herstellung von GVO kommen also auch andere

---

[222] Die „Flavr Savr" Tomate der Firma Calgene in Kalifornien wurde in Deutschland unter dem Stichwort „Anti-Matsch"-Tomate bekannt, da bei ihr die sogenannten „Matschgene" entfernt wurden, was sowohl dem Aroma der nun reif gepflückten Tomate als auch ihrer Haltbarkeit zugute kommen sollte. Inzwischen wurde die Tomate wegen ihre Inkompatibilität mit Ernte- und Verpackungsmaschinen vom Markt genommen. Ausführlich dazu *Groß*, S. 70 f.; zu Risiken der „Flavr Savr" Tomate auch *Meyer*, ZLR 1996, S. 403 ff. (413 ff.).

[223] Nach Art. 9 Abs. 1 NFVO entfällt dagegen eine Kennzeichnung von GVO nach der Art. 11 Abs. 1 und 14 der RL 90/220/EWG. Lebensmittel, die GVO im Sinne der Freisetzungsrichtlinie enthalten oder aus solchen bestehen werden also nur nach Art. 8 Abs. 1 lit. d) NFVO gekennzeichnet, die für Lebensmittel die Kennzeichnung nach der Freisetzungsrichtlinie ersetzt; vgl. auch *Streinz,* ZLR 1996, S. 123 ff. (135); *Streinz,* EuZW 1997, S. 487 ff. (490); *Toussaint,* ZLR 1998, S. 81 ff. (84).

[224] So auch Erwägungsgrund 8 der NFVO, (a.E.). Das Vorliegen von GVO könnte zwar auch als Teil der Zusammensetzung nach Art. 8 Abs. 1 lit. a) gewertet werden. In Fall von GVO ist lit. d) aber *lex specialis*, da er ausdrücklich die Kennzeichnung bei Vorhandensein von GVO regelt; ebenso *Groß*, S. 392; *Dederer,* EWS 1999, S. 247 ff. (252).

[225] Dies bestätigt auch Erwägungsgrund 16 der VO 1139/98, der schon aus dem Vorhandensein von DNA(-Resten) folgert, dass solche Lebensmittel nicht gleichwertig sind. Dies muss dann erst recht für neuartige Lebensmittel gelten, die komplette GVO enthalten.

[226] Auch Anhang I A Teil 1 selbst ist nicht abschließend formuliert.

Verfahren in Betracht, solange dabei Zellen mit genetischem Erbmaterial entstehen, die unter natürlichen Bedingungen nicht auftreten[227]. GVO im Sinne der NFVO sind also Organismen, deren genetisches Material so verändert worden ist, wie es auf natürliche Weise durch Kreuzen und/oder natürliche Rekombination nicht möglich ist, wobei als Organismus jede biologische Einheit gilt, die fähig ist, sich zu vermehren oder genetisches Material zu übertragen[228]. Nach lit. d) müssen also auch nicht lebende GVO gekennzeichnet werden[229], sofern sie in der Lage sind, genetisches Material zu übertragen[230]. Dagegen entfällt eine Kennzeichnung für Lebensmittel, die nur aus GVO hergestellt wurden, ohne diese zu enthalten[231], da lit. d) im Gegensatz zu einer Verfahrenskennzeichnung auf das Vorhandensein bestimmter Produktmerkmale, nämlich GVO, abstellt[232].

Zu prüfen ist wiederum, ob die Kennzeichnung nach lit. d) der Verbraucher- oder Risikoinformation dient. Der Wortlaut von lit. d) enthält keine Hinweise auf den Kennzeichnungszweck Gesundheitsschutz. Tatsächlich wird die gesundheitliche Unbedenklichkeit der GVO bereits durch die Einhaltung des in der RL 90/220/EWG vorgesehenen Genehmigungsverfahrens sowie durch das einheitliche Prüfungsverfahren der NFVO vorausgesetzt[233]. Dafür, dass lit. d) eventuelle Lücken im Gesundheitsschutz im Wege der Informationsvermittlung schließen soll, gibt es keine Hinweise. Dies entspricht auch dem Befund aus Erwägungsgrund 8 Satz 6, wonach Verbraucher als *zusätzliche Anforderung* über das Vorhandensein von GVO in Lebensmitteln im Wege der Kennzeichnung unterrichtet werden müssen, die unabhängig von der gesundheitlichen Unbedenklichkeit ist. Die klare Trennung zwischen Gesundheitsschutz im Wege des Genehmigungsverfahrens und Verbraucherinformation im Wege der Etikettierung innerhalb des Erwägungsgrundes betont ebenfalls den Informationszweck der Kennzeichnungsregelung. Da lit. d) keine entgegenstehenden Anhaltspunkte enthält, ist hier von einer Kennzeichnung aus Gründen der Verbraucherinformation auszugehen.

---

[227] Vgl. die Definition von GVO in Art. 2 Abs. 2 RL 90/220/EWG: „ein Organismus, dessen genetisches Material so verändert worden ist, wie es auf natürliche Weise durch Kreuzen und/oder natürliche Rekombination nicht möglich ist."

[228] Dazu ausführlich oben II.1.

[229] Ausführlich *Groß*, S. 220 f. A. A. *Long/Cardonnel*, EFLR 1998, S. 11 ff. S. 20. Es käme aber eine Kennzeichnung nach lit. a) aufgrund der Ungleichwertigkeit durch Proteine und DNA-Reste in Frage; vgl. *Meyer*, Lebensmittelrecht, 1998, S. 71.

[230] Dazu bereits oben II.1.

[231] *Long/Cardonnel*, EFLR 1998, S. 11 ff. (20); *Streinz*, ZUR 1999, S. 16 ff. (18).

[232] Ebenso *Meier*, S. 123.

[233] Vgl. auch Erwg. 8 S. 4, 5. Dazu siehe oben I.3.

§ 4 Die Novel Food-Verordnung

f) Zwischenergebnis

Zusammenfassend lässt sich festhalten, dass es sich bei den Kennzeichnungstatbeständen des Art. 8 Abs. 1 ausnahmslos um produktbezogene Regelungen handelt, die auf das Vorhandensein bestimmter Stoffe oder Charakteristika im Endprodukt abstellen[234]. Nicht durchgesetzt hat sich damit die Forderung des Parlaments nach einer umfassenden Verfahrenskennzeichnung[235].

In Bezug auf den Kennzeichnungszweck ist eine Teilung von Art. 8 NFVO festzustellen. Der Inhalt der Kennzeichnungsregelungen in lit. a) (Kennzeichnung wegen Ungleichwertigkeit), lit. c) (Ethikkennzeichnung) und lit. d) (GVO-Kennzeichnung) legt nahe, dass diese eindeutig der allgemeinen Verbraucherinformation und nicht dem Gesundheitsschutz dienen[236]. Dagegen spricht auch nicht, dass es sich bei der NFVO um einen harmonisierten Bereich handelt, in dem die gegenseitige Anerkennung also nicht notwendigerweise durch Kennzeichnung sicherzustellen ist[237]. Wie gezeigt hat sich die Verbraucherinformation als allgemeines Regelungsziel der EG verselbständigt, so dass sie auch im harmonisierten Bereich eine Rolle spielt[238]. Insbesondere die beiden Tatbestände aus lit. a) und d) informieren die Verbraucher über die gentechnische Veränderung in Lebensmitteln, sei es in Form von DNA-Resten und Proteinen oder GVO, um ihnen eine informierte Auswahlentscheidung zu ermöglichen. Überzeugende Argumente dafür, dass hier eine Gesundheits- und Risikoinformation vermittelt werden soll, gibt es dagegen nicht. Stattdessen hat sich hier die in den Erwägungsgründen festgestellte Intention des Normgebers in der objektiven Regelung niedergeschlagen.

Dagegen dient der Tatbestand des lit. b) schon nach dem Wortlaut dem Gesundheitsschutz der Bevölkerung. Durch die im Wege der Kennzeichnung gegebene Gesundheits- und Risikoinformation sollen bestimmte Verbrauchergruppen sich selbst vor „atypischen" Gesundheitsgefahren schützen. Insofern stellt lit. b) eine Ergänzung zum Zulassungsverfahren dar, welches Gefahren für die Allgemeinheit der Verbraucher verhindern soll.

Nach dem materiellen Inhalt der Kennzeichnungsregelungen ist im Folgenden der Zusammenhang zwischen Kennzeichnung und Zulassungsverfahren noch näher zu untersuchen. Dabei ist zu klären, ob die Kennzeichnungspflicht allgemein nur im Rahmen der Zulassung besteht, was entgegen der bisherigen An-

---

[234] Ebenso *Bjerregaard*, EFLR 1998, S. 1 ff. (5); *Cozigou*, RMUE 1997, S. 67 ff. (79). Vgl. auch *Rücker*, S. 136.
[235] Dazu oben I.2.d); sowie *Grube*, S. 239 f. Vgl. auch *Saint*, EFLR 1997, S. 377 ff. (386).
[236] Im Ergebnis ebenso *Dannecker*, S. 425 ff. (428); *Sheridan/Coleman*, S. 171; *Matthee*, EELR 2001, S. 183 ff. (186).
[237] Vgl. *Streinz*, EFLR 1994, S. 155 ff. (165).
[238] Dazu oben § 2 I.5.

nahme eine Risikokennzeichnung nahe legen würde, oder ob sie davon unabhängig ist, was wiederum die These der Verbraucherinformation stützen würde.

3. Reichweite der Kennzeichnungsregelung und Verhältnis zur Zulassung

a) Die Kennzeichnung im Verhältnis zu den Zulassungsverfahren

Die NFVO hat sich in Abkehr vom lebensmittelrechtlichen Missbrauchsprinzip[239] für die Einführung präventiver Eröffnungskontrollen mittels Anzeige- und Genehmigungsverfahren für das Inverkehrbringen von neuartigen Lebensmitteln entschieden[240]. Maßgebliches Instrument dieser Eröffnungskontrolle ist das Genehmigungsverfahren nach den Art. 3, 4, 6 und 7 NFVO, worunter Lebensmittel fallen, die GVO enthalten oder aus solchen bestehen[241] oder die aus GVO hergestellt wurden, ohne sie zu enthalten, und mit herkömmlichen Lebensmitteln nicht in Bezug auf Zusammensetzung, Nährwert, Stoffwechsel, Verwendungszweck, oder Gehalt an unerwünschten Stoffen im wesentlichen gleichwertig sind[242].

Die Kennzeichnung des neuartigen Lebensmittels spielt dabei bereits während des Genehmigungsverfahrens eine Rolle. So muss der Antragsteller in seinem Antrag auf Genehmigung zunächst die in Art. 6 Abs. 1 geforderten risikorelevanten Informationen[243] in Form von Studien beibringen, die nachweisen, dass das Lebensmittel den in Art. 3 Abs. 1 genannten Anforderungen, also insbesondere der Unbedenklichkeit für den Verbraucher auch in Bezug auf seine Gesundheit, entspricht[244]. Dieser Nachweis umfasst somit die Risikobewertung durch den Antragsteller, an die das staatliche Risikomanagement anknüpft[245]. Daneben sieht Art. 6 Abs. 1 vor, dass der Antragsteller auch einen geeigneten Vorschlag für eine Etikettierung entsprechend den Anforderungen des Art. 8 zu unterbreiten hat[246].

---

[239] Dazu *Streinz*, ZLR 1998, S. 19 ff. (21 f.). Kritisch noch *Streinz*, ZLR 1992, S. 233 ff. (263). Gegen die Kritik eines „ungerechtfertigten Systemwechsels" zu Recht *Wahl/Groß*, DVBl. 1998, S. 2 ff. (6).

[240] Das Zulassungsverfahren soll hier nur in dem Maße erläutert werden, wie es für die Frage der Kennzeichnung relevant ist. Für eine ausführliche und umfassende Darstellung der Produktzulassung nach der NFVO siehe *Groß*, insbesondere S. 205 ff., 258 ff., 280 ff., 310 ff., 324 ff. und 346 ff. Außerdem *Meier*, S. 109 ff.; *Wahl/Groß*, DVBl. 1998, S. 2 ff. (5 ff.); *Dannecker*, ZLR 1998, S. 425 ff. (427).

[241] Art. 1 Abs. 2 lit. a).

[242] Art. 1 Abs. 2 lit. b) iVm. Art. 3 Abs. 4.

[243] Vgl. Anforderungen für Produktklassen 3.1–5.2 in den Tabellen bei *Groß*, S. 286 ff. Insbesondere für Produkte nach Art. 1 Abs. 2 lit. a), die GVO enthalten, müssen nach Art. 9 die Ergebnisse der Freisetzungen und Studien von Risiken für menschliche Gesundheit und Umwelt beigefügt werden.

[244] Dazu *Rehbinder*, ZUR 1999, S. 6 ff. (10).

[245] *Groß*, S. 375; *Schlacke*, ZUR 1996, S. 285 ff. (290).

[246] Dazu *Wahl/Groß*, DVBl. 1998, S. 2 ff. (7); *Schroeter*, ZLR 1998, S. 39 ff. (40).

Nach abgeschlossener Erstprüfung durch den Mitgliedstaat, an den der Antrag gerichtet wurde, erstellt dieser einen Bericht, aus dem hervorgeht, ob eine ergänzende Prüfung nach Art. 7 erforderlich ist[247]. Gegen diesen Bericht können sowohl die Kommission als auch die übrigen Mitgliedstaaten innerhalb einer Frist von 60 Tagen Einwände erheben, die sich nach Art. 6 Abs. 4 S. 3 auch gegen die geplante Etikettierung des Lebensmittels richten können. Durch solche Einwände wird das „Kommissionsgenehmigungsverfahren" nach Art. 7 iVm. Art. 13 ausgelöst[248], welches zur Entscheidung über eine Genehmigung auf Gemeinschaftsebene führt[249]. Bei dieser Entscheidung können auch die spezifischen Etikettierungsanforderungen gemäß Art. 8 NFVO festgeschrieben werden[250].

Im Gegensatz zum Genehmigungsverfahren gilt das Anzeigeverfahren gemäß Art. 3 Abs. 4 iVm. Art. 5 nur für Lebensmittel oder Lebensmittelzutaten gemäß Art. 1 Abs. 2 lit. b), d) und e). Gentechnisch veränderte Lebensmittel betrifft dabei lediglich lit. b), der Lebensmittel und Lebensmittelzutaten umfasst, die aus GVO hergestellt wurden, ohne solche zu enthalten[251]. Das Anzeigeverfahren ist aber nur einschlägig, wenn die betroffenen neuartigen Lebensmittel nach den verfügbaren und allgemein anerkannten wissenschaftlichen Befunden oder aufgrund einer Stellungnahme der in Art. 4 Abs. 3 genannten Stellen mit herkömmlichen Lebensmitteln hinsichtlich ihrer Zusammensetzung, ihres Nährwerts, ihres Stoffwechsels, ihres Verwendungszwecks und ihres Gehalts an unerwünschten Stoffen im wesentlichen gleichwertig sind[252]. Das Anzeigeverfahren greift damit das Konzept der wesentlichen Gleichwertigkeit auf, welche im Falle des Vorliegens die Annahme der Unbedenklichkeit eines neuartigen Lebensmittels bewirkt, ohne eine eigenständige ernährungswissenschaftliche Bewertung darzustellen[253]. Dagegen kann von einer wesentlichen Gleichwertigkeit nicht mehr ausgegangen werden, sobald bei den erwähnten Kriterien Unterschiede zu beobachten sind, die sich auf die menschliche Ernährung auswirken können[254].

Sofern die Lebensmittel die Anforderungen des Art. 3 Abs. 4 erfüllen, bedarf es lediglich einer Unterrichtung der Kommission über das Inverkehrbringen,

---

[247] Art. 6 Abs. 2, 3. Dazu *Sheridan/Coleman*, S. 135 ff.
[248] *Wahl/Groß*, DVBl. 1998, S. 2 ff. (7); *Groß*, S. 387.
[249] Dazu ausführlich *Groß*, S. 299 ff.; *Wahl/Groß*, DVBl. 1998, S. 2 ff. (8); *Sheridan/Coleman*, S. 136 ff.
[250] Art. 7 Abs. 2 3. Spiegelstrich.
[251] Siehe bereits oben II.1.
[252] Art. 3 Abs. 4. Dazu *Groß*, S. 313 ff.; *Schroeter*, ZLR 1998, S. 39 ff. (48 f.); *Loosen*, ZLR 2000, S. 434 ff. (440).
[253] Empfehlung der Kommission vom 29. Juli 1997, ABl. L 253 vom 16.9.97, S. 1 ff. (5 f.). Detailliert dazu *Schauzu*, ZUR 1999, S. 3 ff. (4).
[254] So *Groß*, S. 314. Vgl. auch *Schroeter*, ZLR 1998, S. 39 ff. (49); *Schroeter*, ZLR 1997, S. 373 ff. (380).

ohne dass eine vorherige Zustimmung nötig ist[255]. Die geringere Kontrollintensität des Anzeigeverfahren trägt damit dem geringeren Kontrollbedürfnis gegenüber Lebensmitteln Rechnung, die mit herkömmlichen Lebensmitteln im Wesentlichen gleichwertig sind[256]. Zu beachten ist, dass die NFVO keine Überleitungsmöglichkeit zwischen dem Genehmigungs- und dem Anzeigeverfahren geschaffen hat[257]. Beide Verfahrensarten werden strikt getrennt gehalten, was der unterschiedlichen Risikobewertung der betroffenen Produkte Rechnung trägt.

Allerdings spielt die Kennzeichnungspflicht auch für das Anzeigeverfahren eine Rolle[258]. Dies ergibt sich zum einen direkt aus der Formulierung des Art. 8, dessen Wortlaut eine Kennzeichnungspflicht vorsieht, ohne dabei nach der Art des Zulassungsverfahrens zu differenzieren[259]. Außerdem wurde im Vermittlungsausschuss auf Druck des Parlaments in Art. 5 Abs. 2 der ausdrückliche Verweis auf Art. 8 verankert[260], der nun klarstellt, dass die Kennzeichnungspflicht auch im Anzeigeverfahren gilt[261]. Damit entscheidet der Inverkehrbringende in eigener Verantwortung über das „Ob" und „Wie" der Kennzeichnung[262], allerdings unter Beachtung der zwingenden Vorgaben des Art. 8. Trotz der wesentlichen Gleichwertigkeit seiner Produkte mit herkömmlichen Lebensmitteln muss der Inverkehrbringende in Bezug auf die Kennzeichnung immer

---

[255] Art. 5. Der Norm ist dabei nicht einmal eine Wartefrist zu entnehmen, so dass ein Inverkehrbringen bereits unmittelbar nach der Unterrichtung der Kommission bzw. zeitgleich dazu möglich ist. *Schroeter*, ZLR 1998, S. 39 ff. (50) geht sogar davon aus, dass der Wortlaut eine *nachträgliche* Unterrichtung erlaubt. Kritisch dazu *Groß*, S. 310 f., der außerdem aufgrund der fehlenden Wartefrist zu Recht darauf hinweist, dass es sich um ein *Anzeige-* und nicht, wie in der Literatur vielfach behauptet wird, um ein Anmeldeverfahren handelt. Zur Rolle von Anzeigeverfahren im Umweltrecht auch *Ladeur*, S. 194 ff.
[256] So auch *Groß*, S. 316; *Rehbinder*, ZUR 1999, S. 6 ff. (11); *Schroeter*, ZLR 1998, S. 39 ff. (51).
[257] *Groß*, S. 311 f. Auch Art. 3 Abs. 4 UAbs. 2 sieht nur eine Prüfung im Verfahren nach Art. 13 vor, ob ein Lebensmittel in den Anwendungsbereich des Anzeigeverfahrens fällt. Es folgt daraus aber weder eine Überleitung in ein Genehmigungsverfahren, noch wird geklärt, was mit dem inzwischen bereits auf dem Markt befindlichen neuartigen Lebensmittel zu geschehen hat.
[258] Ebenso *Francer*, VAJSPL 2000, S. 257 ff. (284).
[259] *Groß*, S. 388 f. führt außerdem an, dass Art. 3 Abs. 4 nur auf das „Verfahren des Art. 5" verweise, also nur das *Genehmigungs-* durch das *Anzeigeverfahren* ersetze, was aber die materiell-rechtlichen Vorgaben des Art. 8 unberührt lasse. Dabei wird m. E. zu wenig berücksichtigt, dass Art. 3 Abs. 2 die „Verfahren der Art. 4, 6, 7 und 8" erwähnt, eine trennscharfe Abgrenzung zwischen „Verfahren" und „materiellen Anforderungen" des Art. 8 durch die NFVO also gerade nicht gemacht wird.
[260] Siehe dazu oben I.2.h).
[261] *Cozigou*, RMUE 1997, S. 67 ff. (78).
[262] *Groß*, S. 310; *Schroeter*, ZLR 1997, S. 373 ff. (381).

prüfen, ob auch die weitergehende Anforderung der „Gleichwertigkeit" erfüllt ist, wenn er eine Kennzeichnung nach Art. 8 Abs. 1 lit. a) vermeiden will[263].

Die Kennzeichnung ist aber auch außerhalb der Zulassungsverfahren der NFVO von Bedeutung. So müssen nach Art. 3 Abs. 2 UAbs. 2 NFVO Lebensmittel, die aus Pflanzensorten gewonnen wurden, für die die Richtlinien 70/457/EWG und 70/458/EWG gelten, nach den in diesen Richtlinien vorgesehenen Verfahren zugelassen werden, wobei die in der NFVO festgelegten Prüfungsgrundsätze und die in Art. 3 Abs. 1 festgelegten Kriterien berücksichtigt werden müssen. Die eigentliche Genehmigung erfolgt also nicht nach der NFVO. Trotzdem gilt aber die Kennzeichnungspflicht für diese Lebensmittel gemäß Art. 8 NFVO weiter[264].

Nach der Darstellung des Zusammenhangs zwischen Kennzeichnung und Zulassungsverfahren ist nun zu prüfen, ob der Zusammenhang zwischen Zulassungsverfahren als Maßnahme des Risikomanagements und der Kennzeichnung so eng ist, dass insgesamt von einer Gesundheits- und Risikokennzeichnung im Sinne einer Risikokommunikation auszugehen ist[265]. Wie gezeigt, gilt die Kennzeichnungspflicht nach Art. 8 NFVO gleichermaßen im Genehmigungs- wie im Anzeigeverfahren und entfaltet sogar Wirkung über den Bereich dieser Zulassungsverfahren hinaus. Aus der Tatsache, dass die Kennzeichnung bereits im Genehmigungs- und im Anzeigeverfahren berücksichtigt wird, kann aber nicht geschlossen werden, dass die Kennzeichnungsverpflichtung aus Art. 8 nur nach Maßgabe der dortigen Bestimmungen gelten soll. Art. 8 ist keineswegs nur ein unselbständiger Abschnitt der verschiedenen Zulassungsverfahren, sondern begründet eine selbständige Pflicht zur Kennzeichnung, unabhängig von der Art des Zulassungsverfahrens[266]. Dafür spricht zum einen der Wortlaut des Art. 8, der die „Unterrichtung der Endverbraucher" nicht nach Maßgabe eines bestimmten Zulassungsverfahrens, sondern umfassend sicherstellen soll. Zum anderen spricht dafür die Formulierung des achten Erwägungsgrundes, der eine grundsätzliche Trennung zwischen Kennzeichnung zu Informationszwecken und dem Zulassungsverfahren zur Sicherstellung des Gesundheitsschutzes enthält[267].

---

[263] Dazu oben II.2.b).
[264] Art. 3 Abs. 2 UAbs. 2 2. Hs.; dazu *Groß*, S. 318 ff., 321 f.; *Rehbinder*, ZUR 1999, S. 6 ff. (10); *Long/Cardonnel*, EFLR 1998, S. 11 ff. (16).
[265] Dazu oben § 3 II.4.b).
[266] Ebenso *Groß*, S. 387 ff.; *Cozigou*, RMUE 1997, S. 67 ff. (78).
[267] Dazu oben I.3. Dies entspricht auch der Feststellung der Kommission im Grünbuch zur Lebensmittelsicherheit, wo betont wird, dass es die Verpflichtung zur „Wahrung des hohen Schutzniveaus" verbiete, unsichere Lebensmittel oder Lebensmittelproduktionsmethoden zuzulassen und lediglich kennzeichnungspflichtig zu machen; siehe *Streinz*, ZLR 1998, S. 145 ff. (163). Im Ergebnis ebenso *Quintillán*, JWT 1999, S. 147 ff. (179 f.).

Dem steht auch nicht die Regelung im Genehmigungsverfahren entgegen, dass die genaue Kennzeichnung zunächst im Antrag nach Art. 6 aufgeführt wird und die Kommission die spezifischen Anforderungen nach Art. 7 Abs. 2 festlegen kann. Der Antragsteller ist bei der Formulierung seines Vorschlages von vornherein an die Regelung des Art. 8 gebunden, da Art. 6 Abs. 1 ausdrücklich klarstellt, dass der Vorschlag für die Etikettierung den Anforderungen des Art. 8 entsprechen muss[268]. Auch die Kommission kann die Kennzeichnungspflicht durch eine Festlegung der spezifischen Anforderungen gemäß Art. 7 Abs. 2 3. Spiegelstrich nicht aufheben[269], da die Entscheidung an die bestehenden „Etikettierungsanforderungen gemäß Art. 8" anknüpft. Die Kommission kann hier zwar konkretisierend eingreifen, die Vorgaben aus Art. 8 kann sie dem Antragsteller aber nicht erlassen[270]. Auch die Bezugnahme auf *etwaige* Durchführungsbestimmungen" in Art. 8 Abs. 3 führt nicht dazu, dass die Kennzeichnungspflicht von deren Erlass abhängig sein soll[271], da der Wortlaut zeigt, dass der Erlass von Durchführungsbestimmungen durchaus nicht als notwendig gesehen wird, um der Kennzeichnungspflicht Geltung zu verschaffen[272]. Somit ist die Kennzeichnungspflicht des Art. 8 NFVO als selbständige Pflicht des Inverkehrbringenden zu begreifen und nicht nur als unselbständiger Teil des Zulassungsverfahrens.

Aber auch die Systematik der NFVO trägt diese Auffassung. So gilt die Kennzeichnung gleichermaßen im Anzeige- und im Genehmigungsverfahren, obwohl die zugrundeliegende Risikobewertung und die korrelierende Prüfungsintensität grundsätzlich unterschiedlich sind[273], und beide Zulassungsverfahren von der NFVO streng getrennt gehalten werden. Ein Zusammenhang zwischen einem möglichen Risiko und der Kennzeichnung besteht also nicht. Dies bestätigt die bereits festgestellte grundsätzliche Trennung zwischen der Zulassung auf der einen Seite, die den Aspekten der Risikovorsorge und dem Gesundheitsschutz Rechnung trägt[274], und der Kennzeichnung auf der anderen Seite, welche unabhängig davon der Verbraucherinformation dient, ohne dass es, mit Ausnahme des Art. 8 Abs. 1 lit. b)[275], auf die Frage des Gesundheitsrisikos an-

---

[268] So auch *Groß*, S. 387. Ebenso *Wahl/Groß*, DVBl. 1998, S. 2 ff. (9), die ebenfalls eine eigenständige Kennzeichnungspflicht aus Art. 8 annehmen.

[269] *Groß*, S. 388 f.

[270] So auch *Groß*, S. 388, der darauf hinweist, dass „spezifisch" in diesem Zusammenhang als „auf den Einzelfall zugeschnitten" zu begreifen ist.

[271] So auch *Lange*, NUR 1999, S. 247 ff. (250). Kritisch zur „Bestimmtheit" und damit zur unmittelbaren Vollziehbarkeit des Art. 8 *Schroeter*, ZLR 1998, S. 397 ff. (411 f.); *Schroeter*, ZLR 1997, S. 373 ff. (389).

[272] Ebenso *Schroeter*, ZLR 1998, S. 397 ff. (411); *Streinz*, ZLR 1998, S. 19 ff. (27).

[273] Ebenso *Streinz*, EuZW 1997, S. 487 ff. (490); *Streinz*, ZLR 1996, S. 123 ff. (132); *Schlacke*, ZUR 1996, S. 285 ff. (286).

[274] Ebenso *Streinz*, ZLR 1998, S. 413 ff. (423).

[275] Dazu oben II.2.c).

kommt. Auch die ausdrückliche Anwendung des Art. 8 außerhalb des Zulassungsverfahrens der NFVO für Lebensmittel aus Pflanzensorten nach den RL 70/457/EWG und 70/458/EGW ließe sich kaum begreifen, wenn die Kennzeichnungspflicht nur als unselbständiger Teil des Anzeige- oder Genehmigungsverfahrens gesehen würde.

Der Zusammenhang zwischen Kennzeichnung und Zulassungsverfahren ist daher nicht eng genug, um in Bezug auf Art. 8 insgesamt von einer Gesundheits- und Risikokennzeichnung auszugehen. Stattdessen bestätigt die Zusammenschau mit dem Zulassungsverfahren, dass die Kennzeichnung weitgehend unabhängig ist, und mit Ausnahme von Art. 8 Abs. 1 lit. b) auch keinen Bezug zum Gesundheitsschutz aufweist, der vielmehr im Wege der Zulassungsverfahren sichergestellt wird. Der Zusammenhang zwischen Kennzeichnung und Zulassungsverfahren stellt also das bisherige Ergebnis, dass die Kennzeichnung mit Ausnahme von Art. 8 Abs. 1 lit. b) der Verbraucherinformation dient, nicht in Frage. Im Folgenden soll der Vollständigkeit halber noch auf die Reichweite der Kennzeichnungspflicht eingegangen werden.

b) Reichweite der Kennzeichnungspflicht

Wie gezeigt, gilt die Kennzeichnungspflicht nach Art. 8 unabhängig von der Art des Zulassungsverfahrens. Allerdings kann aus anderen Gründen eine Kennzeichnungspflicht entfallen. So könnte sich eine Ausnahme von der Kennzeichnungspflicht aus der Freistellungsklausel des Art. 3 Abs. 3 für Produkte ergeben, die aus GVO, die gemäß der NFVO in Verkehr gebracht wurden, hergestellt wurden[276]. Allerdings schließt Art. 3 Abs. 3 die Kennzeichnung nicht direkt aus, sondern nur die Anwendung des Genehmigungsverfahrens nach Art. 3 Abs. 2, der seinerseits wieder auf Art. 8 verweist[277]. Daraus kann aber nicht zwingend geschlossen werden, dass damit die Kennzeichnungspflicht entfällt[278].

Dagegen spricht zum einen die Eigenständigkeit der Kennzeichnungsverpflichtung gegenüber dem Zulassungsverfahren[279]. Hinzu kommt aber auch die dem Art. 3 Abs. 3 zugrunde liegende *ratio*, der lediglich verhindern soll, dass

---

[276] Ein Beispiel dafür ist das aus transgenen Tomaten gewonnenes Tomatenmark, sofern sich darin noch DNA-Reste finden. Dazu und zum folgenden *Streinz*, ZLR 1996, S. 123 ff. (137). Nicht zu folgen ist *Streinz* allerdings in der Auffassung, der für die Herstellung des Lebensmittels nach Art. 3 Abs. 3 verwendete GVO, der *„gemäß dieser Verordnung in Verkehr gebracht wird"*, würde im Anzeigeverfahren nach Art. 5 zuzulassen sein. Für GVO, die selbst Lebensmittel sind, ist das „Genehmigungsverfahren" nach Art. 3 Abs. 2 insoweit zwingend. Vgl. *Groß*, S. 277; ebenso *Meier*, S. 110.
[277] *Groß*, S. 389.
[278] Zweifelnd insoweit *Streinz*, ZLR 1996, S. 123 ff. (130, 137), allerdings noch zum Gemeinsamen Standpunkt. Vgl. auch *Meier*, S. 123.
[279] So auch *Groß*, S. 389.

ein aufwendiges Genehmigungsverfahren für ein Lebensmittel durchgeführt wird, dessen Grundstoff, nämlich ein GVO, bereits Gegenstand eines ausführlichen Genehmigungsverfahrens nach der NFVO war[280]. Damit entfällt in der Regel das Bedürfnis einer nochmaligen Prüfung[281]. Davon getrennt ist aber die Frage der Verbraucherinformation. Auch wenn der ursprünglich zugrunde liegende GVO gemäß der NFVO geprüft, genehmigt und gekennzeichnet wurde, muss der Verbraucher über dessen Vorliegen in einem *neuen Produkt* genauso informiert werden wie bei dem Vorhandensein von Resten eines GVO, der vorher nicht Gegenstand eines Genehmigungsverfahrens war. Ansonsten liefe die Kennzeichnungspflicht für Produkte, die aus GVO hergestellt werden, welche ihrerseits neuartige Lebensmittel sind, leer. Dies wäre aber mit der Zielsetzung der Kennzeichnungspflicht, die Verbraucher angemessen zu informieren, nicht vereinbar[282].

Ausgenommen von der Kennzeichnungspflicht könnten ferner Lebensmittelzusatzstoffe, Aromen und Extraktionslösungsmittel sein[283], die durch Art. 2 Abs. 1 aus dem Anwendungsbereich der NFVO fallen, sofern durch die entsprechenden Richtlinien das Sicherheitsniveau der NFVO eingehalten wird[284]. Dagegen wird z.T. eine entsprechende Anwendung des Art. 8 Abs. 1 lit. b) gefordert, falls gesundheitlich unmittelbar relevante Änderungen vorgenommen wurden. Dies folge aus dem Vorbehalt bezüglich des Sicherheitsniveaus der NFVO[285]. Der Wortlaut von Art. 2 Abs. 1, 2 spricht allerdings eher für einen abstrakten Vergleich der Sicherheitsniveaus der NFVO und der Richtlinien. Sofern diese das Sicherheitsniveau der NFVO aber unterschreiten, gilt nicht nur Art. 8 Abs. 1 lit. b), sondern die gesamte NFVO. Der an dieser Kennzeichnungslücke schon im Rechtsetzungsverfahren[286] vorgetragenen Kritik, dass ausgerechnet im am weitesten fortgeschrittenen Bereich des Einsatzes der Gentechnik[287] eine Kennzeichnung entfallen sollte[288], wurde durch den Erlass der VO 50/2000 weitgehend Rechnung getragen[289].

---

[280] Vgl. auch *Schroeter*, ZLR 1998, S. 39 ff. (48).
[281] Dies entspricht dem von der Kommission im Grünbuch zu den Allgemeinen Grundsätzen des Lebensmittelrechts formulierten Ziel, „unnötige Doppelarbeit" zu vermeiden; dazu *Berg*, ZLR 1998, S. 375 ff. (390).
[282] Im Ergebnis ebenso *Groß*, S. 388 f.
[283] *Groß*, S. 251; *Grube*, S. 230 ff., 236 f.
[284] Dazu oben Fn. 139, sowie *Groß*, S. 238 ff.
[285] So *Streinz*, ZUR 1999, S. 16 ff. (18); *Streinz*, EuZW 1997, S. 487 ff. (489, 491).
[286] Vgl. oben I.2.d).
[287] *Simon*, 1993, S. 81 ff. (86); *Groß*, S. 241.
[288] Zur Kritik *Grube*, S. 230; *Groß*, S. 241; ablehnend auch *Lange*, NUR 1999, S. 247 ff. (248).
[289] So auch *Groß*, S. 251. Dazu unten § 6.

4. Art und Weise der Kennzeichnung

a) Allgemeine Kennzeichnungsanforderungen

Zu prüfen ist schließlich, ob sich der Kennzeichnungszweck in Bezug auf Verbraucher- oder Risikoinformation auch in der Art und Weise der Kennzeichnung niedergeschlagen hat. Art. 8 NFVO selbst enthält keine Vorgaben bezüglich der Art und Weise der Kennzeichnung[290]. Auch eine Konkretisierung der Kennzeichnungsanforderungen durch den Erlass von Durchführungsbestimmungen nach Art. 8 Abs. 3 ist bislang nicht erfolgt. Trotzdem steht die Art und Weise der Kennzeichnung nicht gänzlich im Belieben des Inverkehrbringenden, sondern wird zum Teil durch Anforderungen außerhalb der NFVO bestimmt. Nach Art. 8 Abs. 1 gelten die Kennzeichnungsvorschriften der NFVO „unbeschadet der übrigen Anforderungen der gemeinschaftlichen Rechtsvorschriften für die Etikettierung von Lebensmitteln". Damit sind die Anforderungen des allgemeinen Kennzeichnungsrechts weiter anwendbar[291], was insbesondere die Etikettierungsrichtlinie[292] umfasst[293]. Danach muss die Kennzeichnung „an gut sichtbarer Stelle", „leicht verständlich", „deutlich lesbar" und „unverwischbar" angebracht sein[294]. Außerdem gilt nach der Etikettierungsrichtlinie das Irreführungsverbot, weswegen ein Kennzeichnungswortlaut wie *„mit moderner Biotechnologie ernährungsphysiologisch optimiert"* für gentechnisch hergestellte Lebensmittel unzulässig sein dürfte[295].

Weitergehende Anforderungen an die Art und Weise der Kennzeichnung nach Art. 8 werden aber nicht gestellt, so dass sich daraus keine sicheren Schlüsse für die Beurteilung des Kennzeichnungszwecks ziehen lassen. Festzuhalten ist allerdings, dass ein Warnhinweis augenscheinlich nicht intendiert war, da dieser einer ausdrücklichen Regelung bedurft hätte, zumal nicht anzunehmen ist, dass

---

[290] *Long/Cardonnel*, EFLR 1998, S. 11 ff. (21).
[291] *Streinz*, ZLR 1998, S. 53 ff. (58 f.); *Streinz*, ZLR 1996, S. 123 ff. (136); *Streinz*, EuZW 1997, S. 487 ff. (490); *Cozigou*, RMUE 1997, S. 67 ff. (78); vgl. auch *Lange*, NUR 1999, S. 247 ff. (250).
[292] RL 79/112/EWG vom 18.12.1978 zur Angleichung der Rechtsvorschriften der Mitgliedstaaten über die Etikettierung und Aufmachung von für den Endverbraucher bestimmten Lebensmitteln sowie der Werbung hierfür, ABl. Nr. L 33 vom 8.2.1979, S. 1 ff., ersetzt durch RL 2000/13/EG des Europäischen Parlaments und des Rates vom 20.3.2000 zur Angleichung der Rechtsvorschriften der Mitgliedstaaten über die Etikettierung und Aufmachung von Lebensmitteln sowie der Werbung hierfür, ABl. Nr. L 109 vom 6.5.2000, S. 29 ff.
[293] Dazu *Groß*, S. 389 f.
[294] Dazu bereits oben § 2 II.1.b). Außerdem *Toussaint*, ZLR 1998, S. 81 ff. (84).
[295] Vgl. *Streinz*, ZUR 1999, S. 16 ff. (17); *Streinz*, ZLR 1998, S. 53 ff. (54 f.). Auch die in den Niederlanden gebrauchte Kennzeichnung „Hergestellt mit Verfahren der modernen Biotechnologie" wird als unzureichend kritisiert; dazu *Schroeter*, ZLR 1997, S. 373 ff. (388).

Produzenten freiwillig vor ihren Produkten warnen[296]. Insofern ergeben sich aus der Art und Weise der Kennzeichnung keine Hinweise darauf, dass entgegen dem bisherigen Ergebnis doch eine Risikokennzeichnung vorliegt.

Dagegen wurde in der Literatur die Art und Weise der Kennzeichnung ausgiebig diskutiert[297]. Ausgehend von der Prämisse einer neutralen, informativen Kennzeichnung[298] reichen die Vorschläge dabei von einer Sonderkennzeichnung durch ein auffälliges Symbol[299] über eine entsprechende Kenntlichmachung im Zutatenverzeichnis[300] bis hin zu einem allgemeinen Hinweis darauf, dass ein Produkt „Material aus GVO-Herkunft" enthält[301]. Da sich aus der Regelung der Art und Weise der Kennzeichnung keine Anhaltspunkte gegen den Kennzeichnungszweck Verbraucherinformation ergeben haben, sollte sie sich an diesem Zweck orientieren. Die Art der Kennzeichnung muss daher sicherstellen, dass Verbraucher die in Art. 8 vorgeschriebenen Informationen erhalten. Weiterhin muss die Kennzeichnung die Produktbezogenheit der Regelung respektieren. Daher erscheint eine Kenntlichmachung der gentechnisch veränderten Zutaten im Zutatenverzeichnis als vorzugswürdig. Diese Etikettierung gibt den Verbrauchern ausreichend detaillierte Informationen über geänderte Produktmerkmale, ohne dass dies zu einem Warnhinweis führt[302]. Dieser Weg wurde auch in der Verordnung 1139/98[303] eingeschlagen, die bezüglich der Art der Kennzeichnung gegenüber der NFVO konkretisierend wirkt[304].

Unklar bezüglich der Kennzeichnung bleibt nach Art. 8, wer für die Kennzeichnung der Lebensmittel verantwortlich ist und in welchem Stadium der Vermarktung gekennzeichnet werden muss. Der Text der NFVO ist insofern ambivalent. Einerseits sieht Art. 8 lediglich eine Kennzeichnung „zur Unterrichtung der Endverbraucher" vor, wonach es genügen müsste, dass derjenige Zwischenhändler, der die Produkte letztlich an die Endverbraucher abgibt, für eine

---

[296] So hat die Kommission in ihrer General Orientation on the labelling of products produced from GMOs vom 25.7.1997 betont, dass die Kennzeichnung allein der klaren und neutralen Information zur Erleichterung der Auswahlentscheidung des Verbrauchers diene und nicht die Gentechnik stigmatisieren oder die Sicherheit der Produkte in Frage stellen solle; dazu *Bjerregaard*, EFLR 1998, S. 1 ff. (6 f.). Diesem Anspruch würde ein Warnhinweis nicht gerecht.

[297] Zu den unterschiedlichen Positionen *Ohler*, S. 165 ff.

[298] Ebenso *Bjerregaard*, EFLR 1998, S. 1 ff. (7).

[299] *Streinz* schlägt dabei eine Kenntlichmachung durch eine Kennzeichnung mit einem ausgefüllten, bzw. nicht ausgefüllten G vor, dazu *Ohler*, S. 165 ff.; ähnlich *Grube*, S. 258 ff. Andere Vorschläge umfassen beispielsweise die Darstellung einer Doppelhelix in einem roten Kreis. Zum Ganzen *Katzek*, EFLR 1993, S. 205 ff. (224 f.).

[300] *Groß*, S. 392.

[301] *Bjerregaard*, EFLR 1998, S. 1 ff. (8).

[302] Dazu *Unnevehr/Hill/Cunningham*, S. 131 ff. (136); *Groß*, S. 394.

[303] Art. 2 Abs. 3 VO (EG) 1139/98. Dazu ausführlich unten § 9.

[304] *Loosen*, ZLR 2000, S. 434 ff. (445 f.); dazu unten § 5 I.4.a). *Dederer*, EWS 1999, S. 247 ff. (249) spricht insofern von „Präjudizwirkung".

korrekte Kennzeichnung sorgt. Problematisch daran ist aber, dass damit der „letzte Zwischenhändler" das volle Risiko eines Verstoßes gegen die Kennzeichnungspflicht trägt, obwohl er selbst nicht über die Beschaffenheit des von ihm vermarkteten Lebensmittels informiert werden muss. Der Gefahr eines solchen Verstoßes können Zwischenhändler nur mittels vertraglicher Klauseln gegenüber ihren Lieferanten begegnen, indem sie denen eine entsprechende Informationspflicht auferlegen[305].

Andererseits bedarf es schon bei der Zulassungsentscheidung, die für alle neuartigen Lebensmittel gilt, die in der EG erstmals in Verkehr gebracht werden sollen, unabhängig davon, wo sie produziert wurden, nach Art. 6 Abs. 1 eines Kennzeichnungsvorschlags, der den Anforderungen des Art. 8 entsprechen muss und der gegebenenfalls nach Art. 7 Abs. 2 in der Zulassungsentscheidung konkretisiert werden kann. Damit wird schon während des Zulassungsverfahrens auf die Kennzeichnungspflicht „zur Unterrichtung der Endverbraucher" Bezug genommen. Dies spräche dafür, dass eine Kennzeichnung schon mit dem ersten „Inverkehrbringen" der neuartigen Lebensmittel verpflichtend ist, unabhängig davon, ob die Abgabe zunächst an einen weiteren Zwischenhändler oder direkt an den Endverbraucher erfolgt[306]. Es darf auch nicht verkannt werden, dass die Formulierung des Art. 8 „zur Unterrichtung der Endverbraucher" in erster Linie den Zweck der Kennzeichnung und den Adressaten der darin transportierten Information, nicht aber notwendigerweise eine Einschränkung des Anwendungsbereichs enthält, zumal die Frage des Kennzeichnungspflichtigen in Art. 8 nicht angesprochen wird. Ebenfalls dafür spricht auch die Formulierung in Erwägungsgrund 9, wo von Lebensmitteln, „die für die Abgabe an den Endverbraucher in Verkehr gebracht werden", also nicht notwendig direkt an den Endverbraucher abgegeben werden, die Rede ist. Danach genügt insbesondere für Großlieferungen eine „Kann-Enthalten"-Kennzeichnung, um die Anforderungen nach Art. 8 zu erfüllen. Da Endverbraucher in der Regel keine Großlieferungen entgegennehmen, ist davon auszugehen, dass die „Kann-Enthalten"-Kennzeich-

---

[305] Ebenso *Knörr*, S. 226. Mit Blick auf einen möglichen Konflikt vor der WTO könnte allerdings fraglich sein, ob die Kennzeichnungspflicht dann überhaupt den Handel beeinträchtigt, da diese Pflicht nur gegen in der Regel europäische Zwischenhändler wirkt, die Importeure aber an sich ungetastet lässt. Auch eine obligatorische Trennung der „bulk shipments" in gentechnisch veränderte und nicht veränderte Bestandteile würde daraus zumindest nicht direkt folgen, da es letztlich dem europäischen Zwischenhändler obliegt, herauszufinden, ob und wie die von ihm vertriebenen Produkte gentechnisch verändert sind. In diesem Sinne wohl auch *Fredland*, VDBJTL 2000, S. 183 ff. (213), der darauf hinweist, dass sich die US-Produzenten von gentechnisch verändertem Mais und Soja diesen Anforderungen nur aufgrund von Markterwägungen unterwerfen.

[306] Diesen Ansatz hat auch die Bundesrepublik in Art. 3 Abs. 3 der Neuartige-Lebensmittel- und Lebensmittel-Zutaten-Verordnung gewählt, wonach der für das Inverkehrbringen Verantwortliche, also der Hersteller oder Erstimporteur aus Drittstaaten, das Produkt zu kennzeichnen hat; dazu *Dannecker*, ZLR 1998, S. 425 ff. (436 f.).

2. Teil: Kennzeichnungsvorschriften nach europäischem Recht

nung schon gegenüber Zwischenhändlern gilt, was dafür spräche, auch Art. 8 so zu verstehen, da Erwägungsgrund 9 als Ausnahme zu Art. 8 gilt[307]. Jedenfalls bei abgepackten Waren ist der Importeur für die ausreichende Kennzeichnung zuständig, da diese Waren letztlich in dieser Form beim Endverbraucher ankommen und daher in jedem Fall gekennzeichnet sein müssen.

Für diese Lesart spricht auch, dass die EG in nachfolgenden Richtlinien und Verordnungsvorschlägen eine durchgehende Kennzeichnung in allen Stadien der Vermarktung betont hat[308]. So sieht Art. 21 der neuen Freisetzungsrichtlinie RL 2001/18/EG vor, dass eine entsprechende Kennzeichnung auf allen Stufen des Inverkehrbringens gewährleistet ist. Dieser Ansatz wird von der Kommission auch für neuartige Lebensmittel übernommen, was sich aus ihrem Vorschlag zu einer Verordnung bezüglich der Rückverfolgbarkeit und Kennzeichnung von GVO ergibt[309]. Darin sehen Art. 4 Abs. 2 und 3 vor, dass auch Zwischenhändler („Beteiligte") über das Vorhandensein von GVO bzw. über Inhaltsstoffe, die aus GVO hergestellt wurden, ohne solche zu enthalten, informiert werden müssen[310].

Mangels Durchführungsbestimmungen zur Kennzeichnung nach Art. 8 lässt sich die Frage nach dem Kennzeichnungspflichtigen nicht mit letzter Sicherheit beantworten. Angesichts der Tatsache, dass die Kennzeichnung schon bei der Genehmigung des Inverkehrbringens zu berücksichtigen ist, und in Anbetracht der nachfolgenden Rechtsentwicklung spricht aber viel für eine durchgehende Kennzeichnung von neuartigen Lebensmitteln ab dem ersten Inverkehrbringen.

b) Möglichkeit einer „Kann-Enthalten"-Kennzeichnung

Neben den in Art. 8 vorgesehenen Kennzeichnungstatbeständen enthält Erwägungsgrund 9 der NFVO eine weitere Kennzeichnungsoption:

„Bei Lebensmitteln und Lebensmittelzutaten, die für die Abgabe an den Endverbraucher in Verkehr gebracht werden sollen und die sowohl genetisch veränderte

---

[307] Dazu sogleich unten II.4.b).

[308] Vgl. European Commission General Orientation on the Labelling of Products produced from Genetically Modified Organisms, IP/97/700 vom 25.7.1997; dazu *Bjerregaard*, EFLR 1998, S. 1 ff. (6 ff.).

[309] Vorschlag der Kommission für eine Verordnung des Europäischen Parlaments und des Rates über die Rückverfolgbarkeit und Kennzeichnung genetisch veränderter Organismen und über die Rückverfolgbarkeit von aus genetisch veränderten Organismen hergestellten Lebens- und Futtermitteln sowie zur Änderung der Richtlinie 2001/18/EG, KOM(2001) 182 endg. vom 25.7.2001, ABl. Nr. C 304 E vom 30.10.2001, S. 327 ff. Kritisch zur Rückverfolgbarkeit *Horst*, ZLR 2000, S. 475 ff. (487).

[310] Allerdings scheint die Kommission in einem „explanatory memorandum" zum Verordnungsvorschlag davon auszugehen, dass dies die gegenwärtigen Kennzeichnungsverpflichtungen erweitert und erleichtert. Dies wiederum spricht gegen eine Auslegung von Art. 8 NFVO im Sinne einer Kennzeichnungsverpflichtung für alle Zwischenhändler; vgl. S. 3 des „explanatory memorandums".

als auch konventionelle Erzeugnisse enthalten können, entspricht es unbeschadet der übrigen Etikettierungsvorschriften dieser Verordnung – als Ausnahme insbesondere für Großlieferungen – den Anforderungen des Artikel 8, wenn der Verbraucher über die mögliche Anwesenheit von genetisch veränderten Organismen in den betreffenden Lebensmitteln und Lebensmittelzutaten informiert wird."

Damit wurde insbesondere für Großlieferungen („bulk shipments") die Möglichkeit einer „Kann-Enthalten"-Kennzeichnung[311] geschaffen[312]. Ziel dieser Art der Kennzeichnung war es, eine obligatorische Trennung zwischen gentechnisch veränderten und nicht gentechnisch veränderten Teilen einer Großlieferung zu vermeiden[313] und damit einen möglichen Handelskonflikt insbesondere mit den USA zu entschärfen[314]. Allerdings stellt die hier getroffene Regelung einen Fremdkörper in dem von Art. 8 geregelten Kennzeichnungssystem dar und ist auch in ihren Rechtswirkungen unklar.

Wie bereits dargestellt, sieht Art. 8 für neuartige Lebensmittel eine produktbezogene Kennzeichnung nachweisbarer Unterschiede gegenüber herkömmlichen Lebensmitteln zur Information der Verbraucher vor. Demgegenüber bedarf es bei der „Kann-Enthalten"-Kennzeichnung nach Erwägungsgrund 9 gerade keines Nachweises über das Vorliegen von GVO. Es genügt, dass in einer Großlieferung GVO enthalten sein *können*, ohne das es auf den konkreten Nachweis ankommt[315]. Zudem hat die Kennzeichnung für den Verbraucher nur einen

---

[311] Ein Beispiel für eine solche Kennzeichnung wäre die Aufschrift: „Dieses Produkt kann gentechnisch veränderten Mais enthalten."

[312] Die „Kann-Enthalten"-Kennzeichnung wurde erst im Laufe des Vermittlungsverfahrens in die NFVO eingefügt; dazu *Streinz*, ZLR 1997, S. 99 ff. (101 f.). Insgesamt dazu *Cozigou*, RMUE 1997, S. 67 ff. (79); *Long/Cardonnel*, EFLR 1998, S. 11 ff. (20).

[313] Insbesondere die Lebensmittelindustrie in den USA befürchtet als Folge einer obligatorischen Kennzeichnung eine notwendige Trennung von gentechnisch erzeugten und herkömmlichen Lebensmitteln und teure Testverfahren, deren Kosten an den Verbraucher weitergereicht würden. Dazu *Grabowski*, S. 225 ff. (231). Zu den ökonomischen Folgen einer solchen Trennung, die in den USA teilweise schon praktiziert wird und 1998 die Kosten von Mais um $ 0,17 und von Soja um $ 0,48 pro Scheffel erhöhten, *Unnevehr/Hill/Cunningham*, S. 131 ff. (137 ff.).

[314] Die USA betonen in ihrer Eingabe an das TBT-Committee der WTO, dass eine „Kann-Enthalten"-Kennzeichnung eine obligatorische Trennung von GVO und herkömmlichen Produkten vermeiden könne bei gleichzeitiger Information der Verbraucher und daher ein weniger handelshemmendes Mittel wäre; *Submission by the United States*, G/TBT/W/94, S. 3. Siehe auch *Long/Cardonnel*, EFLR 1998, S. 11 ff. (20); *Dederer*, EWS 1999, S. 247 ff. (253). Kritisch zu der „entschärfenden Wirkung" dieser Kennzeichnung *Francer*, VAJSPL 2000, S. 257 ff. (287 f.). Zu den Problemen im Umgang mit Großlieferungen auch *Lange*, NUR 1999, S. 247 ff. (251); *Bjerregaard*, EFLR 1998, S. 1 ff. (8).

[315] Nach Ansicht der Kommission soll eine „Kann-Enthalten"-Kennzeichnung allerdings entfallen, sobald entweder aus den Begleitpapieren oder aus Testergebnissen ersichtlich ist, dass die Produkte GVO enthalten. Dann würde wieder die herkömmliche Kennzeichnungsregelung aus Art. 8 greifen. Zum ganzen *Bjerregaard*, EFLR 1998, S. 1 ff. (8).

höchst eingeschränkten Informationswert[316]. Trotz Kennzeichnung weiß er nicht, ob er GVO zu sich nimmt oder nicht[317].

Außerdem sind die Rechtswirkungen dieses Erwägungsgrundes unklar. Zunächst ist es unüblich, in den Erwägungsgründen Ausnahmen zu materiellen Regelungen einer Verordnung zu postulieren[318]. Denn trotz seiner positiven Formulierung stellt Erwägungsgrund 9 eine Ausnahme von Art. 8 dar, da durch die „Kann-Enthalten"-Kennzeichnung Art. 8 als erfüllt gilt, auch wenn die Verbraucher entgegen Art. 8 Abs. 1 lit. d) eben nicht sicher über das Vorliegen von GVO informiert werden[319]. Zwar können Erwägungsgründe als Bestandteile einer Verordnung zu deren Auslegung herangezogen werden[320] und grundsätzlich dadurch auch eigene Rechtsfolgen begründen, aber eigentlich nur soweit sie nicht zum verfügenden Teil der Verordnung in Widerspruch stehen[321]. Hier hingegen durchbricht der Erwägungsgrund das System der Kennzeichnung in Art. 8. Zudem ist nicht ersichtlich, ob die Ausnahme nur für Art. 8 Abs. 1 lit. d) gelten soll, oder für sämtliche Kennzeichnungstatbestände des Art. 8. Nach Ansicht des Rapporteurs des Europaparlaments[322] beschränkt sich die Geltung der Ausnahme auf Art. 8 Abs. 1 lit. d), so dass insbesondere Art. 8 Abs. 1 lit. a) anwendbar bleibt[323]. Dafür spricht auch die Formulierung des Erwägungsgrundes, der lediglich auf die „mögliche Anwesenheit von genetisch veränderten Organismen" abstellt[324]. Die „Kann-Enthalten"-Kennzeichnung nach Erwägungsgrund 9 stellt somit weder eine klare noch überzeugende Ausnahme zur Kennzeichnung nach Art. 8 dar und bleibt weitgehend ein Fremdkörper im System der Kennzeichnung nach der NFVO[325].

---

[316] Dazu auch *Unnevehr/Hill/Cunningham*, S. 131 ff. (134 f.).
[317] Im Ergebnis ebenso *Dederer*, EWS 1999, S. 247 ff. (249).
[318] So *Long/Cardonnel*, EFLR 1998, S. 11 ff. (20).
[319] Im Ergebnis ebenso *Long/Cardonnel*, EFLR 1998, S. 11 ff. (20).
[320] So *Dederer*, EWS 1999, S. 247 ff. (253).
[321] *Streinz*, ZLR 1998, S. 53 ff. (61). Ähnlich *Okonek*, ZLR 2000, S. 733 ff. (735), der in Erwägungsgründen keine verbindlichen Normen, sondern nur eine Beschreibung der Motivlage des Verordnungsgebers sieht.
[322] European Parliament Report on the joint text approved by the Conciliation Committee for a European Parliament and Council Regulation concerning novel foods and novel food ingredients, Doc. En/PR/293/293195, 9.1.1997.
[323] *Long/Cardonnel*, EFLR 1998, S. 11 ff. (20).
[324] Allerdings spricht die Kommission in ihren Erläuterungen zur Kennzeichnungspflicht von „GVO-Material" („GMO material"), was auch Proteine umfassen würde; dazu *Bjerregaard*, EFLR 1998, S. 1 ff. (5, 8). Damit wäre die Ausnahme des Erwg. 9 auf den gesamten Art. 8 bezogen. Da der Erwägungsgrund selbst aber nur von GVO spricht, ist hier der Auslegung des Europäischen Parlaments, die den Erwägungsgrund nur auf Art. 8 Abs. 1 lit. d) bezieht, zu bevorzugen.
[325] Zu den Auswirkungen der „Kann-Enthalten"-Kennzeichnung für ein Streitverfahren vor der WTO siehe unten § 10 II.2.c) und § 11 II.2.b).

c) Möglichkeit einer Negativkennzeichnung

Eine weitere, über Art. 8 hinausgehende Kennzeichnungsmöglichkeit ist vorgesehen in Erwägungsgrund 10:

„Nichts kann den Lieferanten daran hindern, den Verbraucher auf der Etikettierung eines Lebensmittels oder einer Lebensmittelzutat davon zu unterrichten, daß das betroffene Erzeugnis kein neuartiges Lebensmittel im Sinne dieser Verordnung darstellt oder daß die in Artikel 1 Absatz 2 angegebenen Verfahren zur Herstellung eines neuartigen Lebensmittels in der Herstellung dieses Lebensmittels oder dieser Lebensmittelzutat nicht angewandt wurden."

Damit geht die NFVO von der Zulässigkeit einer sogenannten „Negativkennzeichnung" aus[326], ohne die Ausgestaltung aber im Einzelnen zu regeln[327]. Trotzdem darf die Formulierung des Erwägungsgrundes nicht in dem Sinne verstanden werden, dass eine Negativkennzeichnung keinen rechtlichen Anforderungen unterliegt. Insbesondere ist hier europarechtlich neben den allgemeinen Anforderungen des Kennzeichnungsrechts und des Lebensmittelrechts auch das Wettbewerbsrecht einschlägig[328]. Solange es bislang an einer speziellen europäischen Regelung der Negativkennzeichnung fehlt, kommen für die Ausgestaltung der Negativkennzeichnung zusätzlich die nationalen Vorschriften zur Anwendung[329]. Die NFVO beschränkt sich mithin auf die Annahme der grundsätzlichen Zulässigkeit der Negativkennzeichnung, sagt aber nichts über deren Ausgestaltung.

5. Zusammenfassung

Aus der Analyse der Entstehungsgeschichte der NFVO sowie ihrer materiellen Regelungen lassen sich die folgenden Ergebnisse ableiten:

---

[326] Vgl. *Cozigou*, RMUE 1997, S. 67 ff. (79); *Long/Cardonnel*, EFLR 1998, S. 11 ff. (20); *Lell*, S. 279 ff.

[327] Die freiwillige Negativkennzeichnung stellt gegenüber der obligatorischen Positivkennzeichnung einen Sonderfall dar, was die WTO-Konformität angeht, und ist hier nur kurz zu erwähnen, da eine ausführliche Behandlung über das Thema dieser Arbeit hinausgeht. Zur WTO-Kompatibilität freiwilliger Kennzeichnungen am Beispiel der Ökokennzeichnung weiterführend *Driessen*, EELR 1999, S. 5 ff.

[328] *Streinz*, ZUR 1999, S. 16 ff. (19); *Streinz*, ZLR 1998, S. 53 ff. (59 ff.). Weiterführend *Krohn*, Die besondere werbemäßige Hervorhebung der „Gentechnikfreiheit" und ihre wettbewerbsrechtlichen Auswirkungen, ZLR 1998, S. 257 ff.; *Feldmann*, ZLR 1997, S. 493 ff.

[329] In Deutschland ist dies durch die Erste Verordnung zur Änderung der Neuartige Lebensmittel- und Lebensmittelzutaten-Verordnung vom 13.10.1998, BGBl. I S. 3167 erfolgt. Dazu insbesondere *Okonek*, ZLR 2000, S. 733 ff. (735 f.); *Dannecker*, ZLR 1998, S. 425 ff. (440 ff.); *Streinz*, II. I, Novel Food, in: Streinz (Hrsg.), Lebensmittelrechtshandbuch, Stand April 2001, Rdnr. 521 ff.

Die Auseinandersetzung um eine Produkt- oder Verfahrenskennzeichnung während der Entstehungsgeschichte resultierte in einer eindeutigen Produktkennzeichnung für neuartige Lebensmittel. Nur bei nachweisbaren Unterschieden zu herkömmlichen Lebensmitteln greift eine Kennzeichnung nach Art. 8 NFVO. Lebensmittel, die zwar unter Einsatz von gentechnischen Verfahren produziert wurden, die aber gegenüber herkömmlichen Lebensmitteln keine Unterschiede aufweisen, müssen nicht nach Art. 8 gekennzeichnet werden, obwohl sie in den Anwendungsbereich der NFVO fallen.

Die Kennzeichnung in Art. 8 Abs. 1 von Merkmalen, die zur Ungleichwertigkeit der neuartigen Lebensmittel führen in lit. a), die Kennzeichnung aufgrund von ethischen Vorbehalten in lit. c) und die Kennzeichnung von vorhandenen GVO in lit. d) dienen dem Zweck der Verbraucherinformation. Die festgestellte Produktbezogenheit der Kennzeichnungspflicht spielt dabei insofern eine wichtige Rolle, als die Kennzeichnung den Verbraucher in erster Linie auf relevante Produktunterschiede hinweisen muss und nicht lediglich auf die Verfahrensart, mit der die Unterschiede erzielt wurden, damit der Verbraucher eine informierte Entscheidung treffen kann. Eine Ausnahme davon bildet lediglich die Kennzeichnung nach Art. 8 Abs. 1 lit. b), deren Ziel es ist, den Verbraucher über mögliche Gesundheitsrisiken zu informieren. Hier steht nicht die Verbraucherinformation im Vordergrund, sondern eine Gesundheits- und Risikoinformation, um den Verbraucher zu befähigen, sich selbst vor „atypischen" Gesundheitsgefahren zu schützen.

Die Kennzeichnung ist ferner eine eigenständige und vom Zulassungsverfahren unabhängige Pflicht, der mit dem Inverkehrbringen der neuartigen Lebensmittel Folge zu leisten ist. Sie findet bei allen Verfahren der Produktzulassung Anwendung, was nochmals ihre Unabhängigkeit von Risiken und Risikobewertung betont. Die Kennzeichnung nach der NFVO soll den Verbraucher lediglich über geänderte Produkteigenschaften informieren, nicht aber als Warnung vor neuartigen Lebensmitteln zu verstehen sein.

Das dargestellte, von den drei Parametern Produktkennzeichnung, Verbraucherinformation und Risikounabhängigkeit bestimmte System der Kennzeichnung nach der NFVO wird in zwei wichtigen Punkten durchbrochen. Zum einen geschieht dies, wie bereits gezeigt, in Art. 8 Abs. 1 lit. b), der in erster Linie dem indirekten Gesundheitsschutz dient. Zum anderen ist die „Kann-Enthalten"-Kennzeichnung nach Erwägungsgrund 9 ein Fremdkörper im Kennzeichnungssystem, da es bei dieser Art der Kennzeichnung nicht auf nachweisbare, sondern nur auf vermutete Unterschiede zu herkömmlichen Lebensmitteln ankommt und der Informationsgehalt einer solchen Kennzeichnung für den Verbraucher minimal ist. Die Fortentwicklung der NFVO durch nachfolgende Verordnungen wird auch auf das Fortbestehen dieser Brüche hin zu untersuchen sein.

§ 5 Verordnung (EG) 1139/98, geändert durch Verordnung (EG) 49/2000

I. Die Verordnung (EG) 1139/98

1. Einleitung

Nach der Darstellung der NFVO soll im Folgenden die Weiterentwicklung der Kennzeichnungsregelungen anhand der Kennzeichnungsverordnungen 1139/98 (I.) und 49/2000 (II.) für gentechnisch veränderten Mais und Soja untersucht werden, die die Lebensmittelkennzeichnungs-RL 79/112/EWG ergänzen. Auch hier liegt der Schwerpunkt der Fragestellung auf dem Kennzeichnungszweck Verbraucherinformation oder Gesundheitsinformation. Dies soll wieder anhand der Intention des Normgebers aus der Entstehungsgeschichte und der Zielsetzung und anhand der Umsetzung dieser Intention in den materiellen Regelungen untersucht werden. Daneben wird geprüft, ob das produktbezogene Regelungskonzept beibehalten wurde.

2. Entstehungsgeschichte und Regelungsziele der VO 1139/98

Trotz des Kompromisscharakters der NFVO, die versuchte, einen Ausgleich zwischen Befürwortern und Gegnern einer umfassenden Kennzeichnung von gentechnisch veränderten Lebensmitteln zu schaffen, konnte die Verordnung ihrer intendierten Befriedungsfunktion nicht gerecht werden. Umstritten blieb insbesondere der Umgang mit gentechnisch veränderten Mais- und Sojasorten, die kurz vor Inkrafttreten der NFVO zugelassen worden waren[1]. Damit entfiel nach Ansicht der Kommission eine rückwirkende Anwendung der NFVO und somit eine Kennzeichnung überhaupt[2]. Gegen diese Auffassung wandten sich nicht

---

[1] Kommissionsentscheidung 96/281/EG vom 3.4.1996 über das Inverkehrbringen von genetisch veränderten Sojabohnen (Glycin max. L.) mit erhöhter Verträglichkeit des Herbizids Glyphosat nach der Richtlinie 90/220/EWG, ABl. Nr. L 107 vom 30.4.1996, S. 10. Kommissionsentscheidung 97/98/EG vom 23.1.1997 über das Inverkehrbringen von genetisch verändertem Mais (Zea Mais L.) mit der kombinierten Veränderung der Insektizidwirkung des Bt-Endotoxin-Gens und erhöhter Toleranz gegen das Herbizid Glufosinatammonium gemäß der Richtlinie 90/220/EWG des Rates, ABl. Nr. L 31 vom 1.2.1997, S. 69.

[2] Dazu *Streinz*, ZUR 1999, S. 16 ff. (18); *Loosen,* ZLR 2000, S. 434 ff. (435); *Streinz,* ZLR 1998, S. 53 ff. (67). Ferner entfiel eine Kennzeichnung nach RL 90/220/EWG, da keine Sicherheitsbedenken bestanden; vgl. Erwg. 2 der VO 1139/98.

nur Umwelt- und Verbraucherverbände[3], sondern auch einige Mitgliedstaaten drohten mit einem Ausscheren aus dem mit der NFVO gefundenen Kompromiss. Österreich und Luxemburg untersagten den Import der von der EG zugelassenen Maissorten auf Grundlage von Art. 16 der RL 90/220/EWG[4]. Dänemark, Frankreich und die Niederlande führten eigene, über die NFVO hinausgehende Kennzeichnungspflichten für gentechnisch veränderten Mais und Soja ein[5].

Als Reaktion auf den Streit um die Kennzeichnung dieser Mais- und Sojasorten erließ die Kommission die „Ergänzungsverordnung" 1813/97[6], die die Kennzeichnungspflichten der NFVO nahezu wortgleich auf Produkte aus diesen Sorten erstreckte[7]. Allerdings wurden damit die bereits beschriebenen Mängel der NFVO in Bezug auf die mangelnde Bestimmtheit der Begriffe übernommen[8]. Die mangelnde Praktikabilität[9] der Verordnung führte schließlich zur Forderung nach dem Erlass von Durchführungsbestimmungen[10], was sich aber aufgrund der Kontroversen zwischen der Kommission und dem Rat, aber auch aufgrund der fehlenden einheitlichen Haltung innerhalb des Rates als schwierig erwies[11]. Die schließlich verabschiedete VO 1139/98[12] ging dabei letztlich nicht nur inhaltlich über die bloße Durchführung der VO 1813/97 hinaus, son-

---

[3] Dazu *Long/Cardonnel*, EFLR 1998, S. 11 ff. (22); *Fredland*, VDBJTL 2000, S. 183 ff. (191). Die Herausnahme der praxisrelevanten Produkte aus der Kennzeichnungspflicht ist politisch kaum zu vermitteln gewesen; dazu *Streinz*, ZUR 1999, S. 16 ff. (18).

[4] *Fredland*, VDBJTL 2000, S. 183 ff. (189). Österreich behielt das Importverbot auch bei, nachdem die Kommission es für unbegründet erklärt hatte; dazu *Long/Cardonnel*, EFLR 1998, S. 11 ff. (22); *Krenzler/MacGregor*, EFAR 2000, S. 287 ff. (293).

[5] *Long/Cardonnel*, EFLR 1998, S. 11 ff. (22).

[6] Verordnung (EG) Nr. 1813/97 der Kommission vom 19.9.1997 über Angaben, die zusätzlich zu den in der Richtlinie 79/112/EWG des Rates aufgeführten Angaben auf dem Etikett bestimmter aus genetisch veränderten Organismen hergestellter Lebensmittel vorgeschrieben sind, ABl. Nr. L 257 vom 20.9.97, S. 7 ff. Dazu *Giraudel*, RJE 1998, S. 327 ff. (340); *Quintillán*, JWT 1999, S. 147 ff. (182).

[7] Dazu *Streinz*, ZUR 1999, S. 16 ff. (18); *Loosen*, ZLR 2000, S. 434 ff. (435, 444); *Streinz*, ZLR 1998, S. 53 ff.; *Toussaint*, ZLR 1998, S. 81 ff.; *Bjerregaard*, EFLR 1998, S. 1 ff. (7).

[8] Ebenso *Dederer*, ZFL 49, Nr. 5 (1998), S. 52 ff. (54).

[9] Dazu *Loosen*, ZLR 2000, S. 434 ff. (435).

[10] Vgl. Art. 3 VO 1813/97; dazu *Streinz*, ZUR 1999, S. 16 ff. (18).

[11] Dazu *Streinz*, ZUR 1999, S. 16 ff. (18) mit dem Hinweis, dass sich die Kommission im Wege des Komitologieverfahrens gegen eine ablehnende Mehrheit der Mitgliedstaaten hätte durchsetzen können.

[12] Verordnung (EG) Nr. 1139/98 des Rates vom 26.5.1998 über Angaben, die zusätzlich zu den in der Richtlinie 79/112/EWG aufgeführten Angaben bei der Etikettierung bestimmter aus genetisch veränderten Organismen hergestellter Lebensmittel vorgeschrieben sind, ABl. Nr. L 159 vom 3.6.1998, S. 4 ff.

dern ersetzt sie vollständig, weshalb sie generell als „Ablöseverordnung" bezeichnen wird[13].

Mit den detaillierten einheitlichen Kennzeichnungsvorschriften verfolgte die VO 1139/98 im Wesentlichen zwei Ziele. Zum einen sollten eine Beeinträchtigung des Binnenmarktes durch nationale Alleingänge mit der Gefahr der Rechtszersplitterung und Wettbewerbsverzerrungen durch die unterschiedlichen Anforderungen an Lebensmittel, die vor und nach dem Erlass der NFVO in Verkehr gebracht wurden, verhindert werden[14]. Zum anderen sollten die Verbraucher über alle Eigenschaften von Lebensmitteln informiert werden, die dazu führen, dass diese nicht mehr gleichwertig gegenüber einem herkömmlichen Nahrungsmittel sind[15]. Damit wird bereits in den Erwägungsgründen die Intention des Normgebers dokumentiert, das produktbezogene Konzept der Kennzeichnung aus Gründen der Verbraucherinformation aus Art. 8 NFVO zu übernehmen[16]. Außerdem wird bereits in den Erwägungsgründen deutlich, dass nach Ansicht des Normgebers das geeignete Kriterium zur Bestimmung der Gleichwertigkeit das Vorhandensein von genetisch veränderten Proteinen oder DNA ist[17]. Ein Hinweis darauf, dass die Verordnung auch dem Schutz der Gesundheit dienen soll, fehlt dagegen völlig. Die Intention des Normgebers, wie sie sich in den Verordnungszielen und Erwägungsgründen niedergeschlagen hat, deutet also auf eine Kennzeichnung zur Verbraucherinformation, nicht aber zu einer Gesundheits- und Risikoinformation[18].

3. Anwendungsbereich der Verordnung

Wie bereits die VO 1813/97 gilt auch die VO 1139/98 nur für Lebensmittel, die als solche an den Endverbraucher abgegeben werden und ganz oder teilweise aus den in den Entscheidungen 96/281/EG und 97/98/EG zugelassenen Soja- und Maissorten bestehen[19]. Ausgenommen vom Anwendungsbereich sind wie bei der NFVO Lebensmittelzusatzstoffe, Aromastoffe und Extraktionsmittel[20]. Allerdings entfaltet die Verordnung nach Art. 4 Abs. 1 keine Rückwirkung, so dass die Kennzeichnungsanforderungen nicht für Produkte gelten, die

---

[13] So auch *Streinz,* ZUR 1999, S. 16 ff. (19); *Loosen,* ZLR 2000, S. 434 ff. (436). Vgl. auch *Spranger,* Lebensmittel- & Biotechnologie 2000, S. 51 ff.
[14] Erwg. 4 und 21 sowie 6.
[15] Erwg. 9, 12. Dabei stellt Erwg. 12 ausdrücklich auf die von den Verbrauchern „gewünschten Informationen" ab. Vgl. auch *Teel,* NYUELJ 2000, S. 649 ff. (674).
[16] Erwg. 9, 10; im Ergebnis ebenso *Loosen,* ZLR 2000, S. 434 ff. (444).
[17] Erwg. 13, 16 und 18. Diese Kriterien entsprechen Forderungen von Teilen der Lebensmittelindustrie; dazu *Saint,* EFLR 1997, S. 377 ff. (386); *Long/Cardonnel,* EFLR 1998, S. 11 ff. (23).
[18] Im Ergebnis ebenso *Quintillán,* JWT 1999, S. 147 ff. (180).
[19] Art. 1 Abs. 1 VO 1139/98.
[20] Art. 1 Abs. 2 VO 1139/98.

vor Inkrafttreten der Verordnung in der EG hergestellt wurden oder die vorher in die Gemeinschaft eingeführt und dort vertrieben wurden. Art. 4 Abs. 1 macht dabei deutlich, dass auch Produkte, die außerhalb der EG hergestellt wurden, unter die Verordnung und deren Kennzeichnungsregeln fallen. Die vereinzelt geäußerte Ansicht, die Kennzeichnungsvorschriften würden nur für Lebensmittel gelten, die in der EG produziert wurden, ist somit offensichtlich unzutreffend[21].

4. Kennzeichnungsregelung

a) Umfang der Kennzeichnungsregelung

Art. 2 Abs. 1 unterwirft alle Lebensmittel im Anwendungsbereich einer Kennzeichnungspflicht, deren Art und Weise in Abs. 3 normiert ist. Ausgenommen davon sind nach Art. 2 Abs. 2 UAbs. 1 nur solche Lebensmittel, in denen weder genetisch veränderte Proteine noch DNS vorhanden ist[22]. Das Vorhandensein von genetisch veränderten Proteinen oder DNS[23] ist also der Auslöser der Kennzeichnungspflicht. Dies wird damit begründet, dass das Vorliegen genetisch veränderter Proteine oder DNS zur Ungleichwertigkeit der neuartigen Lebensmittel führt[24]. Die VO 1139/98 bestätigt somit die bereits bezüglich der NFVO vertretene Auffassung, dass Proteinen und DNS bei der Bestimmung der Gleichwertigkeit eine entscheidende Rolle zukommt. Da die VO 1139/98 das Konzept der Gleichwertigkeit aus der NFVO übernimmt und es im Hinblick auf die Nachweisbarkeit von DNS und Proteinen konkretisiert[25], ist insofern von einer parallelen Interpretation der beiden Verordnungen auszugehen. Die VO

---

[21] So aber *Fredland*, VDBJTL 2000, S. 183 ff. (191), der von einer Erstreckung der Kennzeichnung auf US-Produkte nur aufgrund des Anpassungsdrucks auf dem Markt ausgeht, da die Verbraucher unwillig wären, ungekennzeichnete Lebensmittel zu kaufen.

[22] Dazu *Sheridan/Coleman*, EU Biotechnology Law and Practice, 2001, S. 184 ff.; *Quintillán*, JWT 1999, S. 147 ff. (182).

[23] Proteine oder DNS müssen nur alternativ nachgewiesen werden; vgl. auch Erwg. 18.

[24] Erwg. 16, 18. Ebenso *Streinz*, ZUR 1999, S. 16 ff. (19); *Loosen*, ZLR 2000, S. 434 ff. (447); *Bjerregaard*, EFLR 1998, S. 1 ff. (7). Dagegen wendet sich die deutsche Lebensmittelwirtschaft, da das Vorhandensein von DNS oder Proteinen der Zielsetzung der Kennzeichnung, auf eine Änderung der Zusammensetzung oder des Nährwertes des Lebensmittels hinzuweisen, nicht gerecht würde. Ebenfalls kritisch äußerte sich der wissenschaftliche Lebensmittelausschuss, der darauf abstellte, dass das Vorkommen von DNS nicht die Produktsicherheit beeinflusse; Scientific Committee for Food, Opinion on the relationship between scientific data and the labelling of genetically modified foods and their derived products, vom 19.9.1997; dazu *Toussaint*, ZLR 1998, S. 81 ff. (83).

[25] Erwg. 9, 10, 13.

1139/98 wirkt somit in der Frage der Gleichwertigkeit für die NFVO konkretisierend[26].

Durch das Abstellen auf nachweisbare Unterschiede, das Vorhandensein von DNS oder Proteinen, bleibt auch die VO 1139/98 dem produktbezogenen Ansatz der NFVO treu[27]. Damit entfällt eine Kennzeichnung, wenn in Folge der Verarbeitung des Produktes die genetisch veränderten Proteine und DNS zerstört worden sind[28]. Solche Lebensmittel sollen gemäß Abs. 2 UAbs. 2 in einer sog. „Negativliste" aufgeführt werden und damit ohne konkrete Nachweistests nicht mehr kennzeichnungspflichtig sein[29]. Für die Inverkehrbringenden würde eine solche Liste einen erheblichen Gewinn an Rechtssicherheit bringen, sowie den Aufwand für den Nachweis des Nichtvorhandenseins von genetisch veränderten Bestandteilen minimieren[30]. Bislang konnte eine konkrete „Negativliste" allerdings mangels Einigung über gemeinschaftsweit einheitliche Analyse- und Nachweismethoden noch nicht erstellt werden[31].

Um zu verhindern, dass Lebensmittel bloß aufgrund einer ungewollten Kontamination mit genetisch veränderten Proteinen oder DNS gekennzeichnet werden müssen, soll außerdem die Einführung eines Schwellenwertes für den Nachweis von Proteinen und DNS anhand wissenschaftlicher Gutachten geprüft werden[32]. In den materiellen Teil der Verordnung findet ein solcher Schwellenwert aber noch keinen Eingang[33]. Im Übrigen gelten nach Art. 2 Abs. 4 die sonstigen gemeinschaftsrechtlichen Etikettierungsanforderungen an Lebensmittel fort.

---

[26] *Dederer*, Kennzeichnung gentechnischer Lebensmittel nach Europäischem Gemeinschaftsrecht, EWS 1999, S. 247 ff. (249, 252) spricht insofern von „Präjudizwirkung".
[27] Vgl. auch *Teel*, NYUELJ 2000, S. 649 ff. (675).
[28] Erwg. 18; vgl. *Streinz*, ZUR 1999, S. 16 ff. (19).
[29] Ebenso *Streinz*, ZUR 1999, S. 16 ff. (19).
[30] *Loosen*, ZLR 2000, S. 434 ff. (444, 450).
[31] Die Erwg. 10, 11 schreiben nur eine wissenschaftliche Beurteilung vor, die eine Kontrolle auf einer zuverlässigen, leicht wiederholbaren und praktikablen Grundlage ermöglicht, ohne aber bestimmte Prüfmethoden festzulegen. Auch der wissenschaftliche Lebensmittelausschuss hat diesbezüglich noch keine Entscheidung getroffen; vgl. „Opinion concerning the scientific basis for determining whether food products, derived from genetically modified soy and from genetically modified maize, could be included in a list of food products which do not require labelling because they do not contain (detectable) traces of DNA and protein", SCF/CS/NF/LABEL/13, vom 17.6.1999. Ausführlich *Loosen*, ZLR 2000, S. 434 ff. (447, 450).
[32] Erwg. 14, 15.
[33] So auch *Streinz*, ZUR 1999, S. 16 ff. (19).

b) Art und Weise der Kennzeichnung

Als wesentliche Neuerung regelt die VO 1139/98 in Art. 2 Abs. 3 lit. a)–d) detailliert die Art und Weise der Kennzeichnung. Nach lit. a) muss bei Lebensmitteln, die ein Zutatenverzeichnis besitzen, hinter der betreffenden Zutat oder in einer Fußnote dazu[34] die Angabe „Aus genetisch veränderten Sojabohnen hergestellt" bzw. „Aus genetisch verändertem Mais hergestellt" stehen. Falls eine Zutat bereits als aus Sojabohnen oder Mais hergestellt aufgelistet ist, darf diese Angabe zu „genetisch verändert" abgekürzt werden[35]. Für Lebensmittel ohne Zutatenverzeichnis muss nach lit. b) in der Etikettierung die Angabe „Aus genetisch veränderten Sojabohnen hergestellt" bzw. „Aus genetisch verändertem Mais hergestellt" deutlich enthalten sein. Falls eine Zutat lediglich mit ihrem Klassennamen bezeichnet wird, muss dieser nach lit. c) gegebenenfalls durch die Worte „Enthält aus genetisch veränderten Sojabohnen/aus genetisch verändertem Mais hergestellte(s/n) ..." ergänzt werden. Wurde eine Zutat eines Mischprodukts[36] aus den genannten Lebensmitteln gewonnen, so muss dies nach lit. d) auf dem Etikett des Endprodukts mit dem unter lit. b) festgelegten Wortlaut angegeben werden.

Da mit der Kennzeichnung auf die Ungleichwertigkeit der geregelten Lebensmittel im Vergleich zu herkömmlichen Lebensmitteln in Bezug auf Zusammensetzung, Nährwert oder nutritive Wirkungen aufmerksam gemacht werden soll[37], entfaltet der Kennzeichnungswortlaut der VO 1139/98 auch für die entsprechende Kennzeichnung nach Art. 8 Abs. 1 lit. a) NFVO konkretisierende Wirkung[38]. In Bezug auf die Gesundheits- und Ethikkennzeichnung nach Art. 8 Abs. 1 lit. b) und c) NFVO entfällt aber eine konkretisierende Wirkung der VO 1139/98, da ein Verbraucher aus dem Kennzeichnungswortlaut weder das Vorliegen eines für ihn gefährlichen Allergens, noch eines aus seiner Sicht ethisch bedenklichen Gens ablesen kann. Ebenfalls einschränkend wirkt, dass die Verordnung, entsprechend ihres Anwendungsbereichs, keine Vorschriften für die Kennzeichnung lose abgegebener Lebensmittel vorsieht[39]. Im Übrigen wurde wie in der NFVO die Möglichkeit einer „Negativkennzeichnung" beibehalten[40].

---

[34] Die Zutat muss mit einem Sternchen (*) gekennzeichnet sein. Die Fußnote muss dabei mindestens dieselbe Schriftgröße haben wie die Zutat selbst: Art. 2 Abs. 3 lit. a) Satz. 4.

[35] Art. 2 Abs. 3 lit. a) Satz 3.

[36] Mit der Zutat eines Misch*produkts* ist, ausweislich der anderen Amtssprachen, die Zutat einer „Misch*zutat*" gemeint, also einer Zutat, die ihrerseits aus verschiedenen Zutaten besteht: vgl. „ingrédient composé" in Französisch; „compound ingredient" in Englisch; „samengesteld ingredïent" in Niederländisch; „ingrediente composte" in Italienisch; „ingrediente incluido" in Spanisch.

[37] Erwg. 9, 16 der VO 1139/98.

[38] Dazu *Streinz*, ZUR 1999, S. 16 ff. (19); *Loosen*, ZLR 2000, S. 434 ff. (436).

[39] Ebenso *Loosen*, ZLR 2000, S. 434 ff. (450).

§ 5 Verordnung (EG) 1139/98, geändert durch Verordnung (EG) 49/2000

Eine „Kann-Enthalten"-Kennzeichnung war zwar in den Entwürfen zur VO 1139/98 noch vorhanden[41], kommt in der verabschiedeten Fassung aber nur noch auf freiwilliger Grundlage vor[42]. Im Gegensatz zur Regelung in der NFVO stellt sie in der VO 1319/98 keine Ausnahme von den bindenden Kennzeichnungsregelungen des Art. 2 dar.

Insgesamt ist durch die VO 1139/98 also die Entscheidung für eine Kennzeichnung im Zutatenverzeichnis gefallen[43]. Mit diesem schon im Rahmen der NFVO bevorzugten Ansatz wird nochmals die Produktbezogenheit der Kennzeichnungsregelung betont[44], da der Verbraucher dadurch feststellen kann, ob ein Lebensmittel Unterschiede in der Zusammensetzung im Vergleich zu herkömmlichen Lebensmitteln in Form von genetisch veränderten Proteinen oder DNS aufweist. Das Vorhandensein von genetisch veränderten Proteinen oder DNS wird durch die Verordnung als wesentliches Abgrenzungsmerkmal in Bezug auf die Gleichwertigkeit von neuartigen und herkömmlichen Lebensmitteln bestätigt. Damit stellt die VO 1139/98 einen wichtigen Schritt zur Konkretisierung der NFVO in der Frage der Gleichwertigkeit und der Art und Weise der Kennzeichnung dar.

Gleichzeitig spricht die Art und Weise der Kennzeichnung auch für eine allgemeinen Verbraucherinformation im Gegensatz zur Gesundheitsinformation, da dem Zutatenverzeichnis in der Regel die wesentliche Rolle zur Vermittlung der allgemeinen Verbraucherinformation über kaufentscheidende Merkmale zukommt. Hingegen lässt sich auch aus der Art der Kennzeichnung kein Rückschluss auf eine Gesundheitsinformation ziehen, da der vorgeschriebene Informationsgehalt der Kennzeichnung den Verbrauchern keine sicheren Rückschlüsse auf Risiken erlaubt[45]. Als Hilfe zum Selbstschutz wäre diese Kenn-

---

[40] Erwg. 20.
[41] Entwurf einer Verordnung (EG) Nr. .../97 der Kommission vom ... über Angaben, die zusätzlich zu den in der Richtlinie 79/112/EWG des Rates aufgeführten Angaben auf dem Etikett bestimmter aus gentechnisch veränderten Organismen hergestellter Lebensmittel vorgeschrieben sind, Dok. III/5565/97 Rev. 3 vom 3.12.1997. Dagegen hatten sich die Lebensmittelwirtschaft und Umweltverbände gewehrt, da damit die Basis der „faktischen" Kennzeichnung verlassen würde und die Verbraucherinformation nicht gewährleistet sei; *Toussaint*, ZLR 1998, S. 81 ff. (85).
[42] Vgl. Erwg. 20. Dazu *Quintillán*, JWT 1999, S. 147 ff. (182). Die Möglichkeit einer solchen „Kann-Enthalten"-Kennzeichnung für Großlieferungen („bulk shipments") war auch schon in der General Orientation on the labelling of products produced from GMOs der Kommission vom 25.7.1997 enthalten; dazu *Bjerregaard*, EFLR 1998, S. 1 ff. (8); *Dederer*, ZFL 49, Nr. 6 (1998), S. 46 ff. (47).
[43] Dazu auch *Loosen*, ZLR 2000, S. 434 ff. (450); *Streinz*, ZUR 1999, S. 16 ff. (19).
[44] Siehe oben § 8 5.a).
[45] Dazu fehlt die Angabe des allergieauslösenden Proteins. Auch die gewählte „*-Lösung" führt auch nicht zu einer Abweichung von der lebensmittelrechtlichen Regel, dass Zutaten (nur) mit ihrer Verkehrsbezeichnung aufgelistet werden, aus der man auf eine Warnfunktion des Zusatzes schließen könnte. Selbst wenn man „genetisch verän-

zeichnung ungeeignet. Die VO 1139/98 bleibt also der Verbraucherinformation im Gegensatz zum Gesundheitsschutz verpflichtet und erreicht dieses Ziel im Wege einer produktbezogenen Zutatenkennzeichnung.

II. Die Verordnung (EG) 49/2000

1. Regelungsziele und Anwendungsbereich der Verordnung

Um den von der VO 1139/98 vorgesehenen Schwellenwert für eine zufällige Kontamination von Lebensmitteln mit genetisch veränderter DNS oder Proteinen einzuführen, verabschiedete die Kommission die Verordnung 49/2000 zur Änderung der VO 1139/98[46]. Damit sollte verhindert werden, dass Lebensmittel, in die zufällig ein geringer Anteil genetisch veränderten Materials gelangt war, ebenfalls der Kennzeichnungspflicht der VO 1139/98 unterliegen[47].

Gleichzeitig erweitert die VO 49/2000 den Anwendungsbereich der VO 1139/98 auch auf solche Lebensmittel, die an gemeinschaftliche Einrichtungen abgegeben werden, um Kohärenz mit dem Anwendungsbereich der Etikettierungsrichtlinie zu schaffen[48]. Eine Definition der „gemeinschaftlichen Einrichtungen" findet sich dabei nur in der RL 79/112/EWG, wonach „gemeinschaftliche Einrichtungen" insbesondere Restaurants, Krankenhäuser, Kantinen oder ähnliche Einrichtungen zur Gemeinschaftsverpflegung sind[49]. Damit muss die Kennzeichnung auch gegenüber solchen Einrichtungen erfolgen, die Lebensmittel in der Regel unverpackt an die Endverbraucher abgeben bzw. wo die Endverbraucher nicht im gleichen Maße auf eine Etikettierung achten wie beim Einkauf[50].

---

derter Mais" nicht als eigene Verkehrsbezeichnung begreift, so bleibt stets die Möglichkeit, eine Verkehrsbezeichnung im Zutatenverzeichnis durch eine kurze, informative und neutrale Angabe zu ergänzen; vgl. dazu *Zipfel/Rathke*, Lebensmittelrecht, Band II, Stand Feb. 2000, C104 § 6 Rdnr. 8; *Horst*, S. 74.

[46] Verordnung (EG) 49/2000 der Kommission vom 10.1.2000 zur Änderung der Verordnung (EG) 1139/98 des Rates über Angaben, die zusätzlich zu den in der Richtlinie 79/112/EWG aufgeführten Angaben bei der Etikettierung bestimmter aus genetisch veränderten Organismen hergestellter Lebensmittel vorgeschrieben sind, ABl. Nr. L 6 vom 11.1.2000, S. 13 f.; dazu *Spranger*, Lebensmittel- & Biotechnologie 2000, S. 51 ff.

[47] Erwg. 5.

[48] Erwg. 16 VO 49/2000.

[49] Art. 1 Abs. 2 RL 79/112/EWG des Rates vom 18.12.1978 zur Angleichung der Rechtsvorschriften der Mitgliedstaaten über die Etikettierung und Aufmachung von Lebensmitteln sowie der Werbung hierfür, ABl. Nr. L 33 vom 8.2.1979, S. 1 ff., geändert durch die RL 89/395/EWG vom 14.6.1989, ABl. Nr. L 186 vom 30.6.1989, S. 17 ff. Deutlicher kommt dies in der englischen Fassung mit dem Begriff der „mass caterers" zum Ausdruck. Dazu auch *Loosen*, ZLR 2000, S. 434 ff. (446 f.).

[50] Auch wenn damit keine explizite Pflicht zur Kennzeichnung auch gegenüber Zwischenhändlern verankert wurde, zeigt die Ausweitung jedoch, dass sich die Kom-

2. Kennzeichnungsregelung

a) Neufassung der Ausnahmen von der Kennzeichnungspflicht

Die Änderungen der VO 49/2000 behalten zwar die Kennzeichnungspflicht von Lebensmitteln aus den im Anwendungsbereich aufgeführten Sorten von genetisch verändertem Mais und Soja bei, präzisieren aber die Ausnahmen davon. In der Neufassung des Art. 2 Abs. 2 entfällt demnach eine Kennzeichnung, sofern:

a) „weder die in Artikel 1 Absatz 1 festgelegten genetisch veränderten Proteine noch genetisch veränderte DNS in ihren einzelnen Lebensmittelzutaten oder in einem Lebensmittel aus einer einzigen Zutat enthalten sind, oder,

b) das Material aus genetisch veränderten Organismen, auf das in Artikel 1 Absatz 1 Bezug genommen wird, zusammen mit Material aus anderen genetisch veränderten Organismen, das gemäß der Verordnung (EG) 258/97 in Verkehr gebracht wurde, in ihren Lebensmittelzutaten oder in einem Lebensmittel aus einer einzigen Zutat mit einem Prozentsatz von höchstens 1% der jeweils einzeln betrachteten Lebensmittelzutaten oder Lebensmittel aus einer einzigen Zutat zufällig vorhanden ist.

Um glaubhaft machen zu können, dass das Vorhandensein dieses Materials zufällig ist, müssen die Handelnden gegenüber den zuständigen Behörden nachweisen können, dass sie geeignete Maßnahmen ergriffen haben, um zu vermeiden, die unter Buchstabe b) Unterabsatz 1 genannten genetisch veränderten Organismen (oder Produkte daraus) als Ausgangsprodukt zu verwenden."

b) Art. 2 Abs. 2 lit. a)

Art. 2 Abs. 2 lit. a) in der Neufassung entspricht, abgesehen von sprachlichen Ungenauigkeiten[51], im Wesentlichen der schon in Art. 2 Abs. 2 UAbs. 1 der ursprünglichen VO 1139/98 vorgesehenen Ausnahme von der Kennzeichnungs-

---

mission der Problematik bewusst ist, dass die Information des (End-)Verbrauchers nur sicher gewährleistet werden kann, wenn auch auf vorherigen Stufen der Absatzkette die Zusammensetzung der Lebensmittel bekannt ist. Zur Frage des Kennzeichnungspflichtigen bereits oben § 8 II.4.a).

[51] Entgegen dem Wortlaut des Art. 2 Abs. 2 lit. a) sind in Art. 1 Abs. 1 keine genetisch veränderten Proteine oder DNS geregelt. Art. 1 Abs. 1 bezieht sich allgemein auf genetisch veränderte Sojabohnen und Mais, ohne Verweis auf DNS oder Proteine. Diese Unstimmigkeit resultiert aus einer ungenauen Übersetzung. Weder die englische („neither protein nor DNA resulting from genetic modification as specified in Art. 1 (1)") noch die französische Fassung („ni protéines ni ADN résultant d'une modification génétique, telle que spécifiée à l'article 1er paragraphe 1") beziehen sich auf Proteine oder DNS, sondern auf die genetische Veränderung als solche. Die korrekte deutsche Fassung von lit. a) hätte also lauten müssen: „weder Proteine noch DNS aus den in Art. 1 Abs. 1 festgelegten genetischen Veränderungen in ihren einzelnen Lebensmittelzutaten noch in einem Lebensmittel aus einer einzigen Zutat enthalten sind". Siehe auch unten Fn. 61.

pflicht, wonach eine Kennzeichnung immer dann entfällt, wenn weder genetisch veränderte Proteine noch DNS aus den in Art. 1 Abs. 1 genannten Mais- und Sojasorten nachweisbar sind[52]. Das Problem der fehlenden europaweit einheitlichen Nachweisverfahren wurde aber auch durch diese Änderung nicht gelöst[53].

Um die Anwendung des lit. a) zu erleichtern, wurde ein neuer Art. 2 Abs. 2a eingefügt, der die Aufstellung einer nicht erschöpfenden Liste derjenigen Lebensmittelzutaten und Lebensmittel aus einer einzigen Zutat vorsieht, in denen weder genetisch veränderte Proteine vorhanden sind, noch DNS. Art. 2 Abs. 2a präzisiert also den aus der VO 1139/98 bekannten Gedanken der „Negativliste" in zweierlei Hinsicht. Zum einen wird ausdrücklich festgestellt, dass die Liste nicht erschöpfend ist[54]. Eine Kennzeichnungspflicht entfällt also entweder unabhängig von einem konkreten Nachweis, weil das Lebensmittel auf der Liste steht oder weil nachgewiesen werden kann, dass es frei von genetisch veränderter DNS und Proteinen ist. Zum anderen gilt die „Negativliste" wegen des ausdrücklichen Verweises auf Art. 2 Abs. 2 lit. a) nur für solche Lebensmittelzutaten, in denen *keine* genetisch veränderten Proteine und DNS nachweisbar sind, nicht aber für solche, deren Gehalt an genetisch veränderten Proteinen und DNS unterhalb des in lit. b) festgelegten Schwellenwertes von 1% liegt[55].

c) Art. 2 Abs. 2 lit. b)

Art. 2 Abs. 2 lit. b) sieht vor, dass eine Kennzeichnung entfällt, wenn das vorhandene Material aus GVO weniger als 1% der jeweiligen Lebensmittelzutat ausmacht und – kumulativ – das Vorhandensein zufällig ist[56]. Damit wird das in der ursprünglichen VO 1139/98 festgelegte Prinzip, dass das Vorhandensein von genetisch veränderter DNS oder Proteinen stets zu kennzeichnen ist, durchbrochen[57]. Hintergrund dieser Durchbrechung ist die Erkenntnis, dass eine zufällige Vermischung von genetisch veränderten und herkömmlichen Produkten bei der gegenwärtig vorherrschenden landwirtschaftlichen Großproduktion nicht immer verhindert werden kann. Solche Vermischungen können bereits beim Anbau durch ungewollte Auskreuzungen von benachbarten Feldern erfolgen[58], aber

---

[52] Dazu *Loosen*, ZLR 2000, S. 434 ff. (447).
[53] Vgl. dazu Erwg. 8, sowie unten II.2.c). Zurzeit arbeitet das Europäische Komitee für Standardisierungen (CEN) an einheitlichen Nachweisverfahren; dazu *Krenzler/ MacGregor*, EFAR 2000, S. 287 ff. (295).
[54] Erwg. 14 und Art. 2 Abs. 2a.
[55] Dazu sogleich unten.
[56] Dazu *Sheridan/Coleman*, EU Biotechnology Law and Practice, 2001, S. 186. Zu einer möglichen Präjudizwirkung des Schwellenwertes in Bezug auf die Novel Food Verordnung *Spranger*, Lebensmittel- & Biotechnologie 2000, S. 51 ff. (53).
[57] Zur Einführung eines Schwellenwertes vgl. Erwg. 14 und 15 der VO 1139/98.
[58] Vgl. *Süddeutsche Zeitung* Nr. 112 vom 16.5.2001, S. 6. Vgl. *Groß*, ZLR 2001, S. 243 ff.

auch bei Ernte, Transport, Lagerung und Verarbeitung, sofern herkömmliche und genetisch veränderte Produkte nicht in vollständig getrennten Verfahren verarbeitet werden[59]. Im transatlantischen Streit um die Kennzeichnung von genetisch veränderten Lebensmitteln kam die EG damit den Bedenken der USA gegen eine strikt getrennte Verarbeitung landwirtschaftlicher Produkte zum Teil entgegen[60]. Allerdings dürfte – wie noch zu zeigen sein wird – das Erfordernis der „Zufälligkeit des Vorhandenseins" dieses Entgegenkommen weitgehend entwerten.

Nach Art. 2 Abs. 2 lit. b) UAbs. 1 müssen Lebensmittel gekennzeichnet werden, wenn in einer Zutat mehr als 1% an „Material aus genetisch veränderten Organismen auf das in Art. 1 Abs. 1 Bezug genommen wird"[61] zusammen mit Material aus anderen GVO, das nach der NFVO in Verkehr gebracht wurde, vorhanden ist[62]. Ein Lebensmittel, in dem in einer Zutat mehr als insgesamt 1%[63] an genetischem Material aus Mais- oder Soja, zusammen mit anderem genetischen Material, nachgewiesen werden kann, unterliegt also der Kennzeichnungspflicht[64]. Allerdings enthält dieser Absatz inhaltliche Unklarheiten, die seine Anwendung in der Praxis erheblich erschweren werden.

Zunächst scheint der Schwellenwert von 1% eher aus Gründen der politischen Klarheit gewählt worden zu sein, als mit Blick auf die wissenschaftliche Realisierbarkeit[65]. So wird in den Erwägungsgründen die „Klarheit" eines einzigen Prozentsatzes als Schwellenwert betont, gleichzeitig aber eingeräumt, dass es noch nicht für alle notwendigen Anwendungsfälle entsprechend sensible Nachweisverfahren gibt[66]. Solange aber die adäquaten Nachweisverfahren für

---

[59] So auch *Bjerregaard*, EFLR 1998, S. 1 ff. (8). Ähnlich *Loosen*, ZLR 2000, S. 434 ff. (448). Ausführlich dazu *Unnevehr/Hill/Cunningham*, S. 131 ff. (137 ff.).
[60] Vgl. *Submission by the United States to the TBT-Committee*, G/TBT/W/94, S. 3.
[61] Diesem Verweis auf Art. 1 Abs. 1 scheint ein Übersetzungsfehler zugrunde zu liegen, da Art. 1 Abs. 1 nicht genetisch verändertes *Material* sondern die GVO regelt, aus denen das fragliche Material stammt. Die korrekte deutsche Fassung hätte also lauten müssen „Material aus genetisch veränderten Organismen, auf *die* in Art. 1 Abs. 1 Bezug genommen wird". Dafür sprechen auch die englische („material derived from the genetically modified organisms referred to in Art. 1 (1)") und die französische Fassung („du matériel issu des organismes génétiquement modifiés visés à l'article 1er, paragraphe 1"). Siehe oben Fn. 51.
[62] Es genügt also 1% genetisch verändertem Materials in *einer Zutat*. Damit kann der Anteil von genetisch verändertem Material bezogen auf das gesamte Lebensmittel deutlich unter 1% liegen; dazu *Spranger*, Lebensmittel- & Biotechnologie 2000, S. 51 ff.
[63] Erst bei Überschreiten von 1% wird die Kennzeichnungspflicht ausgelöst; vgl. Erwg. 8, 9.
[64] Dazu auch *Groß*, S. 385.
[65] Ebenso *Spranger*, Lebensmittel- & Biotechnologie 2000, S. 51 ff. (53).
[66] Erwg. 7, 8. Zur 1%-Hürde auch *Spranger*, Lebensmittel- & Biotechnologie 2000, S. 51 ff.

einen solchen Schwellenwert fehlen, kann die mit der Einführung des Schwellenwertes angestrebte Steigerung der Praktikabilität der Kennzeichnungsregelung nicht gelingen[67], zumal außerdem unklar bleibt, ob es sich bei dem Wert um Volumen- oder Gewichtsprozent handelt[68].

Problematisch ist außerdem der Verweis in lit. b) auf „*Material* aus genetisch veränderten Organismen". Damit wird ein neuer Begriff in das Regelungsgefüge der VO 1139/98 eingeführt, ohne dass er ausreichend definiert wird. Erwägungsgrund 10[69] scheint zu suggerieren, dass „Material" über DNS oder Proteine hinausgeht und alle möglichen Teile eines GVO umfassen kann, auch solche, die keine Erbinformationen tragen. Dies könnte dazu führen, dass auch Stoffwechselprodukte eines GVO, die mit Stoffwechselprodukten eines herkömmlichen Organismus identisch sind[70], unter „Material" fielen, was im Ergebnis zur Abkehr vom produktbezogenen Ansatz der auf Unterschiede im Endprodukt abstellenden Kennzeichnungsregelung führen würde.

Gegen eine solche Interpretation spricht aber, dass nichts darauf hindeutet, dass mit der VO 49/2000 der produktbezogene Kennzeichnungsansatz der VO 1139/98 aufgegeben werden sollte. Außerdem widerspräche eine solche Interpretation Erwägungsgrund 3, der die Einführung eines Schwellenwertes, wie sie in Art. 2 Abs. 2 lit. b) umgesetzt wurde, ausdrücklich auf genetisch veränderte DNS und Proteine bezieht. Ferner stellt Erwägungsgrund 14 fest, dass Lebensmittelzutaten, die weder genetisch veränderte Proteine noch DNS enthalten, nicht unter die Etikettierungsanforderungen fallen. Dies wäre hinfällig, würde man auch solche Produkte der Kennzeichnungspflicht nach lit. b) unterwerfen, die zwar keine DNS oder Proteine enthalten, wohl aber anderes „Material aus genetisch veränderten Organismen" in einer Höhe von mehr als 1%. Entsprechend käme die Ausnahme von der Kennzeichnung in Art. 2 Abs. 2 lit. a) für Produkte, die keine genetisch veränderte DNS oder Proteine enthalten, in Konflikt mit Art. 2 Abs. 2 lit. b), wenn dieser so verstanden wird, dass sich der Schwellenwert nicht auf DNS oder Proteine sondern auch auf sonstiges Material bezieht. Da bei einer solchen Interpretation Art. 2 Abs. 2 lit. a) bedeutungslos würde, ist aus systematischen Gründen davon auszugehen, dass „Material aus genetisch veränderten Organismen" im Sinne von genetisch veränderter DNA oder Proteinen zu verstehen ist[71], auch wenn dies den Wechsel der Be-

---

[67] Kritisch zur willkürlichen Wahl der 1%-Hürde *Francer*, VAJSPL 2000, S. 257 ff. (289).

[68] Dazu *Francer*, VAJSPL 2000, S. 257 ff. (289).

[69] Erwg. 10: „Der Begriff Material, das aus genetisch veränderten Organismen stammt, sollte verstanden werden als der Teil jeder einzelnen Zutat, die aus genetisch veränderten Organismen stammt."

[70] Ein Beispiel dafür wäre Zucker, der aus transgenen Zuckerrüben gewonnen wurde.

[71] Im Ergebnis ebenso *Groß*, S. 385.

griffichkeiten zwischen lit. a) und lit. b) nicht zu erklären vermag. Für dieses Ergebnis sprechen im Übrigen praktische Erwägungen, da die bislang verfügbaren Nachweismethoden ganz überwiegend auf der Basis von DNS bzw. Proteinen arbeiten[72].

Demnach stellt sich die Kennzeichnungspflicht nach Art. 2 Abs. 2 lit. a) und b) in Bezug auf genetisch veränderte DNS und Proteine wie folgt dar:

- Lebensmittel, die weder genetisch veränderte Proteine noch DNS aus den in Art. 1 Abs. 1 aufgeführten Mais- und Sojasorten enthalten, müssen nicht gekennzeichnet werden (Art. 2 Abs. 2 lit. a).

- Lebensmittel, die nur genetisch veränderte Proteine oder DNS aus den genannten Mais- oder Sojasorten enthalten, müssen gekennzeichnet werden, wenn mehr als 1% an Proteinen oder DNS in einer Zutat enthalten ist oder wenn die Zufälligkeit des Vorhandenseins nicht nachgewiesen wird (Art. 2 Abs. 2 lit. b).

- Lebensmittel, die genetisch veränderte Proteinen oder DNS aus den genannten Mais- oder Sojasorten und genetisch veränderte Proteine oder DNS aus Produkten enthalten, die nach der NFVO in Verkehr gebracht wurden, müssen gekennzeichnet werden, wenn der Gesamtgehalt[73] an genetisch veränderten Proteinen oder DNS in einer Zutat höher als 1% ist, oder wenn die Zufälligkeit des Vorhandenseins nicht nachgewiesen wird (Art. 2 Abs. 2 lit. b). Die der NFVO unterliegenden genetisch veränderten Proteine oder DNS müssen in jedem Fall nach Art. 8 der NFVO gekennzeichnet werden[74].

- Lebensmittel, die keine genetisch veränderten Proteine oder DNS der genannten Mais- oder Sojasorten enthalten, sondern nur genetisch veränderte Proteine oder DNS aus Produkten, die nach der NFVO in Verkehr gebracht wurden, müssen nicht nach der VO 1139/98, sondern unabhängig vom prozentualen Gehalt[75] nur nach Art. 8 NFVO gekennzeichnet werden[76].

---

[72] Ausführlich zu den Nachweismethoden *Hemmer/Pauli*, EFLR 1998, S. 27 ff. (30).

[73] Vgl. Erwg. 9; dazu auch *Loosen*, ZLR 2000, S. 434 ff. (448).

[74] Nach Art. 2 Abs. 4 gilt die VO 1139/98 unbeschadet der sonstigen gemeinschaftlichen Etikettierungsanforderungen an Lebensmittel, wozu auch Art. 8 der NFVO gehört.

[75] Obwohl die VO 1139/98 in der Frage der Gleichwertigkeit eine gewisse Präjudizwirkung für die NFVO hat, da sie auf dem selben Konzept beruht und letztlich eine Konkretisierung vornimmt, die in der NFVO bereits angelegt ist, ist der Grenzwert nicht auf die NFVO übertragbar. Dagegen spricht, neben dem auf spezielle Mais- und Sojasorten beschränkten Anwendungsbereich der VO 1139/98, vor allem die fehlende Erwähnung eines Grenzwerts in der NFVO selbst. Ein Grenzwert müsste dort nach Art. 8 Abs. 3 gemäß dem Verfahren des Art. 13 NFVO eingeführt werden.

[76] Vgl. Art. 2 Abs. 2 lit. a).

Um glaubhaft zu machen, dass ein Gehalt von bis zu einem 1% an genetisch veränderter DNS oder Proteinen zufällig ist, müssen die Handelnden nach Art. 2 Abs. 2 lit. b) UAbs. 2 nachweisen, dass sie geeignete Maßnahmen ergriffen haben, um die in lit. b) UAbs. 1 genannten genetisch veränderten Organismen oder deren Produkte als Ausgangsprodukt zu meiden. Der Verweis auf lit. b) UAbs. 1 stellt klar, dass die Handelnden nicht nur die Soja- und Maissorten aus Art. 1 Abs. 1 als Ausgangsprodukt vermeiden müssen, sondern auch genetisch veränderte Produkte, die nach der NFVO zugelassen wurden[77]. Im Übrigen wird der Begriff der „geeigneten Maßnahmen" nicht näher konkretisiert. Solche Maßnahmen reichen je nach Einzelfall von Vereinbarungen mit Vorlieferanten, über analytische Nachweise bis hin zur Dokumentation der Rohstoff- bzw. Herstellungswege[78].

Daran zeigt sich allerdings auch, dass der eingeführte Schwellenwert den Handelskonflikt mit den USA nicht zu lösen vermag. Denn der Nachweis der Zufälligkeit einer Kontamination setzt gerade voraus, dass geeignete Maßnahmen ergriffen worden sind, um eine Kontamination zu verhindern. Es muss also ggf. der Nachweis erbracht werden, dass die aus den USA importierten Ausgangsprodukte von genetisch veränderten Produkten getrennt hergestellt und verarbeitet wurden. Genau diese Trennung wird aber von den USA bisher als unzumutbar und unrealistisch abgelehnt[79]. Außerdem führt die strikte Bindung der Kennzeichnung an den Nachweis von Proteinen oder DNS dazu, dass für die von den USA bevorzugte „Kann-Enthalten"-Kennzeichnung nach der Verordnung kein Raum mehr bleibt: Entweder sind Proteine bzw. DNS nachweisbar, dann ist das Produkt gemäß den Vorgaben des Art. 3 zu kennzeichnen, wenn der Grenzwert überschritten wird oder die Zufälligkeit der Kontamination nicht nachweisbar ist, oder sie sind nicht nachweisbar, woraufhin die Kennzeichnung ganz entfällt. Eine „Kann-Enthalten"-Kennzeichnung, die den Verzicht auf einen analytischen Nachweis erlaubt, ist nach dem Kennzeichnungssystem dieser Verordnung praktisch ausgeschlossen[80], was wiederum den Konflikt zu den USA verschärft.

Was die Frage des Kennzeichnungszwecks angeht, zeigt das Erfordernis des Nachweises der Zufälligkeit der Kontamination, dass es sich bei dem Schwel-

---

[77] Ebenso Erwg. 11.
[78] *Loosen*, ZLR 2000, S. 434 ff. (449). Dass solche Trennungen schon vorgenommen werden, zeigt die US-Marktentwicklung der letzten Jahre, worin eine Reaktion auf die europäische Rechtsentwicklung gesehen wird; dazu *Unnevehr/Hill/Cunningham*, S. 131 ff. (137 ff.).
[79] Vgl. *Submission by the United States to the TBT-Committee*, G/TBT/W/94, S. 3.
[80] Damit hat sich letztlich Position der General Orientation on the labelling of products produced from GMOs der Kommission vom 25.7.1997 durchgesetzt, dass eine „Kann-Enthalten"-Kennzeichnung einer obligatorischen Kennzeichnung weichen muss, wenn es entsprechende Testergebnisse gibt; dazu *Bjerregaard*, EFLR 1998, S. 1 ff. (8).

lenwert nicht um einen allgemeinen Kennzeichnungsgrenzwert handelt, wie er noch in den Erwägungsgründen der VO 1139/98 vorgesehen war[81]. Insbesondere stellt der Wert keine gesundheitliche Unbedenklichkeitsschwelle dar, die dem Verbraucher suggeriert, dass unterhalb dieser Grenze keine Gesundheitsgefahren auftreten. Für eine solche Unbedenklichkeitsschwelle bräuchte es keinen Nachweis der Zufälligkeit, da es nur auf den absoluten Wert ankäme. Vielmehr dient auch der Schwellenwert der Verbraucherinformation. Eine Kennzeichnung kann nur entfallen, wenn der Verbraucher aufgrund von Maßnahmen des Herstellers damit rechnen darf, dass das Produkt weder genetisch veränderte DNS noch Proteine enthält, und diese auch zu nicht mehr als 1% nachweisbar sind. Damit wird verhindert, dass Hersteller von Lebensmitteln ihre Lebensmittel kennzeichnen müssen, obwohl sie alles getan haben, um zu verhindern, dass genetische Veränderungen in ihren Produkten vorkommen. Zur Information der Verbraucher soll somit eine ausufernde und letztlich nicht mehr informative Kennzeichnung unterbunden werden, indem die Kennzeichnungspflicht auf die relevanten Fälle beschränkt wird[82]. Der Kennzeichnungszweck der VO 1139/98 bleibt auch nach der Änderung durch VO 49/2000 die allgemeine Verbraucherinformation.

3. Ergebnis

Auch nach der Änderung durch die VO 49/2000 verfolgt die VO 1139/98 einen produktbezogenen Kennzeichnungsansatz. Dazu wurde der in der NFVO vorhandene Ansatz der Gleichwertigkeit übernommen und im Hinblick auf das Vorhandensein von DNS und Proteinen oberhalb eines Schwellenwertes konkretisiert. Das Erfordernis der Zufälligkeit einer Kontamination mit genetisch veränderten Proteinen oder DNS unterhalb des Grenzwertes zeigt außerdem, dass der Kennzeichnungszweck weiterhin die Verbraucherinformation ist, da eine gesundheitliche Unbedenklichkeitsschwelle unabhängig von der Zufälligkeit der Kontamination ist. Allerdings führt dieses Erfordernis und die Tatsache, dass für eine „Kann-Enthalten"-Kennzeichnung nach dem Kennzeichnungssystem der Verordnung kein Raum mehr ist, eher zu einer Verschärfung als zu einer Entspannung des Handelskonfliktes zwischen den USA und der EG, zumal mit Mais und Soja zwei der wesentlichen Exportprodukte der USA betroffen sind.

---

[81] Erwg. 14, 15; dazu auch *Loosen*, ZLR 2000, S. 434 ff. (449).
[82] Dies entspricht der Forderung der Kommission in ihrer General Orientation on the labelling of products produced from GMOs vom 25.7.1997 nach einem flexiblen, verhältnismäßigen Kennzeichnungssystem; dazu *Bjerregaard*, EFLR 1998, S. 1 ff. (6 f.).

§ 6 Verordnung (EG) 50/2000

I. Regelungsziele und Anwendungsbereich der Verordnung (EG) 50/2000

Hintergrund der ursprünglichen Herausnahme von Zusatzstoffen und Aromen aus der NFVO waren die speziellen Sicherheitsregimes der Richtlinien 89/107/EWG und 88/388/EWG für Zusatzstoffe und Aromen, die eine zusätzliche Überprüfung nach der NFVO als überflüssig erscheinen ließen[1]. Damit fielen genetisch veränderte oder aus GVO hergestellte Zusatzstoffe und Aromen nicht unter Art. 8 NFVO. Auch die VO 1139/98[2] galt nicht für Zusatzstoffe und Aromen, obwohl sie nur die Kennzeichnung, nicht aber Sicherheitsaspekte regelt[3]. Die Tatsache, dass genetisch veränderte Zusatzstoffe und Aromen somit keiner gentechnik-spezifischen Kennzeichnung unterliegen[4], war in Anbetracht der Tatsache, dass Zusatzstoffe und Aromen den am weitesten fortgeschrittenen Bereich der Einführung gentechnischer Verfahren in der Lebensmittelproduktion darstellen[5], nicht vermittelbar[6].

---

[1] Erwg. 1 der Verordnung (EG) 50/2000 der Kommission vom 10.1.2000 über die Etikettierung von Lebensmitteln und Lebensmittelzutaten, die genetisch veränderte oder aus genetisch veränderten Organismen hergestellte Zusatzstoffe und Aromen enthalten, ABl. Nr. L 6 vom 11.1.2000, S. 15 f. Dazu *Loosen*, ZLR 2000, S. 434 ff. (451); *Schlacke*, ZUR 1996, S. 285 ff. (289).

[2] Erwg. 2, 3 VO 50/2000; *Lange*, NUR 1999, S. 247 ff. (250).

[3] Ebenso *Loosen*, ZLR 2000, S. 434 ff. (452).

[4] Durch die VO (EG) 2236/96 des Europäischen Parlaments und des Rates vom 28.10.1996 zur Festlegung eines Gemeinschaftsverfahrens für Aromastoffe, die in oder auf Lebensmitteln verwendet werden oder verwendet werden sollen, ABl. Nr. L 299 vom 23.11.1996, S. 1 ff. wurde in Art. 2 Abs. 1 der Verordnung iVm. Nr. 2 des Anhangs für Aromastoffe, die GVO enthalten oder sind, festgelegt, dass bei ihrer Zulassung die Umweltverträglichkeitsprüfung nach der Freisetzungs-RL 90/220/EWG berücksichtigt werden muss. Art. 11–18 RL 90/220/EWG, die zu einer Kennzeichnung geführt hätten, wurden aber ausdrücklich ausgeschlossen; zum Ganzen *Groß*, S. 246 f. Die Zusatzstoffrichtlinie sieht zwar in Art. 7 und 8 Kennzeichnungsvorschriften vor. Diese betreffen aber vor allem die Verkehrsbezeichnung des Zusatzstoffes, die Angabe „zur Verwendung in Lebensmitteln" und besondere Gebrauchsanweisungen. Angaben, aus denen der Verbraucher erkennen kann, dass genetisch veränderte Produkte vorliegen, sind nicht vorgesehen. Gleiches gilt für Art. 10 der RL 88/388/EWG des Rates vom 22.6.1988 zur Angleichung der Rechtsvorschriften der Mitgliedstaaten über Aromen zur Verwendung in Lebensmitteln und über Ausgangsstoffe und ihre Herstellung, ABl. Nr. L 184 vom 15.7.1988, S. 61, wobei hier hinzukommt, dass eine Etikettierung für die Abgabe an den Endverbraucher in der ursprünglichen Richtlinie nicht vorgesehen ist; vgl. Art. 6 Abs. 4.

Hinzu kam, dass Österreich einen nationalen Verordnungsentwurf zur Kennzeichnung genetisch veränderter Zusatzstoffe und Aromen vorlegte[7]. Um einer Rechtszersplitterung und neuen Hemmnissen für den innergemeinschaftlichen Handel vorzubeugen[8], forderte die Kommission Österreich auf, die Annahme des Entwurfes für zwölf Monate auszusetzen, um der Kommission die Möglichkeit zu geben, eine gemeinschaftsweit geltende Kennzeichnungsregelung für solche Zusatzstoffe und Aromen zu erlassen[9]. In ihrer Entscheidung betonte die Kommission bereits den Kennzeichnungszweck der Verbraucherinformation über genetisch veränderte Zusatzstoffe und Aromen[10].

Auch in den Erwägungsgründen der VO 50/2000 waren wirtschaftspolitische Gründe, insbesondere die Vermeidung von Hemmnissen für den innergemeinschaftlichen Handel, ausschlaggebend[11], aber auch die Ausdehnung der Verbraucherinformation auf genetisch veränderte Zusatzstoffe und Aromen und die damit verbundene Vervollständigung der Kennzeichnungsregelungen für genetisch veränderte Lebensmittel und Lebensmittelzutaten[12]. Zur Vervollständigung der Kennzeichnungsregelungen wurde explizit auf die Regelungsziele und -inhalte der NFVO und der VO 1139/98 zurückgegriffen[13]. Bereits in den Erwägungsgründen zeigt sich die VO 50/2000 somit als Synthese der beiden Verordnungen.

Was die Bestimmung des Kennzeichnungszwecks Verbraucherinformation oder Gesundheitsschutz angeht, fehlt in den Erwägungsgründen jeglicher Hinweis darauf, dass die Kennzeichnung auch dem Gesundheitsschutz dienen soll. Im Gegenteil wird ausdrücklich darauf hingewiesen, dass die Frage der gesundheitlichen Unbedenklichkeit in den RL 89/107/EWG und 88/388/EWG behandelt wird[14], so dass es in dieser Verordnung nur um die Frage der Kennzeichnung zur Verbraucherinformation geht[15]. Dies stützt nochmals die zur NFVO

---

[5] So auch *Schlacke*, ZUR 1996, S. 285 ff. (289); *Lange*, NUR 1999, S. 247 ff. (248).

[6] *Loosen*, ZLR 2000, S. 434 ff. (452).

[7] Erwg. 5, 7 VO 50/2000; dazu *Fredland*, VDBJTL 2000, S. 183 ff. (191); *Spranger*, Lebensmittel- & Biotechnologie 2000, S. 51 ff. (52).

[8] Erwg. 6 der VO (EG) 50/2000.

[9] Art. 1 der Entscheidung 98/613/EG der Kommission vom 21.10.1998 zu einem Verordnungsentwurf der Republik Österreich über die Kennzeichnung gentechnisch veränderter Zusatzstoffe und Aromen, sofern er deren Verwendung als Lebensmittelzutat betrifft, ABl. Nr. L 291 vom 30.10.1998, S. 35.

[10] Erwg. 4 der Kommissionsentscheidung 98/613/EC vom 21.10.1998.

[11] Erwg. 6, 7 der VO 50/2000.

[12] Erwg. 4, 8 und 14 der VO 50/2000.

[13] Erwg. 10, 11 sowie Erwg. 12–15 und 17 der VO 50/2000. Dazu auch *Sheridan/Coleman*, S. 187; *Lell*, S. 247.

[14] Erwg. 1.

[15] Erwg. 3 und 4.

vertretene These, dass die Kennzeichnung in erster Linie der Verbraucherinformation dienen soll und nur im Einzelfall[16] Gesundheitsinformationen vermittelt[17].

Der Anwendungsbereich der Verordnung umfasst Lebensmittel und Lebensmittelzutaten, die für den Endverbraucher oder gemeinschaftliche Einrichtungen bestimmt sind und Zusatzstoffe[18] und Aromen im Sinne der RL 89/107/EWG und 88/388/EWG enthalten, sofern diese GVO im Sinne der RL 90/220/EWG enthalten, aus solchen Organismen bestehen oder hergestellt sind. In den Anwendungsbereich fallen also nicht nur Aromen und Zusatzstoffe, in denen sich genetische Veränderungen nachweisen lassen, sondern auch solche, die aus GVO hergestellt sind, ohne aber Reste von GVO zu enthalten. Dies entspricht dem weit geschnittenen Anwendungsbereich der NFVO.

Eine wichtige Ausnahme vom Anwendungsbereich betrifft Zusatzstoffe und Aromen, die als solche an den Endverbraucher abgegeben werden. Für diese Zusatzstoffe und Aromen sollen nach dem Erwägungsgrund 9 getrennte Maßnahmen zur Festlegung vergleichbarer Etikettierungsanforderungen getroffen werden, die in der VO 50/2000 noch nicht enthalten sind. Diese Ausnahme schafft eine vermeidbare und bedauerliche Lücke in der Kennzeichnungsverpflichtung. Auch wenn der direkt an Endverbraucher verkaufte Anteil an Aromen und Zusatzstoffen sicher nicht das Ausmass der in der Lebensmittelproduktion eingesetzten Mengen erreicht, ist nicht ersichtlich, warum ein Endverbraucher, der Aromen und Zusatzstoffe direkt erwirbt, weniger über das Vorliegen von genetischen Veränderungen informiert werden muss, als der Endverbraucher eines sonstigen Lebensmittels[19]. Hier sind *de lege ferenda* schnellstmöglich Anpassungen vorzunehmen, um diese systemwidrige Lücke zu schließen.

---

[16] Einen solchen Fall stellen Art. 8 Abs. 1 lit. b) NFVO und der dem nachempfundene Art. 2 lit. b) der VO 50/2000 dar.

[17] Siehe dazu auch § 8 II.2.c) a.E.

[18] Dazu zählen auch Enzyme, die als Zusatzstoffe eingestuft sind, wie Invertase (E 1103) und Lysozym (E 1105); *Groß*, S. 384. Vgl. die Übersicht bei *Gassen/Bangsow/Hektor/König/Sinemus*, ZLR 1996, S. 381 ff. (384 ff.).

[19] Eine ähnliche Lücke für Aromen sah auch die ursprüngliche RL 88/388/EWG (oben Fn. 4) in Art. 6 Abs. 4 vor, wo bestimmt wurde, dass Regeln zur Etikettierung von zum Verkauf an den Endverbraucher bestimmten Aromen erst nachträglich erlassen werden müssten. Diese Lücke wurde durch die RL 91/71/EWG der Kommission vom 16.1.1991 zur Ergänzung der RL 88/388/EWG, ABl. Nr. L 42 vom 15.2.1991, S. 25 f. geschlossen.

II. Kennzeichnungsregelung

1. Inhalt der Kennzeichnungspflicht

Art. 2 VO 50/2000 entspricht im Wortlaut weitgehend Art. 8 Abs. 1 NFVO und sieht vor, dass die Etikettierung „folgende Informationen über Aromen und Zusatzstoffe für den Endverbraucher und gemeinschaftliche Einrichtungen" enthalten muss. Auch Art. 2 VO 50/2000 dient somit der Verbraucherinformation über Merkmale (wie Zusammensetzung, Nährwert oder Verwendungszweck), die dazu führen, dass die betreffenden Aromen oder Zusatzstoffe mit herkömmlichen nicht mehr gleichwertig sind (lit. a), über Stoffe, die in gleichwertigen herkömmlichen Produkten nicht vorhanden sind gegen die ethische Vorbehalte bestehen (lit. c) und über das Vorhandensein von Aromen oder Zusatzstoffen, die einen GVO im Sinne der RL 90/220/EWG enthalten oder aus einem solchen bestehen (lit. d). Außerdem sollen Gesundheitsinformationen über Stoffe vermittelt werden, die in gleichwertigen herkömmlichen Produkten nicht vorhanden sind und die Gesundheit bestimmter Bevölkerungsgruppen beeinflussen können (lit. b). Insoweit kann auf die Ausführungen zu Art. 8 NVFO verwiesen werden[20].

Im Unterschied zur NFVO wurde allerdings die Frage der Gleichwertigkeit in Art. 3 VO 50/2000 verselbständigt und ergänzt[21]. Während Art. 3 Satz 1 VO 50/2000 die Regelung des Art. 8 Abs. 1 lit. a) UAbs. 2 NFVO übernimmt[22], stellt Satz 2 klar, dass eine Gleichwertigkeit entfällt, wenn die Zusatzstoffe oder Aromen Proteine und/oder DNA[23] infolge einer genetischen Veränderung enthalten[24]. Die VO 50/2000 übernimmt also den produktbezogenen Ansatz der NFVO und spezifiziert ihn im Hinblick auf DNA und Proteine gemäß Art. 2 VO 1139/98[25]. Die explizite Übernahme der Kennzeichnungsregelung der

---

[20] Siehe unten § 8 II.2.
[21] Dazu *Loosen*, ZLR 2000, S. 434 ff. (452).
[22] „Die betreffenden Zusatzstoffe und Aromen gelten als nicht mehr gleichwertig im Sinne von Art. 2 Buchstabe a), wenn durch eine wissenschaftliche Beurteilung aufgrund einer angemessenen Analyse der vorhandenen Daten nachgewiesen werden kann, dass die geprüften Merkmale Unterschiede gegenüber konventionellen Zusatzstoffen oder Aromen aufweisen, wobei die anerkannten Grenzwerte für natürliche Schwankungen dieser Merkmale zu berücksichtigen sind."
[23] Auch die deutsche Version enthält, vermutlich versehentlich, den englischen Begriff „DNA" (*desoxyribonucleic acid*) statt der z. B. in der VO 49/2000 gebrauchten deutschen Übersetzung „DNS" (*Desoxyribonucleinsäure*). Inhaltlich sind damit aber keine Änderungen verbunden, so dass beide Begriffe hier synonym verstanden und gebraucht werden.
[24] Kritisch *Groß*, S. 383 f., der anmerkt, dass die meisten Zusatzstoffe, mit Ausnahme von Lecithin aus gentechnisch veränderten Sojabohnen, technisch so aufbereitet sind, dass sich darin weder DNA noch Proteine nachweisen lassen, so dass z.T. von einer „theoretischen Etikettierungspflicht" gesprochen wird.
[25] *Loosen*, ZLR 2000, S. 434 ff. (452).

NFVO und die Präzisierung der Gleichwertigkeit im Sinne des Vorliegens von DNA und Proteinen macht nochmals deutlich, dass das Vorliegen von DNA und Proteinen als wesentlicher Grund der Ungleichwertigkeit auch für die NFVO gilt[26].

2. Art und Weise der Kennzeichnung

Art. 4 VO 50/2000 hat das System der Kennzeichnung im Zutatenverzeichnis aus Art. 2 Abs. 3 VO 1139/98 auf Aromen und Zusatzstoffe übertragen. Sofern die Aromen und Zusatzstoffe nach Art. 2 lit. a) iVm. Art. 3 VO 50/2000 nicht mehr gleichwertig sind, so ist nach Art. 4 Abs. 1 UAbs. 2 unmittelbar nach dem betreffenden Zusatzstoff bzw. Aroma in Klammern die Angabe „Aus genetisch verändertem ... hergestellt" zu machen. Dies kann nach Art. 4 Abs. 1 UAbs. 3 auch in einer gut sichtbaren Fußnote zur Zutatenliste geschehen[27], wobei der entsprechende Zusatzstoff bzw. das Aroma mit einem Sternchen (*) gekennzeichnet wird. Bei Produkten ohne Zutatenliste ist die Angabe nach Art. 4 Abs. 1 UAbs. 4 deutlich auf dem Etikett des Lebensmittels anzubringen.

Sofern die Aromen oder Zusatzstoffe nach Art. 2 lit. d) einen GVO im Sinne der RL 90/220/EWG enthalten oder aus einem solchen bestehen, erscheint nach Art. 4 Abs. 2 UAbs. 2 unmittelbar nach dem betreffenden Zusatzstoff bzw. Aroma die Angabe „genetisch verändert". Auch diese Angabe kann in einer Fußnote zum Aroma bzw. Zusatzstoff (Art. 4 Abs. 2 UAbs. 3) bzw. deutlich auf dem Etikett gemacht werden, falls das Produkt keine Zutatenliste hat (Art. 4 Abs. 2 UAbs. 4).

Während somit für den Fall der Ungleichwertigkeit nach Art. 2 lit. a) und des Vorhandenseins von GVO nach lit. d) detaillierte Bestimmungen bezüglich der Art und Weise der Kennzeichnung getroffen wurden, fehlen diese für eine „Gesundheits-" bzw. „Ethikkennzeichnung" nach lit. b) und c)[28]. Durch den ausdrücklichen Bezug auf die lit. a) und d) wird deutlich, dass eine Übertragung der Art und Weise der Kennzeichnung auf lit. b) und c) nicht möglich ist. Eine solche Übertragung wäre – wie bereits dargestellt[29] – auch inhaltlich nicht wünschenswert, da die für lit. a) und d) vorgeschriebenen Angaben nicht ausreichen, damit der Verbraucher erkennen kann, ob das Lebensmittel auf ihn eventuell gesundheitsschädigend wirkt oder ihn mit seinen ethischen Grundsätzen in Konflikt bringt. Für den Hersteller bleiben mit dieser Regelungslücke allerdings

---

[26] Vgl. auch *Loosen*, ZLR 2000, S. 434 ff. (452).
[27] Die Schriftgröße in der Fußnote muss nach Art. 4 Abs. 1 UAbs. 3 Satz 2 mindestens derjenigen in der Zutatenliste entsprechen.
[28] Art. 4 nimmt ausdrücklich nur auf Art. 2 lit. a) und d) Bezug. Lit. c) und d) werden hingegen nicht erwähnt.
[29] Siehe oben § 5 I.4.b).

Unsicherheiten bezüglich der Art und Weise der Kennzeichnung verbunden, die – vorzugsweise in Form einer Positivliste[30] mit Angaben zur Art der Kennzeichnung – möglichst schnell *de lege ferenda* beseitigt werden sollten.

Ferner ist zu erwähnen, dass die in der NFVO und der VO 1139/98 vorgesehene Negativkennzeichnung in der VO 50/2000 keine Berücksichtigung findet. Auch das Problem einer zufälligen Kontamination von Aromen und Zusatzstoffen mit genetisch veränderten Bestandteilen wurde zwar angesprochen[31], aber nicht einer der VO 49/2000 entsprechenden Lösung zugeführt. Eine Übertragung der Schwellenwerte der VO 49/2000 auf die VO 50/2000 scheidet wegen der Gleichzeitigkeit ihrer Verabschiedung aus. Da man sich, wie Erwägungsgrund 17 zeigt, des Problems einer zufälligen Kontamination in der VO 50/2000 bewusst war, aber offensichtlich nicht die Regelung der VO 49/2000 übernehmen wollte, kommt der VO 49/2000 auch keine Präjudizwirkung zu, die eine solche Übertragung erlauben würde. Insoweit bleibt der angesprochene Synthesecharakter der VO 50/2000 unvollständig.

III. Ergebnis

Die VO 50/2000 hat die von der NFVO und der VO 1139/98 vorgegebenen Regelungsansätze für die Kennzeichnung erfolgreich übernommen und zu einer Synthese zusammengeführt. Damit bleibt es beim Konzept der produktbezogenen Kennzeichnung von Unterschieden zwischen genetisch veränderten und herkömmlichen Produkten, die im Hinblick auf DNS und Proteine als wesentlichem Grund für eine Ungleichwertigkeit genetisch veränderter Produkte präzisiert wurden. Damit wurde nochmals verdeutlicht, dass genetisch veränderte DNS und Proteine eine Schlüsselrolle bei der Frage der Kennzeichnung spielen. Weiterhin entspricht der Regelungszweck der VO 50/2000, die Gewährleistung ausreichender Verbraucherinformation, den Regelungszwecken der NFVO und der VO 1139/98. Wie in der NFVO spielen auch in dieser Verordnung Fragen des Gesundheitsschutzes für den Zweck der Kennzeichnung nur im Rahmen der Gesundheitskennzeichnung nach lit. b) eine Rolle. Ansonsten dient die Kennzeichnung der Verbraucherinformation. Damit schließt die VO 50/2000 die von der NFVO und der VO 1139/98 gelassene Lücke in der Kennzeichnung von Aromen und Zusatzstoffen und stellt einen wichtigen Schritt in Richtung auf eine umfassende Kennzeichnung genetisch veränderter Lebensmittel dar.

Allerdings gelingt es auch der VO 50/2000 nicht, eine umfassende Kennzeichnung durchzusetzen. Ungekennzeichnet bleiben weiterhin Aromen und Zusatzstoffe zur direkten Abgabe an den Endverbraucher, was sich vor dem Regelungszweck, eine möglichst umfassende Verbraucherinformation zu gewährleis-

---

[30] Dazu siehe unten § 8 II.2.c).
[31] Erwg. 17; dazu *Loosen,* ZLR 2000, S. 434 ff. (452).

ten, nicht rechtfertigen lässt. Ebensowenig gelingt es der Verordnung, eine umfassende Regelung hinsichtlich der Art und Weise der Kennzeichnung zu treffen. Die schon in der NFVO beklagten Unsicherheiten für den Kennzeichnungspflichtigen bleiben auch mit Blick auf Aromen und Zusatzstoffe bestehen. Auch die Synthese zwischen der NFVO und der VO 1139/98 gelingt nur unvollständig, da die Einführung einer Negativliste nicht in Erwägung gezogen wurde und die Festlegung von Schwellenwerten noch geprüft wird. Insofern wurden zu Lasten des Kennzeichnungspflichtigen Abstriche bei der Rechtssicherheit gemacht. Abschließend bleibt daher festzustellen, dass zur Herstellung eines umfassenden und kohärenten Kennzeichnungssystems, das eine ausreichende Verbraucherinformation gewährleistet und gleichzeitig für die Kennzeichnungspflichtigen ein hinreichendes Maß an Rechtssicherheit und Rechtsklarheit schafft, noch Handlungsbedarf *de lege ferenda* bleibt.

§ 7 Freisetzungsrichtlinie 2001/18/EG

I. Einleitung

Neben der Kennzeichnung in den dargestellten speziellen Verordnungen für gentechnisch veränderte Lebensmittel kann sich eine Kennzeichnung auch aus der Freisetzungsrichtlinie[1] ergeben, die das Freisetzen und Inverkehrbringen von gentechnisch veränderten Organismen (GVO) umfassend, also auch für Lebensmittel, regelt. Da diese Freisetzungsrichtlinie aber die allgemeinen Anforderungen an den Einsatz der Gentechnik regelt, gehört sie nicht zum Lebensmittelrecht sondern zum technischen Sicherheitsrecht bzw. Gefahrstoffrecht[2]. Zu prüfen ist also, welchen Einfluss die allgemeinen Anforderungen der Freisetzungsrichtlinie auch in Bezug auf die Kennzeichnung auf die speziellen Verordnungen zur Kennzeichnung gentechnisch veränderter Lebensmittel haben. Nach der Darstellung des wesentlichen Regelungsinhaltes der Freisetzungsrichtlinie im Überblick (II.) geht es primär um deren Kennzeichnungsvorschriften (III.). Diese sollen anhand ihrer Entwicklung (2.) und des materiellen Regelungsgehalts (3.) auf die Frage hin untersucht werden, ob die Kennzeichnung in der Freisetzungsrichtlinie der Verbraucherinformation oder der Risikoinformation dient (4.).

II. Regelungsinhalt der Freisetzungsrichtlinie 2001/18/EG

1. Hintergründe und Entstehung der novellierten Freisetzungsrichtlinie

Die erste umfassende Regelung der Freisetzung von GVO und des Inverkehrbringens von Produkten, die aus GVO bestehen oder diese enthalten, traf die RL 90/220/EWG[3]. Die Freisetzungsrichtlinie unterwarf dabei alle GVO einem

---

[1] Richtlinie 90/220/EWG des Europäischen Parlaments und des Rates vom 23.4.1990 über die absichtliche Freisetzung genetisch veränderter Organismen in die Umwelt, ABl. Nr. L 117 vom 8.5.1990, S. 15 ff., novelliert durch die Richtlinie 2001/18/EG des Europäischen Parlaments und des Rates vom 12.3.2001 über die absichtliche Freisetzung genetisch veränderter Organismen in die Umwelt und zur Aufhebung der Richtlinie 90/220/EWG des Rates, ABl. Nr. L 106 vom 17.4.2001, S. 1 ff. Dazu auch *Wahl*, Vorbemerkung GenTG, in: Landmann/Rohmer (Hrsg.), Umweltrecht, Band III, Stand Okt. 2001, Rdnr. 54 ff.

[2] *Kniesel/Müllensiefen*, NJW 1999, S. 2564 ff. (2565).

[3] Richtlinie 90/220/EWG, oben Fn. 1. Zum horizontalen Ansatz der Richtlinie *Wahl/Melchinger*, JZ 1994, S. 973 ff. (976 f.). Zur Funktion des horizontalen Ansat-

Zulassungsregime in Form eines präventiven Verbots mit Erlaubnisvorbehalt[4]. Ziel der Richtlinie war zum einen der Abbau von Handelshemmnissen durch unterschiedliche Zulassungsregeln in den verschiedenen Mitgliedstaaten[5]. Zum anderen sollte verhindert werden, dass Freisetzungen von GVO zu einer Gefährdung der menschlichen Gesundheit oder Umwelt führen[6]. Die Richtlinie diente also ausdrücklich auch dem Gesundheitsschutz[7]. Dazu war eine umfangreiche Risikobewertung vorgeschrieben, die der Antragsteller seinen Anmeldungsunterlagen beilegen musste[8], und eine Beurteilung der mit der Freisetzung verbundenen Risiken durch die zuständige Behörde desjenigen Staates, in dem die Anmeldung vorgenommen wurde[9]. Außerdem sah die RL 90/220/EWG vor, dass der Antragsteller in dem Antrag auf Inverkehrbringen einen Vorschlag für die Kennzeichnung des Produkts, das GVO enthält oder aus ihnen besteht, machen muss[10]. Obwohl die RL 90/220/EGW sich nicht ausdrücklich darauf beruft, verfolgt sie insgesamt einen vorbeugenden Ansatz in der Risikoregulierung[11].

Trotz verschiedener Anpassungen der Richtlinie an den technischen Fortschritt[12] identifizierte die Kommission eine Reihe von Defiziten, zu denen auch die fehlenden gemeinschaftsweit einheitlichen Kriterien der Risikobewertung

---

zes der Richtlinie als Maßnahme gegen das Auftreten von Regelungslücken *Cozigou,* RMUE 1997, S. 67 ff. (71 f.).

[4] Vgl. Art. 5 Abs. 1, Art. 6 Abs. 4; Art. 10 Abs. 1. Dazu *Streinz,* EuZW 1997, S. 487 ff. (488).

[5] Art. 1 Abs. 1. Vgl. auch *Blanpain,* Ch. 5 Rdnr. 637. Insbesondere in Bezug auf das Inverkehrbringen auch *Meier,* S. 77.

[6] Art. 4 Abs. 1. Dazu *Douma/Matthee,* RECIEL 1999, S. 152 ff. (153); *Epiney,* S. 257; *Wahl,* Vorbemerkung GenTG, in: Landmann/Rohmer (Hrsg.), Umweltrecht, Band III, Stand Okt. 2001, Rdnr. 55.

[7] *Schenek,* S. 157; *Meier,* S. 77.

[8] Art. 5 Abs. 2 ff. iVm. Anhang II; Art. 10 Abs. 1, Art. 11 Abs. 1 iVm. Anhang II, III B. Dazu auch *Quintillán,* JWT 1999, S. 147 ff. (179); *Schlacke,* ZUR 1996, S. 285 ff. (288).

[9] Art. 6 Abs. 1. Dazu *Douma/Matthee,* RECIEL 1999, S. 152 ff. (153).

[10] Art. 11 Abs. 1 iVm. Anhang III, Art. 14.

[11] *Douma/Matthee,* RECIEL 1999, S. 152 ff. (153); *Schlacke,* ZUR 1996, S. 285 ff. (287); *Wahl,* Vorbemerkung GenTG, in: Landmann/Rohmer (Hrsg.), Umweltrecht, Band III, Stand Okt. 2001, Rdnr. 55; *Schenek,* S. 182 f. Auch der EuGH hat die RL 90/220/EWG in seinem Urteil, EuGH, Rs. C-6/99 (Association Greenpeace France/ Ministère de l'Agriculture et de la Pêche), Urteil vom 21.3.2000, Slg. I-2000, S. 1651 ff. (S. 1698 f. Rz. 40 ff.), konsequent unter dem Gesichtspunkt der Vorsorge interpretiert; dazu *Falke,* ZUR 2000, S. 265 ff. (268); *Séché/Wiesendahl,* UTR 58 (2001), S. 689 ff.; *Hervey,* RECIEL 2001, S. 321 ff. (324 ff.). Dafür spricht auch, dass die Richtlinie nicht nur den Umgang mit Gefahren regelt, sondern in Art. 2 Nr. 8 und Art. 10 auch potentielle Risiken in die Risikoregulierung einbezieht. Dazu *Rehbinder,* ZUR 1999, S. 6 ff. (7). Vgl. auch *Schenek,* S. 201 f.

[12] Zuletzt durch RL 97/35/EG der Kommission vom 18.6.1997 zur zweiten Anpassung der Richtlinie 90/220/EWG über die absichtliche Freisetzung genetisch veränderte Organismen in die Umwelt an den technischen Fortschritt, ABl. Nr. L 169 vom 27.6.1997, S. 72 f.

zählten[13], die durch eine umfassende Novellierung der Richtlinie zu beseitigen seien[14]. Außerdem sollte die Novellierung dem Vorsorgeprinzip, dem allgemeinen Willen, für Kennzeichnung und Rückverfolgbarkeit zu sorgen, und dem Wunsch nach mehr öffentlicher Beratung und Information sowohl während als auch nach der Anmeldung Rechnung tragen[15]. Die Novellierung sollte ferner den Anforderungen der internationalen Handelsverpflichtungen entsprechen[16]. Am 17.4.2001 trat die novellierte Freisetzungsrichtlinie 2001/18/EG[17] schließlich in Kraft, wodurch mit einer sechsmonatigen Übergangsfrist RL 90/220/EWG aufgehoben wird[18].

2. Regelungsziele der Freisetzungsrichtlinie

Obwohl auch die novellierte Freisetzungsrichtlinie Handelshemmnissen im Binnenmarkt entgegenwirken soll, liegt die Zielsetzung der Novellierung, wie sie in den Erwägungsgründen zum Ausdruck kommt, eher im Bereich des Umwelt- und Gesundheitsschutzes[19]. So stellt die RL 2001/18/EG klar, dass der Grundsatz der (Risiko-)Vorsorge bei der Ausarbeitung der Richtlinie beachtet wurde und auch bei deren Umsetzung zu berücksichtigen ist[20]. Dies bedeutet gleichzeitig, dass nicht unter Berufung auf die Vorsorge von den Regelungen der Richtlinie abgewichen werden kann[21]. Daneben wird betont, dass es einer

---

[13] *Douma/Matthee,* RECIEL 1999, S. 152 ff. (154); *Sheridan/Coleman,* S. 92. Zur weiteren Kritik *Cendrovicz,* Europe Environnemental (supplément) 1998, S. 1 ff. (4 f.).

[14] Vgl. dazu „Biotechnology and the White Paper on Growth, Competitiveness and Employment: Preparing the Next Stage", Communication from the Commission to the Council, the European Parliament and the Economic and Social Committee, KOM(94) 219 vom 1.6.1994; Report on the Review of Directive 90/220 in the context of the Commissions Communication on biotechnology and the White Paper, KOM(96) 630 vom 10.12.1996. Vgl. auch *von Schomberg,* PE 166.953/Final/Rev.

[15] Vgl. *Sheridan/Coleman,* S. 92 f.

[16] *Sheridan/Coleman,* S. 30.

[17] RL 2001/18/EG, oben Fn. 1.

[18] Zur Entstehung *Douma/Matthee,* RECIEL 1999, S. 152 ff. (154 ff.); *Pfundt/Zimmer,* UTR 58 (2001), S. 563 ff. (665 f.). Der Erlass der novellierten Freisetzungsrichtlinie hat allerdings nichts am Fortbestehen des faktischen Moratoriums für die Freisetzung von GVO, welches schon unter der RL 90/220/EWG bestand, geändert; dazu *Sheridan/Coleman,* S. 31; *Nelson/Babinard/Josling,* S. 97 ff. (112). Zum Moratorium kam es 1997 als Österreich und Luxemburg sich weigerten, zugelassenen Bt-Mais zum Verkauf freizugeben; dazu *Krenzler/MacGregor,* EFAR 2000, S. 287 ff. (293). Allerdings werden von Seiten der Kommission Versuche unternommen, den Zulassungsprozess im Dialog mit den Mitgliedstaaten wieder aufzunehmen; dazu David Byrne, „A European approach to food safety and GMOs", Speech/01/442, Washington, 9.10. 2001, S. 3.

[19] *Sheridan/Coleman,* S. 32. Zur RL 90/220/EWG bereits *Kapteina,* S. 35.

[20] Erwg. 8 und Art. 1.

[21] *Sheridan/Coleman,* S. 34.

weiteren Erforschung von potentiellen Risiken von GVO bedarf, zu deren Beurteilung noch geeignete Verfahren und Kriterien ausgearbeitet werden müssen[22]. Beibehalten werden soll daher das „Stufenverfahren" der Zulassung von GVO (sog. „Step-by-step"-Verfahren)[23], wonach eine Freisetzung nur ausgeweitet wird, wenn die Bewertung der vorherigen Stufe ergibt, dass keine Gefahren für die menschliche Gesundheit oder Umwelt bestehen[24], das System der fallweisen Beurteilung von GVO[25] und die Notwendigkeit einer Umweltverträglichkeitsprüfung (UVP)[26]. Ziel der Richtlinie bleibt es also, GVO nur freizusetzen oder in Verkehr zu bringen, wenn sie für die menschliche Gesundheit und Umwelt ungefährlich sind[27]. Daneben wird die Überwachung der GVO nach ihrem Inverkehrbringen auch bezüglich akkumulierter langfristiger Auswirkungen betont[28]. Um außerdem die Rückverfolgbarkeit von zugelassenen GVO in jeder Phase ihrer Vermarktung sicherzustellen[29], sind sowohl die Zuteilung eines spezifischen Erkennungsmarkers, die Schaffung von öffentlich zugänglichen GVO-Registern, die u. a. auf die Orte der Freisetzung hinweisen[30], als auch die Suche nach Möglichkeiten, eine Rückholung im Fall einer ernsten Gefahr zu erleichtern, vorgesehen[31]. Daneben soll die RL 2001/18/EG den internationalen Verpflichtungen der EG und insbesondere dem Protokoll von Cartagena über die biologische Sicherheit zum Übereinkommen über die biologische Vielfalt entsprechen[32]. Auch die Forderung nach mehr Transparenz und öffentlicher Information soll die Novellierung befriedigen[33].

---

[22] Erwg. 18, 21.
[23] *Tünnesen-Harmes*, S. 81 ff. Zur alten Richtlinie *Nelson/Babinard/Josling*, S. 97 ff. (111); *Kapteina*, S. 37.
[24] Erwg. 23–25.
[25] Erwg. 18, 19. Vgl. *Tünnesen-Harmes*, S. 84 f.
[26] Erwg. 22, 25, 33.
[27] Erwg. 47. Vgl. auch *Meier*, S. 143. Dazu gehört auch die angestrebte schrittweise Einstellung der Verwendung von Antibiotikaresistenzmarkern: Erwg. 22, Art. 4 Abs. 2 S. 3. Damit wird der herrschenden Meinung unter den Wissenschaftlern gefolgt, wonach die Markergene zwar nach bisherigen Kenntnissen ungefährlich sind, aber dennoch vermieden werden sollten. Vgl. zur entsprechenden Stellungnahme der ZKBS *Dederer*, ZFL 49, Nr. 6 (1998), S. 46 ff. (48).
[28] Erwg. 19, 20, 43. Zu den Gefahren der Akkumulation verschiedener Herbizidtoleranzgene in Raps und der damit verbundenen multiplen Toleranz der Pflanze gegen Unkrautvernichtungsmittel siehe *Orson*, English Nature Research Reports No. 443 2002, S. 1 ff.
[29] Dazu auch *Pfundt/Zimmer*, UTR 58 (2001), S. 563 ff. (665).
[30] Art. 25, 31. Dazu *Sheridan/Coleman*, S. 30.
[31] Erwg. 41–45.
[32] Erwg. 13. Das Cartagena Protokolls soll gemäß Art. 32 durch einen ergänzenden Vorschlag der Kommission umgesetzt werden. Den in Art. 32 vorgegebenen Terminplan erkennt die Kommission allerdings unter Berufung auf ihr Initiativrecht nicht an; vgl. Erklärung der Kommission zu Art. 32 (Änderung 28). Zur Umsetzung siehe den Vorschlag der Kommission für eine Verordnung des Europäischen Parlaments und des

Obwohl die novellierte Richtlinie, ebenso wie die ursprüngliche Richtlinie 90/220/EWG[34], sowohl dem Funktionieren des Binnenmarktes als auch dem Schutz der menschlichen Gesundheit und Umwelt dienen soll, liegt der Schwerpunkt der Intention des Normgebers in den Erwägungsgründen der novellierten Richtlinie im Bereich des Gesundheitsschutzes[35]. Entsprechend der Zuordnung des Gentechnikrechts zum Gefahrstoffrecht[36] ist die Zielsetzung der Novellierung die Gewährleistung der Sicherheit von GVO[37].

3. Anwendungsbereich der Freisetzungsrichtlinie

Die Richtlinie gilt für die absichtliche Freisetzung und das Inverkehrbringen von GVO, die definiert werden als jede biologische Einheit mit Ausnahme des Menschen, die fähig ist, sich zu vermehren oder genetisches Material zu übertragen, und deren genetisches Material so verändert worden ist, wie es auf natürliche Weise durch Kreuzen und/oder natürliche Rekombination nicht möglich ist[38]. In Anhang I A sind Verfahren aufgeführt, die zu genetischen Veränderungen führen[39], bzw. die nicht dazu führen[40], wobei die Aufzählung nicht abschließend ist[41]. Die Richtlinie gilt nicht nur für das Inverkehrbringen der GVO selbst, sondern auch für Produkte, die aus GVO bestehen oder GVO enthalten[42]. An Lebensmitteln fallen also z.B. gentechnisch veränderte Tomaten unter die Freisetzungsrichtlinie. Produkte, die aus GVO hergestellt wurden, ohne

---

Rates über die grenzüberschreitende Verbringung genetisch veränderter Organismen vom 18.2.02, KOM(2002) 85 endg., ABl. C 151 E vom 25.6.2002, S. 121 ff.

[33] Erwg. 10, 46, 62. Dazu auch *Sheridan/Coleman*, S. 33, 92 f.

[34] *Schenek*, S. 157.

[35] So bereits für die alte RL 90/220/EWG *Kapteina*, S. 35.

[36] So *Kniesel/Müllensiefen*, NJW 1999, S. 2564 ff. (2565), die allerdings zu Recht einwenden, dass dabei ein primär anlagen- und tätigkeitsbezogener Ansatz verfolgt wird.

[37] Daneben wird das ursprüngliche Ziel, Handelshemmnisse aus der unterschiedlichen Zulassungspraxis der Mitgliedstaaten im Wege der Harmonisierung zu beseitigen, weiterverfolgt; dazu *Sheridan/Coleman*, S. 32; *Meier*, S. 77.

[38] Art. 1 iVm. Art. 2 Nr. 1, 2.

[39] Art. 2 Nr. 2 lit. a) iVm. Anhang I A Teil 1. Dazu gehören u.a. die Insertion von Nukleinsäuremolekülen, die Mikroinjektion und Zellfusion, einschließlich der Protoplastenfusion.

[40] Art. 2 Nr. 2 lit. b) iVm. Anhang I A Teil 2. Dazu gehören die In-vitro-Befruchtung, natürliche Prozesse wie Konjugation und die Polyploidie-Induktion.

[41] Ebenso *Sheridan/Coleman*, S. 35. Zur identischen Rechtslage im deutschen GenTG *Dederer*, S. 242; *Wahl*, § 3 GenTG, in: Landmann/Rohmer (Hrsg.), Umweltrecht, Band III, Stand Okt. 2000, Rdnr. 25; *Hirsch/Schmidt-Didczuhn*, Gentechnikgesetz, 1991, § 1 Rdnr. 18; *Ronellenfitsch*, § 3 GenTG, in: Eberbach/Lange/Ronellenfitsch (Hrsg.), Recht der Gentechnik und der Biomedizin, Stand: Nov. 2001, Rdnr. 62.

[42] Art. 2 Nr. 7, Art. 13.

diese zu enthalten, fallen dagegen nicht unter diese Richtlinie[43]. Keine Anwendung findet die Richtlinie ferner auf Organismen, bei denen eine genetische Veränderung durch den Einsatz eines in Anhang I B aufgelisteten Verfahrens herbeigeführt wurde[44], da diese Verfahren seit langem als sicher gelten[45]. Auch in der Ausgestaltung des Geltungsbereichs der Richtlinie dominiert somit das Primat der Sicherheit von GVO.

Weiterhin bestimmt die Richtlinie im Wege der Klarstellung, dass auch Einfuhren oder die Verwendung von GVO als Massengut unter den Begriff des Inverkehrbringens fallen und daher den Bestimmungen der Richtlinie genügen müssen[46]. Dadurch werden insbesondere die zwischen der EG und den USA umstrittenen Einfuhren von genetisch verändertem Mais und Soja in Form der sog. „bulk shipments", also in großen, nicht abgepackten Mengen, erfasst[47].

4. Überblick über das Genehmigungsverfahren

Bevor auf die Kennzeichnungsregelungen eingegangen wird, soll zunächst ein Überblick über die Risikosteuerung im Genehmigungsverfahren gegeben werden. Zu den allgemeinen Verpflichtungen der Mitgliedstaaten beim Inverkehrbringen von GVO, die in Art. 4 festgelegt sind, gehört zunächst, im Einklang mit dem Vorsorgeprinzip dafür zu sorgen, dass GVO keine schädlichen Auswirkungen auf die menschliche Gesundheit und Umwelt haben[48]. Außerdem müssen die Mitgliedstaaten sicherstellen, dass bei der Risikobewertung gemäß Anhang II die Möglichkeit des Auftretens von Gefahren durch Gentransfers sorgfältig geprüft wird[49]. Daneben tragen die Mitgliedstaaten Sorge für Kontrollen und Maßnahmen im Falle einer nicht genehmigten Freisetzung von GVO[50] und müssen die Rückverfolgbarkeit von GVO im Einklang mit den Anforderungen des Anhangs IV sicherstellen[51]. Den für die Freisetzung und das Inverkehrbringen Verantwortlichen trifft daneben die Pflicht, eine UVP durchzuführen und die in Anhang III geforderten Informationen bereitzustellen[52]. Im Rahmen

---

[43] *Sheridan/Coleman,* S. 30.
[44] Art. 3 Abs. 1. Dies umfasst Mutagenese und Zellfusion von Pflanzenzellen von Organismen, die mittels herkömmlicher Züchtungstechniken genetisches Material austauschen können.
[45] Erwg. 17.
[46] Erwg. 11, 12.
[47] Vgl. auch *Sheridan/Coleman,* S. 34.
[48] Art. 4 Abs. 1. Dazu *Sheridan/Coleman,* S. 35.
[49] Art. 4 Abs. 3.
[50] Art. 4 Abs. 5. Dadurch bekräftigt die EG ihren Standpunkt, dass die Verantwortung im Falle einer ungenehmigten Freisetzung bei den Mitgliedstaaten liegt; ebenso *Sheridan/Coleman,* S. 36.
[51] Art. 4 Abs. 6.
[52] Art. 4 Abs. 2 S. 1, 2.

der UVP soll auch für eine schrittweise Einstellung der Verwendung von Antibiotikaresistenzmarkern in GVO, die schädliche Auswirkungen auf die menschliche Gesundheit oder Umwelt haben können, gesorgt werden[53].

Vor dem Inverkehrbringen eines GVO als Produkt oder in Produkten muss außerdem eine Anmeldung bei der zuständigen Behörde des Mitgliedstaats eingereicht werden, in dem der GVO erstmals in Verkehr gebracht wird[54]. Die Anmeldung muss die nach den Anhängen II–IV und VII erforderlichen Informationen, also insbesondere Informationen zur Risikobewertung, enthalten[55] und einen Vorschlag für eine Kennzeichnung des Produkts, der die Worte „Dieses Produkt enthält genetisch veränderte Organismen" umfasst[56]. Die zuständige Behörde prüft die Anmeldung auf ihre Übereinstimmung mit der Richtlinie und erstellt einen positiven oder ablehnenden Bewertungsbericht[57]. Bei einem ablehnenden Bewertungsbericht kann die zuständige Behörde entscheiden, dass das Produkt nicht in Verkehr gebracht werden soll[58]. Bei einem positiven Bewertungsbericht können die übrigen Mitgliedstaaten oder die Kommission nach Art. 18 Einwände gegen die Zulassung erheben; in diesem Fall wird im Wege des Komitologieverfahrens nach Art. 30 Abs. 2 entschieden[59]. Wenn keine Einwände erhoben werden, entscheidet die zuständige Behörde des Mitgliedstaats, in dem die Anmeldung eingereicht wurde, nach Art. 15 Abs. 3 selbst. In jedem Fall aber benötigt der Antragsteller vor dem Inverkehrbringen eine schriftlichen Zustimmung der zuständigen Behörde[60]. Sofern ein hohes Sicherheitsniveau für die menschliche Gesundheit und die Umwelt gewährleistet ist, kann aber von den Vorgaben des Anmeldungsverfahrens nach Art. 13 abgewichen werden[61].

---

[53] Art. 4 Abs. 2 S. 3, 4. Unklar bleibt hier allerdings, wie die Einstellung der Verwendung zu erfolgen hat und warum dies im Rahmen der UVP geschehen soll. Zweck der UVP ist es an sich, die Umweltverträglichkeit eines Produktes zu beurteilen; vgl. Anhang II lit. A. Dazu bedarf es einer Bewertung der tatsächlichen Auswirkungen eines Produkts auf Umwelt und Gesundheit. Im Fall einer festgestellten negativen Auswirkung dürfte ein GVO aber bereits jetzt nach Art. 4 Abs. 1 nicht zugelassen werden. Da aber die Gefährlichkeit der Antibiotikaresistenzmarker bisher nicht nachweisbar ist, ist die Regelung statt als wissenschaftlich motiviert eher als politisches Signal zu verstehen, in Zukunft keine solchen GVO mehr zulassen zu wollen. Durch die Fristen zur Einstellung der Zulassung wird damit der Industrie die Möglichkeit gegeben, auf andere Markergene umzusteigen. Diese politische Signal stellt aber einen Fremdkörper in der eigentlich wissenschaftsorientierten Ausrichtung der UVP und damit der gesamten Risikobewertung, von der die UVP ein Teil ist, dar.
[54] Art. 13 Abs. 1.
[55] Art. 13 Abs. 2.
[56] Art. 13 Abs. 2 lit. f).
[57] Art. 14. Vgl. *Lienhard*, NuR 2002, S. 13 ff. (15).
[58] Art. 15 Abs. 2.
[59] Ausführlich zum Komitologieverfahren *Sheridan/Coleman*, S. 59 ff. Vgl. auch *Lienhard*, NuR 2002, S. 13 ff. (15).
[60] Art. 19.

Dieses Zulassungsverfahren entfaltet außerdem Wirkung über die RL 2001/18/EG hinaus, da es als Standard für die Zulassung auch von solchen GVO gilt, die eigentlich nicht der Richtlinie unterliegen[62]. So müssen die Zulassungsverfahren für GVO in Arzneimittel[63] oder für GVO in Produkten, die nach sektoralen Vorschriften der Gemeinschaft, wie der NFVO, zugelassen werden[64], den Anforderungen in der Freisetzungsrichtlinie, insbesondere im Hinblick auf die in Anhang II und III vorgenommene Risikobewertung und -steuerung, zumindest gleichwertig sein, wobei die Gleichwertigkeit durch eine gesonderte Verordnung festzustellen ist[65]. Bis zu dieser Feststellung müssen die GVO in den genannten Produkten auch nach der Freisetzungsrichtlinie zugelassen werden[66]. Das Zulassungsverfahren nach der RL 2001/18/EG stellt also einen verbindlichen Mindeststandard für die Risikosteuerung von GVO dar.

Diese Wirkung der Freisetzungsrichtlinie als Mindeststandard erstreckt sich auch auf die Öffentlichkeitsinformation und die Kennzeichnung[67]. Durch die Novellierung wurde die Bedeutung der Öffentlichkeit und ihrer Information im Zulassungsverfahren gestärkt[68]. Während in der RL 90/220/EWG eine Anhörung der Öffentlichkeit für die Freisetzung fakultativ war, ist die Anhörung nun verbindlich[69]. Außerdem muss die Öffentlichkeit über Abweichungen beim Standardverfahren für das Inverkehrbringen[70], über die erteilte Zustimmung inklusive der Anmeldungsunterlagen und der Bewertungsberichte[71], über Ergebnisse der Überwachung von GVO[72] und über neue Informationen über GVO und Notfallmaßnahmen im Falle einer ernsten Gefahr informiert werden[73]. Außerdem richten die Kommission und die Mitgliedstaaten öffentlich zugängliche

---

[61] Art. 16. Geänderte Informationsanforderungen müssen darüber hinaus auf die verfügbaren wissenschaftlichen Erkenntnisse sowie Erfahrungen mit Freisetzungen vergleichbarer GVO gestützt werden. Damit wird die Wissenschaftlichkeit neuer Anforderungen sichergestellt.

[62] Art. 5 und 12 begrenzen eigentlich den Anwendungsbereich der Richtlinie.

[63] Art. 5 Abs. 1.

[64] Art. 12 Abs. 1.

[65] Art. 5 Abs. 3; Art. 12 Abs. 3. *Schenek*, S. 144 sieht im vergleichbaren Art. 10 Abs. 2 der alten Freisetzungsrichtlinie ein materielles Verschlechterungsverbot. Vgl. auch *Dederer*, ZFL 49, Nr. 6 (1998), S. 46 ff., der die Freisetzungsrichtlinie als Auffangregel für alle nicht gesondert regulierten Produkte, die GVO enthalten, begreift.

[66] Art. 12 Abs. 4. Ebenso für die Freisetzung von GVO in Arzneimitteln *Sheridan/Coleman*, S. 37.

[67] Art. 12 Abs. 1 und Erwg. 27, der in der deutschen Fassung allerdings unzureichend mit „Bezug" anstelle von „Vergleichsmaßstab" übersetzt wurde.

[68] Ebenso *Sheridan/Coleman*, S. 39, 54.

[69] Art. 9.

[70] Art. 7 Abs. 2 lit. b), Abs. 4; 16 Abs. 3. Dazu auch *Sheridan/Coleman*, S. 39.

[71] Art. 19 Abs. 4; Art. 24.

[72] Art. 20 Abs. 4.

[73] Art. 8 Abs. 2; Art. 23 Abs. 1 UAbs. 2.

Register ein, in denen Informationen über die spezifischen genetischen Veränderungen der GVO und die Orte der Freisetzung gespeichert werden[74].

Zusammenfassend lässt sich festhalten, dass durch das Zulassungsverfahren sichergestellt wird, dass keine GVO in Verkehr gebracht werden, die ein Risiko für die menschliche Gesundheit oder die Umwelt darstellen[75]. Dazu dient, neben den umfangreichen Informationspflichten des Antragstellers in Anhang III, insbesondere die vorgeschriebene UVP, deren Grundprinzipien durch die Novellierung in Anhang II festgelegt wurden[76]. Im Rahmen der UVP sollen dabei auch Risiken bewertet werden, die indirekte oder spätere Auswirkungen auf die Gesundheit und Umwelt haben können[77]. Durch die Novellierung wird außerdem die Öffentlichkeit in die Zulassungsverfahren durch verstärkte Anhörungsrechte und Informationspflichten eingebunden. Das umfangreiche Zulassungsverfahren stellt damit das wesentliche Instrument zur Risikosteuerung in der Freisetzungsrichtlinie dar.

III. Die Kennzeichnung und ihre Funktion in der Freisetzungsrichtlinie

1. Einleitung

Nach diesem Überblick über die Freisetzungsrichtlinie soll nun deren Kennzeichnungsregelung und -zweck untersucht werden. Dazu bedarf es zunächst der Darstellung der Intention des Normgebers, wie sie sich aus der Entwicklung der Kennzeichnung und aus den Erwägungsgründen dazu ableiten lässt (2.). Anschließend soll anhand der materiellen Regelung geprüft werden, wie diese Intention in der Richtlinie umgesetzt wurde (3.). Ziel der Prüfung ist dabei die Einordnung der Kennzeichnungsregelung in die beschriebenen Kategorien der Verbraucher- oder Risikoinformation (4.).

2. Entwicklung der Kennzeichnung in der Freisetzungsrichtlinie

Bereits in der RL 90/220/EWG war eine Kennzeichnung für das Inverkehrbringen von GVO vorgesehen. Art. 11 Abs. 1 bestimmte, dass die für die Genehmigung des Inverkehrbringens erforderliche Anmeldung neben den Risikoinformationen aus Anhang II auch „die Bedingungen für das Inverkehrbringen des Produkts, einschließlich ... eines Vorschlags für die Etikettierung und Verpa-

---

[74] Art. 31 Abs. 2, 3.
[75] Siehe auch Art. 4 Abs. 1. Vgl. *Douma/Matthee*, RECIEL 1999, S. 152 ff. (153); *Epiney*, S. 257.
[76] Vgl. insbesondere Anhang II lit. A. Dazu auch *Sheridan/Coleman*, S. 45.
[77] Anhang II, vor lit. A.

ckung, der zumindest den Anforderungen von Anhang III entsprechen sollte"[78], enthalten musste[79]. Anhang III Teil B sah dazu „gegebenenfalls" eine Etikettierung vor, die u.a. Bezeichnung des Produktes und des darin enthaltenen GVO angeben musste[80]. Eine Formulierungsvorgabe enthielt Anhang III Teil B aber nicht[81]. Allerdings konnte der Anmelder beantragen, dass eine oder mehrere der unter Anhang III Teil B aufgelisteten Forderungen entfallen, wenn er aufgrund der Ergebnisse aus vorangegangenen Freisetzungen oder aus substantiellen, wissenschaftlich fundierten Gründen der Ansicht ist, dass mit dem Inverkehrbringen kein Risiko für die menschliche Gesundheit und/oder die Umwelt verbunden ist[82]. Der Anmelder konnte also eine Ausnahme von der Kennzeichnungspflicht beantragen, wenn er den GVO als sicher ansah. Die Kennzeichnung der ursprünglichen Freisetzungsrichtlinie knüpfte also direkt an Sicherheitsgründen an, das heisst es gab keine Kennzeichnungspflicht in Abwesenheit von Sicherheitsgründen[83].

Diese Kennzeichnungslücke[84] löste Widerspruch sowohl von Verbrauchern als auch von einigen Mitgliedstaaten aus, wobei eine obligatorische Kennzeichnung zur Rückverfolgbarkeit und Verbraucheraufklärung gefordert wurde[85]. Österreich drohte sogar, eine zwingende Verbraucherkennzeichnung einzuführen, wenn die Kennzeichnungsvorschriften nicht verbessert würden[86]. Dieser Kritik wurde durch Erlass der Richtlinie 97/35/EG[87] Rechnung getragen[88]. Durch die RL 97/35/EG wurde dem Anhang III der RL 90/220/EWG ein verbindlicher Teil C angefügt, von dem keine Derogation nach Art. 11 Abs. 1 UAbs. 2 gestattet ist[89]. Darin ist vorgesehen, dass die Anmeldung einen Etikettierungsvorschlag enthält, in dem entweder darauf hingewiesen wird, dass ein

---

[78] Art. 11 Abs. 1 UAbs. 1 2. Spiegelstrich.
[79] Dazu *Kuilwijk/Pouncey,* Int.T.L.R. 1999, S. 89 ff. (90).
[80] Anhang III Abschnitt B Nr. 5 mit Verweis auf Abschnitt A Nr. 1. Kritisch insbesondere zu der Formulierung der Vorschrift *Katzek,* EFLR 1993, S. 205 ff. (208 f.).
[81] Insbesondere musste nicht explizit auf das Vorhandensein von GVO hingewiesen werden, wenn der GVO auch anderweitig „bezeichnet" werden konnte; dazu *Katzek,* EFLR 1993, S. 205 ff. (209).
[82] Art. 11 Abs. 1 UAbs. 2. Dazu *Katzek,* EFLR 1993, S. 205 ff. (209).
[83] Ebenso *Bjerregaard,* EFLR 1998, S. 1 ff. (3); *Cozigou,* RMUE 1997, S. 67 ff. (71). A.A. *Schenek,* S. 160, der allerdings übersieht, dass der Anmelder eine Ausnahme von der Kennzeichnung beantragen kann.
[84] *Quintillán,* JWT 1999, S. 147 ff. (180).
[85] *Bjerregaard,* EFLR 1998, S. 1 ff. (4); *Dederer,* ZFL 49, Nr. 5 (1998), S. 52 ff. (53).
[86] *Douma/Matthee,* RECIEL 1999, S. 152 ff. (152).
[87] Richtlinie 97/35/EG, siehe oben Fn. 12.
[88] *Dederer,* ZFL 49, Nr. 5 (1998), S. 52 ff. (53); *Stewart/Johanson,* DRAKEJAL 1999, S. 243 ff. (269).
[89] *Kuilwijk/Pouncey,* Int.T.L.R. 1999, S. 89 ff. (90). Ebenso *Meier,* S. 85, der aber die widersprüchliche Formulierung der Verweisungskette kritisiert.

Produkt GVO enthält oder daraus besteht, oder dass GVO im Produkt enthalten sein können, wenn Produkte im Verbund mit herkömmlichen Organismen in Verkehr gebracht werden[90]. Es wurde also eine Positivkennzeichnung und eine „Kann-Enthalten"-Kennzeichnung[91] eingeführt, die unabhängig von einer Sicherheitsbeurteilung der zu kennzeichnenden GVO verbindlich vorgeschrieben waren[92]. In den Erwägungsgründen wurde für diese Änderung aber nicht die allgemeine Verbraucherinformation als Grund angegeben, sondern die Notwendigkeit, das Sammeln von Daten und Informationen nach dem Inverkehrbringen zur Erleichterung der Beurteilungen von GVO und Kontrollmaßnahmen zu fördern[93]. Grund für die Erweiterung der Kennzeichnungspflicht war also die Notwendigkeit von (Risiko-)Information zur Bewertung und Überwachung von GVO[94].

Trotz dieser Kennzeichnungspflicht veröffentlichte die Kommission eine Reihe von Empfehlungen[95], die bei der anstehenden Revision der RL 90/220/EWG umgesetzt werden sollten[96]. Danach sollte es drei Arten von GVO-Kennzeichnung geben: eine freiwillige Negativkennzeichnung, eine verpflichtende Positivkennzeichnung, wenn GVO nachweisbar sind, und eine verpflichtende „Kann-Enthalten"-Kennzeichnung, wenn verschiedene aufeinanderfolgende Verfahrensarten Zweifel an dem Vorliegen von GVO aufkommen lassen, ohne dass diese nachweisbar wären[97]. Mit den Empfehlungen wollte die Kommission den wissenschaftlichen Ansatz der Kennzeichnungsregelungen unterstreichen, die laut Kommission die menschliche Gesundheit und die Umwelt schützen sollen, ohne dabei zu Unsicherheiten und exzessiven Kosten für die Industrie zu führen[98].

---

[90] *Quintillán,* JWT 1999, S. 147 ff. (180); *Loosen,* ZLR 2000, S. 434 ff.
[91] Die „Kann-Enthalten"-Kennzeichnung sollte dabei verhindern, dass GVO-Produkte und herkömmliche Produkte zur Erfüllung der Kennzeichnungspflicht getrennt werden müssen; dazu *Quintillán,* JWT 1999, S. 147 ff. (181); *Unnevehr/Hill/Cunningham,* S. 131 ff. (133).
[92] Vgl. *Dederer,* ZFL 49, Nr. 5 (1998), S. 52 ff. (53); *Kuilwijk/Pouncey,* Int.T.L.R. 1999, S. 89 ff. (90).
[93] Erwg. 2–4.
[94] Die Erwägungsgründe stehen damit im Widerspruch zu den Angaben der damaligen Umweltkommissarin *Bjerregaard,* die eine Reaktion auf die Forderungen nach sicherheitsunabhängiger Verbraucherinformation durch die Öffentlichkeit und die Mitgliedstaaten sah; dazu *Bjerregaard,* EFLR 1998, S. 1 ff. (4).
[95] The Commission adopted the principles of a proposed revision of this Directive on November 26, 1997 (Press Release IP/97/1044).
[96] *Long/Cardonnel,* EFLR 1998, S. 11 ff. (23).
[97] *Quintillán,* JWT 1999, S. 147 ff. (180); *Long/Cardonnel,* EFLR 1998, S. 11 ff. (23 f.).
[98] *Long/Cardonnel,* EFLR 1998, S. 11 ff. (23 f.).

Entsprechend dieser Zielsetzung enthielt der Kommissionsvorschlag für eine novellierte Freisetzungsrichtlinie[99] im neuen Anhang IV Teil C die Verpflichtung, bei der Anmeldung einen Vorschlag für eine verbindliche Etikettierung des Produktes zu machen, die entweder den Hinweis „dieses Produkt enthält GVO" beinhaltet, wenn es Anhaltspunkte für GVO in dem Produkt gibt, oder den Hinweis „dieses Produkt kann GVO enthalten", wenn nicht ausgeschlossen werden kann, dass in dem Produkt GVO vorhanden sind, ohne dass es dafür aber Anhaltspunkte gäbe[100]. Was als Anhaltspunkt für GVO gewertet wird, wurde aber nicht näher präzisiert. Wesentlich an diesem Vorschlag war aber, dass Art. 11 Abs. 2 lit. e) als Kennzeichnungsgrund die Verbraucherinformation anführte. Der neue Kennzeichnungszweck schien somit die allgemeine Verbraucherinformation zu sein[101].

Kritik erfuhr dieser Vorschlag im Hinblick auf die Kennzeichnung sowohl vom Wirtschafts- und Sozialausschuss, der eine bessere Abstimmung der Kennzeichnungsregeln zwischen der Freisetzungsrichtlinie und der NFVO forderte[102], als auch vom Parlament, das sich dezidiert gegen eine „Kann-Enthalten"-Kennzeichnung wandte und statt dessen ein besseres Zertifizierungssystem zur Sicherstellung der Rückverfolgbarkeit von GVO forderte[103]. Außerdem sollte immer eine Positivkennzeichnung vorgenommen werden, wenn das Produkt genetisch veränderte Proteine oder DNS enthält[104]. Als Reaktion auf die Kritik veröffentlichte die Kommission einen geänderten Vorschlag[105], der zwar

---

[99] Vorschlag für eine Richtlinie des Europäischen Parlaments und des Rates vom 23.2.1998 zur Änderung der RL 90/220/EWG über die absichtliche Freisetzung genetisch veränderter Organismen in die Umwelt, KOM(98) 85 endg., ABl. Nr. C 139 vom 4.5.1998, S. 1 ff.

[100] Anhang IV Abschnitt C Nr. 1, 2. Dazu *Dederer*, ZFL 49, Nr. 6 (1998), S. 46 ff. (47); *Douma/Matthee*, RECIEL 1999, S. 152 ff. (155). Damit wurden wortgetreu die o. g. Empfehlungen der Kommission übernommen; dazu *Rücker*, S. 129.

[101] Vgl. auch *Silvestro/Juarez-Boal*, RMUE 1997, S. 592 ff. (594).

[102] Stellungnahme des Wirtschafts- und Sozialausschusses vom 9.9.1998 zum Vorschlag einer Richtlinie des Europäischen Parlaments und des Rates zur Änderung der RL 90/220/EWG, ABl. Nr. C 407 vom 28.12.1998 S. 1 ff. Dazu *Douma/Matthee*, RECIEL 1999, S. 152 ff. (155).

[103] Stellungnahme des Europäischen Parlaments vom 11.2.1999 zum Vorschlag für eine Richtlinie des Europäischen Parlaments und des Rates zur Änderung der RL 90/220/EWG über die absichtliche Freisetzung genetisch veränderter Organismen in die Umwelt, ABl. Nr. C 150 vom 28.5.1999, S. 363 ff. Ausführlich *Douma/Matthee*, RECIEL 1999, S. 152 ff. (155 f.).

[104] Siehe oben Fn. 103, Änderung 67. Dagegen ist allerdings einzuwenden, dass genetisch veränderte Proteine und DNS auch dann in einem Produkt noch vorliegen können, wenn es aus genetisch veränderten Organismen hergestellt wurde, diese aber nicht mehr enthält. Die Änderung des Parlaments liefe damit letztendlich auf eine erhebliche Erweiterung der Kennzeichnung hinaus. Vgl. auch *Cendrovicz*, Europe Environnemental (supplément) 1998, S. 1 ff. (14).

[105] Geänderter Vorschlag für eine Richtlinie des Europäischen Parlaments und des Rates vom 25.3.1999 zur Änderung der RL 90/220/EWG über die absichtliche Frei-

Forderungen nach Vorsorge und Rückverfolgbarkeit aufgriff, die Kennzeichnung aber nicht modifizierte.

Der gemeinsame Standpunkt des Rates[106] griff die Kritik des Parlaments zumindest in einigen Punkten auf. So bleibt es bei einer obligatorischen Positivkennzeichnung im Falle des Vorhandenseins von GVO[107]. Die „Kann-Enthalten"-Kennzeichnung ist aber entsprechend dem Wunsch des Parlaments entfallen. Ebenfalls entfallen ist die Verbraucherinformation als Kennzeichnungsgrund aus dem Kommissionsvorschlag[108]. Aber auch das Parlament konnte sich mit seiner Forderung nach dem Gebrauch von genetisch veränderten Proteinen und DNS als Indikator einer Positivkennzeichnung nicht durchsetzen. Stattdessen führte der Rat die Möglichkeit ein, eine Kennzeichnung unterhalb eines noch zu bestimmenden Schwellenwertes entfallen zu lassen[109]. Außerdem soll die Kennzeichnung neben den Worten „Dieses Produkt enthält genetisch veränderte Organismen" einen Hinweis auf den öffentlich zugänglichen Teil des Registers enthalten[110]. Trotz der zwischen dem Rat und dem Parlament fortbestehenden Unterschiede in der Kennzeichnungsfrage wurde der Gemeinsame Standpunkt in der Frage der Kennzeichnung im Vermittlungsverfahren nur noch geringfügig modifiziert[111].

Insgesamt stellt sich die Entwicklung der Kennzeichnung in der Freisetzungsrichtlinie somit uneinheitlich dar. Während die Abschaffung der Derogation von der Kennzeichnungspflicht bei sicheren GVO zunächst nahelegte, dass weniger eine Risikoinformation als vielmehr eine Verbraucherinformation gewährleistet werden sollte, hat sich der Rat letztlich gegen die ausdrückliche Erwähnung der Verbraucherinformation als Kennzeichnungsgrund entschieden. Im Folgenden ist

---

setzung genetisch veränderter Organismen in die Umwelt, KOM(1999) 139 endg., ABl. Nr. C 139 vom 19.5.1999, S. 7 ff.

[106] Gemeinsamer Standpunkt (EG) Nr. 12/2000 vom Rat festgelegt am 9.12.1999 im Hinblick auf den Erlass der Richtlinie 2000/.../EG des Europäischen Parlaments und des Rates vom ... über die absichtliche Freisetzung genetisch veränderter Organismen in die Umwelt und zur Aufhebung der Richtlinie 90/220/EWG des Rates, ABl. Nr. C 64 vom 6.3.2000, S. 1 ff.

[107] Art. 12 Abs. 2 lit. f) iVm. Anhang IV Abschnitt A Nr. 8. Die nach wie vor nach Art. 12 Abs. 2 UAbs. 2 bestehende Möglichkeit, bestimmte Informationen nicht angeben zu müssen, wenn der GVO als sicher gilt, umfasst nur Abschnitt B des Anhangs IV, der zusätzliche spezielle Informationen über GVO enthält, nicht aber die allgemeine Kennzeichnungsverpflichtung. Vgl. auch *Kuilwijk/Poncey,* Int.T.L.R. 1999, S. 89 ff. (91).

[108] Auch in den Erwägungsgründen wurde nur noch auf eine angemessene Kennzeichnung abgestellt, die zu gewährleisten sei. Dazu Erwg. 38.

[109] Art. 20 Abs. 2. Dazu auch *Kuilwijk/Poncey,* Int.T.L.R. 1999, S. 89 ff. (91).

[110] Anhang IV Abschnitt A Nr. 8 a.E.

[111] Anhang IV Abschnitt A Nr. 8 wurde um den Hinweis ergänzt, dass die Kennzeichnung des GVO mit den Worten „Dieses Produkt enthält genetisch veränderte Organismen" geschehen muss. Dies stellt aber bereits Art. 12 Abs. 2 lit. f) klar. Im Übrigen verschob sich die Zählung innerhalb der Richtlinie um eins nach oben.

anhand der materiellen Regelung zu untersuchen, ob sich die Frage des Kennzeichnungszwecks daran genauer bestimmen lässt.

3. Die Kennzeichnung von GVO nach der Freisetzungsrichtlinie

a) Die Kennzeichnung von GVO

Bereits in der Anmeldung zum Inverkehrbringen eines GVO als oder in einem Produkt muss nach Art. 13 Abs. 2 lit. f) ein Vorschlag für eine Kennzeichnung gemäß den Anforderungen des Anhangs IV enthalten sein. Lit. f) sieht daher vor, dass die Worte „Dieses Produkt enthält genetisch veränderte Organismen" entweder auf einem Etikett oder in einem Begleitdokument erscheinen[112]. Anhang IV Teil A Nr. 8 präzisiert darüber hinaus die Angaben, die in einem Etikett oder Begleitdokument gemacht werden müssen. Dazu gehören zumindest in Kurzform die Handelsbezeichnung des Produkts, der Hinweis „Dieses Produkt enthält genetisch veränderte Organismen", die Bezeichnung des GVO und Name und Anschrift des gemeinschaftsansässigen Verantwortlichen für das Inverkehrbringen (Hersteller, Einführer oder Vertreiber)[113]. Ein Produkt, das GVO enthält, ist also mit einem Vorschlag für eine verpflichtende Kennzeichnung anzumelden.

Darüber hinaus sollte in der Kennzeichnung angegeben werden, wie die Informationen über den GVO aus dem öffentlich zugänglichen Teil des Registers erlangt werden können[114]. In dem Register werden Informationen über die an den Organismen vorgenommenen genetischen Veränderungen gesammelt, um die Überwachung nach dem Inverkehrbringen zu erleichtern[115]. Der Hinweis auf das Register ist allerdings nur fakultativ.

Die in der Anmeldung vorgesehene Kennzeichnung wird in Art. 19 bezüglich der zu erteilenden Zustimmung wieder aufgegriffen. Art. 19 sieht vor, dass GVO nur in Verkehr gebracht werden dürfen, wenn eine schriftliche Zustimmung vorliegt, die Kennzeichnungsvorschriften entsprechend den Anforderungen des Anhangs IV mit einem Hinweis auf das Vorhandensein von GVO im Produkt und den Worten „Dieses Produkt enthält genetisch veränderte Organismen" vorsieht[116]. Ein Hinweis auf das Vorhandensein von GVO ist also Voraussetzung für das Inverkehrbringen des Produkts. Die Verantwortung für die Überwachung der Kennzeichnung, die der Zustimmung entsprechen muss, tra-

---

[112] Art. 13 Abs. 2 lit. f) S. 2. Das betont auch Erwg. 40. Vgl. dazu *Kuilwijk/Pouncey*, Int.T.L.R. 1999, S. 89 ff. (91).
[113] Dazu *Sheridan/Coleman*, S. 53 f.
[114] Anhang IV Abschnitt A Nr. 8 2. Hs.
[115] Anhang IV Abschnitt A Nr. 7 S. 1.
[116] Art. 19 Abs. 3 lit. e); *Sheridan/Coleman*, S. 51.

gen gemäß Art. 21 Abs. 1 die Mitgliedstaaten[117]. Art. 19 und 21 stellen somit keine neuen, unabhängigen Kennzeichnungsverpflichtungen auf, sondern bekräftigen die in Art. 13 Abs. 2 lit. f) iVm. Anhang IV Abschnitt A Nr. 8 getroffene Regelung. Die Kennzeichnung bleibt damit eng in das Zulassungsverfahren eingebunden. Außerdem gilt die obligatorische Kennzeichnung auf allen Stufen des Inverkehrbringens, also auch gegenüber Zwischenhändlern und sogar schon bei der Einfuhr[118].

Da die RL 2001/18/EG nach Art. 12 Abs. 1 in Bezug auf die Zulassung und Kennzeichnung als Mindeststandard gilt[119], können Produkte, die GVO enthalten und eigentlich sektoralen Rechtsvorschriften unterliegen, nur zugelassen werden, wenn auch die Kennzeichnungsanforderungen der sektoralen Rechtsvorschriften denen der Freisetzungsrichtlinie zumindest gleichwertig sind[120]. Für die NFVO sowie die VO 49/2000 und 50/2000 dürfte dies der Fall sein, da in allen drei Verordnungen auf das Vorhandensein von GVO hingewiesen werden muss[121]. Bis die Gleichwertigkeit aber durch Rechtsverordnung festgestellt wird, müssen solche Produkte auch nach der RL 2001/18/EG zugelassen und gekennzeichnet werden.

Mit einer angemessenen Kennzeichnung inklusive des Hinweises „Dieses Produkt enthält genetisch veränderte Organismen" müssen auch GVO gekennzeichnet werden, die nicht in Verkehr gebracht werden, sondern entweder in geschlossenen Systemen oder mit strengen Einschließungsmaßnahmen gegen Kontakte mit der Bevölkerung verwendet werden[122]. Dies führt zu einer erheblichen Ausweitung der Kennzeichnungspflicht auch auf Bereiche, in denen ein Kontakt der Verbraucher mit GVO in der Regel ausgeschlossen ist.

b) Ausnahmen von einer verpflichtenden Kennzeichnung

Für den Fall, dass der Anmelder aufgrund der Ergebnisse aus vorangegangenen Freisetzungen oder aus anderen wissenschaftlich fundierten Gründen der

---

[117] Dazu *Sheridan/Coleman*, S. 53.
[118] Erwg. 11, 12. Vgl. *Sheridan/Coleman*, S. 53.
[119] Dazu *Sheridan/Coleman*, S. 40.
[120] Siehe auch oben II.4.
[121] Für die NFVO und die VO 50/2000 gilt dies unmittelbar. Dagegen sieht der Wortlaut der VO 1139/98 iVm. 49/2000 nur eine Kennzeichnung mit den Worten „aus genetisch veränderten Sojabohnen/Mais hergestellt" vor. Angesichts des engen Anwendungsbereichs dieser Verordnung ist aber diese Information der nach der Freisetzungsrichtlinie vorgeschriebenen zumindest gleichwertig, zumal die Kennzeichnung sich sogar auf DNS und Proteine erstreckt. Die einzige wirkliche Erweiterung liegt darin, dass nun GVO in Extraktionslösungsmitteln gekennzeichnet werden müssen, die allerdings bislang keine wesentliche Rolle bei der Lebensmittelproduktion spielen. Dazu § 4 Fn. 137.
[122] Art. 26 iVm. Art. 2 Nr. 4 UAbs. 2. Zum Ganzen *Sheridan/Coleman*, S. 53.

Ansicht ist, dass mit dem Inverkehrbringen des GVO keine Gefahren für die menschliche Gesundheit oder Umwelt verbunden sind, kann er der Behörde vorschlagen, auf die in Anhang IV Abschnitt B geforderten zusätzlichen Informationen[123] zu verzichten. Der nach Anhang IV Abschnitt A obligatorische Hinweis auf das Vorhandensein von GVO bleibt aber verpflichtend. Auch wenn ein GVO also als sicher gilt, muss sein Vorhandensein im Produkt gekennzeichnet werden.

Daneben erlaubt Art. 16 der zuständigen Behörde oder der Kommission abweichende Informationsanforderungen für die Anmeldung des Inverkehrbringens bestimmter Arten von GVO vorzuschlagen. Diese müssen aber gleichwohl ein hohes Sicherheitsniveau für die menschliche Gesundheit und die Umwelt sicherstellen und sich auf die verfügbaren wissenschaftlichen Erkenntnisse und bisherigen Erfahrungen stützen lassen. Nach dieser Regelung erschiene eine Ausnahme von der GVO-Kennzeichnung möglich, solange die Sicherheit gewährleistet ist. Allerdings sieht Art. 19 vor, dass GVO nur in Verkehr gebracht werden dürfen, wenn eine schriftliche Zustimmung mit entsprechenden Kennzeichnungsvorschriften vorliegt[124]. Dazu gehört auch der Hinweis „Dieses Produkt enthält genetisch veränderte Organismen". Durch die Anforderungen an die Zustimmung, die eine verpflichtende Kennzeichnung enthalten muss, wird eine Derogation von der Kennzeichnung durch eine abweichende Regelung im Anmeldungsverfahren ausgeschlossen. Es bleibt also bei der obligatorischen Kennzeichnung für GVO.

Eine mögliche Ausnahme von der Kennzeichnungspflicht sieht nur Art. 21 Abs. 2 vor. Danach kann für Produkte, bei denen zufällige oder technisch nicht zu vermeidende Spuren von bereits zugelassenen GVO nicht ausgeschlossen werden können[125], ein Schwellenwert festgelegt werden, unterhalb dessen die Produkte nicht gekennzeichnet werden müssen[126]. Dieser Schwellenwert wird produktspezifisch im Komitologieverfahren nach Art. 30 Abs. 2 festgelegt. Inzwischen wurde der Schwellenwert durch Art. 7 der Verordnung (EG) 1830/2003 auf 0,9% festgesetzt[127].

---

[123] Dazu gehören u.a. bei Missbrauch zu ergreifende Maßnahmen, spezifische Empfehlungen zu Lagerung, Einsatz und Überwachung und vorgesehene Verwendungsbeschränkungen.

[124] Siehe oben III.3.a).

[125] Art. 21 Abs. 2 scheint sich, unabhängig von der Umsetzung im Ausschussverfahren, damit zu begnügen, dass der Schwellenwert unterschritten wird. Eine Doppelanforderung, wie in der VO 49/2000, die zusätzlich einen Nachweises für das *zufällige* Vorhandensein des genetisch veränderten Materials fordert, scheint es nicht zu geben. Vgl. oben § 5 II.2.c).

[126] Dazu *Sheridan/Coleman*, S. 53; *Kuilwijk/Pouncey*, Genetically Modified Organisms: Proposed Changes to the E.U. Regulatory Regime, Int.T.L.R. 1999, S. 89 ff. (91).

Zusammenfassend ist festzuhalten, dass bei Produkten, die GVO enthalten, mit den Worten „Dieses Produkt enthält genetisch veränderte Organismen" auf das Vorhandensein von GVO hingewiesen werden muss. Die Kennzeichnung gilt dabei nicht erst gegenüber dem Endverbraucher, sondern auch gegenüber Zwischenhändlern und sogar schon bei der Einfuhr. Insgesamt bleibt die Kennzeichnungspflicht aber eng in das Zulassungsverfahren eingebunden.

4. Zuordnung der Kennzeichnung zur Risiko- oder Verbraucherinformation

Abschließend soll die Kennzeichnung in der Freisetzungsrichtlinie den Kategorien der Verbraucherinformation und Risikoinformation zugeordnet werden. Dabei sind die zur Bestimmung der objektivierten Intention des Normgebers dargestellten Indizien, wie das Vorliegen einer Risikobewertung, die Entstehung und die Erwägungsgründe und die Art und Weise der Kennzeichnung zu beachten.

a) Vorliegen einer Risikobewertung

Ein Indiz für die Einordnung der Kennzeichnung in die Kategorien der Verbraucher- oder Risikoinformation ist das Vorliegen einer Risikobewertung in der zu prüfenden Rechtsnorm und deren Verhältnis zur Kennzeichnung. Zu prüfen ist insbesondere im Verhältnis zu einem Zulassungsverfahren aber stets, ob gerade die Kennzeichnung der Risikosteuerung in Form der Risikokommunikation dienen soll. Nur wenn die Kennzeichnungspflicht eng mit dem Zulassungsverfahren zusammen hängt, spricht dies für eine Risikokennzeichnung. Eine davon unabhängige Kennzeichnung dient dagegen eher der Verbraucherinformation, da bereits das Zulassungsverfahren für die gesundheitliche Unbedenklichkeit sorgt.

Kennzeichnend für die Freisetzungsrichtlinie ist das elaborierte Zulassungsverfahren und die darin enthaltene, umfangreiche Risikobewertung. Ein GVO darf nur in Verkehr gebracht werden, wenn er für die menschliche Gesundheit und die Umwelt unbedenklich ist. Dies stellt das Zulassungsverfahren, insbesondere durch die vorgeschriebene UVP, sicher[128]. In der Freisetzungsrichtlinie übernimmt also primär das Zulassungsverfahren die Funktion der Risikosteue-

---

[127] Verordnung (EG) Nr. 1830/2003 des Europäischen Parlaments und des Rates vom 22. September 2003 über die Rückverfolgbarkeit und Kennzeichnung von genetisch veränderten Organismen und über die Rückverfolgbarkeit von aus genetisch veränderten Organismen hergestellten Lebensmitteln und Futtermitteln sowie zur Änderung der Richtlinie 2001/18/EG, ABl. Nr. L 268 vom 18.10.2003, S. 24 ff. Zur Umsetzung der Kennzeichnungsvorschriften im deutschen GenTG *Palme*, NVwZ 2005, S. 253 ff. (254 f.).
[128] Vgl. Erwg. 24, 25; Art. 4 Abs. 1–3.

rung. Ob daneben auch die Kennzeichnung Risikoinformationen vermitteln und damit der Risikosteuerung dienen soll, ist fraglich. Gegen die Zuordnung zur Risikokennzeichnung und für eine Verbraucherinformation spricht, dass ein Anmelder die Kennzeichnung nicht mehr unter Hinweis auf die Sicherheit des GVO vermeiden kann. Selbst wenn ein GVO als sicher gilt, muss er gekennzeichnet werden. Allerdings muss man dabei den verfahrensbezogenen Ansatz der Freisetzungsrichtlinie in Rechnung stellen[129]. Gesteuert werden soll das dem gentechnischen Verfahren inhärente Risiko[130]. Insofern bedeutet die Tatsache, dass ein bestimmtes *Produkt* (GVO) sicher und daher nicht zu kennzeichnen ist, nicht unbedingt, dass die Kennzeichnung risikounabhängig ist und somit der Verbraucherinformation dient. Denn es geht bei der Frage des Risikos um das gentechnische *Verfahren* als solches. Da diesem in der Freisetzungsrichtlinie ein „Basisrisiko" unterstellt wird[131], wäre auch die Kennzeichnung eines „sicheren" GVO risikobezogen, da das Risiko in dem verwendeten gentechnischen Verfahren zur Erzeugung des GVO liegt.

Für eine Einordnung der Kennzeichnung in die Kategorie der Risikokennzeichnung spricht aber vor allem, dass die Kennzeichnungspflicht nicht unabhängig vom Zulassungsverfahren als dem primären Instrument zur Risikosteuerung existiert[132], sondern nur in dessen Rahmen. Die Kennzeichnung wird nicht als eigene Pflicht statuiert, sondern nur in der Anmeldung und der Zustimmung zum Inverkehrbringen gefordert[133]. Die Zustimmung aber, die aufgrund der Risikoabschätzung ergeht und die auch Maßnahmen des Risikomanagements enthalten kann[134], darf nur erteilt werden, wenn keine Risiken für die menschliche Gesundheit bestehen[135]. Die Zustimmung dient also primär dem Schutz der menschlichen Gesundheit vor Risiken. Auch die Tatsache, dass die Kennzeichnung auf Bereiche erstreckt wird, in denen strenge Einschließungsmaßnahmen für die Sicherheit von GVO sorgen, spricht nicht für eine allgemeine Verbraucherinformation anstelle der Risikoinformation, da es in diesen Bereichen keine

---

[129] Dazu *Meier*, S. 136. Ebenso zur RL 90/220/EWG *Wahl/Melchinger*, JZ 1994, S. 973 ff. (976); *Lange*, D.II. EG-Richtlinie „Freisetzung", Einleitung, in: Eberbach/Lange/Ronellenfitsch (Hrsg.), Recht der Gentechnik und der Biomedizin, Band IV, Stand Nov. 2001, Rdnr. 54.

[130] *Wahl/Melchinger*, JZ 1994, S. 973 ff. (976); *Groß*, S. 100 f. Vgl. *Wahl*, Vorbemerkung GenTG, in: Landmann/Rohmer (Hrsg.), Umweltrecht, Band III, Stand Okt. 2001, Rdnr. 17 ff.

[131] *Wahl/Melchinger*, JZ 1994, S. 973 ff. (976, 979); *Groß*, S. 100 f. Vgl. auch *Wahl*, Vorbemerkung GenTG, in: Landmann/Rohmer (Hrsg.), Umweltrecht, Band III, Stand Okt. 2001, Rdnr. 17 ff.

[132] Siehe oben III.3.a).

[133] Art. 13, 19. Selbst Art. 21 stellt keine unabhängige Kennzeichnungspflicht auf, sondern regelt nur die Frage der Verantwortlichkeit für die Überwachung der Kennzeichnung.

[134] Vgl. Art. 19 Abs. 3 lit. c).

[135] Vgl. Erwg. 47.

Verbraucher gibt, deren Auswahlfreiheit geschützt werden müsste. Eine Risikokennzeichnung hingegen ist auch in diesen Bereichen sinnvoll, da es in erster Linie um den Schutz der betroffenen Mitarbeiter geht. Es spricht daher viel dafür, dass die Kennzeichnung hier eher eine Risikoinformation darstellt.

b) Erwägungsgründe

Auch die Erwägungsgründe enthalten keinen Hinweis auf eine andere Beurteilung der Kennzeichnungsfrage. So erwähnen die Erwägungsgründe den Begriff „Verbraucher" nur im Zusammenhang mit dem von der Kommission zu veröffentlichenden Bericht über die sozioökonomischen Vor- und Nachteile von GVO, der den Interessen der Landwirte und Verbraucher Rechnung tragen soll[136], nicht aber im Zusammenhang mit der Kennzeichnung. Zwar findet die allgemeine Unterrichtung und Information der Öffentlichkeit an verschiedenen Stellen der Richtlinie Erwähnung[137], allerdings nicht in Verbindung mit der Kennzeichnung, sondern im Rahmen der diese Richtlinie ergänzenden Normsetzung[138], der Information über die Sicherheitsbewertung und Zulassung von GVO[139] und der Gefahrenabwehr[140]. Auch aus der Verbesserung der Unterrichtung der Öffentlichkeit, die diese Richtlinie vorgenommen hat, darf man mangels Bezug zur Kennzeichnung nicht auf die Verbraucherinformation als Kennzeichnungszweck schließen. Außerdem wurde der im Kommissionsvorschlag im Rahmen der Kennzeichnung enthaltene Hinweis auf die Verbraucherinformation ersatzlos gestrichen[141]. Insofern scheint auch die Intention des Normgebers nicht auf eine allgemeine Verbraucherinformation gerichtet gewesen zu sein.

c) Art und Weise der Kennzeichnung

Die Art und Weise der Kennzeichnung ist in der RL 2001/18/EG, mit Ausnahme des Wortlauts für den Hinweis auf GVO, nicht sehr ausführlich geregelt. Da der Hinweis neutral formuliert ist, scheidet eine eindeutige Zuordnung zur Kategorie Warnhinweis aus. Die sonstigen Angaben wie die Handelsbezeichnung des Produkts und der Name und die Adresse des für das Inverkehrbringen Verantwortlichen lassen auch keinen Rückschluss auf eine eventuelle Risikokennzeichnung zu. Darüber hinaus soll aber angegeben werden, wie die Informationen aus dem öffentlich zugänglichen Teil des GVO-Registers erlangt wer-

---

[136] Erwg. 62.
[137] Erwg. 10, 27, 46. *Sheridan/Coleman*, S. 33.
[138] Erwg. 10, 46; Art. 7 Abs. 2 lit. b), Abs. 4; Art. 16 Abs. 3.
[139] Art. 9; Art. 19 Abs. 4; Art. 24.
[140] Art. 8 Abs. 2; Art. 20 Abs. 4; Art. 23 Abs. 1 UAbs. 2.
[141] Vgl. Art. 11 Abs. 2 lit. e) von KOM(98) 85 endg.

den können. Das Register, das die genauen Spezifika der GVO enthalten soll[142], dient aber in erster Linie der Überwachung von GVO nach dem Inverkehrbringen[143] und ihrer Rückverfolgbarkeit[144] und damit dem Schutz der menschlichen Gesundheit und Umwelt[145], nicht aber der allgemeinen Verbraucherinformation. Allerdings bedeutet dies nicht zwingend, dass die gesamte Art und Weise der Kennzeichnung für eine Risikokennzeichnung spricht, zumal es sich bei dem Hinweis auf das Register im Gegensatz zur ansonsten obligatorischen Kennzeichnung um einen fakultativen Hinweis handelt. In Anbetracht der übrigen Indizien ist aber wohl von einer Zuordnung der Kennzeichnungspflicht zur Risikoinformation auszugehen[146].

5. Ergebnis

Die novellierte Freisetzungsrichtlinie stellt sich in der Frage der Einordnung der Kennzeichnung in die Kategorien von Verbraucherinformation und Risikoinformation uneinheitlich dar. Zwar sprechen einige Anzeichen, wie die Erstreckung der Kennzeichnungspflicht auf „sichere" GVO oder die „neutrale" Art und Weise der Kennzeichnung, dafür, dass auch hier eine allgemeine Verbraucherinformation vorliegt. Der überwiegende Teil der Indizien legt aber eine Einordnung in die Kategorie der Risikoinformation nahe. Dies scheint auch der Intention des Normgebers, insbesondere in Gestalt des Rates, zu entsprechen, da der Hinweis der Kommission auf die Verbraucherinformation im Rahmen der Kennzeichnung nicht in den Gemeinsamen Standpunkt übernommen wurde und auch vom Parlament nicht wieder aufgegriffen wurde. Daher ist davon auszugehen, dass es sich bei der Kennzeichnung in der Freisetzungsrichtlinie um eine im Rahmen der Risikokommunikation vorgenommene Gesundheits- und Risikokennzeichnung handelt. Da die Kennzeichnung der RL 2001/18/EG als Mindeststandard aber nicht über das hinausgeht, was bereits nach den speziellen Verordnungen bezüglich gentechnisch veränderter Lebensmittel zu kennzeichnen ist, werden weiterhin die NFVO, die VO 49/2000 und die VO 50/2000 und deren Kennzeichnungszweck der Verbraucherinformation für die Kennzeichnung gentechnisch veränderter Lebensmittel bestimmend bleiben.

---

[142] Vgl. Erwg. 45.
[143] Anhang IV Abschnitt A Nr. 7 S. 1. Vgl. auch *Sheridan/Coleman*, S. 55.
[144] Vgl. *Sheridan/Coleman*, S. 35.
[145] Vgl. Erwg. 41–45; Art. 31.
[146] A.A. *Meier*, S. 143, allerdings ohne die notwendige Abgrenzung zwischen Risikoinformation und allgemeiner Verbraucherinformation vorzunehmen.

§ 8 Zusammenfassung des zweiten Teils

Für den zweiten Teil lässt sich zusammenfassend festhalten, dass die speziellen Verordnungen zu gentechnisch veränderten Lebensmitteln – die NFVO, die VO 1139/98 geändert durch die VO 49/2000 und die VO 50/2000 – allesamt einen produktbezogenen Kennzeichnungsansatz verfolgen. Die zu kennzeichnenden nachweisbaren Produktunterschiede werden insbesondere in der VO 49/2000 im Sinne der Nachweisbarkeit von gentechnisch veränderter DNS oder entsprechenden Proteinen oberhalb eines Schwellenwertes von 1% pro Zutat konkretisiert.

Anhand der in § 3 aufgestellten Kriterien lässt sich außerdem zeigen, dass der überwiegende Teil der Kennzeichnungen der allgemeinen Verbraucherinformation dient, um die Verbraucher in die Lage zu versetzen, eine informierte Auswahlentscheidung zu treffen. Dies betrifft die Kennzeichnung von Merkmalen, die zur Ungleichwertigkeit der neuartigen Lebensmittel führen[1], die Kennzeichnung aufgrund von ethischen Vorbehalten[2] und die Kennzeichnung von vorhandenen GVO[3], die allesamt unabhängig von Risikobewertungen und Zulassungsverfahren sind. Daran ändert auch die Einführung von Schwellenwerten in der VO 49/2000 nichts, da diese aufgrund des für die Befreiung von der Kennzeichnungspflicht notwendigen Nachweises, dass das Vorhandensein von genetischem Material unterhalb des Schwellenwertes zufällig ist, keine gesundheitliche Unbedenklichkeitsschwelle darstellt, da diese unabhängig von der Zufälligkeit des Vorhandenseins wäre. Lediglich bei der Kennzeichnung von Stoffen, die die Gesundheit bestimmter Bevölkerungsgruppen beeinflussen können[4], handelt es sich um eine Gesundheits- und Risikokennzeichnung, die den Verbraucher befähigen soll, sich selbst vor „atypischen" Gesundheitsgefahren zu schützen.

Auch wenn es zur Schaffung eines umfassenden, kohärenten Kennzeichnungssystems für gentechnisch veränderte Lebensmittel noch Regelungsbedarf *de lege ferenda* gibt, insbesondere was die systemwidrige „Kann-Enthalten"-Kennzeichnung in der NFVO angeht, sind in diesem Bereich die wesentlichen Parameter der Kennzeichnung doch deutlich erkennbar. Dagegen stellt sich die

---

[1] Art. 8 Abs. 1 lit. a) NFVO; Art. 2 Abs. 1 lit. a) VO 50/2000 und Art. 2 VO 1139/98 geändert durch VO 49/2000.
[2] Art. 8 Abs. 1 lit. c) NFVO und Art. 2 Abs. 1 lit. c) VO 50/2000.
[3] Art. 8 Abs. 1 lit. d) NFVO und Art. 2 Abs. 1 lit. d) VO 50/2000.
[4] Art. 8 Abs. 1 lit. b) NFVO und Art. 2 Abs. 1 lit. b) VO 50/2000.

allgemeine, nicht speziell Lebensmittel betreffende novellierte Freisetzungsrichtlinie in ihrem Kennzeichnungsansatz eher uneinheitlich dar, wobei aber der überwiegende Teil der Indizien eine Einordnung in die Kategorie der Risikoinformation nahe legt. Allerdings geht sie in ihren materiellen Anforderungen an die Kennzeichnung, die nur das Vorhandensein von GVO betrifft, nicht über das in den spezielleren Verordnungen Geregelte hinaus, so dass die dargestellten Verordnungen weiterhin der Beurteilungsmaßstab für die Kennzeichnung von gentechnisch veränderten Lebensmitteln bleiben werden.

3. Teil

Vereinbarkeit der Kennzeichnungsvorschriften für gentechnisch veränderte Lebensmittel mit den WTO-Regeln

§ 9 Die WTO

I. Einleitung

Nach der Darstellung der EG-Kennzeichnungsvorschriften für gentechnisch veränderte Lebensmittel soll in diesem Teil deren Konformität mit den WTO-Vorschriften geprüft werden. Dazu soll zunächst ein Überblick über die für diese Arbeit relevanten Aspekte der WTO gegeben werden (§ 9). Anschließend soll die Vereinbarkeit der Kennzeichnungsvorschriften mit den Regeln des SPS-Übereinkommens (§ 10) und des TBT-Übereinkommens (§ 11) untersucht werden.

II. Überblick über die WTO und ihre Übereinkommen

Nach Abschluss der Uruguay-Runde durch die Unterzeichnung der Schlussakte der Ministerkonferenz von Marrakesch und deren anschließender Ratifizierung trat am 1.1.1995 das „Übereinkommen zur Errichtung der Welthandelsorganisation" (WTO) in Kraft[1]. Das in seiner Tragweite kaum zu überschätzende Übereinkommen[2] führte zu wichtigen institutionellen und verfahrensrechtlichen Reformen und einer deutlichen Ausweitung des geregelten Bereichs des Welthandels.

---

[1] Abgedruckt in ABl. Nr. L 336 vom 23.12.1994, S. 3 ff. Dazu *King*, DRAKEJAL 2001, S. 241 ff. (246). Allgemein zur WTO: *Stoll*, ZaöRV (54) 1994, S. 241 ff.; *Herdegen*, S. 120 ff.; *Petersmann*, S. 1087 ff. (1107 ff.).

[2] *Petersmann*, CMLR 1994, S. 1157 ff. (1160) bezeichnet das Übereinkommen als das wichtigste seit der Charta der Vereinten Nationen.

1. Institutionelle und verfahrensrechtliche Reformen durch das WTO-Übereinkommen

Die Überwindung des provisorischen Charakters des General Agreements on Tariffs and Trade (GATT) und die Neuordnung der Streitschlichtung stellen die für diese Arbeit wichtigsten institutionellen und verfahrenstechnischen Änderungen dar. Durch Schaffung der WTO als einer internationalen Organisation mit eigener Rechtspersönlichkeit[3] wurde die bislang provisorische, völkerrechtlich umstrittene Anwendung des GATT[4] auf eine sichere rechtliche Grundlage gestellt[5]. Außerdem konnte durch das in allen Teilen bindende Rahmenabkommen die rechtliche Zersplitterung des „GATT à la carte"[6] weitgehend beendet werden, so dass jetzt alle multilateralen Handelsabkommen, die in den Anlagen zum WTO-Übereinkommen aufgeführt sind, für alle Mitglieder[7] verbindlich sind[8].

Gleichzeitig sorgte die Vereinbarung über Regeln und Verfahren zur Beilegung von Streitigkeiten (Understanding on Rules and Procedures Governing the Settlement of Disputes – DSU)[9] für einen zwingenden, faktisch verbindlichen Streitschlichtungsmechanismus[10]. Während das bisherige Streitschlichtungsverfahren vorwiegend auf politische Verhandlungen setzte und bindende Entscheidungen nur im Konsens, also nicht gegen die unterlegene Partei getroffen werden konnten[11], hat das DSU zwar das Konsensprinzip beibehalten, aber so ausgestaltet, dass eine bindende Streitentscheidung nur im Konsens, also nur mit

---

[3] Art. VIII Abs. 1 WTO-Übereinkommen.

[4] Ursprünglich sollte zusammen mit dem GATT-Übereinkommen die International Trade Organization geschaffen werden. Die Schaffung der ITO scheiterte aber am Widerstand des US-Kongresses, so dass GATT nur provisorisch, ohne die dazugehörige internationale Organisation angewandt werden konnte. Dazu *Wahl*, S. 193 ff. (204); *Schultz*, WOCO 1994, S. 77 ff. (79).

[5] Dazu *Eckert*, ZLR 1995, S. 363 ff.; *Wetzig*, S. 79; *Ritter*, EuZW 1997, S. 133 ff.

[6] Dazu *Roberts*, JIEL 1998, S. 377 ff. (380).

[7] Sowohl die EG als auch ihre Mitgliedstaaten sind durch das WTO-Übereinkommen gebunden und ggf. auch Partei eines Streites; dazu *Hilf*, NVwZ 2000, S. 481 ff. (483); *Streinz*, EFLR 1998, S. 265 ff. (267, 273).

[8] Art. II Abs. 2 WTO-Übereinkommen; dazu *Wahl*, S. 193 ff. (204); *Hilf*, NVwZ 2000, S. 481 ff. (483); *Streinz*, UTR 36 (1996), S. 435 ff. (438 f.). Dabei wurde das ursprüngliche GATT (1947) nicht aufgehoben, sondern besteht neben der ergänzten Form des GATT (1994) fort. Dazu *Eckert*, ZLR 1995, S. 363 ff. (365 f.). GATT ist abgedruckt im ABl. Nr. L 336 vom 23.12.1994, S. 11 ff.

[9] Abgedruckt in ABl. Nr. L 336 vom 23.12.1994, S. 234 ff. Allgemein zum DSU: *Petersmann*, S. 1 ff.; *Petersmann*, CMLR 1994, S. 1157 ff.; *Jackson*, S. 67 ff.; *Weber/Moos*, EuZW 1999, S. 229 ff.; *Schroeder/Schonard*, RIW 2001, S. 658 ff.; *Streinz*, UTR 36 (1996), S. 435 ff. (445 ff.).

[10] *Wahl*, S. 193 ff. (204 f.); auch *Victor*, NYJILP 2000, S. 865 ff. (896); *Ritter*, EuZW 1997, S. 133 ff. (136).

[11] *Eckert*, ZLR 1995, S. 363 ff. (367); *Fredland*, VDBJTL 2000, S. 183 ff. (195).

§ 9 Die WTO

Zustimmung der obsiegenden Partei abgelehnt werden kann (negativer oder umgekehrter Konsens)[12]. Damit wurde die Streitschlichtung als straffes, dreistufiges Verfahren, bestehend aus bilateralen Konsultationen[13], einem Panel-Verfahren[14] und gegebenenfalls einem Verfahren vor dem Berufungsgremium (Appellate Body – AB), das gemäß Art. 17 Abs. 6 DSU auf die Beurteilung der Rechtsfragen und der Rechtsauslegung durch das Panel beschränkt ist[15], ausgestaltet[16]. Zwar kann die WTO einen unterlegenen Mitgliedstaat nicht zwingen, die gegen die WTO-Übereinkommen verstoßenden Gesetze in Einklang mit den WTO-Regeln zu bringen[17]. Es können aber Sanktionen in Form von Strafzöllen durch den obsiegenden Mitgliedstaat zugelassen werden[18].

Durch den faktisch bindenden Charakter der Streitschlichtung hat die WTO nach allgemeiner Ansicht einen großen Schritt von einem machtorientierten hin zu einem rechtsorientierten System gemacht[19]. Allerdings ist zu beachten, dass die Berichte der Panels und des AB nur die Streitparteien binden und die darin enthaltenen Interpretationen keine generelle Anwendung finden müssen[20]. Sie können aber insofern als Präzedenzfälle wirken, als sie bei den Mitgliedstaaten berechtigte Erwartungen wecken und darüber interpretatorische Wirkung entfalten[21].

---

[12] *Marceau*, JWT 1999, S. 87 ff. (94); *Pauwelyn*, JIEL 1999, S. 641 ff. (662); *Streinz*, EFLR 1998, S. 265 ff. (268).

[13] *Victor*, NYJILP 2000, S. 865 ff. (896).

[14] *Eckert*, ZLR 1995, S. 363 ff. (368); *Fredland*, VDBJTL 2000, S. 183 ff. (194).

[15] *Pauwelyn*, ZLR 2000, S. 843 ff. (853); *Eckert*, ZLR 1995, S. 363 ff. (368).

[16] *Fredland*, VDBJTL 2000, S. 183 ff. (194); *Wahl*, S. 193 ff. (205). Zum ganzen *Eckert*, ZLR 1995, S. 363 ff. (368). Siehe auch *Marceau*, JWT 1999, S. 87 ff. (94); *Streinz*, EFLR 1998, S. 265 ff. (268); *Victor*, NYJILP 2000, S. 865 ff. (896).

[17] Beispielsweise kann der unterlegene Staat nach Art. 22 DSU auch Entschädigungen für die entstandenen Handelseinbußen anbieten. Dazu *Barcelo*, CNLILJ 1994, S. 755 ff. (775). Der verstoßende Mitgliedstaat bleibt aber letztlich zur Aufhebung der verstoßenden Maßnahme verpflichtet; ebenso *Schroeder/Schonard*, RIW 2001, S. 658 ff. (661 f.).

[18] Dies geschieht im Wege der Aussetzung von Zugeständnissen und soll den Bereich betreffen, in dem der Verstoß geschah. Im Fall der Unwirksamkeit können sie aber auch auf andere Bereiche ausgedehnt werden (Prinzip der „cross-retaliation") Dazu *Ritter*, EuZW 1997, S. 133 ff. (136). Zu der politischen Wirksamkeit des Prinzips der „cross-retaliation" vgl. *Wahl*, S. 193 ff. (205 f.); *Hilf*, NVwZ 2000, S. 481 ff. (483); *Reinisch*, EuZW 2000, S. 42 ff. (43).

[19] *Streinz*, EFLR 1998, S. 265 ff. (269); vgl. *Wahl*, S. 193 ff. (207); *Hilf/Eggers*, EuZW 1997, S. 559 ff.; *Cameron/Gray*, ICLQ 2001, S. 248 ff. (249). Weiterführend zur „Konstitutionalisierung" der WTO *Duvigneau*, Aussenwirtschaft 2001, S. 295 ff.; *Stoll*, ZaöRV (57) 1997, S. 83 ff.

[20] *Marceau*, JWT 1999, S. 87 ff. (127). Vgl. *Marceau*, JWT 2001, S. 1081 ff. (1104). Ausführlich *Palmeter/Mavroidis*, AJIL 1998, S. 398 ff. (400 ff.).

[21] *Streinz*, EFLR 1998, S. 265 ff. (273); *Victor*, NYJILP 2000, S. 865 ff. (897). Dies gilt aber nur für Entscheidungen unter den WTO-Übereinkommen, sowie, wegen Art. XVI Abs. 1 WTO-Übereinkommen, für Entscheidungen unter GATT 1947, so-

2. Inhaltliche Ausweitung durch das WTO-Übereinkommen

Die Annahme des WTO-Übereinkommens brachte neben den institutionellen und verfahrensrechtlichen Reformen auch bedeutende inhaltliche Ausweitungen des geregelten Bereichs des Welthandels[22]. Ursprüngliches Kernstück der Welthandelsordnung war das GATT-Übereinkommen von 1947, dessen Ziel der Abbau von Zollschranken und nicht-tarifären Handelshemmnissen war[23]. Zu diesem Zweck gebietet GATT den Mitgliedstaaten die Gleichbehandlung unterschiedlicher Importstaaten, die gleichartige Waren einführen, in Bezug auf alle Zölle und Belastungen (Art. I Abs. 1 „most favoured nation" – MFN-Prinzip, oder Prinzip der Meistbegünstigung)[24], und verbietet ihnen, eingeführte Waren im Vergleich zu gleichartigen einheimischen Ware ungünstiger zu behandeln (Art. III „national treatment" – NT-Prinzip oder Prinzip der Inländergleichbehandlung)[25]. Die Frage, welche Waren gleichartig sind, ist also für GATT zentral, da nur dann die MFN und NT-Verpflichtungen eingreifen[26]. Außerdem enthält Art. XI GATT als Marktzugangsregelung ein Verbot quantitativer Ein- und Ausfuhrbeschränkungen[27]. Ausnahmen von diesen Verpflichtungen sieht Art. XX GATT für bestimmte legitime Ziele vor, sofern die Maßnahmen der Mitgliedstaaten nicht so angewandt werden, dass sie zu einer willkürlichen und ungerechtfertigten Diskriminierung zwischen Ländern, in denen gleiche Verhältnisse bestehen, oder zu einer verschleierten Beschränkung des Handels führen[28].

---

weit diese angenommen wurden. Nicht angenommenen Reports kommt diese Wirkung nicht zu. Ebenso zuletzt *EC – Measures Affecting Asbestos and Asbestos-Containing Products*, Panel Report, WT/DS135/R vom 18.9.2000, para. 8.75 f. unter Berufung auf *Japan – Taxes on Alcoholic Beverages*, AB Report, WT/DS8;DS10;DS11/AB/R vom 1.11.1996, S. 14 f. Dazu auch *Palmeter/Mavroidis*, AJIL 1998, S. 398 ff. (402). Zu der Bedeutung von GATT Entscheidungen für andere Übereinkommen *Okubo*, GEOIELR 1999, S. 599 ff. (617); *Tietje*, JWT 1995, S. 123 ff. (137).

[22] *Streinz*, EFLR 1998, S. 265 ff.; *Ritter*, EuZW 1997, S. 133 ff.

[23] *King*, DRAKEJAL 2001, S. 241 ff. (244 f.). Nicht-tarifäre Handelshemmnisse sind einseitig erlassene Produktstandards z.B. zum Schutz von Gesundheit oder Umwelt, die durch die gezielte Berücksichtigung bestimmter Warenmerkmale zugunsten der einheimischen Waren als Marktzugangsbeschränkung wirken. Dazu *Wiemer*, S. 20, 40.

[24] Ausführlich zur geschichtlichen Herkunft der Meistbegünstigung aus dem 11. Jahrhundert und seiner Anwendung in der WTO *Davey/Pauwelyn*, S. 13 ff.

[25] *Marceau*, JWT 1999, S. 87 ff. (90).

[26] *Marceau*, JWT 1999, S. 87 ff. (90 f.).

[27] Art. III und Art. XI schließen sich gegenseitig aus, wobei Art. XI GATT eng ausgelegt wird und Regelungen, die im Zeitpunkt der Einfuhr von Waren greifen, aber für einheimische Waren ebenso gelten, nur unter Art. III fallen. Dabei werden insbesondere Produktregelungen Art. III zugeordnet, während Verfahrensregelungen als Marktzugangshindernis unter Art. XI fallen. Ausführlich *Barcelo*, CNLILJ 1994, S. 755 ff. (758 ff.); *Epiney*, DVBl. 2000, S. 77 ff. (78 f.).

[28] Dazu *Douma/Jacobs*, EELR 1999, S. 137 ff. (138).

§ 9 Die WTO

Während GATT (1947) in Bezug auf unterschiedliche Zölle und offene Diskriminierungen gut funktionierte, war es erheblich schwieriger, nach außen unterschiedslos anwendbare Regeln, die scheinbar einem legitimen Zweck dienten, aber in der Anwendung zu einer verdeckten Diskriminierung führten, mit den Regeln des GATT zu verfolgen[29]. Um ein Ausweichen der Mitgliedstaaten auf verdeckte Diskriminierungen zu verhindern[30], wurden unter anderem das Übereinkommen über die Anwendung gesundheitspolizeilicher und pflanzenschutzrechtlicher Maßnahmen (SPS)[31] und das Übereinkommen über technische Handelshemmnisse (TBT)[32] verabschiedet[33].

SPS und TBT sollen somit protektionistische Maßnahmen unter dem Deckmantel von Gesundheits- oder technischen Regelungen verhindern[34]. Darüber hinaus sollen sie den Handel durch die Förderung der internationalen Harmonisierung von Gesundheitsstandards und technischen Standards erleichtern[35]. Damit haben beide Abkommen eine negative (das Verbot des Protektionismus) und eine positive Seite (Harmonisierung)[36]. Außerdem erkennen sie ausdrücklich das Recht der Mitgliedstaaten an, das notwendige Schutzniveau selbst festzulegen[37], was im Gegensatz dazu in Art. XX GATT nur als „Ausnahme" vorgesehen war[38]. Die in Art. XX zum Ausdruck kommende Spannung zwischen dem

---

[29] *Barcelo*, CNLILJ 1994, S. 755 ff. (761). Vgl. auch *Perdikis/Kerr/Hobbs*, The World Economy 2001, S. 379 ff. (382).

[30] Zu diesen Tendenzen *Kennedy*, FDLJ 2000, S. 81 ff. (83).

[31] Abgedruckt im ABl. (EG) Nr. L 336 vom 23.12.1994, S. 40 ff.; ausführlich unten § 10.

[32] Abgedruckt im ABl. (EG) Nr. L 336 vom 23.12.1994, S. 86 ff.; ausführlich unten § 11. Das TBT-Übereinkommen ist kein wirklich neues Übereinkommen, als es bereits in der Kennedy-Runde (1963–1967) diskutiert wurde, da nicht-tarifäre Handelshemmnisse ein zunehmendes Problem darstellten. Es wurde aber erst im Rahmen der Tokyo-Runde 1979 als sog. Standards Code verabschiedet. Allerdings konnten die Mitgliedstaaten wählen, ob sie sich dem Code unterwerfen wollten, so dass er kaum Auswirkungen auf nicht-tarifäre technische Handelshemmnisse hatte. Zur Entstehungsgeschichte des TBT-Übereinkommens *Völker*, S. 281 ff.; *Senti*, WTO, 2000, S. 521 ff.; *Roberts*, JIEL 1998, S. 377 ff. (379 ff.).

[33] Dazu *King*, DRAKEJAL 2001, S. 241 ff. (248 f.); *Herrup*, EELR 1997, S. 144 ff. (150); *Okubo*, GEOIELR 1999, S. 599 ff. (616); *Streinz*, UTR 36 (1996), S. 435 ff. (438).

[34] *Pauwelyn*, ZLR 2000, S. 843 ff. (844). Vgl. *Victor*, NYJILP 2000, S. 865 ff. (913).

[35] *Pauwelyn*, ZLR 2000, S. 843 ff. (844). Dagegen gibt es keinen allgemeinen Zwang zur Benutzung internationaler Standards; so aber *Schultz*, WOCO 1994, S. 77 ff. (82).

[36] *Pauwelyn*, ZLR 2000, S. 843 ff. (844).

[37] *Pauwelyn*, ZLR 2000, S. 843 ff. (845).

[38] *Pauwelyn*, ZLR 2000, S. 843 ff. (845). Allerdings liegt der WTO das Paradigma zugrunde, dass Mitglieder frei ihre nationale Politik bestimmen können, solange sie nicht diskriminierend ist, transparent und nicht willkürlich angewandt wird, um versteckten Protektionismus zu vermeiden; so auch *Howse/Mavroidis*, S. 317 ff. (318).

Freihandel und anderen legitimen Politikzielen wird in den beiden Übereinkommen in jeweils spezifischer Weise gelöst[39], wobei deren Anforderungen über die allgemeinen Anforderungen von Art. XX GATT hinausgehen[40]. Im Ergebnis kam es damit zu einer bedeutenden inhaltlichen Erweiterung des geregelten Bereichs des Welthandels[41].

Der verbreiterte Anwendungsbereich des WTO-Übereinkommens führte aber auch zu Konflikten[42]. Da durch das SPS- und das TBT-Übereinkommen nichttarifäre Handelshemmnisse einer besseren Kontrolle unterworfen wurden, wirkte sich das WTO-Übereinkommen nun auch verstärkt in Rechtsgebieten aus, die eigentlich legitime Politikziele verfolgen, den Handel aber indirekt beeinflussen können. Während dies für das Umweltrecht bereits unter den alten GATT-Regelungen der Fall war[43], rückte insbesondere durch das SPS-Übereinkommen[44] verstärkt das Lebensmittelrecht ins Blickfeld der Mitgliedstaaten und der Streitschlichtung[45]. Da das Lebensmittelrecht den Verbraucher vor gesundheitlichen Schäden und Irreführung schützen soll, aber auch in besonderem Maße geeignet ist, als Handelshemmnis zu wirken[46], hat die WTO somit besondere Bedeutung für das Lebensmittelrecht erlangt[47]. Auch die Förderung der Harmonisierung

---

[39] *Marceau*, JWT 1999, S. 87 ff. (89). Dazu im Einzelnen unten § 10, 11.

[40] *Schultz*, WOCO 1994, S. 77 ff. (82).

[41] Außer Betracht bleiben hier die übrigen, durch das WTO-Übereinkommen beschlossenen Erweiterungen. Dazu *Benedek*, S. 25 ff.

[42] *Murphy*, HVILJ 2001, S. 47 ff. (121).

[43] Dazu *Charnovitz*, The International Lawyer 1998, S. 901 ff. Einen Überblick über umweltrelevante Streitfälle unter GATT gibt *Beyerlin*, S. 319 Rdnr. 626 ff.; *Knorr*, S. 58 ff. Zum Spannungsfeld Umweltschutz und WTO vgl. *Wolfrum*, S. 1 ff.; *Diem*, S. 1 ff.; *Rao*, S. 1 ff.; *Triebold*, S. 1 ff.; *Altemöller*, S. 1 ff.; *Helm*, S. 1 ff.; *Streinz*, UTR 49 (1999), S. 319 ff. (334 ff.); *Epiney*, DVBl. 2000, S. 77 ff.; *Pfahl*, S. 1 ff.; *Gramlich*, ArchVR, Bd. 33 (1995), S. 131 ff.; *Schmidt/Kahl*, S. 1408 ff.; *Abboud*, EELR 2000, S. 147 ff. Weiterführend *Wahl*, S. 193 ff. (212 ff.).

[44] Dazu *Wetzig*, ZLR 2000, S. 11 ff. Das TBT-Übereinkommen hat erst in jüngster Zeit Auswirkungen auf das Lebensmittelrecht entfaltet; vgl. *EC-Sardines*, Panel Report, WT/DS231/R vom 29.5.2002.

[45] *EC – Measures Concerning Meat and Meat Products* (Hormones), AB Report, WT/DS26/AB/R, WT/DS48/AB/R vom 16.1.1998; *Japan – Measures Affecting Agricultural Products* (Varietals), AB Report, WT/DS76/AB/R vom 22.2.1999; *Australia – Measures Affecting the Importation of Salmon* (Salmon), AB Report, WT/DS18/AB/R vom 20.10.1998. Dazu ausführlich unten § 10. Das DSU gilt nach Art. 1 iVm. Anhang 1 und 2 DSU auch für das SPS- und TBT-Übereinkommen; dazu *Streinz*, UTR 36 (1996), S. 435 ff. (447).

[46] *Hilf/Eggers*, EuZW 1997, S. 559 ff. (560).

[47] Laut *Streinz*, UTR 36 (1996), S. 435 ff. (457) kann die Bedeutung der WTO für das Lebensmittelrecht gar nicht überschätzt werden; siehe auch *Wahl*, S. 193 ff. (206); *Rabe*, ZLR 1998, S. 129 ff. (130); *Streinz*, ZUR 1999, S. 16 ff. (21); *Eckert*, ZLR 1995, S. 363 ff. (389). Allgemein zu den Auswirkungen der WTO auf das Lebensmittelrecht *Hilf/Reuß*, ZLR 1997, S. 289 ff. (293 ff.); *Streinz*, EFLR 1998, S. 265 ff.; *Wetzig*, S. 1 ff.; *Ritter*, EuZW 1997, S. 133 ff.

internationaler Standards durch SPS und TBT ist in hohem Maße geeignet, sich auf das Lebensmittelrecht auszuwirken[48]. Daher ist im Folgenden auf die Relevanz der WTO-Übereinkommen für die Kennzeichnung gentechnisch veränderter Lebensmittel einzugehen, die sich gewissermaßen an der Schnittstelle zwischen dem Lebensmittelrecht und dem Umweltrecht befinden.

III. Grundlagen der Überprüfung der Kennzeichnungspflicht für gentechnisch veränderte Lebensmittel durch die WTO

1. Politische Hintergründe eines möglichen WTO-Verfahrens

Da die Organe der WTO nicht selbständig die Regelungen der Mitgliedstaaten auf Konformität mit den Übereinkommen überprüfen, bedarf es zur Einleitung eines formellen Streitschlichtungsverfahrens einer Beschwerde durch einen Mitgliedstaat[49]. Im Fall der Kennzeichnung von gentechnisch veränderten Lebensmitteln könnte eine solche Beschwerde von den USA kommen[50]. Die Regelungen der EG in Bezug auf gentechnisch veränderte Lebensmittel sind seit längerem eine handelspolitische Streitfrage zwischen der EG und den USA[51]. Repräsentanten der USA haben mehrfach gedroht, den Konflikt über die Gentechnik vor die WTO zu bringen[52]. Besonders die Frage der obligatorischen Kennzeichnung ist dabei umstritten[53].

Angesichts der massiven Kritik der USA an den europäischen Regelungen in Bezug auf GVO und deren Kennzeichnung wird ein baldiges Streitschlichtungsverfahren vor der WTO als wahrscheinlich erachtet[54]. Zwar wird vereinzelt ein-

---

[48] *Eckert*, ZLR 1999, S. 579 ff. (592 f.). Insbesondere die Arbeiten des Codex Alimentarius werden als Vergleichsmaßstab für nationale, aber auch europäische Regelungen im Lebensmittelrecht herangezogen werden. Dazu *Eckert*, ZLR 1995, S. 363 ff. (377 ff.).
[49] Art. 5 Abs. 7, Art. 6 Abs. 1 DSU.
[50] *Krenzler/MacGregor*, EFAR 2000, S. 287 ff. (308). Vgl. auch *Smitherman*, GAJICL 2002, S. 475 ff. Der erste formale Konflikt bestand aber zwischen Thailand und Ägypten, da Ägypten die Einfuhr von Thunfisch in gentechnisch verändertem Soja-Öl untersagte. Dazu *Egypt – Import Prohibition on Canned Tuna with Soybean Oil – Request for Consultations by Thailand*, WT/DS205/1-G/L/392-G/SPS/GEB/203 vom 27.9.2000. Dieser Konflikt wurde in informellen Verhandlungen beigelegt; *Shaw/Schwartz*, JWT 2002, S. 129 ff. (143).
[51] *Krenzler/MacGregor*, EFAR 2000, S. 287 ff. (308); *Kerr*, The World Economy 1999, S. 245 ff. Die USA begreifen die europäischen Regelungen primär als nichttarifäres Handelshemmnis, das den europäischen Markt schützen soll. Dazu *Hamilton*, DRAKEJAL 2001, S. 81 ff. (114 f.). Vgl. *Perdikis/Kerr/Hobbs*, The World Economy 2001, S. 379 ff. (379 f.).
[52] *Stewart/Johanson*, DRAKEJAL 1999, S. 243 ff. (285).
[53] *Krenzler/MacGregor*, EFAR 2000, S. 287 ff. (308); *Murphy*, HVILJ 2001, S. 47 ff. (48).

gewandt, dass die amerikanische Öffentlichkeit zunehmend kritisch gegenüber der Gentechnik wird und daher der innenpolitische Preis für ein WTO-Verfahren zu hoch sein könnte[55]. Dagegen spricht aber die Tatsache, dass die USA in jüngster Zeit politische Verbündete gegen die GVO-Regelungen der EG unter den afrikanischen Mitgliedstaaten der WTO suchen[56]. Angesichts der bedeutenden und potentiell handelshemmenden Rolle der Kennzeichnung dürfte in diesem Bereich ein Schwerpunkt der Auseinandersetzung liegen.

2. Eingrenzung der Untersuchung in Bezug auf die zu prüfende Kennzeichnung

So haben sich die USA gegen die in der VO 1139/98 eingeführte Kennzeichnung vor dem Committee on Technical Barriers to Trade gewandt[57]. Dabei griffen sie die der Kennzeichnung zugrunde liegende Prämisse der EG an, dass das Vorliegen von veränderter DNA oder Proteinen zu einer Ungleichwertigkeit mit herkömmlichen Lebensmitteln führe[58]. Außerdem wurde kritisiert, dass die Kennzeichnung nicht praktikabel sei, da sie zu einer obligatorischen Trennung von genetisch veränderten und herkömmlichen Produkten führe[59]. Im Ergebnis stelle die Verordnung daher ein unnötiges Handelshemmnis dar, zumal die Ver-

---

[54] *Murphy*, HVILJ 2001, S. 47 ff. (79); *Hilf*, NVwZ 2000, S. 481 ff. (487). Vgl. *Wahl*, S. 193 ff. (206); *Krenzler/MacGregor*, EFAR 2000, S. 287 ff.; *Wiemer*, S. 33. Vorsichtiger *Kennedy*, FDLJ 2000, S. 81 ff. (101).

[55] *Krenzler/MacGregor*, EFAR 2000, S. 287 ff. (315 f.).

[56] Vgl. BRIDGES Weekly Trade News Digest – Vol. 6, Number 7 vom 26.2.2002. Hinzu kommt, dass Regierungen in Bezug auf WTO-Verfahren auch dem politischen Druck der von den strittigen Handelsmaßnahmen betroffenen Unternehmen ausgesetzt sind, was im Hormonfall zu einer formelle Beschwerde der USA bei der WTO führte; dazu *Fredland*, VDBJTL 2000, S. 183 ff. (193 f.). Auch der amerikanische Präsident George W. Bush deutete in seiner Rede vor dem Deutschen Bundestag die Wahrscheinlichkeit eines WTO-Verfahrens zur Gentechnik an. Dabei sagte er, „die transatlantischen Nationen müssen die Zwistigkeiten, die es gibt, beiseite legen im Rahmen der Mechanismen, die der WTO zur Verfügung stehen, egal, ob es hier um Steuergesetze geht, um Stahlzölle, um Landwirtschaft oder um Biotechnologie und andere Aspekte geht." (zitiert nach Süddeutsche Zeitung Nr. 118 vom 24.5.2002, S. 6 (8)). Zu den politischen Gründen für das bisherige Ausbleiben eines Verfahrens *Gupta*, Environment 2000, S. 22 ff. (31).

[57] European Council Regulation No. 1139/98: Compulsory Indication of the Labelling of Certain Foodstuffs Produced from Genetically Modified Organisms, Submission by the United States, G/TBT/W/94 vom 16.10.1998. Dazu *Krenzler/MacGregor*, EFAR 2000, S. 287 ff. (311); *Appleton*, NYUELJ 2000, S. 566 ff. (574). Dabei handelt es sich nicht um Konsultationen im Sinne des DSU, sondern um eine Folge der Publikationsverpflichtung der Mitgliedstaaten in Bezug auf Regelungen, die ein technisches Handelshemmnis darstellen können. Vgl. auch Art. 2.9 und Art. 13.1 TBT.

[58] Dazu *Stewart/Johanson*, DRAKEJAL 1999, S. 243 ff. (286); *Streinz*, II. I, Novel Food, in: Streinz (Hrsg.), Lebensmittelrechtshandbuch, Stand April 2001, Rdnr. 529. Zur VO 1813/97 ebenso *Streinz*, EFLR 1998, S. 265 ff. (286).

[59] *Krenzler/MacGregor*, EFAR 2000, S. 287 ff. (312).

braucher auch im Wege einer „Kann-Enthalten"-Kennzeichnung informiert werden könnten[60].

Die folgende Überprüfung der Kennzeichnung von gentechnisch veränderten Lebensmitteln muss allerdings nicht alle dargestellten Kennzeichnungsregelungen einbeziehen, sondern kann exemplarisch an einer der beschriebenen Regelungen vorgenommen werden. Grundlage der Überprüfung soll die Kennzeichnungspflicht der NFVO sein, allerdings in der Ausformung, die sie durch die Verordnungen 1139/98, 49/2000 und 50/2000 erfahren hat. Wie dargelegt, handelt es sich bei der Kennzeichnung zum einen um eine Gesundheits- oder Risikokennzeichnung von Stoffen, die die Gesundheit bestimmter Bevölkerungsgruppen beeinflussen können[61]. Zum anderen handelt es sich um produktbezogene, informative Kennzeichnungen zur allgemeinen Verbraucherinformation, die den Verbraucher über die Ungleichartigkeit der Lebensmittel aufgrund von DNA-Resten oder Proteinen[62], über die Möglichkeit ethischer oder religiöser Vorbehalte[63] oder über das Vorliegen von GVO[64] informieren sollen.

Zu prüfen ist hier allerdings, ob eine ausschließliche Prüfung der Kennzeichnung zulässig ist. Während dies für die VO 1139/98, VO 49/2000 und VO 50/2000 unproblematisch ist, da sie ausschließlich von der Kennzeichnung handeln, könnte dies in Bezug auf die NFVO, die auch handelsbeschränkende Maßnahmen wie Zulassungsverfahren enthält, problematisch sein, wenn man die Kennzeichnung lediglich als Teil des Zulassungsverfahrens und damit als dazu akzessorisch begreift. Damit würde sich die Frage stellen, unter welchem Übereinkommen die Maßnahme zu prüfen ist, wenn das Zulassungsverfahren unter ein anderes Abkommen fällt als die Kennzeichnung, und ob die Maßnahmen zusammen oder getrennt zu prüfen sind. Mit dieser Frage der Einordnung des Streitgegenstandes setzten sich Panel und AB im *Asbestos-Fall* am Beispiel von Verbot und Ausnahme auseinander[65]. Dabei ging das Panel von der Regel *accessorium sequitur principale* aus, ohne die Ausnahmen aber als akzessorisch zu klassifizieren, und prüfte die Maßnahmen daraufhin getrennt[66]. Dies hob der

---

[60] *Stewart/Johanson,* DRAKEJAL 1999, S. 243 ff. (287). Vgl. auch *Streinz,* II. I, Novel Food, in: Streinz (Hrsg.), Lebensmittelrechtshandbuch, Stand April 2001, Rdnr. 529. Zu den Kritikpunkten im Einzelnen siehe unten § 11.
[61] Art. 8 Abs. 1 lit. b) NFVO und Art. 2 Abs. 1 lit. b) VO 50/2000.
[62] Art. 8 Abs. 1 lit. a) NFVO iVm. VO 1139/98 und 49/2000; Art. 2 Abs. 1 lit. a) VO 50/2000.
[63] Art. 8 Abs. 1 lit. c) NFVO und Art. 2 Abs. 1 lit. c) VO 50/2000.
[64] Art. 8 Abs. 1 lit. d) NFVO und Art. 2 Abs. 1 lit. d) VO 50/2000.
[65] *EC – Measures Affecting Asbestos and Asbestos-Containing Products,* Panel Report, WT/DS135/R vom 18.9.2000, para. 8.30 ff. *EC – Measures Affecting Asbestos and Asbestos-Containing Products,* AB Report, WT/DS135/AB/R vom 12.3.2001, para. 63 ff.
[66] *EC-Asbestos,* Panel Report, oben Fn. 65, para. 8.66 ff. Dazu *Van Calster,* EELR 2001, S. 163 ff. (114).

AB auf und befand, dass der rechtliche Charakter einer Maßnahme nur mit Blick auf die Maßnahme als Ganzes bestimmt werden könne[67]. Der AB betonte, dass das Verbot nur im Licht der Ausnahmen verstanden werden könnte, die Ausnahmen das Verbot also eingrenzen und unabhängig von dem Verbot keine rechtliche Bedeutung hätten[68].

Mit Blick auf die Kennzeichnung gentechnisch veränderter Lebensmittel lässt sich aus dieser Argumentation schließen, dass die Kennzeichnung unabhängig vom Zulassungsverfahren der NFVO geprüft werden kann. Wie bereits festgestellt, stellt die Kennzeichnung in der NFVO eine eigenständige Verpflichtung dar, die unabhängig von der Zulassung ist[69]. Weder kann sie nur im Licht der Zulassung verstanden werden, noch hängt ihre rechtliche Bedeutung von der Zulassung ab[70]. Im Gegenteil handelt es sich bei der Kennzeichnung um eine zusätzliche handelshemmende Maßnahme, die eigenständig zu überprüfen ist.

3. Eingrenzung der Untersuchung in Bezug auf die zu prüfenden WTO-Übereinkommen

a) Die einschlägigen Übereinkommen im Verhältnis zueinander

Wenn es zu einem WTO-Verfahren kommt, stellt sich die Frage, welches der genannten Übereinkommen einschlägig ist. Grundsätzlich entfalten sowohl GATT als auch SPS und TBT Wirkungen für das Lebensmittelrecht[71]. Importierte ungekennzeichnete Lebensmittel werden durch eine obligatorische Kennzeichnungsregelung, wie die der EG zur Kennzeichnung von gentechnisch veränderten Lebensmitteln, die für in- und ausländische Produkte gilt[72], vom Verkauf ausgeschlossen[73]. Die Kennzeichnungspflicht kann also als nicht-tarifäres Handelshemmnis wirken und daher unter die Regelungen von GATT, SPS und TBT fallen[74]. Da keines der Übereinkommen den Bereich der Biotechnologie als *lex specialis* regelt[75], stellt sich die Frage nach dem Verhältnis der drei

---

[67] *EC-Asbestos*, AB Report, oben Fn. 65, para. 64 f.; *Van Calster*, EELR 2001, S. 113 ff.

[68] *EC-Asbestos*, AB Report, oben Fn. 65, para. 64.

[69] Siehe dazu ausführlich oben § 4 II.3.a).

[70] Siehe dazu ausführlich oben § 4 II.3.a).

[71] *Streinz*, UTR 36 (1996), S. 435 ff. (438 ff.).

[72] Nur bei einem Außenhandelsbezug greifen die Regeln der WTO; vgl. *Appleton*, NYUELJ 2000, S. 566 ff. (570); *Charnovitz*, TLNELJ 2000, S. 271 ff. (275).

[73] *Okubo*, GEOIELR 1999, S. 599 ff. (611).

[74] Ausführlich dazu *Fredland*, VDBJTL 2000, S. 183 ff. Vgl. *Teel*, NYUELJ 2000, S. 649 ff. (683 f.).

[75] *Appleton*, NYUELJ 2000, S. 566 ff. (570 f.); *Phillips/Kerr*, JWT 2000, S. 63 ff. (64).

§ 9 Die WTO 233

Übereinkommen zueinander, um zu klären, ob die EG-Kennzeichnungsregelungen anhand aller oder nur einzelner Übereinkommen zu prüfen sind[76].

Explizit geregelt ist zumindest das Verhältnis zwischen dem SPS und dem TBT. So schließen sich die beiden Übereinkommen gemäß Art. 1 Abs. 4 SPS und Art. 1.5 TBT gegenseitig aus. Für alle Regelungen, die unter Anhang A des SPS fallen, sieht Art. 1.5 TBT daher die ausschließliche Anwendbarkeit des SPS-Übereinkommens vor[77]. Damit wäre eine Kennzeichnungsregelung, die unter Anhang A SPS fällt, nur nach dem SPS-Übereinkommen zu beurteilen[78]. Fällt sie dagegen nicht unter Anhang A, käme eine Beurteilung nach dem TBT in Betracht.

Unklar ist aber das Verhältnis von SPS und TBT zu GATT[79]. Grundsätzlich werden SPS und TBT als Ausformung des Art. XX GATT verstanden[80]. Dies bedeutet aber nicht zwangsläufig, dass beide Übereinkommen im Sinne des *lex specialis* GATT verdrängen[81]. So geht die bisherige Streitschlichtungspraxis von der grundsätzlichen Eigenständigkeit der Übereinkommen aus[82], so dass

---

[76] Grundsätzlich wurde die kumulative Anwendung der Anforderungen in den verschiedenen Übereinkommen zum Prinzip der WTO erhoben, da das WTO-Abkommen ein „single undertaking" sei. Vgl. *Turkey – Restrictions on Imports of Textiles and Clothing Products (Turkey-Textiles)*, Panel Report, WT/DS34/R, vom 19.11.1999, para. 9.92. Dazu *Montaguti/Lugard*, JIEL 2000, S. 473 ff. (481).

[77] *Pauwelyn*, ZLR 2000, S. 843 ff. (845); *Wiemer*, S. 83.

[78] *Howse/Mavroidis*, FDMILJ 2000, S. 317 ff. (321); *Schultz*, WOCO 1994, S. 77 ff. (82).

[79] Am Verhältnis zwischen GATT und den anderen Abkommen ist problematisch, dass die anderen Abkommen erst spät in der Uruguay-Runde mit GATT zu einem Paket zusammengefügt wurden. Dadurch kam es zu unbeabsichtigten Wiederholungen, Auslassungen und möglichen Konflikten. Auch die *lex posterior* Regel greift nicht, da die Verabschiedung im Paket erfolgte. Zu den vier Möglichkeiten im Verhältnis von GATT 1994 zu den anderen Abkommen des Anhangs 1A (Konflikt, ausdrückliche Derogation, Überschneidung und Ergänzung) ausführlich *Montaguti/Lugard*, JIEL 2000, S. 473 ff.

[80] *Eckert*, ZLR 1995, S. 363 ff. (369); *Fredland*, VDBJTL 2000, S. 183 ff. (197).

[81] So aber wohl *Streinz*, EFLR 1998, S. 265 ff. (266); *Matthee*, EELR 2001, S. 183 ff. (187). Problematisch ist insbesondere, dass die *lex specialis*-Regel nicht ausdrücklich in der Wiener Vertragsrechtskonvention verankert ist und sich der AB bisher noch nicht explizit darauf berufen hat; dazu *Howse/Mavroidis*, FDMILJ 2000, S. 317 ff. (322 f.). Allerdings gehört auch die *lex specialis*-Regel zum Völkergewohnheitsrecht und müsste daher auch vom AB bei der Streitschlichtung herangezogen werden; dazu ausführlich *Marceau*, JWT 2001, S. 1081 ff. (1092 f., 1095); *Senti*, WTO, 2000, S. 498. In der Streitschlichtung durch das Panel wurde die *lex specialis*-Regel bereits angewandt. Vgl. *EC – Regime for the Importation, Sale and Distribution of Bananas*, Panel Report, WT/DS 27/R(US), vom 22.5.1997, para. 7.75; *US – Anti-Dumping Act of 1916*, Panel Report, WT/DS162/R vom 29.5.2000, para. 6.269; *Turkey – Textiles*, Panel Report, oben Fn. 76, paras. 9.92 ff., 9.186. Dazu *Bartels*, JWT 2001, S. 499 ff. (514).

[82] *EC – Measures Concerning Meat and Meat Products (EC-Hormones)*, Panel Report, WT/DS26/R/USA vom 18.8.1997, para. 8.20 ff. Vgl. *Hurst*, Hormones: Euro-

der Nachweis eines Verstoßes gegen GATT keine Voraussetzung für die Anwendbarkeit von SPS und TBT ist[83], sondern sie unabhängig von GATT gelten. Auch die Allgemeine Auslegungsregel zu Anhang 1A des WTO-Übereinkommens[84] spricht nicht für eine allgemeine Spezialität, da die Bestimmungen der anderen Übereinkünfte nicht generell, sondern nur insoweit den Bestimmungen von GATT vorgehen, wie es zu einem Konflikt zwischen den Vorschriften kommt[85]. Insofern kann nicht allgemein von einem verdrängenden Spezialitätsverhältnis von SPS/TBT zu GATT ausgegangen werden, sondern es bedarf vielmehr einer Einzelbetrachtung der Verhältnisse von SPS zu GATT und TBT zu GATT. Dabei ist zunächst eine eventuelle Konkurrenzregelung in den Abkommen zu berücksichtigen, bevor auf die Allgemeine Auslegungsregel zu Anhang 1A zurückgegriffen wird[86].

b) Das Verhältnis von GATT und SPS

Das SPS-Übereinkommen wird grundsätzlich als Ausformung von Art. XX(b) GATT verstanden[87]. Daher sieht die Konformitätsvermutung in Art. 2 Abs. 4 SPS vor, dass gesundheitspolizeiliche oder pflanzenschutzrechtliche Maßnahmen, die mit den einschlägigen Bestimmungen des SPS-Übereinkommens übereinstimmen, als im Einklang mit den diesbezüglichen Verpflichtungen des

---

pean Communities – Measures Affecting Meat and Meat Products, EJIL 1998, S. 1 ff. (2); *Wetzig*, S. 86 f. Dies lässt sich auch auf TBT übertragen; vgl. *Fredland*, VDBJTL 2000, S. 183 ff. (197 f.). Dafür spricht auch *EC-Asbestos*, Panel Report, oben Fn. 65, para. 8.15 ff., wo das Panel die Anwendbarkeit des TBT prüft, ohne einen vorherigen GATT-Verstoß festzustellen. Vgl. auch *EC – Regime for the Importation, Sale and Distribution of Bananas*, AB Report, WT/DS27/AB/R vom 25.9.1997, para. 204.

[83] *Pauwelyn*, JIEL 1999, S. 641 ff. (644); *Teel*, NYUELJ 2000, S. 649 ff. (689). Insbesondere wurde im Hormonfall nach Feststellung eines SPS-Verstoßes auf die Prüfung von GATT verzichtet; *EC-Hormones*, Panel Report, oben Fn. 82, para. 8.272 f. Zu den Auswirkungen auf die Beweislast *Goh/Ziegler*, JWT 1998, S. 271 ff. (286); *Howse/Mavroidis*, FDMILJ 2000, S. 317 ff. (326 f.).

[84] General Interpretative Note to Annex 1A: In the event of a conflict between a provision of the General Agreement on Tariffs and Trade 1994 and a provision of another agreement in Annex 1A to the Agreement Establishing the World Trade Organization (referred to in the agreements in Annex 1A as the ‚WTO Agreement'), the provision of the other Agreement shall prevail to the extent of the conflict.

[85] Dazu *Montaguti/Lugard*, JIEL 2000, S. 473 ff. (475); *Tietje*, JWT 1995, S. 123 ff. (137). Allerdings gibt es bislang nur wenige Entscheidungen zu der Allgemeinen Auslegungsregel. Vgl. *Indonesia – Certain Measures Affecting the Automobile Industry*, Panel Report, WT/DS54/R, WT/DS55/R, WT/DS59/R, WT/DS64/R, para. 14.97 ff. Dazu *Howse/Mavroidis*, FDMILJ 2000, S. 317 ff. (322).

[86] Dazu *Montaguti/Lugard*, JIEL 2000, S. 473 ff. (475). Vgl. *US – Tax Treatment for Foreign Sales Corporation (FSC)*, AB Report, WT/DS108/AB/R, vom 20.3.2000, para. 117.

[87] Vgl. Erwg. 6 der SPS-Präambel; ebenso *Streinz*, UTR 36 (1996), S. 435 ff. (440); *Hurst*, EJIL 1998, S. 1 ff. (3).

GATT, insbesondere mit Art. XX(b)[88], gelten[89]. Auch wenn damit die Anwendung von GATT nicht ausgeschlossen wird[90] und diese Konformitätsvermutung an sich widerlegbar ist[91], erscheint es aber aussichtslos, eine Maßnahme, die den strengeren Anforderungen des SPS-Übereinkommens entspricht, die also u. a. einer wissenschaftlich belegten Gesundheitsgefahr begegnet und nicht handelshemmender ist als notwendig, als „nicht notwendig" im Sinne von Art. XX(b) GATT darzustellen[92]. Eine Maßnahme, die SPS-konform ist, würde also schwerlich gegen GATT verstoßen. Umgekehrt bedarf es einer Anwendung von GATT nicht mehr, wenn bereits ein Verstoß gegen SPS feststeht, da das SPS-Abkommen unabhängig von GATT anwendbar ist und zwar eine Konformitätsvermutung in Bezug auf GATT enthält, GATT aber keine Konformitätsvermutung in Bezug auf SPS[93]. Unabhängig von der Allgemeinen Auslegungsregel führt also schon die Konformitätsvermutung im SPS dazu, dass für eine Anwendung von GATT neben SPS in der Regel kein Raum mehr bleibt[94].

---

[88] Der Hinweis auf Art. XX(b) GATT umfasst nach der Fn. 1 zur Präambel auch die einführenden Bestimmungen des Art. XX, den sog. Chapeau, an dem in der Vergangenheit nationale Maßnahmen öfter gescheitert waren. Vgl. *US – Import Prohibitions of Certain Shrimp and Shrimp Products*, AB Report, WT/DS58/AB/R vom 12.10.1998, para. 176; dazu *Mavroidis*, JWT 2000, S. 73 ff. (78 ff.). Vgl. *Charnovitz*, The International Lawyer 1998, S. 901 ff. (910 f.).

[89] Dazu *Macmillan/Blakeney*, Int.T.L.R. 2000, S. 161 ff. (166); *Macmillan/Blakeney*, TLNJTIP 2001, S. 93 ff. (108).

[90] Ebenso *Stökl*, S. 129 ff.; *Böckenförde*, S. 305 ff. A.A. *Classen*, UTR 49 (1999), S. 345 ff. (347), der von einer abschließenden Regelung durch das SPS-Übereinkommen ausgeht.

[91] Vgl. dazu *Goh/Ziegler*, JWT 1998, S. 271 ff. (286); *Quick/Blüthner*, JIEL 1999, S. 603 ff. (628).

[92] Ebenso *Howse/Mavroidis*, FDMILJ 2000, S. 317 ff. (326); *Charnovitz*, TLNELJ 2000, S. 271 ff. (273); *Stökl*, S. 131 f. A.A. wohl *Montaguti/Lugard*, JIEL 2000, S. 473 ff. (479), die auch im Fall einer allgemeinen und einer spezielleren Regelung für eine kumulative Anwendung plädieren, ohne aber auf die Erfolgsaussichten in Fällen, in denen die strengere, spezielle Norm erfüllt wurde, einzugehen.

[93] *Hurst*, EJIL 1998, S. 1 ff. (3). Vgl. auch *Australia – Measures Affecting Importation of Salmon*, Panel Report, WT/DS18/R vom 12.6.1998, para. 8.39. Darüber hinaus ist es eine Frage des vom AB anerkannten Prinzips der effizienten Streitbeilegung (*judicial economy*), mit dem Übereinkommen zu beginnen, das die spezielleren Anforderungen enthält. Auch ist es wahrscheinlich, dass ein beschwerdeführender Staat seine Beschwerde primär auf das strengere Übereinkommen stützt, also in der Regel auf SPS, das eine höhere Rechtfertigungshürde aufstellt; dazu *Howse/Mavroidis*, FDMILJ 2000, S. 317 ff. (322 f.). A.A. *Quick/Blüthner*, JIEL 1999, S. 603 ff. (626 ff.), die den Nachweis eines vorherigen GATT-Verstoßes fordern. Diese Auffassung findet aber in der Streitbeilegungspraxis keine Unterstützung.

[94] Im Ergebnis ebenso *Dederer*, ZLR 1999, S. 695 ff.; *Charnovitz*, TLNELJ 2000, S. 271 ff. (273). Dies entspricht auch der *lex specialis*-Regel; *Goh/Ziegler*, JWT 1998, S. 271 ff. (286).

c) Das Verhältnis von GATT und TBT

Im Gegensatz zum SPS-Übereinkommen enthält TBT keine ausdrücklichen Regelungen für das Verhältnis zu GATT. Zwar stellt auch TBT eine Konkretisierung des Art. XX GATT dar[95], es fehlt aber eine entsprechende Konformitätsvermutung[96]. Auch in der Streitschlichtungspraxis wurde das Verhältnis nicht eindeutig geklärt. Zum Teil wird aus der Entscheidung „Reformulated Gasoline[97]", wo TBT, obwohl es einschlägig gewesen wäre, nicht zur Anwendung kam, sondern nur Art. XX(g) GATT, geschlossen, dass TBT keinen Vorrang vor Art. XX GATT hat, ähnlich restriktiv ausgelegt werden muss, oder nur zusätzliche Anforderungen zu Art. XX enthält[98]. Dagegen spricht aber, dass sich in dem Fall die Beschwerde primär auf GATT bezog und nur hilfsweise auf das TBT-Abkommen einging[99]. Außerdem betraf der Fall eine offene und nicht eine versteckte Diskriminierung[100]. Da offene Diskriminierungen nach TBT gänzlich verboten sind, unter GATT aber ggf. durch Art. XX gerechtfertigt werden können, hätte eine Untersuchung unter TBT den USA jegliche Verteidigungsmöglichkeit abgeschnitten[101]. Insofern kann aus der Entscheidung nur gefolgert werden, dass offene Diskriminierungen weiter unter GATT fallen, verdeckte dagegen weiterhin unter TBT[102].

Auch in *EC-Asbestos*[103] wird das Verhältnis zwischen TBT und GATT für den Fall nicht geklärt, dass beide Abkommen primär anwendbar erscheinen. Hier hielt das Panel TBT nur für einen Teil der der Beschwerde zugrundeliegenden Maßnahme für anwendbar, befasste sich aber nicht weiter damit, da dazu keine Argumente vorgebracht wurden[104]. Der Rest der Maßnahme wurde stattdessen unter GATT verhandelt[105]. Dagegen revidierte der AB diese Einordnung des Panels und befand das TBT-Übereinkommen für die gesamte Maß-

---

[95] Siehe oben Fn. 80.
[96] Daraus kann man nicht zwangsläufig ableiten, dass beide Übereinkommen nebeneinander gelten, da die Verhandlungsgeschichte der WTO-Übereinkommen nicht dafür spricht, dass diese Auslassung beabsichtigt war. Vgl. oben Fn. 79 und *Macmillan/Blakeney*, TLNJTIP 2001, S. 93 ff. (112).
[97] *US – Standards for Reformulated Gasoline*, AB Report, WT/DS2/AB/R vom 29.4.1996.
[98] *Macmillan/Blakeney*, TLNJTIP 2001, S. 93 ff. (113).
[99] *Okubo*, GEOIELR 1999, S. 599 ff. (616).
[100] *Van Calster*, S. 333.
[101] Siehe oben Fn. 100.
[102] Siehe oben Fn. 100, sowie *Hudec*, The International Lawyer 1998, S. 619 ff. (644).
[103] Siehe oben Fn. 65.
[104] *EC-Asbestos*, Panel Report, oben Fn. 65, para. 8.72; dazu *Van Calster*, EELR 2001, S. 113 ff. (114).
[105] *EC-Asbestos*, Panel Report, oben Fn. 65, para. 8.74 ff. Dazu *Van Calster*, EELR 2001, S. 113 ff. (114 ff.).

nahme anwendbar, sah sich aber außerstande, weiter auf TBT einzugehen, da das Panel keine ausreichende Tatsachenermittlung betrieben hatte[106]. Eine eindeutige Klärung der Frage, welchem Übereinkommen der Vorrang zukommt, wenn beide anwendbar sind, oder ob die einzelnen Verpflichtungen kumulativ gelten, kann angesichts der mangelnden inhaltlichen Stellungnahme zu TBT daraus nicht entnommen werden[107].

In *EC-Sardines* geht das Panel davon aus, dass das TBT-Übereinkommen gegenüber GATT die spezifischeren und detaillierteren Regelungen enthält und deshalb zuerst geprüft werden müsse[108]. Nachrangig scheint es aber auch GATT prüfen zu wollen. Daraus kann aber kein grundsätzliches Nebeneinander von GATT und TBT geschlossen werden, da diese Prüfung dem Antrag Perus entspricht, dem die EG nicht widersprochen hat und der deswegen nicht näher geprüft wurde[109].

Insofern bleibt nur ein Rückgriff auf die Allgemeine Auslegungsregel, die vorsieht, dass im Fall eines Konflikts („conflict") zwischen den Vorschriften von GATT und eines anderen Abkommens in Annex 1A (wie TBT), die Vorschriften des anderen Abkommens vorgehen. Grundsätzlich enthält TBT Verpflichtungen, die denen des GATT entsprechen[110]. Allerdings normiert es in einigen Punkten auch weitergehende Pflichten als GATT[111], sieht aber andterer-

---

[106] *EC-Asbestos*, AB Report, oben Fn. 65, para. 81 f. Insbesondere sieht das DSU keine Möglichkeit vor, einen Streitfall an ein Panel zur weiteren Sachaufklärung zurückzuverweisen; dazu *Van Calster*, EELR 2001, S. 163 ff.

[107] Auch aus para. 80 des AB Reports lässt sich schwerlich ein genaues Verhältnis zwischen GATT und TBT ablesen. Dort sagt der AB einerseits, dass das TBT ein „specialized legal regime that applies solely to a limited class of measures" sei. Andererseits handele es sich bei den durch TBT vorgeschriebenen Maßnahmen um solche „that *seem* to be different from, and additional to, the obligations imposed ... under GATT". Angesichts der Tatsache, dass der AB hier offensichtlich noch keine abschließende Einordnung vornehmen wollte, wofür sowohl „seem" als auch die nachfolgenden Absätze sprechen, bleibt offen, ob dieses *obiter dictum* des AB insbesondere für den Fall gilt, dass eine Maßnahme nach dem einen Übereinkommen erlaubt, nach dem anderen aber verboten ist. Mit Blick auf die Weigerung des AB, zum TBT-Übereinkommen vertieft Stellung zu nehmen, muss diese Frage wohl als nach wie vor offen betrachtet werden.

[108] *EC-Sardines*, Panel Report, WT/DS231/R vom 29.5.2002, para. 7.16.

[109] Siehe oben Fn. 108.

[110] So enthält beispielsweise Art. 2.1 TBT eine MFN- und eine NT-Verpflichtung; dazu *Völker*, S. 281 ff. (287); *Streinz*, EFLR 1998, S. 265 ff. (267). Außerdem übernimmt die Präambel des TBT die Formulierung des „Chapeau" des Art. XX GATT; dazu *Van Calster*, S. 318. Weiter sieht Art. 2.2 vor, dass technische Vorschriften nicht handelshemmender sein dürfen als notwendig, wobei diese Vorschrift entsprechend Art. XX GATT interpretiert werden wird; dazu *Macmillan/Blakeney*, TLNJTIP 2001, S. 93 ff. (111 f.).

[111] Weitergehende Pflichten sind z.B. die Informationspflichten (Art. 2.9), die Vorschriften über gegenseitige Anerkennung der technischen Vorschriften (Art. 2.7), aber auch die Tatsache, dass unter TBT die offene Diskriminierung gänzlich verboten ist,

seits auch eine weitere Bandbreite legitimer Ziele als vor als Art. XX GATT[112]. Problematisch ist das Verhältnis zwischen GATT und TBT also vor allem dann, wenn eine handelshemmende Maßnahme unter TBT aufgrund der größeren Bandbreite legitimer Ziele gerechtfertigt wäre, aber gegen GATT verstoßen würde, da GATT das entsprechende legitime Ziel nicht enthält. Zu prüfen ist daher, ob in diesem Fall ein „conflict" im Sinne der Allgemeinen Auslegungsregel vorläge, mit der Folge, dass TBT Vorrang hätte.

Die Auslegung von „conflict" ist in diesem Zusammenhang umstritten[113]. Teilweise wird eine enge Auslegung gefordert, mit der Folge, dass nur dann ein Konflikt vorliegt, wenn sich beide Verpflichtungen gegenseitig ausschließen, eine gleichzeitige Erfüllung beider Verpflichtungen also unmöglich ist[114]. Die Inkompatibilität der Norminhalte wäre damit die wesentliche Voraussetzung für einen Konflikt[115]. Von anderen wird eine weite Auslegung von „conflict" vertreten, die auch solche Fälle umfasst, in denen ein Abkommen ein Verhalten explizit erlaubt, das ein anderes verbietet[116]. In Bezug auf die Allgemeine Auslegungsregel zu Anhang 1A ist das Panel in *EC-Bananas* der weiten Auslegung gefolgt und hat auch dann einen Konflikt angenommen, wenn die Vorschriften eines Abkommens etwas verbieten, was die Vorschriften eines anderen Abkommens erlauben[117]. Für diese Interpretation spricht auch, dass die engere Auslegung zwar in den Fällen, in denen sich zwei Verpflichtungen widersprechen, zu befriedigenden Ergebnissen kommt, aber in Bezug auf ein vertraglich festgeleg-

---

während sie unter GATT gegebenenfalls nach Art. XX gerechtfertigt werden kann; dazu *Van Calster*, S. 333; *Hudec*, The International Lawyer 1998, S. 619 ff. (644).

[112] Art. 2.2 TBT. Vgl. *Macmillan/Blakeney*, TLNJTIP 2001, S. 93 ff. (109); *Streinz*, EFLR 1998, S. 265 ff. (267). Diese Ziele erlauben aber keine Ungleichbehandlung gleichartiger Produkte als Art. XX GATT, sondern sind eine Qualifikation zur Bestimmung unnötiger Handelshemmnisse.

[113] Zum Auslegung von „conflict" im Völkerrecht sowie im Welthandelsrecht *Marceau*, JWT 2001, S. 1081 ff. (1083 ff.).

[114] *Montaguti/Lugard*, JIEL 2000, S. 473 ff. (476). Dies entspricht der Verwendung des Begriffs im Völkerrecht; *Marceau*, JWT 1999, S. 87 ff. (130). Einschränkend *Tietje*, JWT 1995, S. 123 ff. (137), nach dem es genügt, wenn sich zwei Normen entgegenstehen. Offengelassen in *Bernasconi-Osterwalder*, S. 689 ff. (714 ff.).

[115] *Marceau*, JWT 2001, S. 1081 ff. (1084).

[116] Dazu *Marceau*, JWT 2001, S. 1081 ff. (1085 f.); *Eggers/Mackenzie*, JIEL 2000, S. 525 ff. (540). Vgl. auch *Stökl*, Aussenwirtschaft 2001, S. 327 ff. (344). Grundlegend *Alexy*, S. 77 ff.

[117] *EC-Bananas*, Panel Report, oben Fn. 81, para. 7.159. Dem steht auch nicht die Auslegung von „conflict" in *Indonesia-Automobiles*, Panel Report, oben Fn. 85, para. 14.97 ff. entgegen. Zwar ging das Panel davon aus, dass sich zwei Verpflichtungen gegenseitig ausschließen müssen, damit ein Konflikt vorliegt. Es ließ aber die Frage bewusst offen, ob die in *EC-Bananas* vorgenommene weite Interpretation von „conflict" korrekt sei, da die beanstandete Maßnahme nicht unter die „Erlaubnis" des anderen Abkommens fiel und es daher auf diese Frage nicht ankam. Zu Unrecht daher das Panel auf die enge Auslegung von „conflict" festlegend *Marceau*, JWT 2001, S. 1081 ff. (1085); *Montaguti/Lugard*, JIEL 2000, S. 473 ff. (476).

§ 9 Die WTO

tes Recht in Form einer Ausnahme von einer Verpflichtung, die der Verpflichtung eines anderen Abkommens widerspricht, sich immer die Verpflichtung durchsetzt, da eine Berufung auf das Recht freiwillig ist und daher nicht dazu führt, dass sich zwei Vorschriften gegenseitig ausschließen[118]. Die enge Auslegung gibt also den Verpflichtungen eines Übereinkommens tendenziell mehr Gewicht als den Ausnahmen, obwohl dies von den Vertragsparteien keineswegs so gewollt sein muss[119] Angesichts der weiten Auslegung von „conflict" in *EC-Bananas* würde TBT, falls eine Maßnahme damit konform ist, nach der Allgemeinen Auslegungsregel zu Anhang 1A der Vorrang vor GATT zukommen, wenn die Maßnahme nicht unter die engeren Rechtfertigungsgründe von GATT fiele[120]. Ebenso wie in Bezug auf SPS bedarf es daher hier keiner zusätzlichen Prüfung unter GATT, da sich das TBT-Übereinkommen im Konfliktfall durchsetzt[121].

4. Folgen eines eventuellen Verstoßes gegen das WTO-Übereinkommen

Falls ein Verstoß der EG gegen SPS oder TBT festgestellt würde, stellt sich die Frage nach den Folgen einer entsprechenden Entscheidung durch den Dis-

---

[118] *Marceau*, JWT 2001, S. 1081 ff. (1086).
[119] Vgl. *Marceau*, oben Fn. 118.
[120] Selbst wenn die weite Auslegung von „conflict" abgelehnt würde, käme man über das „Prinzip der effektiven Vertragsauslegung" letztlich zum selben Ergebnis, da bei der Auslegung eines Vertrages allen Teilen Bedeutung zukommen muss, also nicht einzelne Teile des Vertrages im Wege der Interpretation überflüssig werden dürfen. Dazu *Marceau*, JWT 1999, S. 87 ff. (117, 131); *Verdross/Simma*, § 780. Dieses Prinzip gilt auch für den WTO-Vertrag inklusive seiner Anhänge, der insoweit einen Vertrag darstellt, und wurde in *Japan – Taxes on Alcoholic Beverages*, AB Report, WT/DS1/AB/R, WT/DS10/AB/R, WT/DS22/AB/R, S. 12 Fn. 21 anerkannt; dazu *Montaguti/Lugard*, JIEL 2000, S. 473 ff. (474); *Palmeter/Mavroidis*, AJIL 1998, S. 398 ff. (408). Wenn man also verlangen würde, dass neben TBT auch noch die engeren Ausnahmen von GATT erfüllt werden müssten, so würde dadurch das Recht der Staaten missachtet, die als geeignet erachteten Maßnahmen zu treffen, um bestimmte berechtigte Ziele zu erfüllen (Art. 2.2 TBT iVm. Erwg. 6). Diese Teile des TBT würden damit gegenstandslos, was dem Prinzip der effektiven Vertragsauslegung widerspräche. Im Ergebnis ebenso *Marceau*, JWT 2001, S. 1081 ff. (1085 f.). Auf diese Möglichkeit weist auch das Panel in *EC-Bananas*, oben Fn. 81, para. 7.159 Fn. 728 hin.
[121] Ebenso *Appleton*, NYUELJ 2000, S. 566 ff. (571); *Macmillan/Blakeney*, TLNJTIP 2001, S. 93 ff. (113); *Schultz*, WOCO 1994, S. 77 ff. (82); *Teel*, NYUELJ 2000, S. 649 ff. (683 f.); *Biermann*, JWT 2001, S. 421 ff. (442); *Bernasconi-Osterwalder*, S. 689 ff. (704 f.); *Stökl*, in: Nettesheim/Sander (Hrsg.): WTO-Recht und Globalisierung, 2003, S. 73 ff. (76). Zum selben Ergebnis, teilweise unter Berufung auf *lex specialis*, kommen *Müller-Graff*, S. 111 ff. (112); *Okubo*, GEOIELR 1999, S. 599 ff. (616). Siehe auch oben Fn. 81. Einschränkend *Tietje*, JWT 1995, S. 123 ff. (137), der GATT nur ausschließt, wenn die unter einem Abkommen in Bezug auf eine Maßnahme explizit geregelten Rechte oder Pflichten ähnlich denen unter GATT sind; dies sei bei TBT insbesondere für Kennzeichnungsverpflichtungen der Fall. Ebenso *Van Calster*, S. 333; *Wiemer*, S. 195 f.

pute Settlement Body (DSB). Die EG kann nicht gezwungen werden, die verstoßenden Regelungen aufzuheben[122]. Stattdessen muss sie aber entweder freiwillige Entschädigung nach Art. 22 Abs. 1 anbieten oder der DSB kann nach Art. 22 Abs. 2 DSU auf Antrag des obsiegenden Staates (z.B. USA) die Aussetzung von Zugeständnissen gegenüber der EG zulassen[123]. Deren Umfang muss dabei den durch die verstoßende Regelung zunichte gemachten Vorteilen entsprechen[124]. Angesichts der potentiell enormen wirtschaftlichen Folgen einer Kennzeichnungspflicht[125] würde durch eine Verurteilung der EG der transatlantische Handel stark beeinträchtigt werden[126].

Darüber hinaus wurde insbesondere als Folge des stark verrechtlichten Streitschlichtungssystems diskutiert, ob das Welthandelsrecht in der EG unmittelbar anwendbar ist[127]. Dies würde dazu führen, dass zwar nicht die WTO die Aufhebung der Maßnahme erzwingen könnte, wohl aber die von den Maßnahmen Betroffenen durch Klagen vor dem EuGH[128]. Ursprünglich hatte der EuGH eine

---

[122] Art. 21 DSU stellt nur fest, dass die umgehende Beachtung der Empfehlungen und Entscheidungen des DSB für die wirksame Streitbeilegung zum Wohl aller Mitgliedstaaten wesentlich ist. Dies wird allgemein als verpflichtend begriffen; *Schroeder/Schonard*, RIW 2001, S. 658 ff. (660).

[123] Dies entspricht Sanktionen in Form von Strafzöllen. Dazu *Wahl*, S. 193 ff. (205); *Fredland*, VDBJTL 2000, S. 183 ff. (195).

[124] Art. 22 Abs. 4 DSU. Zu beachten ist aber, dass die Aufhebung der umstrittenen Maßnahme gegenüber den anderen Sanktionen nach Art. 22 Abs. 1 DSU Priorität hat. Außerdem sind die anderen Sanktionen gemäß Art. 22 Abs. 8 DSU nur vorübergehend, bis die Maßnahme aufgehoben ist, oder eine anderweitig befriedigende Lösung erreicht wurde. Dazu *Hilf/Reuß*, ZLR 1997, S. 289 ff. (295).

[125] Siehe oben § 1 I.5.d).

[126] Bereits *EC-Hormones* führte zu einer genehmigten Aussetzung von Zugeständnissen in Höhe 125 Mio. US$, die seit dem 29.7.1999 in Form von 100% Strafzöllen auf europäische Lebensmittel aufgeschlagen werden. Dazu *Murphy*, HVILJ 2001, S. 47 ff. (82).

[127] Eine ausführliche Diskussion dieser Frage würde den Rahmen der vorliegenden Arbeit sprengen. Weiterführend, ohne Anspruch auf Vollständigkeit: *Wahl*, DER STAAT 40 (2001), S. 45 ff. (66 f.); *Hilf/Reuß*, ZLR 1997, S. 289 ff. (295 f.); *Hufen*, ZLR 1998, S. 1 ff. (14); *Lee/Kennedy*, JWT 1996, S. 67 ff.; *Zonnekeyn*, JWT 2000, S. 111 ff.; *Griller*, JIEL 2000, S. 441 ff.; *Stoll*, ZaöRV (57) 1997, S. 83 ff. (138 ff.). Grundsätzlich zur Beachtung von WTO-Recht in der EG auch *Petersmann*, EuZW 1997, S. 325 ff.; *Sack*, EuZW 1997, S. 650 ff.; *Petersmann*, EuZW 1997, S. 651 ff. Zu der Frage, ob Entscheidungen des DSB unmittelbare Wirkung haben, siehe auch *Wetzig*, ZLR 2000, S. 11 ff. (19 f.); *Wetzig*, S. 99 f.; *Weber/Moos*, EWS 1999, S. 229 ff. (230 ff.); *Berrisch/Kamann*, EWS 2000, S. 89 ff. (96 f.). Vgl. auch *Cottier*, CMLR 1998, S. 325 ff. (370); *Eeckhout*, CMLR 1997, S. 11 ff. (51 f.). Dazu auch EuGH, Rs. C-307/99 (OGT Fruchthandelsgesellschaft mbH gegen Hauptzollamt Hamburg-St. Annen), Beschluss vom 2.5.2001, abgedruckt in EuZW 2001, S. 529 f. mit Anmerkung Stieglitz. Zu den Wirkungen, die das WTO-Recht auch ohne die unmittelbare Anwendbarkeit entfaltet, siehe *Royla*, EuR 2001, S. 495 ff.

[128] Dazu *Wetzig*, S. 94 ff.; *Ritter*, EuZW 1997, S. 133 ff. (136). Zur Position des Einzelnen im supranationalen und internationalen Kontext *Wahl*, DER STAAT 40 (2001), S. 45 ff.; *Reinisch*, EuZW 2000, S. 42 ff. (43).

unmittelbare Anwendbarkeit unter Berufung darauf abgelehnt, dass das Streitschlichtungsverfahren unter GATT 1947 zu flexibel sei, um unmittelbare Wirkung zu entfalten[129]. Nach der Einführung eines faktisch bindenden Streitschlichtungsverfahrens im Wege des negativen Konsens durch das WTO-Übereinkommen war fraglich, ob mit dieser Begründung eine unmittelbare Anwendbarkeit des WTO-Übereinkommens verneint werden könnte[130]. Dies war wohl auch dem Rat bewusst, der in den Erwägungsgründen des Beschlusses über den Abschluss der Übereinkünfte der Uruguay Runde vom 22.12.1994 eine unmittelbare Anwendbarkeit abgelehnt hat[131]. Inzwischen wurde diese Frage vom EuGH aber erneut negativ beschieden[132], so dass die EG wohl auch durch eine Klage vor dem EuGH unter Berufung auf die WTO-Widrigkeit einer Maßnahme nicht gezwungen werden kann, eine solche Regelung aufzuheben[133].

---

[129] Vgl. EuGH, Verb. Rs. 21-24/72 (International Fruit Company gegen Produktschap voor groenten en fruit), Urteil vom 12.12.1972, Slg. 1972, S. 1219 ff. (1228 f., Rdnr. 21 ff.); Rs. C-280/93 (Deutschland gegen Rat – „Bananenmarktordnung"), Urteil vom 5.10.1994, Slg. 1994, S. I-4973 (5072 ff., Rdnr. 106 ff.); Rs. C-469/93 (Amministrazione delle finanze dello Stato gegen Chiquita Italien), Urteil vom 12.12.1995, Slg. 1995 S. I-4533 ff. (4568 Rdnr. 37). Dazu *Eckert*, ZLR 1995, S. 363 ff. (391 f.); *Streinz*, EFLR 1998, S. 265 ff. (278 f.); *Ritter*, EuZW 1997, S. 133 ff. (136). Vgl. auch *Streinz*, UTR 36 (1996), S. 435 ff. (456 f.).

[130] Ebenso *Eckert*, ZLR 1995, S. 363 ff. (392); *Rabe*, ZLR 1998, S. 129 ff. (139); *Weber/Moos*, EuZW 1999, S. 229 ff. (230). Vgl. auch *Meng*, S. 1063 ff. Trotz der Neuerungen gegen eine unmittelbare Anwendbarkeit *Wetzig*, S. 96 f.; *Classen*, UTR 49 (1999), S. 345 ff. (361 ff.).

[131] Beschluss des Rates vom 22.12.1994 über den Abschluss der Übereinkünfte im Rahmen der multilateralen Verhandlungen der Uruguay Runde (1986–1994) im Namen der Europäischen Gemeinschaft in Bezug auf die in ihre Zuständigkeit fallenden Bereiche, ABl. Nr. L 336 vom 23.12.1994, S. 1 (2). Dazu *Rabe*, ZLR 1998, S. 129 ff. (139). Dieser Beschluss kann aber nur als Indiz bei der Beantwortung der Frage der unmittelbaren Anwendbarkeit multilateraler Handelsübereinkünfte im Rahmen des WTO-Übereinkommens herangezogen werden. Ebenso *Ritter*, EuZW 1997, S. 133 ff. (136); *Streinz*, EFLR 1998, S. 265 ff. (279); *Hilf/Reuß*, ZLR 1997, S. 289 ff. (296).

[132] EuGH, Rs. C-149/96 (Portugal gegen Rat), Urteil vom 23.11.1999, Slg. 1999, S. I-8395 ff. (8439 Rdnr. 47). Dazu *von Bogdandy/Makatsch*, EuZW 2000, S. 261 ff.; *Hilf/Schorkopf*, EuR 2000, S. 74 ff.; *Hilf*, NVwZ 2000, S. 481 ff. (489). Tragendes Argument war diesmal, dass es gegenüber anderen Mitgliedstaaten, die wie die USA eine unmittelbare Anwendbarkeit des WTO-Übereinkommens ausgeschlossen haben, an Reziprozität fehlen würde, wenn nur die EG eine unmittelbare Anwendbarkeit annimmt. Dazu *Wahl*, DER STAAT 40 (2001), S. 45 ff. (67); *Berrisch/Kamann*, EWS 2000, S. 89 ff. (92); *Neugärtner/Puth*, JuS 2000, S. 640 ff. (643); *Zonnekeyn*, JWT 2000, S. 111 ff. (118); *Royla*, EuR 2001, S. 495 ff. (504 ff.); *Griller*, JIEL 2000, S. 441 ff. (455 ff.).

[133] *Heselhaus*, DVBl. 2001, S. 616 ff. (618 f.); *Wetzig*, S. 97 ff. Zu der Frage, ob der Einzelne von der EG Schadensersatz in dem Fall fordern kann, dass die Gemeinschaft eine WTO-widrige Maßnahme aufrechterhält und der Einzelne durch Strafzölle geschädigt wird *Reinisch*, EuZW 2000, S. 42 ff.; *Royla*, EuR 2001, S. 495 ff. (510 ff.).

5. Ergebnis

Angesichts der politischen Wahrscheinlichkeit eines entsprechenden WTO-Verfahrens und der gravierenden wirtschaftlichen Folgen soll im Folgenden die Vereinbarkeit der europäischen Kennzeichnungsregelungen für gentechnisch veränderte Lebensmittel nach der NFVO und den VOen 1139/98, 49/2000 und 50/2000 anhand von SPS und TBT überprüft werden. Eine Überprüfung auch anhand von GATT kann wegen der expliziten Vorrangregelung in SPS und der Allgemeinen Auslegungsregel zu Anhang 1A in Bezug auf TBT entfallen.

§ 10 Vereinbarkeit mit dem SPS-Übereinkommen

I. Einführung

1. Anwendungsbereich des SPS-Übereinkommens

Nach Art. 1 Abs. 1 gilt das SPS-Übereinkommen für alle gesundheitspolizeilichen oder pflanzenschutzrechtlichen Maßnahmen, die sich mittelbar oder unmittelbar auf den internationalen Handel auswirken können[1]. Die weite Definition des Begriffes „Maßnahmen" in Anhang A Nr. 1[2] stellt dabei sicher, dass alle im weitesten Sinne der Gesundheitsvorsorge dienenden lebensmittelrechtlichen Vorschriften auf den Prüfstand des SPS-Übereinkommens gestellt werden können[3]. Wesentliches Kriterium für das Vorliegen einer gesundheitspolizeilichen oder pflanzenschutzrechtlichen Maßnahme im Sinne von Anhang A Nr. 1

---

[1] *Rabe*, ZLR 1998, S. 129 ff. (131).
[2] Nach Anhang A Nr. 1 ist eine gesundheitspolizeiliche oder pflanzenschutzrechtliche Maßnahme „jede Maßnahme, die angewendet wird
a) zum Schutz des Lebens oder der Gesundheit von Tieren oder Pflanzen im Gebiet des Mitglieds vor Gefahren, die durch die Einschleppung, das Auftreten oder die Verbreitung von Schädlingen, Krankheiten, krankheitsübertragenden oder krankheitsverursachenden Organismen entstehen;
b) zum Schutz des Lebens oder der Gesundheit von Menschen oder Tieren im Gebiet des Mitglieds vor Gefahren, die durch Zusätze, Verunreinigungen, Toxine oder krankheitsverursachende Organismen in Nahrungsmitteln, Getränken oder Futtermitteln entstehen;
c) zum Schutz des Lebens oder der Gesundheit von Menschen im Gebiet des Mitglieds vor Gefahren, die durch von Tieren, Pflanzen oder Waren daraus übertragene Krankheiten oder durch die Einschleppung, das Auftreten oder die Verbreitung von Schädlingen entstehen;
d) zur Verhütung oder Begrenzung sonstiger Schäden im Gebiet des Mitglieds, die durch die Einschleppung, das Auftreten oder die Verbreitung von Schädlingen entstehen.
Zu den gesundheitspolizeilichen oder pflanzenschutzrechtlichen Maßnahmen gehören alle einschlägigen Gesetze, Erlasse, Verordnungen, Auflagen und Verfahren, einschließlich Kriterien in Bezug auf das Endprodukt, ferner Verfahren und Produktionsmethoden, Prüf-, Inspektions-, Zertifizierungs- und Genehmigungsverfahren, Quarantänemaßnahmen einschließlich der einschlägigen Vorschriften für die Beförderung von Tieren oder Pflanzen oder die für ihr Überleben während der Beförderung notwendigen materiellen Voraussetzungen, Bestimmungen über einschlägige statistische Verfahren, Verfahren der Probenahme und der Risikobewertung sowie unmittelbar mit der Sicherheit von Nahrungsmitteln zusammenhängende Verpackungs- und Kennzeichnungsvorschriften."
[3] *Rabe*, ZLR 1998, S. 129 ff. (131); *Eckert*, ZLR 1995, S. 363 ff. (370).

ist dabei deren Zweck, also ein subjektives Kriterium[4]: Um unter das SPS-Übereinkommen zu fallen, muss das intendierte Ziel der Maßnahme der Schutz vor bestimmten sanitären oder phytosanitären Gefahren sein[5]. Dies war bislang zwischen den Streitparteien nie umstritten, so dass es wenig Hinweise dazu gibt, wie ein Panel ermittelt, ob eine Maßnahme einen sanitären Zweck verfolgt[6]. Lediglich im Fall *EC-Hormones* hat das Panel das Vorliegen eines sanitären Zwecks der Maßnahme untersucht. Dabei griff es primär auf die Erwägungsgründe der Maßnahme und auf die Entstehungsgeschichte zurück[7]. Daraus lässt sich ableiten, dass das Panel bei der Bestimmung des sanitären Zwecks der Maßnahme nicht allein auf die Angaben des die Maßnahme verteidigenden Mitgliedstaates abstellen wird, sondern die Maßnahme daraufhin untersucht, ob sich der angegebene sanitäre Zweck in der Regelung selbst niedergeschlagen hat[8]. Zur Anwendbarkeit des SPS muss die angegriffene Regelung (hier die Kennzeichnung) also einen sanitären oder phytosanitären Zweck verfolgen, der sich in der Maßnahme selbst niedergeschlagen hat. Außerdem muss sie direkt oder indirekt den Welthandel beeinflussen können[9].

---

[4] *Pauwelyn,* ZLR 2000, S. 843 ff. (845); *Roberts,* JIEL 1998, S. 377 ff. (383).

[5] *Hurst,* EJIL 1998, S. 1 ff. (2); *Krenzler/MacGregor,* EFAR 2000, S. 287 ff. (308). Dies ergibt sich insbesondere aus der Formulierung von Anhang A Nr. 1: „Jede Maßnahme die *angewendet wird zum* Schutz ...". Die Finalität dieser Formulierung entspricht auch der englischen Fassung „applied to", sowie der französischen („toute mesure appliquée pour proteger ...") und spanischen („Toda medida aplicade para proteger ...") Fassung. Ebenso *Spranger,* ZLR 2000, S. 111 ff. (112); *Roberts,* JIEL 1998, S. 377 ff. (383).

[6] *Fredland,* VDBJTL 2000, S. 183 ff. (212).

[7] *EC – Measures Concerning Meat and Meat Products,* Panel Report, WT/DS26/R/USA vom 18.8.1997 (hiernach „*EC-Hormones,* Panel Report"), para. 8.22. Dies kritisiert der AB nur insoweit, als das Panel aus dem Fehlen einer Erwähnung in den Erwägungsgründen oder der Präambel negative Rückschlüsse zieht. Dies sei aber nicht zulässig, da Erwägungsgründe oder Präambeln nicht von der WTO vorgeschrieben seien. Positive Schlüsse hingegen schließt der AB nicht aus. Vgl. *EC – Measures Concerning Meat and Meat Products,* AB Report, WT/DS26/AB/R, WT/DS48/AB/R vom 16.1.1998 (hiernach „*EC-Hormones,* AB Report"), para. 191. Vgl. auch *Hurst,* EJIL 1998, S. 1 ff. (13).

[8] *Australia – Measures Affecting Importation of Salmon,* Panel Report, WT/DS18/R vom 12.6.1998 (hiernach „*Australia-Salmon,* Panel Report"), para. 8.35, wo das Panel den Schutzzweck im Wortlaut der Maßnahme berücksichtigt.

[9] *EC-Hormones,* Panel Report, para. 8.36; *Fredland,* VDBJTL 2000, S. 183 ff. (199). *Pauwelyn,* JIEL 1999, S. 641 ff. (643 f.) benennt zusätzlich die Abgrenzung zwischen Maßnahmen gegen Risiken von Nahrungsmitteln und solchen gegen krankheits- bzw. schädlingsbezogene Risiken. Diese Abgrenzung wird in *Australia-Salmon,* Panel Report, para. 8.31–8.37, 8.68 ebenfalls anhand des Ziels der Maßnahmen vorgenommen, sie stellt aber keine gesonderte Voraussetzung für die Anwendbarkeit des SPS dar. Dazu unten II.1.a).

a) Vorliegen eines sanitären Zwecks der Maßnahme

Die angegriffene Maßnahme, hier also die Kennzeichnung von gentechnisch veränderten Lebensmitteln, müsste somit einen sanitären Zweck iSv. von Anhang A Nr. 1 verfolgen[10]. Problematisch ist hier aber bereits, inwieweit die zu kennzeichnenden GVO und gentechnisch veränderten Proteine oder DNA in Lebensmitteln unter die Kategorien des Anhangs A Nr. 1 subsumiert werden können[11]. Für die Lebensmittelsicherheit in erster Linie relevant ist der in Anhang A Nr. 1 b) angegebene Schutzzweck „Schutz des Lebens oder der Gesundheit von Menschen oder Tieren im Gebiet des Mitglieds vor Gefahren[12], die durch Zusätze, Verunreinigungen, Toxine oder krankheitsverursachende Organismen in Nahrungsmitteln, Getränken oder Futtermitteln entstehen"[13]. Zu prüfen ist also, ob GVO oder Proteine bzw. DNA unter Zusätze, Verunreinigungen, Toxine oder krankheitsverursachende Organismen fallen[14]. Eine generelle Einordnung von GVO in Lebensmitteln als krankheitsverursachende Organismen erscheint hier sehr fragwürdig[15]. Auch eine pauschale Einordnung von veränderter DNA oder Proteinen als Zusätze oder Verunreinigungen stößt auf Bedenken[16]. Allerdings geht der AB von einem weiten Anwendungsbereich des SPS aus. So wurde im Fall *EC-Hormones* auch das Verbot der Gabe natürlicher Hormone zu Wachstumszwecken unter das SPS gefasst[17], auch wenn sie streng genommen nicht unter eine der Kategorien in Anhang A Nr. 1 b) fallen[18]. Insofern ist an-

---

[10] Bisher war dieses Kriterium unstreitig, so dass unklar ist, was geschieht, wenn eine multifinale Maßnahme angegriffen wird; dazu *Pauwelyn,* JIEL 1999, S. 641 ff. (643); *Fredland,* VDBJTL 2000, S. 183 ff. (210).

[11] *Macmillan/Blakeney,* Int.T.L.R. 2000, S. 131 ff. (133); *Shaw/Schwartz,* JWT 2002, S. 129 ff. (143 f.). Zur Lösung solcher Auslegungsfragen wird der AB in der Regel nach einer international akzeptierten Definition suchen oder ein Wörterbuch zu Rate ziehen; dazu *Appleton,* NYUELJ 2000, S. 566 ff. (572). Die Problematik der Einordnung übersieht *Spranger,* ZLR 2000, S. 111 ff. (112) in Bezug auf die NFVO.

[12] Statt der deutschen Übersetzung „Gefahren" lautet der verbindliche englische Text „risks".

[13] Ablehnend zur Subsumtion unter die übrigen Fälle des Anhangs A Nr. 1 *Kerr,* The World Economy 1999, S. 245 ff. (249 f.).

[14] *Appleton,* NYUELJ 2000, S. 566 ff. (572). Kritisch *Zedalis,* JWT 2001, S. 301 ff. (342).

[15] Ablehnend *Kerr,* The World Economy 1999, S. 245 ff. (249 f.).

[16] So wird dem Lebensmittel nicht veränderte DNA oder Proteine als „Zusatz" beigefügt. Ferner kommt die Mehrzahl der gentechnisch veränderten Lebensmittel nicht aufgrund einer Verunreinigung durch Auskreuzungen zu gentechnisch veränderter DNA, sondern diese wird gezielt eingesetzt. Dazu *Kerr,* The World Economy 1999, S. 245 ff. (250); *Böckenförde,* S. 320 ff.

[17] *EC-Hormones,* Panel Report USA, para. 8.4. *Hilf/Eggers,* EuZW 1997, S. 559 ff. Vgl. auch *Zedalis,* JWT 2001, S. 301 ff. (342).

[18] Rückstände natürlicher Hormone ließen sich allenfalls unter Verunreinigungen fassen, wobei dazu nach der Fußnote zu Anhang A auch Rückstände von Tierarzneimitteln gehören. Da natürliche Hormone aber in erster Linie zur Wachstumsförderung

zunehmen, dass Panel und AB auch Maßnahmen in Bezug auf gentechnisch veränderte Lebensmittel grundsätzlich unter das SPS-Übereinkommen fassen[19].

In Bezug auf Kennzeichnungsvorschriften als „Maßnahmen mit sanitärem Zweck" sieht Anhang A Nr. 1 S. 2 zusätzlich vor, dass die Kennzeichnung „unmittelbar mit der Sicherheit von Nahrungsmitteln zusammenhängen muss"[20], also unmittelbar dem Schutz von Nahrungsmitteln gegen die in lit. b) aufgeführten Risiken dient[21]. Die Beschränkung „unmittelbar" zeigt dabei, dass nicht jede Kennzeichnung, die auch Fragen der Gesundheit berührt, unter das SPS-Übereinkommen fällt, sondern es eines besonders engen Verhältnisses zwischen der Kennzeichnung und der Sicherheit von Nahrungsmitteln bedarf. Da es um „Maßnahmen mit sanitärem Zweck" geht, muss der Kennzeichnungszweck ferner der Gesundheitsschutz sein[22]. Dieser muss sich aus der Regelung selbst oder aus deren Entstehungsgeschichte ablesen lassen[23]. Im Gegenschluss lässt sich folgern, dass eine Kennzeichnung zu anderen Zwecken, wie der allgemeinen Verbraucherinformation, nicht unter das SPS-Übereinkommen fällt[24]. Statt-

---

und nicht als Arzneimittel verabreicht wurden, spricht viel dafür, dass der AB den Anwendungsbereich des SPS unabhängig vom Wortlaut weit fasst. Vgl. auch *Macmillan/Blakeney*, Int.T.L.R. 2000, S. 131 ff. (133), die daraus schließen, dass die menschliche Intervention eine Substanz zu einem Zusatz, einer Verunreinigung oder Toxin iSv. Anhang A macht. Damit würden auch vom Menschen gentechnisch veränderte Lebensmittel unter das SPS-Übereinkommen fallen. Ebenso *Zedalis*, JWT 2001, S. 301 ff. (343).

[19] So *Kerr*, The World Economy 1999, S. 245 ff. (250); *Macmillan/Blakeney*, TLNJTIP 2001, S. 93 ff. (95); *Stökl*, in: Nettesheim/Sander (Hrsg.): WTO-Recht und Globalisierung, 2003, S. 73 ff. (77). Im Ergebnis ebenso *Teel*, NYUELJ 2000, S. 649 ff. (687); *Howse/Mavroidis*, FDMILJ 2000, S. 317 ff. (318, 321). Gegen die Anwendung des SPS auf Risiken der Biotechnologie, auch unter Berufung auf Bestrebungen der USA, den Anwendungsbereich des SPS-Übereinkommens mit Blick auf gentechnische Veränderungen zu erweitern *Charnovitz*, TLNELJ 2000, S. 271 ff. (276 f., 277). Diese Einschätzung hat sich durch die Panelentscheidung im Fall EC – Measures Affecting the Approval and Marketing of Biotech Products, Reports of the Panel, WT/DS291/R, WT/DS292/R, WT/DS293/R, 29. September 2006 *(EC-Biotech)* bestätigt. Dazu ausführlich unten § 12 II.3. Kritisch zur weiten Auslegung des Panels *Franken/Burchardi*, Aussenwirtschaft 2007, S. 87 ff.

[20] Die authentische Fassung lautet „labelling requirements directly related to food safety". Vgl. zur Kennzeichnung *Classen*, UTR 49 (1999), S. 345 ff. (352).

[21] *Zedalis*, JWT 2001, S. 301 ff. (344). *Roberts*, JIEL 1998, S. 377 ff. (382) führt Warnhinweise für Allergiker an.

[22] Ebenso *Zedalis*, JWT 2001, S. 301 ff. (341 f.), der fordert, dass die Regelung von Gesundheitsbedenken getragen sein muss, also subjektives Ziel der Maßnahme der Gesundheitsschutz ist. Den Anwendungsbereich dagegen zu Unrecht auf Warnhinweise verkürzend *Dederer*, EWS 1999, S. 247 ff. (255). Zur Abgrenzung von Gesundheitskennzeichnung und Verbraucherkennzeichnung oben § 3 II.3. und 4.

[23] Zur Berücksichtigung von Erwägungsgründen und Regelungsinhalt oben I.1.

[24] *Charnovitz*, TLNELJ 2000, S. 271 ff. (296); *Stewart/Johanson*, DRAKEJAL 1999, S. 243 ff. (289). Vgl. *Howse/Mavroidis*, FDMILJ 2000, S. 317 ff. (321). Ebenso die Einschätzung der WTO in: „Understanding the SPS-Agreement", http://www.wto.org/english/tratop_e/sps_e/spsund.htm. Dagegen sieht *Lell*, S. 234 sämtliche be-

dessen kann diese in den Anwendungsbereich des TBT-Übereinkommens fallen[25], das ausdrücklich Kennzeichnungserfordernisse umfasst[26].

Eine Ausdehnung des SPS-Übereinkommens auf andere Kennzeichnungszwecke, wie sie z.T. mit dem nicht abschließenden Charakter von Anhang A Nr. 1 S. 2 SPS begründet wird[27], kommt hingegen nicht in Betracht. Dagegen spricht zunächst das Ziel des SPS-Übereinkommens, speziell handelshemmende Maßnahmen zum Zwecke des Gesundheitsschutzes zu überwachen[28]. Hinzu kommt, dass die ausdrückliche Beschränkung auf Kennzeichnungen, die direkt mit der Nahrungsmittelsicherheit zusammenhängen, gegen eine Erstreckung auf andere Kennzeichnungszwecke spricht[29]. Außerdem widerspräche dies Art. 1 Abs. 4 SPS, der vorsieht, dass das SPS-Übereinkommen Rechte aus TBT in Bezug auf nicht in den Anwendungsbereich des SPS fallende Maßnahmen unberührt lässt. Würde man Anhang A Nr. 1 S. 2 SPS aber als Liste begreifen, die beliebig auch in den ausdrücklichen Anwendungsbereich des TBT hinein erweiterbar ist, käme dieser Vorschrift keine Bedeutung mehr zu, was dem Prinzip der effektiven Vertragsauslegung widerspräche[30]. Damit ist festzuhalten, dass Kennzeichnungsvorschriften, die unmittelbar der Sicherheit von Lebensmitteln dienen, also Gesundheits- oder Risikokennzeichnungen, als Maßnahmen mit sanitärem Zweck unter SPS fallen[31]. Dagegen fallen Kennzeichnungen zu anderen Zwecken unter TBT[32].

Angewandt auf die europäischen Kennzeichnungsvorschriften für gentechnisch veränderte Lebensmittel bedeutet dies, dass eine Kennzeichnung, die auf vorhandene Stoffe hinweist, die die Gesundheit der Bevölkerung beeinflussen können[33], als unmittelbar der Lebensmittelsicherheit dienende Gesundheitskenn-

---

schaffenheitsbezogenen Kennzeichnungspflichten durch Erwägungen des Gesundheitsschutzes gerechtfertigt. Dagegen spricht aber, dass die EG-Vorschriften eine Information über die Beschaffenheit auch in Abwesenheit von Gesundheitserwägungen zum Zwecke der allgemeinen Verbraucherinformation vorsehen.

[25] So insbesondere *Teel*, NYUELJ 2000, S. 649 ff. (687 f.) unter Hinweis auf Kennzeichnungen, die das Recht der Verbraucher auf eine informierte Auswahlentscheidung und ihre religiösen oder ethischen Überzeugungen berücksichtigen. Ebenso *Fredland*, VDBJTL 2000, S. 183 ff. (198); *Bernasconi-Osterwalder*, S. 689 ff. (704).

[26] Anhang I Nr. 1 S. 2, Nr. 2 S. 2 TBT. Dazu bereits oben § 3 II.1.

[27] *Zedalis*, JWT 2001, S. 301 ff. (344).

[28] Erwg. 3, Art. 1.1 SPS.

[29] Vgl. auch *Charnovitz*, TLNELJ 2000, S. 271 ff. (296); *Stewart/Johanson*, DRAKEJAL 1999, S. 243 ff. (289).

[30] Dies übersieht *Zedalis*, JWT 2001, S. 301 ff. Zu den sich gegenseitig ausschließenden Anwendungsbereichen von TBT und SPS vgl. *Charnovitz*, TLNELJ 2000, S. 271 ff. (277); *Schultz*, WOCO 1994, S. 77 ff. (82).

[31] *Macmillan/Blakeney*, TLNJTIP 2001, S. 93 ff. (96); *Streinz*, EFLR 1998, S. 265 ff. (280).

[32] *Macmillan/Blakeney*, TLNJTIP 2001, S. 93 ff. (96); *Eggers/Mackenzie*, JIEL 2000, S. 525 ff. (535).

zeichnung in jedem Fall unter das SPS-Übereinkommen fällt[34]. Dagegen dienen, wie bereits dargelegt, Kennzeichnungen, die auf das Vorhandensein von gentechnisch veränderter DNA oder Proteinen, von Stoffen, gegen die ethische Vorbehalte bestehen, und von GVO[35] hinweisen[36], nicht der Lebensmittelsicherheit, sondern der allgemeinen Verbraucherinformation[37]. Die teilweise geäußerte Vermutung, dass die Kennzeichnungsregelungen auf Druck der Öffentlichkeit erlassen wurden, die die Gentechnologie aus Gesundheitsgründen ablehnt, reicht für die Anwendbarkeit von SPS allein nicht aus, solange sich dieser Schutzzweck nicht in der Regelung selbst nachweisen lässt[38]. Die Anwendbarkeit von SPS für diese Kennzeichnung lässt sich auch nicht kraft Sachzusammenhangs mit den übrigen, dem Gesundheitsschutz dienenden Vorschriften begründen, da die Kennzeichnungsregelung eine eigenständige Verpflichtung und damit eine eigenständige handelshemmende Maßnahme darstellt[39]. Die Kennzeichnungsregelungen zur allgemeinen Verbraucherinformation fallen damit aus dem Anwendungsbereich von SPS heraus[40].

b) Direkte oder indirekte Beeinträchtigung des Welthandels

Die zweite Anwendungsvoraussetzung für das SPS-Übereinkommen, die direkte oder indirekte Beeinträchtigung des Welthandels[41], ist dagegen in der Regel unstreitig. Zur Beeinträchtigung des Welthandels genügt es meist, dass die angegriffene Regelung auch für importierte Produkte gilt, die negativen Auswirkungen auf den Handel werden dann vermutet[42]. Da alle in der EG in Verkehr

---

[33] Art. 8 Abs.1 lit. b) NFVO; Art. 2 lit. b) VO 50/2000.

[34] Für Art. 8 Abs. 1 lit. b) ebenso *Streinz*, EFLR 1998, S. 265 ff. (281). Vgl. *Roberts*, JIEL 1998, S. 377 ff. (382).

[35] A.A. für Art. 8 Abs. 1 lit. d) NFVO *Streinz*, EFLR 1998, S. 265 ff. (281), der diese Kennzeichnung unter Berufung auf das Vorsorgeprinzip als Gesundheitskennzeichnung einordnet. Dagegen spricht aber der Wortlaut von Art. 8 NFVO und Erwg. 8 NFVO. Dazu oben § 4 II.2.e).

[36] Art. 8 Abs. 1 lit. a) NFVO iVm. VO 1139/98 und 49/2000, Art. 8 Abs. 1 lit. c), d) NFVO; Art. 2 lit. a), c), d) VO 50/2000.

[37] Dazu ausführlich § 4 II.2.b); § 6 2.a).

[38] Abzulehnen ist daher die Ansicht von *Fredland*, VDBJTL 2000, S. 183 ff. (212), der zugibt, dass der Kennzeichnungszweck nach dem Wortlaut die Verbraucherinformation ist.

[39] Dazu oben § 9 III.2. Ebenso *Spranger*, ZLR 2000, S. 111 ff. (112); *Dederer*, EWS 1999, S. 247 ff. (255). Ebenso für die Kennzeichnung bestrahlter Lebensmittel *Dederer*, ZLR 1999, S. 695 ff. (696).

[40] *Streinz*, EFLR 1998, S. 265 ff. (280); *Dederer*, EWS 1999, S. 247 ff. (255); *Charnovitz*, TLNELJ 2000, S. 271 ff. (296); *Stewart/Johanson*, DRAKEJAL 1999, S. 243 ff. (289).

[41] *Pauwelyn*, JIEL 1999, S. 641 ff. (644); *Streinz*, EFLR 1998, S. 265 ff. (266).

[42] *EC-Hormones*, Panel Report, para. 8.23; *Australia-Salmon*, Panel Report, para. 8.30. Siehe auch *Fredland*, VDBJTL 2000, S. 183 ff. (200).

gebrachten gentechnisch veränderten Lebensmittel zu kennzeichnen sind, unabhängig davon, ob sie in der EG produziert wurden oder importiert sind, läge hier eine Beeinträchtigung des Welthandels vor[43]. Im vorliegenden Fall könnten die USA außerdem unschwer nachweisen, dass durch die Kennzeichnungsvorschriften zusätzliche Kosten auf die Produzenten von Lebensmitteln und Lebensmittelrohstoffen zukommen, um ein Zertifizierungs- oder Nachweisverfahren, bzw. eine Trennung von gentechnisch veränderten und herkömmlichen Produkten zu gewährleisten[44]. Dadurch, dass die direkte und die indirekte Beeinträchtigung des Handels verboten sind, trägt diese Voraussetzung durch ihre Weite nicht zu einer Beschränkung des Anwendungsbereichs des SPS bei[45]. Die europäischen Kennzeichnungsvorschriften erfüllen somit das Kriterium der Beeinträchtigung des Welthandels.

Als Ergebnis lässt sich festhalten, dass das SPS-Übereinkommen auf die Gesundheitskennzeichnung von gentechnisch veränderten Lebensmitteln in Art. 8 Abs. 1 lit. b) NFVO und Art. 2 lit. b) VO 50/2000 Anwendung findet. Hingegen fällt die Kennzeichnung aus Gründen der Verbraucherinformation nach der hier vertretenen Ansicht nicht unter das SPS-Übereinkommen. Da einer in der Literatur vertretenen Ansicht zufolge aber die gesamte Kennzeichnung unter SPS zu prüfen ist[46], sollen im Folgenden auch die Kennzeichnungen aus Gründen der Verbraucherinformation zumindest hilfsweise unter SPS betrachtet werden, obwohl sie nach der hier vertretenen Auffassung unter TBT fallen[47].

---

[43] Da auch eine indirekte Beeinträchtigung gegen SPS verstößt, ist es unerheblich, ob die Kennzeichnungspflicht bereits vom Importeur, der das Lebensmittel zum ersten Mal in der EG in Verkehr bringt, zu erfüllen ist, oder vom letzten Zwischenhändler vor der Weitergabe an die Endverbraucher, der sich seinerseits durch vertragliche Vereinbarung einer Informationspflicht mit den Importeuren absichert. In letzterem Fall käme es zumindest zu einer indirekten Beeinträchtigung des Handels, da europäische Händler vertraglich gegenüber den amerikanischen Importeuren auf einer Kennzeichnung bestehen müssten, damit sie die Produkte in Europa in Verkehr bringen dürfen. Dazu bereits oben § 4 II.4.a).
[44] Vgl. auch *Fredland*, VDBJTL 2000, S. 183 ff. (213).
[45] Vgl. *Fredland*, VDBJTL 2000, S. 183 ff. (213), dem zufolge es bereits genügt, dass amerikanische Produzenten durch die Kennzeichnung und sogar durch das Weglassen einer Kennzeichnung Umsatzeinbußen erleiden, da Verbraucher vor ungekennzeichneten Waren zurückschrecken würden. Allerdings geht er dabei zu Unrecht davon aus, dass die europäischen Kennzeichnungsregelungen nur auf europäische Produkte anwendbar sind.
[46] So z.B. *Fredland*, VDBJTL 2000, S. 183 ff.; *Zedalis*, JWT 2001, S. 301 ff. (341).
[47] Dazu ausführlich unten § 11.

2. Überblick über das SPS-Übereinkommen

a) Überblick über die anwendbaren Vorschriften

Ziel des SPS-Übereinkommens ist es, einen Ausgleich zu schaffen zwischen der Gewährleistung des freien Handels und der Möglichkeit für Mitgliedstaaten, ein angemessenes Schutzniveau für das Leben oder die Gesundheit von Menschen, Tieren oder Pflanzen sicherzustellen[48]. Daher garantiert SPS den Mitgliedstaaten das Recht, die notwendigen Maßnahmen zum Gesundheitsschutz zu treffen[49]. Dieses Recht wird allerdings eingeschränkt durch Anforderungen, die SPS-Vorschriften an diese Maßnahmen stellen, um Protektionismus unter dem Deckmantel des Gesundheitsschutzes zu verhindern[50]. Diese Anforderungen[51] lassen grob einteilen in die Erfordernisse der:

- wissenschaftlichen Begründetheit der Maßnahme[52],
- Konsistenz in den gewählten Schutzniveaus einschließlich eines Diskriminierungsverbots zwischen Staaten, in denen ähnliche Bedingungen vorliegen[53],
- Minimierung der Handelsauswirkungen der Maßnahmen[54],
- Förderung gegenseitiger Anerkennung von Maßnahmen anderer Mitglieder[55],
- Verwendung internationaler Standards als Grundlage der Maßnahmen[56].

Die Überprüfung der Wissenschaftlichkeit und die Verwendung internationaler Standards dienen dabei als objektiver Maßstab, um zu beurteilen, ob eine

---

[48] *Hurst*, EJIL 1998, S. 1 ff. (25); *Victor*, NYJILP 2000, S. 865 ff. (875).

[49] Erwg. 1, Art. 2 Abs. 1, Annex A para. 5 SPS. Vgl. *Eckert*, ZLR 1995, S. 363 ff. (371); *Streinz*, UTR 36 (1996), S. 435 ff. (440); *Hilf/Eggers*, EuZW 1997, S. 559 ff. (560).

[50] Vgl. *Victor*, NYJILP 2000, S. 865 ff. (875); *Buck*, ZUR 2000, S. 319 ff. (327).

[51] Ausführlich *Charnovitz*, TLNELJ 2000, S. 271 ff. (278 ff.). Unklar ist allerdings das Verhältnis der einzelnen Vorschriften zueinander. Vgl. zu der unterschiedlichen Anwendung durch das Panel und den AB *Quick/Blüthner*, JIEL 1999, S. 603 ff. (604, 628 f.).

[52] Art. 2 Abs. 2, Art. 5 Abs. 1–3 SPS.

[53] Art. 5 Abs. 5, Art. 2 Abs. 3 SPS.

[54] Art. 5 Abs. 4 und Abs. 6 SPS.

[55] Art. 4 Abs. 1 SPS. Dazu auch *Eckert*, ZLR 1995, S. 363 ff. (369 f.). Der Transparenz für das Zustandekommen nationaler Regelungen dient auch die Notifizierung nach Art. 7 SPS iVm. Anhang B; dazu *Barcelo*, CNLILJ 1994, S. 755 ff. (763). Zur Bedeutung der Notifizierung für die Regelung von GVO *Macmillan/Blakeney*, Int.T.L.R. 2000, S. 161 ff. (165).

[56] Art. 3 SPS. Das SPS-Übereinkommen unterstützt die Harmonisierung der gesundheitlichen Schutzmaßnahmen anhand internationaler Standards, ohne allerdings die Mitgliedstaaten dazu zu zwingen, sich den internationalen Standards anzupassen. Ein höheres Schutzniveau bleibt möglich, solange es eine wissenschaftliche Begründung für das Abweichen gibt. Dazu *Quintillán*, JWT 1999, S. 147 ff. (154); *Eckert*, ZLR 1995, S. 363 ff. (369 f.); *Victor*, NYJILP 2000, S. 865 ff. (875).

Maßnahme wirklich dem Gesundheitsschutz dienen soll[57]. Insbesondere das Erfordernis der Wissenschaftlichkeit wurde in der Auslegung durch die Streitschlichtungsorgane zur zentralen Anforderung von SPS[58]. Die übrigen Anforderungen hingegen kontrollieren weniger die Wahl des Schutzniveaus an sich, welches eine souveräne Entscheidung der Mitgliedstaaten bleibt, als vielmehr die Wahl der dazu erforderlichen Mittel, um sicherzustellen, dass die ergriffenen Maßnahmen nicht zu Lasten des Handels über das Ziel des Gesundheitsschutzes hinausgehen und in ihrer Ausgestaltung keine protektionistische Wirkung haben[59].

b) Die Verteilung der Beweislast

Angesichts der strengen Anforderungen, die SPS an gesundheitsschützende Maßnahmen und insbesondere deren wissenschaftliche Begründung stellt, ist zu klären, welchem Staat im Streitfall[60] die Beweislast dafür obliegt[61]. Da die Bestimmung des erforderlichen Schutzniveaus durch die Mitgliedstaaten im SPS-Übereinkommen als Recht und nicht als Ausnahme[62] ausgestaltet ist, hat der AB festgestellt, dass es bei der herkömmlichen Verteilung der Beweislast bleibt[63]. Demnach muss der beschwerdeführende Mitgliedstaat zunächst einen

---

[57] *Walker*, CNLILJ 1998, S. 251 ff. (253); *Hurst*, EJIL 1998, S. 1 ff. (7); *Goh/Ziegler*, JWT 1998, S. 271 ff. (276). Zur Kritik an der Objektivität des Kriteriums der „Wissenschaftlichkeit" siehe oben § 3 Fn. 78 f. Vgl. auch *Bohanes*, CLMJTL 2002, S. 323 ff. (362).

[58] *Victor*, NYJILP 2000, S. 865 ff. (882); *Rabe*, ZLR 1998, S. 129 ff. (132).

[59] Ebenso *Walker*, CNLILJ 1998, S. 251 ff. (269). Vgl. auch *Victor*, NYJILP 2000, S. 865 ff. (882).

[60] Bislang wurden drei Fälle unter dem SPS-Übereinkommen entschieden. In *EC-Hormones*, oben Fn. 7, obsiegten die USA und Kanada gegen das Importverbot der EG gegen Fleisch von Rindern, die mit möglicherweise krebserregenden Wachstumshormonen behandelt worden waren. *Australia – Measures Affecting the Importation of Salmon*, AB Report, WT/DS18/AB/R vom 20.10.1998 (hiernach „*Australia-Salmon*, AB Report"), betraf eine Beschwerde von Kanada gegen ein australisches Importverbot für frischen oder gefrorenen Lachs, das die Einfuhr fremder, in Australien nicht vorkommender Pathogene verhindern sollte. Der AB befand auf einen Verstoß gegen das SPS-Übereinkommen. *Japan – Measures Affecting Agricultural Products*, AB Report, WT/DS76/AB/R vom 22.2.1999 (hiernach „*Japan-Varietals*, AB Report") betraf eine Beschwerde der USA gegen ein von Japan vorgeschriebenes Testverfahren für Früchte, die vom Apfelwickler befallen sein könnten. Auch hier stellte der AB einen Verstoß gegen SPS fest.
Detailliert zu diesen Fällen *Charnovitz*, TLNELJ 2000, S. 271 ff. (274 f.); *Victor*, NYJILP 2000, S. 865 ff. (898 ff.); *Pauwelyn*, JIEL 1999, S. 641 ff. Zu *EC-Hormones Senti*, S. 496 ff.

[61] Zu dieser Frage vor den o.g. Entscheidungen *Barcelo*, CNLILJ 1994, S. 755 ff. (764, 774 f.).

[62] Im Gegensatz zum SPS ist dieses Recht in Art. XX GATT nur als Ausnahme vorgesehen. Dazu *Pauwelyn*, ZLR 2000, S. 843 ff. (845); *Howse/Mavroidis*, FDMILJ 2000, S. 317 ff. (326 f.).

Verstoß gegen SPS nachweisen, wozu aber nach Ansicht des AB ein *prima-facie*-Beweis genügt[64]. Als *prima-facie*-Beweis gilt dabei jeglicher Beweis, der den AB im Falle einer fehlenden effektiven Zurückweisung rechtlich dazu zwingt, zugunsten der beschwerdeführenden Partei zu entscheiden[65]. Anschließend obliegt es dem Mitgliedstaat, der die Maßnahme angewandt hat, zu zeigen, dass die Maßnahme die Voraussetzungen des SPS erfüllt[66].

Die Annahme des AB, für den Nachweis eines Verstoßes genüge ein *prima-facie*-Beweis, wird dabei in der Regel dazu führen, dass der die Maßnahme einführende Mitgliedstaat in Bezug auf deren Wissenschaftlichkeit gezwungen ist, eine ausreichende Risikoabschätzung zu beweisen, da es leicht ist, *prima facie* zu zeigen, dass der Maßnahme überhaupt keine oder eine fehlerhafte wissenschaftliche Risikobewertung zugrunde liege[67]. Ohne die Argumente der Verteidigung und potentielle Studien zu hören, kann ein Panel diese Frage kaum beurteilen[68]. Daher dürften die Anforderungen an den *prima-facie*-Beweis eher niedrig sein[69]. Hinzu kommt, dass die Frage, ob der *prima-facie*-Beweis erbracht wurde, nicht vom AB überprüft wird[70], da dieser nur Rechtsfragen beur-

---

[63] Vgl. *EC-Hormones*, AB Report, para. 97 ff. *Charnovitz*, TLNELJ 2000, S. 271 ff. (277 f.); *Howse/Mavroidis*, FDMILJ 2000, S. 317 ff. (344).

[64] *EC-Hormones*, AB Report, para. 109. *Charnovitz*, TLNELJ 2000, S. 271 ff. (277 f.). Vgl. auch *Cameron/Campbell*, S. 204 ff. (208); *Eggers*, EuZW 1998, S. 147 ff. (148).

[65] *Pauwelyn*, JIEL 1999, S. 641 ff. (659 f.). Kritisch zu den Folgen der Interpretation des *prima-facie*-Beweises von Panel und AB *Walker*, CNLILJ 1998, S. 251 ff. (313 ff.). Zur Frage, ob ein *prima-facie*-Beweis erbracht wurde, darf das Panel Experten anhören, ohne dass dabei aber neue Argumente eingebracht werden können. Dazu *Howse/Mavroidis*, FDMILJ 2000, S. 317 ff. (346 f.); *Pauwelyn*, ZLR 2000, S. 843 ff. (853).

[66] *EC-Hormones*, AB Report, para. 109. *Charnovitz*, TLNELJ 2000, S. 271 ff. (278); *Goh/Ziegler*, JWT 1998, S. 271 ff. (286).

[67] Dazu genügt z.B. *eine* der Maßnahme widersprechende wissenschaftliche Meinung, wodurch der verteidigende Mitgliedstaat gezwungen wird, seine gesamte Risikoabschätzung darzulegen. Dazu auch *Hurst*, EJIL 1998, S. 1 ff. (24).

[68] *Hurst*, EJIL 1998, S. 1 ff. (24).

[69] *Hurst*, EJIL 1998, S. 1 ff. (24). Den AB diesbezüglich kritisierend *Walker*, CNLILJ 1998, S. 251 ff. (291), der fordert, dass der beschwerdeführende Staat nicht nur die Beweislast, sondern auch die „Überzeugungslast", also die Last, das Panel zu überzeugen, tragen solle. Für den die Maßnahme erlassenden Mitgliedstaat sollte die Konformitätsvermutung sprechen, weshalb der Beschwerdeführer das Panel von der Unrechtmäßigkeit der Maßnahme überzeugen müsse. Dazu gehöre der Nachweis, dass die Risikoabschätzung des anderen Mitgliedstaates nicht wissenschaftlich plausibel ist und keine Unterstützung durch die Wissenschaftler erhält. Kritisch auch *Macmillan/Blakeney*, Int.T.L.R. 2000, S. 161 ff. (164), die befürchten, dass die Anforderungen an den *prima-facie*-Beweis im Ergebnis eher zur Vermutung der Inkonsistenz einer Maßnahme führen.

[70] Vgl. *Australia-Salmon*, AB Report, para. 261; *Japan-Varietals*, AB Report, para. 98, 136. Dazu *Pauwelyn*, JIEL 1999, S. 641 ff. (660). Anders dagegen *Japan-Varietals*, AB Report, para. 126.

teilt, nicht aber Sachfragen, zu denen der AB auch diese Frage zählt[71]. Die Verteilung der Beweislast und deren Überprüfung durch die Streitschlichtungsorgane ist daher potentiell von besonderer Bedeutung in Bereichen, in denen die Wissenschaft zu keinen eindeutigen Ergebnissen im Hinblick auf das Vorliegen eines Risikos kommt. Sie wird daher insbesondere bei der Frage der wissenschaftlichen Begründetheit der Kennzeichnungspflicht für gentechnisch veränderte Lebensmittel eine Rolle spielen.

II. Vereinbarkeit der Kennzeichnungsvorschriften mit SPS im Einzelnen

1. Wissenschaftliche Begründetheit der Maßnahme

a) Vorliegen einer ausreichenden Risikobewertung

Wie bereits gezeigt, kommt der wissenschaftlichen Begründetheit einer Maßnahme die Funktion eines objektiven Maßstabs bei der Beurteilung der Frage zu, ob die Maßnahme wirklich dem Gesundheitsschutz dient[72]. Art. 5 Abs. 1–3 SPS[73] stellt mit seinen Anforderungen an die Risikobewertung die zentrale

---

[71] *Pauwelyn*, ZLR 2000, S. 843 ff. (853). Kritisch *Quick/Blüthner*, JIEL 1999, S. 603 ff. (608 ff.), die zeigen, dass der AB u. U. selbst eine Tatsachenbewertung vornimmt, obwohl dies eigentlich außerhalb seiner Zuständigkeit liegt. Vgl. auch *Japan-Varietals*, AB Report, para. 126.
[72] *Bohanes*, CLMJTL 2002, S. 323 ff. (326).
[73] Art. 5 SPS „Risikobewertung und Festlegung des angemessenen gesundheitspolizeilichen oder pflanzenschutzrechtlichen Schutzniveaus" sieht in Abs. 1–3 vor:
1. „Die Mitglieder stellen sicher, dass ihre gesundheitspolizeilichen oder pflanzenschutzrechtlichen Maßnahmen auf einer den Umständen angepassten Bewertung der Gefahren für das Lebens oder die Gesundheit von Menschen, Tieren oder Pflanzen beruhen, wobei die von den zuständigen internationalen Organisationen entwickelten Risikobewertungsmethoden zugrunde gelegt werden.
2. Bei der Bewertung der Gefahren berücksichtigen die Mitglieder das verfügbare wissenschaftliche Beweismaterial, die einschlägigen Verfahren und Produktionsmethoden, die einschlägigen Inspektions-, Probeentnahme- und Prüfverfahren, das Vorkommen bestimmter Krankheiten oder Schädlinge, das Bestehen schädlings- oder krankheitsfreier Gebiete, die einschlägigen ökologischen und Umweltbedingungen sowie Quarantäne oder sonstige Behandlungen.
3. Bei der Bewertung der Gefahren für das Leben oder die Gesundheit von Tieren oder Pflanzen und bei der Festlegung der Maßnahme, durch die ein angemessener gesundheitspolizeilicher oder pflanzenschutzrechtlicher Schutz vor solchen Gefahren erreicht werden soll, berücksichtigen die Mitglieder die einschlägigen wirtschaftlichen Faktoren, den potentiellen Schaden durch Produktions- oder Absatzausfälle im Falle der Einschleppung, des Auftretens oder der Verbreitung eines Schädlings oder einer Krankheit, die Kosten der Bekämpfung oder Ausrottung im Gebiet des Einfuhrmitglieds und die relative Kostenwirksamkeit alternativer Methoden zur Risikobegrenzung."

Norm zur Abgrenzung protektionistischer von legitimierten Regelungen dar[74]. Zunächst sind daher die Anforderungen an eine Risikobewertung mit Blick auf die Kennzeichnung gentechnisch veränderter Lebensmittel zu untersuchen.

Eine ausreichende Risikobewertung nach Art. 5 Abs. 1 muss zunächst der Definition in Anhang A Nr. 4 SPS[75] entsprechen. Diese umfasst zwei Arten von Risiken, für deren Bewertung durch die Streitschlichtungspraxis unterschiedliche Anforderungen entwickelt wurden[76]. Der 1. HS. betrifft sog. Krankheits- oder Schädlingsrisiken[77], während der 2. HS. ausschließlich Lebensmittelrisiken umfasst[78]. Dabei sind die Anforderungen an die Risikobewertung von Lebensmittelrisiken in Bezug auf den festzustellenden Grad der Eintrittswahrscheinlichkeit geringer als bei Krankheits- oder Schädlingsrisiken[79]. Während es im letzteren Fall einer Bestimmung der *Wahrscheinlichkeit* des Auftretens von Schädlingen oder Krankheiten bedarf[80], genügt im Fall von Lebensmittelrisiken eine Abschätzung der *Möglichkeit* des Eintritts der schädlichen Auswirkungen[81]. Außerdem muss nur die Bewertung von Schädlings- oder Krankheitsrisiken die in Art. 5 Abs. 3 und Anhang A Nr. 4 aufgeführten wirtschaftlichen Faktoren berücksichtigen[82]. Eine ausreichende Risikobewertung ist somit für Lebensmittelrisiken aufgrund der geringeren Anforderungen an die Feststellung der Eintrittswahrscheinlichkeit und die kleinere Anzahl der zu berücksichtigenden Faktoren einfacher zu bewerkstelligen, als für Krankheits- oder Schädlingsrisiken. Nach Ansicht des AB genügt daher im Fall von Lebensmittelrisiken eine zweistufige Risikobewertung: Der die Maßnahme vorsehende Mitgliedstaat

---

[74] *Pauwelyn*, ZLR 2000, S. 843 ff. (845 f.); *Eggers*, EuZW 1998, S. 147 ff. (150). Zu Art. 5 SPS auch *Macmillan/Blakeney*, TLNJTIP 2001, S. 93 ff. (100).

[75] Anhang A Nr. 4 „Risikobewertung": „Die Bewertung der Wahrscheinlichkeiten der Einschleppung, des Auftretens oder der Verbreitung von Schädlingen oder Krankheiten im Gebiet eines Einfuhrmitglieds unter Berücksichtigung der gesundheitspolizeilichen oder pflanzenschutzrechtlichen Maßnahmen, die angewendet werden könnten, und der potentiellen biologischen oder wirtschaftlichen Folgen; oder die Bewertung der möglichen schädlichen Auswirkungen auf die Gesundheit von Menschen oder Tieren, die durch das Vorkommen von Zusätzen, Verunreinigungen, Toxinen oder krankheitsverursachenden Organismen in Nahrungsmitteln, Getränken oder Futtermitteln entstehen."

[76] Dazu *Pauwelyn*, JIEL 1999, S. 641 ff. (645 f.).

[77] Dazu *Australia-Salmon*, AB Report, para. 120 ff.; *Japan-Varietals*, AB Report, para. 112.

[78] Dazu *EC-Hormones*, AB Report, para. 182 ff. sowie Fn. 164 des Reports. *Pauwelyn*, JIEL 1999, S. 641 ff. (645 f.).

[79] Ebenso *Walker*, CNLILJ 1998, S. 251 ff. (305); *Goh/Ziegler*, JWT 1998, S. 271 ff. (278). Vgl. auch *Charnovitz*, TLNELJ 2000, S. 271 ff. (280).

[80] *Australia-Salmon*, AB Report, para. 120 ff. sowie Fn. 69 des Reports. Dazu *Pauwelyn*, JIEL 1999, S. 641 ff. (645 f.); *Victor*, NYJILP 2000, S. 865 ff. (906 f.).

[81] Oben Fn. 78. Dazu *Pauwelyn*, ZLR 2000, S. 843 ff. (848).

[82] *Pauwelyn*, ZLR 2000, S. 843 ff. (849). Zu Art. 5 Abs. 3 auch *Teel*, NYUELJ 2000, S. 649 ff. (690); *Schultz*, WOCO 1994, S. 77 ff. (84).

§ 10 Vereinbarkeit mit dem SPS-Übereinkommen

muss mögliche schädliche Auswirkungen identifizieren, gegen die die Maßnahme schützen soll, und muss anschließend die Möglichkeit des Auftretens dieser Auswirkungen beurteilen[83]. Da die europäischen Kennzeichnungsvorschriften nur unter das SPS fallen, wenn sie die Lebensmittelsicherheit betreffen, müssten sie nur die zweistufige Risikobewertung erfüllen.

Neben dieser Prüfung hat der AB, besonders in *EC-Hormones*, aber noch weitere Vorgaben für eine ausreichende Risikobewertung gemäß Art. 5 Abs. 1–3 SPS gemacht. So hat der AB zunächst festgestellt, dass die Mitgliedstaaten die Risikobewertung nicht selbst durchführen müssen, sondern sich auf eine Bewertung stützen können, die von anderen Mitgliedstaaten oder internationalen Organisationen vorgenommen wurde[84]. Auch lehnte der AB das vom Panel aufgestellte Erfordernis ab, dass ein Risiko mit den empirischen oder experimentellen Labormethoden quantitativ nachweisbar sein muss[85], und ließ auch eine rein qualitative Risikoabschätzung zu[86]. Genauso wenig bedarf es einer bestimmten, vom Mitgliedstaat darzulegenden Mindestgröße des Risikos[87].

Allerdings muss es sich bei dem zu bewertenden Risiko um ein „ascertainable risk", also ein feststellbares Risiko handeln[88]. Dazu hat der AB ausgeführt, dass es sich dabei weder um besagtes „wissenschaftlich identifiziertes Risiko" im Sinne einer bestimmten Mindestgröße handele, noch um bloße „theoretische Unsicherheit"[89]. Insbesondere mit Blick auf die unsichere wissenschaftliche Erkenntnislage in Bezug auf Risiken von GVO und vorbeugende Regelungsansätze kommt dieser Aussage besondere Bedeutung zu. Der AB definierte dabei „theoretische Unsicherheit" als eine „Unsicherheit, die immer verbleibt, da die Wissenschaft niemals mit absoluter Sicherheit feststellen kann, dass eine be-

---

[83] *EC-Hormones*, AB Report, para. 183. Dazu *Pauwelyn*, JIEL 1999, S. 641 ff. (647).

[84] *EC-Hormones*, AB Report, para. 190; dazu *Pauwelyn*, JIEL 1999, S. 641 ff. (646); *Pauwelyn*, ZLR 2000, S. 843 ff. (848).

[85] *EC-Hormones*, AB Report, para. 187. Dazu *Quintillán*, JWT 1999, S. 147 ff. (163); *Howse/Mavroidis*, FDMILJ 2000, S. 317 ff. (328 f.). Grundlegend zur Bedeutung von Empirie und Hypothese bei der Gefahrermittlung *Murswiek*, 1985, S. 388 ff. Vgl. auch *Scherzberg*, VerwArch 84 (1993), S. 484 ff. (502); *Karthaus*, S. 63 ff., 74 ff.; *Knörr*, S. 59.

[86] *EC-Hormones*, AB Report, para. 184, 186. Vgl. *Australia-Salmon*, AB Report, para. 124. Allerdings erklärt der AB die Anforderungen nicht näher, die an eine qualitative Risikoabschätzung zu stellen sind; vgl. *Pauwelyn*, JIEL 1999, S. 641 ff. (646) sowie Committee on Sanitary and Phytosanitary Measures, Guidelines to Further the Practical Implementation of Art. 5.5, G/SPS/15 vom 18.7.2000, para. A1.

[87] *Hurst*, EJIL 1998, S. 1 ff. (10); *Streinz*, EFLR 1998, S. 265 ff. (276).

[88] *EC-Hormones*, AB Report, para. 186. Dazu *Pauwelyn*, JIEL 1999, S. 641 ff. (646).

[89] *EC-Hormones*, AB Report, para. 186; *Australia-Salmon*, AB Report, para. 124; *Japan-Apples*, AB Report, para 241. Dazu *Charnovitz*, TLNELJ 2000, S. 271 ff. (280); *Pauwelyn*, ZLR 2000, S. 843 ff. (848).

stimmte Substanz nicht jemals irgendwelche negativen Gesundheitsauswirkungen haben wird"[90]. Zu prüfen ist also, ob diese „theoretische Unsicherheit" auch „hypothetische Risiken" einschließt, also solche, die sich zwar nicht experimentell beweisen lassen, aber die im Gegensatz zu spekulativen Risiken auf gesicherten wissenschaftlichen Annahmen über naturwissenschaftliche Prozesse beruhen[91]. Allerdings entspricht die Definition des AB für „theoretische Unsicherheit" eher der Definition des „unmöglichen negativen Beweises" in dem Sinne, dass es nicht möglich ist, zu beweisen, dass es etwas nicht gibt[92]: Die absolute Gefahrlosigkeit einer Substanz ist nie zweifelsfrei nachweisbar. Insofern scheint die Wortwahl des AB auch die Berücksichtigung hypothetischer Risiken bei der Risikobewertung zu erlauben, selbst wenn diese Risiken noch nicht experimentell oder empirisch nachweisbar sind.

Auch was die Faktoren angeht, die in eine Risikobewertung einfließen können, hat der AB in *EC-Hormones* gegenüber dem Panel Report eine großzügigere Haltung an den Tag gelegt. Während das Panel die Risikobewertung auf rein wissenschaftliche Faktoren beschränkte und andere, nicht-wissenschaftliche Faktoren wie Verbraucherängste in den Bereich des Risikomanagements verwies[93], befand der AB, dass Art. 5 Abs. 2 SPS keine abschließende Aufzählung der Faktoren darstellt, die bei der Risikobewertung berücksichtigt werden können[94]. Bei der Risikobewertung ginge es um Risiken „in der realen Welt, wo Menschen leben und arbeiten und sterben", nicht nur um bloß im Labor feststellbare Risiken[95]. Obwohl diese Aussage anzudeuten scheint, dass in die Risi-

---

[90] *EC-Hormones*, AB Report, para. 186. Dazu *Victor*, NYJILP 2000, S. 865 ff. (915).

[91] Dazu oben § 3 Fn. 15. Dies würde dazu führen, dass solche hypothetischen Risiken nicht in eine Risikobewertung einfließen könnten. Kritisch dazu *Walker*, CNLILJ 1998, S. 251 ff. (305), der anmerkt, dass der AB in Bezug auf ein „ascertainable risk" nicht festgestellt habe, wie mit Unsicherheit umzugehen ist, da Risiko nicht nur eine positive Wahrscheinlichkeit des Schadenseintritts umfasst, sondern auch die wissenschaftlich Unsicherheit und das fehlende Wissen darüber. Auf dem Kontinuum zwischen einem spekulativen Risiko und einem nachgewiesenen lägen viele nicht demonstrierte und quantifizierte, aber wissenschaftlich plausible Risiken. In dieser Zone sollte gelten, dass das Risiko eines Schadens real ist, solange nicht die Sicherheit nachgewiesen ist. Zum Unterschied zwischen hypothetischen und spekulativen Risiken *Rehbinder*, ZUR 1999, S. 6 ff. (7); *Wahl/Melchinger*, JZ 1994, S. 973 ff. (979).

[92] Vgl. *Japan-Varietals*, AB Report, para. 137.

[93] Dazu *Quintillán*, JWT 1999, S. 147 ff. (160); *Hilf/Eggers*, EuZW 1997, S. 559 ff. (562). Ferner schloss das Panel nicht-wissenschaftliche Meinungen, wie Stellungnahmen des Parlaments und des WSA aus der Risikobewertung aus. Vgl. *EC-Hormones*, Panel Report, para. 8.94, 8.109, 8.114. Dazu *Quick/Blüthner*, JIEL 1999, S. 603 ff. (615 f.).

[94] *EC-Hormones*, AB Report, para. 187. Dazu *Howse/Mavroidis*, FDMILJ 2000, S. 317 ff. (335); *Streinz*, EFLR 1998, S. 265 ff. (276). Kritisch *Quick/Blüthner*, JIEL 1999, S. 603 ff. (617 f.).

[95] *EC-Hormones*, AB Report, para. 187. *Quintillán*, JWT 1999, S. 147 ff. (164). Ebenso *Echols*, CLMJEURL 1998, S. 525 ff. (541).

kobewertung auch nicht-wissenschaftliche Faktoren einfließen können[96], hat der AB in *EC-Hormones* Verbrauchererwartungen gerade nicht in die Risikobewertung nach Art. 5 Abs. 1 und 2 einbezogen, sondern nur im Rahmen von Art. 5 Abs. 5, der die Festlegung des erforderlichen Schutzniveaus betrifft, also im Bereich des Risikomanagements[97]. Im Übrigen müssen die Mitgliedstaaten die in Art. 5 Abs. 2 genannten Faktoren berücksichtigen[98] und die von internationalen Organisationen entwickelten Risikobewertungsmethoden zugrunde legen[99].

Obwohl nach Auffassung des AB eine größere Bandbreite an Faktoren bei der Risikobewertung berücksichtigt werden können, bleibt es insgesamt bei hohen inhaltlichen Anforderungen an eine Risikobewertung, insbesondere in Bezug auf ihre Spezifizität[100]. So genügt es nicht, wenn eine allgemeine Risikobewertung für eine bestimmte Gruppe von Substanzen vorgenommen wird, sondern es bedarf einer separaten Risikostudie für jede möglicherweise schädliche Substanz[101]. Trotz des weiteren Spielraums, den der AB für eine Risikobewertung im Vergleich zu Panel geschaffen hat, führt das strenge Spezifizitätserfor-

---

[96] *Macmillan/Blakeney*, TLNJTIP 2001, S. 93 ff. (102). In *EC-Hormones*, AB Report, para. 202 ff. ging es darum, ob auch Verstöße gegen die „gute tierärztliche Praxis" oder „Schwierigkeiten der Kontrolle und Überwachung" Eingang finden können in eine Risikobewertung, obwohl sie eigentlich Fragen des Risikomanagements darstellen; dazu *Eggers*, EuZW 1998, S. 147 ff. (149). Die Entscheidung des AB entspricht dabei der Wertung aus Art. 8 und Annex C SPS. Dazu *Classen*, UTR 49 (1999), S. 345 ff. (355); *Streinz*, ZLR 1998, S. 413 ff. (428 f.).

[97] *EC-Hormones*, AB Report, para. 245. Dazu *Quintillán*, JWT 1999, S. 147 ff. (169). Vgl. auch *Douma/Jacobs*, EELR 1999, S. 137 ff. (143); *Quick/Blüthner*, JIEL 1999, S. 603 ff. (618). Zu dem der Risikosteuerung im SPS-Übereinkommen zugrunde liegenden Verständnis von Wissenschaft und Politik *Millstone*, ZLR 2000, S. 815 ff. (828). *Scherzberg*, ZUR 2005, S. 1 ff. (7) fordert daher das Zulassen kulturell basierter Vorsorge.

[98] *Spranger*, ZLR 2000, S. 111 ff. (114). Vgl. *Macmillan/Blakeney*, Int.T.L.R. 2000, S. 131 ff. (137). Dabei setzt Art. 5 Abs. 2 für die „Wissenschaftlichkeit" einen Prozess der systematischen, disziplinierten und objektiven Erforschung und Analyse im Sinne einer Technik zur Untersuchung und Sortierung von Tatsachen und Meinungen voraus. Dazu *Goh/Ziegler*, JWT 1998, S. 271 ff. (278).

[99] Im Hormonfall fand das Panel keine internationalen Bewertungstechniken; *EC-Hormones*, Panel Report, para. 8.103, 8.110. Daher durften die Mitgliedstaaten eigene, den Umständen angemessene Bewertungstechniken entwickeln, solange sich diese an wissenschaftlichen Prinzipien orientierten. Dazu *Walker*, CNLILJ 1998, S. 251 ff. (296 f.). Vgl. unten Fn. 150. Weiterführend zur damit verbundenen Internationalisierung der Risikobewertung *Wahl*, ZLR 1998, S. 275 ff. (288 f.).

[100] Dazu *Pauwelyn*, ZLR 2000, S. 843 ff. (848); *Eggers/Mackenzie*, JIEL 2000, S. 525 ff. (537). Dieses Spezifizitätserfordernis leitet der AB aus Annex A Nr. 4 ab, ohne dass es dort ausdrücklich gefordert würde. Kritisch *Macmillan/Blakeney*, Int.T.L.R. 2000, S. 131 ff. (139).

[101] *EC-Hormones*, AB Report, para. 200; geringfügig eingeschränkt in *Australia-Salmon*, Panel Report, para. 8.58. Dazu *Fredland*, VDBJTL 2000, S. 183 ff. (204); *Hurst*, EJIL 1998, S. 1 ff. (9 f.). An dem Spezifizitätserfordernis scheiterte die EG u. a. im Hormonfall vor dem AB. Dazu *Quintillán*, JWT 1999, S. 147 ff. (164).

dernis zu einer erheblichen Einschränkung der Erweiterung[102]. Insgesamt wird also an das Vorliegen einer ausreichenden Risikobewertung ein strenger Maßstab angelegt[103].

b) Das Beruhen der Maßnahmen auf einer Risikobewertung

Weiterhin sehen Art. 2 Abs. 2 und Art 5 Abs. 1 SPS vor, dass die vom Mitgliedstaat ergriffene Maßnahme auf der Risikobewertung beruhen muss. Art. 2 Abs. 2 bestimmt dabei:

> „Die Mitglieder stellen sicher, dass eine gesundheitspolizeiliche oder pflanzenschutzrechtliche Maßnahme nur insoweit angewendet wird, wie dies zum Schutz des Lebens oder der Gesundheit von Menschen, Tieren oder Pflanzen notwendig ist, auf wissenschaftlichen Grundsätzen beruht und außer in Fällen von Art. 5 Abs. 7 nicht ohne hinreichenden wissenschaftlichen Nachweis beibehalten wird."

Eine Maßnahme muss also notwendig sein[104], auf wissenschaftlichen Grundsätzen beruhen und nicht ohne hinreichenden wissenschaftlichen Nachweis beibehalten werden. Da das Vorliegen einer Risikoabschätzung ein Teil des Nachweises ist, dass eine Maßnahme auf wissenschaftlichen Grundsätzen beruht und nicht ohne wissenschaftlichen Nachweis beibehalten wird, müssen Art. 2 Abs. 2 und Art. 5 Abs. 1 zusammen gelesen werden[105]. Art. 5 Abs. 1 ist dabei die speziellere Norm und gestaltet Art. 2 Abs. 2 aus, so dass eine Verletzung von Art. 5 Abs. 1 auch eine Verletzung von Art 2 Abs. 2 nach sich zieht[106].

---

[102] *Eggers*, EuZW 1998, S. 147 ff. (150). Vgl. auch *Walker*, CNLILJ 1998, S. 251 ff. (300).

[103] Vgl. auch *Australia-Salmon*, AB Report, para. 119 ff. Dazu *Victor*, NYJILP 2000, S. 865 ff. (907).

[104] Eine Maßnahme ist nach wohl h.M. notwendig, wenn sie geeignet ist, das angestrebte Schutzniveau zu erreichen und erforderlich in dem Sinne, dass es kein gleich geeignetes, den Freihandel signifikant weniger belastendes Mittel gibt. Dazu *Fredland*, VDBJTL 2000, S. 183 ff. (205). Kritisch *Macmillan/Blakeney*, Int.T.L.R. 2000, S. 131 ff. (132 ff.), die argumentieren, dass eine solche Beurteilung zu stark in die nationale Souveränität der Mitglieder eingreift. Zum Teil wird in der Literatur diskutiert, ob das Notwendigkeitserfordernis eine „Kosten-Nutzen-Abwägung" beinhaltet, mit der Folge, dass, auch wenn es keine weniger handelshemmende Maßnahme gibt, eine Maßnahme nicht notwendig ist, wenn sie zu excessiven Kosten führt. Dazu ausführlich *Barcelo*, CNLILJ 1994, S. 755 ff. (768 ff.). Bislang wird diese Interpretation allerdings abgelehnt. Ebenso *Charnovitz*, TLNELJ 2000, S. 271 ff. (282, 294). Dafür spricht auch, dass die Mitgliedstaaten das Recht haben, selbst ihr angemessenes Schutzniveau zu definieren, ohne dass dieses Recht einer Einschränkung in Bezug auf wirtschaftliche Gesichtspunkte unterläge. Dazu oben Fn. 87 f.

[105] *Teel*, NYUELJ 2000, S. 649 ff. (696). Kritisch *Quick/Blüthner*, JIEL 1999, S. 603 ff. (615).

[106] *EC-Hormones*, AB Report, para. 180, 250. Wenn Art. 5 Abs. 1 aber nicht verletzt ist, bleibt trotzdem ein Verstoß gegen Art. 2 Abs. 2 möglich. Ferner scheint der AB trotz der Spezialität von Art. 5 eine Prüfung mit dem Art. 2 beginnen zu wollen.

§ 10 Vereinbarkeit mit dem SPS-Übereinkommen

Überprüft wird somit das Verhältnis zwischen der fraglichen Maßnahme und der Risikobewertung. Ursprünglich hatte das Panel an das „Beruhen" der Maßnahme auf wissenschaftlichen Grundsätzen ein zeitliches und ein prozedurales Erfordernis geknüpft. Damit eine Maßnahme auf einer Risikobewertung beruht, musste die Risikobewertung vor dem Erlass der Maßnahme durchgeführt und bei der Ausarbeitung der Maßnahme berücksichtigt worden sein[107]. Außerdem las das Panel „beruhend auf einer Risikobewertung" als „konform zu einer Risikobewertung"[108]. Diese Erfordernisse hob der AB aber auf und verlangte nur, dass zwischen der Risikobewertung und der Maßnahme ein „rationales Verhältnis" bestehen muss[109]. In zeitlicher und prozeduraler Hinsicht genügt es also, wenn ein Mitgliedstaat nachweisen kann, dass im Zeitpunkt des Panel-Verfahrens ein rationales Verhältnis zwischen der Maßnahme und einer zu einem beliebigen Zeitpunkt durchgeführten Risikobewertung[110] vorliegt[111].

Eine genaue Definition des „rationalen Verhältnisses" hat der AB nicht gegeben[112]. Insbesondere variiert die Interpretation von „beruhen auf" in der Diktion des AB[113]. In jedem Fall scheint es aber eines vernünftigen oder rationalen Zusammenhangs zwischen der Risikobewertung und der daraufhin ergriffenen

---

Dazu *Goh/Ziegler*, JWT 1998, S. 271 ff. (277); *Hurst*, EJIL 1998, S. 1 ff. (23); *Pauwelyn*, JIEL 1999, S. 641 ff. (647 f.).

[107] *EC-Hormones*, Panel Report, para. 8.112 ff. Dazu auch *Quick/Blüthner*, JIEL 1999, S. 603 ff. (615); *Quintillán*, JWT 1999, S. 147 ff. (160).

[108] *EC-Hormones*, Panel Report, para. 8.72 ff. *Quintillán*, JWT 1999, S. 147 ff. (160); *Kennedy*, FDLJ 2000, S. 81 ff. (93).

[109] *EC-Hormones*, AB Report, para. 193 f. Dazu *Macmillan/Blakeney*, Int.T.L.R. 2000, S. 131 ff. (138); *Charnovitz*, The International Lawyer 1998, S. 901 ff. (915); *Streinz*, UTR 49 (1999), S. 319 ff. (337). Vgl. auch Japan – Measures Affecting the Importation of Apples, AB Report, WT/DS245/AB/R vom 26. November 2003 (hiernach „Japan-Apples"), para. 166. Dazu *Filippi*, Int.T.L.R. 2005, S. 71 ff. (72).

[110] Allerdings müssen die Mitgliedstaaten, die eine Maßnahme erlassen, abgeschlossene wissenschaftliche Studien präsentieren können. Dies ist problematisch, wenn es keine ausreichenden Informationen zu einem Risiko gibt. In solchen Fällen bliebe dem Mitgliedstaat wohl nur eine Berufung auf Art. 5.7 SPS. Dazu *Walker*, CNLILJ 1998, S. 251 ff. (297 ff.).

[111] So auch *Howse/Mavroidis*, FDMILJ 2000, S. 317 ff. (332). Kritisch *Hurst*, EJIL 1998, S. 1 ff. (13 f.), der befürchtet, dass der AB durch das Zulassen einer nachträglichen Rechtfertigungen gewissermaßen dazu einlädt, Maßnahme ohne Risikoabschätzung zu erlassen und es auf ein Streitbeilegungsverfahren ankommen zu lassen. Daher für einen prozeduralen statt eines substantiellen Tests eintretend *Pauwelyn*, ZLR 2000, S. 843 ff. (855 f.); *Classen*, UTR 49 (1999), S. 345 ff. (356 f.). Dagegen spricht aber, dass bei einem Verstoß gegen die prozeduralen Voraussetzungen der AB gezwungen wäre, die Aufhebung einer Maßnahme zu empfehlen, die aus objektiven Gesundheitsschutzgründen gerechtfertigt ist und sofort, unter Beachtung der Voraussetzungen, wieder erlassen werden könnte. Weiterführend *Bohanes*, CLMJTL 2002, S. 323 ff. (365 ff., 386 f.).

[112] *Victor*, NYJILP 2000, S. 865 ff. (915).

[113] So liest der AB „based on" als „sufficiently warrant", „sufficiently support", „reasonably warrant", „reasonably support" oder „rationally support": *EC-Hormones*,

Maßnahme zu bedürfen[114], wobei es auf eine wissenschaftliche, rein objektiv feststellbare Rationalität ankommt[115]. Das Ergebnis der Risikobewertung muss also bei objektiver Betrachtung die ergriffene Maßnahme rechtfertigen[116].

Ein solches rationales Verhältnis muss dabei nicht der herrschenden Meinung in der Wissenschaft entsprechen, sondern kann auch durch eine respektierte wissenschaftliche Mindermeinung begründet werden[117]. Dabei weist der AB besonders darauf hin, dass schon die Existenz verschiedener wissenschaftlicher Meinungen auf eine wissenschaftliche Unsicherheit hinweisen kann, und dass verantwortungsbewusste und repräsentative Regierungen im guten Glauben auf der Grundlage einer wissenschaftlichen Mindermeinung aus einer qualifizierten und respektierten Quelle handeln können[118]. Dies allein sei noch kein Hinweis auf das Fehlen eines rationalen Verhältnisses, sondern müsse von Fall zu Fall entschieden werden[119], wobei es auch auf die Art der Maßnahme und die Qualität und Quantität der wissenschaftlichen Beweise ankommt[120]. Dabei hat der AB betont, dass eine Mindermeinung insbesondere in dem Fall genügen kann, in dem ein Risiko lebensbedrohlich ist und als klare und bevorstehende Bedrohung der öffentlichen Sicherheit und Gesundheit wahrgenommen wird[121].

AB Report, para. 186, 189, 193, 253(1); dazu *Charnovitz,* TLNELJ 2000, S. 271 ff. (281 f.); *Hurst,* EJIL 1998, S. 1 ff. (14 f.).

[114] *Charnovitz,* TLNELJ 2000, S. 271 ff. (278, 281 f.); *Pauwelyn,* JIEL 1999, S. 641 ff. (645).

[115] *Hurst,* EJIL 1998, S. 1 ff. (12 f.); *Pauwelyn,* JIEL 1999, S. 641 ff. (649).

[116] Trotz dieser großzügigeren Lesart von „beruhen auf" befanden sowohl das Panel als auch der AB im Hormonfall, dass die Maßnahmen der EG nicht auf einer ausreichenden Risikobewertung beruhten. Dazu *Macmillan/Blakeney,* Int.T.L.R. 2000, S. 131 ff. (138).

[117] *EC-Hormones,* AB Report, para. 194. Dazu *Pauwelyn,* ZLR 2000, S. 843 ff. (849); *Streinz,* EFLR 1998, S. 265 ff. (276); *Quintillán,* JWT 1999, S. 147 ff. (164).

[118] *EC-Hormones,* AB Report, para. 194.

[119] *Macmillan/Blakeney,* Int.T.L.R. 2000, S. 131 ff. (138); *Charnovitz,* TLNELJ 2000, S. 271 ff. (280).

[120] *Japan-Varietals,* AB Report, para. 73, 84; Dazu *Pauwelyn,* ZLR 2000, S. 843 ff. (846); *Pauwelyn,* JIEL 1999, S. 641 ff. (645).

[121] *EC-Hormones,* AB Report, para. 194: „In other cases, equally responsible and representative governments may act in good faith on the basis of what, at a given time, may be a divergent opinion coming from qualified and respected sources. By itself, this does not necessarily signal the absence of a reasonable relationship between the SPS measure and the risk assessment, especially where the risk involved is life-threatening in character and is perceived to constitute a clear and imminent threat to public health and safety." Insbesondere die Betonung des AB, dass es auf die *Wahrnehmung* („perceived") des Risikos als klar und unmittelbar ankommt, scheint den Weg für die Berücksichtigung subjektiver Faktoren wie Verbraucherbedenken freizumachen. Folgt man streng dem Wortlaut, so muss das Risiko lebensbedrohend sein, aber nur als klar und unmittelbar *wahrgenommen werden,* also nicht unbedingt unmittelbar *sein.* Allerdings reichen Ängste der Verbraucher angesichts der hohen Anforderungen an die Wissenschaftlichkeit (dazu sogleich unten) alleine nicht aus, um eine Maßnahme zu rechtfertigen. Immer bedarf es zusätzlich einer wissenschaftlichen Risi-

Es scheint also auszureichen, dass der regelnde Mitgliedstaat einen einzigen respektierten Wissenschaftler findet, der ein spezifisches Risiko bejaht, um ein rationales Verhältnis anzunehmen[122]. In diesem Fall wird das Verhältnis zwischen Maßnahme und Risikobewertung allerdings strenger geprüft[123]. Insbesondere an die Wissenschaftlichkeit der Mindermeinung werden hohe Anforderungen gestellt. So lehnte der AB in *EC-Hormones* eine Stellungnahme der EG zur krebserregenden Wirkung von Hormonen anscheinend deswegen ab[124], weil der von der EG präsentierte Experte nur eine mündliche Stellungnahme abgab, ohne zuvor selbst entsprechende Studien gemacht zu haben[125]. Damit würde der AB einen methodologischen Mindeststandard für wissenschaftliche Studien setzen[126].

Hinzu kommt, dass Panels nach der Entscheidung des AB weitgehende Freiheit für die Entscheidung haben, ob eine wissenschaftliche Risikobewertung ausreichend ist. Dabei sollen die Panels eine objektive Bewertung der Tatsachen vornehmen. Abgelehnt wurde der von der EG geforderte „deferential reasonableness standard"[127], der besagt, dass in komplexen faktischen Situationen Panels nur beurteilen sollen, ob ein Mitgliedstaat die entscheidenden Tatsachen korrekt erfasst hat und die Bewertung der Tatsachen unvoreingenommen und objektiv war, nicht aber die daraus gezogenen Schlussfolgerungen[128]. Praktisch können Panels damit bis zu einer Neubeurteilung („de novo") von Sachfragen

---

kobewertung. So auch *Douma/Jacobs*, EELR 1999, S. 137 ff. (143); *Eggers*, EuZW 1998, S. 147 ff. (150).

[122] *Hurst*, EJIL 1998, S. 1 ff. (15); *Fredland*, VDBJTL 2000, S. 183 ff. (205); *Streinz*, UTR 49 (1999), S. 319 ff. (337).

[123] *Hurst*, EJIL 1998, S. 1 ff. (12). Vgl. den Wortlaut in *EC-Hormones*, AB Report, para. 194: „by itself, reliance on a minority viewpoint does not necessarily signal the absence of a reasonable relationship".

[124] *EC-Hormones*, AB Report, para. 198. Dabei wurde nicht hinreichend deutlich, ob er das dargestellte Risiko für nicht bedeutend hielt, oder ob er die Meinung für wissenschaftlich nicht fundiert befand. So auch *Charnovitz*, TLNELJ 2000, S. 271 ff. (282).

[125] *EC-Hormones*, AB Report, para. 198. *Hurst*, EJIL 1998, S. 1 ff. (12); *Eggers*, EuZW 1998, S. 147 ff. (149).

[126] *Howse/Mavroidis*, FDMILJ 2000, S. 317 ff. (334); *Charnovitz*, TLNELJ 2000, S. 271 ff. (279).

[127] *EC-Hormones*, AB Report, para. 119. Dazu *Teel*, NYUELJ 2000, S. 649 ff. (695); *Eggers*, EuZW 1998, S. 147 ff. (148); *Macmillan/Blakeney*, Int.T.L.R. 2000, S. 161 ff. (164).

[128] *EC-Hormones*, AB Report, para. 112 f. Dieser „deferential reasonableness standard" gilt beispielsweise in Art. 17.6(i) des Anti-Dumping Übereinkommens. Kritisch *Charnovitz*, The International Lawyer 1998, S. 901 ff. (913), der anmerkt, dass dort ein „deferential reasonableness standard" in Bezug auf nationale Entscheidungen zu den wirtschaftlichen Interessen angenommen wird, im SPS aber nicht in Bezug auf gesundheitliche Interessen. Dazu auch *Hilf/Eggers*, EuZW 1997, S. 559 ff. (565).

gehen[129] und u. a. durch die weitgehend freie Auswahl ihrer Sachverständigen die eigene Sichtweise der wissenschaftlichen Beweise als Beurteilungsgrundlage nehmen[130]. Mitgliedstaaten wird also in wissenschaftlichen Fragen des Gesundheitsschutzes wenig Ermessensspielraum zugestanden. Hinzu kommt, dass die vom Panel vorgenommene Beurteilung der Fakten nur bei einer absichtlichen Missachtung der Beweise oder einer absichtlichen Verdrehung und falschen Wiedergabe vom AB kontrolliert wird[131]. Der AB korrigiert also keine Fehler in der Beweiswürdigung, sondern greift nur ein, wenn der gute Glauben des Panels in Frage steht oder einem Mitgliedstaat das Recht auf einen fairen Prozess genommen wird[132]. Insbesondere im Hinblick auf die Tatsache, dass die Panels sich weitgehend frei ihre Experten suchen können, führt dies dazu, dass die Beweiswürdigung weitgehend dem Einfluss der Mitgliedstaaten entzogen und daher nicht vorhersehbar ist[133]. Diese hohen Anforderungen an die Wissenschaftlichkeit der Risikobewertung und die Unwägbarkeiten der Überprüfung durch das Panel führen dazu, dass Art. 5 Abs. 1–3 und Art. 2 Abs. 2 SPS eine hohe Hürde für die Rechtfertigung der europäischen Kennzeichnungsregeln für gentechnisch veränderte Lebensmittel darstellen[134].

c) Anwendung auf die europäischen Kennzeichnungsvorschriften

Bei der Untersuchung, ob die Kennzeichnung für gentechnisch veränderte Lebensmittel den Vorgaben der Art. 2 Abs. 2 und 5 Abs. 1–3 entspricht, ist zu trennen zwischen der Kennzeichnung von Stoffen, die die Gesundheit bestimmter Bevölkerungsgruppen beeinflussen können, und der sonstigen Kennzeich-

---

[129] Eine „de novo" Beurteilung lehnt der AB dabei nicht ausdrücklich ab, sondern stellt fest, dass in der Vergangenheit einige Panels weise darauf verzichtet hätten, da sie dafür nicht hinreichend ausgestattet seien. *EC-Hormones*, AB Report, para. 117. A. A. *Teel*, NYUELJ 2000, S. 649 ff. (692), aber ohne Berücksichtigung des Wortlauts der AB-Entscheidung.
[130] Vgl. *Macmillan/Blakeney*, Int.T.L.R. 2000, S. 161 ff. (164); *Pauwelyn*, JIEL 1999, S. 641 ff. (660).
[131] *Hurst*, EJIL 1998, S. 1 ff. (28); *Eggers*, EuZW 1998, S. 147 ff. (148). Eine genaue Abgrenzung hat der AB aber nicht vorgenommen; *Macmillan/Blakeney*, Int.T.L.R. 2000, S. 161 ff. (164).
[132] *Hurst*, EJIL 1998, S. 1 ff. (28); *Pauwelyn*, JIEL 1999, S. 641 ff. (660); *Kennedy*, S. 81 ff. (95).
[133] Dazu *Eggers*, EuZW 1998, S. 147 ff. (150). Kritisch daher *Walker*, CNLILJ 1998, S. 251 ff. (279 f., 305), der fordert, dass das Panel bei der Beurteilung der Risikoabschätzung nur beurteilen sollte, ob die Maßnahme eines Mitgliedstaates eine vernünftige wissenschaftliche Grundlage hat. Im Falle von Unsicherheit, also bei einem *bona fide* Meinungsunterschied zwischen verschiedenen Wissenschaftlern, sollte das Panel eine ausreichende Risikoabschätzung annehmen. Dazu auch *Macmillan/Blakeney*, Int.T.L.R. 2000, S. 161 ff. (164).
[134] Bisher gab es nur eine Risikoabschätzung, die den Anforderungen von Art. 5 Abs. 1–3 und Art. 2 Abs. 2 SPS genügte. *Australia-Salmon*, Compliance Report, WT/DS18/RW, vom 18.2.2000, para. 7.84. Dazu *Pauwelyn*, ZLR 2000, S. 843 ff. (848).

nung. Die Kennzeichnung von Stoffen, die die Gesundheit bestimmter Bevölkerungsgruppen beeinflussen können[135], setzt als Gesundheitsinformation denklogisch eine spezifische Risikobewertung im Einzelfall voraus, da die Stoffe bestimmt werden müssen, die negative Auswirkungen haben. Nur wenn Lebensmittel bestimmte negative Auswirkungen haben, fallen sie überhaupt unter diese Kennzeichnung. Beispielsweise bedürfte es daher Studien hinsichtlich des Allergierisikos gentechnisch veränderter Inhaltsstoffe eines Lebensmittels. Dabei ist die Berücksichtigung der in Art. 5 Abs. 2 genannten Kriterien ohne weiteres möglich[136]. Auch der Nachweis eines rationalen Verhältnisses zwischen der festgestellten Allergenität eines Inhaltsstoffes und der entsprechenden Kennzeichnung und die Notwendigkeit der Maßnahme sind unproblematisch, zumal es auch kein weniger handelshemmendes, gleich effektives Mittel zum Gesundheitsschutz gibt als eine obligatorische Gesundheitskennzeichnung[137]. Es ist also von der Konformität dieser Kennzeichnungsvorschriften mit Art. 5 Abs. 1–3 und Art. 2 Abs. 2 SPS auszugehen[138]. Im Übrigen ist kaum anzunehmen, dass diese Bestimmungen im Mittelpunkt des Streits zwischen den USA und der EG stehen werden, da die USA eine analoge Form der Kennzeichnung haben[139].

Anders stellt sich die Situation aber für die sonstige Kennzeichnung dar, die auf das Vorhandensein von gentechnisch veränderter DNA/Proteinen, Stoffen, gegen die ethische Bedenken bestehen oder GVO hinweist[140]. Versteht man diese Kennzeichnung entgegen der hier vertretenen Auffassung als Gesundheitsbzw. Risikokennzeichnung, so müsste auch sie die Anforderungen von Art. 2 Abs. 2 und 5 Abs. 1–3 erfüllen. Problematisch ist dabei bereits das Erfordernis einer Risikobewertung. Wie dargestellt, greift die Kennzeichnung allein aufgrund des Vorhandenseins gentechnisch veränderter DNA/Proteine oder GVO ein, bzw. in Folge von ethischen Bedenken, ohne dass eine spezifische Risikobewertung vorgesehen wäre. Auch die gegebenenfalls in der Zulassung[141] vor-

---

[135] Art. 8 Abs. 1 lit. b) NFVO, Art. 2 lit. b) VO 50/2000.

[136] Zu Art. 5 Abs. 2 SPS siehe auch *Classen*, UTR 49 (1999), S. 345 ff. (348); *Spranger*, ZLR 2000, S. 111 ff. (114).

[137] Insbesondere kann eine freiwillige Kennzeichnung nicht ein gleiches Maß an Gesundheitsschutz gewährleisten, da es aufgrund der Freiwilligkeit Lebensmittel ohne Kennzeichnung geben wird, obwohl sie gesundheitsgefährdend sind.

[138] Vgl. *Howse/Mavroidis*, FDMILJ 2000, S. 317 ff. (361).

[139] Vgl. oben § 1 I.5.a). *Francer*, VAJSPL 2000, S. 257 ff. (272); *Krenzler/MacGregor*, EFAR 2000, S. 287 ff. (301).

[140] Art. 8 Abs. 1 lit. a) NFVO iVm. VO 1139/98 und VO 49/2000, Art. 8 Abs. 1 lit. c), d) NFVO; Art. 2 lit. a), c), d) VO 50/2000.

[141] Vgl. Art. 3 ff. NFVO. Zur umstrittenen Frage, ob das Zulassungsverfahren in seiner Ausgestaltung den Anforderungen an eine Risikoabschätzung genügt, vgl. zustimmend *Millstone*, ZLR 2000, S. 815 ff. (828), sowie ausführlich *Stökl*, S. 142 ff. (204); *Stökl*, in: Nettesheim/Sander (Hrsg.): WTO-Recht und Globalisierung, 2003, S. 73 ff. (80 ff.); ablehnend *Spranger*, ZLR 2000, S. 111 ff. (113). Für die grundsätzliche Zulässigkeit von Zulassungsverfahren im Rahmen der Risikobewertung sprechen

genommene Risikobewertung erfüllt nicht die Voraussetzungen des SPS in Bezug auf die Kennzeichnungspflicht, da diese Risikobewertung nur eine Rolle für die Zulassung des Lebensmittels spielt[142]. Dagegen greift die Kennzeichnungspflicht auch ein, wenn die Risikobewertung in der Zulassung überhaupt kein Risiko ergeben hat, bzw. aus ethischen Gründen, die mit einem Risiko keinerlei Verbindung haben[143]. Außerdem dürfte es der EG beim gegenwärtigen Stand der Wissenschaft unmöglich sein, für alle unter die Kennzeichnung fallenden gentechnisch veränderten Lebensmittel spezifische Bewertungen zu erbringen, die ein Risiko ausweisen[144], zumal das Panel keineswegs daran gebunden wäre, sondern praktisch bis zu einer Neubeurteilung der wissenschaftlichen Fragen gehen kann, ohne dass dies durch den AB kontrolliert würde.

Selbst wenn man annimmt, dass es nur einer Mindermeinung zum Nachweis eines Risikos bedarf, dürfte es allein aufgrund der Anzahl der unter die Kennzeichnungsvorschriften fallenden Lebensmittel unmöglich sein, in kurzer Zeit entsprechende Studien zu erbringen, zumal sich die Langzeitrisiken bislang noch nicht hinreichend abschätzen lassen[145]. Außerdem genügt eine Mindermeinung nicht automatisch, sondern wird streng darauf geprüft, ob das festgestellte Risiko lebensbedrohlich ist. Verbraucherbedenken in Bezug auf gentechnisch veränderte Lebensmittel allein reichen ohne wissenschaftliche Beweise jedenfalls nicht aus, um handelshemmende Maßnahmen zu rechtfertigen[146]. Auch die

---

zumindest die Principles for the Risk Analysis of Foods Derived from Modern Biotechnology der Codex Alimentarius Kommission, CAC/GL 44-2003, para. 12. Dazu sogleich unten.

[142] Vgl. *Howse/Mavroidis*, FDMILJ 2000, S. 317 ff. (360 f.). Außerdem gilt die Zulassung nur für die NFVO, nicht aber für die VO 1139/98, 49/2000 und 50/2000.

[143] Vgl. *Howse/Mavroidis*, FDMILJ 2000, S. 317 ff. (360 f.); *Macmillan/Blakeney*, TLNJTIP 2001, S. 93 ff. (104).

[144] *Quintillán*, JWT 1999, S. 147 ff. (186). Insbesondere würde es an Studien fehlen, die ein *spezifisches* Risiko der jeweiligen GVO für die menschliche oder pflanzliche Gesundheit belegen könnten. Auch die bislang gemachten Studien zu den Risiken von gentechnisch veränderten Kartoffeln lassen sich nicht auf Mais und Soja übertragen. Da es an ausreichend spezifischem Wissen über die Gefährlichkeit insbesondere von gentechnisch verändertem Mais und Soja fehlt, läge hier keine ausreichende Risikoabschätzung vor; dazu *Fredland*, VDBJTL 2000, S. 183 ff. (214).

[145] *Phillips/Kerr*, JWT 2000, S. 63 ff. (71). Kritisch zur Fähigkeit des SPS, mit Langzeitrisiken umzugehen, da diese eher in den Bereich der Unsicherheit als in den Bereich des Risikos fallen *Kerr*, The World Economy 1999, S. 245 ff. (253 f.). Auch die Zeit zwischen einer eventuellen Entscheidung des DSB und dem Ablauf der Umsetzungsfrist wird nicht ausreichen, um Langzeitstudien durchzuführen, da der Arbitrator in *EC-Hormones* entschied, dass Studien, die zeigen sollen, dass eine Maßnahme, die bereits als ungerechtfertigt erklärt wurde, doch gerechtfertigt ist, nicht zu den besonderen Umständen zu zählen sind, mit denen die Verlängerung der Umsetzungsfrist begründet werden kann. Vgl. *EC-Hormones*, Decision by the Arbitrators, WT/DS26/ARB vom 12.7.1999, para. 39. Dazu *Roberts*, JIEL 1998, S. 377 ff. (395).

[146] Vgl. *Douma/Jacobs*, EELR 1999, S. 137 ff. (143); *Spranger*, ZLR 2000, S. 111 ff. (114 f.); *Rabe*, ZLR 1998, S. 129 ff. (138 f.).

durch die EG eingeführten Toleranzgrenzen für die Kennzeichnung von zufällig vorhandenen gentechnisch veränderten Bestandteilen sind problematisch, da diese Grenzwerte aus (politischen) Gründen der Klarheit gewählt wurden und nicht auf wissenschaftlichen Risikobewertungen beruhen[147]. Daher erscheint es sehr zweifelhaft, dass die EG in der Lage sein würde, für die übrige Kennzeichnung eine Konformität mit Art. 2 Abs. 2 und Art. 5 Abs. 1–3 darzulegen[148].

Zu prüfen ist, ob die Verwendung von Risikobewertungstechniken der zuständigen internationalen Organisationen gemäß Art. 5 Abs. 1 SPS an dieser Einschätzung etwas zu ändern vermag. Für die Nahrungsmittelsicherheit ist gemäß Anhang A Nr. 3 die Codex Alimentarius Kommission (CAK) zuständig[149]. Die CAK hat Prinzipien für die Risikoanalyse von gentechnisch veränderten Lebensmitteln erarbeitet[150]. Diese Prinzipien sehen vor, dass eine effektive Risikokommunikation in allen Phasen der Risikobewertung und des Risikomanagements essentiell ist[151]. Dies könnte von Bedeutung sein, falls man die sonstigen Arten der Kennzeichnung entgegen der hier vertretenen Meinung als Teil einer Risikokommunikation ansieht[152]. Außerdem wird die Lebensmittelkennzeichnung ausdrücklich als Maßnahme des Risikomanagements aufgeführt[153]. Zusätzlich wird auf die Zulässigkeit der Sicherstellung der Rückverfolgbarkeit von Produkten hingewiesen[154], die auch durch eine Kennzeichnung erreicht werden kann[155]. Während dies dafür spricht, dass eine Risikokennzeichnung von gen-

---

[147] Erwg. 8 VO 49/2000. Dazu bereits oben § 5 II.2.c).
[148] Ebenso *Murphy*, HVILJ 2001, S. 47 ff. (83). Vgl. *Howse/Mavroidis*, FDMILJ 2000, S. 317 ff. (360 f.); *Macmillan/Blakeney*, TLNJTIP 2001, S. 93 ff. (104).
[149] Ausführlich zur CAK unten II.5.b).
[150] Principles for the Risk Analysis of Foods Derived from Modern Biotechnology der Codex Alimentarius Kommission, CAC/GL 44-2003 (hiernach: Codex Principles for Risk Analysis). Diese Prinzipien sehen eine Dreiteilung in Risikobewertung (risk assessment), Risikomanagement (risk management) und Risikokommunikation (risk communication) vor. Dies könnte dazu führen, dass diese Dreiteilung als internationale Unterteilung stärkere Berücksichtigung in der Streitschlichtung und damit letztlich im SPS findet. Dazu *Pauwelyn*, ZLR 2000, S. 843 ff. (851). In der jetzigen Streitschlichtungspraxis des SPS wird die Unterscheidung von Risikobewertung und Risikomanagement implizit in der Trennung von Art. 5 Abs. 1–3 und Art. 5 Abs. 5 (Bestimmung des angemessenen Schutzniveaus) berücksichtigt; dazu *Victor*, NYJILP 2000, S. 865 ff. (914); *Walker*, CNLILJ 1998, S. 251 ff. (255 f.). Auch in *Australia-Salmon*, Panel Report, para. 7.18 wurde bereits die Bedeutung der Risikokommunikation hervorgehoben.
[151] Codex Principles for Risk Analysis, CAC/GL 44-2003, para. 22.
[152] Allgemein zur Bedeutung der Kennzeichnung in der Risikokommunikation oben § 5 I.3.b). Hier sieht *Kennedy*, FDLJ 2000, S. 81 ff. (102) Klärungsbedarf für das SPS.
[153] Codex Principles for Risk Analysis, CAC/GL 44-2003, para. 19.
[154] Codex Principles for Risk Analysis, CAC/GL 44-2003, para. 21.
[155] Vgl. auch *Howse/Mavroidis*, FDMILJ 2000, S. 317 ff. (361), die eine Kennzeichnung zur Rückverfolgbarkeit gentechnisch veränderter Lebensmittel für WTO-konform halten, da diese Kennzeichnung der Generierung von Wissen in einem Be-

technisch veränderten Lebensmitteln von der CAK grundsätzlich anerkannt wird, bleiben doch erhebliche Zweifel, ob dies zur Konformität der europäischen Kennzeichnungsregelungen mit SPS führt.

Dies ist schon deswegen fraglich, weil Art. 5 Abs. 1 nur für die Risikobewertung, nicht aber für Risikomanagement oder -kommunikation auf internationale Methoden verweist. Die Prinzipien der CAK zur Risikobewertung stellen aber keine geringeren Anforderungen an die Risikobewertung als das SPS[156]. Insbesondere werden auch keine sozioökonomischen Erwägungen, wie Verbraucherängste, bei der Risikobewertung berücksichtigt[157]. Während diese Prinzipien zwar dafür sprechen, dass die Kennzeichnung von gentechnisch veränderten Lebensmitteln als Teil von Risikomanagement und Risikokommunikation grundsätzlich zulässig ist, müssen nichtsdestotrotz zunächst die entsprechenden Risiken im Rahmen einer Risikobewertung festgestellt werden[158]. Während dies für die Kennzeichnung von Stoffen, die die Gesundheit bestimmter Teile der Bevölkerung beeinträchtigen können, unproblematisch ist, scheint die EG aber wie gezeigt an dieser Voraussetzung in Bezug auf eine Kennzeichnung, die auf das Vorhandensein von gentechnisch veränderter DNA/Proteinen, Stoffen, gegen die ethische Bedenken bestehen oder GVO hinweist, zu scheitern. Daher läge insoweit ein Verstoß gegen Art. 2 Abs. 2 und Art. 5 Abs. 1–3 SPS vor[159].

d) Ausnahme vom Erfordernis der Wissenschaftlichkeit

Ausnahmsweise erlaubt Art. 5 Abs. 7 SPS ein Abweichen von den Anforderungen an die Wissenschaftlichkeit einer Maßnahme. Danach darf ein Mitgliedstaat in Fällen, in denen das einschlägige wissenschaftliche Material nicht ausreicht, vorübergehend Maßnahmen auf Grundlage der verfügbaren Angaben ergreifen[160]. Art. 5 Abs. 7 stellt damit eine qualifizierte Ausnahme zu Art. 2

---

reich dient, in dem wenig bekannt ist über Langzeitfolgen, und andere Formen der Erforschung der Wirkung von GVO teurer, ineffektiver und schwieriger wären. Es würde daher gegen eine effektiver Vertragsauslegung sprechen Art. 2 Abs. 2 so zu lesen, dass er Maßnamen untersagt, die Voraussetzung für eine bessere wissenschaftliche Einordnung eines Risikos sind. Dagegen spricht aber, dass das SPS die Feststellung eines Risikos verlangt, bevor handelshemmende Maßnahmen ergriffen werden. Solange ein Risiko aber nicht mit der erforderlichen Sicherheit festgestellt werden kann, bleibt den Mitgliedstaaten nur ein Rückgriff auf Art. 5 Abs. 7 SPS. So *Hurst*, EJIL 1998, S. 1 ff. (11); *Fredland*, VDBJTL 2000, S. 183 ff. (214).

[156] Vgl. Codex Principles for Risk Analysis, CAC/GL 44-2003, para. 10–15.
[157] Vgl. Codex Principles for Risk Analysis, CAC/GL 44-2003, para. 10–15, sowie para. 7.
[158] Vgl. auch Codex Principles for Risk Analysis, CAC/GL 44-2003, para. 16: „Risk management measures for foods derived from modern biotechnology should be proportional to the risk, based on the outcome of the risk assessment …".
[159] Im Ergebnis ebenso *Fredland*, VDBJTL 2000, S. 183 ff. (214); *Josling*, S. 117 ff. (121); *Quintillán*, JWT 1999, S. 147 ff. (171).

Abs. 2 dar[161]. Der AB hat für die Erfüllung von Art. 5 Abs. 7 vier kumulative Voraussetzungen angenommen[162]. Danach

- wurde die Maßnahme in einer Situation erlassen, in der die relevanten wissenschaftlichen Informationen unzureichend sind,
- sie wurde auf die verfügbaren Informationen gestützt,
- der Mitgliedstaat holt zusätzliche Informationen ein, die nötig sind für eine objektivere Risikoabschätzung, und
- überprüft die Maßnahmen dementsprechend innerhalb einer vertretbaren Frist.

Art. 5 Abs. 7 findet also Anwendung anstelle von Art. 5 Abs. 1–3, wenn die Risikoabschätzung eine Unsicherheit in Bezug auf die wissenschaftlichen Bewertungsgrundlagen ergibt[163]. Was zu den relevanten wissenschaftlichen Informationen gehört, die unzureichend sein müssen, wurde bislang nicht näher erläutert. Der Unterschied im Wortlaut zwischen „information" und dem sonst benutzten „scientific evidence" legt aber nahe, dass an diese Informationen geringere Anforderungen gestellt werden als an wissenschaftliche Beweise[164]. Weiterhin muss gezeigt werden, dass der Mitgliedstaat die Informationen beim Erlass der Maßnahme berücksichtigt hat[165]. Wegen der Schwierigkeit zu beurteilen, ob wissenschaftliche Informationen ausreichend sind und ein Mitgliedstaat sie beachtet hat, konzentriert sich die Streitschlichtung auf die letzten beiden Voraussetzungen[166].

---

[160] Dazu *Macmillan/Blakeney*, Int.T.L.R. 2000, S. 161 ff. (162); *Macmillan/Blakeney*, TLNJTIP 2001, S. 93 ff. (105); *Quintillán*, JWT 1999, S. 147 ff. (173).

[161] *Quick/Blüthner*, JIEL 1999, S. 603 ff. (625). Umstritten ist, wer die Voraussetzungen dieser Ausnahme zu beweisen hat. *Pauwelyn*, JIEL 1999, S. 641 ff. (650) nimmt an, dass Art. 5 Abs. 7 als qualifizierte Ausnahme von dem die Maßnahmen erlassenden Mitgliedstaat zu beweisen wäre. Dagegen geht *Charnovitz*, TLNELJ 2000, S. 271 ff. (289) davon aus, dass der klagende Mitgliedstaat die Beweislast für den Verstoß gegen Art. 5 Abs. 7 trägt. *Japan – Measures Affecting Agricultural Products*, Panel Report, WT/DS76/R vom 27.10.1998 (hiernach „*Japan-Varietals*, Panel Report"), para. 8.58 f. legt aber nahe, dass es bei der herkömmlichen Beweislastverteilung bleibt, also der beschwerdeführende Mitgliedstaat einen *prima-facie*-Beweis für den Verstoß erbringen muss, den der die Maßnahme erlassende Staat widerlegen muss. Ob Art. 5 Abs. 7 auch als Ausnahme für die anderen SPS-Vorschriften gilt, ist umstritten. Dazu *Charnovitz*, TLNELJ 2000, S. 271 ff. (290).

[162] *Howse/Mavroidis*, FDMILJ 2000, S. 317 ff. (342); *Zedalis*, JWT 2001, S. 301 ff. (344).

[163] *Hurst*, EJIL 1998, S. 1 ff. (11) weist zu Recht darauf hin, dass in dieser Situation der Vergleich des Risikos mit der ergriffenen Maßnahme unmöglich ist.

[164] *Howse/Mavroidis*, FDMILJ 2000, S. 317 ff. (343); *Bohanes*, CLMJTL 2002, S. 323 ff. (341).

[165] Dazu gehören die entsprechenden Angaben von internationalen Organisationen und die Maßnahmen der anderen Mitgliedstaaten. Dazu *Macmillan/Blakeney*, Int. T.L.R. 2000, S. 131 ff. (137).

[166] *Japan-Varietals*, Panel Report, para. 8.55. Vgl. auch *Kerr*, The World Economy 1999, S. 245 ff. (255).

Danach muss ein Mitgliedstaat zusätzliche Informationen für eine objektivere Risikoabschätzung einholen und die Maßnahmen innerhalb einer vertretbaren Frist überprüfen. Der AB verlangt für das Einholen zusätzlicher Informationen nur, dass die Informationen mit dem Ziel, eine objektivere Risikobewertung vorzunehmen, zusammenhängen müssen[167]. Die Frage, was noch als vertretbare Frist iSd. Art. 5 Abs. 7 gilt, muss dabei von Fall zu Fall entschieden werden[168], wobei die Frist erst mit dem Inkrafttreten des SPS-Übereinkommens zu laufen beginnt[169]. In *Japan-Varietals* hielt der AB dabei eine Frist von 4 Jahren als nicht mehr vertretbar[170].

Sollte sich die EG in Bezug auf die Kennzeichnung gentechnisch veränderter Lebensmittel auf Art. 5 Abs. 7 berufen, da eine ausreichende Beurteilung insbesondere von Langzeitrisiken derzeit unmöglich ist, müsste sie zumindest zeigen, dass sie zusätzliche Informationen für eine objektivere Risikobewertung einholt und dass sie ihre Maßnahmen innerhalb einer vertretbaren Frist überprüft. Die Tatsache allein, dass die Kennzeichnungsvorschriften nicht ausdrücklich provisorisch sind, hindert eine Berufung auf Art. 5 Abs. 7 nicht, da dort nicht der Erlass von provisorischen Maßnahmen geregelt ist, sondern der provisorische Erlass von Maßnahmen, selbst wenn diese keinen provisorischen Charakter haben[171]. Die EG müsste aber zeigen, dass kontinuierlich Studien betrieben wurden, um die Risiken von gentechnisch veränderten Lebensmitteln besser einschätzen zu können[172]. Diese Studien müssten außerdem belegen, dass die Risiken zunehmen, da die Anforderungen im Bereich der Kennzeichnung, verschärft wurden[173]. Der EG dürfte es nur schwer gelingen, überhaupt Studien in Bezug auf Langzeitrisiken beizubringen[174]. Zu demonstrieren, dass die vor-

---

[167] *Japan-Varietals*, AB Report, para. 92.
[168] *Howse/Mavroidis*, FDMILJ 2000, S. 317 ff. (343).
[169] *Japan-Varietals*, AB Report, para. 93.
[170] *Japan-Varietals*, AB Report, para. 93. Unklar ist, was passiert, wenn nach der Überprüfung der Maßnahme noch immer keine ausreichenden Informationen für eine abschließende Beurteilung vorliegen. *Douma/Jacobs*, EELR 1999, S. 137 ff. (140) plädieren dafür, dass in diesem Fall die Maßnahme aufrechterhalten werden kann. A.A. *Perdikis/Kerr/Hobbs*, The World Economy 2001, S. 379 ff. (384).
[171] Ebenso *Douma/Jacobs*, EELR 1999, S. 137 ff. (141). Unzutreffend hier *Zedalis*, JWT 2001, S. 301 ff. (345).
[172] Vgl. *Stoll*, YIEL 1999, S. 82 ff. (108 f.). Das SPS schreibt nicht vor, dass der Mitgliedstaat diese Studien selber betreiben muss. Daher vertreten *Howse/Mavroidis*, FDMILJ 2000, S. 317 ff. (368 f.), dass auch die im Zulassungsverfahren einzureichenden Informationen als „Studien" gewertet werden könnten.
[173] Siehe oben § 4 ff. Vgl. *Loosen*, ZLR 2000, S. 434 ff. (436) unter Verweis auf das Weißbuch zur Lebensmittelsicherheit KOM (1999) 719, vom 12.01.2000 Rdnr. 76.
[174] Art. 5 Abs. 7 scheint davon auszugehen, dass das fragliche Problem in einem überschaubaren Zeitabschnitt geklärt werden kann. Bei Ungewissheiten, die auf Nichtwissen beruhen, ist aber häufig nicht absehbar, ob und wenn ja bis wann eine Klärung erfolgen kann. Dazu *Classen*, UTR 49 (1999), S. 345 ff. (354).

genommenen Verschärfungen den gefundenen Risiken entsprechen, dürfte der EG dabei unmöglich sein, insbesondere in Anbetracht der engen zeitlichen Grenzen, die der AB für Art. 5 Abs. 7 gesetzt hat[175]. Hinzu kommt, dass nach Annahme eines Berichts des DSB die Umsetzungsfrist nicht verlängert wird, um den Mitgliedstaaten die Möglichkeit zu weiteren Studien zu geben[176]. Eine Berufung der EG auf Art. 5 Abs. 7 erscheint daher nicht erfolgversprechend, so dass es bei einem Verstoß gegen Art. 2 Abs. 2 und Art. 5 Abs. 1–3 SPS bleibt.

2. Minimierung negativer Handelsauswirkungen

Sofern die Mitgliedstaaten in der dargestellten Bewertung ein Risiko feststellen können, haben sie nach SPS das Recht, ein angemessenes Schutzniveau und die dazu notwendigen Maßnahmen festzulegen[177]. Allerdings sind die Mitgliedstaaten in der Festlegung nicht frei, sondern nach Art. 5 Abs. 4 und 6 SPS zur Minimierung der negativen Handelsauswirkungen verpflichtet. Dies entspricht der Funktion des SPS, den Gebrauch von Maßnahmen, die eigentlich legitimen Zielen dienen, dabei aber den internationalen Handel hemmen, zu beschränken. Art. 5 Abs. 4 und 6 kommt damit im gewissen Sinne die Funktion eines Übermaßverbotes im Sinne einer Inhaltskontrolle zu. Die Minimierung negativer Handelsauswirkungen betrifft dabei sowohl die Festlegung des Schutzniveaus an sich (Art. 5 Abs. 4), also des Ziels der Maßnahme, als auch die Auswahl der Maßnahmen (Art. 5 Abs. 6) als das Mittel, mit dem das Ziel erreicht werden soll[178]. Ziel und Mittel werden dabei in den Entscheidungen der Streitschlichtungsorgane getrennt geprüft. Durch Art. 5 Abs. 4 und 6 wird also auch das Risikomanagement in seinen beiden Teilen – der Festlegung des Schutzniveaus und der Bestimmung der erforderlichen Maßnahmen[179] – der Disziplin des SPS unterworfen[180].

a) Kontrolle des Schutzniveaus (Art. 5 Abs. 4 SPS)

Was die Kontrolle des gewählten Schutzniveaus nach Art. 5 Abs. 4 SPS angeht, so hat der AB festgestellt, dass die Bestimmung des Schutzniveaus eine Prärogative des jeweiligen Mitgliedstaates ist, keinesfalls aber Sache des Panels

---

[175] Vgl. *Macmillan/Blakeney*, TLNJTIP 2001, S. 93 ff. (106); *Charnovitz*, TLNELJ 2000, S. 271 ff. (295).
[176] Siehe oben Fn. 145.
[177] *Pauwelyn*, JIEL 1999, S. 641 ff. (651).
[178] Ebenso *Howse/Mavroidis*, FDMILJ 2000, S. 317 ff. (336 f.).
[179] Dazu bereits oben § 5 I.3.a).
[180] Vgl. auch *Hurst*, EJIL 1998, S. 1 ff. (8). Der Begriff des Risikomanagements wurde allerdings in *EC-Hormones*, AB Report, para. 181 wegen der fehlenden Erwähnung im SPS abgelehnt.

oder des AB[181]. Insofern wird Art. 5 Abs. 4 SPS, in Übereinstimmung mit dem Wortlaut[182], als bloße Zielvorgabe interpretiert, nicht aber als besondere, eigenständige Verpflichtung[183]. Lediglich die implizite Verpflichtung des Mitgliedstaats, überhaupt ein Schutzniveau zu bestimmen, wird aus Art. 5 Abs. 4 abgeleitet[184]. Nur wenn der Mitgliedstaat das gewählte Schutzniveau nicht erkennen lässt, ist es daher gestattet, aus den gewählten Maßnahmen Rückschlüsse auf das Schutzniveau zu ziehen[185]. Ansonsten bleibt es aber streng bei der getrennten Überprüfung von Schutzniveau und erforderlichen Maßnahmen[186]. Bei der Bestimmung des angemessenen Schutzniveaus bleibt der Mitgliedstaat also weitgehend frei, solange er überhaupt ein Schutzniveau bestimmt. Dieses kann auch die Bestimmung eines „Null-Risikos" sein[187]. Eine Verhältnismäßigkeitsprüfung zwischen dem Schutzniveau und dem dadurch eingeschränkten Welthandel findet nicht statt[188]. Insofern bewirkt Art. 5 Abs. 4 nur eine eingeschränkte, leicht erfüllbare Kontrolle[189].

b) Kontrolle der Maßnahme an sich (Art. 5 Abs. 6 SPS)

Anhand des vom Mitgliedstaat festgelegten Ziels werden anschließend die zu dessen Erreichung gewählten Mittel auf eine Minimierung negativer Handelsauswirkungen[190] und damit letztlich auf ihre Verhältnismäßigkeit hin überprüft[191]. Der AB hat zur Kontrolle, ob eine Maßnahme nicht handelshemmen-

---

[181] *Australia-Salmon*, AB Report, para. 199. Das angemessene Schutzniveau ist damit dasjenige, welches der Mitgliedstaat für angemessen erachtet; dazu *Barcelo*, CNLILJ 1994, S. 755 ff. (763). *Pauwelyn*, ZLR 2000, S. 843 ff. (849) bezeichnet dieses Recht als „sakrosankt"; insbesondere dürfe die WTO nicht den Vorteil der Risikoreduzierung gegen die entstehenden Kosten abwägen.

[182] Art. 5 Abs. 4: „Members should, when determining the appropriate level of sanitary or phytosanitary protection, *take into account the objective* of minimizing negative trade effects" *(Hervorhebung durch den Autor).*

[183] *Howse/Mavroidis*, FDMILJ 2000, S. 317 ff. (336); vgl. *Douma/Jacobs*, EELR 1999, S. 137 ff. (140).

[184] *Australia-Salmon*, AB Report, para. 205 f. Die Bestimmung des Schutzniveaus kann quantitativ oder qualitativ vorgenommen werden. Vgl. auch *Charnovitz*, TLNELJ 2000, S. 271 ff. (285).

[185] *Australia-Salmon*, AB Report, para. 207.

[186] *Australia-Salmon*, AB Report, para. 200 ff. Vgl. auch *EC-Hormones*, AB Report, para. 214.

[187] *Australia-Salmon*, AB Report, para. 125. Vgl. auch Anhang A Nr. 5 SPS mit Anmerkung. Dazu *Kennedy*, FDLJ 2000, S. 81 ff. (84); *Pauwelyn*, ZLR 2000, S. 843 ff. (848).

[188] *Hilf/Eggers*, EuZW 1997, S. 559 ff. (562); *Wiemer*, S. 159. Vgl. *EC-Hormones*, Panel Report, WT/DS26/R/USA, para. 8.166.

[189] Vgl. *Howse/Mavroidis*, FDMILJ 2000, S. 317 ff. (337).

[190] *Howse/Mavroidis*, FDMILJ 2000, S. 317 ff. (336 f.).

[191] Dazu auch *Godt*, EWS 1998, S. 202 ff. (207); *Barcelo*, CNLILJ 1994, S. 755 ff. (771 f.).

der als notwendig ist, einen dreistufigen Test angewandt[192]. Danach liegt ein Verstoß gegen Art. 5 Abs. 6[193] vor, wenn es eine Maßnahme gibt, die

- vernünftigerweise vorhanden ist unter Berücksichtigung der technischen und wirtschaftlichen Machbarkeit,
- das vom Mitgliedstaat gewählte Schutzniveau erreicht und
- erheblich weniger handelsbeschränkend ist als die streitige Maßnahme[194].

Ob eine Maßnahme vernünftigerweise vorhanden ist, hat der beschwerdeführende Staat aufzuzeigen; dies ist nicht Aufgabe der Spruchkörper oder hinzugezogener Experten[195]. Dabei muss die ökonomische und technische Machbarkeit beachtet werden[196]. Zentral ist der zweite Prüfungspunkt, nämlich ob eine alternative Maßnahme geeignet ist, das gewählte Schutzniveau zu erreichen[197]. Dabei kommt es auf das vom Mitgliedstaat angegebene Schutzniveau an, nicht auf das tatsächliche Niveau, das mit der angegriffenen Maßnahme erreicht wird[198]. Gemessen wird also nicht am „Ist-Zustand" des Schutzes, sondern am „Soll-Zustand", auch wenn die angegriffene Maßnahme selbst diesen „Soll-Zustand" nicht erreicht. Nur ausnahmsweise kann vom „Ist-Zustand" auf den „Soll-Zustand" geschlossen werden[199]. Selbst wenn eine alternative Maßnahme das angestrebte Schutzniveau erreicht, liegt nur ein Verstoß gegen Art. 5 Abs. 6 vor, wenn die alternative Maßnahme wesentlich weniger handelsbeschränkend ist, die ergriffene Maßnahme also nicht erforderlich ist[200]. Dabei bleiben geringfü-

---

[192] *Australia-Salmon*, AB Report, para. 194; *Japan-Varietals*, AB Report, para 123. Dazu *Quintillán*, JWT 1999, S. 147 ff. (172).

[193] Art. 5 Abs. 6: „Unbeschadet des Art. 3 Abs. 2 stellen die Mitglieder bei der Einführung oder Beibehaltung von gesundheitspolizeilichen oder pflanzenschutzrechtlichen Maßnahmen zur Erreichung des angemessenen gesundheitspolizeilichen oder pflanzenschutzrechtlichen Schutzniveaus sicher, dass solche Maßnahmen nicht handelsbeschränkender sind als notwendig, um unter Berücksichtigung der technischen und wirtschaftlichen Durchführbarkeit das angemessene gesundheitspolizeiliche oder pflanzenschutzrechtliche Schutzniveau zu erreichen."

[194] *Australia-Salmon*, AB Report, para. 194; *Japan-Varietals*, AB Report, para 123. Außerdem Fußnote 3 zu Art. 5.6. Vgl. auch *Howse/Mavroidis*, FDMILJ 2000, S. 317 ff. (338); *Pauwelyn*, JIEL 1999, S. 641 ff. (652).

[195] Vgl. *Japan-Varietals*, AB Report, para. 126, 130. Dazu *Charnovitz*, TLNELJ 2000, S. 271 ff. (285).

[196] Dabei kann auch auf Erfahrungen aus anderen Mitgliedstaaten zurückgegriffen werden. Dazu *Australia – Measures Affecting Importation of Salmon – Recourse to Art. 21.5 by Canada*, Panel Report, WT/DS18/RW von 18.2.2000 (hiernach „*Australia-Salmon*, Compliance Report"), para. 7.147. Vgl. *Teel*, NYUELJ 2000, S. 649 ff. (690).

[197] Ebenso *Australia-Salmon*, Compliance Report, para. 7.127.

[198] Vgl. *Japan-Varietals*, AB Report, para. 197 ff. Art. 5 Abs. 6 beschränkt den Mitgliedstaat also nicht in der Wahl seines Schutzniveaus; dazu *Barcelo*, CNLILJ 1994, S. 755 ff. (763).

[199] *Australia-Salmon*, AB Report, para. 207.

[200] Vgl. *Walker*, CNLILJ 1998, S. 251 ff. (271); *Barcelo*, CNLILJ 1994, S. 755 ff. (764).

gige Unterschiede im Einfluss auf den Welthandel dem Wortlaut von Art. 5 Abs. 6 nach außer Betracht[201].

Bislang hat der AB Verstöße gegen Art. 5 Abs. 6 durch strenge Vorgaben hinsichtlich der alternativen Maßnahmen und des zu erreichenden Schutzniveaus abgelehnt[202]. In jüngerer Zeit hingegen hat das Panel einen Verstoß gegen Art. 5 Abs. 6 festgestellt[203]. Bemerkenswert daran ist, dass das Panel nicht eine einzelne, weniger belastende Maßnahme identifiziert hat, sondern verschiedene Möglichkeiten für alternative Maßnahmen aufzeigte[204], die im Ergebnis zu einer anderen Politik geführt hätten[205]. Dadurch, dass nicht mehr zwei konkrete Maßnahmen verglichen werden müssen, sondern eine konkrete Maßnahme mit einer Reihe von Vorschlägen, die nur beschränkt detailliert ausgeführt werden, verliert dieser Test aber an Genauigkeit, da sich nur *in concreto* Auswirkungen auf den Handel vergleichen lassen. Wenn sich dieser im Gegensatz zur restriktiven Haltung des AB stehende Test durchsetzt, so wird es in Zukunft erheblich leichter sein, einen Verstoß gegen Art. 5 Abs. 6 festzustellen[206].

c) Anwendung auf die europäischen Kennzeichnungsvorschriften

Wie dargestellt, besteht für die EG nach Art. 5 Abs. 4 die Verpflichtung, in Bezug auf den Gesundheitsschutz das angestrebte Schutzniveau zu definieren, das mit der Kennzeichnung erreicht werden soll. Dabei genügt eine qualitative Angabe. Die EG könnte also ein „hohes Schutzniveau, das kein „Null-Risiko" ist"[207], als erforderliches Schutzniveau angeben[208]. Eine weitergehende Kontrolle findet unter Art. 5 Abs. 4 nicht statt.

Anschließend ist nach Art. 5 Abs. 6 zu prüfen, ob es nicht gleich effektive, weniger handelshemmende Maßnahmen als die obligatorische (Positiv-)Kennzeichnung der EG gibt. Grundsätzlich ist eine Kennzeichnungspflicht bedeutend

---

[201] *Walker,* CNLILJ 1998, S. 251 ff. (271).

[202] *Australia-Salmon,* AB Report, para. 213, 242; *Japan-Varietals,* AB Report, para 131. Dazu *Charnovitz,* TLNELJ 2000, S. 271 ff. (285). Daher die Einschätzung von *Douma/Jacobs,* EELR 1999, S. 137 ff. (140), dass es nicht leicht sei, eine alternative, weniger belastende Maßnahme zu finden.

[203] *Australia-Salmon,* Compliance Report, para. 7.144, 7.153.

[204] *Australia-Salmon,* Compliance Report, para. 7.119 ff.

[205] *Australia-Salmon,* Compliance Report, para. 7.144, 7.153.

[206] *Charnovitz,* TLNELJ 2000, S. 271 ff. (285 f.).

[207] Ein „Null-Risiko" scheidet aus, da bei Kennzeichnungen, im Gegensatz zum Verbot, immer die Gefahr besteht, dass Verbraucher die Kennzeichnung nicht lesen oder nicht lesen können und sich so einer Gesundheitsgefährdung aussetzen. Zum Schutzniveau der EG in Bezug auf GVO auch *Howse/Mavroidis,* FDMILJ 2000, S. 317 ff. (364).

[208] Dies entspräche auch der Verpflichtung der EG zum Gesundheitsschutz in Art. 152 Abs. 1, Art. 153 Abs. 1 EGV. Dazu oben § 2 I.3.

weniger handelsbeschränkend als ein Verbot von GVO[209]. Auch in *EC-Hormones* wurde die Zulässigkeit einer Kennzeichnung als weniger beschränkende Alternative zu einem Verbot angedeutet[210]. Allerdings ist nach Art. 5 Abs. 6 zu prüfen, ob nicht auch zur Kennzeichnungsregelung der EG weniger handelshemmende Alternativen existieren. Zunächst sind also alternative Maßnahmen zu finden, die vernünftigerweise vorhanden sind unter Berücksichtigung der technischen und wirtschaftlichen Machbarkeit. Als solche kommen in Betracht eine freiwillige Positivkennzeichnung, eine freiwillige Negativkennzeichnung[211] („enthält keine GVO oder gentechnisch veränderte DNA/Proteine"), eine bloße Ursprungskennzeichnung oder eine „Kann-Enthalten"-Kennzeichnung.

Diese alternativen Maßnahmen müssten das von der EG festgesetzte, hohe Schutzniveau erreichen. Während unter den EG-Regelungen potentiell alle Verbraucher geschützt werden, die lesen können, und mindestens alle, die die Etikettierungen der Lebensmittel lesen und verstehen, würde eine freiwillige Positivkennzeichnung dazu führen, dass der Verbraucher selbst dann nicht immer geschützt wird, wenn er die Kennzeichnung tatsächlich liest, da nicht sicher ist, dass das betreffende Produkt gekennzeichnet wurde. Die freiwillige Positivkennzeichnung erreicht das Schutzniveau der EG also nicht.

Im Fall einer freiwilligen Negativkennzeichnung[212] ließe sich argumentieren, dass Verbraucher auf entsprechende „Nischenmärkte"[213] für herkömmliche Lebensmittel ausweichen können. Angesichts der weiten Verwendungsmöglichkeiten der bedeutendsten gentechnisch veränderten Produkte Mais und Soja kann aber bezweifelt werden, dass diese Nischenmärkte bereits in gleichem Umfang zur Verfügung stehen. Dies würde dazu führen, dass ein Verbraucher, der das entsprechende Produkt nicht in einem Nischenmarkt findet, gezwungen wäre, darauf zu verzichten oder es auf dem „normalen" Markt zu erwerben. Hier ist

---

[209] *Charnovitz*, TLNELJ 2000, S. 271 ff. (297); *Fredland*, VDBJTL 2000, S. 183 ff. (219).

[210] *EC-Hormones*, Panel Report, WT/DS26/R/USA, para. 8.274. Allerdings handelte es sich dabei um eine freiwillige Kennzeichnung. Dazu *Quintillán*, JWT 1999, S. 147 ff. (161); *Hilf/Eggers*, EuZW 1997, S. 559 ff. (562); *Roberts*, JIEL 1998, S. 377 ff. (395, 402 f.).

[211] Eine obligatorische Negativkennzeichnung ist dagegen unsinnig, da es weitaus mehr Produkte gibt, die nicht gentechnisch verändert sind, als solche, die gentechnisch verändert sind. Da diese Produkte dann ausnahmslos gekennzeichnet werden müssten, wäre eine solche Regelung bedeutend handelshemmender als die jetzige Kennzeichnung. In Bezug auf unklare Fälle der Vermischung von gentechnisch veränderten und nicht veränderten Inhaltsstoffe blieben dieselben Probleme bestehen, wie bei der Positivkennzeichnung. Auf eine freiwillige Negativkennzeichnung hingegen verweist *Dederer*, ZLR 2005, S. 307 ff. (329). Diese erreicht aber – wie sogleich gezeigt wird – nicht das gewählte Schutzniveau der EG.

[212] Die Vereinbarkeit mit GATT/SPS anreißend *Feldmann*, ZLR 1997, S. 493 ff. (513 ff.).

[213] Dazu gehören die Nischenmärkte für biologische oder ökologische Lebensmittel.

zu trennen zwischen einer spezifischen Kennzeichnung wie der Gesundheitskennzeichnung[214] und einer allgemeinen Risikokennzeichnung für gentechnisch veränderte Produkte[215].

In Bezug auf eine spezifische Gesundheitskennzeichnung, die z.B. auf die Möglichkeit einer Allergie aufgrund der gentechnischen Veränderung hinweist, wird das erforderliche Schutzniveau durch die Negativkennzeichnung nicht erreicht. Da der Verbraucher nicht allergisch reagiert auf die gentechnische Veränderung an sich, sondern auf spezifische Proteine (beispielsweise aus Erdnüssen), wäre es ihm durchaus möglich auch auf dem „normalen" Markt ein Produkt zu finden, das zwar gentechnisch verändert ist, aber nicht das für ihn gefährliche Allergen enthält, falls es kein entsprechendes gentechnikfreies Produkt gibt. Während er dies im Rahmen der spezifischen Positivkennzeichnung der EG erkennen kann, gelingt ihm das in einem System der freiwilligen Negativkennzeichnung nicht, da dort nur allgemein gentechnikfreie Lebensmittel gekennzeichnet werden. Er setzt sich damit einer Gefährdung aus, die unter der EG-Regelung vermieden worden wäre.

Auch in Bezug auf die sonstige Kennzeichnung als allgemeine Risikokennzeichnung wird das Schutzniveau nicht erreicht. Da die Negativkennzeichnung freiwillig ist, ist nicht sichergestellt, dass alle gentechnikfreien Lebensmittel gekennzeichnet werden[216]. Es kann also passieren, dass falls ein Lebensmittel nicht auf dem „Nischenmarkt" zu finden ist, es auch auf dem normalen Markt gentechnikfreie Lebensmittel gibt, nur ohne als solche gekennzeichnet zu sein[217]. Auch in diesem Fall läuft der Verbraucher Gefahr, sich einem unter der obligatorischen Positivkennzeichnung vermeidbaren Gesundheitsrisiko auszusetzen[218], da er die gentechnikfreien Lebensmittel aufgrund der Freiwilligkeit der Kennzeichnung nicht unbedingt erkennen kann.

Auch eine bloße Ursprungskennzeichnung[219] erreicht nicht das erforderliche Schutzniveau, da diese Kennzeichnung bereits ungeeignet ist, den Verbraucher

---

[214] Art. 8 Abs. 1 lit. b) NFVO; Art. 2 lit. b) VO 50/2000.

[215] Dies wird zu Argumentationszwecken den Art. 8 Abs. 1 lit. a) NFVO iVm. VO 1139/98 und VO 49/2000, Art. 8 Abs. 1 lit. c), d) NFVO; Art. 2 lit. a), c), d) VO 50/2000 unterstellt.

[216] Vgl. auch *Zedalis*, JWT 2001, S. 301 ff. (337).

[217] Zwar spricht einiges dafür, zur Erschließung von Nischenmärkten die entsprechenden Produkte „negativ" zu kennzeichnen, im Einzelfall kommt es aber darauf an, ob die im Nischenmarkt zu erwartenden Gewinne die Kosten der Kennzeichnung und der entsprechenden Verifizierung decken. Dies ist von den Unternehmen im Einzelfall zu entscheiden, so dass keine Prognose gestellt werden kann hinsichtlich der Vollständigkeit, die eine Negativkennzeichnung in einem bestimmten Produktsegment erreicht.

[218] Allerdings muss die EG diese Risiken zunächst nach Art. 5 Abs. 1 untermauern.

[219] Eine Ursprungskennzeichnung wurde von den USA im Hormonfall als Alternative zum Verbot vorgeschlagen. Dazu *Quintillán*, JWT 1999, S. 147 ff. (172). Aus der Tatsache, dass eine Ursprungskennzeichnung unter Art. IX GATT erlaubt ist, schließt

auf gesundheitliche Risiken hinzuweisen, die ja nicht in dem Ursprung eines Lebensmittels liegen, sondern in der gentechnischen Veränderung. Auch durch staatliche Zusatzinformationen außerhalb der Kennzeichnung lässt sich eine Ursprungskennzeichnung nicht in eine gleichwertige Risikokommunikation umwandeln, da es an der erforderlichen Spezifizität des Hinweises fehlt.

Zu prüfen ist, ob eine „Kann-Enthalten"-Kennzeichnung das erforderliche Schutzniveau in Bezug auf den Gesundheitsschutz erreicht. Hier stellt sich ein ähnliches Problem in Bezug auf die spezifische Gesundheitskennzeichnung wie bei der freiwilligen Negativkennzeichnung. Aufgrund des unspezifischen Hinweises auf die Möglichkeit, dass gentechnisch veränderte Bestandteile vorliegen, ohne diese zu spezifizieren, kann ein allergischer Verbraucher beim Fehlen eines Substitutionsproduktes in einem Nischenmarkt gezwungen sein, ein mit der Kennzeichnung „Kann gentechnisch veränderte Bestandteile enthalten" versehenes Produkt auf dem normalen Markt zu erwerben, auf das er allergisch reagiert, obwohl es ein ebenso gekennzeichnetes Produkt gegeben hätte, dass das für ihn gefährliche Allergen nicht enthält. Insofern wird das erforderliche Schutzniveau nicht erreicht.

In Bezug auf die übrige Kennzeichnung als Risikokommunikation kann auch eine „Kann-Enthalten"-Kennzeichnung genügen, selbst wenn dies dazu führt, dass der Verbraucher bei einigen Produkten ein Risiko annimmt, wo keines besteht, da sich in dem Produkt keine gentechnisch veränderten Inhaltsstoffe befinden[220]. In jedem Fall kann sich der Verbraucher im selben Maß gegen ein Gesundheitsrisiko schützen wie bei der EG-Regelung, wenn er alle als möglicherweise gentechnisch verändert gekennzeichneten Produkte meidet. Da dadurch keine Verpflichtungen zur Trennung oder zur Untersuchung der Produkte auf gentechnisch veränderte Proteine/DNA entstehen, wäre diese Kennzeichnung auch erheblich weniger handelshemmend. Dies gilt wohl auch in Anbetracht der von der EG eingeführten Toleranzgrenzen[221], unterhalb derer ein Produkt nicht mehr zu kennzeichnen ist, wenn die Spuren von GVO zufällig und unvermeidbar sind[222]. Denn auch in diesem Fall bedarf es eines Tests auf gentechnisch veränderte Inhaltsstoffe sowie des Nachweises, dass der Hersteller alles getan hat, um die Kontamination mit gentechnisch veränderten Inhaltsstoffen zu vermeiden.

Charnovitz, TLNELJ 2000, S. 271 ff. (298), dass auch eine sonstige wahrheitsgemäße faktische Verbraucherinformation nicht durch die WTO verboten werden sollte.

[220] Schließlich weist die „Kann-Enthalten"-Kennzeichnung nur auf die Möglichkeit des Vorhandenseins solcher Stoffe hin, verlangt aber gerade keinen Nachweis.
[221] Art. 2 Abs. 2 VO 1139/98, geändert durch VO 49/2000.
[222] Dagegen gehen *Howse/Mavroidis,* FDMILJ 2000, S. 317 ff. (365) davon aus, dass die Toleranzgrenzen zur Konformität mit Art. 5 Abs. 6 führen.

Etwas anderes würde nur gelten, wenn die „Kann-Enthalten"-Kennzeichnung, um sicher zu gehen, so weitgehend eingesetzt wird, dass sich kaum noch andere Produkte finden lassen. In diesem Fall könnte der Verbraucher gezwungen sein, auf ein entsprechend gekennzeichnetes Produkt zurückzugreifen, ohne erkennen zu können, ob es wirklich gentechnisch verändert ist. Das damit verbundene Risiko ließe sich durch eine entsprechende Positivkennzeichnung vermeiden. Ob es zu einer so weitgehenden Kennzeichnung kommt, ist letztlich Tatfrage[223].

In Bezug auf die beschriebene neue Tendenz, eine handelshemmende Maßnahme nicht mit einer anderen konkreten Maßnahme zu vergleichen, sondern mit der Möglichkeit, eine andere Politik zu verfolgen, könnte auch erwogen werden, ob die EG nicht gänzlich auf eine Kennzeichnung durch die Ursprungsländer verzichten muss und statt dessen die erforderlichen Tests und Kennzeichnungen nach der Einfuhr selbst vornehmen lassen muss[224]. Dies könnte allerdings schon an dem Erfordernis der technischen und wirtschaftlichen Machbarkeit scheitern. Da es hier um Produkte geht, die an den Endverbraucher abgegeben werden[225], also größtenteils bereits in ihrer endgültigen Darreichungsform und Verpackung vorliegen, wären nachträgliche Tests nicht ohne Vernichtung bzw. Qualitätsminderung der betroffenen Produkte möglich. Außerdem kann nur der Hersteller selbst zeigen, dass es sich bei gentechnisch veränderten Stoffen unterhalb der Toleranzgrenze um zufällige und unvermeidliche Kontaminationen handelt. Insofern ist eine völlige Freigabe des Imports und ein anschließender Test der Produkte bereits technisch unmöglich, so dass kein Verstoß gegen Art. 5 Abs. 6 vorliegt.

Im Ergebnis verstößt die von der EG vorgesehene Gesundheitskennzeichnung nicht gegen Art. 5 Abs. 6 SPS. Dagegen könnte in Bezug auf die sonstige Kennzeichnung als Risikokennzeichnung eine „Kann-Enthalten"-Kennzeichnung je nach Umfang ihrer Verbreitung ein weniger handelshemmendes Mittel sein.

3. Verbot von Diskriminierung und verschleierten Handelsbeschränkungen

In Art. 2 Abs. 3 greift das SPS mit seinem Verbot von Diskriminierung und verschleierten Handelsbeschränkungen auch die traditionellen Prinzipien des GATT, das „most favoured nation principle" (Prinzip der Meistbegünstigung) und das „national treatment principle" (Prinzip der Inländergleichbehandlung),

---

[223] Dies annehmend *Phillips/Kerr*, JWT 2000, S. 63 ff. (74).
[224] Vgl. die Argumentation in *Australia-Salmon*, Compliance Report, para. 7.123 ff., 7.132 ff.
[225] Vgl. Art. 1 Abs. 1 VO 1139/98, geändert durch VO 49/2000; Art. 1 Abs. 1 VO 50/2000. Zu dieser Frage in der NFVO siehe oben § 8. II.4.a).

auf[226]. SPS geht aber über die allgemeine GATT-Verpflichtung hinaus und unterwirft diesen Prinzipien nicht nur die Maßnahmen zum Erreichen des Schutzniveaus, sondern auch die Wahl des Schutzniveaus an sich (Art. 5 Abs. 5). Während Art. 2 Abs. 3 also Kohärenz bei der internen Anwendung von SPS-Maßnahmen und der Anwendung gegenüber Drittstaaten verlangt, fordert Art. 5 Abs. 5 auch die Gleichbehandlung vergleichbarer, risikohaltiger Situationen[227]. Damit findet in Bezug auf das Verbot von Diskriminierungen und verschleierten Handelsbeschränkungen eine ähnlich weitgehende Kontrolle statt, wie bei der Kontrolle der Minimierung negativer Handelsauswirkungen[228]. Insofern wurden im SPS hier parallele Strukturen geschaffen. Während allerdings bei der Minimierung negativer Handelsauswirkungen der Kontrollschwerpunkt des AB auf den Maßnahmen und nicht auf der Wahl des Schutzniveaus liegt, liegt der Schwerpunkt der Prüfung des Verbots von Diskriminierung und verschleierten Handelsbeschränkungen umgekehrt auf der Wahl des Schutzniveaus (Art. 5 Abs. 5), während die Kontrolle der Maßnahme (Art. 2 Abs. 3) nur eine untergeordnete Rolle spielt[229].

a) Verbot von Diskriminierung und verschleierten Handelsbeschränkungen bei der Wahl des Schutzniveaus (Art. 5 Abs. 5)

Art. 5 Abs. 5 S. 1 sieht vor, dass jedes Mitglied willkürliche oder ungerechtfertigte Unterschiede der Schutzniveaus, die es unter unterschiedlichen Umständen als angemessen erachtet, vermeidet, wenn diese zu Diskriminierung oder verschleierten Beschränkungen des internationalen Handels führen. Ziel von Art. 5 Abs. 5 ist es also, Konsistenz zwischen den gewählten Schutzniveaus in verschiedenen Situationen zu erreichen[230], um zu verhindern, dass Mitglieder die willkürliche Wahl verschiedener Schutzniveaus zu Diskriminierungen oder verschleierten Handelsbeschränkungen nutzen[231].

---

[226] Dazu *Pauwelyn*, JIEL 1999, S. 641 ff. (653).

[227] *Quintillán*, JWT 1999, S. 147 ff. (167).

[228] Dazu oben unter 1.a.i.2. Zur zentralen Bedeutung von Art. 5 Abs. 5 vgl. *Pauwelyn*, ZLR 2000, S. 843 ff. (849 ff.).

[229] Vgl. *Charnovitz*, TLNELJ 2000, S. 271 ff. (286). Allerdings wird Art. 5 Abs. 5 im Licht von Art. 2 Abs. 3 ausgelegt; *Quick/Blüthner*, JIEL 1999, S. 603 ff. (621); *Goh/Ziegler*, JWT 1998, S. 271 ff. (277).

[230] Dazu *Pauwelyn*, JIEL 1999, S. 641 ff. (653). Allerdings haben die Spruchkörper der WTO die Schaffung von Konsistenz in den Schutzniveaus in erster Linie als ein in der Zukunft zu erreichendes Ziel gesehen. Das unverbindliche Ziel ändert aber nichts an der rechtlichen Verbindlichkeit der Anforderungen des Art. 5 Abs. 5. Dazu *Pauwelyn*, ZLR 2000, S. 843 ff. (850); vgl. *Classen*, UTR 49 (1999), S. 345 ff. (349).

[231] So insbesondere Art. 5 Abs. 5 S. 1, 1. HS. Dazu *Pauwelyn*, JIEL 1999, S. 641 ff. (653).

Ein Verstoß gegen Art. 5 Abs. 5 beinhaltet drei kumulative Elemente[232]:

- Die Schaffung verschiedener Schutzniveaus für verschiedene, aber vergleichbare Situationen[233],
- der willkürliche oder ungerechtfertigte Unterschied in den Schutzniveaus
- und die Tatsache, dass die Anwendung der unterschiedlichen Schutzniveaus zu einer Diskriminierung oder einem verschleierten Handelshemmnis führt[234].

Die Vergleichbarkeit zweier Situationen ist hierbei gegeben, wenn sie die gleichen relevanten Charakteristika haben[235], was im Gegensatz zur Frage der „like products" unter GATT weit ausgelegt wird[236]. Ein willkürlicher oder ungerechtfertigter Unterschied wird in der Regel angenommen, wenn die Risiken in zwei verschiedenen Situationen ähnlich groß sind, die gewählten Schutzniveaus aber unterschiedlich[237]. Inwieweit unterschiedliche Schutzniveaus willkürlich oder ungerechtfertigt sind, ist schwer zu definieren wegen der Schwierigkeit, Konsistenz zwischen den Schutzniveaus für verschiedene Stoffe, schädliche Wirkungen und Produkte herzustellen[238]. Zum Teil wird daher vertreten, dass nur in den offensichtlichsten Fällen willkürliche und ungerechtfertigte Unterschiede in den Schutzniveaus anzunehmen seien[239].

Auch willkürliche Unterschiede verstoßen aber nur dann gegen Art. 5 Abs. 5, wenn sie bei der Anwendung zu einer Diskriminierung oder einem verschleierten Handelshemmnis führen[240]. Bei der Frage, wann eine Diskriminierung oder

---

[232] *Victor*, NYJILP 2000, S. 865 ff. (902).

[233] Dabei hat das Panel die Vergleichbarkeit der Situationen als zusätzliches Kriterium eingeführt; dazu *Quick/Blüthner*, JIEL 1999, S. 603 ff. (620).

[234] *Howse/Mavroidis*, FDMILJ 2000, S. 317 ff. (340); *Hurst*, EJIL 1998, S. 1 ff. (17); *Pauwelyn*, JIEL 1999, S. 641 ff. (653).

[235] In *Australia-Salmon*, AB Report, para. 153 f. wurde angenommen, dass eine Situation vergleichbar ist, wenn beiden Situationen gemeinsam ist, dass (zumindest) eine (bestimmte) Krankheit ausbricht; para. 153 f. Dazu *Charnovitz*, TLNELJ 2000, S. 271 ff. (283).

[236] *Pauwelyn*, JIEL 1999, S. 641 ff. (654).

[237] Dazu *Charnovitz*, TLNELJ 2000, S. 271 ff. (283).

[238] *Fredland*, VDBJTL 2000, S. 183 ff. (205).

[239] *Walker*, CNLILJ 1998, S. 251 ff. (270). Ähnlich *EC-Hormones*, AB Report, para. 219 ff., wo festgestellt wurde, dass die Schutzniveaus zwar unterschiedlich sind, der Unterschied aber nur im offensichtlichsten Fall (der Zulassung von Hormonen für die Schweinezucht, die den bei der Rinderzucht verbotenen Hormonen ähnlich sind) als willkürlich und ungerechtfertigt eingestuft wurde. Auch daraus schloss der AB aber nicht auf das Vorliegen eines verdeckten Handelshemmnisses; dazu *Streinz*, EFLR 1998, S. 265 ff. (276 f.).

[240] *Fredland*, VDBJTL 2000, S. 183 ff. (205). Zu der zentralen Bedeutung dieses Prüfungspunktes *Classen*, UTR 49 (1999), S. 345 ff. (361). Dabei wurde in *EC-Hormones*, AB Report, para. 240 betont, dass diese Voraussetzungen getrennt zu prüfen

ein verschleiertes Handelshemmnis vorliegt, hat der AB bislang noch keine klare Linie verfolgt[241]. In *EC-Hormones* stellte der AB primär auf die Intention der Regelung ab[242], wobei er die unterschiedlichen Motive der Regelung wie Gesundheitsschutz, Abbau des Rindfleischüberschusses und Marktharmonisierung als grundsätzlich legitim anerkannte[243]. Außerdem gestand der AB der EG zu, dass sie auf die Verbraucherängste reagieren musste[244], selbst wenn diese ungerechtfertigt sind[245]. Allerdings wurden Verbraucherängste nur bei der Frage berücksichtigt, ob eine verschleierte Handelsbeschränkung vorliegt, nicht aber bezüglich der Frage, ob der Unterschied in den Schutzniveaus zu rechtfertigen ist[246]. Verbraucherängste wurden damit nur als Indiz für die Intention des Mitgliedstaates berücksichtigt, keineswegs aber als eigener Rechtfertigungsgrund für eine Ungleichbehandlung[247]. Bei der Beurteilung des Zwecks der angegriffenen Regelung wurde insbesondere die Struktur der Richtlinie auf eine darin

---

sind, also die Erfüllung der ersten nicht schon, wie dies das Panel angenommen hatte, die Erfüllung der zweiten Voraussetzung bedeutet. Der AB misst dem ersten Punkt insoweit nur eine Indizfunktion zu; *Hilf/Eggers*, EuZW 1997, S. 559 ff. (563).

[241] Obwohl Art. 5 Abs. 5 dem Chapeau von Art. XX GATT ähnelt, bedeutet dies laut *EC-Hormones*, AB Report, para. 239 nicht, dass auch für das SPS die diesbezüglichen Entscheidungen des AB gelten. Auch Interpretationen aus Art. III Abs. 2 GATT seien nicht auf Maßnahmen übertragbar, die zum Schutz der Gesundheit ergriffen würden. Aufgrund der strukturellen Unterschiede zwischen den Vorschriften von SPS und Art. XX(b) GATT sei eine Übertragung der Schlussfolgerungen des AB aus GATT auf Art. 5 Abs. 5 SPS nicht zulässig. Dazu kritisch *Quick/Blüthner*, JIEL 1999, S. 603 ff. (621 f.).

[242] *Pauwelyn*, JIEL 1999, S. 641 ff. (654); *Godt*, EWS 1998, S. 202 ff. (208). Kritisch *Hurst*, EJIL 1998, S. 1 ff. (22 f., 26), der bemängelt, dass die Intention zwar für das Vorliegen einer *verdeckten* Handelsbeschränkung maßgeblich sein kann, nicht aber für das Vorliegen einer Diskriminierung, deren Vorliegen *Hurst* als rein objektiv feststellen ansieht. Dieser Schluss ist vom Wortlaut des Art. 5 Abs. 5 her aber keineswegs zwingend, da ungerechtfertigte (objektive) Unterschiede in den Schutzniveaus eben nur dann verboten sind, wenn sie zu einer Diskriminierung führen. Würde Diskriminierung rein objektiv zu bestimmen sein, wäre Art. 5 Abs. 5 in jedem Fall erfüllt, wenn Unterschiede zu Lasten des beschwerdeführenden Staates gemacht werden. Da ein Mitglied nur klagt, wenn es sich benachteiligt fühlt, käme der dritten Voraussetzung keine eigenständige Bedeutung mehr zu. Vgl. auch *Australia-Salmon*, AB Report, para. 169.

[243] *EC-Hormones*, AB Report, para. 245 f. Dazu *Eggers*, EuZW 1998, S. 147 ff. (149); *Quintillán*, JWT 1999, S. 147 ff. (168 f.).

[244] *Howse/Mavroidis*, FDMILJ 2000, S. 317 ff. (340). Dabei schloss der AB aus der Dokumentation im Zusammenhang mit dem Verbot auf die tiefsitzenden Ängste der EG-Bürger und berücksichtigte dies als Zeichen der Gutgläubigkeit; dazu *Hurst*, EJIL 1998, S. 1 ff. (21).

[245] Der AB ging davon aus, dass die Ängste ungerechtfertigt sind, da er die abschlägig beschiedene Antwort des Panels auf die Frage, ob ein Risiko vorliegt, bereits aufrechterhalten hatte; dazu *Walker*, CNLILJ 1998, S. 251 ff. (307).

[246] *EC-Hormones*, AB Report, para. 245. Dazu *Walker*, CNLILJ 1998, S. 251 ff. (306 f.); *Hilf/Eggers*, EuZW 1997, S. 559 ff. (563).

[247] *Walker*, CNLILJ 1998, S. 251 ff. (307).

angelegte Diskriminierung hin untersucht[248]. Bei Maßnahmen mit multiplen Zielen und Wirkungen hat der AB bei der Frage einer verschleierten Handelsbeschränkung die legitimen Gründe für eine Andersbehandlung berücksichtigt[249], anders als das Panel, das bereits aus dem Vorliegen protektionistischer Gründe auf den Verstoß geschlossen hatte[250]. Im Ergebnis hat der AB also auf die Intention des Gesetzgebers abgestellt, wie sie sich in der Struktur der Maßnahme niedergeschlagen hat[251].

Während der AB in *EC-Hormones* der Intention eine entscheidende Rolle zuwies, wandte er in *Australia-Salmon* einen objektiven Test an und schloss aus der Größe der Unterschiede in den Schutzniveaus, der Tatsache, dass diese nicht gerechtfertigt sind, dem Unterlassen einer ausreichenden Risikoabschätzung[252] und der Gesetzgebungsgeschichte[253] auf ein verschleiertes Handelshemmnis, ohne sich näher mit der Frage der Regelungsintention zu beschäftigen[254]. Obwohl keinem Element die alleinige Bedeutung für einen Verstoß gegen Art. 5 Abs. 5 zugewiesen wurde, führen sie als Indizien in der Gesamtschau dazu, eine verschleierte Handelsbeschränkung anzunehmen. Dabei scheint der AB unterstellt zu haben, dass der Inkohärenz der Regelungen notwendig eine protektionistische Intention zugrunde liegt[255]. Zwar wurden auch in *EC-Hormones* objektive Elemente, wie die Struktur der Maßnahme, für die Frage der Intention berücksichtigt. Es scheint aber, dass bei *EC-Hormones* das Vorliegen auch nicht-protektionistischer Motive dazu führte, im Zweifel gegen eine protektionistische Intention und somit eine verschleierte Handelsbeschränkung zu entscheiden, während in *Australia-Salmon* bereits die ersten zwei Voraussetzungen von Art. 5 Abs. 5 ein starkes Indiz für ein solches Handelshemmnis darstellten. Hier wurde im Zweifel eine verschleierte Handelsbeschränkung an-

---

[248] *Victor,* NYJILP 2000, S. 865 ff. (903 f.). *EC-Hormones,* AB Report, para. 244 weist außerdem darauf hin, dass bei formal nicht diskriminierenden Maßnahmen auch die Produktion der für den Export bestimmten einheimischen Produkte betroffen ist; *Classen,* UTR 49 (1999), S. 345 ff. (361).

[249] Vgl. *Hurst,* EJIL 1998, S. 1 ff. (21); *Eggers,* EuZW 1998, S. 147 ff. (149).

[250] *Victor,* NYJILP 2000, S. 865 ff. (925 f.).

[251] Dazu oben § 3 II.3.c). *Hurst,* EJIL 1998, S. 1 ff. (22); *Eggers,* EuZW 1998, S. 147 ff. (149).

[252] Die Legitimität des gewählten Schutzniveaus kann also von der vorhergehenden Risikoabschätzung abhängen. Dazu *Victor,* NYJILP 2000, S. 865 ff. (883).

[253] Die unbegründete Änderung in einem Vorentwurf wurde dabei wegen der Möglichkeit eines protektionistischen Lobbyingversuches als Indiz für ein verschleiertes Handelshemmnis gewertet. *Australia-Salmon,* AB Report, para 170 ff. Dazu *Victor,* NYJILP 2000, S. 865 ff. (908).

[254] *Australia-Salmon,* AB Report, para 159 ff. Dazu *Pauwelyn,* JIEL 1999, S. 641 ff. (655); *Quintillán,* JWT 1999, S. 147 ff. (169).

[255] Kritisch *Charnovitz,* TLNELJ 2000, S. 271 ff. (284), der einwendet, dass so ein schwer zu rechtfertigender Unterschied zwischen der Behandlung irrationaler nationaler Politik im Bereich Gesundheit, wo dies verboten ist, und im Bereich von Zöllen, wo dies erlaubt ist, gemacht wird.

genommen, indem weniger die Intention des Mitgliedstaats untersucht wurde, sondern die objektiven Umstände der Maßnahme. Der AB scheint damit die Untersuchung der Intention als entscheidendes Kriterium für eine verschleierte Handelsbeschränkung aufgegeben zu haben[256].

b) Verbot von Diskriminierung und verschleierten Handelsbeschränkungen durch die Maßnahmen an sich (Art. 2 Abs. 3)

Art. 2 Abs. 3 verlangt auch bezüglich der einzelnen Maßnahmen Kohärenz bei der Anwendung intern und gegenüber Drittstaaten[257]. Verboten sind daher willkürliche und ungerechtfertigte Diskriminierungen zwischen Mitgliedstaaten, in denen ähnliche Bedingungen herrschen, sowie die Anwendung der Maßnahmen in einer Weise, die zu verschleierten Handelsbeschränkungen führt. Art. 2 Abs. 3 greift damit die GATT-Verpflichtungen aus Art. I.1 und III.4 auf[258] und lehnt sich in der Formulierung an den sog. „Chapeau" von Art. XX an[259], was dazu geführt hat, dass Art. 2 Abs. 3 teilweise als allgemeine Verhältnismäßigkeitsprüfung verstanden wird[260]. In der bisherigen Spruchpraxis wurde Art. 2 Abs. 3 jedoch nicht unabhängig von Art. 5 Abs. 5 angewandt[261]. Vielmehr gilt Art. 5 Abs. 5 als die speziellere Norm, deren Verletzung einen Verstoß gegen Art. 2 Abs. 3 impliziert[262]. Angesichts der strengen Überprüfung von Art. 5 Abs. 5 scheint Art. 2 Abs. 3 daher keine wesentliche Rolle für die Streitentscheidung zuzukommen.

---

[256] *Pauwelyn*, JIEL 1999, S. 641 ff. (655). *Howse/Mavroidis*, FDMILJ 2000, S. 317 ff. (341) erklären diese Abweichung dabei mit dem Vorliegen von Gesundheitsgefahren und potentieller Lebensgefahr und den entsprechenden Verbraucherängsten in *EC-Hormones*, was bedeuten würde, dass der AB bei Gesundheits- und Lebensgefahren etwas geringere Maßstäbe an Art. 5 Abs. 5 anlegt. Da der AB aber in *EC-Hormones* das Vorliegen eines Risikos verworfen hatte, überzeugt diese Erklärung nicht bedingt. Allenfalls die Verbraucherängste, die im Fall *Australia-Salmon* fehlten, könnten eine Erklärung für den unterschiedlichen Ausgang sein. Es scheint aber nichtsdestotrotz eine Tendenz des AB hin zu einem objektiveren Test für ein verstecktes Handelshemmnis zu geben.
[257] *Quintillán*, JWT 1999, S. 147 ff. (167).
[258] *Pauwelyn*, JIEL 1999, S. 641 ff. (653). Art. 2 Abs. 3 SPS vergleicht aber nicht Produkte, sondern die Bedingungen in den Mitgliedstaaten.
[259] Ebenso *Australia-Salmon*, AB Report, para. 251. *Kennedy*, FDLJ 2000, S. 81 ff. (84).
[260] *Ritter*, EuZW 1997, S. 133 ff. (134); *Streinz*, UTR 36 (1996), S. 435 ff. (443). Zum Teil wird sogar aus dem Vergleich mit Art. 30 EGV eine allgemeine Kosten-Nutzen-Analyse im Rahmen der Abwägung erwogen. Ablehnend *Barcelo*, CNLILJ 1994, S. 755 ff. (773 f.); *Bohanes*, CLMJTL 2002, S. 323 ff. (382).
[261] Vgl. *Australia-Salmon*, AB Report, para. 178, 240, 255; *Charnovitz*, TLNELJ 2000, S. 271 ff. (286).
[262] *Australia-Salmon*, AB Report, para. 248, 252.

c) Anwendung auf die europäischen Kennzeichnungsvorschriften

Wie gezeigt, liegt der Schwerpunkt des Diskriminierungsverbotes bei Art. 5 Abs. 5. Zu prüfen ist also, ob das Schutzniveau für gentechnisch veränderte Lebensmittel sich ungerechtfertigt von den Schutzniveaus in vergleichbaren Situationen unterscheidet und dies zu einer Diskriminierung oder einer verschleierten Handelsbeschränkung führt. Zunächst müssten also unterschiedliche Schutzniveaus in unterschiedlichen, vergleichbaren Situationen bestehen. Da die Vergleichbarkeit der Situationen sehr weit gefasst wird, wäre ein Vergleich mit der Behandlung von herkömmlich hergestellten Lebensmitteln möglich, wie beispielsweise auf herkömmliche Weise gezüchteter Mais[263]. Diese Lebensmittel unterliegen keiner Kennzeichnungspflicht, die der hier untersuchten entspricht. Darin könnte ein Ausdruck unterschiedlicher Schutzniveaus gesehen werden.

Allerdings ist die Vergleichbarkeit hier zweifelhaft, da im Gegensatz zu herkömmlichen Zuchtmethoden, die genetische Veränderungen durch Selektion, Kreuzungen und Hybridisierung erreichen, mit Hilfe der modernen Gentechnik im Wege des Gentransfers Gattungs-, Ordnungs-, Klassen-, ja sogar Reichsgrenzen[264] überwunden werden können, die bisher aufgrund von Vermehrungsinkompatibilität bestanden[265]. Mit Hilfe der Gentechnik werden also natürliche Kreuzungsgrenzen künstlich überwunden, was zu weit größeren Änderungsmöglichkeiten und Änderungsgeschwindigkeiten führt[266].

Um die Behandlung solcher künstlichen Änderungen ging es auch in *EC-Hormones*. Dort wurde die Gleichbehandlung natürlicher und künstlicher Hormone als „absurd" verworfen, da zwischen beiden fundamentale Unterschiede bestünden[267]. Dementsprechend müssten auch natürliche Änderungen des Erbguts durch Kreuzungen, Selektion und Hybridisierung nicht demselben Schutzniveau unterworfen werden wie die künstlichen, natürliche Kreuzungsgrenzen überwindenden Änderungen durch die Gentechnik[268]. Auch die unterschiedliche

---

[263] Dazu *Howse/Mavroidis*, FDMILJ 2000, S. 317 ff. (365 f.).

[264] I.e. die Grenzen zwischen Tier- und Pflanzenreich.

[265] *Bjerregaard*, EFLR 1998, S. 1 ff.; *Barling*, European Environment 1996, S. 48 ff. (49). Dies übersieht *Adler*, TXILJ 2000, S. 173 ff. (175), der die Gentechnik als bloße Fortführung der herkömmlichen Züchtung betrachtet.

[266] *Howse/Mavroidis*, FDMILJ 2000, S. 317 ff. (367).

[267] *EC-Hormones*, AB Report, para. 221 ff. Dazu *Streinz*, EFLR 1998, S. 265 ff. (277); *Teel*, NYUELJ 2000, S. 649 ff. (696); *Classen*, UTR 49 (1999), S. 345 ff. (360).

[268] Ähnlich *Eggers*, EuZW 1998, S. 147 ff. (149 Fn. 37). A.A. *Stökl*, Aussenwirtschaft 2001, S. 327 ff. (345), der dabei aber den Aspekt der Überwindung von natürlichen Grenzen als den vergleichbaren Faktor bei künstlichen Hormonen und GVO außer Acht lässt. Denn in *EC-Hormones*, AB Report, para. 221 ff. wurde der Vergleich zwischen der Kontrolle natürlich vorkommender und künstlicher Hormone auch deswegen als absurd bezeichnet, da der Gehalt an natürlichen Hormonen im Fleisch praktisch nicht kontrollierbar sei. Ebenso können die Resultate herkömmlicher Züchtungen

§ 10 Vereinbarkeit mit dem SPS-Übereinkommen

Behandlung der Gentechnik in der Medizin im Vergleich zum Lebensmittelsektor würde keinen Verstoß gegen Art. 5 Abs. 5 darstellen, da der AB in *EC-Hormones* der EG zugestand, den Einsatz von künstlichen Hormonen bei therapeutischen und zootechnischen Verwendungen wegen der Unterschiede in Häufigkeit und Ausmaß des Einsatzes anders zu behandeln als den Einsatz in der normalen Tierzucht[269]. Nach alledem fehlt es hier bereits an den vergleichbaren Situationen, in denen unterschiedliche Schutzniveaus angewandt werden[270].

Allerdings könnte die Tatsache, dass Lebensmittel, die mit Hilfe von GVO hergestellt wurden, ohne diese zu enthalten[271], nicht gekennzeichnet werden müssen, als Inkonsistenz in den Schutzniveaus verstanden werden[272]. Auch hier wird aber wohl nicht von einem ungerechtfertigten Unterschied ausgegangen werden können, da das Risiko in Bezug auf die Gesundheit in dem Verzehr von GVO bzw. veränderten Proteinen oder DNA liegt[273]. Da diese in den Lebensmitteln fehlen, liegt ebenfalls kein ungerechtfertigter Unterschied vor.

---

auch in der Natur vorkommen, da keine natürlichen Barrieren überwunden werden. Eine Kontrolle herkömmlicher Züchtungen ist somit ebenso schwierig, da sie theoretisch auch natürlich geschehen könnten. Dies ist hingegen bei der Herstellung von GVO unter Überwindung der natürlichen Reproduktionsgrenzen nicht möglich und entspricht damit der Situation in Bezug auf künstliche Wachstumshormone.

[269] *EC-Hormones*, AB Report, para. 223 ff. Dazu *Teel*, NYUELJ 2000, S. 649 ff. (696). Allerdings wurde ein Hormonverbot nur bei der Rinderzucht, nicht aber bei der Schweinezucht, als mit SPS unvereinbar betrachtet; dazu *Classen*, UTR 49 (1999), S. 345 ff. (360).

[270] Ebenso *Howse/Mavroidis*, FDMILJ 2000, S. 317 ff. (367), wobei zu beachten ist, dass der AB in *EC-Hormones* keine klare Trennung zwischen der Vergleichbarkeit der Situationen und dem Vorliegen ungerechtfertigter Unterschiede macht. Käme man entgegen der hier vertretenen Ansicht zum Ergebnis, dass die Situationen vergleichbar sind, so wäre eine Verurteilung der EG wahrscheinlich, da herkömmliche Lebensmittel keiner entsprechenden Kennzeichnung unterworfen sind, aufgrund der Vergleichbarkeit der Situationen auch keine Rechtfertigung unter Berufung auf die grundsätzliche Andersartigkeit gentechnisch veränderter Produkte möglich ist und aus dem Entfallen der Kompromisslösung der „Kann-Enthalten"-Kennzeichnung in der Gesetzgebungsgeschichte nach der Argumentation in *Australia-Salmon* auf eine Diskriminierung geschlossen werden könnte. Dies würde gelten, obwohl der AB in *EC-Hormones*, AB Report, para. 245 berücksichtigt hat, dass das Hormonverbot auch allen Produzenten von hormonfreiem Fleisch außerhalb der EG nützt, eine Argumentation, die sich auch auf gentechnisch veränderte Lebensmittel übertragen ließe.

[271] Ein in Europa wichtiges Beispiel ist Käse, der mit gentechnisch veränderten Enzymen hergestellt wurde. Dazu *Streinz*, ZUR 1999, S. 16 ff. (18); *Streinz*, ZLR 1998, S. 53 ff. (58).

[272] Diese Argumentation könnte aber dazu führen, dass die EG auch diese Lebensmittel der Kennzeichnungspflicht unterwirft, womit die unterschiedliche Behandlung ebenfalls beendet wäre. Art. 5 Abs. 5 kann sowohl durch eine Anpassung des Schutzniveaus nach oben als auch nach unten erfüllt werden; dazu *Charnovitz*, TLNELJ 2000, S. 271 ff. (285).

[273] Das Gesundheitsrisiko muss die EG in der Risikobewertung beweisen. Dazu oben II.1.

Allenfalls die Tatsache, dass gentechnisch veränderte Extraktionsmittel nicht gekennzeichnet werden müssen[274], kann tatsächlich als ungerechtfertigte Inkonsistenz begriffen werden. Diese Unterschiede in den Schutzniveaus zwischen zu kennzeichnenden Zusatzstoffen und nicht zu kennzeichnenden veränderten Extraktionsmitteln müssten weiterhin zu einer Diskriminierung oder einem verschleierten Handelshemmnis führen. Während nach *EC-Hormones* diesbezüglich eine diskriminierende Intention aufgezeigt werden müsste, würde der AB nach der neueren Entscheidung in *Australia-Salmon* hingegen einen objektiveren Test anwenden[275]. Insbesondere könnte der AB aus einer fehlenden Risikoabschätzung für Extraktionsmittel ableiten, dass die unterschiedliche Behandlung tatsächlich eine verschleierte Handelsbeschränkung darstellt. Die EG könnte sich auch nicht darauf berufen, dass die entsprechende Verordnung gerade überarbeitet wird mit dem Ziel, die Ausnahme für Extraktionsmittel abzuschaffen[276]. Im Gegenteil würde der AB darin ein Eingeständnis der Willkürlichkeit der Unterscheidung sehen[277]. Allerdings dürften gentechnisch veränderte Extraktionsmittel im Streit um die Kennzeichnung gentechnisch veränderter Lebensmittel wegen ihrer Seltenheit eine eher untergeordnete Rolle spielen[278]. Insgesamt ist die Kennzeichnung gentechnisch veränderter Lebensmittel daher mit Art. 5 Abs. 5 konform[279].

4. Gleichwertigkeit anderer Schutzmaßnahmen

Art. 4 sieht vor, dass die Mitglieder ihre jeweiligen Schutzmaßnahmen als gleichwertig anerkennen, wenn das Ausfuhrmitglied dem Einfuhrmitglied objektiv nachweist, dass seine Maßnahmen das Schutzniveau des Einfuhrmitglieds erreichen[280]. Die USA könnten also argumentieren, dass ihre Behandlung von gen-

---

[274] Dazu oben § 4 II.1.; § 5 I.3.

[275] Dazu oben II.3.a).

[276] In Art. 3 des Vorschlags der Kommission vom 25.7.2001 für eine Verordnung des Europäischen Parlaments und des Rates über gentechnisch veränderte Lebens- und Futtermittel, KOM(2001) 425 endg., ABl. Nr. C 304 E vom 30.10.2001, S. 221 ff. ist die Ausnahme für Extraktionsmittel im Geltungsbereich der Verordnung nicht mehr enthalten.

[277] Zur entsprechenden Argumentation in *EC-Hormones Hurst*, EJIL 1998, S. 1 ff. (19).

[278] Zu Recht weist *Rehbinder*, ZUR 1999, S. 6 ff. (10) darauf hin, dass Extraktionslösungsmittel gentechnisch nicht sehr bedeutsam sind.

[279] Ebenso *Fredland*, VDBJTL 2000, S. 183 ff. (214 f.); *Howse/Mavroidis*, FDMILJ 2000, S. 317 ff. (367).

[280] *Charnovitz*, TLNELJ 2000, S. 271 ff. (287); *Senti*, S. 494. Der Transparenz für das Zustandekommen nationaler Regelungen dient außerdem die Notifizierung nach Art. 7 SPS iVm. Anhang B; dazu *Barcelo*, CNLILJ 1994, S. 755 ff. (763). Zur Bedeutung der Notifizierung für die Regelung von GVO *Macmillan/Blakeney*, Int.T.L.R. 2000, S. 161 ff. (165).

technisch veränderten Lebensmitteln das Schutzniveau der EG erreicht[281]. Allerdings müssten die USA diesen Nachweis erbringen[282], was angesichts der bedeutenden fundamentalen Unterschiede in der Behandlung der Gentechnik zweifelhaft ist[283]. Eine streitentscheidende Rolle des Art. 4 in einem eventuellen Verfahren zwischen der EG und den USA erscheint daher unwahrscheinlich[284].

5. Harmonisierung mit internationalen Standards

a) Überblick über die Systematik des Art. 3 Abs. 1–3 SPS

Neben den Anforderungen an die Wissenschaftlichkeit stellt Art. 3 mit seiner Forderung nach der Harmonisierung nationaler Maßnahmen mit internationalen Standards den zweiten wesentlichen Maßstab zur Überprüfung dar, ob eine Maßnahme tatsächlich dem Gesundheitsschutz dient, oder ob es sich um ein protektionistisches Handelshemmnis handelt. Hintergrund ist die Überlegung, dass Staaten, die sich an die internationalen Vorgaben in Bezug auf Maßnahmen zum Gesundheitsschutz halten, nicht protektionistisch handeln, da die internationale Gemeinschaft diese Maßnahmen als notwendig ansieht[285]. Statt des objektiven Maßstabs der wissenschaftlichen Begründung wird also der Maßstab des internationalen Konsenses angelegt. Zu diesem Zweck sieht Art. 3 Abs. 2 vor, dass Maßnahmen, die internationalen Normen[286], Richtlinien oder Empfehlungen *entsprechen*, als notwendig zum Schutz des Lebens oder der Gesundheit und als im Einklang mit den einschlägigen Bestimmungen des SPS und des GATT gelten[287], auch wenn diese Konformitätsvermutung nach Ansicht des

---

[281] *Macmillan/Blakeney*, Int.T.L.R. 2000, S. 131 ff. (136).

[282] Vgl. *Eckert*, ZLR 1995, S. 363 ff. (374). Allerdings scheint nach dem Wortlaut von Art. 4 eine objektive Darlegung zu genügen. Ebenso *Schultz*, WOCO 1994, S. 77 ff. (85).

[283] Dies gilt insbesondere im Bereich der Kennzeichnung, wo die USA nur sehr rudimentär Risikokommunikation betreiben. Dazu oben § 1 I.5.a).

[284] Dafür spricht auch die Tatsache, dass Art. 4 bislang keine Rolle in der Streitschlichtung spielte. Dazu *Victor*, NYJILP 2000, S. 865 ff. (936).

[285] Dementsprechend gelten die Verpflichtungen des Art. 3 Abs. 1–3 nur, wenn tatsächlich internationale Standards existieren. Dazu *Hurst*, EJIL 1998, S. 1 ff. (5). Ansonsten gelten die übrigen Anforderungen des SPS. Kritisch zum Bezug des SPS auf die Standards internationaler Foren und deren Fähigkeit, in wissenschaftlichen Streitfragen, beispielsweise in Bezug auf Langzeiteffekte, zu gemeinsamen Lösungen zu kommen *Kerr*, The World Economy 1999, S. 245 ff. (253 f.).

[286] Während die englische Fassung hier von „standards" spricht, lauten die französische und spanische Fassung auf „normes" bzw. „normas". Im Folgenden werden „Standards" und „Normen" im Zusammenhang von Art. 3 Abs. 2 daher als deckungsgleich verwendet.

[287] Art. 3 Abs. 2: „measures which conform to international standards, guidelines or recommendations shall be deemed necessary ... and presumed to be consistent ..."; vgl. *Pauwelyn*, ZLR 2000, S. 843 ff. (846); *Streinz*, EFLR 1998, S. 265 ff. (272).

AB widerlegbar ist[288]. Falls Maßnahmen also internationalen Normen entsprechen, braucht ein Mitgliedstaat keine eigene Risikobewertung vorzunehmen und gilt als gerechtfertigt[289].

Daneben verlangt Art. 3 Abs. 1, dass Mitgliedstaaten sich bei ihren gesundheitspolizeilichen Maßnahmen auf internationale Empfehlungen *stützen*, um eine möglichst weitgehende Harmonisierung dieser Maßnahmen zu erreichen[290]. Das Verhältnis von Abs. 1 zu Abs. 2 war dabei zunächst unklar[291]. Das Panel ging in *EC-Hormones* davon aus, dass schon nach Abs. 1 die nationalen Standards den internationalen entsprechen müssten, sonst entstünden Rechtfertigungspflichten nach Art. 3 Abs. 3[292]. Der AB stellt hingegen klar, dass es für ein *„sich stützen"* genüge, wenn nur einige, aber nicht alle Elemente des internationalen Standards übernommen würden[293]. Zur Begründung wurde darauf hingewiesen, dass sonst internationale Vorgaben zu zwingenden Normen würden, obwohl sie nicht als solche verabschiedet wurden[294]. Außerdem berief sich der AB darauf, dass die unterschiedlichen Formulierungen in Art. 3 Abs. 1–3 kein Zufall seien[295] und dass eine umfassende Harmonisierung

---

[288] *EC-Hormones*, AB Report, para. 170. Ebenso *Streinz,* ZLR 1996, S. 123 ff. (139). Für hohe Anforderungen an die Widerlegung dieser Regelvermutung *Fredland,* VDBJTL 2000, S. 183 ff. (206). Kritisch *Charnovitz,* The International Lawyer 1998, S. 901 ff. (913 f.), der bemängelt, dass der AB die abweichende Formulierung in Art. 2.5 TBT, die dies ausdrücklich vorsieht, außer Acht gelassen hat. A.A. *Barcelo,* CNLILJ 1994, S. 755 ff. (764, 767), der die Vermutung für unwiderleglich hält.

[289] *Pauwelyn,* ZLR 2000, S. 843 ff. (847).

[290] Dazu *Macmillan/Blakeney,* Int.T.L.R. 2000, S. 131 ff. (134). Die „weiche" Formulierung des Art. 3 Abs. 1 ist auch ein Resultat der Befürchtungen der Entwicklungsländer, dass sie gezwungen würden, strengere Maßnahmen anzuwenden, als sie sich leisten können, und der Industrieländer, die eine Abwärtsharmonisierung und die Gefahr sahen, schwer erkämpfte Kompromisse zwischen Verbrauchern und Industrie umstoßen zu müssen. Daher erlaubt SPS ein Abweichen von internationalen Standards nach oben und unten. Dazu *Victor,* NYJILP 2000, S. 865 ff. (878 f.).

[291] *Classen,* UTR 49 (1999), S. 345 ff. (349); *Hurst,* EJIL 1998, S. 1 ff. (5).

[292] *Quick/Blüthner,* JIEL 1999, S. 603 ff. (611).

[293] *EC-Hormones*, AB Report, para. 163 ff. Dazu *Quintillán,* JWT 1999, S. 147 ff. (162). Damit reicht für „gestützt auf" eine relativ schwache Verbindung zwischen der Maßnahme und dem Standard. Dies entspricht auch dem Gebrauch von „gestützt auf" im Zusammenhang mit Art. 5 Abs. 1 und betont die analoge Funktion von Art. 5 Abs. 1 und Art. 3 Abs. 1; dazu *Hurst,* EJIL 1998, S. 1 ff. (7). Eine Maßnahme nach Art. 3 Abs. 1 liegt vor, wenn ein Mitgliedstaat den internationalen Standard des „Acceptable Daily Intake" für einen Schadstoff übernimmt, aber den „Maximum Residue Limit" für Rückstände dieses Schadstoffes in Lebensmitteln an die Ernährungsgewohnheiten der Bevölkerung anpasst, ohne dass es zu einem höheren Schutzniveau kommt. Dazu *Walker,* CNLILJ 1998, S. 251 ff. (274 f.).

[294] *EC-Hormones*, AB Report, para. 165. *Classen,* UTR 49 (1999), S. 345 ff. (349); *Wetzig,* ZLR 2000, S. 11 ff. (13). Kritisch dazu *Quick/Blüthner,* JIEL 1999, S. 603 ff. (613). Diese entspricht dem völkerrechtlichen Grundsatz *„in dubio mitius".*

[295] *EC-Hormones*, AB Report, para. 163 f. *Hurst,* EJIL 1998, S. 1 ff. (6); *Wetzig,* ZLR 2000, S. 11 ff. (12).

§ 10 Vereinbarkeit mit dem SPS-Übereinkommen

ein erst in der Zukunft zu erreichendes Ziel sei[296]. Allerdings gilt auch nur für Art. 3 Abs. 2 die Konformitätsvermutung[297].

Art. 3 Abs. 3 sieht vor, dass ein Mitgliedstaat mit seinen Maßnahmen auch ein höheres Schutzniveau als das internationale anstreben darf[298]. Falls er Maßnahmen ergreift, die über die internationalen Standards hinausgehen, bedarf es dafür nach Art. 3 Abs. 3 S. 1, 1. Alt. einer wissenschaftlichen Begründung[299] oder nach Art. 3 Abs. 3 S. 1, 2. Alt. müssen sich die Maßnahmen als Folge des vom Mitgliedstaat nach Art. 5 Abs. 1–8 festgelegten Schutzniveaus ergeben[300]. Art. 3 Abs. 3 S. 1 scheint also zwei alternative Begründungsmöglichkeiten für eine Abweichung nach oben von internationalen Standards zu eröffnen[301]: Nach der ersten Alternative kann ein Mitgliedstaat den internationalen Standard angreifen, indem er darlegt, dass er wissenschaftlich überholt ist[302], während er nach der zweiten Alternative die Wahl eines eigenen, höheren Schutzniveaus nach einer entsprechenden Risikoabschätzung gelten machen kann[303]. Der tatsächliche Unterschied ist aber minimal, da es in jedem Fall einer wissenschaftlichen Risikobewertung nach Art. 5 Abs. 1–3[304] und des Nachweises bedarf, dass die gewählte Maßnahme eine Reduktion des Risikos im Vergleich zum

---

[296] *Quick/Blüthner*, JIEL 1999, S. 603 ff. (611); *Cameron/Campbell*, S. 204 ff. (208); *Rabe*, ZLR 1998, S. 129 ff. (135).

[297] *Macmillan/Blakeney*, TLNJTIP 2001, S. 93 ff. (97) weisen aber zurecht darauf hin, dass unklar ist, ob auch Maßnahmen nach Art. 3 Abs. 1 Art. 5 erfüllen müssen. So wohl *Pauwelyn*, ZLR 2000, S. 843 ff. (846).

[298] *Douma/Jacobs*, EELR 1999, S. 137 ff. (139). Zu den Möglichkeiten und Folgen einer Überschneidung mit Art. 3 Abs. 1 *Classen*, UTR 49 (1999), S. 345 ff. (349 f.).

[299] Nach der offiziellen Fußnote zu Art. 3 Abs. 3 liegt eine wissenschaftliche Begründung vor, „wenn ein Mitglied auf der Grundlage einer Prüfung und Bewertung verfügbarer wissenschaftlicher Angaben gemäß den einschlägigen Bestimmungen dieses Übereinkommens festlegt, dass die einschlägigen internationalen Normen, Richtlinien oder Empfehlungen nicht ausreichen, um das für angemessen erachtete Schutzniveau zu erreichen". Unklar bleibt, welcher Art die wissenschaftlichen Angaben sein müssen und nach welchen Kriterien die Verfügbarkeit bestimmt wird; dazu *Ritter*, EuZW 1997, S. 133 ff. (134). *Hurst*, EJIL 1998, S. 1 ff. (15) will hier geringere Anforderungen an einen Nachweis stellen, da bereits nach der Wissenschaftlichkeit der Beweise gefiltert wurde.

[300] *Classen*, UTR 49 (1999), S. 345 ff. (348).

[301] *Quick/Blüthner*, JIEL 1999, S. 603 ff. (614).

[302] *Walker*, CNLILJ 1998, S. 251 ff. (275 f.).

[303] *Walker*, CNLILJ 1998, S. 251 ff. (276).

[304] *EC-Hormones*, AB Report, para. 175 ff. Dies ergibt sich für die zweite Alternative aus dem Wortlaut und für die erste Alternative aus der Fußnote zu Art. 3 Abs. 3 („verfügbarer wissenschaftlicher Angaben, gemäß den einschlägigen Bestimmungen dieses Übereinkommens"). Außerdem fordert Art. 3 Abs. 3 S. 2 eine generelle Übereinstimmung von Maßnahmen mit den übrigen Vorschriften dieses Übereinkommens. Zum ganzen *Classen*, UTR 49 (1999), S. 345 ff. (352 f.). *Streinz*, UTR 36 (1996), S. 435 ff. (443) plädiert dafür, die wissenschaftliche Rechtfertigung nur als gesteigerte Darlegungslast und nicht als Beweislast zu verstehen, an die aber trotzdem strenge Anforderungen zu stellen seien.

internationalen Standard bewirkt[305]. Falls ein Mitgliedstaat also vom internationalen Schutzstandard nach oben abweichen will, muss er die übrigen Voraussetzungen des SPS erfüllen[306]. Dabei wird die Maßnahme dann wieder am Maßstab der Wissenschaftlichkeit gemessen[307].

Die Absätze 1–3 des Art. 3 betreffen dabei jeweils unterschiedliche Situationen und stehen nicht im Regel-Ausnahme-Verhältnis[308]. Eine besondere Beweislast trägt der nach oben abweichende Mitgliedstaat daher nicht[309]. Es bleibt auch unter Art. 3 Abs. 3 bei der allgemeinen Beweislastverteilung, nach der der beschwerdeführende Mitgliedstaat einen *prima-facie*-Beweis eines Verstoßes zu erbringen hat, während der die Maßnahme verteidigende Mitgliedstaat diesen entkräften muss[310]. Auch Art. 3 Abs. 2 führt nicht dazu, dass eine Maßnahme, die nicht den internationalen Standards entspricht, von dem sie ergreifenden Staat zu rechtfertigen ist[311]. Der beschwerdeführende Staat muss also beweisen, dass eine internationale Norm existiert, die beanstandete Maßnahme davon abweicht und ein höheres Schutzniveau beinhaltet, für die Maßnahme keine wissenschaftliche Begründung vorliegt und eine stützende Risikobewertung nicht vorliegt[312].

b) Vorliegen von internationalen Normen

Im Rahmen des SPS findet nicht jede internationale Norm Beachtung, sondern Anhang A Nr. 3 SPS bestimmt, welche Normen welcher Organisationen für Art. 3 Abs. 2 relevant sind. Für Angelegenheiten, die nicht durch die ausdrücklich genannten Organisationen abgedeckt sind, kommen nach Anhang A Nr. 3 d) Normen, Richtlinien und Empfehlungen anderer einschlägiger internationaler Organisationen in Betracht, deren Mitgliedschaft nach Feststellung des

---

[305] *Walker*, CNLILJ 1998, S. 251 ff. (276). Ebenso *Rabe*, ZLR 1998, S. 129 ff. (137 f.).

[306] *Pauwelyn*, ZLR 2000, S. 843 ff. (847); *Classen*, UTR 49 (1999), S. 345 ff. (352 f.); *Charnovitz*, TLNELJ 2000, S. 271 ff. (287).

[307] *EC-Hormones*, AB Report, para. 177. Vgl. auch *Streinz*, ZLR 1995, S. 397 ff. (402 f.); *Hilf*, NVwZ 2000, S. 481 ff. (487).

[308] *EC-Hormones*, AB Report, para. 170 ff. Dazu *Macmillan/Blakeney*, TLNJTIP 2001, S. 93 ff. (97); *Quick/Blüthner*, JIEL 1999, S. 603 ff. (608); *Wetzig*, ZLR 2000, S. 11 ff. (14).

[309] *EC-Hormones*, AB Report, para. 102 ff., 253(a); *Charnovitz*, TLNELJ 2000, S. 271 ff. (287); *Eggers*, EuZW 1998, S. 147 ff. (148).

[310] *EC-Hormones*, AB Report, para. 108 f. Ebenso *Classen*, UTR 49 (1999), S. 345 ff. (357); *Streinz*, EFLR 1998, S. 265 ff. (272). Zum Vergleich der Beweislast mit GATT siehe *Barcelo*, CNLILJ 1994, S. 755 ff. (774 f.).

[311] *Fredland*, VDBJTL 2000, S. 183 ff. (207); *Pauwelyn*, JIEL 1999, S. 641 ff. (659 f.). Ebenso *Cameron/Campbell*, S. 204 ff. (208); *Eggers*, EuZW 1998, S. 147 ff. (148).

[312] *Rabe*, ZLR 1998, S. 129 ff. (137).

§ 10 Vereinbarkeit mit dem SPS-Übereinkommen 289

Ausschusses allen Mitgliedern offensteht. Für Fragen der Nahrungsmittelsicherheit werden ausdrücklich die Normen, Richtlinien und Empfehlungen der Codex Alimentarius Kommission (CAK) bezeichnet.

Die CAK ist eine gemeinsame Unterorganisation von FAO (Food and Agricultural Organization of the UN) und WHO (World Health Organization)[313] mit mehr als 160 Mitgliedsstaaten, die 98% der Weltbevölkerung repräsentieren[314], darunter auch alle Mitgliedstaaten der EG, nicht aber die EG selbst[315]. Die CAK soll die Ausarbeitung und Festlegung internationaler Definitionen und Anforderungen an Lebensmittel fördern, und so die Verbrauchergesundheit schützen und einen fairen Handel sicherstellen[316]. Ziel des Codex ist also nicht der Freihandel an sich, sondern dieser soll mittelbar durch die Sicherstellung des Täuschungsschutzes und gleicher Wettbewerbsbedingungen erreicht werden[317].

Wichtigstes Werkzeug dazu sind die Codex-Standards, die umfassende Anforderungen an die Zusammensetzung, Qualität, Behandlung und Kennzeichnung aller hauptsächlich zur Abgabe an den Endverbraucher bestimmten Lebensmittel stellen[318]. Codex-Standards werden in acht Schritten mit einfacher Mehrheit verabschiedet[319] und sind verbindlich, wenn sie von den Mitgliedstaaten förmlich angenommen und umgesetzt wurden[320]. Daneben können auch Richtlinien und sonstige Verhaltensregeln ohne bindende Wirkung verabschiedet werden[321].

---

[313] Ausführlich *Wetzig*, S. 87 ff.; *Merkle*, S. 1 ff.
[314] *King*, DRAKEJAL 2001, S. 241 ff. (254). Vgl. *Francer*, VAJSPL 2000, S. 257 ff. (308).
[315] *Ritter*, EuZW 1997, S. 133 ff. (135); *Streinz*, ZLR 1998, S. 145 ff. (173). Codex Standards und Richtlinien im Bereich der Lebensmittelkennzeichnung dienten aber als Vorlagen für die entsprechenden EG-Richtlinien; dazu *Eckert*, ZLR 1995, S. 363 ff. (379 f.). Auch der EuGH hat in seinen Urteilen auf die Bedeutung internationaler Standards hingewiesen; dazu *Wetzig*, S. 92 f.; *Streinz*, ZLR 1991, S. 243 ff. (273 f.).
[316] Dazu *King*, DRAKEJAL 2001, S. 241 ff. (254); *Streinz*, EFLR 1998, S. 265 ff. (269 f.); *Eckert*, ZLR 1995, S. 363 ff. (377).
[317] *Eckert*, ZLR 1999, S. 579 ff. (591). Allerdings ist der Abbau nicht-tarifärer Handelshemmnisse in letzter Zeit immer mehr in den Vordergrund der Codex-Arbeit gerückt; dazu *Streinz*, UTR 36 (1996), S. 435 ff. (448).
[318] *Wetzig*, ZLR 2000, S. 11 ff. (15).
[319] *Streinz*, UTR 36 (1996), S. 435 ff. (449); *Hilf/Eggers*, EuZW 1997, S. 559 ff. (560). Auch wenn Vertreter der Industrie, vereinzelt aber auch von Verbraucherorganisationen, an den Verhandlungen teilnehmen können, dürfen nur Regierungsvertreter abstimmen. Dazu *Victor*, NYJILP 2000, S. 865 ff. (886). Kritisch daher zur demokratischen Legitimation der CAK *Wetzig*, ZLR 2000, S. 11 ff. (16); Zur indirekten Legitimierung durch die Anbindung an demokratische Regierungen *Hilf/Reuß*, ZLR 1997, S. 289 ff. (297).
[320] *Wetzig*, ZLR 2000, S. 11 ff. (15); *Eckert*, ZLR 1995, S. 363 ff. (378). Eine förmliche Annahme und Umsetzung geschah dabei nur in etwa 12% der Fälle. Dazu *Wetzig*, S. 89. *Lell*, S. 195, geht dagegen von einer Unverbindlichkeit der CAK-Standards aus.
[321] *Ritter*, EuZW 1997, S. 133 ff. (135); *Streinz*, EFLR 1998, S. 265 ff. (270 f.).

Die Bezugnahme des SPS auf die Normen der CAK hat dabei erhebliche Auswirkungen, zumal SPS nicht zwischen bindenden Standards und nicht bindenden Richtlinien und sonstigen Verhaltensregeln differenziert[322]. Im Sinne des SPS gelten Standards außerdem als angenommen, wenn die CAK sie verabschiedet hat, unabhängig davon, ob die Mitgliedstaaten sie als bindend akzeptiert und umgesetzt haben[323]. Durch die Bezugnahme des SPS auf den gesamten Normenbestand der CAK kommt allen ihren Normen mittelbare Rechtsverbindlichkeit zu[324], obwohl einige nach dem System der CAK nicht verbindlich sein sollten[325] und nicht mit Blick auf ihre möglicherweise verbindliche Wirkung aufgrund von SPS verabschiedet wurden[326]. Durch die Verknüpfung von SPS und Codex wird die politische Gestaltungsfreiheit im Bereich des Gesundheitsschutzes bei Lebensmitteln reduziert oder zumindest relativiert[327], was ferner dazu führt, dass potentielle Handelskonflikte bereits in den Verhandlungen der CAK ausgetragen werden[328].

---

[322] *Victor*, NYJILP 2000, S. 865 ff. (886 f.). Vgl. *Eckert*, ZLR 1995, S. 363 ff. (381).

[323] *Victor*, NYJILP 2000, S. 865 ff. (891).

[324] *Ritter*, EuZW 1997, S. 133 ff. (135). Vgl. *EC-Hormones*, Panel Report, para. 8.69; dazu *Krenzler/MacGregor*, EFAR 2000, S. 287 ff. (309). Diese Rechtsverbindlichkeit gilt sogar für Staaten, die nur Mitglied der WTO, nicht aber der CAK sind; *Wetzig*, S. 93.

[325] *Wetzig*, ZLR 2000, S. 11 ff. (16); *Streinz*, UTR 36 (1996), S. 435 ff. (450 f.).

[326] *Hilf/Reuß*, ZLR 1997, S. 289 ff. (294). Kritisch *Quintillán*, JWT 1999, S. 147 ff. (189); *Hilf*, NVwZ 2000, S. 481 ff. (487). Daher wird zum Teil gefordert, nur solche Codex-Standards als Bezugsnormen von SPS zuzulassen, die nachträglich bestätigt wurden. Dazu *Eckert*, ZLR 1995, S. 363 ff. (383). Vgl. aber *EC-Hormones*, Panel Report, para. 8.69.

[327] *Streinz*, ZLR 1996, S. 123 ff. (138); *Streinz*, UTR 36 (1996), S. 435 ff. (454). A.A. *Victor*, NYJILP 2000, S. 865 ff. (871 f.). Außerdem wird befürchtet, dass die Verknüpfung zu einer Abwärtsharmonisierung der Gesundheitsstandards im Lebensmittelbereich führt; *Macmillan/Blakeney*, TLNJTIP 2001, S. 93 ff. (98). A.A. *Walker*, CNLILJ 1998, S. 251 ff. (273 f.).

[328] Vgl. nur die Auseinandersetzungen um die Hormonstandards in der CAK, bei der die USA versuchten, die ausschließliche Maßgeblichkeit der gesundheitlichen Beurteilung durch wissenschaftliche Gremien im Verfahrenshandbuch des Codex Alimentarius zu verankern, während die EG auch Aspekte des vorbeugenden Gesundheitsschutzes, des Täuschungsschutzes und allgemeiner politischer Gesichtspunkte berücksichtigt haben wollte, womit sie aber letztlich scheiterte. Dazu *Ritter*, EuZW 1997, S. 133 ff. (137); *Eckert*, ZLR 1999, S. 579 ff. (594). Weiterführend zur Berücksichtigung anderer (nicht wissenschaftlicher) legitimer Faktoren bei der Verabschiedung von Standards *Wetzig*, ZLR 2000, S. 11 ff. (21 f.); *Eckert*, ZLR 1995, S. 363 ff. (387). Ferner führt die Verknüpfung von SPS und CAK dazu, dass auch die Wissenschaftlichkeit der Standards und damit die Risikoabschätzung in der CAK an Bedeutung gewinnt. Daher hat die CAK begonnen, eigene Standards zur Risikoabschätzung zu entwickeln. Dazu oben § 3 Fn. 28, sowie *Victor*, NYJILP 2000, S. 865 ff. (887, 929 f.).

c) Anwendung auf die europäischen Kennzeichnungsvorschriften

Zu prüfen ist somit, ob die Kennzeichnungsvorschriften für gentechnisch veränderte Lebensmittel einer internationalen Norm nach Art. 3 Abs. 2 entsprechen. In diesem Fall würden sie widerlegbar als SPS konform angesehen werden. Streben sie statt dessen ein höheres Schutzniveau an, sind die übrigen Voraussetzungen des SPS zu erfüllen, insbesondere die Anforderungen an die Risikoabschätzung nach Art. 5 Abs. 1–3. Gleiches gilt für den Fall, dass kein internationaler Standard besteht und Art. 3 daher keine Anwendung findet.

Für Fragen der Lebensmittelsicherheit gelten als internationale Normen die Standards der CAK. Die CAK beschäftigt sich seit 1989 mit der Biotechnologie[329] und hat zur Entwicklung von Standards für die Sicherheitsbewertung von gentechnisch veränderten Lebensmitteln eine „Ad Hoc Intergovernmental Task Force on Foods Derived from Biotechnology" gegründet[330]. Daneben werden Kennzeichnungsfragen im Codex Committee on Food Labelling[331] und das Vorsorgeprinzip und die Rückverfolgbarkeit vom „Codex Committee on General Principles" behandelt[332].

Insbesondere der Kennzeichnungsvorschlag für gentechnisch veränderte Lebensmittel[333] ist weit von einer Einigung entfernt[334]. Strittig sind bereits die Kennzeichnungsvoraussetzungen. Nach Ansicht der USA soll eine Kennzeichnungspflicht nur greifen, wenn gentechnisch veränderte Lebensmittel sich gegenüber den konventionellen Lebensmitteln unterscheiden in Bezug auf Zusammensetzung, Nährwert oder bestimmungsgemäßen Gebrauch[335]. Der Vorschlag

---

[329] *Streinz,* EFLR 1998, S. 265 ff. (282 f.). Dazu auch *Macmillan/Blakeney,* Int.T.L.R. 2000, S. 131 ff. (135 f.); *Böckenförde,* S. 89 ff.

[330] Die von der Task Force erarbeiteten Principles for the Risk Analysis of Foods Derived From Modern Biotechnology, CAC/GL 44-2003, wurden inzwischen angenommen. Dazu *Krenzler/MacGregor,* EFAR 2000, S. 287 ff. (310).

[331] Dazu *Streinz,* EFLR 1998, S. 265 ff. (283); *Eggers/Mackenzie,* JIEL 2000, S. 525 ff. (534); *Josling,* S. 117 ff. (127).

[332] *Howse/Mavroidis,* FDMILJ 2000, S. 317 ff. (353). Insbesondere in Bezug auf die Rückverfolgbarkeit gab es bislang wenig Fortschritte. Dazu Food Labelling and Traceability, Codex Committee on Food Labelling, 30th Session, 6.–10.5.2002, CX/FL 02/2-ADD.2. Vgl. auch BRIDGES Trade BioRes Vol. 2 No. 8 vom 2.5.02.

[333] Proposed Draft Guidelines for the Labelling of Food and Food Ingredients Obtained through certain techniques of Genetic Modification/Genetic Engineering, ALINORM 04/27/22 Appendix VI. Allgemein *Macmillan/Blakeney,* TLNJTIP 2001, S. 93 ff. (99); *Grote/Kirchhoff,* S. 1 ff. (32 f.). Lediglich auf eine Allergiekennzeichnung für gentechnisch veränderte Lebensmittel konnte man sich einigen. Vgl. Report of the 24th Codex Alimentarius Commission, Rn. 152. Dazu *Stökl,* S. 205.

[334] Vgl. *Böckenförde,* S. 89. Um Fortschritte zu erzielen, wurde inzwischen zusätzlich eine „physical working group" eingesetzt; vgl. ALINORM 06/29/22, para. 95 ff.

[335] ALINORM 04/27/22 Appendix VI, 1.1.1. Vgl. *Grote/Kirchhoff,* S. 1 ff. (32 f.). Zur Position der USA, die sich einer obligatorischen Kennzeichnung widersetzen *Teel,* NYUELJ 2000, S. 649 ff. (694).

der EG hingegen schreibt eine Kennzeichnung vor, wenn Lebensmittel aus einem GVO oder gentechnisch veränderten Proteinen/DNA bestehen[336]. Außerdem sieht der Vorschlag eine Kennzeichnung aus gesundheitlichen Gründen und aus ethischen Gründen vor und die Möglichkeit der Einführung von Schwellenwerten[337]. Daneben müssen nach einem Vorschlag von Indien und Norwegen auch Lebensmittel gekennzeichnet werden, die aus GVO oder gentechnisch veränderten Proteinen/DNA hergestellt wurden, ohne diese zu enthalten[338], was einer Verfahrenskennzeichnung entspricht. Umstritten war auch lange, ob die durch die Kennzeichnung vermittelte Information für den Schutz der Verbrauchergesundheit und faire Handelspraktiken relevant sein muss, oder ob sie zusätzlich auch die Auswahlfreiheit der Verbraucher fördern soll[339]. Einigkeit besteht lediglich darüber, dass bekannte Allergene angegeben werden müssen[340]. Insofern wäre eine Gesundheitskennzeichnung, soweit sie sich auf Allergene bezieht, jedenfalls in Übereinstimmung mit einer zukünftigen Codex-Richtlinie.

Da sich der Codex-Vorschlag aber noch auf Stufe 4 des Verfahrens befindet, ist mit einer baldigen Verabschiedung angesichts der fundamentalen Unterschiede der Positionen nicht zu rechnen[341]. Da der Wortlaut von Art. 3 Abs. 2 und Anhang A Nr. 3 SPS aber bereits verabschiedete Standards verlangt[342], scheidet eine Berufung auf die in Arbeit befindliche Kennzeichnungsregelung des CAK aus[343].

---

[336] ALINORM 04/27/22 Appendix VI, 1.1.2, 3.4(a).
[337] ALINORM 04/27/22 Appendix VI, 3.3, 3.5, 4.1. Allgemein sehen *Krenzler/ MacGregor*, EFAR 2000, S. 287 ff. (310) Anzeichen dafür, dass sich die europäische Position wenigstens teilweise durchsetzt.
[338] ALINORM 04/27/22 Appendix VI, 1.1.2, 3.4(b).
[339] ALINORM 04/27/22 Appendix VI, Einleitung. *Streinz*, EFLR 1998, S. 265 ff. (283) weist dabei auf die kritische Haltung der USA gegenüber der allgemeinen Verbraucherinformation im Vergleich zur Allergiekennzeichnung hin.
[340] ALINORM 04/27/22 Appendix VI, 3.2. Zur kritischen Position der OECD in Bezug auf die Allergiekennzeichnung siehe auch *Streinz*, EFLR 1998, S. 265 ff. (284).
[341] Auch bei der 34. Sitzung des Codex Committee on Food Labelling vom 1.–5.5.2006 konnten die o. g. Streitpunkte nicht abschließend gelöst werden, so dass die Kennzeichnungsrichtlinien auf Stufe 4 der Verabschiedung verbleiben. Vgl. ALINORM 06/29/22, para. 101.
[342] Siehe oben II.1.c). Dafür spricht auch, dass sich bislang keine Rückschlüsse auf die endgültige Regelung ziehen lassen. Ebenso *Howse/Mavroidis*, FDMILJ 2000, S. 317 ff. (354).
[343] Ebenso *Macmillan/Blakeney*, TLNJTIP 2001, S. 93 ff. (106), die daraus allerdings folgern, dass die europäischen Regelungen leichter unter SPS gerechtfertigt werden können. Dies ist angesichts der Anforderungen des Artikel 5 Abs. 1–3 zu bezweifeln. Dazu oben § 10 II.1. *Fredland*, VDBJTL 2000, S. 183 ff. (215) ist dagegen der Ansicht, dass die europäischen Regelungen gegen CAK-Standards verstoßen. Dabei geht er aber fälschlich davon aus, dass sich die Position der USA in der CAK durchgesetzt hat, was bislang nicht der Fall ist.

Zu prüfen ist ferner, ob die Normen anderer internationaler Organisationen zur Kennzeichnung gentechnisch veränderter Lebensmittel unter Art. 3 Abs. 2 berücksichtigt werden können. Nach Anhang A Nr. 3 d) kommen grundsätzlich die Normen, Richtlinien und Empfehlungen anderer einschlägiger internationaler Organisationen in Betracht. Berücksichtigung finden könnten also die Normen von OECD, FAO, UNEP und das Protokoll von Cartagena zur Biologischen Sicherheit (CPB)[344], das unter dem UN-Übereinkommen über die biologische Vielfalt verabschiedet wurde. Die Tatsache, dass zeitgleich CAK-Standards verhandelt werden, hindert die Berücksichtigung der Normen dieser Organisationen nicht. Zwar kann nur auf andere Organisationen zurückgegriffen werden für Angelegenheiten, die nicht durch die unter Anhang A Nr. 3 a)–c) genannten Organisationen abgedeckt sind. Da aber nur verabschiedete Standards der unter a)–c) genannten Organisationen berücksichtigt werden, kann, solange diese nicht existieren, auf existierende Standards anderer Organisationen zurückgegriffen werden. Die gegenteilige Meinung würde dazu führen, existierende internationale Standards anderer Organisationen zugunsten irgendwann in der Zukunft zu entwickelnder Standards der ausdrücklich genannten Organisationen zu ignorieren. Dies liefe aber dem Zweck von Art. 3 Abs. 2, den Gebrauch internationaler Standards zu fördern, zuwider[345].

Trotz dieser prinzipiellen Offenheit für Standards anderer internationaler Organisationen scheitert deren Berücksichtigung an anderen Faktoren. Normen der OECD zur Kennzeichnung[346] finden beispielsweise keine Berücksichtigung unter SPS, da die OECD, entgegen Anhang A Nr. 3d) SPS, nicht allen Mitgliedern des SPS offen steht[347]. Grundsätzlich kämen als Standards die Erklärungen der FAO zur Biotechnologie in Frage[348], in denen auch Fragen der Kenn-

---

[344] Abgedruckt in ABl. Nr. L 201 vom 31.7.2002, S. 50 ff.

[345] Ebenso *Howse/Mavroidis*, FDMILJ 2000, S. 317 ff. (354). Skeptisch zur Wahrscheinlichkeit eines Rückgriffs auf Normen anderer Organisationen *Macmillan/Blakeney*, TLNJTIP 2001, S. 93 ff. (99).

[346] Die OECD erkennt z.B. die Bedeutung der Kennzeichnung für die Wahlfreiheit der Verbraucher und allgemein eine Verfahrenskennzeichnung an, ohne aber eine detaillierte Kennzeichnungsregelung festzulegen; dazu GM Food Safety: Facts, Uncertainties, And Assessment: The OECD Edinburgh Conference on Scientific and Health Aspects of Genetically Modified Foods (28.2.–1.3.2000), Chairman's Report, para. 12, 27. Vgl. auch OECD Conference on New Biotechnology Food and Crops: Science, Safety and Society, Bangkok 10.7.–12.7.01, Rapporteur's Report S. 15 para. 7. Zudem hat die OECD Group of National Experts on Safety in Biotechnology Sicherheitsstandards für Biotechnologie herausgegeben; dazu *Murphy*, HVILJ 2001, S. 47 ff. (133).

[347] *Howse/Mavroidis*, FDMILJ 2000, S. 317 ff. (355), wobei sie darauf hinweisen, dass Erklärungen der OECD in einem Streit zwischen zwei Mitgliedern des SPS, die beide Mitglieder der OECD sind, nach der Wiener Vertragsrechtskonvention als Rechtsquellen zur Interpretation herangezogen werden können.

[348] Food and Agricultural Organization of the UN, FAO Statement on Biotechnology (2000), unter http://www.fao.org/biotech/state.htm. Dazu *Howse/Mavroidis*,

zeichnung und Rückverfolgbarkeit angesprochen werden[349]. Auch die UNEP hat sich mit Sicherheitsstandards in Bezug auf Gentechnik auseinandergesetzt und 1999 alle Staaten dazu aufgefordert, Transparenz und Kennzeichnung in Bezug auf genetisch veränderte Produkte zu verlangen[350]. Ferner könnte das Cartagena Protokoll zur Biologischen Sicherheit (CPB)[351] mit Inkrafttreten[352] zu einem internationalen Standard in Kennzeichnungsfragen werden[353], da es als Zusatzprotokoll zum UN-Übereinkommen über die Biologische Vielfalt allen Mitgliedern des SPS offensteht. Das CPB sieht dabei als Mindestvoraussetzung[354] in Art. 18 Abs. 2(a) eine Dokumentation vor, dass eine Handelslieferung GVO zur Verwendung in Lebens- oder Futtermitteln enthalten kann, wobei dies auch in Form einer Kennzeichnung möglich ist[355]. Auch wenn solche Studien oder Vorschriften Normen iSv. Anhang A Nr. 3 d) darstellen können[356], bedarf es zur Berücksichtigung unter SPS aber einer entsprechenden „Feststellung" durch den SPS-Ausschuss, dass diese Standards unter Anhang A Nr. 3 d) fallen[357]. Da diese bislang fehlt, können sich Mitglieder nicht unter Art. 3 Abs. 2 auf diese Vorschriften als internationale Standards berufen[358].

FDMILJ 2000, S. 317 ff. (354). Außerdem Joint FAO/WHO Expert Consultation on Allergenicity of Foods Derived From Biotechnology, Januar 2001.

[349] Joint FAO/WHO Expert Consultation on Allergenicity of Foods Derived From Biotechnology, Januar 2001, S. 9, 15, 16.

[350] UN Development Programme, Human Development Report 75 (1999), S. 75. Dazu *Charnovitz*, TLNELJ 2000, S. 271 ff. (297). Allerdings hat UNEP keine eigene Völkerrechtspersönlichkeit und kann daher auch kein völkerrechtlich bindendes Sekundärrecht erzeugen. Dazu *Beyerlin*, S. 68 Rdnr. 144; *Heintschel von Heinegg*, S. 907 ff. (908). Auch die UNECE hat sich mit der Gentechnik-Kennzeichnung und insbesondere mit der Bedeutung von Art. 5 Abs. 8 der Aarhus Konvention für die Kennzeichnung von gentechnisch veränderten Produkten auseinandergesetzt; vgl. UNECE, CEP/WG.5/AC.3/2001/5 vom 24.8.2001.

[351] Dazu ausführlich unten § 10 III.2.

[352] Dazu muss es von 50 Staaten ratifiziert werden; Art. 37 CPB. Zur Ratifikation völkerrechtlicher Verträge vgl. Art. 9 ff. WVK; *Beyerlin*, S. 45 Rdnr. 97.

[353] So *Howse/Mavroidis*, FDMILJ 2000, S. 317 ff. (354); *Charnovitz*, TLNELJ 2000, S. 271 ff. (300).

[354] Vgl. Art. 2 Abs. 4 CPB.

[355] Detailliertere Regelungen für die Kennzeichnung wurden durch Entscheidung BS-III/10 getroffen. Vgl. unten Fn. 441. Vgl. auch *Howse/Mavroidis*, FDMILJ 2000, S. 317 ff. (357 ff.) machen geltend, dass die EG-Kennzeichnungsvorgaben zwar detaillierter sind; dennoch enthielte das CPB Elemente und Vorschriften, wie den Gesundheitsschutz von Allergikern und die Rückverfolgbarkeit, die ohne ein Kennzeichnungssystem wie das der EG nicht zu realisieren seien. Daher würden zumindest die NFVO und die RL 2001/18/EG mit den Vorgaben des CPB als internationalem Standard im Sinne des Art. 3 Abs. 2 SPS übereinstimmen.

[356] *Howse/Mavroidis*, FDMILJ 2000, S. 317 ff. (354); *Charnovitz*, TLNELJ 2000, S. 271 ff. (300).

[357] *Victor*, NYJILP 2000, S. 865 ff. (884). Vgl. auch *Streinz*, UTR 36 (1996), S. 435 ff. (442); *Böckenförde*, S. 330 ff.

[358] Ebenso *Stökl*, Aussenwirtschaft 2001, S. 327 ff. (343).

Folglich gibt es keine internationalen Standards, mit denen die europäischen Kennzeichnungsvorschriften nach Art. 3 Abs. 2 SPS in Übereinstimmung stehen könnten. Damit entfällt die Konformitätsvermutung und die Kennzeichnungsvorschriften müssen die übrigen Anforderungen des SPS erfüllen. Wie gezeigt, dürfte die EG dabei für die allgemeine Kennzeichnung an den Voraussetzungen der Risikoabschätzung scheitern. Ein Verstoß gegen das SPS-Übereinkommen könnte allenfalls entfallen, wenn das allgemeine Völkerrecht (hier relevant in Form des Vorsorgeprinzips) oder besondere multilaterale Umweltabkommen (wie das CPB) dergestalt auf das SPS einwirken, dass die EG-Kennzeichnungsvorschriften keinen Verstoß mehr darstellen. Dies ist im Folgenden zu prüfen.

III. Einwirkungen des Völkerrechts auf das SPS-Übereinkommen

Das Verhältnis zwischen den WTO-Übereinkommen und dem Völkerrecht, besonders in Form von multilateralen Umweltabkommen, gehört zu den umstrittensten Bereichen des Welthandelsrechts und wird sowohl in der Literatur als auch innerhalb der WTO selbst kontrovers diskutiert[359]. Eine umfassende Analyse würde daher den Rahmen dieser Arbeit sprengen. Entsprechend dem bisherigen Fokus soll statt dessen untersucht werden, wie die WTO-Streitschlichtung bislang das Völkerrecht berücksichtigt hat, um daraus Folgerungen für einen zukünftigen Umgang mit Blick auf den Streit um gentechnisch veränderte Lebensmittel abzuleiten. Untersuchungsschwerpunkte sind daher der Einfluss des Vorsorgeprinzips und des Protokolls von Cartagena zur Biologischen Sicherheit (CPB).

1. Einfluss des Vorsorgeprinzips auf die Beurteilung der europäischen Kennzeichnungsvorschriften durch die WTO

a) Das allgemeine Völkerrecht in der Streitschlichtung der WTO

Auch wenn sich die WTO weitgehend als ein selbstreferentielles, abgeschlossenes Regelungssystem begreift, vermag sie sich doch dem Völkerrecht nicht ganz zu verschließen[360]. So hat der AB festgestellt, dass die WTO-Übereinkommen nicht in „klinischer Isolation" vom Völkerrecht interpretiert werden kön-

---

[359] Weiterführend *Palmeter/Mavroidis*, AJIL 1998, S. 398 ff.; *Marceau*, JWT 1999, S. 87 ff.; *Shaw/Schwartz*, JWT 2002, S. 129 ff.; *Motaal*, JWT 2001, S. 1215 ff.; *Cameron/Gray*, ICLQ 2001, S. 248 ff.
[360] *Palmeter/Mavroidis*, AJIL 1998, S. 398 ff. (413); *Hilf*, NVwZ 2000, S. 481 ff. (488); Zur Berücksichtigung multilateraler Umweltübereinkommen in der WTO-Streitschlichtung *Stökl*, S. 248 ff.

nen³⁶¹. Berücksichtigung finden völkerrechtliche Instrumente insbesondere über Art. 3 Abs. 2 DSU, der vorsieht, dass das Streitschlichtungssystem dazu dient, die WTO-Bestimmungen im Einklang mit den herkömmlichen Regeln der Auslegung des Völkerrechts zu klären³⁶². Zu diesen Auslegungsregeln gehören Art. 31 und 32 des Wiener Übereinkommens über das Recht der Verträge (Wiener Vertragsrechtskonvention – WVK)³⁶³. Nach Art. 31 Abs. 3 (c) WVK fallen darunter alle anderen Regeln des Völkerrechts³⁶⁴, wie Art. 28 und 30 WVK, aber auch Auslegungsprinzipien wie das Prinzip der effektiven Vertragsauslegung³⁶⁵, das Prinzip der evolutiven oder dynamischen Auslegung³⁶⁶, die Vermutung gegen Konflikte und das Prinzip *in dubio mitius*³⁶⁷. Über Art. 31 Abs. 3 (c) WVK können auch die in Art. 38 Abs. 1 (a)–(d) des IGH-Statuts genannten Instrumente des Völkerrechts bei der Vertragsauslegung berücksichtigt werden³⁶⁸. Dazu zählen Verträge zwischen den Streitparteien, das internationale Gewohnheitsrecht, allgemeine Rechtsgrundsätze und richterliche Entscheidungen und Lehrmeinungen³⁶⁹.

Für den Fall, dass Normen der WTO und des Völkerrechts nicht im Einklang sind, bleiben den Spruchkörpern im Streitfall zwischen zwei Mitgliedern grundsätzlich zwei Möglichkeiten. Sie können im Wege der harmonischen Auslegung Kongruenz zwischen den Normen herstellen oder einen Konflikt zwischen den Normen feststellen und die Frage des Vorrangs entscheiden. Fragen des Vor-

---

³⁶¹ *US – Standards for Reformulated and Conventional Gasoline*, AB Report, WT/DS2/AB/R vom 29.4.1996, para. 42. Dazu *Hilf*, NVwZ 2000, S. 481 ff. (488); *Cameron/Campbell*, S. 204 ff. (212).

³⁶² *Montaguti/Lugard*, JIEL 2000, S. 473 ff. (473 f.); *Marceau*, JWT 2001, S. 1081 ff. (1103). Nach *Palmeter/Mavroidis*, AJIL 1998, S. 398 ff. (399) erfüllen Art. 3 Abs. 2 und Art. 7 DSU dieselbe Rolle für die WTO wie Art. 38 IGH-Statut für den IGH.

³⁶³ Ebenso *Marceau*, JWT 1999, S. 87 ff. (116).

³⁶⁴ Siehe oben Fn. 363.

³⁶⁵ Dies entspricht dem „*effet utile*" bzw. „*ut res magis valeat quam pereat*"; *Marceau*, JWT 1999, S. 87 ff. (127); *Cameron/Gray*, ICLQ 2001, S. 248 ff. (256).

³⁶⁶ Darunter versteht der AB eine Auslegung, die sich nicht am Wortsinn im Zeitpunkt des Vertragsschlusses orientiert, sondern am heutigen Verständnis; vgl. *US – Import Prohibition of Certain Shrimp and Shrimp Products*, AB Report, WT/DS58/AB/R vom 12.10.1998 (hiernach „US-Shrimp", AB Report"), para. 130. Dazu *Marceau*, JWT 2001, S. 1081 ff. (1088); *Mavroidis*, JWT 2000, S. 73 ff. (85 f.). Zur völkerrechtlichen Herkunft der evolutiven Auslegung *Verdross/Simma*, Universelles Völkerrecht, 3. Aufl., 1984, § 782.

³⁶⁷ *Marceau*, JWT 1999, S. 87 ff. (116 f.); *Cameron/Gray*, ICLQ 2001, S. 248 ff. (258 ff.); *Verdross/Simma*, Universelles Völkerrecht, 3. Aufl., 1984, § 780.

³⁶⁸ *Palmeter/Mavroidis*, AJIL 1998, S. 398 ff. (399); *Marceau*, JWT 2001, S. 1081 ff. (1087).

³⁶⁹ *Palmeter/Mavroidis*, AJIL 1998, S. 398 ff. (399); *Marceau*, JWT 2001, S. 1081 ff. (1087). Vgl. auch *Korea – Measures Affecting Government Procurement*, Panel Report, WT/DS163/R vom 19.6.2000, para. 7.96.

rangs sind z.B. in Art. 30 und 59 WVK geregelt. Zu prüfen ist aber, ob ein Spruchkörper feststellen kann, dass nach Art. 30 und 59 WVK eine WTO-Regel durch die Vorschrift eines anderen Abkommens oder des Völkerrechts außer Kraft gesetzt wird, da er nach Art. 3 Abs. 2 und 19 Abs. 2 DSU die aus der WTO stammenden Rechte und Pflichten der Mitgliedstaaten weder ergänzen noch einschränken kann[370]. Außerdem bestünde aufgrund der Meistbegünstigungsklausel (MFN) in den WTO-Übereinkommen die Gefahr, dass durch die Aussetzung einer WTO-Regel im Verhältnis zwischen zwei Staaten auch andere Mitglieder davon betroffen wären[371]. Dies könnte wiederum gegen Art. 41 Abs. 1 (b) (i) WVK verstoßen, da Modifikationen eines Vertrages zwischen zwei Mitgliedern nur möglich sind, wenn die Rechte der anderen Mitglieder nicht beeinträchtigt werden[372]. Es ist daher fraglich, ob die Spruchkörper nach der rechtlichen Struktur der WTO überhaupt in der Lage wären, eine solche Entscheidung zu fällen[373].

Daher liegt es nahe, dass sich die Spruchkörper in der Regel auf eine harmonische Auslegung stützen werden. Bislang hat der AB vor allem Art. 31 und 32 WVK in der Streitschlichtung angewandt[374]. Daneben wurde auch die Berücksichtigung von Art. 26, 28 und 30 WVK erwogen[375]. Außerdem hat der AB völkerrechtliche Abkommen, u.a. aus dem Umweltbereich[376], herangezogen, um GATT-Begriffe auszulegen[377]. Dabei hat der AB betont, dass andere Abkommen insbesondere dann zur Auslegung herangezogen werden können, wenn beide Staaten Mitglieder der Abkommen und der WTO sind[378]. Allerdings wurden auch schon Verträge berücksichtigt, in denen nicht alle Staaten Mitglied

---

[370] *Marceau*, JWT 2001, S. 1081 ff. (1103 f.) sieht daher bestenfalls ein „non liquet" als Ergebnis der Streitschlichtung. Vgl. *Cameron/Gray*, ICLQ 2001, S. 248 ff. (273 f.).
[371] *Marceau*, JWT 2001, S. 1081 ff. (1104).
[372] *Marceau*, JWT 2001, S. 1081 ff. (1104); *Hilf*, NVwZ 2000, S. 481 ff. (484).
[373] *Marceau*, JWT 2001, S. 1081 ff. (1105). Daher werden auch innerhalb der WTO Maßnahmen bis hin zur Annahme einer interpretativen Erklärung in Bezug auf das Verhältnis der WTO zu anderen völkerrechtlichen Verträgen, insbesondere multilateralen Umweltübereinkommen, oder eine förmliche Änderung der WTO-Übereinkommen diskutiert. Zu den unterschiedlichen Ansätzen *Shaw/Schwartz*, JWT 2002, S. 129 ff. (134 ff.).
[374] *Palmeter/Mavroidis*, AJIL 1998, S. 398 ff. (406); *Montaguti/Lugard*, JIEL 2000, S. 473 ff. (473 f.).
[375] *Palmeter/Mavroidis*, AJIL 1998, S. 398 ff. (409).
[376] Zur Berücksichtigung von Umweltvölkerrecht in der Streitschlichtung *Hilf*, NVwZ 2000, S. 481 ff. (489).
[377] *US-Shrimp*, AB Report, para. 130. Dazu *Marceau*, JWT 1999, S. 87 ff. (100).
[378] *EC – Customs Classification of Certain Computer Equipment*, AB Report, WT/DS62/DS67/DS68/AB/R vom 5.6.1998 (hiernach „*EC-Computer*, AB Report"), para. 89; dazu *Marceau*, JWT 1999, S. 87 ff. (118, 125).

sind[379]. Über Auslegung und Gewichtung entscheidet der AB aber fallweise[380]. Allgemeine Regeln des Völkergewohnheitsrechts wurden dagegen bislang kaum berücksichtigt[381]. Zu prüfen ist daher, welchen Einfluss das Vorsorgeprinzip auf eine mögliche Streitentscheidung in Bezug auf gentechnisch veränderte Lebensmittel haben kann.

b) Einwirkung des Vorsorgeprinzips auf das SPS-Übereinkommen

Das Vorsorgeprinzip[382] und seine Auswirkungen auf die Risikosteuerung haben potentiell erheblichen Einfluss auf das SPS-Übereinkommen. Da es nach dem Vorsorgeprinzip keiner vollständigen Gewissheit über das Vorliegen einer Gefahr erheblicher oder irreversibler Schäden bedarf, um Maßnahmen dagegen zu ergreifen[383], erscheint es geeignet, die strengen Regeln des SPS in Bezug auf die Risikoabschätzung als notwendige Voraussetzung für eine Handelsmaßnahme aufzuweichen[384]. Unter Berücksichtigung des Vorsorgeprinzips wäre es daher eher möglich, die Anforderungen an Spezifität der Studien, die jeweils den konkreten Nachweis eines Kausalzusammenhanges für jeden Stoff verlangen, abzumildern, indem Studien zu anderen, vergleichbaren Stoffen berücksichtigt werden[385]. Auch die Berücksichtigung von Langzeitrisiken erscheint

---

[379] Vgl. *US-Shrimp,* AB Report, para. 130 Fn. 111. *EC-Computer,* AB Report, para. 93. Auch ein nachfolgender Vertrag kann dabei nach Art. 31 Abs. 3 WVK berücksichtigt werden. Dazu *Marceau,* JWT 1999, S. 87 ff. (122).

[380] Vgl. *EC-Computer,* AB Report, para. 93. Dazu *Marceau,* JWT 1999, S. 87 ff. (122, 126).

[381] Allerdings wurde in *Korea – Measures Affecting Government Procurement,* Panel Report, WT/DS163/R vom 19.6.2000, para. 7.96 festgestellt, dass das Völkergewohnheitsrecht allgemein auf die wirtschaftlichen Beziehungen zwischen WTO-Mitgliedern anzuwenden ist, sofern in den WTO-Übereinkommen kein gegenteiliger Wille zum Ausdruck kommt.

[382] Hier geht es vor allem um die internationale Ausprägung des Vorsorgeprinzips, die sich u. U. von der deutschen Auffassung unterscheidet. Dazu ausführlich oben § 5 Fn. 32 ff.

[383] 15. Grundsatz der Abschlusserklärung der Konferenz von Rio de Janeiro über Umwelt und Entwicklung (UNCED), 1992, abgedruckt in der Mitteilung der Kommission: Die Anwendbarkeit des Vorsorgeprinzips vom 2.2.2000, KOM(2000) 1 endg., S. 30: „Zum Schutz der Umwelt wenden die Staaten den Vorsorgeansatz entsprechend ihren Möglichkeiten umfassend an. Angesichts der Gefahr erheblicher oder irreversibler Schäden soll fehlende vollständige Gewissheit nicht als Grund dafür dienen, kostenwirksame Maßnahmen zur Verhinderung von Umweltschäden hinauszuzögern." Dazu *Werner,* UPR 2001, S. 337 ff. (338). Ebenso *Shaw/Schwartz,* JWT 2002, S. 129 ff. (140).

[384] So die EG in *EC-Hormones,* AB Report, para. 16; *Quintillán,* JWT 1999, S. 147 ff. (161); *Macmillan/Blakeney,* Int.T.L.R. 2000, S. 161 ff.

[385] Vgl. *Bohanes,* CLMJTL 2002, S. 323 ff. (342). Zu den geringeren Anforderungen an Kausalzusammenhänge unter Einwirkung des Vorsorgeprinzips siehe die Mitteilung der Kommission, oben Fn. 383, S. 20. Dazu *Arnold,* ZLR 2000, S. 227 ff. (229). Zu den Auswirkungen auch *Epiney,* DVBl. 2000, S. 77 ff. (85).

§ 10 Vereinbarkeit mit dem SPS-Übereinkommen

eher möglich[386]. Da beide Aspekte für einen möglichen Streitfall über gentechnisch veränderte Lebensmittel von Bedeutung sind, könnte eine Berücksichtigung des Vorsorgeprinzips tatsächlich erhebliche Auswirkungen haben. Zu prüfen ist daher, ob der Status des Vorsorgeprinzips im Völkerrecht es für eine Anwendung in der Streitschlichtung prädestiniert und ob die Analyse der bisherigen Streitentscheidungen Anhaltspunkte für eine mögliche Berücksichtigung enthält.

Um in der Streitschlichtung berücksichtigt zu werden, müsste das Vorsorgeprinzip unter Art. 3 Abs. 2 DSU fallen. Da über Art. 3 Abs. 2 DSU iVm. Art. 31 Abs. 3 WVK und Art. 38 des IGH-Statuts das allgemeine Völkerrecht in das Streitschlichtungsverfahren Eingang findet, ist zu prüfen, ob das Vorsorgeprinzip zum allgemeinen Völkerrecht gehört. Insbesondere ist zu klären, ob das Vorsorgeprinzip, wie von der EG vertreten[387], bereits zum Völkergewohnheitsrecht zählt[388]. Nach Art. 38 Abs. 1 b) des IGH-Statuts ist das internationale Gewohnheitsrecht Ausdruck einer allgemeinen, als Recht anerkannten Übung. Als objektives Element bedarf es daher einer allgemeinen Staatenübung von gewisser Dauer, zu dem als subjektives Element hinzukommen muss, dass diese Übung von der Rechtsüberzeugung *(opinio iure sive necessitatis)* der Staaten getragen ist[389]. Die Tatsache, dass eine bestimmte Frage in zahlreichen Verträgen gleichförmig geregelt ist, kann das Heranwachsen eines entsprechenden Gewohnheitsrechtssatzes indizieren[390], wobei sich Völkergewohnheitsrecht

---

[386] Insbesondere könnte das Vorsorgeprinzip zur Verlängerung der Geltungsdauer von vorläufig ergriffenen Maßnahmen nach Art. 5 Abs. 7 SPS benutzt werden; vgl. Mitteilung der Kommission, oben Fn. 383, S. 14. Außerdem hätte das Vorsorgeprinzip wahrscheinlich Auswirkungen auf die Beweislast, die nach dem bisherigen System für die Maßnahme ergreifende Staat in letzter Konsequenz beweisen muss, dass ein entsprechendes Risiko mit großer Sicherheit existiert. Dagegen könnte er unter Berufung auf das Vorsorgeprinzip anführen, dass ein (Langzeit-)Risiko von schweren oder irreversiblen Schäden vorliegt, welches aber noch nicht vollständig nachweisbar ist. Dagegen müsste der beschwerdeführende Staat, der sich bislang auf den *prima-facie*-Beweis, dass kein Risiko vorliegt, zurückziehen konnte, nun detaillierter beweisen, dass vollständige Nachweisbarkeit gegeben ist, aber kein Risiko vorliegt. Weitergehend die Mitteilung der Kommission, oben Fn. 383, S. 25. Kritisch dazu *Rengeling*, DVBl. 2000, S. 1473 ff. (1479); *Werner*, UPR 2001, S. 337 ff. (340).

[387] Mitteilung der Kommission, oben Fn. 383, S. 13. Ebenso die EG in *EC-Hormones*, AB Report, para. 16. Dazu *Douma/Jacobs*, EELR 1999, S. 137 ff. (141).

[388] Völkergewohnheitsrechtliche Regeln haben universelle Geltung, wenn jedenfalls alle besonders interessierten Staaten daran gebunden sind. Einzelne Staaten können im Wege des beharrlichen Widerspruchs gegen eine Norm („persistent objector") ihrer eigenen Bindung entgehen, nicht aber verhindern, dass sie universelle Geltung erlangt. Dazu *Beyerlin*, S. 51 Rdnr. 105; *Streinz*, UTR 49 (1999), S. 319 ff. (328); *Verdross/Simma*, § 556.

[389] Ausführlich *Beyerlin*, S. 52 Rdnr. 108 ff.; *Heintschel von Heinegg*, S. 181 ff. (182 ff.); *Verdross/Simma*, § 553 ff.

[390] *Beyerlin*, S. 52 Rdnr. 110. Ebenso *Streinz*, UTR 49 (1999), S. 319 ff. (329).

3. Teil: Vereinbarkeit der Kennzeichnungsvorschriften mit den WTO-Regeln

nach neuerer Lehre auch in relativ kurzer Dauer herausbilden kann[391]. Allerdings ist die Entstehung eines Gewohnheitsrechtssatzes umso schwieriger darzulegen, je subtiler und detaillierter sein fraglicher Norminhalt ist[392]. Ob das Vorsorgeprinzip diese Voraussetzungen erfüllt, ist daher umstritten[393].

Die neuere Literatur geht davon aus, dass das Vorsorgeprinzip zum Völkergewohnheitsrecht zu zählen ist[394]. Dabei wird insbesondere auf die große Anzahl von multilateralen Umweltschutzabkommen verwiesen, in denen das Vorsorgeprinzip verankert sei[395], was den Schluss auf eine junge, aber intensive allgemeine Übung erlaube[396]. Außerdem habe das Vorsorgeprinzip einen hinreichend bestimmten normativen Charakter[397]. Auch die EG hat in *EC-Hormones* vertreten, dass das Vorsorgeprinzip eine Regel des Völkergewohnheitsrechts, oder zumindest ein allgemeines Rechtsprinzip sei[398].

Gegen die Anerkennung des Vorsorgeprinzips als Völkergewohnheitsrecht wird vor allem eingewandt, dass das Vorsorgeprinzip zu flexibel sei[399] und es

---

[391] *Beyerlin*, S. 53 Rdnr. 112.

[392] *Beyerlin*, S. 51 Rdnr. 106.

[393] *Biermann*, JWT 2001, S. 421 ff. (428). *Bohanes*, CLMJTL 2002, S. 323 ff. (334).

[394] *Epiney*, DVBl. 2000, S. 77 ff. (81, 85); *Hohmann*, RIW 2000, S. 88 ff. (98); *Cameron/Campbell*, S. 204 ff. (218); *Hilf/Eggers*, EuZW 1997, S. 559 ff. (565); *Werner*, UPR 2001, S. 337 ff. (338); *Hohmann*, NVwZ 1993, S. 311 ff. (314 Fn. 30); *Sands*, S. 208 ff. Mit weiteren Nachweisen *Burchardi*, ZLR 2001, S. 83 ff. (93, Fn. 63); *Beyerlin*, S. 53 Rndr. 113. Ablehnend *Graf Vitzthum*, S. 379 ff. (462).

[395] *McIntyre/Mosedale*, JEL 1997, S. 221 ff. (223 ff.). Vgl. *Bohanes*, CLMJTL 2002, S. 323 ff. (330 f.).

[396] *Beyerlin*, S. 54 Rdnr. 113. Zur Allgemeinheit der Übung *Streinz*, UTR 49 (1999), S. 319 ff. (331).

[397] *McIntyre/Mosedale*, JEL 1997, S. 221 ff. (236 ff.). *Beyerlin*, S. 60 Rdnr. 127, geht allerdings davon aus, dass das Vorsorgeprinzip erst auf dem Wege ist, sich zum Völkergewohnheitsrecht zu entwickeln. So wohl auch *Bryde*, Archiv für Völkerrecht, Bd. 31 1993, S. 1 ff. (12). Vgl. auch Sondervoten der Richter Weeramantry und Palmer zum IGH-Beschluss vom 22.9.1995 „Request for an Examination of the Situation in accordance with Paragraph 63 of the Court's Judgement of 20 December 1974 in the *Nuclear Tests (New Zealand v. France)* Case" (ICJ Reports, 1995, S. 288 ff.; Votum von Richter Weeramantry: S. 317 ff. (345); Votum von Richter Palmer: S. 381 ff. (412). Offengelassen bei *Heintschel von Heinegg*, S. 907 ff. (909).

[398] *EC-Hormones*, AB Report, para. 16. Dazu *Douma/Jacobs*, EELR 1999, S. 137 ff. (141). Auch in der Mitteilung der Kommission, oben Fn. 383, S. 13 nimmt die Kommission an, dass das Vorsorgeprinzip zum Völkergewohnheitsrecht gehört. Dagegen scheint der EuGH davon auszugehen, dass es sich bei dem Vorsorgeprinzip um ein allgemeines Rechtsprinzip handelt. Dazu *Rengeling*, DVBl. 2000, S. 1473 ff. (1475); *Appel*, NVwZ 2001, S. 395 ff. Vgl. auch *Falke*, ZUR 2000, S. 265 ff. (268); *Godt*, EWS 1998, S. 202 ff. (205).

[399] *Bohanes*, CLMJTL 2002, S. 323 ff. (328) kritisiert auch, dass das Vorsorgeprinzip zu große Gestaltungsspielräume enthält, um den Anforderungen an die Kontrolldichte („standard of review") der WTO zu genügen.

dafür bislang keine international anerkannte Definition gebe[400]. Insbesondere die USA bestreiten, dass es sich beim Vorsorgeprinzip um mehr als eine Herangehensweise handelt, deren Inhalt sich je nach Kontext ändert[401]. Jedenfalls handele es sich aber nicht um Völkergewohnheitsrecht[402]. Auch der IGH hat das Vorsorgeprinzip noch nicht als Völkergewohnheitsrecht anerkannt[403].

Auf die umstrittene völkerrechtliche Stellung des Vorsorgeprinzips in der Literatur hat der AB in *EC-Hormones* seine Ablehnung der Berücksichtigung des Vorsorgeprinzips als eigenständigem, vom SPS unabhängigen Argument gegründet[404]. Zwar erkannte der AB die Bedeutung des Vorsorgeprinzips innerhalb von SPS an. So sei dieses Prinzip zwar in Art. 5 Abs. 7 niedergelegt, aber nicht erschöpft[405]. Daneben sei das Vorsorgeprinzip im sechsten Erwägungsgrund der SPS-Präambel[406] aufgegriffen und würde für Art. 3 Abs. 3 und Art. 2 Abs. 2 in der Frage, was ausreichende wissenschaftliche Nachweise sind, eine Rolle spie-

---

[400] *Shaw/Schwartz*, JWT 2002, S. 129 ff. (141); *Bohanes*, CLMJTL 2002, S. 323 ff. (330 ff.). Vgl. auch *Rengeling*, DVBl. 2000, S. 1473 ff. (1478); *Douma*, RECIEL 2000, S. 132 ff. (142); *Streinz*, ZLR 1998, S. 413 ff. (415 f.). Überblicksartig zu den verschiedenen Versionen des Vorsorgeprinzips in völkerrechtlichen Verträgen *Katz*, GEOIELR 2001, S. 949 ff. (956 ff.). Zweifelnd auch *Streinz*, UTR 49 (1999), S. 319 ff. (327, 330 f.), der das Vorsorgeprinzip als allgemeinen Rechtsgrundsatz des Völkerrechts bei der Auslegung völkervertraglicher Pflichten berücksichtigen will. Teilweise wird sogar die Justiziabilität des Vorsorgeprinzips bezweifelt; so *Fisher*, JEL 2001, S. 315 ff. Gegen die Einschätzung, dass dem Argument der Flexibilität oder Unbestimmtheit eine besondere rechtliche Bedeutung für die Frage, ob Völkerrecht vorliegt, zukommt *McIntyre/Mosedale*, JEL 1997, S. 221 ff. (235 f.).

[401] Vgl. *EC-Hormones*, Panel Report, para. IV.207. Ebenso *Shaw/Schwartz*, JWT 2002, S. 129 ff. (142).

[402] Ob die USA mit dieser Haltung allerdings die Voraussetzungen eines „persistent objector" erfüllen, ist zweifelhaft, da die USA die UN Rahmenkonvention zu Klimaänderungen und das Montreal Protokoll unterzeichnet haben, die beide auf dem Vorsorgeprinzip beruhen. Dazu *Shaw/Schwartz*, JWT 2002, S. 129 ff. (142).

[403] Vgl. IGH-Beschluss vom 22.9.1995 „Request for an Examination of the Situation in accordance with Paragraph 63 of the Court's Judgement of 20 December 1974 in the *Nuclear Tests (New Zealand v. France) Case*" (ICJ Reports, 1995, S. 288 ff.). Zur Rechtsprechung des IGH *McIntyre/Mosedale*, JEL 1997, S. 221 ff. (231 ff.); *Bohanes*, CLMJTL 2002, S. 323 ff. (335).

[404] Der AB zweifelt in *EC-Hormones*, AB Report, para. 123, daran, dass das Vorsorgeprinzip ein Rechtsprinzip des Umweltvölkerrechts ist, und selbst wenn, sei es jedenfalls nicht Bestandteil des allgemeinen Völkerrechts, da es dort noch keine abschließende Formulierung gefunden habe. Eine klare Festlegung wurde aber vermieden; *Charnovitz*, TLNELJ 2000, S. 271 ff. (292 ff.); *Shaw/Schwartz*, JWT 2002, S. 129 ff. (143). In *EC-Hormones* hat sich die EG nur auf das allgemeine Vorsorgeprinzip, nicht aber auf Art. 5 Abs. 7 berufen; *Charnovitz*, TLNELJ 2000, S. 271 ff. (288 f.); *Douma/Jacobs*, EELR 1999, S. 137 ff. (141).

[405] *EC-Hormones*, AB Report, para. 124. Dazu *Bohanes*, CLMJTL 2002, S. 323 ff. (328).

[406] Zu der Frage ob das Vorsorgeprinzip in der Präambel des WTO-Übereinkommens verankert ist, wurde keine Stellung bezogen. Dazu *Macmillan/Blakeney*, Int.T.L.R. 2000, S. 161 ff. (162); *Macmillan/Blakeney*, TLNJTIP 2001, S. 93 ff. (105).

len, da berücksichtigt werden müsse, dass verantwortliche Regierungen vorsorgende Ansätze wählen, wo Risiken irreversibel sind[407]. Dennoch erlaube es kein Abweichen von den Grundprinzipien der Vertragsinterpretation[408] und sei vor allem nicht in der Lage, die Vorschriften des Art. 5 Abs. 1 und 2 außer Kraft zu setzen[409]. Danach spielt das Vorsorgeprinzip in begrenztem Rahmen für die Auslegung von SPS eine Rolle[410], ohne aber dessen Normen modifizieren zu können.

Deutlicher wurde der AB in *Australia-Salmon*. Dort stellte er fest, dass die Existenz von unbekannten oder unsicheren Elementen bei der Risikobewertung kein Abweichen von den Anforderungen der Art. 5 Abs. 1–3 iVm. Anhang A Nr. 4 erlaube[411]. Damit schließt der AB im Ergebnis eine Berücksichtigung des Vorsorgeprinzips außerhalb von Art. 5 Abs. 7 aus, da es der Kern des Vorsorgeprinzips ist, eine Risikoabwehr gerade bei wissenschaftlicher Unsicherheit zuzulassen.

Unter Umständen ließe sich argumentieren, dass der Ausschluss des Vorsorgeprinzips in *Australia-Salmon* nicht grundsätzlich gilt[412], da es dort nur um Krankheitsrisiken ging, für die der AB höhere Anforderungen an die Risikobewertung in Form einer Erörterung der *Wahrscheinlichkeit* stellt[413]. Dagegen reicht bei Lebensmittelrisiken die *Möglichkeit* des Gefahreneintritts[414]. Die Berücksichtigung von unsicheren Elementen erscheint daher für Lebensmittelrisiken eher möglich als für Krankheitsrisiken, für die jedenfalls der Ausschluss des Vorsorgeprinzips aus *Australia-Salmon* gilt[415]. Angesichts der ablehnenden Haltung des AB gegenüber einem unabhängigen Vorsorgeprinzip, die auch in *EC-Hormones* deutlich wurde, erscheint es aber unwahrscheinlich, dass der AB

---

[407] *EC-Hormones,* AB Report, para. 124. Dazu *Shaw/Schwartz,* JWT 2002, S. 129 ff. (142). *Echols,* CLMJEURL 1998, S. 525 ff. (537) schließt daraus, dass sich das Vorsorgeprinzip im SPS z.B. auch im Konzept des angemessenen Schutzniveaus niedergeschlagen hat. Zum Vorsorgeprinzip im SPS *Classen,* UTR 49 (1999), S. 345 ff. (354 f.); *Streinz,* UTR 49 (1999), S. 319 ff. (338).

[408] *EC-Hormones,* AB Report, para. 124. Dazu *Charnovitz,* TLNELJ 2000, S. 271 ff. (289).

[409] Zum Ganzen *EC-Hormones,* AB Report, para. 125. Dazu *Quintillán,* JWT 1999, S. 147 ff. (161); *Hurst,* EJIL 1998, S. 1 ff. (16). *Eggers,* EuZW 1998, S. 147 ff. (150) weist darauf hin, dass auch die faktisch mögliche de novo Überprüfung der Risikobewertung nach Art. 5 Abs. 1–3 eine Vorsorge der Mitgliedstaaten ins Leere laufen lässt.

[410] Ebenso *Quick/Blüthner,* JIEL 1999, S. 603 ff. (624). Dies entspräche auch der Streitschlichtungspraxis, Umweltvölkerrecht als Rechtsquelle bei der Auslegung der WTO-Übereinkommen zu berücksichtigen. Dazu *Hilf,* NVwZ 2000, S. 481 ff. (489).

[411] *Australia-Salmon,* AB Report, para. 130. Dazu *Quintillán,* JWT 1999, S. 147 ff. (173); *Pauwelyn,* JIEL 1999, S. 641 ff. (646).

[412] Dazu *Burchardi,* ZLR 2001, S. 83 ff. (93 f.).

[413] Vgl. dazu *Australia-Salmon,* AB Report, para. 123 Fn. 59.

[414] Dazu bereits oben II.1.a).

[415] *Burchardi,* ZLR 2001, S. 83 ff. (93 f.).

eine Kennzeichnung unter Berufung auf ein völkerrechtliches Vorsorgeprinzip zulassen würde[416]. Es ist daher unwahrscheinlich, dass das völkerrechtliche Vorsorgeprinzip den Ausgang des Streits über gentechnisch veränderte Lebensmittel zu beeinflussen vermag[417].

2. Besondere völkerrechtliche Instrumente: Das Protokoll von Cartagena

Auch das Protokoll von Cartagena zur Biologischen Sicherheit (CPB), das als Zusatzprotokoll zur Konvention über die Biologische Vielfalt verabschiedet wurde[418], könnte einen erheblichen Einfluss auf den Ausgang eines eventuellen WTO-Verfahrens zur Kennzeichnung gentechnisch veränderter Lebensmittel haben[419]. Das CPB stellt dabei das erste internationale Instrument dar, das die grenzüberschreitende Verbringung und den Handel von gentechnisch veränderten Organismen regelt[420]. Da sich das CPB mit Inkrafttreten[421] mit den Vor-

---

[416] *Macmillan/Blakeney*, Int.T.L.R. 2000, S. 161 ff. (162); *Burchardi*, ZLR 2001, S. 83 ff. (94). *Kennedy*, FDLJ 2000, S. 81 ff. (99 f.) formulierte das WTO-eigene „Vorsorgeprinzip" als „im Zweifel für den freien Handel" und betonte, dass es zur Berücksichtigung einer Vertragsänderung bedürfe.

[417] Zur potentiell streitentscheidenden Bedeutung des Vorsorgeprinzips im Hormonfall *Macmillan/Blakeney*, Int.T.L.R. 2000, S. 161 ff. (164); *Hohmann*, RIW 2000, S. 88 ff. (98 f.). An dieser Einschätzung könnte sich etwas ändern, wenn sich die CAK im Rahmen der Arbeitsgrundsätze für eine Risikoanalyse für die Berücksichtigung des Vorsorgeprinzips ausspricht. Zu den Auseinandersetzungen um das Vorsorgeprinzip in der CAK *Eckert*, ZLR 2000, S. 414 ff. (415 ff.). Vgl. auch *Lell*, S. 201.
Die CAK hat mit den 2003 angenommenen „Working Principles for Risk Analysis for Application in the Framework of the Codex Alimentarius" zwar ausdrücklich festgestellt, dass Vorsorge ein inhärentes Element der Risikoanalyse ist. In den weiteren Ausführungen beschränkt sich die Berücksichtigung von „Vorsorge" aber darauf, bestehende Unsicherheiten bei der Risikoanalyse zu benennen. Wie die Vorgehensweise im Fall von nicht ausreichenden wissenschaftlichen Informationen ist, wird dagegen nicht dargestellt. Die Erwähnung von Vorsorge in den Working Principles entspricht daher m.E. keiner Anerkennung des Vorsorgeprinzips auf Ebene des Codex. Dazu Codex Alimentarius Commission Procedural Manual, 15th edition, 2005, S. 102.

[418] Art. 19 Abs. 3 der Konvention über die Biologische Vielfalt (KBV), abgedruckt in BGBl. 1993 II S. 1741. Zur Entstehung des Protokolls und den politischen Auseinandersetzungen zwischen den USA und der EG *Stoll*, YIEL 1999, S. 82 ff. (86 ff.); *Gupta*, Environment 2000, S. 22 ff. (24 ff.); *Buck*, ZUR 2000, S. 319 ff. (320); *Stökl*, Aussenwirtschaft 2001, S. 327 ff. (332 ff.); *Saigo*, GEOIELR 2000, S. 779 ff. (804 ff.); *Böckenförde*, S. 118 ff. Allgemein zum CPB *Pfundt/Zimmer*, UTR 58 (2001), S. 563 ff. (667 ff.); *Adler*, TXILJ 2000, S. 173 ff. (189 ff.); *Falkner*, International Affairs 2000, S. 299 ff. (303 ff.). Zur Vereinbarkeit des CPB mit GATT *Gaston/Abate*, PACEILR 2000, S. 107 ff. (141 ff.).

[419] Dazu auch *Stökl*, S. 237 ff. Zu den unterschiedlichen Möglichkeiten, das CPB im Rahmen eines WTO-Streitbeilegungsverfahrens zu berücksichtigen, *Böckenförde*, S. 417 ff.

[420] *Krenzler/MacGregor*, EFAR 2000, S. 287 ff. (313). Zu weiteren internationalen Vereinbarungen zur biologischen Sicherheit *Böckenförde*, S. 69 ff.

[421] Das Protokolls wurde am 29.1.2000 durch mehr als 130 Staaten angenommen; dazu *Francer*, VAJSPL 2000, S. 257 ff. (309). Nach Art. 37 tritt es am 90. Tag nach

schriften des SPS-Übereinkommens auch in Bezug auf die Kennzeichnung gentechnisch veränderter Organismen überschneiden kann, ist hier zunächst zu prüfen, inwiefern die Vorschriften des CPB diesbezüglich von denen des SPS abweichen[422]. Falls es zu Abweichungen kommt, die für eine Beurteilung der WTO-Konformität der europäischen Kennzeichnungsregeln erheblich sind, ist weiter zu prüfen, ob das CPB den Ausgang eines Verfahrens vor der WTO beeinflussen kann.

a) Bedeutung des CPB für die Beurteilung der europäischen Kennzeichnungsvorschriften unter SPS

Das CPB gilt für „Living Modified Organisms" (LMO), worunter alle lebenden Organismen fallen, die eine neuartige Kombination von genetischem Material durch den Gebrauch moderner Biotechnologie[423] besitzen und die in der Lage sind genetisches Material zu transferieren oder zu replizieren[424]. Innerhalb des CPB wird unterschieden zwischen LMO zur Freisetzung, zur Anwendung in geschlossenen Systemen und LMO zur direkten Verwendung als Lebensmittel, Futtermittel oder zur Weiterverarbeitung (sog. LMO-FFP)[425]. Diese LMO-FFP

---

der 50. Ratifikation in Kraft. Dazu *Macmillan/Blakeney,* TLNJTIP 2001, S. 93 ff. (95). Das CPB wurde bereits von 139 Staaten unterzeichnet, darunter 24 Staaten der EG und die EG selbst; dazu *Buck,* ZUR 2000, S. 319 ff. (325). Zum Ratifikationsstatus des Biosafety-Protokolls siehe http://www.biodiv.org/biosafety/signinglist.asp. Zur (geteilten) Zuständigkeit der EG zum Abschluss des CPB siehe EuGH, Gutachten 2/00 vom 6.12.2001, EuZW 2002, S. 113 ff. Dazu *Pitschas,* EuZW 2002, S. 117 ff.

[422] Für eine umfassende Gegenüberstellung siehe *Böckenförde,* S. 356 ff.

[423] Unter Art. 3 lit. i) sind Techniken der „modernen Biotechnologie" aufgeführt, die natürliche physiologische Reproduktions- oder Rekombinationsschranken überwinden und keine Techniken der traditionellen Züchtung sind. Das CPB impliziert also einen grundsätzlichen Unterschied zwischen GVO und herkömmlich gezüchteten Organismen; ähnlich *Eggers/Mackenzie,* JIEL 2000, S. 525 ff. (529).

[424] Im Wesentlichen entspricht die Definition von LMO damit dem europäischen Verständnis von GVO; *Eggers/Mackenzie,* JIEL 2000, S. 525 ff. (529); *Böckenförde,* S. 150 f. Die Entscheidung, GMO durch LMO zu ersetzen, war in erster Linie politisch motiviert und wurde auf Initiative der USA vorgenommen, da die Aufmerksamkeit von der gentechnischen Veränderung an sich abgelenkt werden sollte; *Gupta,* Environment 2000, S. 22 ff. (25). Zu der parallelen Entwicklung in der internen Gesetzgebung der USA *Saigo,* GEOIELR 2000, S. 779 ff. (799 f.). Vgl. *Steinmann/Strack,* NuR 2000, S. 367 ff. (368).

[425] Art. 7 Abs. 2: „‚Intentional introduction into the environment' in paragraph 1 above does not refer to living modified organisms intended for direct use as food or feed or for processing". Unter LMO-FFP fallen gentechnisch veränderten Getreide- und Gemüsesorten; dazu *Buck,* ZUR 2000, S. 319 ff. (322). Nicht vom Anwendungsbereich umfasst sind verarbeitete Lebensmittel, wie Tomatenpüree, sofern es sich nicht um lebende GVO handelt; vgl. *Teel,* NYUELJ 2000, S. 649 ff. (699); *Zedalis,* JWT 2001, S. 301 ff. (303). Allerdings ist der Begriff der „processing" (Weiterverarbeitung) nicht definiert, so dass darunter auch andere Produkte als Lebensmittel fallen können; ebenso *Hagen/Weiner,* GEOIELR 2000, S. 697 ff. (703).

machen 90% des Handels mit GVO aus[426]. Für die Frage der Kennzeichnung gentechnisch veränderter Lebensmittel spielen damit ausschließlich die Vorschriften bezüglich der LMO-FFP eine Rolle. Da das CPB nur GVO betrifft, überschneidet es sich mit den europäischen Kennzeichnungsregelungen nur in Bezug auf die Kennzeichnung „enthält GVO"[427].

Während für den Import der übrigen LMO ein ausführliches Zustimmungsverfahren („Advance Informed Agreement") gilt, verlangt Art. 11 Abs. 1 CPB für LMO-FFP nur, dass Staaten, fünfzehn Tage bevor sie LMO-FFP bei sich zulassen, das sog. Biosafety Clearing House[428] über die Zulassung informieren[429]. Danach bleibt es den übrigen Staaten nach Art. 11 Abs. 4 CPB überlassen, im Rahmen ihrer nationalen, mit der Zielsetzung des CBP übereinstimmenden Vorschriften[430] über den Import dieser LMO-FFP zu entscheiden[431]. Nach Art. 11 Abs. 8 CPB soll dabei wissenschaftliche Unsicherheit keinen Mitgliedstaat daran hindern, eine Entscheidung über den Import von LMO-FFP zu treffen[432].

---

[426] *Eggers/Mackenzie*, JIEL 2000, S. 525 ff. (530). Insbesondere die Hauptexportstaaten von GVO, wie Argentinien, Australien, Kanada, Chile, USA, Uruguay, die bei den Verhandlungen als „Miami-Gruppe" bezeichnet wurden, wehrten sich gegen die Anwendung des Protokolls auf LMO-FFP, zu denen auch Agrarmassengüter wie Mais und Soja gehören, da sie neue Handelsbarrieren für ihre landwirtschaftlichen Produkte befürchteten. Dazu *Buck*, ZUR 2000, S. 319 ff. (320 f.); *Saigo*, GEOIELR 2000, S. 779 ff. (812). Zu den übrigen Streitpunkten in den Verhandlungen, die den Gebrauch des Vorsorgeprinzips, das Verhältnis zur WTO aber auch die Fragen der Kennzeichnung betreffen, siehe *Stoll*, YIEL 1999, S. 82 ff. (87); *Gupta*, Environment 2000, S. 22 ff. (25, 27).

[427] Art. 8 Abs. 1 lit. d) NFVO; Art 2 lit. d) VO 50/2000. Kritisch zur Gleichsetzung der Identifikationspflichten des CPB mit Kennzeichnungsanforderungen *Böckenförde*, S. 206.

[428] Das Biosafety Clearing House dient der zentralen Sammlung von Informationen; dazu *Stoll*, YIEL 1999, S. 82 ff. (89).

[429] Vgl. *Steinmann/Strack*, NuR 2000, S. 367 ff. (369); *Gaston/Abate*, PACEILR 2000, S. 107 ff. (113); *Adler*, TXILJ 2000, S. 173 ff. (193).

[430] Das Ziel des CPB in Art. 1 ist, in Übereinstimmung mit dem vorsorgenden Ansatz in Prinzip 15 der Rio-Erklärung die Sicherstellung eines angemessenen Schutzniveaus in Bezug auf den sicheren Transfer, Umgang und Gebrauch von LMO, die schädliche Auswirkungen auf die Artenvielfalt haben können, wobei auch Gesundheitsrisiken zu berücksichtigen sind. Dazu *Bernasconi-Osterwalder*, S. 689 ff. (691).

[431] Der Unterschied im Vergleich zum Verfahren bezüglich der übrigen LMO liegt darin, dass bei LMO-FFP der Importstaat tätig werden muss, um die Einfuhr zu verhindern; ebenso *Steinmann/Strack*, NuR 2000, S. 367 ff. (369). Zum Ganzen *Eggers/Mackenzie*, JIEL 2000, S. 525 ff. (530); *Falkner*, International Affairs 2000, S. 299 ff. (309). Diese nationale Vorschriften dürfen bereits existieren; dazu *Stoll*, YIEL 1999, S. 82 ff. (90).

[432] Art. 11 Abs. 8: „Lack of scientific certainty due to insufficient relevant scientific information and knowledge regarding the extent of the potential adverse effects of a living modified organism on the conservation and sustainable use of biological diversity in the Party of import, taking also into account risks to human health, shall not prevent that party from taking a decision, as appropriate, with regard to the import of

Daneben enthalten Art. 15 und 16 Vorgaben in Bezug auf Risikobewertung und Risikomanagement[433]. Die Risikobewertung nach Art. 15 Abs. 1 CPB soll danach wissenschaftlich korrekt vorgenommen werden, unter Beachtung anerkannter Techniken der Risikobewertung[434]. Anhang III sieht außerdem vor, dass ein Fehlen von wissenschaftlichem Wissen oder Konsens[435] nicht notwendigerweise als bestimmtes Risikoniveau, Fehlen eines Risikos oder annehmbares Risiko interpretiert werden soll. Außerdem können bei Unsicherheit in Bezug auf das Risikoniveau weitere Informationen angefordert und entsprechende Maßnahmen des Risikomanagements oder der Überwachung ergriffen werden[436]. Ferner sollen die Risiken von LMO oder Produkten daraus, in denen sich noch nachweisbares, neuartiges genetisches Material findet[437], im Zusammenhang mit den Risiken von nicht veränderten Organismen bewertet werden[438]. Was das Risikomanagement betrifft, so sollen die Mitgliedstaaten notwendige Maßnahmen ergreifen, um schädliche Auswirkungen unter anderem auf die Gesundheit zu vermeiden[439].

---

that living modified organism intended for direct use in food or feed, or for processing, in order to avoid or minimize such potential adverse effects". Dazu *Murphy*, HVILJ 2001, S. 47 ff. (78); *Bernasconi-Osterwalder*, S. 689 ff. (696).

[433] Diese müssen auch im Rahmen der nationalen Vorschriften berücksichtigt werden. Auch wenn Art. 11 Abs. 4 dies nicht ausdrücklich vorsieht, wird in Art. 11 Abs. 6 für Schwellenländer, die kein nationales Regelungssystem haben, explizit eine Risikobewertung gefordert. Es widerspräche aber dem Sinn von Art. 11 CPB, von den Entwicklungsländern eine Risikobewertung zu verlangen, die die übrigen Mitgliedstaaten nur aufgrund des Bestehens nationaler Regelungssysteme nicht erbringen müssen. Dies übersieht m. E. *Stökl*, Aussenwirtschaft 2001, S. 327 ff. (347).

[434] Ob Art. 15 Abs. 2 und 3, die eine Übertragung der Risikobewertung an den Exporteur zulassen, auf LMO-FFP anwendbar sind, ist fraglich. Dagegen spricht, dass beide Absätze sich auf das Verfahren des Advance Informed Agreement beziehen, das für LMO-FFP gerade nicht gilt. Ebenso *Stoll*, YIEL 1999, S. 82 ff. (96). A.A. *Steinmann/Strack*, NuR 2000, S. 367 ff. (370).

[435] Sozioökonomische Erwägungen spielen dabei keine Rolle; dazu *Eggers/Mackenzie*, JIEL 2000, S. 525 ff. (532).

[436] Anhang III 8 (f). Dies zeigt, dass es keiner vollen Sicherheit in Bezug auf ein bestimmtes Risikoniveau bedarf, um Maßnahmen des Risikomanagement zu ergreifen.

[437] Das CPB verfolgt, wie die europäischen Regelungen, einen produktbezogenen Ansatz, bei dem es auf die Nachweisbarkeit gentechnischer Veränderungen im Endprodukt ankommt; ebenso *Stökl*, Aussenwirtschaft 2001, S. 327 ff. (344).

[438] Zusammen mit Art. 20 Abs. 3 lit. c), der vorsieht, dass das Biosafety Clearing House auch darüber informiert werden soll, ist dies die einzige Erwähnung von gentechnisch veränderten Produkten, die selbst keine GVO mehr sind, sondern nur noch Reste von DNA enthalten; dazu *Gupta*, Environment 2000, S. 22 ff. (28). Der Ausschluss von Produkten, die aus GVO hergestellt sind, ohne solche zu enthalten, ist ein Kompromiss zwischen der Miami-Gruppe um die USA, die das Protokoll auf die Freisetzung und bloße Gefahren für die biologische Vielfalt beschränken wollte, und der EG, die für eine Einbeziehung von Gesundheitsrisiken und gentechnisch veränderten Produkten war. Dazu *Krenzler/MacGregor*, EFAR 2000, S. 287 ff. (313); *Teel*, NYUELJ 2000, S. 649 ff. (699).

[439] Art. 16 Abs. 2 CPB. Dazu *Charnovitz*, TLNELJ 2000, S. 271 ff. (299).

Außerdem sieht Art. 18 Abs. 2a) vor, dass aus den Begleitpapieren der LMO-FFP hervorgeht, dass diese „Produkte lebende veränderte Organismen enthalten können" und nicht zur Freisetzung bestimmt sind[440]. Einzelheiten, wie die spezifische Identifizierung, sollen innerhalb von zwei Jahren nach Inkrafttreten des CPB beschlossen werden[441], wobei die Konferenz der Mitgliedstaaten gemäß Art. 18 Abs. 3 CPB dazu mit anderen internationalen Organisationen zusammenarbeiten soll. Außerdem sollen die Mitgliedstaaten nach Art. 23 Abs. 1 lit. b) auf einen Zugang der Öffentlichkeit zu Informationen über importierte LMO hinwirken.

Bei den genannten Verpflichtungen handelt es sich um Mindeststandards[442]. Nach Art. 2 Abs. 4 ist es den Mitgliedstaaten aber möglich, stärker schützende Maßnahmen zu ergreifen, sofern dadurch nicht gegen das Ziel oder die Vorschriften des CPB oder gegen die Verpflichtungen der Staaten aus dem Völkerrecht verstoßen wird[443]. Bereits aus den existierenden Verpflichtungen werden aber Überschneidungen und potentielle Konflikte mit SPS sichtbar.

Problematisch ist bereits die Bedeutung der Wissenschaft in SPS und CPB. Während das SPS-Übereinkommen bei der Berücksichtigung unsicherer oder vorsorgender Elemente, insbesondere bei der Risikobewertung, sehr restriktiv ist, lässt das CPB diesbezüglich erheblich größeren Spielraum. So wurde im

---

[440] Dazu *Stoll*, YIEL 1999, S. 82 ff. (93). Damit wurden LMO-FFP aus den für die übrigen LMO geltenden Erfordernissen der genauen Identifizierung entsprechend einer „Enthält-GVO"-Kennzeichnung ausgenommen. Die gegenwärtige „Kann-Enthalten"-Dokumentation, durch die eine obligatorische Trennung von LMO und herkömmlichen Produkten vermieden werden sollte, stellt dabei einen Kompromiss zwischen der EG und den USA dar; dazu *Gupta*, Environment 2000, S. 22 ff. (30); *Hagen/Weiner*, GEOIELR 2000, S. 697 ff. (705). Obwohl die Dokumentation nur für den internationalen Transport gilt, wird zum Teil angenommen, dass damit mittelbar die technische Machbarkeit nationaler Etikettierungsvorschriften zur Information des Endverbrauchers gewährleistet wird; so *Eggers/Mackenzie*, JIEL 2000, S. 525 ff. (532); *Stökl*, Aussenwirtschaft 2001, S. 327 ff. (350). Da eine „Kann-Enthalten"-Dokumentation aber nichts darüber aussagt, ob LMO in der Lieferung nachweisbar sind, da sie keines Tests oder einer sonstigen Zertifizierung bedarf, kann bezweifelt werden, dass dadurch die Machbarkeit nationaler Positivkennzeichnungen gewährleistet werden kann.

[441] In der Entscheidung MOP BS-III/10 vom 17.3.2006 wurde festgelegt, dass Mitgliedstaaten angeben sollen, dass (und welcher) LMO in der Lieferung vorhanden ist, sofern dies z. B. durch Identity Preservation Systeme bekannt ist. Ansonsten muss angegeben werden, dass ein LMO enthalten sein kann. Hinzu kommen in beiden Fällen der Hinweis, dass die LMOs nicht zur Freisetzung gedacht sind, die wissenschaftlichen Namen des LMOs sowie der unique identifier code.

[442] Dafür spricht auch Art. 14 Abs. 1, der vorsieht, dass regionale Vereinbarungen über den Transfer von LMO nicht zu einem geringeren Schutz führen dürfen, als ihn das CPB bietet. Zu regionalen Vereinbarungen ließen sich u.U. auch Vereinbarungen der EG zählen. Vgl. auch *Lell*, S. 298.

[443] Zu den Verpflichtungen dürften auch die Vorschriften der WTO zählen; ebenso *Hagen/Weiner*, GEOIELR 2000, S. 697 ff. (708); *Bernasconi-Osterwalder*, S. 689 ff. (692).

CPB das Vorsorgeprinzip zum ersten Mal im eigentlichen Vertragstext verankert[444]. Dabei lässt Art. 11 Abs. 8 vorsorgende Entscheidungen zu, sofern die wissenschaftlichen Daten oder Kenntnisse über das Ausmaß der möglichen negativen Folgen von LMO-FFP nicht ausreichend sind[445]. Der Bezug auf das „Ausmaß der möglichen negativen Folgen" klingt zwar wie eine begrenzte Version des Vorsorgeprinzips[446]. Dies wird aber relativiert durch den Verweis auf unzureichende wissenschaftliche Kenntnisse („knowledge"), was nicht nur unsichere Erkenntnisse in Bezug auf theoretisch bekannte Wirkungsweisen umfassen kann, sondern auch fehlendes wissenschaftliches Grundwissen, beispielsweise über noch unbekannte Wirkungsmechanismen und Langzeitrisiken[447]. Außerdem sieht Anhang III 4, 8 (f)[448] keine Beschränkung auf das Ausmaß der möglichen Folgen vor[449], und auch Art. 1 verweist ganz allgemein auf den 15. Grundsatz der Rio-Erklärung, der Grundlage des Vorsorgeprinzips[450].

---

[444] *Shaw/Schwartz*, JWT 2002, S. 129 ff. (144); *Gupta*, Environment 2000, S. 22 ff. (30). Dazu *Biermann*, JWT 2001, S. 421 ff. (428); *Adler*, TXILJ 2000, S. 173 ff. (193). Die Berufung auf das Vorsorgeprinzip ist dabei noch umstritten. Die USA gehen davon aus, dass eine Berufung auf das Vorsorgeprinzip nur den Import von GVO verhindern kann, die negative Auswirkungen auf die Biodiversität haben, was daraufhin die Gesundheit der Bevölkerung schädigt. Dagegen gehen andere Staaten auf der Grundlage des Wortlauts davon aus, den Import von GVO schon dann verhindern zu können, wenn es keine Beweise für die Sicherheit von GVO in Bezug auf die Gesundheit direkt gibt; dazu *King*, DRAKEJAL 2001, S. 241 ff. (253 f.).

[445] Ebenso *Matthee*, EELR 2001, S. 183 ff. (191). Unklar ist, ob Art. 11 Abs. 8 nur für Entwicklungs- und Schwellenländer gilt, auf die sich die umliegenden Absätze beziehen, oder für alle Mitgliedstaaten, wofür spricht, dass der Wortlaut, anders als die umliegenden Absätze, keine Beschränkung auf Entwicklungsländer enthält. Da das Vorsorgeprinzip dem gesamten CPB zugrunde liegt und es an mehreren Stellen zum Ausdruck kommt, ist davon auszugehen, dass Art. 11 Abs. 8 für alle Länder gilt. Dafür spricht auch die Verhandlungsgeschichte. Ähnlich *Murphy*, HVILJ 2001, S. 47 ff. (78); *Steinmann/Strack*, NuR 2000, S. 367 ff. (371).

[446] Kritisch *Stoll*, YIEL 1999, S. 82 ff. (98); *Böckenförde*, S. 374 ff.

[447] Vgl. *Eggers/Mackenzie*, JIEL 2000, S. 525 ff. (531).

[448] Art. 11 Abs. 1 verweist auf Anhang II, der wiederum in lit. (j) auf Anhang III verweist. Die Risikobewertung in Anhang III sieht eine Identifizierung von Eigenschaften der LMO, die möglicherweise nachteilige Auswirkungen haben, die Feststellung einer Eintrittswahrscheinlichkeit, die Abschätzung der möglichen negativen Folgen im Falle eines Eintritts, eine Gesamtabschätzung des Risikos aus den 3 vorgenannten Faktoren und eine Empfehlung bezüglich der Hinnehmbarkeit des Risikos vor. Außerdem lässt Anhang III einen Rückgriff auf Richtlinien der relevanten internationalen Organisationen zu, wobei anders als im SPS kein Vorrang für die CAK vorgesehen ist. Zum ganzen *Buck*, ZUR 2000, S. 319 ff. (323).

[449] *Stoll*, YIEL 1999, S. 82 ff. (99) plädiert daher für eine weite Auslegung des Begriffs „Ausmaß" in Art. 11 Abs. 8 in Übereinstimmung mit Anhang III 8, so dass er Wahrscheinlichkeit und Größe des Schadens umfasst.

[450] *Buck*, ZUR 2000, S. 319 ff. (322); *Francer*, VAJSPL 2000, S. 257 ff. (309 f.). Zur Umsetzung des Vorsorgeprinzips im CPB siehe *Stökl*, Aussenwirtschaft 2001, S. 327 ff. (348).

§ 10 Vereinbarkeit mit dem SPS-Übereinkommen

Daneben sieht Anhang III 4 für die Risikobewertung vor, dass ein Fehlen von wissenschaftlichem Wissen oder Konsens nicht notwendigerweise als bestimmtes Risikoniveau, Fehlen eines Risikos oder annehmbares Risiko interpretiert werden soll[451]. Anhang III 8 (f) erlaubt außerdem, auf Unsicherheit auch mit Maßnahmen des Risikomanagements zu reagieren. Maßnahmen des Risikomanagements sind also auch zulässig, wenn eine ausreichende Risikoabschätzung nicht möglich ist. Eine Einschränkung auf das vorläufige Ergreifen von Maßnahmen und eine regelmäßige Überprüfung, wie in Art. 5 Abs. 7 SPS, ist also vorgesehen[452]. Insofern scheint das CPB, anders als das SPS, wissenschaftliche Unsicherheiten im Rahmen der normalen Risikobewertung stärker zu berücksichtigen, ohne zusätzliche Anforderungen an die Mitgliedstaaten zu stellen. Hier zeigt sich somit eine Differenz zwischen SPS und CPB[453], die für die europäischen Kennzeichnungsregelungen erheblich sein könnte.

Auch die im CPB ausdrücklich geforderte „Kann-Enthalten"-Dokumentation könnte einen Einfluss auf den Ausgang eines Streites um die WTO-Konformität der europäischen Kennzeichnungsregelungen haben[454]. Zu prüfen ist allerdings, ob sich die EG auch zur Rechtfertigung ihrer eigenen, weitergehenden Kennzeichnungsregeln darauf berufen kann. Dafür spricht, dass auch das CPB in Anhang II lit. (k) von der grundsätzlichen Zulässigkeit einer Kennzeichnung ausgeht. Hinzu kommt, dass es sich bei den vom CPB vorgesehenen Vorschriften um Mindeststandards handelt, von denen die Mitgliedstaaten nach oben abweichen können[455]. Dagegen spricht aber, dass diese Abweichung wiederum in Übereinstimmung mit den internationalen Verpflichtungen erfolgen müsste[456], zu denen auch das SPS-Übereinkommen gehört[457]. In der bisherigen Form ist

---

[451] Auch hier erscheint eine Übereinstimmung von CPB und SPS fraglich, insbesondere in Anbetracht der Tatsache, dass die Existenz von unbekannten oder unsicheren Elementen bei der Risikoabschätzung keine Abweichung von den Anforderungen der Art. 5 Abs. 1–3 in Verbindung mit Nr. 4 von Anhang A SPS erlaubt. Dagegen scheint Anhang III 4 CPB die Annahme eines bestimmten Risikoniveaus trotz fehlender wissenschaftlicher Sicherheit zumindest zu erlauben. A.A. *Stoll*, YIEL 1999, S. 82 ff. (114), der Anhang III 4 CPB und SPS für übereinstimmend hält, dabei aber m.E. die restriktive Auslegung des AB in *Australia-Salmon* nicht ausreichend berücksichtigt.

[452] Ebenso *Stoll*, YIEL 1999, S. 82 ff. (117); *Stökl*, Aussenwirtschaft 2001, S. 327 ff. (349).

[453] Ähnlich *Gupta*, Environment 2000, S. 22 ff. (30); *Stökl*, Aussenwirtschaft 2001, S. 327 ff. (349); *Steinmann/Strack*, NuR 2000, S. 367 ff. (373). A.A. *Eggers/Mackenzie*, JIEL 2000, S. 525 ff. (539 f.); *Bernasconi-Osterwalder*, S. 689 ff. (719); *Smitherman*, GAJICL 2002, S. 475 ff. (499 f.).

[454] Dazu *Phillips/Kerr*, JWT 2000, S. 63 ff. (73). Zur Prüfung der Kennzeichnungsregelung des CPB unter SPS oder TBT *Eggers/Mackenzie*, JIEL 2000, S. 525 ff. (536); *Stökl*, Aussenwirtschaft 2001, S. 327 ff. (349). *Böckenförde*, S. 380 ff., kritisiert die Kennzeichnungsanforderung als Verstoß gegen Art. 5.6 SPS.

[455] *Buck*, ZUR 2000, S. 319 ff. (325).

[456] Dies übersieht *Buck*, ZUR 2000, S. 319 ff. (325).

[457] Vgl. oben Fn. 443.

es daher zweifelhaft, ob sich aus dem CPB wirksame Argumente in Bezug auf die europäischen Kennzeichnungsregeln gewinnen lassen. Auch die jetzt nach Art. 18 Abs. 2 lit. a) S. 2 vorgesehenen detaillierten Kennzeichnungsanforderungen für LMO-FFP ändern daran nichts, da eine über die „Kann-Enthalten"-Begleitpapiere hinausgehende Kennzeichnung nur verlangt wird, wenn das Vorhandensein des jeweiligen GVO aufgrund von identity preservation systems bekannt ist. Daran dürfte es aber außerhalb der EG regelmäßig fehlen.

b) Verhältnis zwischen CPB und SPS

Da die Anforderungen des CPB an die Risikobewertung und die Bedeutung des Vorsorgeprinzips, die für eine Beurteilung der WTO-Konformität der europäischen Kennzeichnungsregeln erheblich sein könnten, einfacher zu erfüllen sind als die des SPS, ist nun zu prüfen, ob und wie die Vorschriften des CPB den Ausgang eines Streitfalles vor der WTO beeinflussen. Dabei ist zunächst kurz auf das bislang ungeklärte Verhältnis zwischen den WTO-Übereinkommen und multilateralen Umweltübereinkommen, wie dem CPB, einzugehen, wobei hier weitgehend auf die Ausführungen unter III.1.a) verwiesen werden kann. Danach soll das Verhältnis zwischen CPB und SPS beleuchtet werden, wobei zunächst geprüft wird, ob das Verhältnis durch die Abkommen selbst geregelt wird, bevor auf die Regeln der WVK zurückgegriffen wird. Dabei sollen eine harmonischen Auslegung und der Gebrauch völkerrechtlicher Vorrangregeln erörtert werden.

Wie bereits dargestellt, hat eine abschließende Bestimmung des Verhältnisses der WTO-Übereinkommen zu multilateralen Umweltübereinkommen (MEA) trotz jahrelanger Diskussion in der Literatur und in der WTO selbst noch nicht stattgefunden[458], obwohl diese Diskussion durch die Verabschiedung des CPB erheblich an Aktualität gewonnen hat[459]. In der WTO stehen sich die Positionen der USA, die für eine Beibehaltung des Status Quo sind, und der EG, die für eine formelle Änderung der WTO-Übereinkommen oder zumindest für eine Umkehr der Beweislast zugunsten der Umweltabkommen ist[460], diametral gegenüber[461]. Auch Überlegungen, der Allgemeine Rat der WTO könnte zumindest für das Verhältnis zum CPB Interpretationsregeln beschließen, sind bislang ergebnislos geblieben[462].

---

[458] 25 MEA wurden identifiziert, die Auswirkungen auf die WTO haben können. Vgl. Annex zur Matrix on Trade Measures Pursuant to selected MEAs, WT/CE/W/160/Rev. 1 vom 14.6.2001; dazu *Shaw/Schwartz,* JWT 2002, S. 129 ff. (149), sowie oben Fn. 373.

[459] *Shaw/Schwartz,* JWT 2002, S. 129 ff. (133).

[460] Zur Position der EG vgl. Commission Staff Working Paper: Environmental Integration into the External Policies of the General Affairs Council, SEC(2002) 271 vom 7.3.2002, S. 24. Die Position der EG spiegelt dabei frühere Vorschläge zur ITO wider; dazu *Motaal,* JWT 2001, S. 1215 ff. (1224 f.).

Da eine allgemeine Bestimmung des Verhältnisses zwischen den WTO-Übereinkommen und dem CPB noch nicht stattgefunden hat, ist zu prüfen, ob das CPB selbst dieses Verhältnis regelt. Dies kann z. B. in Form von Vorrangklauseln nach Art. 30 Abs. 2 WVK erfolgen[463]. Das Verhältnis zur WTO stellte in den Verhandlungen zum CPB einen der umstrittensten Punkte dar, der erst kurz vor dem Abschluss der Verhandlungen beigelegt werden konnte[464]. Demnach sehen die Erwägungsgründe 9–11 in der Präambel[465] vor:

– „in der Erkenntnis, dass sich Handels- und Umweltübereinkünfte wechselseitig stützen sollten, um eine nachhaltige Entwicklung zu erreichen;

– in Bekräftigung der Tatsache, dass dieses Protokoll nicht so auszulegen ist, als bedeute es eine Änderung der Rechte und Pflichten einer Vertragspartei aufgrund geltender völkerrechtlicher Übereinkünfte;

– in dem Verständnis, dass vorstehender Beweggrund nicht darauf abzielt, dieses Protokoll anderen völkerrechtlichen Übereinkünften unterzuordnen".

Sofern es also zu einem Konflikt zwischen Vorschriften der WTO und dem CPB kommt, der nicht nach Erwägungsgrund 9 im Wege der harmonischen Auslegung zu lösen ist, sollen einerseits die Rechte und Pflichten anderer Übereinkommen, wie dem WTO-Übereinkommen, Bestand haben und andererseits das CPB zumindest gleichberechtigt weiter gelten. In diesem Fall liegt ein Widerspruch zwischen dem zehnten und elften Erwägungsgrund vor, der dazu führt, dass auch die Präambel des CPB die Frage des Verhältnisses zur WTO im Falle eines Konfliktes nicht löst[466]. Die Ambiguität der Präambel[467] führt

---

[461] Ausführlich *Shaw/Schwartz*, JWT 2002, S. 129 ff. (134 ff.); *Motaal*, JWT 2001, S. 1215 ff. (1218 ff.). Eine Beweiserleichterung, allerdings hergeleitet aus einer harmonischen Auslegung, fordert auch *Hohmann*, RIW 2000, S. 88 ff. (97).

[462] *Stökl*, Aussenwirtschaft 2001, S. 327 ff. (329).

[463] Dazu *Gaston/Abate*, PACEILR 2000, S. 107 ff. (117 ff.). Kritisch zur Verwendung von Vorrangklauseln *Hilf*, NVwZ 2000, S. 481 ff. (484).

[464] Zum Konflikt zwischen der Miami-Gruppe und der EG in dieser Frage *Buck*, ZUR 2000, S. 319 ff. (321); *Teel*, NYUELJ 2000, S. 649 ff. (701).

[465] Die ursprünglich vorgesehene Klausel im materiellen Teil wurde damit zugunsten einer Klärung in der Präambel aufgegeben, wobei die Rechtswirkungen einer Präambel im einzelnen umstritten sind. Jedenfalls kann die Präambel aber dazu dienen, die Intentionen der Parteien darzulegen; dazu *Gupta*, Environment 2000, S. 22 ff. (30 f.); *Hagen/Weiner*, GEOIELR 2000, S. 697 ff. (707). Kritisch zur Bedeutung der Präambel *Marceau*, JWT 2001, S. 1081 ff. (1091).

[466] Ebenso *Buck*, ZUR 2000, S. 319 ff. (326); *Phillips/Kerr*, JWT 2000, S. 63 ff. (66). Zu Recht weist *Stökl*, Aussenwirtschaft 2001, S. 327 ff. (336) darauf hin, dass trotzdem nicht von der Unwirksamkeit des CPB wegen Dissenses auszugehen ist. Dagegen spricht die Entstehungsgeschichte und die Verschiebung der Konkurrenzregel in die Präambel, was den Willen der Vertragsparteien zeigt, den materiellen Teil des Protokolls aufrechtzuerhalten.

[467] Entsprechend sehen sich alle Verhandlungsparteien in dieser Frage als Sieger. So gehen die USA von einem eindeutigen Vorrang der WTO aus, während die EG

somit dazu, dass zur Klärung des Verhältnisses zwischen WTO und CPB die allgemeinen Regeln der WVK über das Verhältnis zweier Verträge zueinander heranzuziehen sind[468].

Bei einem möglichen Streitfall zwischen den USA und der EG über die Kennzeichnung gentechnisch veränderter Lebensmittel ist aber problematisch, dass die USA die WVK nicht ratifiziert haben[469]. Allerdings erkennt der AB die entsprechenden Regeln der WVK als Völkergewohnheitsrecht an[470]. Insofern könnten die Streitschlichtungsorgane auf die Regeln des *lex posterior*[471] oder des *lex specialis*[472] zurückgreifen, um das Verhältnis zwischen CPB und SPS zu klären. Allerdings greifen diese Regeln nur nachrangig zur harmonischen Auslegung[473].

Zu prüfen ist also, ob das CPB und das SPS-Übereinkommen trotz ihrer Differenzen harmonisch ausgelegt werden können, und inwieweit dies den Ausgang des Streits um die Kennzeichnung gentechnisch veränderter Lebensmittel beeinflusst. Grundsätzlich haben die Streitschlichtungsorgane eine gewisse Bereitschaft erkennen lassen, Umweltabkommen (MEA) bei der Auslegung von Vorschriften der WTO zu berücksichtigen, um so zu einer harmonischen Auslegung zu kommen[474]. Zum Teil wurde dabei vertreten, dass Umweltabkommen zu berücksichtigen sind, wenn alle WTO-Mitglieder auch Vertragsstaaten des MEA sind[475]. Diese Auffassung wurde in der Streitschlichtung aber aufgege-

---

eine grundsätzliche Gleichwertigkeit zwischen CPB und WTO gewährleistet sieht. Dazu *King*, DRAKEJAL 2001, S. 241 ff. (253); *Gupta*, Environment 2000, S. 22 ff. (31). Gleiches gilt auch für Interessenvertreter von Industrie und Umweltverbänden; dazu *Falkner*, International Affairs 2000, S. 299 ff. (311).

[468] *Stökl*, Aussenwirtschaft 2001, S. 327 ff. (336); *Bernasconi-Osterwalder*, S. 689 ff. (714). Im Ergebnis ebenso *Böckenförde*, S. 228 ff., der die Erwägungsgründe als Interpretationsvorgaben, nicht als Konkurrenzregeln begreift.

[469] *Hohmann*, RIW 2000, S. 88 ff. (89); *Schlagenhof*, JWT 1995, S. 123 ff. (151).

[470] *US – Standards for Reformulated and Conventional Gasoline*, AB Report, WT/DS2/AB/R vom 29.4.1996, para. 42, Fn. 34. Dazu *Cameron/Gray*, ICLQ 2001, S. 248 ff. (254); *Hohmann*, RIW 2000, S. 88 ff. (89).

[471] Art. 30 Abs. 3 WVK. Dazu *Marceau*, JWT 2001, S. 1081 ff. (1091); *Stökl*, S. 256 f.

[472] *Stökl*, S. 256 f. Auch wenn das Prinzip „*lex specialis derogat generali*" nicht in der WVK niedergelegt ist, wurde es vom IGH und der herrschenden Lehre als Völkergewohnheitsrecht anerkannt. Dazu ausführlich *Marceau*, JWT 2001, S. 1081 ff. (1092 f., 1095); *Hohmann*, RIW 2000, S. 88 ff. (89); *Verdross/Simma*, § 786.

[473] *Marceau*, JWT 2001, S. 1081 ff. (1089 f.); *Beyerlin*, S. 326 Rdnr. 646; *Seidl-Hohenveldern/Stein*, S. 94 f. Weitergehend *Stökl*, Aussenwirtschaft 2001, S. 327 ff. (337), der die Vorrangregeln auch als nachrangig gegenüber einer korrigierenden Auslegung begreift.

[474] *Hilf*, NVwZ 2000, S. 481 ff. (488). Vgl. *Hohmann*, RIW 2000, S. 88 ff. (95).

[475] Vgl. *US – Restrictions on Imports of Tuna*, Panel Report, WT/DS29/R vom 20.5.1994, para. 5.19. Dazu *Beyerlin*, S. 322 Rdnr. 633. So noch *Hilf*, NVwZ 2000, S. 481 ff. (483 f.).

ben[476] und widerspricht auch Art. 31 Abs. 3 lit. c) WVK, der im Gegensatz zu Art. 31 Abs. 2 lit. a) WVK von „den Vertragsparteien" und nicht von „allen Vertragsparteien" spricht[477].

Problematisch ist hier allerdings, dass die USA weder die Konvention über die biologische Vielfalt[478] noch das CPB ratifiziert haben[479]. Art. 31 Abs. 3 lit. c) WVK verlangt aber die Berücksichtigung „jedes in den Beziehungen zwischen den Vertragsparteien anwendbaren einschlägigen Völkerrechtssatzes". Ein solcher Satz könnte zwischen den Vertragsparteien der WTO auch Art. 24 CPB sein, wonach im Handel zwischen Mitgliedern und Nichtmitgliedern die Ziele des CPB beachtet werden sollen[480]. Art. 24 CPB dehnt also die Grundregeln des CPB auf den Handel mit Nichtmitgliedern aus[481]. Außerdem hatte der AB auch in *US-Shrimp* MEA zur Auslegung herangezogen, in denen nicht alle Streitparteien Mitglied sind[482], dabei unter anderem die Konvention über die Biologische Vielfalt, die die Rechtsgrundlage des CPB darstellt.

Gegen die Berücksichtigung spricht allerdings die souveränitätsfreundliche Auslegung des AB, die auch Art. 31 Abs. 3 WVK zugrunde liegt[483]. Außerdem wurden zwar MEA berücksichtigt, in denen nicht alle Streitparteien Mitglied waren, ohne dass der AB aber erklärte, dass es dabei gerade auf diese MEA für die Auslegung ankam[484]. Zu prüfen ist also, ob diese MEA auch berücksichtigt

---

[476] In *US-Shrimp*, AB Report, para. 130 griff der AB auf MEA zurück, die nicht einmal von allen Streitparteien ratifiziert waren, geschweige denn von allen WTO-Mitgliedern. Dazu *Hilf*, NVwZ 2000, S. 481 ff. (485); *Palmeter/Mavroidis*, AJIL 1998, S. 398 ff. (411).

[477] *Marceau*, JWT 1999, S. 87 ff. (124 f.); *Palmeter/Mavroidis*, AJIL 1998, S. 398 ff. (411). Jetzt a.A. das Panel in EC – Measures Affecting the Approval and Marketing of Biotech Products, Reports of the Panel, WT/DS291/R, WT/DS292/R, WT/DS293/R, 29. September 2006. Siehe dazu unter § 12 II.3. Kritisch *Franken/Burchardi*, JEEPL 2007, S. 47 ff. (49 f.).

[478] *Krenzler/MacGregor*, EFAR 2000, S. 287 ff. (313); *Gupta*, Environment 2000, S. 22 ff. (32). Der Präsident hat zwar 1993 unterzeichnet, der Senat hat der Konvention aber nicht zugestimmt, so dass die USA nicht Mitglied sind; *Murphy*, HVILJ 2001, S. 47 ff. (72 f.); *Saigo*, GEOIELR 2000, S. 779 ff. (804); *Phillips/Kerr*, JWT 2000, S. 63 ff. (65).

[479] *Francer*, VAJSPL 2000, S. 257 ff. (310); *Biermann*, JWT 2001, S. 421 ff. (444); *Quintillán*, JWT 1999, S. 147 ff. (187).

[480] Vgl. *Marceau*, JWT 1999, S. 87 ff. (126); *Stökl*, Aussenwirtschaft 2001, S. 327 ff. (332).

[481] Dazu *Teel*, NYUELJ 2000, S. 649 ff. (700). Zu den unterschiedlichen Möglichkeiten einer Interpretation des Art. 24 CPB *Gaston/Abate*, PACEILR 2000, S. 107 ff. (121 f.).

[482] Vgl. *US-Shrimp*, AB Report, para. 130 Fn. 111. Dazu *Hilf*, NVwZ 2000, S. 481 ff. (485); *Bernasconi-Osterwalder*, S. 689 ff. (718). Auch ein nachfolgender Vertrag kann nach Art. 31 Abs. 3 WVK berücksichtigt werden. Dazu *Marceau*, JWT 1999, S. 87 ff. (122).

[483] *Stökl*, Aussenwirtschaft 2001, S. 327 ff. (339 f.).

würden, wenn sie streitentscheidend sind[485]. Daher wird z. T. vertreten, dass das CPB im Streit zwischen den USA und der EG kein erhebliches Auslegungsinstrument sei und nur als Beweismittel für den Versuch einer multilateralen Lösung (und damit für die Notwendigkeit der Maßnahme nach Art. 5 Abs. 6 SPS) und gegen eine protektionistische Motivation (Art. 5 Abs. 5 SPS) gewertet werden könne[486].

Für eine Berücksichtigung und gegen diese Auffassung spricht hier m. E. aber, dass der AB MEA, die nicht von beiden Streitparteien unterzeichnet waren, nicht zur Auslegung hätte heranziehen müssen, wenn sie in solch einem Fall keine Relevanz hätten, sondern es hätte genügt, sich auf die übrigen MEA zu stützen. Außerdem widerspräche eine Nichtberücksichtigung des CPB dem erklärten Ziel des SPS-Übereinkommens, die internationale Harmonisierung und Anerkennung internationaler Standards zu fördern. Käme dem CPB keine Bedeutung zu, so könnte dies zu einer Vielzahl von Streitfällen gegen ein internationales Abkommen führen, das eigentlich gemeinsame Regeln für den internationalen Handel schaffen soll[487]. Ebenfalls dafür spricht die Präambel der WTO, die das Ziel des Umweltschutzes und der nachhaltigen Entwicklung in Übereinstimmung mit den Handelsregeln sieht[488]. Außerdem lässt SPS eine ge-

---

[484] *US-Shrimp,* AB Report, para. 130 ff. Dazu *Stökl,* Aussenwirtschaft 2001, S. 327 ff. (340 f.). Vgl. auch *US – Import Prohibition of Certain Shrimp and Shrimp Products – Recourse to Art. 21.5,* Panel Report, WT/DS58/AB/RW vom 15.6.2001, para. 5.57, wo das Panel anzunehmen scheint, dass alle zitierten MEA von beiden Parteien anerkannt sind.

[485] *Stökl,* Aussenwirtschaft 2001, S. 327 ff. (340 f.).

[486] *Stökl,* Aussenwirtschaft 2001, S. 327 ff. (341 f.); *Marceau,* JWT 1999, S. 87 ff. (136). Dabei wird aber m. E. übersehen, dass der AB nach neuerer Praxis weniger auf die Motivation als vielmehr auf die objektive Struktur einer Maßnahme abstellt; dazu oben II.3.a). Für die objektive Struktur der Kennzeichnungsregelung der EG ist das CPB aber bedeutungslos. Relevant wird die durch ein MEA dokumentierte Intention allerdings im Rahmen von Art. XX GATT, wo der Versuch einer multilateralen Lösung im Rahmen der Erforderlichkeit der Maßnahme Vorrang vor einer unilateralen Lösung hat. Dabei genügt aber nach neuesten Entscheidungen bereits der Versuch, ein multilaterales Abkommen zu verabschieden. Vgl. *US – Import Prohibition of Certain Shrimp and Shrimp Products – Recourse to Art. 21.5 of the DSU by Malaysia,* Panel Report, WT/DS58/RW vom 15.6.2001, para. 5.67, 5.86; *US – Import Prohibition of Certain Shrimp and Shrimp Products – Recourse to Art. 21.5 of the DSU by Malaysia,* AB Report, WT/DS58/AB/RW vom 22.10.2001, para. 153. Dazu *Shaw/Schwartz,* JWT 2002, S. 129 ff. (148 f.). Zur Entscheidung des WTO-Panels in *EC-Biotech* siehe unten § 12 II.3.

[487] Andernfalls könnte nie ein MEA berücksichtigt werden, das nicht von allen WTO-Mitgliedern ratifiziert wurde, da sonst immer ein WTO-Mitglied, das nicht MEA-Mitglied ist, Beschwerde erheben kann mit der Begründung, ihm gegenüber dürften die Vorschriften des MEA auch nicht in der Auslegung berücksichtigt werden. Dies würde aber das Ziel des SPS, eine zukünftige Harmonisierung zu fördern, konterkarieren.

[488] Vgl. *US-Shrimp,* AB Report, para. 129. Dazu *Hilf,* NVwZ 2000, S. 481 ff. (485, 488); *Marceau,* JWT 1999, S. 87 ff. (107 f.).

§ 10 Vereinbarkeit mit dem SPS-Übereinkommen

wisse Offenheit gegenüber internationalen Instrumenten erkennen, ohne dass es darauf ankäme, ob alle WTO-Mitglieder auch Mitglieder der entsprechenden Organisationen sind[489]. Im Ergebnis spricht m.E. daher viel für die Berücksichtigung des CPB bei der Auslegung des SPS, auch gegenüber den USA[490].

Wie bereits dargestellt, weicht das CPB in Bezug auf die Anforderungen an die Risikobewertung und die Berücksichtigung unsicherer Elemente von den sehr restriktiven Anforderungen des SPS ab. Zu prüfen ist hier aber, ob eine harmonische Auslegung beider Abkommen möglich ist[491] und ob dies Einfluss auf den Ausgang des Streits um die Kennzeichnung gentechnisch veränderter Lebensmittel hat. Zu beachten ist dabei zum einen, dass das CPB spezifischere Anforderungen an die Risikobewertung stellt als der Wortlaut des SPS[492]. Zum anderen ist zu berücksichtigen, dass ein bedeutender Teil der restriktiven Anforderungen des SPS, wie die Spezifität der Risikobewertung und die begrenzte Bedeutung der Vorsorge[493], aus der Streitschlichtungspraxis stammt, nicht aber durch den Wortlaut von SPS vorgeschrieben ist[494].

Letztlich ergibt sich die Möglichkeit eines Einflusses des CPB auf das SPS aus dem SPS selbst. Art. 5 Abs. 1 SPS sieht vor, dass die von den zuständigen internationalen Organisationen entwickelten Risikobewertungsmethoden bei der Risikobewertung angewandt werden sollen. Zwar ist fraglich, ob das CPB eine für Risikobewertungsmethoden „zuständige internationale Organisation" ist. Unzweifelhaft dient das CPB aber der Vereinheitlichung der Risikobewertung im internationalen Handel mit LMO und fördert damit die internationale Harmonisierung von gesundheitsbezogenen Handelshemmnissen. Außerdem steht die Mitgliedschaft im CPB allen Staaten offen[495]. Insofern kann die Risikobewertung des CPB, wie sie in Anhang III CPB zum Ausdruck kommt, als internationale Risikobewertungsmethode[496] in Übereinstimmung mit dem Wortlaut des

---

[489] Vgl. Anhang A Nr. 3. Dort kommt es nicht darauf an, dass alle WTO-Mitglieder auch Mitglieder der CAK sind. Auch nach Anhang A Nr. 3 d) ist nur wichtig, dass diese Organisationen allen Mitgliedern offenstehen, nicht dass alle Mitglieder sind. Dagegen ließe sich zwar einwenden, dass diese Standards noch vom SPS-Ausschuss anerkannt werden müssen. Aber auch Art. 5 Abs. 1 verweist auf internationale Risikobewertungstechniken, ohne dass eine Beschränkung auf bestimmte Instrumente aufgrund von Mitgliedschaft vorgesehen ist.
[490] Vgl. auch *Beyerlin*, S. 327 f. Rn. 650.
[491] Bejahend *Stoll*, YIEL 1999, S. 82 ff. (84); *Stökl*, Aussenwirtschaft 2001, S. 327 ff. (328).
[492] Vgl. *Buck*, ZUR 2000, S. 319 ff. (328 f.).
[493] Vgl. *Eggers*, EuZW 1998, S. 147 ff. (150).
[494] Dazu oben II.1.a), III.1.b). Dies übersieht *Smitherman*, GAJICL 2002, S. 475 ff. (500).
[495] Das Erfordernis aus Anhang A Nr. 3 lit. d) scheint sich dabei noch nicht einmal auf Art. 5 Abs. 1, sondern nur auf Art. 3 SPS zu beziehen.
[496] Vgl. oben Fn. 448. So *Hagen/Weiner*, GEOIELR 2000, S. 697 ff. (698).

SPS Anwendung finden. Somit könnten in sehr viel größerem Maße Langzeitrisiken oder vorsorgende Ansätze berücksichtigt werden[497].

Zu prüfen ist allerdings, ob einer solchen harmonischen Auslegung die bisherige, restriktive Auslegung der Risikobewertung entgegensteht. Die bisherige Auslegung des SPS durch die Streitschlichtungsorgane entspricht zwar einer Übung bei der Anwendung des Vertrages im Sinne von Art. 31 Abs. 3 lit. b) WVK[498]. Der AB hat jedoch festgestellt, dass Streitschlichtungen zwar berechtigte Erwartungen der Mitgliedstaaten wecken können, aber jeweils nur die Streitparteien binden[499]. Eine bindende Präzedenzfallfunktion eines *„stare decisis"* existiert dagegen nicht. Insofern stellt die bisherige Auslegung nur eine fallweise Auslegung dar[500] und hindert nicht eine weniger restriktive, harmonische Auslegung für die Zukunft.

Durch eine Abweichung von einer bisherigen Auslegung wird auch nicht gegen Art. 3 Abs. 2 und 19 Abs. 2 DSU verstoßen, die verbieten, dass die Rechte und Pflichten der Mitgliedstaaten durch den AB ergänzt oder eingeschränkt werden. Solange die harmonische Auslegung nicht gegen den Wortlaut des SPS verstößt, findet auch keine Schmälerung der Rechte der Mitgliedstaaten statt, da diese Auslegung, wie die bisherigen auch, nur zwischen den Streitparteien bindend ist und die bisherigen Auslegungen nur begrenzt übertragbar sind, da bislang noch keine internationale Risikobewertungsmethode existierte, die speziell auf den Streitgegenstand der GVO zugeschnitten war.

Eine harmonische Auslegung von SPS und CPB in Bezug auf die Risikobewertung zugunsten einer Berücksichtigung der Methodik in Anhang III CPB wäre somit grundsätzlich möglich[501]. Da Anhang III CPB eine Interpretation von wissenschaftlicher Unsicherheit als Risiko zumindest zulässt[502], Maßnahmen des Risikomanagements auch bei Unsicherheit bezüglich des Risikoniveaus erlaubt[503] und darüber hinaus einen grundsätzlichen Unterschied zwischen LMO und Produkten, die Reste von neuartigem genetischen Material enthalten, auf der einen und herkömmlichen Organismen und Produkten auf der anderen Seite macht[504], könnte dies dazu führen, dass die Kennzeichnung von

---

[497] Ebenso *Steinmann/Strack*, NuR 2000, S. 367 ff. (371).
[498] Zumal die Berichte des AB vom Allgemeinen Rat in Gestalt des DSB verabschiedet werden, also durch alle Mitgliedstaaten.
[499] *Japan – Taxes on Alcoholic Beverages*, WT/DS8/DS10/DS11/AB/R vom 1.11.1996, S. 14 f. Dazu *Palmeter/Mavroidis*, AJIL 1998, S. 398 ff. (401).
[500] Ausführlich *Palmeter/Mavroidis*, AJIL 1998, S. 398 ff. (400 ff.).
[501] Ähnlich *Eggers/Mackenzie*, JIEL 2000, S. 525 ff. (534, 540); *Stökl*, Aussenwirtschaft 2001, S. 327 ff. (334); *Stökl*, S. 264 ff. *Bernasconi-Osterwalder*, S. 689 ff. (716 ff.).
[502] Anhang III 4 CPB.
[503] Anhang III 8 (f) CPB.
[504] Anhang III 5 CPB.

gentechnisch veränderten Lebensmitteln entgegen der Interpretation bisher als SPS-konform anzusehen ist.

Falls der AB zu der Überzeugung gelangen sollte, dass eine harmonische Auslegung nicht möglich ist, bliebe nur ein Rückgriff auf die Vorrangregeln *lex posterior* und *lex specialis*[505], wobei das CPB in der Regel als das spätere und speziellere Abkommen verstanden wird[506]. Problematisch daran ist aber, dass die USA nicht Mitglied des CPB sind und daher in Bezug auf den *lex-posterior*-Grundsatz nach Art. 30 Abs. 4 WVK der Vertrag gilt, dem beide Staaten angehören, also die WTO-Übereinkommen[507]. Gleiches müsste für die *lex-specialis*-Regel gelten. Ungeklärt bleiben auch die grundsätzlichen Fragen, ob ein Panel oder der AB überhaupt die Nachrangigkeit des WTO-Übereinkommens feststellen kann[508], und ob er in diesem Fall das MEA auslegen und anwenden dürfte[509]. Falls auch dies zu bejahen ist, stellt sich die zusätzliche Frage des zuständigen Gerichts, da die Mitgliedstaaten des CPB über die Konvention über die biologische Vielfalt[510] auch den IGH anrufen könnten, mit der Folge, dass es zu möglicherweise konfligierenden Urteilen käme[511]. Nicht nur der Vorrang der harmonischen Auslegung vor den Konfliktregeln lässt daher eine harmonische Auslegung als richtig erscheinen, sondern auch die ungelösten grundsätzlichen Probleme, die die *lex-posterior*- und *lex-specialis*-Regel hier mit sich bringen[512].

---

[505] Von Teilen der Literatur wird dabei ein grundsätzlicher Vorrang des CPB befürwortet *Steinmann/Strack*, NuR 2000, S. 367 ff. (372); *Stoll*, YIEL 1999, S. 82 ff. (117); *Gaston/Abate*, PACEILR 2000, S. 107 ff. (120). Andere hingegen halten das CPB für nachrangig gegenüber der WTO *Kennedy*, FDLJ 2000, S. 81 ff. (104). Kritisch zur Möglichkeit, Konflikte zwischen MEA und WTO durch *lex posterior* und *lex specialis* zu lösen *Hilf*, NVwZ 2000, S. 481 ff. In Bezug auf GATT sei z.B. unklar, welches das relevante Datum des Inkrafttretens (1947 oder 1994) und welches Abkommen das speziellere sei. Daher seien die Vorrangregeln der WVK nicht geeignet, diese Konflikte zu lösen. Dazu auch *Schmidt/Kahl*, S. 1408 ff. (1462 ff.); *Cameron/Gray*, ICLQ 2001, S. 248 ff. (260).

[506] *Stoll*, YIEL 1999, S. 82 ff. (117); *Steinmann/Strack*, NuR 2000, S. 367 ff. (372).

[507] *Palmeter/Mavroidis*, AJIL 1998, S. 398 ff. (412); *Beyerlin*, S. 327 f. Rdnr. 650.

[508] Dazu oben § 10 II.1.a).

[509] Für eine direkte Anwendung *Mavroidis*, JWT 2000, S. 73 ff. (77); *Hohmann*, RIW 2000, S. 88 ff. (96 f.). A.A. *Marceau*, JWT 1999, S. 87 ff. (113), die darauf hinweist, dass eine direkte Anwendung gegen Art. 7 DSU verstößt.

[510] Art. 27 KBV; dazu *Eggers/Mackenzie*, JIEL 2000, S. 525 ff. (533). Unabhängig davon ist auch eine eigene Streitschlichtung in Art. 34 CPB vorgesehen; *Stoll*, YIEL 1999, S. 82 ff. (89).

[511] Um dies zu vermeiden, sieht Art. 11 Abs. 3 SPS vor, dass die Streitparteien andere Streitbeilegungsverfahren im Rahmen einer internationalen Organisation oder Übereinkunft nutzen können. Da die USA aber nicht Mitglied des CPB sind, ist eine Streitschlichtung durch den IGH unwahrscheinlich. Dazu *Eggers/Mackenzie*, JIEL 2000, S. 525 ff. (541); vgl. *Stoll*, YIEL 1999, S. 82 ff. (109). Allgemein dazu *Marceau*, JWT 2001, S. 1081 ff. (1108 ff.).

[512] Im Ergebnis ebenso *Buck*, ZUR 2000, S. 319 ff. (326).

3. Zwischenergebnis

Weder das Vorsorgeprinzip noch das Protokoll von Cartagena zur Biologischen Sicherheit haben somit derzeitig Auswirkungen auf ein mögliches Streitschlichtungsverfahren in Bezug auf die Kennzeichnung gentechnisch veränderter Lebensmittel. Zwar werden die WTO-Übereinkommen nicht in klinischer Isolation vom allgemeinen Völkerrecht gesehen, aber der AB hat wenig Bereitschaft erkennen lassen, das Vorsorgeprinzip als unabhängiges Argument in der Streitschlichtung zu berücksichtigen. Mehr Einfluss könnte dagegen das CPB entfalten. Insbesondere könnte eine harmonische Auslegung zwischen CPB und SPS dazu führen, die strengen Anforderungen an die Risikobewertung und die Berücksichtigung unsicherer Elemente zu relativieren.

Insgesamt erscheint das CPB aber nicht geeignet, den grundsätzlichen Konflikt zwischen der EG und den USA zu schlichten[513], gerade falls es, wie von einigen erwartet, zum maßgeblichen Rechtsrahmen des Handels mit LMO wird[514]. Insbesondere die Möglichkeit, den Import von bestimmten LMO abzulehnen, läuft praktisch darauf hinaus, dass ein System der Trennung oder genauen Zertifizierung eingeführt werden muss. Wenn z.B. die EG eine bestimmte gentechnisch veränderte Maissorte vom Import ausschließt, so muss gewährleistet werden, dass diese nicht eingeführt wird. Dies erfordert entweder ein System der Trennung, zumindest der unterschiedlichen gentechnisch veränderten Maissorten, oder eine genaue Zertifizierung, dass die importierte Maislieferung die fragliche Sorte nicht enthält. Dies ließe sich wiederum nur mittels eines Testverfahrens oder einer obligatorischen Trennung erreichen. Da das CPB seine Grundsätze auch auf den Handel mit Nichtmitgliedern ausdehnt, ist zu erwarten, dass das CPB den Konflikt mit den USA eher noch verschärft.

IV. Ergebnis und Gesamtwürdigung des SPS-Übereinkommens

Als Ergebnis ist festzuhalten, dass das SPS-Übereinkommen in jedem Fall auf eine Gesundheitskennzeichnung, wie sie in Art. 8 Abs. 1 lit. b) NFVO und Art. 2 lit. b) VO 50/2000 vorgesehen ist, anwendbar ist. Diese Kennzeichnung begegnet auch keinerlei Bedenken in Bezug auf ihre Zulässigkeit und Konformität mit SPS.

Dagegen ist die übrige Kennzeichnung von Gleichwertigkeit, ethischen Bedenken und Vorhandensein von GVO, wie sie aus Art. 8 Abs. 1 lit. a) NFVO iVm. VO 1139/98 und VO 49/2000, Art. 8 Abs. 1 lit. c), d) NFVO, Art. 2 lit. a), c), d) VO 50/2000 resultiert, vom Anwendungsbereich des SPS nur umfasst,

---

[513] *Eggers/Mackenzie*, JIEL 2000, S. 525 ff. (542); *Falkner*, International Affairs 2000, S. 299 ff. (300, 312 f.), der im CPB eine Stärkung der europäischen Position sieht.
[514] *Buck*, ZUR 2000, S. 319 ff. (330).

wenn man sie, entgegen der hier vertretenen Auffassung, als Risikokennzeichnung und nicht als Kennzeichnung zur allgemeinen Verbraucherinformation begreift. Diese Kennzeichnung verstößt dabei gegen die Anforderungen an die wissenschaftliche Begründetheit einer handelsbeschränkenden Maßnahme aus Art. 2 Abs. 2 und Art. 5 Abs. 1–3 SPS. Eine Berufung auf Art. 5 Abs. 7 scheidet angesichts der hohen Anforderungen aus. Unter der Voraussetzung, dass eine „Kann-Enthalten"-Kennzeichnung nicht inflationär angewandt wird, verstößt diese Kennzeichnung auch gegen Art. 5 Abs. 6, da ein gleich hoher Schutz gegen Risiken durch eine „Kann-Enthalten"-Kennzeichnung zu erreichen wäre. Auch eine Konformität der Kennzeichnungsregeln nach Art. 3 Abs. 2 SPS scheidet mangels existierender internationaler Standards aus. Selbst völkerrechtliche Einflüsse führen nicht zu einer Konformität der europäischen Regelungen mit dem SPS-Übereinkommen. Im Ergebnis liegt also bei einer Charakterisierung der übrigen Kennzeichnung als Risikokennzeichnung ein Verstoß gegen das SPS-Übereinkommen vor[515].

Insgesamt zeigt das SPS-Übereinkommen, insbesondere in der Auslegung durch die Streitschlichtungsorgane, eine deutliche Betonung der Wissenschaftlichkeit als des entscheidenden Kriteriums zur Bestimmung der protektionistischen Natur einer handelsbeschränkenden Maßnahme. Dieses Primat der Wissenschaftlichkeit lässt aber außer acht, dass die politische Motivation für den Erlass einer Maßnahme häufig vielfältig und diffus ist, und nicht jede Maßnahme, die auf einer nicht-wissenschaftlichen, „irrationalen" Grundlage beruht, zwangsläufig eine protektionistische Maßnahme darstellt.

So können Verbote bestimmter Inhaltsstoffe, die in dem wissenschaftlich nicht abschließend begründeten Verdacht stehen, Krebs zu erzeugen, die nationale Wirtschaft, die diese Stoffe produziert, ebenso schwer treffen, wie Exportstaaten, denen die Einfuhr solcher Stoffe verwehrt wird[516]. Insofern stellt die wissenschaftliche Begründetheit einer Maßnahme zwar ein Indiz für eine protektionistische Intention dar, sollte aber nicht das allein entscheidende Kriterium sein. Insbesondere sollte nicht auf den Nachweis einer Diskriminierung zuungunsten des Exportstaates verzichtet werden[517]. Ansonsten läuft das SPS-Übereinkommen Gefahr, den Mitgliedstaaten lediglich den Vorwurf einer

---

[515] Im Ergebnis ähnlich *Fredland*, VDBJTL 2000, S. 183 ff. (214); *Macmillan/Blakeney*, TLNJTIP 2001, S. 93 ff. (104); *Murphy*, HVILJ 2001, S. 47 ff. (83). Vgl. auch *Douma/Jacobs*, EELR 1999, S. 137 ff. (143); *Eggers*, EuZW 1998, S. 147 ff. (150). A. A. *Howse/Mavroidis*, FDMILJ 2000, S. 317 ff. (370).

[516] Dies wurde in *EC – Measures Affecting Asbestos and Asbestos Containing Products*, Panel Report, WT/DS135/R vom 18.9.2000, para. 8.239 berücksichtigt. Dazu *Van Calster*, EELR 2001, S. 113 ff. (118).

[517] Ebenso *Macmillan/Blakeney*, Int.T.L.R. 2000, S. 131 ff. (138); *Walker*, CNLILJ 1998, S. 251 ff. (267 ff.). Dies wurde aber in *EC-Hormones* missachtet. Dazu *Bohanes*, CLMJTL 2002, S. 323 ff. (353 f.); *Macmillan/Blakeney*, Int.T.L.R. 2000, S. 131 ff. (140). Auch wenn das Ergebnis von *EC-Hormones* angesichts der Tatsache, dass die

„schlechten", i.e. unwissenschaftlichen Gesetzgebung zu machen[518]. Dies sollte aber nicht die Aufgabe der WTO sein.

Außerdem stellt die Wissenschaftlichkeit einer Maßnahme einen Faktor dar, der nur vermeintlich objektiv ist[519]. Im Fall von wissenschaftlicher Unsicherheit sollte es daher den Mitgliedstaaten zukommen, ihre „science policies" (wie die Grundlagen der Risikobewertung) frei zu bestimmen und zwischen verschiedenen wissenschaftlich plausiblen Optionen zu wählen[520]. Insofern scheint m.E. durch die Überbetonung des Faktors der Wissenschaftlichkeit ein Weg eingeschlagen worden zu sein, der zumindest in den Begründungen der Streitentscheidungen (wenn auch nicht notwendig in den Ergebnissen) fragwürdig ist[521].

Im Extremfall kann das Primat der Wissenschaftlichkeit dazu führen, dass Lebensmittel frei verkehrsfähig sind, sofern dem Importstaat nicht der Nachweis der Gesundheitsgefahr gelingt[522]. Überspitzt gesagt, geht die Tendenz zumindest im Bereich des Gesundheitsschutzes in Richtung auf einen „Weltbinnenmarkt" für Lebensmittel[523]. Damit schießt das SPS in seiner Auslegung

---

für die Rinderzucht verbotenen Hormone bei der Schweinezucht eingesetzt werden durften, wahrscheinlich richtig war, zumal nur im Bereich der Rinderzucht mit starker ausländischer Konkurrenz zu rechnen war, wäre es besser gewesen, wenn der AB eine protektionistische Wirkung zumindest festgestellt hätte. Die Unterlassung der Feststellung mag aus politischer Zurückhaltung des AB erfolgt sein, da der Vorwurf des Protektionismus natürlich moralisch verwerflicher ist als die vermeintlich objektiveren und moralisch neutralen Anforderungen an die Wissenschaftlichkeit einer Maßnahme. Nichtsdestotrotz ist aber genau das die Aufgabe der Streitschlichtungsorgane. A.A. *Kennedy*, FDLJ 2000, S. 81 ff. (91), der vertritt, dass eine Überprüfung der Diskriminierung in den Fällen einer herkunftsbezogenen Diskriminierung versagt. Solche Diskriminierung müsste aber nach SPS erlaubt sein, um dem Risiko bestimmter Krankheiten, die nur in bestimmten Ländern vorkommen, Rechnung zu tragen. Dabei übersieht er aber, dass der Diskriminierungstest in SPS an der Situation in den Ländern festgemacht wird (Art. 2 Abs. 3 SPS) und nicht an den Waren, so dass zwischen einem krankheitsfreien Staat und einem Staat, in dem eine Krankheit vorkommt, schon keine Vergleichbarkeit gegeben ist.

[518] Ähnlich *Bohanes*, CLMJTL 2002, S. 323 ff. (353 f.); *Godt*, EWS 1998, S. 202 ff. (208).

[519] Dazu oben § 3 Fn. 78 f. *Pauwelyn*, ZLR 2000, S. 843 ff. (855 f.).

[520] *Walker*, CNLILJ 1998, S. 251 ff. (263).

[521] Zu den Auswirkungen politisch nicht akzeptierter Streitentscheidungen auf deren Befolgung und das Streitschlichtungssystem als solches *Bohanes*, CLMJTL 2002, S. 323 ff. (349 f.). A.A. *Streinz*, ZUR 1999, S. 16 ff. (21); *Godt*, EWS 1998, S. 202 ff., die in der Entscheidung des AB in *EC-Hormones* eine Chance zur Erhöhung der Akzeptanz seiner Entscheidungen sehen. Dieser Auffassung ist zwar im Vergleich zum Panel-Report zuzustimmen, allerdings nicht in Bezug auf die gesamten Auswirkungen auf das SPS-Übereinkommen, wofür auch spricht, dass die EG die Entscheidung nach wie vor nicht umgesetzt hat.

[522] Kritisch zur Ausrichtung des SPS auf den beschwerdeführenden Mitgliedstaat *Charnovitz*, TLNELJ 2000, S. 271 ff. (290). Dagegen zustimmend *Kennedy*, FDLJ 2000, S. 81 ff. (99). Kritisch zum Vorrang von Handelsinteressen vor anderen legitimen Zielen *Gaston/Abate*, PACEILR 2000, S. 107 ff. (138 f.). Mit weitergehendem Ansatz, im Ergebnis aber ähnlich kritisch *Hochhuth*, S. 85 ff. (95).

durch die Streitschlichtungsorgane über das erklärte Ziel, Protektionismus im Gewand von Gesundheitsregelungen zu verhindern, hinaus[524]. Dies hat weit reichende Folgen für die souveräne Politikgestaltung der Mitgliedstaaten, da die starke Betonung der Wissenschaftlichkeit zu einer Verengung des Spielraumes für andere legitime Politikziele führt[525]. Auch aus diesem Grund sollte der Anwendungsbereich des SPS auf die Bereiche beschränkt sein, in denen die Maßnahmen ausdrücklich dem Schutz vor Gesundheitsgefahren dienen, da nur dort das Kriterium der Wissenschaftlichkeit als Maßstab sinnvoll ist. In anderen Bereichen, zu denen auch der Erlass von Maßnahmen aufgrund von Verbrauchererwartungen zählt, sollte das SPS dagegen keine Anwendung finden[526]. Zwar läuft eine solche Begrenzung Gefahr, Mitgliedstaaten zur verstärkten Berufung auf vermeintliche Verbrauchererwartungen zu ermuntern, um protektionistische Maßnahmen zu erlassen. Solche Maßnahmen bleiben aber nicht ungeprüft, sondern fallen unter das TBT-Übereinkommen (oder falls dies nicht einschlägig ist unter GATT) und können anhand der dort festgelegten Maßstäbe auf versteckten Protektionismus untersucht werden. Wie im Hinblick auf das TBT-Übereinkommen zu zeigen sein wird, bietet dieses Übereinkommen ein flexibleres Instrumentarium, um Protektionismus zu erkennen und zu verhindern.

---

[523] Die Folgen des SPS-Übereinkommens erinnern somit an die Folgen von *Cassis-de-Dijon*, ohne dass aber der entsprechende Ausgleich durch eine Kennzeichnung erlaubt wäre; vgl. *Classen*, UTR 49 (1999), S. 345 ff. (346 ff.). Die Sicherstellung von Verbraucherinformation durch Kennzeichnung stellt aber auch aus wirtschaftswissenschaftlicher Sicht eine Maßnahme dar, die dem durch die WTO angestrebten Welthandelssystem nicht entgegensteht. Im Gegenteil kann die Sicherstellung von Information ein Versagen der Marktmechanismen aufgrund von imperfekter Information korrigieren. Ein solches Versagen der Marktmechanismen kann aber dazu führen, dass die Kosten einer Ware nicht den wahren Kosten entsprechen, da Teile davon auf die Allgemeinheit abgewälzt und letztlich in Form von Gesundheits- oder Umweltschäden bezahlt werden. Eine solche Entwicklung kann durch Information über die wahren Kosten (bzw. über mit dem Verbrauch der Ware verbundene Gesundheitsrisiken, auf die im Wege der Kennzeichnung hingewiesen wird), abgefangen werden, was sowohl den freien Handel durch Stützung der Marktmechanismen stärkt, als auch andere Güter, wie Umwelt oder Gesundheit schützt. Dazu *Motaal*, JWT 2001, S. 1215 ff. (1231 f.). Eine Kennzeichnung, die auch ohne abschließende wissenschaftliche Sicherheit auf Risiken hinweist, sollte also auch unter SPS erlaubt werden.
[524] So wurde in *EC-Hormones*, AB Report, para. 163 f. festgestellt, dass eine Harmonisierung der Schutzniveaus über internationale Standards ein in der Zukunft zu erreichendes Ziel sei.
[525] Kritisch *Bohanes*, CLMJTL 2002, S. 323 ff. (353). Ähnlich *Macmillan/Blakeney*, Int.T.L.R. 2000, S. 131 ff. (138); *Walker*, CNLILJ 1998, S. 251 ff. (267 ff.). Zur Bedeutung der Nahrungsmittelsicherheit für nationale Souveränität *Hilf/Eggers*, EuZW 1997, S. 559 ff. (564).
[526] In Bezug auf Verbrauchererwartungen kritisiert *Bohanes*, CLMJTL 2002, S. 323 ff. (361), dass die Durchsetzung der freien Verkehrsfähigkeit von risikolosen Lebensmitteln gegen den Willen der Mehrheit der Bevölkerung ein fragwürdiges Demokratieverständnis bedeute. Auch hier könnte die Kennzeichnung einen akzeptablen Kompromiss zwischen einem strikten Importverbot und einer völligen Freigabe bedeuten.

§ 11 Vereinbarkeit mit dem TBT-Übereinkommen

I. Einführung

1. Anwendbarkeit des TBT-Übereinkommens

Wie bereits gezeigt, fallen Kennzeichnungsvorschriften zur allgemeinen Verbraucherinformation nicht unter das SPS-Übereinkommen[1]. Dazu zählen Art. 8 Abs. 1 lit. a) NFVO iVm. VO 1139/98 und 49/2000 und Art. 2 lit. a) VO 50/2000 (Kennzeichnung der Ungleichwertigkeit aufgrund von DNA oder Proteinen), Art. 8 Abs. 1 lit. c) NFVO und Art. 2 lit. c) VO 50/2000 (Ethikkennzeichnung), und Art. 8 Abs. 1 lit. d) NFVO und Art. 2 lit. d) VO 50/2000 (GVO-Kennzeichnung), die nicht dem Gesundheitsschutz dienen, sondern dem Verbraucher im Wege der Information eine informierte Auswahlentscheidung ermöglichen sollen. Stattdessen könnte für diese Vorschriften das TBT-Übereinkommen anwendbar sein[2].

Der Anwendungsbereich von TBT ist weit umfassender als der von SPS, da er sich generell auf technische Handelshemmnisse erstreckt[3] und im Gegensatz zum SPS nach objektiven Kriterien, nämlich dem Vorliegen einer technischen Vorschrift, einer Norm oder eines Konformitätsbewertungsverfahrens bestimmt wird[4]. Unter das TBT-Übereinkommen fallen daher auch lebensmittelrechtliche Regelungen[5], insbesondere zum Täuschungsschutz und zur Lebensmittelqualität[6]. Auch Produktkennzeichnungen, wie Lebensmittelkennzeichnungen[7], können als potentielle Handelshemmnisse unter TBT geprüft werden[8]. Sofern TBT einschlägig ist, hat es als spezielleres Abkommen und aufgrund der Konflikt-

---

[1] Dazu bereits oben § 10 I.1.a).

[2] Zur Abgrenzung der Anwendungsbereiche von SPS und TBT in Bezug auf Kennzeichnungsvorschriften vgl. *Macmillan/Blakeney,* Int.T.L.R. 2000, S. 131 ff. (134); *Macmillan/Blakeney,* TLNJTIP 2001, S. 93 ff. (109); *Howse/Mavroidis,* FDMILJ 2000, S. 317 ff. (320 f.).

[3] *Eckert,* ZLR 1995, S. 363 ff. (375).

[4] *Pauwelyn,* ZLR 2000, S. 843 ff. (845).

[5] Vgl. Art. 1.3 TBT. Dazu *Kerr,* The World Economy 1999, S. 245 ff. (252). Vgl. *Fredland,* VDBJTL 2000, S. 183 ff. (209); *Völker,* S. 281 ff. (283).

[6] Ebenso *Ritter,* EuZW 1997, S. 133 ff. (135); *Streinz,* UTR 36 (1996), S. 435 ff. (444).

[7] Nach *Teel,* NYUELJ 2000, S. 649 ff. (687) gehören dazu Lebensmittelkennzeichnungen, Nährwertangaben und ähnliche Vorschriften.

[8] Ebenso *Rücker,* S. 149.

regel Vorrang vor GATT[9]. Umstritten ist aber insbesondere in der Literatur die Abgrenzung des Anwendungsbereichs des TBT-Übereinkommens von dem des GATT. Zu prüfen ist also zunächst die Bestimmung und Reichweite des Anwendungsbereichs von TBT nach Ansicht der Literatur und nach Auffassung der Streitschlichtungsorgane. Daran anknüpfend ist zu prüfen, ob das TBT auf die in Frage stehenden Kennzeichnungsregelungen anwendbar ist.

a) Anwendungsbereich des TBT nach Ansicht der Literatur

In der Literatur wird z.T. eine abstrakte Abgrenzung der Anwendungsbereiche von TBT und GATT nach dem Vorliegen einer Produktregelung oder einer Verfahrensregelung (sog. Production Process Method – PPM) getroffen. Danach fallen Produktregelungen unter TBT, während Verfahrensregelungen unter GATT zu untersuchen sind[10].

Produktregelungen nehmen dabei Unterschiede zwischen Produkten als Ausgangspunkt für eine rechtliche Differenzierung, während Verfahrensregelungen auf Unterschiede in den Herstellungsverfahren zweier an sich identischer Pro-

---

[9] Dazu bereits oben § 9 III 3c). Vgl. *Tietje,* JWT 1995, S. 123 ff. (137); *Van Calster,* S. 333.

[10] *Fredland,* VDBJTL 2000, S. 183 ff. (208); *Müller-Graff,* S. 111 ff. (118). Zu beachten ist dabei, dass unter GATT bislang verpflichtende Maßnahmen aufgrund von PPM als ungerechtfertigte Unterscheidung gesehen werden. Dazu *Senti,* S. 315 f.; *Hilf,* NVwZ 2000, S. 481 ff. (484 f.); *Wiemer,* S. 189 Fn. 701. A.A. *Gramlich,* ArchVR, Bd. 33 (1995), S. 131 ff. (146). Als Beispiel dafür wird u.a. *Japan – Taxes on Alcoholic Beverages,* Panel Report, WT/DS8/R, WT/DS10/R, WT/DS11/R vom 11.7.1996, para. 6.23 (hiernach: *Japan-Beverages,* Panel Report) zitiert. Darin hat das Panel festgestellt, dass der unterschiedliche Filtrationsprozess (PPM) für Wodka und Sochu nicht ausreicht, um aus den beiden ungleichartige Produkte zu machen. Daraus wurde eine Ablehnung der Berücksichtigung von Verfahrensregelungen geschlossen. Das Argument des Panels war aber, dass die Filtration nicht gegen eine Gleichartigkeit sprach, da nicht gezeigt wurde, dass sie Verbraucherpräferenzen beeinflusst. Dazu *Bronckers/McNelis,* S. 345 ff. (373); *Hohmann,* EuZW 2000, S. 421 ff. (423). Nach den neueren Entscheidungen in *US – Import Prohibition of Certain Shrimp and Shrimp Products – Recourse to Art. 21.5 of the DSU by Malaysia,* Panel Report, WT/DS58/RW vom 15.6.2001 und *US – Import Prohibition of Certain Shrimp and Shrimp Products – Recourse to Art. 21.5 of the DSU by Malaysia,* AB Report, WT/DS58/AB/RW vom 22.10.2001 scheinen die Streitschlichtungsorgane aber zumindest eine Rechtfertigung von PPM über Art. XX GATT zuzulassen. Ebenso *Shaw/Schwartz,* JWT 2002, S. 129 ff. (148 f.). Vgl. *Phillips/Kerr,* JWT 2000, S. 63 ff. (71). Auch in der neueren Literatur wird die Trennung zwischen Produktregelungen und Verfahrensregelungen abgelehnt, bzw. für eine Rechtmäßigkeit von Verfahrensregelungen plädiert. Siehe dazu nur *Altemöller,* RabelsZ (Band 64) 2000, S. 213 ff. (240 ff.); *Bronckers/McNelis,* S. 345 ff. (373 ff.); *Knorr,* S. 86. Ausführlich auch *Charnovitz,* YJIL 2002, S. 59 ff. und *Howse/Regan,* EJIL 2000, S. 249 ff., die anführen, dass die Ablehnung von PPM keine ausreichende Grundlage in GATT und den Streitentscheidungen findet. Dagegen *Gaines,* CLMJEL 2002, S. 383 ff., der aber für eine Rechtfertigung über Art. XX GATT ist.

dukte abstellen. Innerhalb der Verfahrensregelungen wird unterschieden zwischen sog. produktbezogenen PPM, bei denen das Herstellungsverfahren auch Auswirkungen auf das Endprodukt hat und sich negative Folgen ggf. durch den Verbrauch des Produktes einstellen, und nicht produktbezogenen PPM (sog. non product related PPM – NPR-PPM), bei denen das Herstellungsverfahren keine Auswirkung auf das Endprodukt hat und negative Folgen nur im Rahmen des Herstellungsprozesses auftreten können[11]. Produktbezogene PPM sind z.B. Regelungen, die Produkte verbieten, in denen Rückstände bestimmter Chemikalien aus dem Herstellungsprozess zu finden sind. Dagegen verbieten NPR-PPM sämtliche Produkte, die mit Hilfe dieser Chemikalie hergestellt wurden, auch ohne dass sich Rückstände im Endprodukt befinden[12]. Insbesondere die Zulassung von NPR-PPM als Handelshemmnisse wird von vielen WTO-Mitgliedern abgelehnt, da dies als Einmischung in die nationale Souveränität[13] verstanden wird und vor allem Entwicklungsländer befürchten, dass sie um die Vorteile ihrer Produktionsstandorte (niedrigere Standards für Umwelt- und Arbeitsschutz) gebracht werden sollen[14].

Die Abgrenzung zwischen den Anwendungsbereichen von TBT und GATT anhand von Produktregelungen oder Verfahrensregelungen ist besonders deswegen relevant, weil die europäischen Vorschriften im Bereich der Gentechnik entgegen der hier vertretenen Einschätzung z.T. als Verfahrensregelungen verstanden werden[15]. Allerdings ist der Kern dieser Abgrenzung, nämlich die Frage, ob

---

[11] Vgl. *Altemöller*, RabelsZ (Band 64) 2000, S. 213 ff. (220 f.); *Wiemer*, S. 29. A.A. *Charnovitz*, YJIL 2002, S. 59 ff. (65), der unter produktbezogene PPM auch solche rechnet, bei denen keine Änderungen im Produkt feststellbar sind. Dagegen würden nicht produktbezogene PPM soziale Ziele verfolgen, die nichts mit dem Produkt zu tun haben. Diese Ansicht geht aber erheblich weiter als die bislang herrschende Meinung. Im Gegensatz dazu ordnet *Lell*, S. 190, Kennzeichnungen aufgrund der festen Verbindung zum Produkt immer den produktbezogenen Vorschriften zu. Dagegen spricht aber, dass die Kennzeichnung nach Anhang I.1 des TBT-Übereinkommens zu den technischen Vorschriften gehört, die Merkmale eines Produkts festlegen. Sie wird aber dadurch nicht zu einem Merkmal des Produkts selbst, sondern bleibt Teil der zu überprüfenden Regelung.

[12] Andere Beispiele für NPR-PPM, die sich nicht auf das Endprodukt auswirken, sind Regelungen, die den Import von Produkten von bestimmten Arbeits- oder Umweltstandards abhängig machen. Weiterführend *Quick*, S. 311 ff. (314).

[13] Kritisch zum Argument der nationalen Souveränität insbesondere im Bereich des Umweltschutzes *Bryde*, Archiv für Völkerrecht, Bd. 31 1993, S. 1 ff. (2 ff.); *Appleton*, S. 29 ff.

[14] Dazu auch *Biermann*, JWT 2001, S. 421 ff. (432 ff.); *Böckenförde*, S. 263 ff. Vgl. *Schlagenhof*, JWT 1995, S. 123 ff. (127 ff.), der dies aber mit Blick auf den Umweltschutz kritisiert, da ein Verbot von NPR-PPM weder aus ökologischer Perspektive (Umweltschäden sind Umweltschäden) noch aus ökonomischer Perspektive (Die Verursachung externer Kosten führt zu Wohlfahrtseinbußen, egal ob dies über Produktauswirkungen oder Produktionsauswirkungen geschieht) überzeugend sei. Kritisch zu der Unterscheidung zwischen produktbezogenen und NPR-PPM aufgrund ihrer Wirkung *Charnovitz*, YJIL 2002, S. 59 ff. (73 f.).

auch Verfahrensregelungen unter TBT fallen können, auch in der Literatur strittig, da das TBT-Übereinkommen insoweit unklar formuliert ist. So sieht Art. 1.2 TBT iVm. Anhang 1 Nr. 1 vor, dass technische Vorschriften unter TBT fallen. Eine technische Vorschrift ist nach Anhang 1 Nr. 1:

„Ein Dokument, das Merkmale eines Produkts oder die entsprechenden Verfahren und Produktionsmethoden einschließlich der Verwaltungsbestimmungen festlegt, deren Einhaltung zwingend vorgeschrieben ist. Es kann unter anderem oder ausschließlich Festlegungen über Terminologie, Bildzeichen, sowie Verpackungs-, Kennzeichnungs- oder Beschriftungserfordernisse für ein Produkt, ein Verfahren oder eine Produktionsmethode enthalten."

Unter technische Vorschriften[16] fallen nach Satz 1 Produktmerkmale und die *entsprechenden* Produktionsmethoden. Danach scheinen jedenfalls produktbezogene PPM unter das TBT zu fallen[17]. Nach Satz 2 fallen aber auch Festlegungen, wie Kennzeichnungen, *ausschließlich* in Bezug auf ein Produkt, *Verfahren* oder *Produktionsmethode* unter das TBT[18]. Eine Meinung geht davon aus, dass der zweite Satz den ersten nur ausfüllt, so dass nur produktbezogene Verfahrensregelungen unter TBT fallen[19]. Nach anderer Ansicht ist der zweite Satz ergänzend zum ersten, so dass auch nicht produktbezogene Verfahrensregeln (NPR-PPM) darunter fallen[20]. Dafür spricht auch die Erläuternde Bemerkung zu Anhang 1 Nr. 2[21]. Außerdem hat der TBT-Ausschuss eine Entscheidung angenommen, nach der im Zusammenhang mit der Notifizierung alle obligatorischen Kennzeichnungen angezeigt werden müssen, unabhängig von der Art der

---

[15] Vgl. *Fredland*, VDBJTL 2000, S. 183 ff. (216); *Phillips/Kerr*, JWT 2000, S. 63 ff. (70); *Dederer*, ZFL 49, Nr. 6 (1998), S. 46 ff. (50). Siehe auch Submission by the United States on European Council Regulation No. 1138/98 Compulsory Indication of the Labeling of Certain Foodstuffs Produced from Genetically Modified Organisms, G/TBT/W/94 vom 16.10.1998, para. 6: „... we are not aware of any information that foods or food ingredients developed through genetic engineering or modification differ as a class in composition, quality or safety from products produced by other methods of breeding." Gegen diese Einordnung aber oben § 4–6.

[16] Technische Vorschriften sind somit allgemeinverbindliche Rechtsvorschriften, in denen der Gesetzgeber festlegt, welche Bedingungen und Anforderungen eine Ware oder ihre dazugehörigen Verfahren oder Produktionsmethoden erfüllen müssen, um in den Verkehr gebracht werden zu dürfen; dazu *Senti*, S. 524.

[17] *Chang*, JWT 1997, S. 137 ff. (141 f.). Vgl. *Van Calster*, S. 312; *Schlagenhof*, JWT 1995, S. 123 ff. (126).

[18] *Okubo*, GEOIELR 1999, S. 599 ff. (620); *Chang*, JWT 1997, S. 137 ff. (142).

[19] *Völker*, S. 281 ff. (286 f.); *Quick*, S. 311 ff. (320); *Staffin*, CLMJEL 1996, S. 205 ff. (237); *Appleton*, S. 92 ff. Dies würde dazu führen, dass NPR-PPM nur den Anforderungen des GATT unterliegen; dazu *Chang*, JWT 1997, S. 137 ff. (148).

[20] *Okubo*, GEOIELR 1999, S. 599 ff. (620); *Bartenhagen*, VAELJ 1997, S. 51 ff. (74); *Chang*, JWT 1997, S. 137 ff. (142); *Triebold*, S. 334 f.

[21] „Dieses Übereinkommen erfasst nur technische Vorschriften, Normen und Konformitätsbewertungsverfahren in Bezug auf Produkte oder Verfahren und Produktionsmethoden". Dazu *Chang*, JWT 1997, S. 137 ff. (142). A.A. *Tietje*, JWT 1995, S. 123 ff. (136); *Schlagenhof*, JWT 1995, S. 123 ff. (132).

Information auf der Kennzeichnung[22]. Obwohl diese Entscheidung nur bezüglich der Notifizierung erging, dient sie nach dieser Ansicht zur Klarstellung des Anwendungsbereich von TBT[23], so dass alle Kennzeichnungsregelungen, ob produkt- oder verfahrensbezogen, unter TBT fallen. Gegen dieses Argument spricht aber, dass die Anzeigepflicht ohne Rücksicht auf die Frage der Vereinbarkeit der Maßnahme oder ihrer Relevanz für Rechte und Pflichten unter den multilateralen Handelsabkommen besteht[24].

Da der Wortlaut des TBT keine eindeutige Antwort zulässt, kann nach Art. 32 WVK die Verhandlungsgeschichte des TBT-Übereinkommens berücksichtigt werden[25]. Die Entstehungsgeschichte spricht nach herrschender Ansicht in der Literatur gegen eine Erstreckung auf nicht produktbezogene Verfahrensregelungen, da die Worte „oder die entsprechenden" in Satz 1 der Definition eingefügt wurden, um NPR-PPM aus dem TBT-Übereinkommen auszuschließen[26]. In diese Richtung tendieren auch die WTO-Ausschüsse[27].

b) Anwendungsbereich des TBT in der Streitschlichtungspraxis

Im Gegensatz zur Literatur haben die Streitschlichtungsorgane bislang noch nicht zur Anwendung des TBT auf Verfahrensregelungen Stellung genommen. Auch hat die Notifizierung einer Vorschrift unter TBT keine rechtlichen Auswirkungen auf dessen Anwendbarkeit[28]. Stattdessen haben die Streitschlichtungsorgane den Anwendungsbereich bislang nicht in Abgrenzung zu GATT, sondern anhand der Definitionen in Anhang 1 bestimmt[29].

---

[22] Vgl. Decisions and Recommendations adopted by the Committee since 1 January 1995, Note by the Secretariat vom 23.5.2002, G/TBT/1/Rev.8, S. 18. Vgl. *Okubo*, GEOIELR 1999, S. 599 ff. (620).

[23] Oben Fn. 22.

[24] So *Tietje*, JWT 1995, S. 123 ff. (136). Vgl. *Chang*, JWT 1997, S. 137 ff. (146 f.).

[25] *Chang*, JWT 1997, S. 137 ff. (140).

[26] Ausführlich *Chang*, JWT 1997, S. 137 ff. (144 ff.); *Van Calster*, S. 312. Vgl. *Völker*, S. 281 ff. (285); *Wiemer*, S. 188. Dagegen leitet *Bartenhagen*, VAELJ 1997, S. 51 ff. (74 ff.) aus der Verhandlungsgeschichte ab, dass alle PPM unter TBT fallen.

[27] Vgl. Negotiating History of the Coverage of the Agreement on Technical Barriers to Trade with regard to Labelling Requirements, Voluntary Standards, and Processes and Production Methods unrelated to Product Characteristics, Note by the Secretariat vom 29.8.1995, G/TBT/W/11, WT/CTE/W/10, para. 3(c). Dazu *Chang*, JWT 1997, S. 137 ff. (142 ff.). Zur Position des Committee on Trade and the Environment vgl. *Bartenhagen*, VAELJ 1997, S. 51 ff. (78 f.). Zu den unterschiedlichen Auffassungen der USA und der EG siehe *Herrup*, EELR 1997, S. 144 ff. (150).

[28] *EC – Measures Concerning Asbestos and Asbestos Containing Products*, Panel Report, WT/DS135/R vom 18.9.2000 (hiernach „*EC-Asbestos*, Panel Report"), para. 8.59 ff. Dazu *Yavitz*, MNJGT 2002, S. 43 ff. (62). Zur Notifizierung der VO 1139/98 unter TBT siehe *Krenzler/MacGregor*, EFAR 2000, S. 287 ff. (311); *Appleton*, NYUELJ 2000, S. 566 ff. (574).

Nach Art. 1.2 TBT iVm. Anhang 1 Nr. 1 und 2 gilt TBT für technische Vorschriften und Normen, wobei technische Vorschriften solche Vorschriften sind, deren Einhaltung zwingend vorgeschrieben ist, während dies bei Normen nicht der Fall ist[30]. Da es sich hier um eine *verpflichtende* Kennzeichnung von gentechnisch veränderten Lebensmitteln handelt, ist die Anwendbarkeit des TBT anhand der o. g. Definition über technische Vorschriften zu prüfen.

Danach muss zunächst ein Dokument vorliegen, das Merkmale eines Produktes bestimmt[31]. Nach Ansicht des AB fallen unter solche Merkmale Qualitäten, Attribute oder andere zur Abgrenzung beitragenden Produkteigenschaften[32]. Diese können im Produkt selber liegen, also in seiner Zusammensetzung, Größe oder Form[33], aber auch außerhalb, solange sie sich direkt auf das Produkt beziehen[34]. Daher gehören auch Mittel der Identifikation und Präsentation, wie Symbole, Verpackung oder Kennzeichnung zu diesen Merkmalen[35]. Dabei genügt es nach Anhang 1 Nr. 1 TBT auch, wenn *nur* außerhalb des Produktes liegende Merkmale geregelt werden, wie die Kennzeichnung[36]. Allerdings muss das betroffene Produkt identifizierbar sein[37]. Darüber hinaus muss das Dokument die Produktmerkmale bindend regeln, also bestimmte Merkmale zwingend vorschreiben[38].

c) Anwendbarkeit auf die europäischen Kennzeichnungsregeln

Zu prüfen ist also, ob die europäischen Kennzeichnungsvorschriften nach beiden Ansätzen unter das TBT-Übereinkommen fallen. Nach dem Ansatz des AB müssten die europäischen Vorschriften bestimmte Merkmale von Produkten bindend festlegen. Wie gezeigt, legen die NFVO und die Verordnungen 1139/98,

---

[29] Bislang gibt es nur zwei Fälle zum TBT: *EC – Measures Concerning Asbestos and Asbestos Containing Products,* AB Report, WT/DS135/AB/R vom 12.3.2001 (hiernach „*EC-Asbestos,* AB Report") und *EC – Trade Descriptions of Sardines,* Panel Report, WT/DS231/R vom 29.5.2002 (hiernach „*EC-Sardines,* Panel Report") bzw. AB Report, WT/DS231/AB/R vom 26.9.2002 (hiernach „*EC-Sardines,* AB Report"). Damit scheint die von *Cone,* MIJIL 2001, S. 103 ff. (138) diagnostizierte „institutionelle Allergie" der Streitschlichtungsorgane gegen das TBT geheilt.
[30] Ebenso *Wiemer,* S. 26.
[31] Dazu *Trachtman,* EJIL 2001, S. 793 ff. (794).
[32] *EC-Asbestos,* AB Report, para. 67. *EC-Sardines,* Panel Report, para. 7.24.
[33] Weitere Beispiele bei *EC-Asbestos,* AB Report, para. 67.
[34] *EC-Asbestos,* AB Report, para. 67. *EC-Sardines,* Panel Report, para. 7.26.
[35] *EC-Asbestos,* AB Report, para. 67.
[36] *EC-Asbestos,* AB Report, para. 67. *EC-Sardines,* Panel Report, para. 7.26.
[37] *EC-Asbestos,* AB Report, para. 70. *EC-Sardines,* Panel Report, para. 7.25. Dazu *Van Calster,* EELR 2001, S. 163 ff. (163). Damit wurde das in *EC-Asbestos,* Panel Report, para. 8.57 postulierte Erfordernis eines bestimmten Produkts zugunsten einer bloßen Identifizierbarkeit abgelehnt. Vgl. *Van Calster,* EELR 2001, S. 113 ff. (114).
[38] *EC-Asbestos,* AB Report, para. 68. *EC-Sardines,* Panel Report, para. 7.29.

49/2000 und 50/2000 Anforderungen an die Kennzeichnung von gentechnisch veränderten Lebensmitteln bindend fest, indem sie entsprechende Hinweise im Zutatenverzeichnis zwingend vorschreiben, wobei es unerheblich ist, ob die Kennzeichnungspflicht direkt an ausländische Importeure gerichtet ist[39]. Die Kennzeichnung wird also als Merkmal dieser Produkte festgelegt[40]. Die betroffenen Produkte sind dabei auch identifizierbar, da es sich um gentechnisch veränderte Lebensmittel in den jeweiligen Anwendungsbereichen der Verordnungen handeln muss und die gentechnische Veränderung in Form von GVO oder Proteinen/DNA von mehr als 1% pro Zutat nachweisbar sein muss. Nach der bisherigen Streitschlichtungspraxis würden die europäischen Kennzeichnungsregelungen daher unter TBT fallen.

Auch nach dem Ansatz der Literatur müssten die europäischen Vorschriften unter TBT geprüft werden. Dabei ist eine abschließende Klärung der Frage, ob nur produktbezogene Verfahrensregelungen oder auch NPR-PPM unter TBT fallen, hier nicht notwendig. Nach der hier vertretenen Ansicht handelt es sich bei den europäischen Kennzeichnungsvorschriften um Produktregelungen, da die Kennzeichnungspflicht abhängig ist vom Nachweis einer gentechnischen Veränderung in Form von GVO oder Proteinen/DNA[41]. Selbst wenn man entgegen der hier vertretenen Ansicht annähme dass es sich bei den Kennzeichnungsvorschriften um Verfahrensregelungen handelt[42], läge zumindest eine produktbezogene Verfahrensregelung vor, da sich das Verfahren in konkreten Änderungen des Endprodukts (das Vorliegen von DNA/Proteinen, bzw. GVO) auswirkt, die zum Anknüpfungspunkt der Kennzeichnung gemacht werden. Produktbezogene Verfahrensvorschriften fallen aber nach Ansicht der Literatur in jedem Fall unter TBT, so dass davon auch die europäischen Kennzeichnungsvorschriften betroffen wären[43]. Somit fallen die europäischen Kennzeichnungsvorschriften zur Verbraucherinformation nach allen Ansätzen unter das TBT-Übereinkommen[44].

---

[39] So ging *EC-Sardines*, Panel Report, para. 4.9 f., 7.20 ff. davon aus, dass eine EG-Verordnung zur Vermarktung von Fischen unter der Bezeichnung „Sardinen" eine technische Vorschrift ist, obwohl sie nicht ausdrücklich auch an ausländische Importeure gerichtet ist. Die Frage des Kennzeichnungspflichtigen (dazu oben § 4 Fn. 305) beeinflusst somit entgegen *Fredland*, VDBJTL 2000, S. 183 ff. (213) nicht die Anwendbarkeit von TBT.

[40] Vgl. auch *EC-Sardines*, Panel Report, para. 7.40, wo es ebenfalls um die Festlegung von Kennzeichnungsvorschriften als Produktmerkmal im Sinne des TBT ging.

[41] Dazu oben § 4–6. Vgl. *Fredland*, VDBJTL 2000, S. 183 ff. (216); *Teel*, NYUELJ 2000, S. 649 ff. (675).

[42] Vgl. *Smitherman*, GAJICL 2002, S. 475 ff. (486); *Dederer*, ZFL 49, Nr. 6 (1998), S. 46 ff. (50); *Howse/Regan*, EJIL 2000, S. 249 ff. (252).

[43] *Josling*, 2001, S. 117 ff. (121 f.). Vgl. *Stewart/Johanson*, DRAKEJAL 1999, S. 243 ff. (290); *Tietje*, JWT 1995, S. 123 ff. (133).

[44] Ebenso *Stewart/Johanson*, DRAKEJAL 1999, S. 243 ff. (289); *Dederer*, EWS 1999, S. 247 ff. (255); *Quintillán*, JWT 1999, S. 147 ff. (190); *Appleton*, NYUELJ 2000, S. 566 ff. (574); *Krenzler/MacGregor*, EFAR 2000, S. 287 ff. (310); *Teel*,

2. Überblick über das TBT-Übereinkommen

Ziel des TBT-Übereinkommens ist die Verhinderung unnötiger Handelshemmnisse[45] in Form von technischen Vorschriften und Standards unter grundsätzlicher Respektierung der Regelungshoheit der Mitgliedstaaten[46]. Dieses Ziel wird in der in Erwägungsgrund 6 der Präambel aufgegriffen[47], der sich an Art. XX GATT orientiert[48]. Auch ansonsten übernimmt TBT GATT-Verpflichtungen wie das Prinzip der Meistbegünstigung und das Diskriminierungsverbot[49]. Daneben stellt TBT aber weitergehende Anforderungen, wie das Verbot von Maßnahmen, die unnötige Handelshemmnisse schaffen, sofern sie keinem legitimen Ziel dienen[50], die Berücksichtigung internationaler Normen[51] und weitreichende Informations- und Notifizierungsanforderungen. Außerdem enthält TBT keinen Rechtfertigungsgrund in Anlehnung an Art. XX GATT. Insbesondere das Verbot unnötiger Handelshemmnisse, die keinen legitimen Zielen dienen, zeichnet sich zwar durch eine größere Bandbreite legitimer Ziele als in Art. XX GATT aus, stellt aber eine zusätzliche Anforderung dar und erlaubt daher, anders als Art. XX, kein Abweichen von der Meistbegünstigung und dem Diskriminierungsverbot[52].

Im Gegensatz zum SPS, das für die Abgrenzung gerechtfertigter von ungerechtfertigten Handelshemmnissen auf den Maßstab der Wissenschaftlichkeit und der internationalen Standards setzt, stellt das TBT also primär auf den

---

NYUELJ 2000, S. 649 ff. (687 f.); *Howse/Mavroidis*, FDMILJ 2000, S. 317 ff. (320 f.). Vgl. auch *Dederer*, ZLR 1999, S. 695 ff. (696). Ähnlich *Streinz*, EFLR 1998, S. 265 ff. (280 f.), allerdings mit Vorbehalten gegenüber der GVO-Kennzeichnung.

[45] Als technische Handelshemmnisse gelten nicht-tarifäre Hindernisse im grenzüberschreitenden Warenverkehr, die auf unterschiedlichen Produktvorschriften, technischen Normen oder der unterschiedlichen Anerkennung und Handhabung dieser Vorschriften beruhen. Dazu *Senti*, S. 523.

[46] *Pauwelyn*, ZLR 2000, S. 843 ff. (850 f.). Vgl. auch *Bartenhagen*, VAELJ 1997, S. 51 ff. (51 f.); *Appleton*, S. 91.

[47] Erwg. 6: „in Anerkennung dessen, dass kein Land daran gehindert werden sollte, auf zu geeignet erachteter Ebene Maßnahmen zu treffen, die notwendig sind, um die Qualität seiner Ausfuhren zu erhalten, das Leben oder die Gesundheit von Menschen, Tieren oder Pflanzen sowie der Umwelt zu schützen oder irreführende Praktiken zu verhindern, sofern solche Maßnahmen nicht so angewendet werden, dass sie ein Mittel zur willkürlichen oder ungerechtfertigten Diskriminierung zwischen Ländern, in denen die gleichen Bedingungen herrschen, oder eine verschleierte Beschränkung des internationalen Handels darstellen, und ansonsten mit diesem Übereinkommen übereinstimmen."

[48] *Senti*, S. 531; *Müller-Graff*, S. 111 ff. (115).

[49] Art. 2.1, 5.1.1 TBT; dazu *Völker*, S. 281 ff. (287); *Davey/Pauwelyn*, S. 13 ff. (22). Das Diskriminierungsverbot wird z.T. als „Inländerbehandlung" bezeichnet; *Altemöller*, RabelsZ (Band 64) 2000, S. 213 ff. (222).

[50] Vgl. Art. 2.2 TBT. Dazu *Senti*, S. 526.

[51] Vgl. Art. 2.4 TBT. Dazu *Senti*, S. 526.

[52] Dies übersieht *Altemöller*, RabelsZ (Band 64) 2000, S. 213 ff. (232 Fn. 36, 246).

330   3. Teil: Vereinbarkeit der Kennzeichnungsvorschriften mit den WTO-Regeln

Aspekt der Diskriminierung[53] und die Minimierung negativer Handelsauswirkungen ab[54]. Der Verhinderung von Diskriminierungen bereits im Vorfeld dient auch die Verpflichtung zur Notifizierung und zur Berücksichtigung ausländischer Standards bei der Erstellung nationaler Vorschriften. Anders als SPS lässt TBT den Mitgliedstaaten aber größere Freiheit in Bezug auf den Gebrauch internationaler Standards und die Verfolgung legitimer Ziele[55]. Darin liegt auch das Anerkenntnis, dass technische Normen notwendig für die Erreichung einer Vielzahl legitimer Ziele sind[56] und sich die Anforderungen an diese Normen je nach Situation und Land unterscheiden können[57]. Daher stellen die Wissenschaftlichkeit oder internationale Standards anders als im SPS, wo eine Gesundheitsgefahr überall eine Gesundheitsgefahr ist, kein taugliches Abgrenzungskriterium dar. Insofern beschränkt TBT die nationale Souveränität der Mitgliedstaaten weniger als SPS[58]. Wie das SPS verweist TBT allerdings für die Streitbeilegung auf das DSU[59].

Da die europäischen Vorschriften eine obligatorische Kennzeichnung vorsehen, sind sie anhand der Regelungen über verbindliche technische Vorschriften (Art. 2, 3 TBT)[60] zu prüfen[61]. Dabei sollen im Folgenden insbesondere die Prinzipen der Meistbegünstigung und Nichtdiskriminierung (Art. 2.1), das Gebot der Minimierung negativer Handelsauswirkungen und der Rechtfertigung mittels eines berechtigten Ziels (Art. 2.2), die Beachtung internationaler Nor-

---

[53] *King*, DRAKEJAL 2001, S. 241 ff. (250); *Kennedy*, FDLJ 2000, S. 81 ff. (91).

[54] *Pauwelyn*, ZLR 2000, S. 843 ff. (850). Dadurch, dass die Wissenschaftlichkeit in TBT nur eine untergeordnete Rolle spielt, bietet es auch mehr Spielraum für vorsorgende Maßnahmen, selbst wenn diese im TBT nicht erwähnt werden. So auch *Van Calster*, S. 321.

[55] Auch die SPS-Anforderung, dass die Schutzniveaus der Mitgliedstaaten konsistent sein müssen, fehlt unter TBT, was die freie Politikgestaltung der Mitgliedstaaten erleichtert. Dazu *Pauwelyn*, ZLR 2000, S. 843 ff. (850 f.).

[56] Ein Beispiel für die Schutzfunktionen von technischen Normen ist die Einheitliche Färbung von Stromkabeln in Pluspol, Minuspol und Erdung, ohne die das Montieren von elektrischen Einrichtungen lebensgefährlich wäre. Vgl. zum Aspekt der Produktsicherheit und Qualität *Senti*, S. 521.

[57] Vgl. auch *Senti*, S. 521.

[58] Dazu auch *Ritter*, EuZW 1997, S. 133 ff. (135); *Streinz*, EFLR 1998, S. 265 ff. (267).

[59] Art. 14 TBT. Dazu *Senti*, S. 530.

[60] Während Art. 2 TBT die Anforderungen an die Ausarbeitung, Annahme und Anwendung technischer Vorschriften durch Stellen der Zentralregierung regelt, betrifft Art. 3 die Ausarbeitung durch Stellen einer lokalen Regierung oder Verwaltung und nichtstaatliche Stellen. Nach der Erläuternden Bemerkung zu Anhang 1 Nr. 6 finden auf die EG die Vorschriften der Zentralregierung (Art. 2 TBT) Anwendung. Dazu *Völker*, S. 281 ff. (287). Zu den Verpflichtungen nichtstaatlicher Stellen *Herrup*, EELR 1997, S. 144 ff. (150).

[61] *Appleton*, NYUELJ 2000, S. 566 ff. (574 f.); *Bartenhagen*, VAELJ 1997, S. 51 ff. (62 f.).

men (Art. 2.4), die Anerkennung ausländischer Vorschriften (Art. 2.7), die Formulierung technischer Vorschriften in Bezug auf Gebrauchstauglichkeit (Art. 2.8) und die rechtzeitige Notifizierung (Art. 2.9) berücksichtigt werden.

II. Vereinbarkeit der Kennzeichnungsvorschriften mit TBT im Einzelnen

1. Diskriminierungsverbot zwischen gleichartigen Produkten (Art. 2.1 TBT)

Art. 2.1 TBT enthält das aus GATT bekannte Diskriminierungsverbot zwischen ausländischen und einheimischen Produkten und zwischen ausländischen Produkten untereinander[62]. Die Mitglieder müssen nach Art. 2.1 TBT sicherstellen,

„dass aus dem Gebiet eines anderen Mitglieds eingeführte Waren in Bezug auf technische Vorschriften eine nicht weniger günstige Behandlung erhalten als gleichartige Waren inländischen Ursprungs oder gleichartige Waren mit Ursprung in einem anderen Land".

Art. 2.1 verbietet somit eine herkunftsbezogene Diskriminierung zwischen gleichartigen Produkten[63]. Zu prüfen ist hier also, ob die europäischen Kennzeichnungsvorschriften, die eine Sonderkennzeichnung zur Verbraucherinformation nur für gentechnisch veränderte Lebensmittel, die z.B. aus dem Ausland kommen, nicht aber für (einheimische) herkömmliche Lebensmittel, vorsehen, eine weniger günstige Behandlung im Vergleich zu gleichartigen Produkten darstellt[64]. Dazu müsste es sich bei gentechnisch veränderten und herkömmlichen Lebensmitteln um gleichartige Produkte handeln und in der Kennzeichnung müsste eine weniger vorteilhafte Behandlung liegen[65]. Der Bestimmung der Gleichartigkeit zweier Produkte kommt damit eine Schlüsselfunktion zu[66].

---

[62] *Appleton*, NYUELJ 2000, S. 566 ff. (575).
[63] Ebenso *Davey/Pauwelyn*, S. 13 ff. (39) zu Art. III GATT.
[64] Vgl. *Wiemer*, S. 197.
[65] Zu den Möglichkeiten einer Diskriminierung durch Auswahl der Vergleichskriterien und der Verwaltung der Kennzeichnung *Okubo*, GEOIELR 1999, S. 599 ff. (609 f.). Ein Beispiel für eine solche Diskriminierung war das Österreichisches Gesetz zur Kennzeichnung von Tropenhölzern und Tropenholzprodukten, Östr. BGBl. 309/1992 S. 1381. Auf den Vorwurf asiatischer Staaten, die Kennzeichnung „aus Tropenhölzern hergestellt" sei diskriminierend, antwortete Österreich, dass das Gesetz auch für österreichische Produkte aus Tropenholz gelte. Dies beseitigt allerdings die Diskriminierung gegen Staaten, die Tropenholz produzieren, im Vergleich zu Österreich, wo es keine Tropenwälder gibt und daher auch keine Tropenhölzer produziert werden, schlechter gestellt sind. Dazu *König*, S. 337 ff. (357 ff.).
[66] Vgl. *Altemöller*, RabelsZ (Band 64) 2000, S. 213 ff. (222).

332 3. Teil: Vereinbarkeit der Kennzeichnungsvorschriften mit den WTO-Regeln

Unter TBT wurde die Frage der Gleichartigkeit bislang noch nicht entschieden[67]. GATT stellt aber an verschiedenen Stellen auf die Gleichartigkeit ab, so dass fraglich ist, ob sich aus der GATT-Praxis Rückschlüsse für die Anwendung unter TBT ziehen lassen (a). Falls sich daraus keine zwingenden Schlüsse für TBT ergeben, soll anschließend die *ratio* des Diskriminierungsverbots unter Berücksichtigung von TBT beleuchtet werden, um zu einer genaueren, auf das TBT-Übereinkommen zugeschnittenen Anwendung der Gleichartigkeit zu kommen (b). Schließlich soll die Konformität der europäischen Kennzeichnungsvorschriften mit Art. 2.1 TBT geprüft werden (c).

a) Gleichartigkeit unter GATT

Ebenso wie im TBT-Übereinkommen ist auch unter GATT die Gleichartigkeit von Produkten („like products") ein zentraler Prüfungspunkt[68]. „Like Products" werden in verschiedenen GATT-Artikeln erwähnt[69], wobei aber akzeptiert ist, dass dieselben Begriffe an den unterschiedlichen Stellen eine unterschiedliche Bedeutung haben können[70]. Ausgangspunkt für die Bestimmung der Gleichartigkeit durch die Streitschlichtungsorgane ist dabei fast immer der sog. *Report of a Working Party on Border Tax Adjustment* von 1970. Darin wird festgestellt, dass die Gleichartigkeit zu Unsicherheit führt, der Verbesserung bedarf und fallweise bestimmt werden sollte. Einige Kriterien, die dabei *vorgeschlagen* wurden[71], sind die Endnutzung eines Produkts in einem definierten Markt, Verbrauchergeschmack und Verbrauchergewohnheiten, die sich von Land zu Land ändern und die Eigenschaften, Eigenart und Qualität des Produkts[72]. Zusammen mit der Zollklassifizierung der Produkte bilden diese Krite-

---

[67] In *EC-Asbestos* kam es zwar auf die Gleichartigkeit der Produkte an, sie wurde aber nur unter GATT entschieden, da der AB für eine Beurteilung des TBT zu wenig Informationen besaß. In *EC-Sardines* stützte sich das Panel auf die durch die Anträge vorgegebene Prüfungsreihenfolge, so dass nur ein Verstoß gegen Art. 2.4 TBT festgestellt wurde.

[68] *Altemöller*, RabelsZ (Band 64) 2000, S. 213 ff. (225).

[69] Eine Übersicht gibt *EC-Asbestos*, AB Report, para. 88.

[70] *EC-Asbestos*, AB Report, para. 89. Ebenso *Hudec*, S. 101 ff. (101); *Van Calster*, EELR 2001, S. 113 ff. (115).

[71] Im Gegensatz zu dem vorsichtigen Vorschlag in dem Report wurden die aufgeführten Kriterien beinahe als eine Art „Kanon der Gleichartigkeit" interpretiert. Eine so weitgehende Bindungswirkung kommt dem Vorschlag aber nicht zu, zumal der Report nur die gemachten Vorschläge wiedergibt, nicht aber selbst offiziell vorschlägt. Kritisch daher auch *Hudec*, S. 101 ff. (113). Auch der AB hat in *EC-Asbestos*, AB Report, para. 102, 113 die sklavische Befolgung der Kriterien kritisiert, ohne sich aber letztlich zu einer mehrheitlichen Anerkennung zusätzlicher Kriterien durchringen zu können. Dazu *Trachtman*, EJIL 2001, S. 793 ff. (796); *Van Calster*, EELR 2001, S. 163 ff. (164).

[72] *Border Tax Adjustment*, Report of the Working Party vom 2.12.1970 (L/3464), para. 18.

rien den Ausgangspunkt für die Bestimmung der Gleichartigkeit von Produkten[73].

Trotz dieser auf den ersten Blick einheitlichen Auslegung hat der AB festgestellt, dass die Gleichartigkeit einem Akkordeon ähnelt, das an unterschiedlichen Stellen mal enger und mal weiter ist[74]. Damit ist die Gleichartigkeit in unterschiedlichen Artikeln nur begrenzt vergleichbar. Außerdem sei die Gleichartigkeit fallweise zu bestimmen[75], so dass auch innerhalb desselben Artikels die Gleichartigkeit enger oder weiter interpretiert werden kann. Letztendlich bleibt aufgrund der großen Flexibilität in der Handhabung der Gleichartigkeit die genaue Auslegung und damit die Lenkungswirkung der Bestimmung unklar[76]. Eine über die fallweise Interpretation anhand von Einzelkriterien hinausgehende Auslegung durch den sog. „aims-and-effects"-Test, wo auf das Vorliegen eines protektionistischen Ziels oder einer solchen Wirkung für die Frage der Gleichartigkeit von Produkten abgestellt wurde, wurde vom AB aufgrund des Wortlauts von GATT abgelehnt[77].

Aufgrund fehlender genereller Vorgaben für eine Auslegung der Gleichartigkeit kann nur auf die entschiedenen Einzelfälle zurückgegriffen werden[78], um dort Elemente zur Bestimmung der Gleichartigkeit in Bezug auf gentechnisch veränderte Lebensmittel zu finden, wobei aber die Übertragbarkeit auf TBT genau zu prüfen ist.

Für eine Gleichartigkeit von gentechnisch veränderten und herkömmlichen Lebensmitteln könnte der Panel Report *Spain-Coffee* sprechen, da dort verschiedene ungeröstete Kaffeesorten als gleichartig bewertet wurden, ohne dass Unterschiede in Geschmack, Verarbeitung oder genetischen Faktoren für eine Ungleichartigkeit ausreichend gewesen wären[79]. Gegen eine Gleichartigkeit könn-

---

[73] Vgl. *EC-Asbestos*, AB Report, para. 85, 101. Dazu *Davey/Pauwelyn*, S. 13 ff. (27); *Schlagenhof*, JWT 1995, S. 123 ff. (128 f.).

[74] *Japan – Taxes on Alcoholic Beverages*, AB Report, WT/DS8/DS10/DS11/AB/R vom 4.10.1996, para. 114 (hiernach *Japan-Beverages*, AB Report); *EC-Asbestos*, AB Report, para. 88. Dazu *Gaines*, CLMJEL 2002, S. 383 ff. (413).

[75] *Japan-Beverages*, AB Report, para. 114; *EC-Asbestos*, AB Report, para. 88. Dazu *Hudec*, S. 101 ff. (101).

[76] Kritisch *Davey/Pauwelyn*, S. 13 ff. (26 f.); *Altemöller*, RabelsZ (Band 64) 2000, S. 213 ff. (227 f.). Sicher ist nur, dass Gleichartigkeit fallweise entschieden wird und nicht mit Identität gleichzusetzen ist. Dafür spricht auch die französische Fassung „produit similaire". Dazu *Zedalis*, JWT 2001, S. 301 ff. (312). Vgl. auch *EC-Asbestos*, AB Report, para. 91.

[77] *EC – Regime for the Importation, Sale and Distribution of Bananas*, AB Report, WT/DS27/AB/R vom 9.9.1997, para. 215 f. Dazu *Hudec*, S. 101 ff. (118 f.). Vgl. *Charnovitz*, The International Lawyer 1998, S. 901 ff. (904 f.); *Stökl*, S. 211; *Lell*, S. 170.

[78] Eine Übersicht über die zahlreichen Fälle gibt *Hudec*, S. 101 ff. (114 ff.).

[79] *Spain – Tariff Treatment of Unroasted Coffee*, Panel Report, BISD 28S/102 vom 11.6.1981, para. 4.6. Dazu *Zedalis*, JWT 2001, S. 301 ff. (313). Kritisch *Hudec*,

334   3. Teil: Vereinbarkeit der Kennzeichnungsvorschriften mit den WTO-Regeln

ten die Panel Reports in *Germany-Sardines*[80] und *Japan-Lumber*[81] sprechen, wo entschieden wurde, dass unterschiedliche Arten von Sardinen oder Holz in Zollfragen unterschiedlich behandelt werden können. Da sich diese Arten, insbesondere in *Germany-Sardines*[82], vor allem genetisch unterscheiden, könnte man daraus schließen, dass genetische Unterschiede berücksichtigt werden können. Allerdings ging es in allen drei Fällen um eine unterschiedliche Zollklassifizierung (Art. I Abs. 1 GATT) und nicht um eine unterschiedliche Behandlung durch interne Vorschriften, wie sie in Art. 2.1 TBT vorgesehen und am ehesten mit Art. III Abs. 4 GATT vergleichbar ist. Eine Übertragbarkeit auf TBT erscheint daher fraglich, zumal die Gleichartigkeit in Bezug auf Zölle unter GATT tendenziell enger gehandhabt wird als in Bezug auf interne Vorschriften[83].

Auch in Art. III Abs. 2 S. 1 GATT wird die Gleichartigkeit in Bezug auf Steuern sehr eng ausgelegt[84]. Eine Übertragbarkeit der Auslegung der Gleichartigkeit aus Art. III Abs. 2 GATT auf TBT erscheint aber unangebracht[85], da die besondere Struktur des Art. III Abs. 2 GATT anderen Vorschriften fehlt[86].

Am ehesten ließe sich die Gleichartigkeit aus Art. III Abs. 4 mit Art. 2.1 TBT vergleichen. Für Art. III Abs. 4 wurde im Gegensatz zu Art. III Abs. 2 eher eine weite Definition der Gleichartigkeit angenommen, die auch direkt konkurrierende Produkte umfasst[87]. Als Indizien zur Gleichartigkeit von gentechnisch veränderten und herkömmlichen Lebensmitteln könnten dabei die Panel Reports in den Fällen *EEC-Proteins* und *Australia-Ammonium* genutzt wer-

---

S. 101 ff. (114 ff.), der darlegt, dass diese Entscheidung nicht der GATT-Praxis entspricht und vermutlich aus dem Motiv heraus gefällt wurde, dass Spanien bestimmten Entwicklungsländern nach Abschaffung von deren Staatsmonopolen für Kaffee-Exporte ihre bevorzugte Behandlung erhalten wollte.

[80] *Germany – Treatment of Imports of Sardines,* Panel Report, BISD 28S/102 vom 31.10.1952, para. 15. Dazu *Davey/Pauwelyn,* S. 13 ff. (28).

[81] *Japan – Imports of SPF Dimension Lumber,* Panel Report, BISD 36S/167 vom 19.7.1989, para. 5.16. *Davey/Pauwelyn,* S. 13 ff. (29).

[82] *Hudec,* S. 101 ff. (116 Fn. 22) weist darauf hin, dass geschmackliche Differenzen der Sardinenarten für die meisten Menschen nicht wahrnehmbar sind.

[83] Der Grund dafür liegt in der Struktur von GATT und der WTO, wo in begrenztem Maße Zolldiskriminierungen erlaubt sind und Zölle in Verhandlungsrunden sukzessive abgebaut werden. Dies ist aber für interne Vorschriften nicht vorgesehen. Dazu ausführlich *Hudec,* S. 101 ff. (108 ff.).

[84] *Japan-Beverages,* AB Report, para. 112 ff.; *EC-Asbestos,* AB Report, para. 95 f.

[85] *Bronckers/McNelis,* S. 345 ff. (373).

[86] *EC-Asbestos,* AB Report, para. 96. *Hudec,* S. 101 ff. (106 f.), führt als Grund der Ungleichbehandlung von Art. III Abs. 2 und 4 GATT an, dass Steuerunterschiede immer willkürlich sind und daher schwerer zu rechtfertigen sein sollten, und es einfacher ist, Wettbewerbsverzerrungen durch Steuern festzustellen, als durch andere Unterscheidungen.

[87] *EC-Asbestos,* AB Report, para. 99. Dazu *Mavroidis,* S. 125 ff. (133 f.).

den. In *EEC-Proteins* wurden Proteinzusätze aufgrund von unterschiedlichen Proteingehalten und unterschiedlicher Herkunft der Proteine (pflanzlich, tierisch, synthetisch) als ungleichartig betrachtet[88]. Da die EG in ihrer Kennzeichnung auf das Vorhandensein von gentechnisch veränderter DNA oder Proteinen abstellt, kann zumindest die unterschiedliche Herkunft von Proteinen als legitimer Grund für eine Ungleichbehandlung gesehen werden. In *Australia-Ammonium* wurde zwischen zwei chemisch verschiedenen Düngern unterschieden, wovon der eine natürlich und der andere künstlich war[89]. Auch daraus könnte man schließen, dass natürliche, herkömmliche Lebensmittel mit gentechnisch veränderten (künstlichen) nicht gleich zu behandeln sind, zumal in der chemischen Reaktion auf gentechnisch veränderte Proteine Unterschiede liegen.

Trotz gewisser Anhaltspunkte, die sich aus der Interpretation der Gleichartigkeit unter anderen Artikeln des GATT gewinnen lassen, lässt sich nicht mit Sicherheit auf eine entsprechende Auslegung von Art. 2.1 TBT schließen. Dies gilt umso mehr, als die fallweise Anwendung und die „akkordeonartige", unterschiedliche Reichweite der Gleichartigkeit stets betont werden. Statt also anhand der Vorgaben aus *Border Tax Adjustment* und der Reports unter GATT eine spekulative Bewertung zu treffen, soll mittels der hinter der Gleichartigkeit stehenden *ratio* und eines Vergleichs dieser *ratio* mit den in *Border Tax Adjustment* aufgestellten und in den Reports angewandten Kriterien versucht werden, eine Bestimmung der Reichweite der Gleichartigkeit anhand ihres Regelungszwecks vorzunehmen. Dabei sind auch die Besonderheiten des TBT-Übereinkommens zu berücksichtigen.

b) Bedeutung der Gleichartigkeit für das Diskriminierungsverbot

Die WTO-Übereinkommen sollen zu einer Handelsliberalisierung durch den Abbau von Zugangshindernissen zu den nationalen Märkten beitragen, so dass alle Produkte auf dem Markt erhältlich sind, und indem für eine Chancengleichheit zwischen ausländischen und einheimischen Produkten beim Handel auf den nationalen Märkten gesorgt wird. Sobald also die ausländischen Produkte die Hürde des Marktzugangs genommen haben, versucht die WTO, Chancengleichheit auf dem nationalen Markt herzustellen. Der von der WTO angestrebte

---

[88] *EEC – Measures on Animal Feed Proteins,* Panel Report, BISD 25S/49 vom 14.3.1978, para. 4.2. Dies ließe sich laut *Zedalis,* JWT 2001, S. 301 ff. (314), auch auf GVO übertragen, wobei aber zu beachten sei, dass bei GVO die unterschiedliche Herkunft der Proteine wegfiele, so dass von der Gleichartigkeit auszugehen sei. Dabei übersieht *Zedalis* aber, dass man gerade auf die unterschiedliche genetische Herkunft der exprimierten Proteine abstellen könnte.

[89] *Australia – Subsidy on Ammonium Sulfate,* Panel Report, GATT/CP.4/39 vom 31.3.1950, para. 8. Dazu *Hudec,* „Like Product": The Differences in Meaning in GATT Articles I and III, in: Cottier/Mavroidis (Hrsg.), Regulatory Barriers and the Principle of Non-Discrimination in World Trade Law, 2000, S. 101 ff. (117 f.).

„freie Markt" ist dabei aber kein Selbstzweck, sondern dahinter steht das Ziel der Erhöhung des Lebensstandards, indem die Verbraucher mit den jeweils besten Waren zum geringsten Preis versorgt werden[90]. Nach dem Konzept der WTO soll dies durch einen möglichst unverfälschten Wettbewerb zwischen inländischen und importierten Produkten erreicht werden, da sich nach der Wettbewerbstheorie das Produkt mit dem besten Preis-Leistungs-Verhältnis am Markt durchsetzt[91]. Ziel der WTO ist es somit, Wettbewerbsverfälschungen durch Zölle, Steuern und andere Vorschriften zu unterbinden[92] und Diskriminierungen zwischen gleichartigen Produkten zu Lasten importierter Produkte zu vermeiden[93]. Das Konzept der Gleichartigkeit beruht also auf der Prämisse, dass gleichartige Produkte miteinander in Wettbewerb treten[94] und daher nicht ungleich behandelt werden sollten, um eine Wettbewerbsverzerrung zu vermeiden[95]. Das Konzept der Gleichartigkeit ist also ein kommerzielles Konzept, das ein Marktphänomen, die Wettbewerbsbeziehung zwischen zwei Produkten, beschreibt[96].

Damit eine Wettbewerbsbeziehung zwischen zwei Produkten vorliegt, bedarf es, grob gesprochen, eines dem Produkt inhärenten und eines externen Faktors. Den Produkten inhärent muss ihre objektive Austauschbarkeit sein[97]. Produkt A muss eine bestimmte Funktion genauso erfüllen wie Produkt B, damit beide Produkte im Wettbewerb miteinander stehen[98]. Daneben müssen die Produkte auch in den Augen der Verbraucher (subjektiv) austauschbar sein[99], der Ver-

---

[90] Dies kommt in Erwg. 1 der WTO-Präambel zum Ausdruck.
[91] Vgl. *Lehner/Meiklejohn*, Europäische Wirtschaft 1991, S. 7 ff. (26 ff.).
[92] Vgl. *Hudec*, S. 101 ff. (105).
[93] Dieses Ziel kommt auch in Art. III Abs. 1 GATT zum Ausdruck, der als Grundprinzip für den ganzen Art. III GATT gilt. Dazu *EC-Asbestos*, AB Report, para. 93 ff. Ebenso *Mavroidis*, S. 125 ff. (133); *Barcelo*, CNLILJ 1994, S. 755 ff. (759).
[94] Vgl. auch *EC-Asbestos*, AB Report, para. 99. Wo es dagegen an einem Wettbewerb zwischen Produkten fehlt, ist auch eine unterschiedliche Behandlung unerheblich, solange sie kein Marktzugangshindernis, z.B. in Form von Quotierungen, bewirkt.
[95] *Hudec*, S. 101 ff. (104). Es geht bei der Gleichartigkeit in Art. III GATT, aber auch in Art. 2.1 TBT somit darum Diskriminierungen innerhalb des Marktes zu verhindern, nicht aber um den Marktzugang an sich. Ebenso *Weiler*, S. 349 ff. (356 ff.). Dies übersieht das Panel in *EC-Asbestos*, Panel Report, para. 8.122. Daher kritisch *Van Calster*, EELR 2001, S. 113 ff. (116).
[96] Dabei ist zu beachten, dass nicht jede Wettbewerbsbeziehung berücksichtigt werden kann, sondern es einer gewissen Direktheit des Wettbewerbs bedarf. Dazu *Hudec*, S. 101 ff. (104 f.). Vgl. *Bronckers/McNelis*, S. 345 ff.
[97] Diese wird auch als funktionelle Gleichartigkeit bezeichnet und bestimmt, inwieweit Produkte dieselbe Funktion erfüllen.
[98] Bei der Austauschbarkeit kommt es somit entscheidend auf die vom Produkt zu erfüllende Funktion an und damit auf die Definition des relevanten Marktes.
[99] Dies erkennt an, dass der relevante Markt letztlich vom Kaufverhalten der Verbraucher bestimmt wird. Vgl. *Hudec*, S. 101 ff. (120); *Bronckers/McNelis*, S. 345 ff.

braucher muss also beide Produkte als austauschbar behandeln[100]. Wenn die Verbraucher Produkt B nicht kaufen, unabhängig davon, wieviel es im Vergleich zu Produkt A kostet und obwohl es seine Funktion ebenso erfüllt wie Produkt A, stehen beide Produkte nicht in einer Wettbewerbsbeziehung, denn für Produkt B gibt es keinen Markt. Gleichartigkeit im Sinne der WTO liegt somit vor, wenn zwei Produkte in einer Wettbewerbsbeziehung stehen, also ihrer Funktion nach und in den Augen der Verbraucher austauschbar sind.

Von den in *Border Tax Adjustment* genannten Elementen sollte also denjenigen Priorität zukommen, die den Aspekt der Wettbewerbsbeziehung im Sinne der Austauschbarkeit der Produkte berücksichtigen[101]. Dies sind, neben den physischen Eigenschaften eines Produkts wie Eigenart und Qualität[102], was die objektive Austauschbarkeit angeht vor allem die Endnutzung der Produkte in einem bestimmten Markt. Subjektiv muss sich die Austauschbarkeit im Geschmack und den Gewohnheiten der Verbraucher zeigen[103], wobei letztlich das Verbraucherverhalten das entscheidende, den Markt definierende Kriterium ist[104].

Eine solche Definition mit ihrer starken Stellung des Verbraucherverhaltens führt auch nicht zu einer unzulässig versubjektivierten, ergebnisorientierten Gleichartigkeit[105]. Stattdessen geht es objektiv um das Vorliegen einer Wettbewerbsbeziehung auf einem bestimmten Markt, der letztlich über den Verbraucher definiert werden muss. Dies bedeutet aber nicht, dass sich Regierungen bloß auf einen angeblichen Willen der Verbraucher zu berufen brauchen, um eine Gleichartigkeit zwischen zwei Produkten ausschließen zu können[106]. Ebensowenig genügt es, dass Regierungen ein bestimmtes Verbraucherverhalten durch die Errichtung von Handelsbarrieren oder anderen Lenkungsmaßnahmen

---

[100] Dies wird in der Regel anhand von Kreuz-Preiselastizität („cross price elasticity") gemessen, also daran, ob relativ kleine Preisänderung bei einem Produkt sich auf die Nachfrage des anderen Produkts auswirken. Vgl. dazu *Wiemer*, S. 206; *Triebold*, S. 352. Zur Substituierbarkeit auch *Lell*, S. 171.

[101] Die in *Border Tax Adjustment* genannten Elemente können als einander überschneidende Aspekte einer Wettbewerbsbeziehung gesehen werden. Dazu *Hudec*, S. 101 ff. (104). In diesem Sinne auch *EC-Asbestos*, AB Report, para. 102 f.

[102] Die physischen Eigenschaften spielen nach dem hier vertretenen wettbewerblichen Ansatz der Gleichartigkeit sowohl für die objektive wie für die subjektive Austauschbarkeit eine Rolle. Unterschiedliche physische Eigenschaften beeinflussen gleichermaßen die Möglichkeit, unterschiedliche Produkte zur selben Endnutzung einzusetzen, wie auch das Verbraucherverhalten zu diesen Produkten. Insofern bildet die physische Gleichartigkeit eigentlich nur die Grundlage zur Bestimmung einer Wettbewerbsbeziehung.

[103] Vgl. *Wiemer*, S. 210 f.

[104] Ebenso *Matthee*, EELR 2001, S. 183 ff. (188).

[105] Zu Recht kritisch *Davey/Pauwelyn*, S. 13 ff. (38).

[106] Vgl. *Bronckers/McNelis*, S. 345 ff. (374, 376).

erst herbeiführen[107]. Vielmehr muss die Handelsmaßnahme auf Grund von Verbraucherpräferenzen getroffen werden und nicht umgekehrt[108]. Bloße Verbraucherumfragen allein sind daher nicht immer aussagekräftig, sondern es bedarf einer genauen Analyse des aus Sicht des Verbrauchers relevanten Marktes[109]. Insgesamt lassen sich die in *Border Tax Adjustment* genannten Elemente aber ohne weiteres im Sinne einer wettbewerbsbezogenen Definition der Gleichartigkeit interpretieren[110].

Auch wenn dieser Ansatz einer wettbewerbsbezogenen Definition der Gleichartigkeit noch nicht durchgängig von der WTO angewandt wird, gibt es dennoch Anzeichen dafür, dass die hier vorgenommene Bestimmung des Zwecks der Gleichartigkeit auch in der Streitschlichtung Berücksichtigung findet. So hat der AB hat in *Japan – Taxes on Alcoholic Beverages* in Bezug auf Art. III Abs. 2 GATT festgestellt, dass das Panel nicht nur physische Eigenschaften, gemeinsame Endnutzung und Zolleinteilungen berücksichtigt hat, sondern auch den relevanten Markt[111]. Dies erscheine angemessen, da GATT ein Handelsabkommen sei und die WTO mit Märkten befasst sei[112]. Auch in *Korea-Beverages* hat der AB im Zusammenhang mit der Gleichartigkeit festgestellt, dass der Kontext einer Wettbewerbsbeziehung notwendigerweise der Markt sei, da in diesem Forum Verbraucher zwischen verschiedenen Produkten auswählen[113]. Beide Fälle haben betont, dass das Wichtige an der Bestimmung der Gleichartigkeit der Wettbewerb auf dem Markt ist, der aus der Verbraucherperspektive bestimmt wird[114].

Die Bedeutung der Wettbewerbsbeziehungen für die Gleichartigkeit war auch für Art. III Abs. 4 GATT, der am ehesten Art. 2.1 TBT entspricht, relevant[115].

---

[107] Dazu auch *Korea – Taxes on Alcoholic Beverages,* AB Report, WT/DS75/84/AB/R vom 18.1.1999, para. 114 ff. Vgl. *Bronckers/McNelis,* S. 345 ff. (374, 376). So in Bezug auf TBT auch *EC-Sardines,* Panel Report, para. 7.127 ff.

[108] Hier ist zu beachten, dass die Beweislast in Bezug auf die Gleichartigkeit beim beschwerdeführenden Staat liegt. Es genügt also nicht, dass dieser Staat behauptet, die handelshemmende Maßnahme habe den normalen Wettbewerb gestört, so dass Verbraucherpräferenzen irrelevant seien. Stattdessen müsste er nachweisen, dass es trotz der Maßnahme zumindest einen latenten Bedarf für das Produkt gibt. Der AB hat in *EC-Asbestos,* AB Report, para. 123 festgestellt, dass dazu auch Indizien von Märkten anderer Staaten relevant sein können. Allerdings ist dabei die spezifische Disposition der Verbraucher zu berücksichtigen, so dass Indizien von anderen Märkten u. U. nur einen begrenzten Beweiswert haben.

[109] *Bronckers/McNelis,* S. 345 ff. (374).

[110] *Hudec,* S. 101 ff. (113).

[111] Dazu *Charnovitz,* The International Lawyer 1998, S. 901 ff. (904).

[112] *Japan-Beverages,* AB Report, para. 126 Fn. 53. Vgl. auch *Okubo,* GEOIELR 1999, S. 599 ff. (613).

[113] *Korea – Taxes on Alcoholic Beverages,* oben Fn. 107, para. 114. Dazu *Mavroidis,* S. 125 ff. (128); vgl. *Zedalis,* JWT 2001, S. 301 ff. (313).

[114] Dazu *Bronckers/McNelis,* S. 345 ff. (347).

§ 11 Vereinbarkeit mit dem TBT-Übereinkommen   339

So hat der AB unter Berufung auf den Sinn von Art. III Abs. 1 GATT, der gleiche Wettbewerbsbedingungen für importierte und einheimische Produkte herstellen soll[116], festgestellt, dass die Bestimmung der Gleichartigkeit unter Art. III Abs. 4 primär eine Bestimmung der Art und des Ausmaßes der Wettbewerbsbeziehungen zwischen Produkten ist, wobei er Wettbewerbsbeziehung und Austauschbarkeit als gleichwertig zu betrachten scheint[117]. Die genaue Art und Enge der Wettbewerbsbeziehung hat der AB dabei offengelassen und nur insofern begrenzt, als die Gleichartigkeit in Art. III Abs. 4 jedenfalls nicht mehr umfasst als gleichartige und direkt konkurrierende oder austauschbare Produkte[118]. Zwar hat auch der AB im Folgenden primär die Kriterien aus *Border Tax Adjustment* benutzt[119] und besonders den physischen Eigenschaften eine tragende Rolle bei der Gleichartigkeit zugewiesen[120]. Er hat diese Kriterien aber ausdrücklich wettbewerblich ausgelegt[121] und die Bedeutung der Verbraucherpräferenzen für die Bestimmung des Marktes hervorgehoben[122]. Insofern scheint auch die neuere Streitschlichtungspraxis den hier vertretenen Ansatz der Gleichartigkeit zu stützen[123].

---

[115] *US – Section 337 of the Tariff Act of 1930*, Panel Report, BISD 36S/345 vom 7.11.1989, para. 5.13. Zum ganzen *Bronckers/McNelis*, S. 345 ff. (369 f.); *Wiemer*, S. 213 f.

[116] *Oxman*, International Decisions, AJIL 2002, S. 435 ff. (436).

[117] *EC-Asbestos*, AB Report, para. 97 ff.

[118] *EC-Asbestos*, AB Report, para. 99. Vgl. *Mavroidis*, S. 125 ff. (133 f.); *Cone*, MIJIL 2001, S. 103 ff. (115).

[119] *EC-Asbestos*, AB Report, para. 133 ff. Dazu *Trachtman*, EJIL 2001, S. 793 ff. (795); *Van Calster*, EELR 2001, S. 163 ff. (164).

[120] Insbesondere treffe den beschwerdeführenden Staat eine hohe Beweislast, um die Ungleichartigkeit zu widerlegen, wenn Produkte physisch unterschiedlich sind. Dazu *EC-Asbestos*, AB Report, para. 136; *Trachtman*, EJIL 2001, S. 793 ff. (797).

[121] *EC-Asbestos*, AB Report, para. 136. Dazu *Yavitz*, MNJGT 2002, S. 43 ff. (59).

[122] *EC-Asbestos*, AB Report, para. 139 mit Verweis auf para. 120 ff. Vgl. auch para. 117. Dazu *Yavitz*, MNJGT 2002, S. 43 ff. (60).

[123] Zustimmend *Wiemer*, S. 214; *Tietje*, S. 242. Kritisch zum Ansatz des AB das konkurrierende Sondervotum, *EC-Asbestos*, AB Report, para. 149 ff., wo darauf hingewiesen wird, dass ein rein wirtschaftlicher Ansatz dazu führen könnte, dass auch eindeutig gesundheitsschädliche Produkte als gleichartig mit unschädlichen Produkten gelten und daher nicht anders behandelt werden können. Falls z. B. unschädliche Zigaretten erfunden würden, wäre ein Mitglied daran gehindert, schädliche Zigaretten zu verbieten, solange Verbraucher aus geschmacklichen Gründen auch schädliche Zigaretten kaufen. Diese Kritik ist im Zusammenhang des Falles nur bedingt berechtigt, da solche Produkte über Art. XX (b) GATT verboten werden können, was in *EC-Asbestos*, AB Report, para. 192 bestätigt wurde. Ebenso *Matthee*, EELR 2001, S. 183 ff. (188).
Problematischer ist dieser Ansatz daher in Bezug auf TBT, da es dort an einer Art. XX GATT entsprechenden Rechtfertigungsmöglichkeit fehlt. Zu prüfen ist aber, ob dieses Versäumnis zu Lasten einer konsistenten Interpretation der Gleichwertigkeit innerhalb der WTO gehen sollte. Einen pragmatischen Ausweg dazu deutet *EC-Asbestos*, AB Report, para. 122 an, indem der AB dort auf das normative Verbraucherverhalten abstellt, also berücksichtigt, dass Gesundheitsgefahren *in der Regel* das Ver-

340   3. Teil: Vereinbarkeit der Kennzeichnungsvorschriften mit den WTO-Regeln

Dieser Ansatz verbindet die verschiedenen Kriterien zur Bestimmung der Gleichartigkeit (Eigenschaften, Endnutzung, Verbraucherpräferenzen) und erlaubt eine zutreffende Gewichtung in einer kohärenten Analyse. Außerdem entspricht er dem Zweck der Gleichartigkeit innerhalb der WTO-Vorschriften, die gleiche Wettbewerbsbedingungen zwischen ausländischen und einheimischen Produkten sichern sollen[124]. Zu prüfen ist daher die Übertragbarkeit des Ansatzes auf TBT.

c) Die Gleichartigkeit unter TBT

Die Zielsetzung der WTO, gleiche Wettbewerbsbedingungen für importierte und einheimische Produkte herzustellen, gilt im Rahmen der gesamten WTO, also auch für das TBT-Übereinkommen. Daher übernimmt Art. 2.1 beinahe wortgleich die Verpflichtung aus Art. III Abs. 4 GATT. Zwar fehlt eine dem Art. III Abs. 1 GATT entsprechende Vorschrift, die Ausdruck des Ziels des Diskriminierungsverbots ist. In Erwägungsgrund 6 der TBT-Präambel wird aber ausdrücklich auf das Verbot von Diskriminierung hingewiesen. Insofern verfolgt TBT in Bezug auf die Gleichartigkeit ein ähnliches Ziel wie GATT. Damit erscheint eine wettbewerbsbezogene Interpretation der Kriterien von physischen Eigenschaften, Endnutzung, Zollklassifizierung und Verbraucherverhalten zur Ermittlung der Austauschbarkeit der Produkte auch unter TBT angemessen.

Zu berücksichtigen sind dabei aber die besonderen Eigenheiten des TBT[125]. Zunächst erkennt das TBT an, dass technische Normen notwendig für eine Vielzahl legitimer Ziele sind[126]. Außerdem umfasst der Anwendungsbereich von TBT auch produktbezogene Verfahrensregelungen[127]. Beiden Aspekten ist gemein, dass Regelungen an relativ geringfügigen Produktunterschieden festgemacht werden müssen. Technische Vorschriften legen die unterschiedlichen Spezifika bestimmter Produkte fest, obwohl sich die Produkte in der Regel nicht stark unterscheiden. Noch deutlicher ist dies in Bezug auf produktbezo-

---

braucherverhalten beeinflussen. Ob sich eine solche Vermutung in der Streitschlichtung widerlegen lässt, bleibt abzuwarten, führt aber über die hier behandelte Fragestellung hinaus.

[124] Ebenso *Bronckers/McNelis,* S. 345 ff. (347, 373 ff.), die allerdings feststellen, dass dieser Ansatz in letzter Konsequenz auch genutzt werden könnte, um nicht produktbezogene Verfahrensvorschriften zu legitimieren. Ähnlich *Schlagenhof,* JWT 1995, S. 123 ff. (129), der feststellt, dass gerade in Bezug auf Verbrauchergewohnheiten nicht-physische Aspekte von Produkten nicht von vornherein bei der Bewertung der Gleichartigkeit ausgeschlossen sind.

[125] Kritisch zur deckungsgleichen Übertragung der Diskussion von Gleichartigkeit von GATT auf TBT daher auch *Van Calster,* EELR 2001, S. 163 ff. (164). Pauschal für eine Übertragbarkeit *Tietje,* JWT 1995, S. 123 ff. (137).

[126] Dazu oben Fn. 56 mit dazugehörigem Text.

[127] Dazu oben I.1.a).

gene Verfahrensregelungen. Leder, das bei der Verarbeitung mit PCP behandelt wurde und noch Spuren davon enthält, unterscheidet sich äußerlich kaum von Leder, das unter Beachtung des Verbots für den Einsatz von PCP bei der Verarbeitung von Leder produziert wurde. Da auch solche produktbezogenen Verfahrensregelungen unter TBT fallen, müssen auch bei der Bestimmung der Gleichartigkeit verhältnismäßig geringfügige Unterschiede berücksichtigt werden können[128]. Andernfalls hätte man solche produktbezogenen Verfahrensregelungen nicht ausdrücklich aufnehmen müssen, bzw. sie hätten direkt verboten werden können. Dieser Ansatz widerspricht auch nicht der Funktion der Gleichartigkeit in Art. 2.1 TBT, die nur verhindern soll, dass die Wettbewerbschancen gleichartiger Produkte nicht zum Nachteil importierter Produkte verändert werden. Um zu verhindern, dass solche geringfügigen Unterscheidungen zur Marktabschottung eingesetzt werden, dient vielmehr Art. 2.2 TBT, der verbietet, dass technische Vorschriften unnötige Handelshemmnisse darstellen und stärker eingreifen als für ein legitimes Ziel notwendig. Eine produktbezogenen Verfahrensregelung kann somit zwar Produkte nach Art. 2.1 TBT aufgrund geringfügiger Unterschiede ungleich behandeln, darf dabei aber nicht insofern gegen Art. 2.2 TBT verstoßen, als auch eine an weniger geringfügige Unterschiede anknüpfende Regelung dasselbe legitime Ziel erreicht hätte.

Dies widerspricht auch nicht der Position des AB, die Gleichartigkeit im Kontext der jeweiligen Vorschrift zu bestimmen[129]. Außerdem hat der AB bereits unter Art. III Abs. 4 GATT zur Feststellung der Gleichartigkeit insbesondere im Rahmen der physischen Eigenschaften den Rückgriff auf kleine, kaum sichtbare Unterschiede zugelassen[130]. Insofern können auch unter TBT bereits geringfügige, kaum sichtbare Unterschiede dazu führen, dass zwei ähnliche Produkte ungleichartig im Sinne von Art. 2.1 TBT sind. Unter Berücksichtigung dieser Besonderheit ist daher zu prüfen, ob die EG-Kennzeichnungsvorschriften für gentechnisch veränderte Lebensmittel gleichartige Produkte ungleich behandeln.

d) Anwendung auf die europäischen Kennzeichnungsvorschriften

In der Kennzeichnungspflicht für gentechnisch veränderte Lebensmittel, in denen GVO oder gentechnisch veränderte Proteine/DNA nachweisbar sind, könnte eine weniger vorteilhafte Behandlung im Vergleich zu herkömmlichen

---

[128] Ebenso *Quick,* S. 311 ff. (321); *Bartenhagen,* VAELJ 1997, S. 51 ff. (77). Vgl. zum *argumentum ex contrario Senti,* S. 315 f.; *Schlagenhof,* JWT 1995, S. 123 ff. (125).
[129] *EC-Asbestos,* AB Report, para. 88.
[130] So wurde in *EC-Asbestos,* AB Report, para. 114 u.a. auf die Molekülstruktur von Asbest im Vergleich zu PCG abgestellt und darauf, dass Asbest mikroskopische Partikel bildet.

Lebensmitteln liegen. Anhand des dargestellten Ansatzes der Gleichartigkeit ist somit zunächst zu prüfen, ob herkömmliche und gentechnisch veränderte Lebensmittel gleichartige Produkte sind. Entsprechend den Vorgaben des AB sind für die Gleichartigkeit die Kriterien aus *Border Tax Adjustment* anzuwenden, allerdings unter Berücksichtigung des hier vertretenen wettbewerblichen Ansatzes, wonach es primär auf die objektive und subjektive Austauschbarkeit der Produkte ankommt. Falls die Produkte gleichartig sind, ist weiter zu prüfen, ob in der Kennzeichnung eine weniger vorteilhafte Behandlung liegt[131].

Bevor auf die Austauschbarkeit einzugehen ist, ist zunächst festzustellen, ob die Produkte in ihren physischen Eigenschaften, ihrer Eigenart und Qualität gleichartig sind, da die physischen Eigenschaften nach dem wettbewerblichen Ansatz der Gleichartigkeit sowohl für die objektive wie für die subjektive Austauschbarkeit eine Rolle spielen. Unterschiedliche physische Eigenschaften beeinflussen gleichermaßen die Möglichkeit, verschiedene Produkte zur selben Endnutzung einzusetzen, wie auch das Verbraucherverhalten zu diesen Produkten. Insofern bildet die physische Gleichartigkeit nur die Grundlage zur Bestimmung einer Wettbewerbsbeziehung. Dies hat auch der AB im Prinzip auch anerkannt, indem er fordert, dass bei physisch unterschiedlichen Produkten die Anforderungen an die Endnutzung und das Verbraucherverhalten höher sind, um zu zeigen, dass die Produkte dennoch in einem Wettbewerbsverhältnis stehen[132].

Zu prüfen ist also zunächst, ob gentechnisch veränderte und herkömmliche Lebensmittel in Bezug auf physische Eigenschaften, Eigenart und Qualität gleichartig sind. Der wesentliche Unterschied zwischen den Lebensmitteln ist das Vorliegen von gentechnisch veränderter DNA/Proteinen bzw. GVO. Auch wenn dieser Unterschied äußerlich nicht erkennbar ist, kann er in Bezug auf die Gleichartigkeit berücksichtigt werden, da der AB in *EC-Asbestos* ebenfalls äußerlich nicht erkennbare Eigenschaften wie die Tatsache, dass Asbest mikroskopische Partikel bildet, die chemische Zusammensetzung und sogar die Molekülstruktur eines Produkts berücksichtigt hat[133]. Demnach wären gentechnisch ver-

---

[131] Dabei scheint *EC-Asbestos,* AB Report, para. 100, darauf abzustellen, dass gleichartige importierte Produkte als Gruppe schlechter behandelt werden, als die einheimischen Produkte als Gruppe. Die schlechtere Behandlung eines *einzelnen* Produkts scheint danach nicht für einen Verstoß gegen das Diskriminierungsverbot zu reichen. Ebenso *Oxman,* AJIL 2002, S. 435 ff. (436). Stattdessen scheint es notwendig zu sein, dass die unterschiedliche Behandlung absichtlich oder unabsichtlich auf dem ausländischen Charakter des Produkts basiert. Dazu *Trachtman,* EJIL 2001, S. 793 ff. (795 f.). Unklar ist, ob sich der AB damit auf die in *EC-Asbestos,* Panel Report, para. 8.239, berücksichtigte Tatsache bezog, dass die französische Wirtschaft durch das Asbestverbot ebenso getroffen wurde, wie ausländische Hersteller, und Frankreich den größten Teil der Substitutionsprodukte für Asbest einführen musste. Dazu *Van Calster,* EELR 2001, S. 113 ff. (118).
[132] Vgl. *EC-Asbestos,* AB Report, para. 118.
[133] *EC-Asbestos,* AB Report, para. 114. Vgl. auch *Stökl,* Aussenwirtschaft 2001, S. 327 ff. (346). Einschränkend *Tietje,* JWT 1995, S. 123 ff. (134), der nur solche

änderte und herkömmliche Lebensmittel ungleichartig, da sich die genetischen Veränderungen chemisch nachweisen lassen und die Molekülstruktur unterschiedlich ist. Wenn solche Aspekte zur Bestimmung der Gleichartigkeit bereits unter GATT berücksichtigt werden dürfen[134], so müssen sie erst recht unter TBT zulässig sein, das sogar Unterscheidungen anhand von produktbezogenen Verfahrensvorschriften gestattet und daher auf geringfügigere Unterschiede abstellt[135].

Auch Gesundheitsrisiken des Produktes können bei den physischen Eigenschaften berücksichtigt werden[136]. Falls die EG also Gesundheitsrisiken bei gentechnisch veränderten Lebensmitteln nachweisen könnte, würde dies zu einer Ungleichartigkeit führen. Unklar bleibt dabei, welche Anforderungen an den Nachweis von Gesundheitsrisiken unter TBT gestellt werden, da *EC-Asbestos* ein international anerkanntes Gesundheitsrisiko unter GATT betraf[137].

Dennoch zeigen die Formulierungen des AB, dass unter Umständen geringere Anforderungen an das Vorliegen eines Gesundheitsrisikos gestellt werden. So weist die Formulierung „evidence *relating* to the health risks *associated* with chrysotile asbestos"[138] darauf hin, dass es genügt, Beweise in Bezug auf Gesundheitsrisiken zu finden, die mit dem Produkt *in Verbindung gebracht werden*. Dies stellt deutlich geringere Anforderungen als die alternativ mögliche Formulierung „evidence of health risks of chrysotile asbestos". Insbesondere „associated" stellt auf die öffentliche Sicht der Gefährlichkeit eines Produktes ab, die nicht unbedingt der wissenschaftlichen Sicht entspricht. Dies macht der AB auch unter dem Prüfungspunkt Verbraucherverhalten deutlich, wo er diese

---

physischen Unterschiede berücksichtigen will, die Auswirkungen auf Produkteigenschaften wie Qualität oder Leistung haben.

[134] Selbst wenn man entgegen der hier vertretenen Auffassung eine subsidiäre Anwendbarkeit von GATT neben TBT zuließe, würde man nach der bisherigen Auslegung von GATT zu keinem anderen Ergebnis gelangen. Die europäische Regelung müsste als potentiell diskriminierende Produktregelung Art. III Abs. 4 GATT erfüllen; dazu *Okubo*, GEOIELR 1999, S. 599 ff. (612). Nach der eben dargestellten Auffassung des AB lägen aber auch hier ungleichartige Produkte vor, so dass kein Verstoß gegen Art. III Abs. 4 gegeben wäre. Vgl. *Wiemer*, S. 196. A.A. *Zedalis*, JWT 2001, S. 301 ff. (325 f.); *Böckenförde*, S. 396 ff.

[135] Vgl. *Quick*, S. 311 ff. (321).

[136] *EC-Asbestos*, AB Report, para. 114. Dazu *Shaw/Schwartz*, JWT 2002, S. 129 ff. (150); *Howse/Mavroidis*, FDMILJ 2000, S. 317 ff. (319, Fn. 7). Das Panel hatte die Berücksichtigung des Gesundheitsrisikos von Asbest für die Gleichartigkeit noch abgelehnt; dazu *Van Calster*, EELR 2001, S. 113 ff. (116); *Cone*, MIJIL 2001, S. 103 ff. (114). In einem zustimmenden Sondervotum in *EC-Asbestos*, AB Report, para. 149 ff., wird sogar vertreten, dass allein die Gesundheitsgefahr ausreichen müsste, um ein Produkt ungleichartig zu machen; dazu *Van Calster*, EELR 2001, S. 163 ff. (164). Einschränkend auf Fälle von gravierenden Risiken und eindeutigen wissenschaftlichen Aussagen *Wirth*, AMJIL 2002, S. 438 ff. (438). Vgl. oben Fn. 123.

[137] *EC-Asbestos*, AB Report, para. 135, 142.

[138] *EC-Asbestos*, AB Report, para. 113, 115, 122. (Hervorhebung durch den Autor).

Formulierung gebraucht, um darauf hinzuweisen, dass die Tatsache, dass ein Produkt für krebserregend *gehalten wird*, sehr wahrscheinlich das Verbraucherverhalten und damit die wettbewerbliche Situation beeinflusst[139]. Insofern scheint es eher auf die öffentliche Sicht des Risikos anzukommen, als auf eine rein wissenschaftliche Sicht.

Ähnliches kann man aus der vom Panel übernommenen Passage schließen, wo auf die Einwände Kanadas, eine direkte Gesundheitsauswirkung von Asbest sei nicht zweifelsfrei erwiesen, geantwortet wird, dass die Zweifel Kanadas nicht ausreichend seien[140], um einen für die öffentliche Gesundheit Verantwortlichen zu der Überzeugung zu bringen, dass keine ausreichenden Nachweise für ein Gesundheitsrisiko vorlägen[141]. Hier wird implizit an die Aussage in *EC-Hormones* angeknüpft, wonach verantwortliche Regierungen vorsorgende Ansätze wählen, wo Risiken irreversibel sind[142]. Somit scheint in Bezug auf die Gleichartigkeit ein Gesundheitsrisiko ohne vollen wissenschaftlichen Nachweis und unter Hinweis auf die öffentliche Wahrnehmung und Vorsorgegesichtspunkte berücksichtigt werden zu können. Sofern die EG also Anhaltspunkte für ein Gesundheitsrisiko von gentechnisch veränderten Lebensmitteln präsentieren kann, könnte dies zur Feststellung der physischen Ungleichartigkeit führen. In jedem Fall liegt aufgrund der Nachweisbarkeit von gentechnisch veränderten Proteinen/DNA bzw. GVO eine Ungleichartigkeit in Bezug auf physische Eigenschaften von gentechnisch veränderten und herkömmlichen Lebensmitteln vor[143].

Für die objektive Austauschbarkeit von herkömmlichen und gentechnisch veränderten Lebensmitteln kommt es primär auf die entsprechende Endnutzung an. Trotz unterschiedlicher physischer Eigenschaften unterscheiden sich herkömmliche und gentechnisch veränderte Lebensmittel in der Endnutzung kaum. Beide werden als Nahrung konsumiert. Nur wenn durch die gentechnische Veränderung eine Nährwertverbesserung eintritt, wäre eine unterschiedliche Endnutzung, z.B. zu einer fettarmen Ernährung, möglich[144]. Für die meisten Lebensmittel ist aber die gleiche Endnutzung und damit eine objektive Austauschbarkeit anzunehmen.

Für die subjektive Austauschbarkeit von gentechnisch veränderten und herkömmlichen Lebensmitteln kommt es auf den Verbrauchergeschmack und ihr

---

[139] *EC-Asbestos*, AB Report, para. 122. Vgl. auch *Shaw/Schwartz*, JWT 2002, S. 129 ff. (150).
[140] Dabei beruft sich das Panel auf die Meinung *eines* Experten.
[141] *EC-Asbestos*, AB Report, para. 114.
[142] *EC-Hormones*, AB Report, para. 124, 194.
[143] Vgl. auch *Appleton*, NYUELJ 2000, S. 566 ff. (576).
[144] Für LMO in Bezug auf Pestizid- und Herbizidresistenzen ebenso *Stökl*, Aussenwirtschaft 2001, S. 327 ff. (346).

Verhalten an. Dabei hat der AB anerkannt, dass die unterschiedlichen physischen Eigenschaften von Produkten und die Annahme von Gesundheitsrisiken[145] auch für das Verbraucherverhalten eine Rolle spielen[146]. Zur Verteidigung ihrer Kennzeichnungsregelung kann sich die EG hier auf Verbraucherumfragen in allen europäischen Ländern stützen, die die Ablehnung von gentechnisch veränderten Lebensmitteln bzw. eine Forderung nach deren Kennzeichnung belegen[147]. Es kann auch nicht eingewandt werden, dass die Ablehnung aus den hier angegriffenen Regelungen resultiert, von der EG also selbst geschaffen wurde[148]. Dagegen sprechen zum einen die heftigen Auseinandersetzungen in der Normsetzungsgeschichte der einzelnen Regelungen, die zeigen, dass eine Ablehnung bereits vorher bestand. Zum anderen scheiterte in Europa die Vermarktung von gentechnisch veränderten Lebensmitteln, so dass auch ein latenter Bedarf und damit eine theoretisch vorhandene subjektive Austauschbarkeit entfällt[149]. Auch die Übertragung von Marktbeobachtungen aus anderen Ländern kann dieses Argument angesichts der Vehemenz, mit der europäische Verbraucher gentechnisch veränderte Lebensmittel ablehnen, nicht widerlegen[150]. Die subjektive Austauschbarkeit besteht daher nicht. Da es bei der Gleichartigkeit um eine Wettbewerbsbeziehung geht, die nur besteht, wenn beide Produkte vom Verbraucher als austauschbar behandelt und gekauft werden[151], ist hier angesichts der Ablehnung von gentechnisch veränderten Lebensmitteln durch die Verbraucher eine Gleichartigkeit ausgeschlossen[152].

---

[145] Allerdings hat der AB zugestanden, dass Verbraucherreaktionen nicht immer in direkter Beziehung zur Frage des Gesundheitsrisikos stehen. Vgl. *EC-Asbestos*, AB Report, para. 122. Daher kritisch zu den spekulativen Ausführungen des AB in Bezug auf die Verbrauchererwartungen *Cone*, MIJIL 2001, S. 103 ff. (125 f.).

[146] *Howse/Mavroidis*, FDMILJ 2000, S. 317 ff. (319, Fn. 7). *Bronckers/McNelis*, S. 345 ff. (374 f.) betonen, dass kleine physische Unterschiede großen Einfluss auf das Verbraucherverhalten haben können.

[147] Siehe oben § 1 I.4. Die Ablehnung der Endverbraucher schlägt nach Ansicht des AB in *EC-Asbestos*, AB Report, para. 122, auch auf die Zwischenhändler durch, so dass auch weiterzuverarbeitende Lebensmittel aus Verbrauchersicht ungleichartig sein dürften. A.A. *Böckenförde*, S. 400 f., 481.

[148] Dazu *Bronckers/McNelis*, S. 345 ff. (374). Vgl. zu dieser Voraussetzung *EC-Sardines*, Panel Report, para. 7.127 ff. Dazu *Hermann*, ZLR 2002, S. 537 ff. (540).

[149] So war Nestlé aufgrund von Absatzschwierigkeiten in Europa gezwungen, den Riegel „Butterfinger" vom Markt zu nehmen. Dazu *Krenzler/MacGregor*, EFAR 2000, S. 287 ff. (305); *Steinmann/Strack*, NuR 2000, S. 367 ff. (368). Vgl. auch die Aussagen von Antonio Costato, dem Vorsitzenden der europäischen Mühlenvereinigung Euroflour, zur Weigerung, gentechnisch veränderten Weizen aus den USA zu kaufen, da gentechnisch veränderte Lebensmittel sich zur Zeit in Europa aufgrund des Verbraucherverhaltens nicht absetzen ließen. Dazu BRIDGES Weekly Trade News Digest – Vol. 6, Number 29 vom 6.8.2002.

[150] Hinzukommt, dass sich auch in anderen Ländern die Stimmen gegen gentechnisch veränderte Lebensmittel mehren. Siehe oben § 1 I.4.

[151] *EC-Asbestos*, AB Report, para. 122, wo der AB anerkennt, dass es letztlich darauf ankommt, dass das Produkt von den Verbrauchern gekauft wird.

Abweichend vom hier vertretenen Ansatz prüft der AB für die Bestimmung der Gleichartigkeit auch die Zollklassifizierung der Produkte. Allerdings hat auch der AB bislang zur Bedeutung der Zollklassifizierung für die Gleichbehandlung von Produkten in Bezug auf interne Vorschriften keine Stellung bezogen[153]. Aus Sicht eines wettbewerblichen Ansatzes der Gleichartigkeit bringt die Zollklassifizierung keinen Erkenntnisgewinn für das Vorliegen einer Wettbewerbsbeziehung und die Austauschbarkeit von Produkten[154]. Allenfalls erlaubt sie einen Rückschluss auf eine Staatenpraxis der Gleichbehandlung in Bezug auf Zölle. Sollte der AB wider Erwarten erheblichen Wert auf die Zollklassifizierung legen, so ließe sich das Argument der Staatenpraxis durch Verweis auf die internationale Entwicklung entkräften, wo in vielen Staaten, aber auch innerhalb vieler internationaler Organisationen, eine Sonderbehandlung von gentechnisch veränderten Lebensmitteln und GVO diskutiert wird oder beschlossen wurde[155].

Zusammenfassend lässt sich festhalten, dass nach dem hier vertretenen Ansatz einer wettbewerblichen Bestimmung der Gleichartigkeit gentechnisch veränderte und herkömmliche Lebensmittel ungleichartig sind, da sie sich in ihren physischen Eigenschaften unterscheiden und vom Verbraucher nicht als austauschbar behandelt werden. Falls der AB den in *EC-Asbestos* eingeschlagenen Weg auch für TBT verfolgt und die Kriterien aus *Border Tax Adjustment* heranzieht, käme auch er zu einer Ungleichartigkeit, da die Produkte sich in den physischen Eigenschaften unterscheiden. Angesichts der hohen Beweislast, die den beschwerdeführenden Staat in solchen Fällen trifft, um trotz der physischen Unterschiede eine Wettbewerbsbeziehung nachzuweisen[156], und der Tatsache, dass das Verbraucherverhalten dagegen spricht, dürften wohl auch eine übereinstimmende Endnutzung[157] und ggf. eine gemeinsame Zollklassifizierung nicht

---

[152] Ebenso *Howse/Mavroidis*, FDMILJ 2000, S. 317 ff. (319). Vgl. *Zedalis*, JWT 2001, S. 301 ff. (331).
[153] Vgl. *EC-Asbestos*, AB Report, para. 124. Dazu *Cone*, MIJIL 2001, S. 103 ff. (124). Zur Position des Panels in Bezug auf die Zollklassifizierung *Van Calster*, EELR 2001, S. 113 ff. (115). Vgl. auch *Japan-Beverages*, AB Report, para. 118 Fn. 50, wo für eine eingeschränkte Beweiskraft der Zollklassifizierung plädiert wird.
[154] Ebenso *Triebold*, S. 352. Vgl. *Bronckers/McNelis*, S. 345 ff. (373). Kritisch auch *Altemöller*, RabelsZ (Band 64) 2000, S. 213 ff. (228).
[155] Siehe dazu § 10 in Bezug auf das Protokoll von Cartagena und die CAK.
[156] Vgl. *EC-Asbestos*, AB Report, para. 121, 136. Dazu *Cone*, MIJIL 2001, S. 103 ff. (120).
[157] Die Aussagekraft einer übereinstimmenden Endnutzung ist dabei unter TBT noch weniger gewichtig, da hier auch Produkte verglichen werden, die sich lediglich in den Auswirkungen der unterschiedlichen Produktionsverfahren unterscheiden. Solche Produkte haben aber meist dieselbe Endnutzung, so dass deren Beweiskraft begrenzt ist.

zu einer Gleichartigkeit führen[158]. Gentechnisch veränderte und herkömmliche Lebensmittel sind somit ungleichartig, so dass kein Verstoß gegen Art. 2.1 TBT vorliegt[159].

2. Minimierung negativer Handelsauswirkungen (Art. 2.2 TBT)

a) Systematik von Art. 2.2 TBT

Ziel von Art. 2.2 TBT ist die Minimierung negativer Handelsauswirkungen durch das Verbot unnötiger Handelshemmnisse[160]. Art. 2.2 TBT soll damit den Marktzugang für importierte Waren gewährleisten und sieht daher vor, dass die Mitgliederstaaten sicherstellen,

„dass technische Vorschriften nicht in der Absicht oder mit der Wirkung ausgearbeitet, angenommen oder angewendet werden, unnötige Hemmnisse für den internationalen Handel zu schaffen. Zu diesem Zweck sind technische Vorschriften nicht handelsbeschränkender als notwendig, um ein berechtigtes Ziel zu erreichen, wobei die Gefahren, die entständen, wenn dieses Ziel nicht erreicht würde, berücksichtigt werden. Berechtigte Ziele sind unter anderem Erfordernisse der nationalen Sicherheit, Verhinderung irreführender Praktiken, Schutz der Gesundheit und Sicherheit von Menschen, des Lebens oder der Gesundheit von Tieren und Pflanzen oder der Umwelt. Bei der Bewertung solcher Gefahren werden unter anderem verfügbare wissenschaftliche und technische Informationen, verwandte Produktionstechniken oder der beabsichtigte Endverbrauch der Ware zugrunde gelegt."

Für die Notwendigkeit eines Handelshemmnisses kommt es nach Satz 1 somit auf die Absicht oder die Wirkung der Maßnahme an. Satz 2 konkretisiert diese Regel und bestimmt, dass es zur Notwendigkeit der Maßnahme eines berechtigten Ziels bedarf, und die Maßnahme nicht handelsbeschränkender als notwendig sein darf[161]. Das Verfolgen eines berechtigten Ziels schließt somit eine auf ein unnötiges Handelshemmnis gerichtete Absicht aus, während eine solche Wirkung durch die Wahl der am wenigsten beschränkenden Maßnahme ausgeschlossen wird[162].

---

[158] *EC-Asbestos*, AB Report, para. 125 f., hat festgestellt, dass allein eine gemeinsame Endnutzung nicht ausreicht um eine Gleichartigkeit bei physischen Unterschieden anzunehmen. Dazu *Yavitz*, MNJGT 2002, S. 43 ff. (60 f.).

[159] Im Ergebnis ebenso *Appleton*, NYUELJ 2000, S. 566 ff. (575 f.); *Gaston/Abate*, PACEILR 2000, S. 107 ff. (143 f.); *Howse/Mavroidis*, FDMILJ 2000, S. 317 ff. (319); *Stökl*, S. 210 ff. In Bezug auf LMO auch *Stökl*, Aussenwirtschaft 2001, S. 327 ff. (347) A. A. *Böckenförde*, S. 402 ff. in Bezug auf GATT.

[160] *Pauwelyn*, ZLR 2000, S. 843 ff. (850) bezeichnet diese Vorschrift als den Kern des TBT-Übereinkommens. Art. 2.2 TBT stellt gegenüber GATT eine zusätzliche Verpflichtung dar, da auch nicht diskriminierende Regelungen, die unter Art. III GATT (und Art. 2.1 TBT) erlaubt wären, unter Art. 2.2 TBT ein unnötiges Handelshemmnis darstellen können. Dazu *Quick*, S. 311 ff. (315); *Van Calster*, S. 316.

[161] Ähnlich *Appleton*, S. 112.

[162] Vgl. *Altemöller*, S. 33.

348   3. Teil: Vereinbarkeit der Kennzeichnungsvorschriften mit den WTO-Regeln

In Bezug auf die legitimen Ziele führt Art. 2.2 TBT eine große Bandbreite an Zielen auf, wobei diese Liste nicht abschließend ist[163]. Ihr kommt aber insofern eine gehobene Bedeutung zu, als von einer Maßnahme, die ein ausdrücklich in Art. 2.2 erwähntes Schutzziel verfolgt und in Übereinstimmung mit einem internationalen Standard ist, vermutet wird, dass sie kein unnötiges Handelshemmnis schafft[164]. Andere, nicht in Art. 2.2 aufgeführte legitime Ziele können zwar ebenso verfolgt werden[165], für sie spricht aber nicht die Konformitätsvermutung aus Art. 2.5. Damit muss auch in dem Fall, dass sie einem internationalen Standard entsprechen, geprüft werden, ob die Maßnahmen nicht handelshemmender als notwendig sind[166]. Welches legitime Ziel verfolgt wird, ist dabei von dem die Maßnahme erlassenden Mitgliedstaat darzulegen[167]. Ob ein nicht aufgeführtes Ziel als legitim anzusehen ist, bestimmt sich laut Panel danach, ob es sich um eine normative Forderung nach dem Schutz von Interessen handelt, die in dem Sinne zu rechtfertigen sind, als sie von den relevanten Rechtsordnungen oder anderen sozialen Normen gestützt werden[168]. Ferner enthält Art. 2.2, anders als SPS, keine explizite Verpflichtung, dass Maßnahmen im Sinne einer besonderen naturwissenschaftlichen Rechtfertigungspflicht auf wissenschaftlichen Ergebnissen beruhen müssen[169]. Es genügt ein berechtigtes Ziel, wobei *unter anderem* die verfügbaren wissenschaftlichen und technischen Informationen zugrunde gelegt werden[170]. Eine besondere Stellung kommt wissenschaftlichen Erkenntnissen somit nicht zu[171].

---

[163] *EC-Sardines*, Panel Report, para. 7.118; EC-Sardines, AB Report, para. 286 ff., wobei allerdings bei anderen legitimen Zielen deren Legitimität einer Prüfung durch die Streitschlichtungsorgane zu unterziehen sei. Dazu *Herrmann*, ZLR 2002, S. 794 ff. (798). Im Ergebnis ebenso *Pauwelyn*, ZLR 2000, S. 843 ff. (846). *Wiemer*, S. 224 will den Mitgliedern in Bezug auf legitime Ziele einen weiten Beurteilungsspielraum einräumen.

[164] Art. 2.5 TBT. Diese Vermutung ist allerdings widerlegbar.

[165] Dies betont auch das Panel in *EC-Sardines*, Panel Report, para. 7.118.

[166] Unklar ist allerdings, ob ein Fall denkbar ist, indem eine Maßnahme, die ein nicht aufgeführtes, legitimes Ziel verfolgt und einem internationalen Standard entspricht, von einem Panel als übermäßig handelshemmend beurteilt wird. Da das Ziel des TBT auch eine internationale Harmonisierung ist, um Handelshemmnisse, die gerade in *unterschiedlichen* technischen Vorschriften bestehen, zu beseitigen, ist eine Verurteilung einer auf einem internationalen Standard beruhenden Maßnahme wohl nur in Ausnahmefällen anzunehmen.

[167] *EC-Sardines*, Panel Report, para. 7.121.

[168] *EC-Sardines*, Panel Report, para. 7.121, unter Berufung auf *Canada – Patent Protection of Pharmaceutical Products*, Panel Report, WT/DS114/R vom 7.4.2000, para. 7.69, und *United States – Section 110(5) of the US Copyright Act*, Panel Report, WT/DS160/R, vom 27.7.2000, para. 6.224.

[169] *Dederer*, EWS 1999, S. 247 ff. (255); *Pauwelyn*, ZLR 2000, S. 843 ff. (849).

[170] Art. 2.2 S. 4 TBT. Dazu *Pauwelyn*, ZLR 2000, S. 843 ff. (849).

[171] Vgl. *Pauwelyn*, ZLR 2000, S. 843 ff. (849).

§ 11 Vereinbarkeit mit dem TBT-Übereinkommen

In Bezug auf die Frage, wann eine Maßnahme handelsbeschränkender ist als notwendig, ist bislang unklar, wie „notwendig" im Zusammenhang des Art. 2.2 TBT auszulegen ist. Die herrschende Meinung in der Literatur geht von einer Auslegung analog zu Art. XX GATT aus[172]. Danach wäre eine Maßnahme notwendig iSv. Art. 2.2 TBT, wenn sie zur Erreichung des legitimen Ziels geeignet ist[173] und es keine weniger belastende Maßnahme gibt[174]. Dabei sollen die Gefahren berücksichtigt werden, die entständen, wenn dieses Ziel nicht erreicht würde[175]. Ob es für die Erforderlichkeit einer unilateralen Maßnahme auch des Versuchs einer multilateralen Verhandlungslösung bedarf[176], ist bislang unklar[177]. Was die Beweislast betrifft, muss der beschwerdeführenden Staat darlegen, dass es eine Maßnahme gibt, die vernünftigerweise ergriffen werden kann, das legitime Ziel erfüllt und weniger handelshemmend ist[178].

Vereinzelt wird vertreten, dass die Notwendigkeit in Art. 2.2 TBT der deutschen Verhältnismäßigkeit entspräche, so dass neben Geeignetheit und Erforderlichkeit auch zu prüfen wäre, ob die handelshemmenden Wirkungen der Maß-

---

[172] *Macmillan/Blakeney*, TLNJTIP 2001, S. 93 ff. (111 f.); *Biermann*, JWT 2001, S. 421 ff. (442); *Appleton*, S. 111 ff. Zur Auslegung unter GATT siehe *Thailand – Restrictions on the Importation of and Internal Taxes on Cigarettes*, BISD 37S/200 vom 7.11.1990, para. 74 ff. Dazu *Douma/Jacobs*, EELR 1999, S. 137 ff. (138).

[173] *EC-Asbestos*, AB Report, para. 169.

[174] Während unter GATT entsprechend dem Ausnahmecharakter des Art. XX auf die am wenigsten mit GATT unvereinbare Maßnahme abgestellt wird, käme es unter TBT nach dem Zweck von Art. 2.2 auf die am wenigsten handelsbeschränkende Maßnahme an. Ebenso *Schultz*, WOCO 1994, S. 77 ff. (100); *Krenzler/MacGregor*, EFAR 2000, S. 287 ff. (311). Kritisch *Gaston/Abate*, PACEILR 2000, S. 107 ff. (130 ff.). Weitergehend *Staffin*, CLMJEL 1996, S. 205 ff. (239), der in Anlehnung an die Auslegung von SPS verlangt, dass die alternative Maßnahme *erheblich* weniger handelsbeschränkend ist. A. A. *Van Calster*, S. 319.

[175] Es wäre also zu berücksichtigen, was passiert, wenn das weniger belastende Mittel ein größeres Risiko des Fehlschlags mit sich brächte. Insofern wäre die Möglichkeit, Gefahren aus der Nichterreichung des Zieles zu berücksichtigen, Ausdruck der regulativen Freiheit eines Staates, das Mittel zu wählen, dass das Ziel mit Sicherheit erfüllt. So *Appleton*, S. 113 f.; *Wiemer*, S. 236 f. Weitergehend *Shaw/Schwartz*, JWT 2002, S. 129 ff. (142) und *Van Calster*, S. 321, die darin die Möglichkeit von Vorsorge sehen. Dagegen *Pauwelyn*, ZLR 2000, S. 843 ff. (846). Mit anderem Ansatz *Tietje*, JWT 1995, S. 123 ff. (135), der berücksichtigt, ob das Weglassen der Maßnahme zu einer Gefahr für ein legitimes Ziel führt.

[176] Dies könnte aus den Entscheidungen zu Art. XX GATT abgeleitet werden. Vgl. *US – Restrictions on Imports of Tuna*, Panel Report, BISD 39S/155 vom 3.9.1991 (hiernach *US-Tuna I*), para. 5.28. Dazu *Gaston/Abate*, PACEILR 2000, S. 107 ff. (130). Ähnlich *US – Standards for Reformulated and Conventional Gasoline*, AB Report, WT/DS2/AB/R vom 29.4.1996, S. 26 f. wo dies aus dem Chapeau von Art. XX hergeleitet wurde. Dazu *Marceau*, JWT 1999, S. 87 ff. (98); *Cameron/Campbell*, S. 204 ff. (211).

[177] Ablehnend *Wiemer*, S. 246.

[178] *Staffin*, CLMJEL 1996, S. 205 ff. (239).

nahme außer Verhältnis zum verfolgten legitimen Ziel stehen[179]. Damit dürfte ein legitimes Ziel nur verfolgt werden, wenn die Kosten, die aus der Verfolgung des Ziels für die Exporteure entstehen, nicht außer Verhältnis zum Nutzen für die vom Importstaat zu schützende Zielgruppe stehen, wobei die Gefahren der Nichterfüllung des Ziels berücksichtigt werden[180].

Dagegen spricht aber, dass es damit zur Aufgabe der Streitschlichtungsorgane würde, zu beurteilen, ob sich die Verfolgung eines legitimen Zieles „lohnt". Dies widerspricht der bisherigen Praxis der WTO, den Mitgliedstaaten weitgehende Freiräume in Bezug auf das zu bestimmende Schutzniveau einzuräumen, und stattdessen die Mittel zur Erreichung des Schutzniveaus strenger zu kontrollieren[181]. Diese Praxis kommt auch im TBT-Übereinkommen zu Ausdruck. So fehlt dort die Verpflichtung zur Konsistenz in den Schutzniveaus, wie sie in Art. 5 Abs. 5 SPS vorgesehen ist[182]. Außerdem erlaubt Art. 2.4 ein Abweichen von internationalen Standards, wenn diese unwirksame oder ungeeignete Mittel zur Erreichung der berechtigten Ziele sind. Die Frage, ob ein Ziel erreicht wird, hängt aber davon ab, wie hoch dieses Ziel angesetzt wird. Die Freiheit, von internationalen Standards abzuweichen, impliziert damit die Freiheit, über die internationalen Standards hinausgehende berechtigte Ziele zu verfolgen und damit das Schutzniveau frei zu bestimmen[183]. Ferner sieht die Präambel vor, dass kein Land daran gehindert werden soll, auf *als geeignet erachteter Ebene*[184] Maßnahmen zu Erreichung legitimer Ziele zu treffen[185]. Zwar schränkt die Präambel dieses Recht ein, aber nur in Bezug auf die Anwendung der Maßnahmen,

---

[179] So *Völker*, S. 281 ff. (288); *Müller-Graff*, S. 111 ff. (122). Offengelassen bei *Altemöller*, RabelsZ (Band 64) 2000, S. 213 ff. (246 f.); *Ritter*, EuZW 1997, S. 133 ff. (135).

[180] Nach dieser Ansicht werden die Gefahren der Nichterfüllung des Ziels für die Abwägung im Rahmen der Angemessenheit der Zweck-Mittel-Relation berücksichtigt. So *Kerr*, The World Economy 1999, S. 245 ff. (252); *Perdikis/Kerr/Hobbs*, The World Economy 2001, S. 379 ff. (385). Ablehnend *Triebold*, S. 326.

[181] So auch *EC-Sardines*, Panel Report, para. 7.119 f. Ähnlich *Wiemer*, S. 237. *Yavitz*, MNJGT 2002, S. 43 ff. (54).

[182] Dazu *Pauwelyn*, ZLR 2000, S. 843 ff. (850).

[183] Vgl. dazu auch *Van Calster*, S. 318 f.

[184] Die authentische englische Fassung von Erwg. 6 lautet: „Recognizing that no country should be prevented from taking measures necessary to ensure the quality of its exports, or for the protection of human, animal or plant life or health, or for the prevention of deceptive practices, *at levels it considers appropriate*, subject to the requirement that they are not applied in a manner which would constitute a means of arbitrary or unjustifiable discrimination between countries where the same conditions prevail or a disguised restriction to international trade, and are otherwise in accordance with the provisions of this Agreement". (Hervorhebung durch den Verfasser) Die Übersetzung von „level" im SPS-Übereinkommen lautet auf Schutzniveau (vgl. Art. 3 Abs. 3 SPS), was auch in diesem Zusammenhang die angemessenere Übersetzung gewesen wäre.

[185] Erwg. 6 der Präambel, der in seiner Formulierung dem Eingangsabsatz („Chapeau") von Art. XX GATT entspricht. Dazu *Van Calster*, S. 318; *Senti*, S. 531.

nicht in Bezug auf die Wahl des Schutzniveaus[186]. Insofern ist auch für TBT anzunehmen, dass die Mitgliedstaaten weitgehend frei sind in der Bestimmung des angestrebten Schutzniveaus[187]. Ein diese Freiheit beschränkender Test der Angemessenheit zwischen dem verfolgten Ziel und den dadurch entstehenden Kosten ist daher als weder vom Wortlaut vorgeschrieben noch mit der WTO-Praxis vereinbar abzulehnen[188]. Demnach stellt eine Maßnahme kein unnötiges Handelshemmnis im Sinne von Art. 2.2 TBT dar, wenn sie ein legitimes Ziel verfolgt, zur Erreichung dieses Ziels geeignet ist und es keine ebenso geeignete, weniger belastende Maßnahme gibt.

b) Anwendung auf die europäischen Kennzeichnungsvorschriften

Die europäischen Kennzeichnungsvorschriften sind nach Art. 2.2 TBT darauf zu prüfen, ob sie ein legitimes Ziel verfolgen, dafür geeignet und nicht handelshemmender sind als notwendig. Während es der EG obliegt, das legitime Ziel zu begründen[189], muss der beschwerdeführende Staat eine Maßnahme aufzeigen, die ebenso geeignet zur Erfüllung des Zieles ist, aber weniger handelshemmend[190].

Wie dargelegt, verfolgt die EG mit den hier strittigen Vorschriften[191] das Ziel der allgemeinen Verbraucherinformation, um den Verbrauchern eine informierte Auswahlentscheidung zu ermöglichen[192]. Zu prüfen ist somit zunächst, ob die

---

[186] Vgl. *EC-Sardines*, Panel Report, para. 7.120. Auch aus Erwg. 6 letzter HS. lässt sich nicht herleiten, dass Staaten in der Wahl des Schutzniveaus eingeschränkt werden sollen, da nationale Sicherheitsinteressen, die auch unter den legitimen Zielen des Art. 2.2 TBT aufgezählt werden, nach Erwg. 7 („Recognizing that no country should be prevented from taking measures necessary for the protection of its essential security interest;") nicht dieser Einschränkung unterliegen. Daher kann eine die Wahl des Schutzniveaus einschränkende Interpretation von Art. 2.2 nicht auf Erwg. 6 gegründet werden, ohne gleichzeitig Konflikte mit Erwg. 7, für den diese Einschränkung nicht gilt, zu schaffen. Zum parallelen Problem unter Art. XX *Marceau*, JWT 1999, S. 87 ff. (96).

[187] Vgl. *EC-Sardines*, Panel Report, para. 7.120. Vgl. auch *Knorr*, S. 55.

[188] Ebenso *Van Calster*, S. 318 ff.; *Wiemer*, S. 253 f. Vgl. *Biermann*, JWT 2001, S. 421 ff. (442). Zur den parallelen Argumenten unter Art. XX GATT *Charnovitz*, YJIL 2002, S. 59 ff. (101); *Triebold*, S. 242 ff.

[189] *EC-Sardines*, Panel Report, para. 7.51, 7.121. Dafür spricht auch Art. 2.5 S. 1 TBT, wonach der regelnde Mitgliedstaat auf Ersuchen anderer Mitglieder die Rechtfertigung der technischen Vorschrift erläutert.

[190] Ebenso *Staffin*, CLMJEL 1996, S. 205 ff. (239).

[191] Art. 8 Abs. 1 lit. a) NFVO iVm. VO 1139/98 und 49/2000 und Art. 2 lit. a) VO 50/2000 (Kennzeichnung der Ungleichwertigkeit aufgrund von DNA oder Proteinen), Art. 8 Abs. 1 lit. c) NFVO und Art. 2 lit. c) VO 50/2000 (Ethikkennzeichnung), und Art. 8 Abs. 1 lit. d) NFVO und Art. 2 lit. d) VO 50/2000 (GVO-Kennzeichnung).

[192] Dazu ausführlich oben § 4–6. Dagegen geht *Fredland*, VDBJTL 2000, S. 183 ff. (216) vom Ziel der Vereinheitlichung der europäischen Vorschriften aus, was aber auch ein legitimes Ziel sei.

allgemeine Verbraucherinformation unter die in Art. 2.2 S. 3 TBT genannten legitimen Ziele fällt oder ob es ein sonstiges legitimes Ziel im Sinne einer normativen Forderung zum Schutz von durch die relevante Rechtsordnung oder anderen sozialen Normen gestützten Interessen darstellt.

Möglicherweise lässt sich die allgemeine Verbraucherinformation unter das aufgeführte Ziel des Schutzes vor irreführenden Praktiken subsumieren. Dafür spricht vor allem, dass die allgemeine Verbraucherinformation in der EG aus dem Schutz vor Täuschung hervorgegangen ist und diesen fortentwickelt[193]. Außerdem dürfte im Einzelfall die Entscheidung schwierig sein, wann der Schutz vor Täuschung durch Kennzeichnung endet und die allgemeine Verbraucherinformation beginnt, da die Frage einer Täuschung auch immer auf den Informationshorizont des Verbrauchers abstellt. Daher wird z.T. vertreten, dass die Verbraucherinformation zu dem aufgeführten Ziel des Schutzes vor irreführenden Praktiken zu zählen ist[194].

Nach anderer Ansicht stellt die allgemeine Verbraucherinformation ein sonstiges legitimes Ziel im Sinne von Art. 2.2 dar[195]. Dafür spräche, dass die in Art. 2.2 aufgeführten Ziele restriktiv gedeutet werden sollten, da Art. 2.5 bezüglich der Konformitätsvermutung von einem der in Art. 2.2 *ausdrücklich* genannten Ziele ausgeht[196]. Auch dann wäre aber die Legitimität des Zieles nach den o. g. Kriterien nicht zweifelhaft[197], da die meisten Staaten Maßnahmen der allgemeinen Verbraucherinformation vorsehen[198], z.B. in Form von Zutatenver-

---

[193] Dazu ausführlich oben § 2 I.5.
[194] *Streinz,* EFLR 1998, S. 265 ff. (282); *Stökl,* Aussenwirtschaft 2001, S. 327 ff. (351); *Macmillan/Blakeney,* TLNJTIP 2001, S. 93 ff. (111). Vgl. *Stewart/Johanson,* DRAKEJAL 1999, S. 243 ff. (291); *Senti,* S. 524.
[195] *Dederer,* EWS 1999, S. 247 ff. (255); *Appleton,* NYUELJ 2000, S. 566 ff. (576). A. A. in Bezug auf Verbraucher*vorlieben Perdikis/Kerr/Hobbs,* The World Economy 2001, S. 379 ff. (381), die dabei aber übersehen, dass es bei der Verbraucherinformation nicht um die staatliche Zementierung bestimmter Vorlieben geht, sondern die Verbraucher nur in die Lage versetzt werden sollen, eine informierte Auswahlentscheidung entsprechend ihren Vorlieben und Bedürfnissen zu treffen, ohne dass der Staat diese Vorlieben aber bestimmt.
[196] Daher hat z.B. die Schweiz für ihre Kennzeichnungsregelung in Bezug auf GVO die Verhinderung irreführender Praktiken explizit in die Erwägungsgründe aufgenommen. Dazu *Appleton,* NYUELJ 2000, S. 566 ff. (577).
[197] So geht *Appleton,* NYUELJ 2000, S. 566 ff. (576) davon aus, dass die USA die Vermittlung von Verbraucherinformation nicht als illegitimes Ziel angreifen würden. Vgl. aber die Submission by the United States, oben Fn. 15, worin die USA das legitime Regelungsziel der EG anzweifeln und einwenden, dass gerade die Kennzeichnung zu Verbrauchertäuschungen führen kann.
[198] Z.T. wird angenommen, den USA sei ein System der Kennzeichnung zur allgemeinen Verbraucherinformation in Abwesenheit von Gesundheitsgründen fremd. Allerdings sehen auch die USA Kennzeichnungen vor, die der allgemeinen Verbraucherinformation dienen, wie das Nutrition Label Programm der FDA und die Kennzeichnung von bestrahlten Lebensmitteln. Dazu *Bartenhagen,* VAELJ 1997, S. 51 ff. (55); *Hamilton,* DRAKEJAL 2001, S. 81 ff. (97).

§ 11 Vereinbarkeit mit dem TBT-Übereinkommen 353

zeichnissen. Außerdem ist die Verbraucherinformation eine Voraussetzung für das Funktionieren der Lenkungswirkung des Marktes und somit im Interesse der WTO und ihrer Mitgliedstaaten[199]. Auch die Streitschlichtungspraxis geht von der Legitimität der Verbraucherinformation aus[200]. Da die allgemeine Verbraucherinformation also nach beiden Ansichten ein legitimes Ziel ist, bedarf es an dieser Stelle keiner Entscheidung darüber, ob sie ein ausdrücklich aufgeführtes oder nur ein sonstiges legitimes Ziel darstellt[201].

Weiterhin müsste die Kennzeichnung zum Erreichen der Verbraucherinformation geeignet sein. Dagegen könnte zunächst eingewandt werden, dass eine obligatorische Kennzeichnung, die eine Trennung von gentechnisch veränderten und herkömmlichen Lebensmitteln oder umfangreiche Testverfahren verlangt, technisch oder wirtschaftlich unmöglich ist[202]. Dagegen spricht aber, dass diese Regelungen in Europa bereits in Kraft sind und funktionieren und auch in den USA entsprechend getrennte Systeme existieren[203]. Ferner bestreiten die USA die Geeignetheit insofern, als gerade die Kennzeichnung zu Täuschungen führe[204]. So würde die Kennzeichnung dem Verbraucher suggerieren, dass sich gentechnisch veränderte Lebensmittel als Gruppe von herkömmlichen Lebensmitteln unterscheiden[205]. Dagegen spricht aber, dass nur im Zutatenverzeichnis auf (gentechnisch veränderte) Stoffe hingewiesen wird, die in anderen Lebensmitteln nicht vorkommen. Insofern hält sich die Kennzeichnung in den Grenzen einer in der Aussage neutralen, allgemeinen Lebensmittelkennzeichnung und

---

[199] Dazu oben § 2 I.6.b). Vgl. *Charnovitz*, TLNELJ 2000, S. 271 ff. (297), für den die Schaffung von Verbraucherakzeptanz letztlich den Herstellern gentechnisch veränderter Lebensmittel nützt.

[200] In *Thailand – Restrictions on the Importation of and Internal Taxes on Cigarettes*, BISD 37S/200 vom 7.11.1990, para. 77, wurde eine *verpflichtende Kennzeichnung der Inhaltsstoffe u.a. zur Verbraucherinformation* als grundsätzlich zulässig erachtet. Vgl. auch *EC-Sardines*, Panel Report, para. 7.113 ff., 7.123 f., wo das Panel zwar nicht über die Legitimität der Ziele Verbraucherschutz, Markttransparenz und fairer Wettbewerb im Einzelnen entscheiden musste, da Peru die Legitimität nicht bestritt. Das Panel ging im Folgenden aber insbesondere von der Legitimität von Verbraucherinformation aus.

[201] Diese Entscheidung wird erst unter Art. 2.5 TBT für die Konformitätsvermutung relevant.

[202] Nicht ganz so weitgehend die USA in ihrer Submission by the United States, oben Fn. 15, para 10 ff. Vgl. *Cendrovicz*, Europe Environnemental (supplément) 1998, S. 1 ff. (15); *Grote/Kirchhoff*, S. 1 ff. (32). Zur begrenzten Tragkraft von solchen Argumenten *Streinz*, EFLR 1994, S. 155 ff. (169 f.)

[203] Dazu *Runge/Jackson*, JWT 2000, S. 111 ff. (116 f.). Vgl. *Teel*, NYUELJ 2000, S. 649 ff. (680). Auch in Japan, das im April 2001 eine Kennzeichnungspflicht eingeführt hat, funktioniert die Kennzeichnung. Vgl. Codex Committee on Food Labelling, 30th Session vom 6.–10.5.2002, CX/FL 02/06-ADD.1, S. 2.

[204] Submission by the United States, oben Fn. 15, para 5, 9; dazu *Appleton*, NYUELJ 2000, S. 566 ff. (577).

[205] Submission by the United States, oben Fn. 15, para. 5.

führt nicht zu einer besonderen Stigmatisierung[206]. Darüber hinaus kommt es bei der Frage der Geeignetheit einer Maßnahme nach Ansicht des AB nicht auf die empirische Geeignetheit an, also darauf, ob alle Verbraucher von einer solchen Kennzeichnung besser informiert werden, sondern auf die abstrakte Geeignetheit, unabhängig vom tatsächlichen Erfolg[207]. Dass die in den entsprechenden Vorschriften der EG vorgesehene Kennzeichnung aber abstrakt geeignet ist, Verbraucher zumindest über das Vorliegen gentechnisch veränderter Inhaltsstoffe, ethischer Implikationen oder von GVO zu informieren, kann nicht ernsthaft bezweifelt werden. Die Tatsache, dass einige Verbraucher daraus weitergehende und u. U. falsche Rückschlüsse ziehen, kann die abstrakte Geeignetheit der Kennzeichnung zur Verbraucherinformation nicht beeinträchtigen. Insofern ist die Kennzeichnungsregelung der EG auch zum Erreichen der Verbraucherinformation geeignet.

Zu prüfen ist aber, ob die Kennzeichnung der EG nicht stärker handelshemmend ist als notwendig zum Erreichen der Verbraucherinformation[208]. Dazu obliegt es nach der Verteilung der Beweislast dem beschwerdeführenden Staat eine Maßnahme aufzuzeigen, die vernünftigerweise ergriffen werden kann, ebenso geeignet zum Erreichen des legitimen Ziels und weniger handelshemmend ist[209]. Grundsätzlich sind Kennzeichnungen weniger handelshemmend als Handelsbeschränkungen, wie Verbote, da sie letztlich auf die Kräfte des Marktes setzen[210]. Dies wird auch von den Streitschlichtungsorganen der WTO anerkannt[211].

---

[206] Dazu oben § 4 II.4.a). Vgl. zu dem Argument auch *Streinz*, EFLR 1994, S. 155 ff. (170 f.).

[207] So *Altemöller*, RabelsZ (Band 64) 2000, S. 213 ff. (235) unter Berufung auf *US – Standards for Reformulated and Conventional Gasoline*, AB Report, WT/DS2/AB/R vom 29.4.1996.

[208] So z. B. *Fredland*, VDBJTL 2000, S. 183 ff. (217).

[209] *Okubo*, GEOIELR 1999, S. 599 ff. (614). Nicht gegen die Notwendigkeit eingewandt werden kann, dass die EG kein internationales Abkommen vor dem Ergreifen einer unilateralen Maßnahme verhandelt hätte. So wurde in *US – Import Prohibition of Certain Shrimp and Shrimp Products – Recourse to Art. 21.5 of the DSU by Malaysia*, AB Report, WT/DS58/AB/RW vom 22.10.2001, para. 134 entschieden, dass ein Versuch, eine multilaterale Lösung zu verhandeln, genügt, unabhängig vom Ergebnis. Auch kann der Versuch erst relativ kurz vor dem Ergreifen einer unilateralen Maßnahme begonnen werden (dort keine neun Monate vorher). Da die Verhandlungen in der CAK (seit 1989) und in Bezug auf das CPB (seit 1995) bereits vor dem Inkrafttreten der NFVO (seit 1997) begonnen hatten, liegt insofern kein Verstoß vor. Vgl. zur CAK oben § 10 Fn. 332 f.

[210] *Bartenhagen*, VAELJ 1997, S. 51 ff. (68 f.); *Okubo*, GEOIELR 1999, S. 599 ff. (614); *Charnovitz*, TLNELJ 2000, S. 271 ff. (297).

[211] *EC-Hormones*, Panel Report, para. 8.274. Dazu *Hilf/Eggers*, EuZW 1997, S. 559 ff. (562); *Roberts*, JIEL 1998, S. 377 ff. (395, 402 f.). Allerdings betraf die der in *EC-Hormones* angedeutete Maßnahme eine freiwillige Kennzeichnung. Vgl. aber *Thailand – Restrictions on the Importation of and Internal Taxes on Cigarettes*, BISD 37S/200 vom 7.11.1990, para. 77, wo eine *verpflichtende Kennzeichnung der Inhalts-*

Möglicherweise weniger handelshemmende Maßnahmen iSv. Art. 2.2 TBT könnten aber, wie in Bezug auf das SPS-Übereinkommen, eine freiwillige Positiv- oder Negativkennzeichnung („enthält keine GVO oder gentechnisch veränderte DNA/Proteine")[212], eine bloße Ursprungskennzeichnung oder eine „Kann-Enthalten"-Kennzeichnung sein. Dazu müssten diese Kennzeichnungen ebenso geeignet sein, die Verbraucherinformation auf dem von der EG gewählten Niveau sicherzustellen und dabei weniger handelshemmend sein. Diese Maßnahmen wären jedenfalls weniger handelshemmend als die EG-Regelungen, da eine obligatorische Trennung oder Untersuchung der Lebensmittel und ihrer Ausgangsstoffe auf Spuren von GVO und/oder gentechnisch veränderten Proteinen/ DNA entfiele[213]. In Bezug auf die freiwilligen Kennzeichnungen und eine Ursprungskennzeichnung entfiele jeglicher Zwang zur Untersuchung oder Trennung[214]. Auch eine „Kann-Enthalten"-Kennzeichnung führt nicht zu einer obligatorischen Trennung oder flächendeckenden Testverfahren für gentechnisch veränderte Lebensmittel[215]. Tatsächlich können Exportstaaten ihre Lebensmittel so kennzeichnen, ohne dass es weiterer Maßnahmen zur Klärung der genauen Zusammensetzung bedarf. Insofern hemmt eine „Kann-Enthalten"-Kennzeichnung den Handel nur minimal. Diese Kennzeichnungen sehen daher auch die USA u. U. als Kompromiss an[216].

Zu prüfen ist auch, ob die von der EG angestrebte Verbraucherinformation durch diese Kennzeichnungen ebenso erfüllt wird, wie durch die vorgesehene obligatorische Positivkennzeichnung. Jedenfalls in Bezug auf die freiwillige Positiv- oder Negativkennzeichnung wird das von der EG angestrebte Niveau der Verbraucherinformation nicht erreicht, da aufgrund der Freiwilligkeit der Kennzeichnung nicht gewährleistet ist, dass alle Verbraucher über die Inhaltsstoffe von allen gentechnisch veränderten Lebensmitteln informiert werden,

---

stoffe zur Verbraucherinformation als weniger handelshemmend betrachtet wurde als ein Importverbot. Dazu *Knorr,* S. 62 ff. Auf PPM-Kennzeichnungen erstreckend *Charnovitz,* YJIL 2002, S. 59 ff. (109).

[212] Freiwillige Kennzeichnungen, auch wenn sie staatlich gefördert werden, schaffen keinen Gegensatz zwischen Herstellern und der Regierung. Nur der Druck der Konkurrenz und der Öffentlichkeit, also Kräfte des Marktes, führen zu der Kennzeichnung. Daher gelten diese Kennzeichnungen als weniger handelshemmend als obligatorische Kennzeichnungen; dazu *Okubo,* GEOIELR 1999, S. 599 ff. (605); *Appleton,* S. 36 f.

[213] Zur handelshemmenden Wirkung von Test- und Zertifizierungsverfahren *Okubo,* GEOIELR 1999, S. 599 ff. (610).

[214] Vgl. auch *Appleton,* S. 36 f., der anführt, dass freiwillige Kennzeichnungen „souveränitätsfreundlicher" sind, da sie andere Staaten zu nichts zwingen.

[215] Davon gehen auch die USA aus. Vgl. Submission by the United States, oben Fn. 15, para. 11. Zu der Notifizierung der EG *Krenzler/MacGregor,* EFAR 2000, S. 287 ff. (311); *Appleton,* NYUELJ 2000, S. 566 ff. (574).

[216] Submission by the United States, oben Fn. 15, para. 11. *Stewart/Johanson,* DRAKEJAL 1999, S. 243 ff. (287).

weil das „ob" der Kennzeichnung von der Entscheidung der Produzenten abhängt. Auch wenn durch eine freiwillige Kennzeichnung in einzelnen Bereichen über Alternativen zu gentechnisch veränderten Lebensmitteln informiert werden wird, wird dies für einen Großteil der angebotenen Lebensmittel nicht der Fall sein[217]. Damit wird das von der EG angestrebte Niveau der Verbraucherinformation nicht erreicht, so dass freiwillige Kennzeichnungen jedenfalls nicht ebenso geeignet sind wie die von der EG vorgesehene obligatorische Kennzeichnung, um eine ausreichende Verbraucherinformation sicherzustellen[218]. Gleiches gilt auch für eine Ursprungskennzeichnung, die einen völlig anderen Informationsinhalt vermittelt, als die von der EG vorgesehene Verbraucherinformation.

Auch eine mögliche „Kann-Enthalten"-Kennzeichnung[219] erreicht das von der EG angestrebte Niveau an Verbraucherinformation nicht[220]. Eine solche Kennzeichnung stellt in Bezug auf die vermittelte Information ein inhaltliches Minus zu einer Positivkennzeichnung dar. Sie hat für den Verbraucher nur einen sehr eingeschränkten Informationswert[221], da er trotz Kennzeichnung nicht weiß, ob er gentechnisch veränderte Lebensmittel vor sich hat oder nicht[222]. Insofern hat der Verbraucher nicht mehr Information bekommen als bei völligem Fehlen einer Kennzeichnung, da er auch in diesem Fall nicht weiß, ob das Produkt gentechnisch verändert ist oder nicht[223]. Das von der EG angestrebte

---

[217] Auch heute finden sich freiwillig gekennzeichnete Produkte kaum, obwohl sie bereits unter der geltenden Rechtslage erlaubt sind. Vgl. auch *Zedalis*, JWT 2001, S. 301 ff. (337).

[218] Ebenso für eine Negativkennzeichnung *Stökl*, Aussenwirtschaft 2001, S. 327 ff. (351). Vgl. *Staffin*, CLMJEL 1996, S. 205 ff. (240).

[219] Die Möglichkeit einer „Kann-Enthalten"-Kennzeichnung ist zumindest in der NFVO noch vorgesehen. Allerdings dürfte sie in den Anwendungsbereichen der VO 1139/98 iVm. 49/2000 und der VO 50/2000 durch die nachfolgende Rechtsentwicklung ausgeschlossen sein. Siehe dazu oben § 5 II.2.c).

[220] A. A. *Stewart/Johanson*, DRAKEJAL 1999, S. 243 ff. (291 f.), die die durch die Trennung und Testverfahren verursachten Kosten als Argument gegen die europäische Kennzeichnung anführen. Diese sind zwar bei der Frage, ob eine „Kann-Enthalten"-Kennzeichnung weniger handelshemmend ist als die EG-Regelung, zu berücksichtigen, sagen aber nichts über die Geeignetheit dieser Kennzeichnung zur Verbraucherinformation aus.

[221] Dazu auch *Unnevehr/Hill/Cunningham*, S. 131 ff. (134 f.).

[222] Im Ergebnis ebenso *Dederer*, EWS 1999, S. 247 ff. (249).

[223] Im Gegensatz zur Prüfung unter dem SPS-Übereinkommen geht es hier um die Verbraucherinformation als Primärziel. Während Gesundheits- oder Risikoschutz sich u. U. auch mit einer „Kann-Enthalten"-Kennzeichnung erreichen lassen, wenn der Verbraucher alle entsprechenden Produkte meidet, egal ob sie nun wirklich verändert sind oder nicht, ist ein entsprechendes Maß an Verbraucherinformation nicht zu erreichen, da der Verbraucher unabhängig davon, welche Maßnahmen er daraufhin ergreift, jedenfalls weniger Information erhält. Während der Verbraucher also in Bezug auf Gesundheits- und Risikoschutz das Minus an Information durch ein entsprechendes Verhalten in ein identisches Schutzniveau umsetzen kann, weil es auf ein sekundäres Ziel

Niveau an Verbraucherinformation in Bezug auf gentechnisch veränderte Lebensmittel, nämlich dass jeder Verbraucher über die gentechnische Veränderung eines Lebensmittels informiert wird, wird durch die „Kann-Enthalten"-Kennzeichnung somit nicht erreicht[224].

Verlangt man, entgegen der hier vertretenen Ansicht, zusätzlich noch eine Prüfung der Angemessenheit, müsste gezeigt werden, dass die Kennzeichnung nicht übermäßig belastend für die Produzenten ist im Vergleich zum Vorteil für die Verbraucher. Dies könnte angesichts der hohen Kosten, die durch die Schaffung eines Zertifizierungs- oder Testsystems anfallen[225], fraglich sein[226]. Angesichts des hohen Wertes von Verbraucherinformation, nicht nur gesellschaftlich[227], sondern auch für das Funktionieren freier Märkte, deren Förderung das Ziel der WTO ist, darf aber nicht leichtfertig von einer Unangemessenheit des Kosten-Nutzen-Verhältnisses ausgegangen werden. Nur wenn die Kosten tatsächlich prohibitiv wirken, sollte die Maßnahme als unangemessen gelten[228]. Davon kann aber angesichts der Existenz und der Wirtschaftlichkeit bestehender Trennungs- und Zertifizierungssysteme in den USA nicht ausgegangen werden[229]. Außerdem ist zu berücksichtigen, dass die WTO faktische Kennzeichnungen durchaus befürwortet[230]. Insofern spricht einiges dafür, dass auch in diesem Fall die europäische Kennzeichnungsregelung vor der WTO Bestand

---

ankommt, funktioniert dies bei der Verbraucherinformation, wo es nur um das Primärziel Information geht, nicht. Selbst wenn man Verbraucherinformation auf den Zweck, eine informierte Auswahlentscheidung zu ermöglichen, reduzieren würde, ließe sich ein gleiches Niveau nicht erreichen, da es jedenfalls an der „Informiertheit" der Auswahlentscheidung fehlt.

[224] A.A. *Dederer*, EWS 1999, S. 247 ff. (255), ohne allerdings den begrenzten Informationswert der „Kann-Enthalten"-Kennzeichnung zu berücksichtigen.

[225] Laut dem US-Handelsrepräsentanten entstünden durch die Trennung Handelsausfälle von $3–$5 Mia. Dazu *Stewart/Johanson*, DRAKEJAL 1999, S. 243 ff. (292), der einräumt, dass die Notwendigkeit getrennter Systeme nicht erwiesen ist.

[226] *Perdikis/Kerr/Hobbs*, The World Economy 2001, S. 379 ff. (385).

[227] Neben der Informationsvermittlung ist eine Kennzeichnung auch sozial förderlich, da sie Verbraucherkosten zur Suche eines Produktes senkt; dazu *Macmillan/Blakeney*, TLNJTIP 2001, S. 93 ff. (115).

[228] Dadurch würde der Tatsache Rechnung getragen, dass die Festlegung des erforderlichen Schutzniveaus auch unter TBT eine Prärogative der Mitgliedstaaten ist. Vgl. auch Art. IX GATT, der in Bezug auf Ursprungskennzeichnungen vorsieht, dass diese nicht zu einer *übermäßigen* Kostenerhöhung der Ware führen dürfen. Auch dabei wurde aber eher an direkte, mit der Kennzeichnung zusammenhängende Kosten gedacht, als an im Vorfeld der Kennzeichnung liegende Kosten. Dazu *Zedalis*, JWT 2001, S. 301 ff. (336). Eine Anwendung von Art. IX GATT direkt auf die Kennzeichnung gentechnisch veränderter Lebensmittel scheidet aber entgegen *Zedalis* aus, da Art. IX GATT nur für Ursprungskennzeichnungen gilt. Ebenso *US-Tuna I*, Panel Report, para. 5.41. Dazu *Tietje*, JWT 1995, S. 123 ff. (141 f.); *Chang*, JWT 1997, S. 137 ff. (149).

[229] Siehe oben Fn. 203.

[230] Vgl. Art. IX GATT. Ebenso *Charnovitz*, TLNELJ 2000, S. 271 ff. (297).

haben könnte[231]. Die europäischen Kennzeichnungsvorschriften zur Verbraucherinformation sind somit nicht handelshemmender als nötig und verstoßen daher nicht gegen Art. 2.2 TBT[232].

3. Harmonisierung mit internationalen Standards (Art. 2.4–2.6 TBT)

a) Überblick über Art. 2.4–2.6 TBT

Ebenso wie SPS sieht auch TBT eine Harmonisierung mit internationalen Standards vor, um Handelshemmnisse, die aus unterschiedlichen nationalen Regelungen resultieren, zu beseitigen. Dazu schreibt Art. 2.4 TBT vor:

„Soweit technische Vorschriften erforderlich sind und einschlägige internationale Normen bestehen oder deren Fertigstellung unmittelbar bevorsteht, verwenden die Mitglieder diese oder die einschlägigen Teile derselben als Grundlage für ihre technischen Vorschriften, es sei denn, diese internationalen Normen oder die einschlägigen Teile derselben wären unwirksame oder ungeeignete Mittel zur Erreichung der angestrebten berechtigten Ziele, zum Beispiel wegen grundlegender klimatischer oder geographischer Faktoren oder grundlegender technologischer Probleme."

Art. 2.4 stellt somit klar, dass die Verwendung internationaler Normen als Grundlage verpflichtend ist[233], es sei denn sie wären unwirksam oder ungeeignet[234]. Darüber hinaus stellt Art. 2.5 Satz 2 TBT die widerlegbare Vermutung auf, dass eine technische Vorschrift, die für eines der in Art. 2.2 ausdrücklich aufgeführten Ziele ausgearbeitet, angenommen oder angewendet wird und konform ist mit einschlägigen internationalen Standards, kein unnötiges Handelshemmnis darstellt[235]. Es bedarf zur Rechtfertigung nach Art. 2.5 also nur eines

---

[231] Vgl. *Charnovitz*, TLNELJ 2000, S. 271 ff. (297 f.), sowie *Streinz*, EFLR 1994, S. 155 ff. (171 f.), der in Bezug auf eine fiktive Prüfung der Verhältnismäßigkeit durch den EuGH ebenfalls zu diesem Ergebnis kommt. A. A. für das TBT *Kerr*, The World Economy 1999, S. 245 ff. (255 ff.), ohne allerdings zu begründen, inwieweit die Kosten den „Wert" der Verbraucherinformation übersteigen, und ohne Berücksichtigung der Tatsache, dass es in den USA wirtschaftlich operierende Verbände gibt, die eine Zertifizierung in Bezug auf gentechnisch verändertes Getreide vornehmen. Dazu oben Fn. 203.

[232] Ebenso *Teel*, NYUELJ 2000, S. 649 ff. (688). Vgl. *Victor*, NYJILP 2000, S. 865 ff. (922); *Appleton*, S. 114 f.

[233] *EC-Sardines*, Panel Report, para. 7.110. Ebenso *Völker*, S. 281 ff. (290); *Van Calster*, S. 322; *Müller-Graff*, S. 111 ff. (118).

[234] Der Bezugnahme auf internationale Standards wird im TBT aufgrund der großzügigeren Ausnahmeregelung für unwirksame oder ungeeignete internationale Normen somit weniger Gewicht beigemessen als im SPS. Ebenso *Eckert*, ZLR 1995, S. 363 ff. (376); *Streinz*, UTR 36 (1996), S. 435 ff. (445). Vgl. auch *EC-Sardines*, Panel Report, para. 7.78.

[235] *Völker*, S. 281 ff. (290 f.); *Schultz*, WOCO 1994, S. 77 ff. (83).

legitimen Ziels und der Konformität mit einem internationalen Standard[236]. Die Notwendigkeit der Regelung wird dann (widerlegbar) vermutet. Art. 2.6 verpflichtet die Mitglieder ferner, sich im Rahmen ihrer Möglichkeiten mit dem Ziel einer möglichst weitgehenden Harmonisierung an der Ausarbeitung internationaler Standards zu beteiligen[237].

Zunächst ist also zu prüfen, ob eine internationale Norm besteht oder ihre Fertigstellung unmittelbar bevorsteht. Anders als im SPS-Übereinkommen ist die Frage, welche internationalen Normen berücksichtigt werden können, flexibel geregelt. Nach der Erläuternden Bemerkung zu Anhang A Nr. 2 fallen darunter Normen der internationalen Normungsgemeinschaft, unabhängig davon, ob sie auf Konsensentscheidungen basieren[238]. Ferner sieht Anhang A Nr. 4 vor, dass internationale Organisationen oder Systeme solche sind, die allen WTO-Mitgliedern offenstehen. Daraus wird geschlossen, dass zu den internationalen Normen nicht nur solche der International Organization for Standardization (ISO)[239] zählen, sondern auch Normen von sonstigen internationalen Organisationen oder aus internationalen Verträgen, solange diese allen WTO-Mitgliedern offen stehen[240]. Zu den internationalen Normen können somit auch Normen der CAK[241] oder des Protokolls von Cartagena gehören[242].

Weiterhin ist bislang ungeklärt, wann die Fertigstellung einer internationalen Norm *unmittelbar bevorsteht*, so dass die Mitgliedstaaten der WTO sie beachten müssen. Dabei sind ein zeitlicher und ein inhaltlicher Aspekt zu berücksichtigen. In zeitlicher Hinsicht muss die Fertigstellung so nahe gerückt sein, dass die Mitgliedstaaten in naher Zukunft damit rechnen müssen, dass der Standard verabschiedet wird. Nur dann ist es sinnvoll, die nationalen Normen an die internationalen Vorgaben anzupassen. Sofern es für das Wirksamwerden der Norm aber nicht auf deren bloße Annahme ankommt, sondern, wie bei internationalen Verträgen, eine ausreichende Anzahl an Ratifikationen erforderlich ist,

---

[236] *Völker*, S. 281 ff. (290 f.).
[237] Diese Verpflichtung spielt für hier keine Rolle, da die EG in allen an der Ausarbeitung von internationalen Normen beteiligten Organisationen mitarbeitet.
[238] Dazu *EC-Sardines*, Panel Report, para. 7.89 ff.; EC-Sardines, AB Report, para. 217 ff. Ebenso *Herrmann*, Irreführungsschutz im Welthandelsrecht, ZLR 2002, S. 794 ff. (798).
[239] Vgl. zur Arbeit der ISO *Macmillan/Blakeney*, TLNJTIP 2001, S. 93 ff. (110); *Okubo*, GEOIELR 1999, S. 599 ff. (615).
[240] So ausdrücklich *Völker*, S. 281 ff. (291), der dazu außerdem regionale Standardisierungsorganisationen zählen möchte. Ablehnend zu regionalen Organisationen *Van Calster*, S. 327. Vgl. auch *EC-Sardines*, Panel Report, para. 7.66.
[241] So *EC-Sardines*, Panel Report, para. 7.64 ff. Ebenso *Dederer*, ZLR 1999, S. 695 ff. (700); *Senti*, S. 521. Einschränkend auf (verbindliche) Codex-Standards *Eckert*, ZLR 1995, S. 363 ff. (384).
[242] Dazu bereits *Burchardi*, ZLR 2001, S. 83 ff. (100 f.). Vgl. auch *Van Calster*, S. 323 f. mit weiteren Beispielen.

muss auch diese in absehbarer Zeit erreicht werden[243]. Inhaltlich ist zu fordern, dass die wesentlichen Züge der Norm feststehen, so dass die Mitgliedstaaten wissen, woran sie ihre nationalen Vorschriften ausrichten müssen.

Nach Ansicht des Panels in *EC-Sardines* ist die Beweislast für Art. 2.4 geteilt. Der beschwerdeführende Staat muss nachweisen, dass eine internationale Norm existiert, aber nicht als Grundlage der angegriffenen Regelung genutzt wurde. Dagegen muss der die Maßnahme erlassende Staat zeigen, dass der internationale Standard unwirksam oder ungeeignet ist, um das legitime Ziel zu erreichen. Diese Beweislastverteilung wird mit dem Ausnahmecharakter von Art. 2.4 begründet[244].

Allerdings ist diese Beweislastverteilung nicht völlig unstreitig. So hat der AB in *EC-Hormones* in Bezug auf die ähnliche Konstellation der Art. 3 Abs. 1 und 3 SPS angenommen, dass es nicht genüge, eine Vorschrift als Ausnahme zu bezeichnen, um die herkömmliche Beweislastverteilung zu umgehen[245]. Art. 3 Abs. 3 stelle keine Ausnahme zu Art. 3 Abs. 1 dar, so dass auch die Voraussetzungen des Art. 3 Abs. 3 *prima facie* vom beschwerdeführenden Staat zu beweisen seien[246]. Da der Wortlaut von Art. 3 Abs. 1 iVm. 3 SPS und Art. 2.4 TBT und ihre Funktionen ähnlich sind, lässt sich diese Beweislastverteilung auch auf Art. 2.4 TBT übertragen. Folglich müsste der beschwerdeführende Staat *prima facie* beweisen, dass eine internationale Norm existiert, nicht als Grundlage für die strittige Regelung genutzt wurde und nicht unwirksam oder ungeeignet ist, um das legitime Ziel zu erreichen.

Dagegen spricht auch nicht das Argument des Panels, dass der beschwerdeführende Staat das legitime Ziel nicht kennt und daher seine Erfüllung nur schwer abschätzen kann[247]. Zum einen muss der die Maßnahme erlassende Mitgliedstaat das legitime Ziel erläutern[248]. Zum anderen wurde die Tatsache, dass es für den klagenden Mitgliedstaat schwerer ist, die Erfüllung des Ziels abzuschätzen, auch in *EC-Hormones* nicht als ausreichend erachtet, um von der herkömmlichen Beweislastverteilung abzuweichen[249]. Auch das Argument, Mitgliedstaaten könnten das legitime Ziel einer Maßnahme gegenüber anderen Mit-

---

[243] Andernfalls müssten die Mitglieder ihre Vorschriften an internationale Normen anpassen, deren Inkrafttreten ungewiss ist. Dies ist mit dem Grundsatz *in dubio mitius* nicht vereinbar.

[244] *EC-Sardines*, Panel Report, para. 7.50. Ähnlich *Okubo,* GEOIELR 1999, S. 599 ff. (615); *Streinz,* EFLR 1998, S. 265 ff. (267 f.).

[245] *EC-Hormones,* AB Report, para. 104. Dazu bereits oben § 10 II.5.a).

[246] *EC-Hormones,* AB Report, para. 104, 107 ff.

[247] *EC-Sardines,* Panel Report, para. 7.51.

[248] Dies ergibt sich sowohl aus der Beweislastverteilung zu Art. 2.2 TBT, als auch aus Art. 2.5 TBT, wonach der die Maßnahme erlassende Mitgliedstaat diese auf Wunsch rechtfertigt.

[249] *EC-Hormones,* AB Report, para. 102.

gliedstaaten nur unvollständig erläutern und so die Erfolgsaussichten einer Beschwerde mindern[250], greift nicht, da in diesem Fall wohl bereits ein Verstoß gegen die Erläuterungspflicht aus Art. 2.5 TBT vorläge[251]. Dem beschwerdeführenden Staat sollte also die Beweislast in Bezug auf die Existenz, die Nutzung als Grundlage und die Wirksamkeit bzw. Geeignetheit der internationalen Norm zur Erfüllung des legitimen Ziels obliegen. Angesichts der Entscheidung in *EC-Hormones* ist anzunehmen, dass auch der AB dieser Beweislastverteilung folgt[252].

b) Anwendung auf die europäischen Kennzeichnungsvorschriften

Nach dieser Beweislastverteilung müsste der beschwerdeführende Staat darlegen, dass es eine internationale Norm für die Kennzeichnung von gentechnisch veränderten Lebensmitteln gibt, die nicht als Grundlage genutzt wurde und die nicht ungeeignet bzw. unwirksam ist, um das von der EG angestrebte Ziel der Verbraucherinformation zu erreichen. Als existierende internationale Normen in Bezug auf die Kennzeichnung gentechnisch veränderter Lebensmittel könnten die Erklärungen von UNEP, FAO und OECD gelten. Allerdings scheidet die OECD aus, da sie nicht allen Mitgliedern der WTO offensteht[253]. Den Erklärungen von FAO und UNEP dürfte es dagegen an ausreichender Spezifizität in Bezug auf eine Kennzeichnung fehlen[254], da sie nur allgemein eine Kennzeichnung befürworten[255]. Auch Kennzeichnungsvorschriften des CAK für gentechnisch veränderte Lebensmittel scheiden aus. Weder wurden sie bisher verabschiedet noch steht eine Verabschiedung unmittelbar bevor, da bislang eine grundlegende inhaltliche Einigung nicht erzielt werden konnte und daher weder der Zeitpunkt der Verabschiedung noch der Inhalt einer solchen Norm mit ausreichender Sicherheit abzuschätzen ist[256].

Als internationale Norm könnte aber das Protokoll von Cartagena zur Biologischen Sicherheit (CPB) gelten[257]. Allerdings ist diese Qualifizierung offen. So

---

[250] *EC-Sardines*, Panel Report, para. 7.51 mit Fn. 71.

[251] Vgl. auch *EC-Hormones*, AB Report, para. 102.

[252] So inzwischen auch *EC-Sardines*, AB Report, para. 282. unter Berufung auf *EC-Hormones*. Dazu *Hohmann*, RIW 2004, S. 328 ff. (332).

[253] Dazu oben § 10 Fn. 349.

[254] Nach Art. 1.2 iVm. Anhang 1 Nr. 2 TBT müssen internationale Normen zumindest abstrakt-generelle Produktmerkmale oder Kennzeichnungsanforderungen festlegen. Dazu *Dederer*, ZLR 1999, S. 695 ff. (700).

[255] Vgl. Food and Agricultural Organization of the UN, FAO Statement on Biotechnology (2000), unter http://www.fao.org/biotech/state.htm. Dazu *Howse/Mavroidis*, FDMILJ 2000, S. 317 ff. (354). UN Development Program, Human Development Report 75 (1999), S. 75. Dazu *Charnovitz*, TLNELJ 2000, S. 271 ff. (297).

[256] Im Ergebnis ebenso *Dederer*, EWS 1999, S. 247 ff. (255). Siehe auch oben § 10 Fn. 343.

ist in inhaltlicher Hinsicht fraglich, ob das CPB bestimmt genug ist, um als internationale Norm iSd. Art. 2.4 zu gelten. Zunächst würde das CPB nur für eine GVO-Kennzeichnung[258] als internationale Norm gelten, weil nur für GVO, die zur direkten Nutzung als gentechnisch veränderte Lebensmittel bestimmt sind, eine Verpflichtung zur „Kann-Enthalten"-Dokumentation besteht, nicht aber für gentechnisch veränderte Lebensmittel, also solche, die nur gentechnisch veränderte DNA/Proteine enthalten[259]. Selbst die „Kann-Enthalten"-Dokumentation ist als internationale Norm aber zweifelhaft, da innerhalb von zwei Jahren nach dem Inkrafttreten des CPB beschlossen wird, welche (weitergehenden) Standards auch zur GVO-Kennzeichnung entwickelt werden. Insofern ist fraglich, ob man bereits die Dokumentation als inhaltlich ausreichend bestimmte internationale Norm ansieht oder darauf abstellt, dass die ausfüllenden Vorschriften noch nicht existieren, so dass es an einer hinreichenden inhaltlichen Bestimmtheit fehlt. Allein die Tatsache, dass eine spätere Konkretisierung vorgenommen werden kann[260], ändert aber nichts an der Geltung der „Kann-Enthalten"-Dokumentation. Insofern muss wohl zumindest für die GVO-Kennzeichnung von einer inhaltlich bestimmten Norm ausgegangen werden[261].

Da das CPB als internationale Norm, zumindest für Lebensmittel, die GVO enthalten, herangezogen werden kann, ist fraglich, ob die EG auch bereits bestehende Vorschriften an das CPB anpassen müsste. Gegen diese Verpflichtung wandte sie sich im Fall *EC-Sardines* mit der Begründung, dass die in Frage stehende internationale Norm im Zeitpunkt der Verabschiedung der nationalen technischen Vorschrift weder existierte noch unmittelbar bevorstand. Ähnliches

---

[257] Zum Ratifikationsstatus des CPB siehe http://www.biodiv.org/biosafety/signing list.asp. Inzwischen ist das CPB in Kraft getreten.
[258] Vgl. Art. 8 Abs. 1 lit. d) NFVO, Art. 2 lit. d) VO 50/2000.
[259] Da die Kennzeichnung von gentechnisch veränderter DNA/Proteinen bereits aus dem Anwendungsbereich des CPB herausfällt, hat es dafür aber keine Ausschlusswirkung.
[260] Ob sie vorgenommen werden wird, ist nach Art. 18 Abs. 2(a) S. 2 CPB unbestimmt.
[261] Vgl. zur Einordnung vor dem Inkrafttreten des CPB *Macmillan/Blakeney*, TLNJTIP 2001, S. 93 ff. (111); *Dederer*, EWS 1999, S. 247 ff. (255).
Die Vertragsstaaten haben sich in der Entscheidung MOP BS-I/6 auf eine vorläufige Regelung zur Anwendung der „Kann-Enthalten"-Kennzeichnung geeinigt, wonach die Rechnung, Begleitdokumente, oder andere bestehenden Dokumentationssysteme zur Informationsvermittlung genutzt werden sollen, die auch Informationen über einen Kontaktpunkt, den Namen des LMO und den Unique Identifier Code enthalten sollen. In der Entscheidung MOP BS-III/10 haben die Vertragsstaaten einen weitergehenden Vorschlag angenommen, wonach darüber informiert werden muss, dass die Lieferung LMO enthält („contains LMO"), wenn dies z.B. aufgrund von Rückverfolgbarkeitssystemen bekannt ist. Damit hat die verpflichtende GVO-Kennzeichnung zwar eine wesentliche Stärkung durch das CPB erfahren. Eine vollständige Deckungsgleichheit mit der europäischen Regelung ist aber nicht gegeben, weil die Informationen nach wie vor nicht in einer Kennzeichnung, sondern in der Regel in der Rechnung enthalten sind.

könnte die EG hier zumindest in Bezug auf die NFVO geltend machen. Das Panel hat dagegen in *EC-Sardines* festgestellt, dass die Mitgliedstaaten eine andauernde Verpflichtung haben, ihre bestehenden Vorschriften in Anbetracht neuer internationaler Normen zu überarbeiten[262]. Auch wenn die am Wortlaut des TBT orientierte Auslegung des Panels nicht überzeugt, ist dem Panel im Ergebnis zuzustimmen, da andernfalls bestehende Regelungen quasi als „Großvaterrechte" fortbestehen könnten[263]. Diese sollten aber durch die WTO abgeschafft werden[264]. Insofern könnte sich die EG nicht darauf berufen, dass die NFVO bereits vor dem CPB in Kraft war.

Außerdem müsste der beschwerdeführende Mitgliedstaat *prima facie* beweisen, dass die Norm nicht als Grundlage der EG-Regelungen über die Kennzeichnung von gentechnisch veränderten Lebensmitteln genutzt wurde. Ähnlich wie in *EC-Hormones* wurde dieses Erfordernis nicht prozedural, sondern inhaltlich verstanden[265]. Demnach muss der Mitgliedstaat die internationale Norm daher als Hauptbestandteil oder grundlegendes Prinzip nutzen, es ist aber nicht nötig, dass die nationale Regelung der internationalen Norm entspricht[266]. Die Reichweite dieser Formulierung ist unklar. Das Panel hat bislang lediglich festgestellt, dass zumindest nicht gegen den internationalen Standard verstoßen werden darf[267].

Zu prüfen ist also, ob die europäischen Kennzeichnungsregelungen zumindest für die GVO-Kennzeichnung die Vorschriften des CPB als Hauptbestandteil oder grundlegendes Prinzip haben. Wie bereits dargelegt, stellt die „Kann-Enthalten"-Dokumentation des CPB eine Mindestanforderung dar[268], von der die Mitglieder nach oben abweichen können, solange sie nicht gegen die Vorschriften des CPB oder anderer internationaler Verpflichtungen verstoßen[269]. Die übrigen Vorschriften des CPB verbieten weitergehende Informationen aber gerade nicht. Auch ein Verstoß der europäischen Kennzeichnungsregelungen zur

---

[262] *EC-Sardines*, Panel Report, para. 7.79.
[263] Dazu *EC-Sardines*, Panel Report, para. 7.79.
[264] *Benedek*, S. 9 f. *Wiemer*, S. 194.
[265] Vgl. *EC-Hormones*, AB Report, para. 193 f.
[266] *EC-Sardines*, Panel Report, para. 7.78. Unklar ist, was das Panel mit der Formulierung „does not mean that Members must conform to or comply with that relevant international standard" meint. Sofern man die Formulierung „comply with" so versteht, dass Mitgliedstaaten den Standard nicht befolgen müssen, widerspricht dies der in para. 7.111 vorgenommenen Prüfung der europäischen Regelung. Daher dürfte wohl gemeint sein, dass es keiner Deckungsgleichheit zwischen nationaler Regelung und internationaler Norm bedarf. Vgl. auch Art. 2.5 TBT, der im Gegensatz zu Art. 2.4 Übereinstimmung verlangt.
[267] *EC-Sardines*, Panel Report, para. 7.111 f.
[268] So *Buck*, ZUR 2000, S. 319 ff. (325).
[269] Vgl. Art. 2 Abs. 4 CPB.

Verbraucherinformation gegen TBT konnte nicht festgestellt werden[270]. Insofern wäre es nach dem CPB wohl zulässig, die europäischen Kennzeichnungsvorschriften als weitergehende Maßnahme im Sinne von Art. 2 Abs. 4 CPB zu verstehen. Allenfalls könnte eingewandt werden, dass Verbraucherinformation nicht von der engen Zielsetzung des CPB in Bezug auf die biologische Vielfalt und den Gesundheitsschutz umfasst wird. Allerdings sieht Art. 23 Abs. 1 CPB vor, dass die Vermittlung von Information auch dem öffentlichen Bewusstsein und der Bildung dient. Insofern sprengt die Vermittlung von Verbraucherinformation nicht den Rahmen des CPB[271]. Die europäischen Kennzeichnungsregelungen zur Verbraucherinformation können somit als im CPB angelegte, weitergehende Maßnahme verstanden werden. Insofern wäre die europäische Regelung in Übereinstimmung mit Art. 2.4 TBT, da sie das CPB und insbesondere die Pflicht zur Dokumentation von GVO in Lebensmitteln als grundlegendes Prinzip nutzt und darauf aufbaut[272].

Selbst wenn abgelehnt wird, dass die europäischen Regelungen auf dem CPB als Grundlage beruhen, müsste der beschwerdeführende Staat darlegen, dass der internationale Standard des CPB nicht unwirksam oder ungeeignet ist, um das von der EG angestrebte Niveau der Verbraucherinformation zu erreichen[273]. Gegen die Wirksamkeit oder Geeignetheit können geographische, klimatische oder technologische Probleme sprechen[274], wobei diese Gründe aber nicht abschließend sind. Dementsprechend hat sich das Panel auf die Auslegung der Unwirksamkeit und Ungeeignetheit unabhängig von ihren Gründen konzentriert. „Unwirksam" betrifft danach das durch die eingesetzten Mittel zu erreichende Resultat, während sich „ungeeignet" auf die Art der verwendeten Mittel bezieht[275]. Wie bereits dargelegt, kann schon eine „Kann-Enthalten"-Kennzeichnung das von der EG angestrebte Niveau an Verbraucherinformation nicht erreichen[276]. Dagegen sieht das CPB nur eine Dokumentationspflicht vor, und diese auch nur für Lebensmittel, die LMO enthalten. Insofern ist die im CPB

---

[270] Vgl. oben II.1.d), II.2.b), vorbehaltlich der noch übrigen Prüfungspunkte.

[271] Vgl. *Eggers/Mackenzie*, JIEL 2000, S. 525 ff. (536) und *Stökl*, Aussenwirtschaft 2001, S. 327 ff. (349), die bereits die Dokumentationspflicht des Art. 18 Abs. 2 (a) CPB unter TBT prüfen.

[272] Das unterschiedliche Ergebnis im Vergleich zum SPS beruht darauf, dass Maßnahmen zur Verbraucherinformation nur unter TBT geprüft werden, so dass es für eine Übereinstimmung mit Art. 2 Abs. 4 CPB (kein Verstoß gegen internationale Verpflichtungen) nicht darauf ankommt, ob gegen die Pflichten zur Risikobewertung verstoßen wurde. Bei der Prüfung anhand des SPS wurde hingegen unterstellt, dass die Kennzeichnung der Risikoinformation gilt, was zu einem Konflikt mit der Pflicht zur Risikobewertung führte.

[273] Für eine enge Auslegung der Ausnahme von Art. 2.4 TBT *Bartenhagen*, VAELJ 1997, S. 51 ff. (69).

[274] *Völker*, S. 281 ff. (290).

[275] *EC-Sardines*, Panel Report, para. 7.116.

[276] Dazu oben II.2.b).

festgelegte „Kann-Enthalten"-Dokumentation ein unwirksames Mittel, um das von der EG angestrebte Niveau an Verbraucherinformation zu erreichen. Ein Verstoß gegen Art. 2.4 TBT entfiele also.

Wenn es sich bei dem CPB um eine relevante internationale Norm handelt, so wäre außerdem fraglich, ob die Konformitätsvermutung des Art. 2.5 TBT greift. Dazu müssten die europäischen Regelungen und das CPB *übereinstimmen*[277]. Da die europäischen Kennzeichnungsvorschriften aber erheblich weiter gehen als das CPB, liegt eine Übereinstimmung nicht vor, so dass die Konformitätsvermutung nicht zugunsten der EG greift. Dies bedeutet aber keinen Verstoß gegen TBT.

Zusammenfassend lässt sich festhalten, dass es nach der hier vertretenen Ansicht jedenfalls die Normen der CAK als internationale Norm für die Kennzeichnung gentechnisch veränderter Lebensmittel ausscheiden[278], da ihre Fertigstellung nicht unmittelbar bevorsteht. Wenn man dagegen für das inzwischen in Kraft getretene CPB zu einer Relevanz als internationaler Norm zumindest in Bezug auf eine GVO-Kennzeichnung käme, läge kein Verstoß gegen Art. 2.4 TBT vor, da gezeigt werden konnte, dass die europäischen Kennzeichnungsvorschriften für gentechnisch veränderte Lebensmittel auf der Grundlage des CPB beruhen. Außerdem wäre das CPB als internationale Norm unwirksam, um das von der EG angestrebte Niveau an Verbraucherinformation zu erreichen. Ein Verstoß gegen Art. 2.4 TBT scheidet daher in jedem Fall aus.

4. Gegenseitige Anerkennung (Art. 2.7 TBT)

Der internationalen Harmonisierung dient auch Art. 2.7 TBT, wonach die Mitglieder wohlwollend die Anerkennung der Gleichwertigkeit technischer Vorschriften anderer Mitglieder prüfen, selbst wenn diese sich von den eigenen unterscheiden. Allerdings setzt eine Anerkennung voraus, dass sich die Mitgliedstaaten davon überzeugen konnten, dass durch die anzuerkennenden Vorschriften die Ziele der eigenen Vorschriften angemessen erreicht werden. Eine Verpflichtung zur Anerkennung existiert somit nicht[279].

In Bezug auf die Kennzeichnung gentechnisch veränderter Lebensmittel müsste die EG die Vorschriften anderer Mitglieder wohlwollend daraufhin prüfen, ob das europäische Niveau an Verbraucherinformation erreicht würde. Eine Anerkennung der amerikanischen Regelung als gleichwertig würde jedenfalls ausscheiden, da die USA keine gentechnikspezifische Kennzeichnung haben[280]

---

[277] Vgl. *Völker*, S. 281 ff. (290 f.); *Pauwelyn*, ZLR 2000, S. 843 ff. (847).
[278] Im Ergebnis ebenso *Macmillan/Blakeney*, TLNJTIP 2001, S. 93 ff. (111); *Dederer*, EWS 1999, S. 247 ff. (255).
[279] *Pauwelyn*, ZLR 2000, S. 843 ff. (847); *Wiemer*, S. 248.
[280] Vgl. dazu § 1 I.5.a).

und die allgemeine Lebensmittelkennzeichnung nicht das angestrebte Niveau an Verbraucherinformation gewährleistet.

5. Inhaltliche Anforderungen an technische Vorschriften (Art. 2.8 TBT)

Ferner könnten die Kennzeichnungsvorschriften gegen Art. 2.8 TBT verstoßen, der vorsieht, dass technische Vorschriften eher in Bezug auf die Leistungsfähigkeit („performance") als in Bezug auf Design oder beschreibende Merkmale umschrieben werden[281]. Allerdings steht diese Vorschrift unter dem Vorbehalt „soweit angebracht". Für Lebensmittel scheint diese Vorschrift außerdem nicht zu passen, da diese nicht primär nach Leistungsfähigkeit unterschieden werden, sondern nach der Zusammensetzung. Diese ist aber, wie gezeigt, für gentechnisch veränderte und herkömmliche Lebensmittel unterschiedlich[282]. Angesichts des unverbindlichen Charakters der Vorschrift entfällt hier ein Verstoß gegen Art. 2.8 TBT[283].

6. Notifizierung (Art. 2.9–2.12 TBT)

Neben den materiellen Anforderungen sieht das TBT in Art. 2.9–2.12 Verfahrenspflichten in Bezug auf die Notifizierung von technischen Vorschriften vor. Ziel dieser Vorschriften ist die Schaffung von Transparenz für nationale Handelspolitiken und die Steigerung der Effektivität der Überwachung von nicht-tarifären Handelshemmnissen durch die WTO[284].

Daher sehen die Art. 2.9–2.12 vor, dass Mitglieder, wenn für technische Vorschriften keine internationalen Normen bestehen oder sie davon abweichen und erhebliche Auswirkungen auf den Handel anderer Mitglieder haben, ihre Intention, solche Vorschriften zu erlassen, angemessen früh veröffentlichen und den anderen Mitgliedstaaten die davon betroffenen Waren, sowie die Gründe für die Einführung nennen müssen[285]. Diese Notifizierung muss so früh erfolgen, dass noch Bemerkungen angebracht und Änderungen in Betracht gezogen werden können[286]. Den anderen Mitgliedern muss dabei eine angemessene Frist für schriftliche Bemerkungen gesetzt werden, die auf Ersuchen zu erörtern und in Betracht zu ziehen sind[287]. Ferner muss zwischen der Veröffentlichung und

---

[281] Z.B. solle die Feuerfestigkeit einer Tür nicht in detaillierten Materialangaben beschrieben werden (Design und beschreibende Merkmale), sondern so, dass die Tür einem Feuer 30 Minuten standhalten muss. Dazu *Wiemer,* S. 247 Fn. 929.
[282] Dies übersieht *Fredland,* VDBJTL 2000, S. 183 ff. (217).
[283] Vgl. *Wiemer,* S. 247.
[284] Ausführlich *Völker,* S. 281 ff. (292 f.).
[285] Art. 2.9.1., 2.9.2. TBT.
[286] Art. 2.9.2. S. 2 TBT. Dazu *Senti,* S. 526.
[287] Art. 2.9.4. TBT.

§ 11 Vereinbarkeit mit dem TBT-Übereinkommen

dem Inkrafttreten ausreichend Zeit liegen, damit Hersteller in den Ausfuhrstaaten ihre Produkte oder Produktionsmethoden anpassen können[288].

In Bezug auf die Kennzeichnung gentechnisch veränderter Lebensmittel ist somit zu prüfen, ob die EG gegen die Notifizierungspflichten verstoßen hat[289]. Das Notifizierungsverfahren ist durch die Verwendung von Vordrucken der WTO inzwischen weitgehend formalisiert[290], so dass inhaltliche Fehler selten sein dürften. Allenfalls wäre ein Verstoß gegen die Verpflichtung denkbar, den anderen Mitgliedstaaten ausreichend Gelegenheit für Bemerkungen und Änderungsvorschläge zu geben. Gerade für die Kennzeichnungsverordnungen hat die EG den USA ausführliche Möglichkeiten zur Stellungnahme gegeben und über deren Änderungswünsche diskutiert[291]. Eine Pflicht zur inhaltlichen Änderung kann aber weder aus dem Wortlaut noch aus dem Zweck von Art. 2.9–2.12 hergeleitet werden.

Ebenfalls möglich wäre ein Verstoß gegen Art. 2.12, indem die EG den anderen Mitgliedern zwischen der Veröffentlichung der Maßnahme und ihrem Inkrafttreten nicht genügend Zeit gelassen hätte, um entsprechende Anpassungen vorzunehmen. Die EG-Verordnungen zur Kennzeichnung gentechnisch veränderter Lebensmittel sind jeweils 90 Tage nach ihrer Veröffentlichung in Kraft getreten[292]. Dies könnte zu wenig Zeit sein, um getrennte Vertriebssysteme für gentechnisch veränderte Lebensmittel einzuführen. Einige solcher Vertriebssysteme liegen in den USA aber bereits vor[293], so dass fraglich ist, ob es überhaupt einer Anpassung bedurfte. Jedenfalls sind 90 Tage ausreichend, um Lebensmittel auf das Vorliegen von gentechnisch veränderten Organismen oder Inhaltsstoffen zu testen, so dass hier kein Verstoß gegen Art. 2.12 vorliegt[294].

---

[288] Art. 2.12. TBT.
[289] Zur Anwendbarkeit der Notifizierung auf Kennzeichnungsvorschriften *Appleton*, S. 120 f.
[290] Vgl. Decisions and Recommendations adopted by the Committee since 1 January 1995, G/TBT/1/Rev.8 vom 23.5.2002, S. 11 ff.
[291] Zu den Notifizierungen in Bezug auf gentechnisch veränderte Lebensmittel: Genetically Modified Agricultural and Food Products, Submission by the US, G/TBT/W/115 vom 17.6.1999, S. 1. Zu den Änderungswünschen der USA und den Stellungnahmen der EG in Bezug auf die VO 1139/98 Submission by the United States, oben Fn. 15, und Response from the European Commission to Comments by the United States and Canada concerning Notification 97.766, Communication from the European Community, G/TBT/W/104 vom 12.2.1999. Dazu auch *Appleton*, NYUELJ 2000, S. 566 ff. (574).
[292] Vgl. Art. 15 NFVO; Art. 5 VO 1139/98; Art. 3 VO 49/2000; Art. 6 VO 50/2000.
[293] Siehe oben Fn. 203.
[294] Während ein herkömmlicher PCR-Test 3–5 Tage dauert, dabei aber sehr teuer ist, kostet ein Immunoassay-Test ca. $ 7.50 mit sofortigem Ergebnis. Neuere Testverfahren sind noch schneller und billiger. Ein ELISA-Test (enzyme-linked immunoabsorbent assay) dauert maximal 20 Minuten und kostet weniger als $ 10. Ein NIR-Test (near infrared) dauert maximal 2 Minuten und kostet weniger als $ 5. Dazu *Unnevehr/*

7. Zwischenergebnis

Zusammenfassend kann festgestellt werden, dass die Kennzeichnungsvorschriften für gentechnisch veränderte Lebensmittel zur Verbraucherinformation unter das TBT-Übereinkommen fallen und mit diesem übereinstimmen. Insbesondere handelt es sich bei gentechnisch veränderten und herkömmlichen Lebensmitteln um ungleichartige Produkte, so dass kein Verstoß gegen das Diskriminierungsverbot aus Art. 2.1 TBT vorliegt. Ferner sind die europäischen Kennzeichnungsvorschriften nicht handelshemmender als notwendig und verstoßen daher nicht gegen Art. 2.2 TBT. Auch ein Verstoß gegen Art. 2.4 TBT scheidet aus, da es keine relevante internationale Norm des CAK für die Kennzeichnung von gentechnisch veränderten Lebensmitteln gibt. Auch bei Berücksichtigung des CPB läge kein Verstoß vor, da die europäischen Vorschriften jedenfalls auf der Grundlage der Regelung des CPB beruhen. Einer Übereinstimmung mit dem CPB bedarf es dagegen nicht, da das CPB unwirksam ist, das von der EG angestrebte Niveau an Verbraucherinformation zu erreichen. Für Verstöße gegen Art. 2.6–2.12 TBT fehlen ebenfalls Anhaltspunkte. Die europäischen Kennzeichnungsvorschriften für gentechnisch veränderte Lebensmittel zur Verbraucherinformation verstoßen somit nicht gegen das TBT-Übereinkommen.

III. Einwirkungen des Völkerrechts auf das TBT

Für die Einwirkungen des allgemeinen Völkerrechts auf das TBT kann *mutatis mutandis* auf die Ausführungen zum SPS-Übereinkommen verwiesen werden. Da die europäischen Kennzeichnungsvorschriften für gentechnisch veränderte Lebensmittel mit den Regeln des TBT konform sind, bedarf es keiner Behandlung der Frage, ob diese Konformität durch den Einfluss völkerrechtlicher Instrumente erreicht werden kann. Hinzu kommt, dass das TBT-Übereinkommen in Bezug auf internationale Vorgaben[295] und die Berücksichtigung von Aspekten der Vorsorge flexibler ist, als SPS[296]. Allerdings bedarf es für die hier behandelte Fragestellung keines Rückgriffs auf Regeln des Völkerrechts über den durch das TBT-Übereinkommen vorgeschriebenen Umfang hinaus. Das allgemeine Völkerrecht hat somit, außerhalb des TBT, keinen Einfluss auf die

---

Hill/Cunningham, 2001, S. 131 ff. (137 f.). Einen Überblick über die Testmethoden gibt die Codex *Ad Hoc* Intergovernmental Task Force on Food Derived from Biotechnology, 3rd Session, 4.–8.3.2002, Consideration of Analytical Methods, CX/FBT 02/9, Annex I. Vgl. auch *Hemmer/Pauli*, EFLR 1998, S. 27 ff.; *Dederer*, ZFL 49, Nr. 6 (1998), S. 46 ff. (49 f.). Kritisch *Lange*, NUR 1999, S. 247 ff. (251).

[295] Vgl. *Biermann*, JWT 2001, S. 421 ff. (442 f.).
[296] Dazu oben Fn. 54, 175.

Konformität der Kennzeichnung von gentechnisch veränderten Lebensmitteln zur Verbraucherinformation mit dem TBT-Übereinkommen.

IV. Ergebnis und Gesamtwürdigung des TBT-Übereinkommens

Es konnte gezeigt werden, dass die europäischen Vorschriften zur Kennzeichnung gentechnisch veränderter Lebensmittel zum Zweck der Verbraucherinformation, wie sie in Art. 8 Abs. 1 lit. a) NFVO iVm. VO 1139/98 und 49/2000 und Art. 2 lit. a) VO 50/2000 (Kennzeichnung der Ungleichwertigkeit aufgrund von DNA oder Proteinen), Art. 8 Abs. 1 lit. c) NFVO und Art. 2 lit. c) VO 50/2000 (Ethikkennzeichnung), und Art. 8 Abs. 1 lit. d) NFVO und Art. 2 lit. d) VO 50/2000 (GVO-Kennzeichnung) zum Ausdruck kommen, nicht gegen TBT verstoßen. Eine Diskriminierung nach Art. 2.1 von gentechnisch veränderten Lebensmitteln durch die Kennzeichnung, die nur beim Vorliegen von gentechnisch veränderter DNA/Proteinen oder GVO vorgeschrieben ist, entfällt, da die Unterschiede in der Zusammensetzung von gentechnisch veränderten und herkömmlichen Lebensmitteln die Produkte ungleichartig machen. Die Kennzeichnungsvorschriften sind auch keine verbotenen Handelshemmnisse nach Art. 2.2, da sie ein legitimes Ziel im Sinne des TBT, die Verbraucherinformation, verfolgen und dieses nicht durch ein weniger handelshemmendes Mittel erreicht werden kann. Auch internationale Vorgaben stehen einer TBT-Konformität der europäischen Kennzeichnungsregelungen nicht entgegen. Insgesamt ist, insbesondere unter Berücksichtigung der Streitschlichtungspraxis, anzunehmen, dass eine Kennzeichnung von gentechnisch veränderten Lebensmitteln aus Gründen der Verbraucherinformation nicht als TBT-widrig verurteilt würde[297]. Dadurch, dass die Kennzeichnung zur Verbraucherinformation nicht unter SPS fällt und bei einem Konflikt zwischen GATT und TBT das TBT-Übereinkommen Vorrang hat, liegt also in Bezug auf die europäische Kennzeichnung gentechnisch veränderter Lebensmittel aus Gründen der Verbraucherinformation insgesamt WTO-Konformität vor.

Über den konkreten Fall hinaus, liegt die Zulassung von Maßnahmen der allgemeinen Verbraucherinformation in der Logik sowohl des TBT-Übereinkommens, als auch der WTO als ganzer. Dies verdeutlicht ein Vergleich mit der Entwicklung der Verbraucherinformation in der EG. Das TBT kann insofern mit der EG verglichen werden, als Art. 2.2 TBT versucht, nicht diskriminierende, aber unnötige Marktzugangshindernisse abzubauen. Es geht, wie in den dargestellten ersten zwei Generationen der Entwicklung des EG-Binnenmarkts, um die Öffnung nationaler Märkte für Waren anderer Länder, die nicht durch

---

[297] Ebenso *Macmillan/Blakeney*, TLNJTIP 2001, S. 93 ff. (114); *Teel*, NYUELJ 2000, S. 649 ff. (701); *Charnovitz*, TLNELJ 2000, S. 271 ff. (297). Vgl. *Quintillán*, JWT 1999, S. 147 ff. (171).

unnötige technische Vorschriften behindert werden sollen. Art. 2.2 S. 2 TBT und die *Cassis-de-Dijon*-Rechtsprechung haben daher sowohl einen ähnlichen Zweck, als auch eine ähnliche Struktur[298]. Beide dienen der Beseitigung von Marktzugangshindernissen, es sei denn, es ist durch einen legitimem Zweck (Art. 2.2 TBT) bzw. ein zwingendes Erfordernis *(Cassis)* gerechtfertigt und nicht handelshemmender als notwendig. Lediglich die in *Cassis* vorgeschriebene gegenseitige Anerkennung entfällt im TBT, da Art. 2.7 TBT nur eine fakultative Anerkennung vorsieht[299]. Dieser Unterschied trägt dem Umstand Rechnung, dass die EG die Möglichkeit zur Rechtsetzung hat und Harmonisierungen vornehmen kann, um zumindest die Einhaltung von Mindestniveaus sicherzustellen, während der WTO diese Kompetenz fehlt[300].

Die Zielrichtung und Struktur von *Cassis* und Art. 2.2 TBT ist aber dieselbe: Mitgliedstaaten dürfen nach wie vor technische Vorschriften für legitime Ziele erlassen, aber nur unter dem Vorbehalt, dass sie nicht handelshemmender sind als nötig. Dies führt, ähnlich wie in der EG dazu, dass die Mitgliedstaaten in der Wahl der schützenden Maßnahme eingeschränkt sind, da sie in jedem Fall das mildeste geeignete Mittel wählen müssen. In dem Maße, wie aber staatliche technische Regelungen (wie Produktanforderungen) entfallen, kommen Waren auf nationale Märkte, mit denen der Verbraucher nicht vertraut ist und für die es keine technischen Vorschriften gibt. Insofern muss es den Mitgliedstaaten der WTO, ebenso wie bereits in der EG, möglich sein, den Schutz auch vor Täuschung und Irreführung im Wege der Information auf den Verbraucher zu verlagern und so das Entfallen technischer Regeln für den Verbraucher zu kompensieren. Ebenso wie in der EG, wo durch den Abbau von Marktzugangshindernissen das Bedürfnis nach Verbraucherinformation stieg, muss auch im TBT die Öffnung nationaler Märkte durch Maßnahmen der Verbraucherinformation flankiert werden können. Nur wenn Verbraucher gleichzeitig über Produktunterschiede informiert werden, kann man den Mitgliedern eine Reduzierung markt-

---

[298] Vgl. *Weiler*, S. 349 ff. (367), der auf die konvergierende Entwicklung von *Cassis-de-Dijon* und TBT hinweist. Auch *Wiemer*, S. 234 deutet eine Ähnlichkeit zwischen Art. 2.2 S. 2 TBT und *Cassis* an, wobei er aber Art. 2.2 zu unrecht als Ausnahme zu Art. 2.1 TBT konstruiert.

[299] Aus den Parallelen zwischen *Cassis-de-Dijon* und Art. 2.2 TBT lässt sich die Folgerung ziehen, dass, wenn eine Kennzeichnung schon im Bereich der obligatorischen gegenseitigen Anerkennung von *Cassis* zulässig ist, welches die härteren Anforderungen an die nationale Regelungshoheit stellt, sie erst recht im Rahmen einer fakultativen gegenseitigen Anerkennung im Rahmen von Art. 2.2 TBT möglich sein sollte, der den Staaten in der Frage der gegenseitigen Anerkennung mehr Raum für eigenständige Politikgestaltung lässt.

[300] Auch dies spricht gegen eine Überprüfung der Verhältnismäßigkeit der Zweck-Mittel-Relation im Rahmen von Art. 2.2 TBT, da es in der WTO, anders als in der EG, keine Möglichkeit gibt, durch Harmonisierung bestimmte Mindestschutzniveaus einzuführen und somit bestimmte Zweck-Mittel-Relationen von Rechts wegen für zulässig zu erklären. Die Folgen einer Unverhältnismäßigkeit im TBT-Übereinkommen wären unter Souveränitätsgesichtspunkten somit ungleich härter als in der EG.

zugangsbeschränkender Maßnahmen, wie Produktanforderungen, zumuten. Daher entfaltet die Verbraucherinformation für Art. 2.2 TBT eine ähnlich wichtige Bedeutung wie für *Cassis-de-Dijon* und sollte daher gerade auch in Form der zwingenden Kennzeichnung zulässig sein, da nur dann Verbraucherinformation wirklich gewährleistet ist.

Auch in Bezug auf die WTO als ganzer erfüllt die Verbraucherinformation eine ähnliche Funktion wie im Rahmen der Entwicklung des EG-Binnenmarktes. Ziel der WTO ist die Öffnung nationaler Märkte und die Sicherstellung gleicher Wettbewerbsbedingungen zwischen einheimischen und importierten Produkten[301]. Die (binnen-)marktpolitische und die wettbewerbspolitische Funktion der Verbraucherinformation, die schon in der EG eine Rolle gespielt haben[302], gelten ebenso für die WTO. Die Vermittlung von Verbraucherinformation dient daher nicht nur zum Schutz vor Irreführung und Täuschung, sondern soll den Verbraucher überhaupt in die Lage versetzen, eine bewusste Entscheidung zu treffen[303]. Ebenso wie für die EG gilt für die WTO, dass eine Marktöffnung auch auf Seiten der Verbraucher stattfinden muss, da Verbraucher überzeugt werden müssen, auch unbekannte importierte Waren zu kaufen[304]. Insofern hat die Verbraucherinformation auch für die Marktöffnung in der WTO eine wichtige marktpolitische Funktion.

Außerdem dient die Verbraucherinformation auch im globalen Handel der Sicherstellung eines funktionierenden Wettbewerbs, da sich nur bei ausreichender Information die Lenkungswirkung des Marktes entfalten kann[305]. Dabei ist auch zu beachten, dass die Wirkung von Kennzeichnung auf Marktmechanismen setzt und insofern nicht zu Verzerrungen führt, solange sie sachlich und nicht diskriminierend ist[306]. Verbraucherinformation ist daher eine wesentliche Voraussetzung für das Funktionieren des Marktes und der Lenkungsfunktion des

---

[301] Insofern lässt sich die WTO mit ersten beiden Generationen der Binnenmarktentwicklung der EG vergleichen. Dazu oben § 2 I.7.

[302] Dazu ausführlich oben § 2 I.6.a) und b).

[303] *Groß*, S. 121; *Horst*, ZLR 1993, S. 133 ff.; *Dauses/Sturm*, ZfRV 1996, S. 133 ff. (140); *Meyer*, WRP 1993, S. 215 ff. (221).

[304] Neuere Tendenzen zeigen, dass die Streitschlichtungsorgane gewillt sind, auch die Auswirkungen von Entscheidungen auf Individuen zu berücksichtigen. Vgl. *US – Sections 301–310 of the Trade Act of 1974*, Panel Report, WT/DS152/R vom 22.12. 1999, para. 7.86 f. Dazu *Charnovitz*, TLNELJ 2000, S. 271 ff. (297).

[305] Dazu bereits oben § 2 I.6.b). Vgl. *Bronckers/McNelis*, S. 345 ff. (375).

[306] Dies entspricht auch wirtschaftswissenschaftlichen Ansichten, wonach Kennzeichnungen im Rahmen der WTO erlaubt sein sollten, um Marktversagen aus Gründen von unvollständiger Information zu korrigieren. Das führt dazu, dass durch eine Verbesserung der Marktmechanismen die Externalisierung von Kosten vermieden wird und der Markt damit einen Beitrag zum Schutz von anderen Gütern wie Gesundheit oder Umwelt leistet. Voraussetzungen sind, dass die Information unvollständig ist und dass die Kennzeichnung in sich nicht unnötige Handelshemmnisse oder Diskriminierungen mit sich bringt. Dazu ausführlich *Motaal*, JWT 2001, S. 1215 ff. (1231 f.).

Wettbewerbes und entspricht somit grundsätzlich den Zielen der WTO[307]. Außerdem senkt eine zutreffende Kennzeichnung die Kosten und den Aufwand der Verbraucher für die Suche nach Lebensmitteln und fördert damit direkt die Erhöhung des Lebensstandards[308] als eines der Ziele der WTO[309]. Diese Analyse bestätigt somit die Tendenz des gefundenen Ergebnisses, dass Verbraucherinformation, solange sie sachlich und nicht diskriminierend ist, WTO-konform ist[310].

---

[307] *Macmillan/Blakeney*, TLNJTIP 2001, S. 93 ff. (114) führen auch politische Gründe für die Annahme der Konformität der Kennzeichnung ins Feld, da die WTO durch eine Entscheidung gegen die Verbraucher ihre öffentliche Legitimation gefährden könnte, die bereits durch die umstrittenen Entscheidungen im Bereich des Umweltschutzes gelitten hat. Dazu auch *Perdikis/Kerr/Hobbs*, The World Economy 2001, S. 379 ff. (381, 393).

[308] *Macmillan/Blakeney*, TLNJTIP 2001, S. 93 ff. (115). Allgemein zur Bedeutung der Kennzeichnung für die Reduzierung der Opportunitätskosten oben § 4 II.2.

[309] Erster Erwägungsgrund des WTO-Übereinkommens.

[310] Ebenso *Charnovitz*, TLNELJ 2000, S. 271 ff. (297), der dies mit dem Verweis auf die Zulässigkeit von Herkunftsangaben nach Art. IX GATT begründet. Allgemein *Bentley*, FDHILJ 2000, S. 107 ff. (108).

§ 12 Zusammenfassung und Ausblick

I. Zusammenfassung

1. Die Bedeutung der Kennzeichnung im Spiegel der Entwicklung des Lebensmittelrechts

Das europäische Lebensmittelrecht hat sich in Bezug auf seine Ziele nach der paradigmatischen Entscheidung *Cassis de Dijon* des EuGH in unterschiedlicher Weise fortentwickelt. Zur Sicherstellung eines ausreichenden Gesundheitsschutzes blieb es im Wesentlichen bei der Harmonisierung der mitgliedstaatlichen Vorschriften. Dagegen bildete sich im Bereich des Täuschungsschutzes aufgrund der vom EuGH vorgegebenen gegenseitigen Anerkennung die Kennzeichnung als maßgebliches Instrument zu dessen Sicherstellung heraus. Korrelat dazu war die Harmonisierung des Kennzeichnungsrechts und das Verbraucherleitbild des EuGH, das von einem mündigen, aufgeklärten Verbraucher ausgeht, der willens und in der Lage ist, sich durch die Lektüre der Kennzeichnung vor Täuschungen zu schützen. Die Funktion der Lebensmittelkennzeichnung blieb aber nicht auf den reinen Täuschungsschutz beschränkt, sondern entwickelte sich in der Folgezeit fort, hin zur selbständigen, allgemeinen Verbraucherinformation mit dem Ziel der Sicherstellung der informierten Auswahlentscheidung der Verbraucher. Vorläufiger Endpunkt dieser Entwicklung stellt die Anerkennung eines „Rechts des Verbrauchers auf Information" in Art. 153 EGV dar.

Die Verbraucherinformation im Wege der Lebensmittelkennzeichnung erfüllt damit drei wichtige Funktionen. Sie stellt binnenmarktpolitisch sicher, dass die mit der gegenseitigen Anerkennung intendierte Marktöffnung auch bei den Verbrauchern stattfindet. Daneben sorgt sie durch Sicherstellung der Wahrnehmbarkeit von Effizienz- und Qualitätssteigerungen durch den Verbraucher dafür, dass sich die Lenkungswirkung des Marktes durch Angebot und Nachfrage entfalten kann. Außerdem stellt sich die Verbraucherinformation als Teil der allgemeinen Sozialpolitik der EG dar, in der eine bestimmte Sichtweise des Gemeinschaftsbürgers als aufgeklärtem, mündigen Bürger zum Ausdruck kommt. Es konnte gezeigt werden, dass sich das Instrument der gegenseitigen Anerkennung und die anschließende Entwicklung der Verbraucherinformation als Parallele der allgemeinen Binnenmarktentwicklung erklären lassen, wobei zunächst die binnenmarkt- und wettbewerbspolitische Rolle der Verbraucherinformation im Vordergrund standen, später aber deren sozialpolitische Funktion.

Inhaltlich findet die Vermittlung von Verbraucherinformationen im Lebensmittelsektor nach der Konzeption der Etikettierungsrichtlinie 2000/13/EG primär durch die Verkehrsbezeichnung und das Zutatenverzeichnis statt, wohingegen anderen Angaben eher eine ergänzende Funktion zukommt. Allerdings findet die Informationsvermittlung ihre Grenze in der Rezeption durch die Verbraucher, die in ihrer Informationswahrnehmung häufig noch weit von dem vom EuGH postulierten Leitbild des mündigen Verbrauchers entfernt sind. Trotzdem hat eine Gentechnik-Kennzeichnung als sog. „Globalindikator" gute Chancen, von den Verbrauchern bei der Auswahlentscheidung wahrgenommen und berücksichtigt zu werden.

Allerdings ist die Lebensmittelkennzeichnung nicht auf die Vermittlung von Verbraucherinformationen beschränkt. Vielmehr hat sich unter dem Einfluss der Risiko- und Vorsorgelehre eine Doppelfunktionalität der Lebensmittelkennzeichnung herausgebildet, die einerseits dem Täuschungsschutz und der allgemeinen Verbraucherinformation dienen soll, andererseits Risikoinformationen vermitteln kann und so dem Gesundheitsschutz dient. Grund dafür ist die Einwirkung der Risiko- und Vorsorgelehre auf das Lebensmittelrecht durch Rechtsetzung und Rechtsprechung. Insbesondere die auf europäischer und internationaler Ebene betonte dreistufige Risikosteuerung aus Risikobewertung, Risikomanagement und Risikokommunikation und die Anwendung des Vorsorgeprinzips haben sich auch im Lebensmittelrecht niedergeschlagen. Dabei kommt gerade der Risikosteuerung im Wege der Informationsvermittlung eine Sonderstellung zu, da es sich nicht um eine klassische hoheitliche Maßnahme der Risikoabwehr handelt, sondern eine Verlagerung der Schutzhandlung auf den Einzelnen stattfindet, der durch die Informationsvermittlung in die Lage versetzt werden soll, sich selbst zu schützen. Die Informationsvermittlung durch Lebensmittelkennzeichnung kann sich im dreistufigen System der Risikosteuerung somit sowohl als (untypische) Maßnahme des Risikomanagements darstellen, welche die Entstehung von Gefahren verhindern will, als auch als Maßnahme der Risikokommunikation, die die Bevölkerung über die mit Lebensmitteln verbundenen Risiken informieren will, ohne damit direkt die Entstehung von Gefahren zu verhindern. Auch wenn eine eindeutige Einordnung der Lebensmittelkennzeichnung als Maßnahme des Risikomanagements oder der Risikokommunikation nur selten möglich ist, dient sie in beiden Fällen dem Gesundheitsschutz.

Es genügt aber nicht, eine Doppelfunktionalität der Kennzeichnung zu konstatieren. Vielmehr bedarf es auf der Ebene der WTO einer Abgrenzung, ob die Kennzeichnung der allgemeinen Verbraucherinformation dient und daher unter das TBT-Übereinkommen fällt, oder ob sie der Lebensmittelsicherheit und dem Gesundheitsschutz dient und somit unter dem SPS-Übereinkommen zu prüfen ist. Eine solche Abgrenzung kann sich nicht mit der in der Literatur bislang vorherrschenden enumerativen Zuordnung einzelner Kennzeichnungen zu den jeweiligen Funktionen begnügen, sondern es bedarf genereller Kriterien für eine

Zuordnung. Eine solche Zuordnung kann weder nach rein objektiven Kriterien, wie dem Aussagegehalt der Kennzeichnung, noch ausschließlich aus der Sicht der Verbraucher vorgenommen werden, da es in beiden Fällen nicht zu einer trennscharfen Abgrenzung kommt. Vielmehr muss sich eine Zuordnung nach der Intention des Normgebers, wie sie sich in der konkreten Norm niedergeschlagen hat, also nach dem objektivierten Normzweck richten. Kriterien zur Bestimmung dieses Normzwecks sind dabei die Entstehungsgeschichte und Erwägungsgründe, das Vorliegen einer Risikobewertung und die Art und Weise der Kennzeichnung. Insbesondere wenn auch andere Maßnahmen der Risikosteuerung wie Zulassungsverfahren vorgesehen sind, lässt sich eine Kennzeichnung nur dann der Gesundheits- und Risikokennzeichnung zuordnen, wenn trotz der Durchführung eines Zulassungsverfahrens ein eventuell verbleibendes Risiko mit Hilfe der Kennzeichnungspflicht geregelt werden soll. Ist die Kennzeichnungspflicht hingegen unabhängig davon, spricht dies gegen eine Risikoinformation, da es der Funktion des Zulassungsverfahrens und der daran anknüpfenden Verbrauchererwartung entspricht, dass ein in Abweichung vom Prinzip der freien Verkehrsfähigkeit staatlich geprüftes Lebensmittel sicher und gesundheitlich unbedenklich ist. Bezüglich der Art und Weise der Kennzeichnung ist zu beachten, dass sich dem Verbraucher aus der Kennzeichnung ein Risiko unmittelbar erschließen muss, um von einer Risikokennzeichnung ausgehen zu können. Die allgemeine Auflistung im Zutatenverzeichnis reicht daher also regelmäßig nicht aus.

2. Kennzeichnungsvorschriften für gentechnisch veränderte Lebensmittel nach europäischem Recht

Kennzeichnungsvorschriften für gentechnisch veränderte Lebensmittel sind auf europäischer Ebene in verschiedenen Verordnungen und Richtlinien enthalten. Die zentrale Regelung findet sich in den Anforderungen der Novel Food Verordnung (NFVO) zur Zulassung und Kennzeichnung neuartiger Lebensmittel. Diese Regelung wird durch die VO 50/2000 auf Aromen und Zusatzstoffe ausgedehnt. Außerdem enthält die VO 1139/98, geändert durch die VO 49/2000, spezielle Kennzeichnungsanforderungen für gentechnisch veränderten Mais und Soja. Neben diesen speziell Lebensmittel betreffenden Verordnungen enthält die Freisetzungsrichtlinie darüber hinaus allgemeine Anforderungen, auch für die Kennzeichnung von GVO.

Die speziell auf gentechnisch veränderte Lebensmittel abzielenden Verordnungen stellen dabei ähnliche Anforderungen an deren Kennzeichnung. Danach sind Merkmale, die zur Ungleichwertigkeit neuartiger Lebensmittel führen[1],

---
[1] Art. 8 Abs. 1 lit. a) NFVO; Art. 2 Abs. 1 lit. a) VO 50/2000 und Art. 2 VO 1139/98 geändert durch VO 49/2000.

vorhandene Stoffe, die in herkömmlichen Lebensmitteln nicht enthalten sind und die Gesundheit bestimmter Bevölkerungsgruppen beeinflussen können[2] oder gegen die ethische Vorbehalte bestehen[3], und vorhandene GVO[4] kennzeichnen. Gemeinsam ist den Verordnungen damit ein produktbezogener Kennzeichnungsansatz, der auf die Nachweisbarkeit vorhandener Unterschiede zu herkömmlichen Lebensmitteln abstellt, wobei diese für die Beurteilung der Ungleichwertigkeit auf die Nachweisbarkeit gentechnisch veränderter DNS oder entsprechender Proteine konkretisiert wurden.

In Bezug auf die Kennzeichnung von Merkmalen, die zur Ungleichwertigkeit führen, von Stoffen, gegen die ethische Bedenken bestehen, und von vorhandenen GVO lässt sich aus der Entstehungsgeschichte und der Formulierung der Kennzeichnungspflicht, aber auch aus der Art und Weise der Kennzeichnung, die nicht als Warnhinweis, sondern als neutrale Angabe im allgemeinen Zutatenverzeichnis ausgestaltet ist, ableiten, dass die Kennzeichnung der allgemeinen Verbraucherinformation dient, um die Verbraucher in die Lage zu versetzen, eine informierte Auswahlentscheidung zu treffen. Auch das insbesondere in der NFVO vorgesehene Zulassungsverfahren von neuartigen Lebensmitteln führt nicht zu einer Zuordnung dieser Kennzeichnungen zur Gesundheits- und Risikokennzeichnung, da in der NFVO die Kennzeichnungspflicht gerade unabhängig von der Risikobewertung besteht. Lediglich bei der Kennzeichnung von Stoffen, die die Gesundheit bestimmter Bevölkerungsgruppen beeinflussen können, handelt es sich um eine Gesundheitskennzeichnung, die die Verbraucher in die Lage versetzen soll, sich selbst vor „atypischen" Gesundheitsgefahren zu schützen.

Auch die Einführung eines Schwellenwertes von 1% pro Zutat an gentechnisch veränderter DNS oder entsprechenden Proteinen nach der VO 49/2000 für Produkte, die Mais oder Soja enthalten, führt nicht zu einer Zuordnung der Kennzeichnungspflicht zur Gesundheitskennzeichnung, da für eine Befreiung von der Kennzeichnungspflicht zusätzlich nachgewiesen werden muss, dass das Vorhandensein genetischen Materials zufällig ist. Der Schwellenwert stellt daher gerade keine gesundheitliche Unbedenklichkeitsschwelle dar, die den Rückschluss auf eine Gesundheitskennzeichnung erlauben würde. Die zusätzliche Anforderung des Nachweises der Zufälligkeit führt außerdem dazu, dass auch der vorgesehene Schwellenwert keine Entschärfung des Handelskonfliktes mit den USA in Bezug auf gentechnisch veränderte Lebensmittel bewirken wird. Dagegen hätte die in den Erwägungsgründen der NFVO vorgesehene „Kann-Enthalten"-Kennzeichnung aus Sicht der USA einen möglichen Kennzeichnungskompromiss darstellen können. Diese Kennzeichnung ist aber in ihrer

---

[2] Art. 8 Abs. 1 lit. b) NFVO und Art. 2 Abs. 1 lit. b) VO 50/2000.
[3] Art. 8 Abs. 1 lit. c) NFVO und Art. 2 Abs. 1 lit. c) VO 50/2000.
[4] Art. 8 Abs. 1 lit. d) NFVO und Art. 2 Abs. 1 lit. d) VO 50/2000.

rechtlichen Ausgestaltung in der NFVO unklar, widerspricht dem auf der Nachweisbarkeit von Produktunterschieden basierenden Kennzeichnungssystem und hat zumindest in den Bereichen, in denen Schwellenwerte gelten, keine Funktion mehr.

Im Gegensatz zu den speziellen, gentechnisch veränderte Lebensmittel betreffenden Verordnungen stellen sich die allgemeinen Kennzeichnungsanforderungen aus der Freisetzungsrichtlinie in ihrer Zuordnung zur Gesundheits- oder Verbraucherinformation uneinheitlich dar. Insbesondere aus der Entstehungsgeschichte lässt sich aber ableiten, dass als Kennzeichnungszweck eher die Risikoinformation als die Verbraucherinformation gewollt war. Allerdings geht die Freisetzungsrichtlinie in ihren materiellen Anforderungen an die Kennzeichnung nicht über das in den spezielleren Verordnungen Geregelte hinaus, so dass diese Verordnungen weiterhin der Beurteilungsmaßstab für die Kennzeichnung von gentechnisch veränderten Lebensmitteln bleiben. Insgesamt bleibt aber auch für diese Verordnungen noch ein Regelungsbedarf *de lege ferenda* zu konstatieren, um ein umfassendes und kohärentes Kennzeichnungssystem zu realisieren, das eine ausreichende Verbraucherinformation gewährleistet und gleichzeitig für die Kennzeichnungspflichtigen ein hinreichendes Maß an Rechtssicherheit und Rechtsklarheit schafft.

3. Die Vereinbarkeit der Kennzeichnungsregelungen für gentechnisch veränderte Lebensmittel mit den WTO-Vorschriften

Die Errichtung der WTO mit ihrem verbindlichen Streitschlichtungssystem und ihre inhaltliche Ausweitung durch das SPS- und das TBT-Übereinkommen auf nach außen unterschiedslos anwendbare Maßnahmen, die scheinbar einem legitimen Zweck dienen, aber in der Anwendung zu verdeckten Handelshemmnissen führen, hat erhebliche Auswirkungen auf das nationale und das europäische Lebensmittelrecht, auch was die Kennzeichnung gentechnisch veränderter Lebensmittel betrifft. Insbesondere zwischen den USA und der EG erscheint ein Streitschlichtungsverfahren wahrscheinlich, da die USA gegen die Kennzeichnungspflicht der EG einwenden, sie sei nicht praktikabel, würde gentechnisch veränderte Lebensmittel zu Unrecht anders behandeln als herkömmliche und sei daher ein unnötiges Handelshemmnis. Auch wenn weder das Welthandelsrecht in der EG unmittelbare Anwendung findet noch die EG durch eine eventuelle Verurteilung rechtlich gezwungen werden kann, die Kennzeichnungsvorschriften aufzuheben, würde eine solche Verurteilung dennoch gravierende wirtschaftliche Konsequenzen haben.

Da die Kennzeichnungspflicht eine eigene, von den Zulassungsverfahren unabhängige Maßnahme darstellt, kann sie auch selbständiger Gegenstand eines Streitschlichtungsverfahrens sein. Sie könnte dabei sowohl unter GATT als auch unter SPS oder TBT fallen. Während sich SPS und TBT in ihren jeweiligen Anwendungsbereichen ausschließen, sind mit GATT Überschneidungen möglich. In Bezug auf SPS bewirkt die Konformitätsvermutung in Art. 2 Abs. 4 SPS allerdings, dass für GATT neben SPS in der Regel kein Raum mehr bleibt. In Bezug auf TBT führt die Allgemeine Auslegungsregel zu Anhang 1A des WTO-Übereinkommens und das Prinzip der effektiven Vertragsauslegung zum selben Ergebnis, so dass die Kennzeichnungspflicht für gentechnisch veränderte Lebensmittel entweder nach dem SPS-Übereinkommen zu beurteilen ist, wenn sie der Gesundheits- und Risikoinformation dient, oder nach dem TBT-Übereinkommen, wenn sie allgemeine Verbraucherinformationen vermitteln soll.

Jedenfalls unter das SPS-Übereinkommen fällt die Kennzeichnung von Stoffen, die in herkömmlichen Lebensmitteln nicht vorhanden sind und die Gesundheit bestimmter Bevölkerungsgruppen beeinflussen können[5], als Gesundheits- und Risikokennzeichnung. Diese Kennzeichnung begegnet auch keinerlei Bedenken in Bezug auf ihre Konformität mit dem Übereinkommen. Insbesondere die in der Streitschlichtungspraxis durch *EC-Hormones, Australia-Salmon* und *Japan-Varietals* betonten hohen Anforderungen an die wissenschaftliche Begründetheit einer handelshemmenden Maßnahme stellen kein Hindernis dar, zumal diese Kennzeichnung ohnehin einer Konkretisierung in Bezug auf die gesundheitlichen Auswirkungen auf bestimmte Bevölkerungsgruppen bedarf.

Dagegen fallen die übrigen Kennzeichnungen zur Verbraucherinformation über Ungleichwertigkeit, ethische Vorbehalte und das Vorhandensein von GVO aus dem Anwendungsbereich von SPS heraus, da sie nicht unmittelbar der Lebensmittelsicherheit dienen. Eine solche Kennzeichnung würde, die Anwendbarkeit von SPS unterstellt, angesichts der fehlenden wissenschaftlichen Beweise für Gesundheitsgefahren auch gegen die Anforderungen an die wissenschaftliche Begründetheit einer handelsbeschränkenden Maßnahme aus Art. 2 Abs. 2 und Art. 5 Abs. 1–3 SPS verstoßen. Auch eine Berufung auf Art. 5 Abs. 7 wegen nicht ausreichenden wissenschaftlichen Materials scheidet angesichts der hohen Anforderungen, die die Streitschlichtungspraxis daran stellt, aus. Außerdem würde die europäische Kennzeichnungspflicht gegen Art. 5 Abs. 6 SPS verstoßen, da das gewählte Schutzniveau unter Umständen auch durch eine „Kann-Enthalten"-Kennzeichnung zu erreichen wäre.

Eine Konformität der europäischen Regelung mit den WTO-Vorschriften durch Übereinstimmung mit den relevanten internationalen Standards nach Art. 3 Abs. 2 SPS scheidet ebenfalls aus, da bislang keine solchen Standards existieren. Insbesondere die in Arbeit befindlichen Standards der Codex Alimentarius Kommission (CAK) scheiden aus, da sie noch weit von einer Verabschiedung entfernt sind. Sonstige internationalen Standards entfallen ebenfalls, da diese erst nach einer entsprechenden Feststellung des SPS-Ausschusses be-

---

[5] Art. 8 Abs. 1 lit. b) NFVO und Art. 2 Abs. 1 lit. b) VO 50/2000.

§ 12 Zusammenfassung und Ausblick

rücksichtigt werden können. Dies betrifft insbesondere das Protokoll von Cartagena zur Biologischen Sicherheit, das allenfalls als Bestandteil des Völkerrechts im Wege der harmonischen Auslegung mit dem SPS-Übereinkommen Berücksichtigung finden kann. Trotz der Feststellung der Streitschlichtungsorgane, dass die WTO-Übereinkommen nicht in klinischer Isolation vom allgemeinen Völkerrecht gesehen werden dürften, scheidet jedenfalls nach der bisherigen Streitschlichtungspraxis auch ein Einfluss des Vorsorgeprinzips auf die Entscheidung über die Vereinbarkeit der europäischen Kennzeichnungsregeln für gentechnisch veränderte Lebensmittel mit den WTO-Vorschriften aus.

Im Ergebnis verstieße also die Kennzeichnung zur Verbraucherinformation über Ungleichwertigkeit, ethische Vorbehalte und das Vorhandensein von GVO gegen das SPS-Übereinkommen, falls dieses entgegen der hier vertretenen Ansicht anwendbar wäre. Der maßgebliche Grund dafür stellt die Betonung der Wissenschaftlichkeit als des entscheidenden Kriteriums zur Bestimmung der protektionistischen Natur einer handelsbeschränkenden Maßnahme in der Auslegung des SPS-Übereinkommens durch die Streitschlichtungsorgane dar, die andere legitime Politikziele weitgehend unberücksichtigt lässt.

Dagegen bietet das TBT-Übereinkommen ein hinreichend flexibles Instrumentarium, um auch handelsbeschränkende Maßnahmen, die andere legitime Ziele als den Gesundheitsschutz verfolgen, auf versteckten Protektionismus hin zu untersuchen. Als produktbezogene Regelungen, die die Merkmale von Produkten inklusive der Kennzeichnung bindend festlegen, fallen die EG-Vorschriften zur Kennzeichnung gentechnisch veränderter Lebensmittel aus Gründen der Verbraucherinformation über Ungleichwertigkeit[6], ethische Vorbehalte[7] und das Vorhandensein von GVO[8] unter das TBT-Übereinkommen und sind mit diesem konform.

Insbesondere liegt in der Kennzeichnungspflicht für Lebensmittel beim Vorliegen von gentechnisch veränderter DNS, entsprechenden Proteinen oder GVO keine Diskriminierung nach Art. 2.1 TBT im Vergleich zu herkömmlichen Lebensmitteln, da die Unterschiede in der Zusammensetzung diese Produkte ungleichartig machen. Diese Einschätzung beruht sowohl auf der bisherigen Streitschlichtungspraxis unter GATT und TBT als auch auf der Funktion der Gleichartigkeit im TBT-Übereinkommen, die einen wettbewerblichen Ansatz bei der Bestimmung der Gleichartigkeit unter Berücksichtigung der objektiven und subjektiven Austauschbarkeit der Produkte nahe legt.

---

[6] Art. 8 Abs. 1 lit. a) NFVO; Art. 2 Abs. 1 lit. a) VO 50/2000 und Art. 2 VO 1139/98 geändert durch VO 49/2000.
[7] Art. 8 Abs. 1 lit. c) NFVO und Art. 2 Abs. 1 lit. c) VO 50/2000.
[8] Art. 8 Abs. 1 lit. d) NFVO und Art. 2 Abs. 1 lit. d) VO 50/2000.

Ebensowenig stellen die Kennzeichnungsvorschriften verbotene Handelshemmnisse nach Art. 2.2 TBT dar, da sie ein legitimes Ziel im Sinne des TBT – die Verbraucherinformation – verfolgen und dieses nicht durch weniger handelshemmende Mittel erreicht werden kann. Insbesondere vermitteln weder eine „Kann-Enthalten"-Kennzeichnung noch eine freiwillige Negativkennzeichnung dasselbe Maß an Verbraucherinformation wie die von der EG gewählte Kennzeichnung[9]. Auch internationale Vorgaben stehen einer TBT-Konformität der europäischen Kennzeichnungsregelungen nicht entgegen. Zwar ist der unter TBT zu berücksichtigende Kreis an internationalen Vorschriften weiter als unter SPS. Eine Berücksichtigung der Normen der CAK scheidet aber mangels inhaltlicher Bestimmtheit und zeitlicher Unsicherheit über das Inkrafttreten aus. Auch das – inzwischen in Kraft getretene – Protokoll von Cartagena über die Biologische Sicherheit ändert nichts an der Vereinbarkeit der europäischen Kennzeichnungsvorschriften mit dem TBT-Übereinkommen.

Insgesamt ist daher unter Berücksichtigung der Streitschlichtungspraxis davon auszugehen, dass eine Kennzeichnung von gentechnisch veränderten Lebensmitteln aus Gründen der Verbraucherinformation nicht als TBT-widrig verurteilt würde. Dadurch, dass die Kennzeichnung zur Verbraucherinformation nicht unter SPS fällt und bei einem Konflikt zwischen GATT und TBT das TBT-Übereinkommen Vorrang hat, liegt also in Bezug auf die europäische Kennzeichnung gentechnisch veränderter Lebensmittel aus Gründen der Verbraucherinformation insgesamt Vereinbarkeit mit den WTO-Vorschriften vor. Dieses Ergebnis liegt dabei in der Logik sowohl des TBT-Übereinkommens als auch der WTO als solcher. Insbesondere stimmen die Zielsetzung und Struktur von Art. 2.2 TBT und der *Cassis-de-Dijon*-Rechtsprechung des EuGH überein, die beide der Beseitigung übermäßiger, nicht gerechtfertigter Marktzugangshindernisse dienen. In dem Maße, wie der Verbraucherinformation bei der Marktöffnung der EG nach *Cassis de Dijon* eine wichtige binnenmarkt- und wettbewerbspolitische Funktion zukommt, gilt dies auch für das TBT-Übereinkommen und die WTO als Ganze, da sie auch dort zum Funktionieren der Marktöffnung und zur Sicherstellung der Lenkungswirkung des Wettbewerbs beiträgt.

II. Ausblick

Inzwischen wurde der bereits angesprochene Regelungsbedarf *de lege ferenda* zur Schaffung eines umfassenden und konsistenten Regelungssystems für die Kennzeichnung gentechnisch veränderter Lebensmittel auch von der EG erkannt[10]. Daher wurden von der Kommission zwei Verordnungsvorschläge vor-

---

[9] A. A. *Dederer*, ZLR 2005, S. 307 ff. (328). Vgl. jedoch oben § 10 II.2.c).

[10] Dazu Arbeitspapier der Kommissionsdienststellen über Rückverfolgbarkeit und Kennzeichnung von GVO und aus GVO hergestellten Produkten, ENV/620/2000.

§ 12 Zusammenfassung und Ausblick

gelegt, von denen der eine umfassend gentechnisch veränderte Lebens- und Futtermittel regelt[11], während der andere speziell die Rückverfolgbarkeit und Kennzeichnung entsprechender Lebens- und Futtermittel betrifft[12]. Beide Vorschläge waren insbesondere zwischen Parlament und Rat umstritten[13], wurden aber nach Abschluss der vorliegenden Arbeit verabschiedet und sind inzwischen, zusammen mit ergänzenden Ausführungsverordnungen[14], in Kraft getreten. Im Wege des Ausblicks soll hier ein kurzer Überblick über die neuen Regelungen gegeben werden, soweit sie für die Kennzeichnung relevant sind[15]. Da

---

Dazu *Sheridan/Coleman*, S. 187 ff.; *Pfundt/Zimmer*, UTR 58 (2001), S. 563 ff. (666 f.).

[11] Vorschlag für eine Verordnung des Europäischen Parlaments und des Rates über gentechnisch veränderte Lebens- und Futtermittel, KOM(2001) 425 endg. vom 25.7.2001, ABl. Nr. C 304 E vom 30.10.2001, S. 221 ff. Dazu *Fuchs/Herrmann*, ZLR 2001, S. 789 ff. (797 ff.); *Ittershagen/Runge*, NVwZ 2003, 549 ff. (553 ff.). Dieser Vorschlag wurde geändert durch den Geänderten Vorschlag für eine Verordnung des Europäischen Parlaments und des Rates über gentechnisch veränderte Lebens- und Futtermittel, KOM(2002) 559 endg. vom 8.10.2002. Ausführlich zur Entstehungsgeschichte *Lell*, S. 262 ff.

[12] Vorschlag für eine Verordnung des Europäischen Parlaments und des Rates über die Rückverfolgbarkeit und Kennzeichnung genetisch veränderter Organismen und über die Rückverfolgbarkeit von aus genetisch veränderten Organismen hergestellten Lebensmitteln und Futtermitteln sowie zur Änderung der Richtlinie 2001/18/EG, KOM(2001) 182 endg. vom 25.7.2001, ABl. Nr. C 304 E vom 30.10.2001, S. 327 ff. Dazu *Fuchs/Herrmann*, ZLR 2001, S. 789 ff. (802 f.).

[13] Bezüglich der Kennzeichnung waren zwischen Kommission und Parlament insbesondere die Erstreckung der Schwellenwerte auf nicht zugelassene GVO und die Höhe der Schwellenwerte umstritten, die das Parlament bei 0,5% festlegen wollte. Ausführlich dazu die Begründung der Kommission zum geänderten Vorschlag für eine Verordnung des Europäischen Parlaments und des Rates über gentechnisch veränderte Lebens- und Futtermittel, KOM(2002) 559 endg. vom 8.10.2002, S. 9. Dagegen kam der Rat zu einer politischen Einigung, wonach der Schwellenwert für die Zulassung nach der NFFVO in Höhe von 0,5% festgelegt und auch auf nicht zugelassene GVO erstreckt wurde. Dagegen sollte der Kennzeichnungsschwellenwert bei 0,9% festgelegt werden. Siehe dazu den Pressebericht 14350/02 (Presse 359) zur 2468. Tagung des Rates Landwirtschaft und Fischerei am 28.11.2002, S. 5 f. Auch für die Verordnung über die Rückverfolgbarkeit sollte der Schwellenwert auf 0,9% festgelegt werden. Siehe dazu den Pressebericht 15101/02 (Presse 379) zur 2473. Tagung des Rates Umwelt am 9.12.2002, S. 8 ff. Zu den kommissionsinternen und internationalen Widerständen *Stökl*, S. 104 f.

[14] Verordnung (EG) 641/2004 der Kommission vom 6. April 2004 mit Durchführungsbestimmungen zur Verordnung (EG) Nr. 1829/2003 des Europäischen Parlamentes und des Rates hinsichtlich des Antrags auf Zulassung neuer genetisch veränderter Lebensmittel und Futtermittel, der Meldung bestehender Erzeugnisse und des zufälligen oder technisch unvermeidbaren Vorhandenseins genetisch verändertem Materials, zu dem die Risikobewertung befürwortend ausgefallen ist, ABl. Nr. L 102 vom 7.4.2004, S. 14 ff.; Verordnung (EG) Nr. 65/2004 der Kommission vom 14. Januar 2004 über ein System für die Entwicklung und Zuweisung spezifischer Erkennungsmarker für genetisch veränderte Organismen, ABl. Nr. L 10 vom 16.1.2004, S. 5 ff.

[15] Zum NFFVO-Vorschlag, allerdings in der ursprünglichen, nicht geänderten Fassung, und zu dessen Vereinbarkeit mit der WTO *Fuchs/Herrmann*, ZLR 2001, S. 789 ff.; *Stökl*, S. 101 ff. Zur NFFVO selbst *Thiele*, EuR 2004, S. 794 ff. (795 f.).

sich die neuen Verordnungen jedoch nicht auf die Ausfüllung von Kennzeichnungslücken und die Beseitigung von Widersprüchen beschränken, sondern umfassende Änderungen bewirken[16], sollen außerdem die zu erwartenden Konflikte mit dem Welthandelsrecht kurz angesprochen werden[17]. Diese Konflikte bestehen auch nach der Entscheidung des Panels in *EC-Biotech*[18], insbesondere im Hinblick auf die Kennzeichnung, fort. Eine umfassende Bewertung bleibt aber nachfolgenden Arbeiten vorbehalten.

1. Verordnungen zur Kennzeichnung gentechnisch veränderter Lebensmittel

a) Die Novel Food und Feed Verordnung (NFFVO)

Umfassende Änderungen sieht die Verordnung über gentechnisch veränderte Lebens- und Futtermittel (NFFVO)[19] vor[20]. Durch die NFFVO werden die bisherigen Verordnungen 1139/98, 49/2000 und 50/2000 aufgehoben[21] und die NFVO dergestalt geändert, dass gentechnisch veränderte Lebensmittel aus ihrem Anwendungsbereich herausfallen[22]. Damit müssen alle GVO zur Verwendung in Lebensmitteln, Lebensmittel, die GVO enthalten oder aus solchen bestehen, und Lebensmittel, die Zutaten enthalten oder aus Zutaten hergestellt werden, welche ihrerseits aus GVO hergestellt sind[23], nur noch nach der NFFVO zugelassen und gekennzeichnet werden, die damit eine umfassende und einheitliche Regelung sicherstellt[24]. Lediglich Lebensmittel, die nur mit Hilfe von GVO hergestellt wurden, fallen aus dem Anwendungsbereich der NFFVO heraus[25]. Allerdings ändert die NFFVO das Regulierungssystem erheblich.

---

[16] Ebenso *Fuchs/Herrmann*, ZLR 2001, S. 789 ff. (797); *Francescon*, RECIEL 2001, S. 309 ff. (318). Zu den Auswirkungen auf das deutsche Gentechnikrecht *Schlacke*, ZLR 2004, S. 161 ff.

[17] Zu den Problemen unter Berücksichtigung der ursprünglichen Vorschläge *Fuchs/Herrmann*, ZLR 2001, S. 789 ff. (803 ff).

[18] EC – Measures Affecting the Approval and Marketing of Biotech Products, Reports of the Panel, WT/DS291/R, WT/DS292/R, WT/DS293/R, 29. September 2006 (hiernach *EC-Biotech*). Ausführlich dazu *Franken/Burchardi*, JEEPL 2007, S. 47 ff.

[19] Verordnung (EG) Nr. 1829/2003 des Europäischen Parlaments und des Rates vom 22. September 2003 über genetisch veränderte Lebens- und Futtermittel, ABl. Nr. L 268 vom 18.10.2003, S. 1 ff. (hiernach: NFFVO). Dazu auch Verordnung (EG) 641/2004, oben Fn. 14.

[20] Ausführlich zu den Entwicklungen auf EG-Ebene *Dederer*, ZLR 2005, S. 307 ff.

[21] Art. 37 NFFVO.

[22] Art. 38 NFFVO.

[23] Art. 3 NFFVO.

[24] Daneben fallen auch gentechnisch veränderte Futtermittel unter die NFFVO; vgl. Art. 15 ff. NFFVO. Zum Anwendungsbereich der NFFVO *Roller*, ZUR 2005, S. 113 ff. (117 f.); *Girnau*, ZLR 2004, S. 343 ff. (346 f.).

§ 12 Zusammenfassung und Ausblick

Zunächst werden der Gesundheitsschutz und das Vorsorgeprinzip in der NFFVO stärker betont als in der NFVO[26]. Dies kommt auch in der Schaffung eines einheitlichen Zulassungsverfahrens[27] unter Verzicht auf ein Anzeigeverfahren[28] zum Ausdruck und darin, dass der gesamten Lebensmittelkette vom Erzeuger bis zum Verbraucher ein hohes Schutzniveau zukommen soll[29]. Zwar bleiben als Ziele der Verordnung der Schutz von Verbraucherinteressen[30], die Verbraucherinformation zur Sicherstellung einer informierten Auswahlentscheidung und das Verbot der Irreführung durch die Kennzeichnung bestehen[31]. Dies wird aber in mehrfacher Hinsicht modifiziert. Zum einen werden auch Kennzeichnung und Verbraucherinformation als Aspekte des Vorsorgeprinzips begriffen[32]. Zum anderen bezieht sich die Verbraucherinformation nicht mehr speziell auf die Produktunterschiede zwischen gentechnisch veränderten und herkömmlichen Lebensmitteln, sondern es soll über die Herstellungs- oder Gewinnungsart informiert werden[33].

---

[25] Erwg. 16. Dazu gehört insbesondere mit Hilfe von gentechnisch verändertem Chymosin hergestellter Käse; dazu *Fuchs/Herrmann,* ZLR 2001, S. 789 ff. (799); *Francescon,* RECIEL 2001, S. 309 ff. (318); *Stökl,* S. 102; *Dederer,* ZLR 2005, S. 307 ff. (310 ff.). Ebenso die Begründung zum NFFVO-Vorschlag, oben Fn. 11, S. 4 f. Zwar ist die ausdrückliche Erwähnung von genetisch veränderten Enzymen, die im geänderten Kommissionsvorschlag noch enthalten war, in der Endfassung entfallen. Inhaltlich dürfte dies aber nichts daran geändert haben, dass mit genetisch veränderten Enzymen produzierte Lebensmittel nicht unter die NFFVO fallen, da es sich bei Enzymen um technische Hilfsstoffe handelt, die auch nach der neuen Fassung des Erwägungsgrundes nicht in den Anwendungsbereich der NFFVO fallen. Zu Abgrenzungsschwierigkeiten *Girnau,* ZLR 2004, S. 343 ff. (348 ff.).

[26] Erwg. 1–3, 43; Art. 1, Art. 4 Abs. 1, Art. 9 NFFVO. Vgl. *Fuchs/Herrmann,* ZLR 2001, S. 789 ff. (798). Zwar ist die im NFFVO-Vorschlag enthaltene ausdrückliche Bezugnahme auf das Vorsorgeprinzip in der NFFVO gestrichen worden. Die NFFVO verweist aber in Art. 1 Abs. 1 ausdrücklich auf die allgemeinen Grundsätze der Verordnung (EG) Nr. 178/2002, zu denen nach Art. 7 VO (EG) 178/2002 auch das Vorsorgeprinzip gehört. Dazu oben § 3 I.4.a).

[27] Dazu *Fuchs/Herrmann,* ZLR 2001, S. 789 ff. (799 f.); *Francescon,* RECIEL 2001, S. 309 ff. (318).

[28] Dazu die Begründung zum NFFVO-Vorschlag, oben Fn. 11, S. 7.

[29] *Fuchs/Herrmann,* ZLR 2001, S. 789 ff. (799).

[30] Art. 1 lit. a) NFFVO. *Dederer,* ZLR 2005, S. 307 ff. (309), sieht darin die Aufnahme der „Verbraucherfürsorge" als neuen Widerpart der Warenverkehrsfreiheit. Wie gezeigt, ist Verbraucherinformation aber nicht Widerpart der Warenverkehrsfreiheit, sondern konstitutives Element des gemeinsamen Binnenmarktes. Dazu oben § 2 I.7.

[31] Erwg. 17 f., 20–22. Art. 4 Abs. 1 NFFVO. Vgl. *Stökl,* S. 103.

[32] Art. 1 über den Verweis auf die Verordnung 178/2002. Trotz der Streichung der ausdrücklichen Bezugnahme auf das Vorsorgeprinzip im Vergleich zum NFFVO-Vorschlag geht die Kommission davon aus, dass inhaltlich weiter darauf Bezug genommen wird; vgl. Nr. 3.9.1. der Mitteilung der Kommission an das Europäische Parlament gemäß Art. 251 Abs. 2 UAbs. 2 EGV betreffend den vom Rat angenommenen gemeinsamen Standpunkt im Hinblick auf den Erlass einer Verordnung des Europäischen Parlaments und des Rates über genetisch veränderte Lebens- und Futtermittel, SEK/2003/0376 endg.

Dies entspricht der neuen Konzeption der NFFVO, wonach alle Lebensmittel gekennzeichnet werden müssen, die GVO enthalten, daraus hergestellt sind oder aus Zutaten aus GVO hergestellt werden[34]. Diese Kennzeichnung stellt damit nur noch auf die Herkunft der Zutaten aus GVO ab, nicht mehr auf die Nachweisbarkeit von Unterschieden in Form von gentechnisch veränderter DNS oder entsprechenden Proteinen[35]. Daran ändert auch die Einführung von Schwellenwerten sowohl für die Zulassung[36] als auch für die Kennzeichnung[37] nichts, da der Schwellenwert nicht mehr am nachweisbaren Anteil von gentechnisch veränderter DNS oder entsprechenden Proteinen in den Zutaten ansetzt, sondern an der Zutat an sich, die aus GVO hergestellt ist, ohne dass dies aber in Form von Unterschieden nachweisbar sein muss[38].

Neben dieser Verfahrenskennzeichnung bleibt auch die Möglichkeit einer produktbezogenen Kennzeichnung erhalten, indem auf der Etikettierung bestimmte Merkmale und Eigenschaften gemäß der Zulassung anzugeben sind, in denen das Lebensmittel nicht seinem herkömmlichen Gegenstück entspricht[39]. Aufgeführt werden wie in der NFVO Zusammensetzung, Nährwert oder nutritive Wirkungen, Verwendungszweck und Auswirkungen auf die Gesundheit bestimmter Bevölkerungsgruppen. Außerdem ist ein Lebensmittel zu kennzeichnen, sofern

---

[33] Erwg. 21. Dazu *Girnau*, ZLR 2004, S. 343 ff. (346).

[34] Insbesondere fällt darunter hochraffiniertes Öl aus Sojabohnen, in dem keine gentechnisch veränderten DNS- oder Proteinreste mehr nachweisbar sind; vgl. die Begründung zum NFFVO-Vorschlag, oben Fn. 11, S. 10. Ebenso *Francescon*, RECIEL 2001, S. 309 ff. (318); *Girnau*, ZLR 2004, S. 343 ff. (347).

[35] Dazu *Fuchs/Herrmann*, ZLR 2001, S. 789 ff. (801); *Francescon*, RECIEL 2001, S. 309 ff. (318); *Thiele*, EuR 2004, S. 794 ff. (796); *Dederer*, ZLR 2005, S. 307 ff. (310); *Ittershagen/Runge*, NVwZ 2003, 549 ff. (554).

[36] Nach Art. 47 stellt das Vorhandensein von Material in Lebensmitteln, das GVO enthält, aus solchen besteht oder aus solchen hergestellt ist, mit einem Anteil von nicht mehr als 0,5% keinen Verstoß gegen die Zulassungspflicht dar, sofern das Vorhandensein zufällig oder technisch nicht zu vermeiden war, die europäische Behörde für Lebensmittelsicherheit eine befürwortende Stellungnahme abgegeben hat, ein entsprechender Zulassungsantrag nicht abgelehnt worden ist und Nachweisverfahren öffentlich verfügbar sind.

[37] Nach Art. 12 Abs. 2 und 3 bedarf es einer Kennzeichnung von Lebensmitteln nicht, die Material enthalten, das GVO enthält, aus solchen besteht oder aus solchen hergestellt ist, mit einem Anteil, der nicht höher ist als 0,9% der einzelnen Lebensmittelzutat oder des Lebensmittels, wenn es aus einer einzigen Zutat besteht, sofern der Anteil zufällig oder technisch nicht zu vermeiden ist. Dazu *Dederer*, ZLR 2005, S. 307 ff. (325); *Girnau*, ZLR 2004, S. 343 ff. (353).

[38] Für die Zulassung und Kennzeichnung bleibt es dabei, dass der betroffene Unternehmer nachweisen muss, dass das Vorhandensein des Materials zufällig oder technisch nicht vermeidbar ist, wozu er Belege liefern muss, dass alle geeigneten Schritte unternommen wurden, um das Vorhandensein von GVO oder daraus hergestellten Erzeugnissen zu verhindern; Art. 12 Abs. 3, Art. 47 Abs. 2 NFFVO.

[39] Vgl. Art. 13 Abs. 2 lit. a) NFFVO. Dazu *Stökl*, S. 103 f.

§ 12 Zusammenfassung und Ausblick

es Anlass zu ethischen oder religiösen Bedenken gibt[40]. Die in der NFVO vorhandene Erwähnung, dass die Kennzeichnung „zur Information der Endverbraucher" dient, ist allerdings entfallen. Dagegen werden, zumindest für die oben erwähnte Verfahrenskennzeichnung, die Art und Weise der Kennzeichnung im Zutatenverzeichnis detailliert geregelt, sowie Anforderungen an die Kennzeichnung von Lebensmitteln aufgestellt, die ohne Fertigpackungen verkauft werden[41].

Als wesentliche Änderung im Vergleich zur NFVO und den nachfolgenden Verordnungen ist zunächst der Übergang von einer produktbezogenen Kennzeichnung zu einer Verfahrenskennzeichnung festzustellen, die nunmehr den Schwerpunkt der Kennzeichnung ausmacht[42]. Zu prüfen ist weiterhin, ob auch nach dem neuen System die Kennzeichnung primär noch der Verbraucherinformation im Gegensatz zur Risikoinformation dient. Dies ist allerdings zweifelhafter als in der NFVO. Zwar wird in den Erwägungsgründen der NFFVO, die die Intention des Verordnungsgebers widerspiegeln, ausdrücklich die Bedeutung der Verbraucherinformation für eine informierte Auswahlentscheidung betont[43]. Diese Verbraucherinformation ist aber im Gegensatz zur NFVO auf das gentechnische Herstellungsverfahren bezogen, nicht mehr auf Produktunterschiede[44]. Auch werden der Schutz der Verbraucherinteressen und die Bestimmungen der Kennzeichnung als dem in der Verordnung 178/2002 niedergelegten Vorsorgeprinzip entsprechend aufgeführt[45], was für eine Risikoinformation spricht[46]. Hinzu kommt, dass der explizite Hinweis auf die Verbraucherinformation im materiellen Teil der Kennzeichnungspflicht entfallen ist.

---

[40] Art. 13 Abs. 2 lit. b) NFFVO. Bedeutsam ist hier aber die Aufhebung der Stoffbezogenheit der Ethikkennzeichnung. Während nach der geltenden NFVO „im Lebensmittel *vorhandene Stoffe*, gegen die ethische Vorbehalte bestehen" zu kennzeichnen sind, kommt es nach der NFFVO nur noch darauf an, dass das Lebensmittel als solches Anlass zu Bedenken gibt. Diese können aber auch allein am Herstellungsverfahren festgemacht werden.

[41] Art. 13 Abs. 1 NFFVO. Dazu *Girnau*, ZLR 2004, S. 343 ff. (354 f.). Zur Anwendung der Kennzeichnung auf Nahrungsmittel, die in Kantinen abgegeben werden *Thiele*, EuR 2004, S. 794 ff. (796); *Dederer*, ZLR 2005, S. 307 ff. (324 f.).

[42] Begründet wurde dieser Übergang damit, dass die Verbraucher Informationen hinsichtlich des Herstellungsverfahrens fordern; vgl. Erwg. 21.

[43] Erwg. 17 f., 20–22. Vgl. auch die Begründung zum NFFVO-Vorschlag, oben Fn. 11, S. 10.

[44] *Dederer*, ZLR 2005, S. 307 ff. (326) sieht in der Verfahrenskennzeichnung die „idée fixe" der Wahlfreiheit des Verbrauchers.

[45] Art. 1 NFFVO. Diese von der Kommission nachträglich eingeführte Klarstellung widerspricht aber der herkömmlichen Dogmatik zum Vorsorgeprinzip, das keinen Zusammenhang mit bloßen Verbraucherinteressen hat, sofern man diese nicht auf den Schutz vor Risiken reduziert.

[46] Die im NFFVO-Vorschlag enthaltene Formulierung in Art. 4 Abs. 1 1. Alt. NFFVO, wonach gentechnisch veränderte Lebensmittel „kein *unannehmbares* Risiko für die menschliche Gesundheit ... darstellen" dürfen, was den Rückschluss erlaubte, dass die Kommission, entgegen *Herdegen/Dederer*, Praxis Umweltrecht 2001, S. 1 ff. (10 f.), von einem (zumindest annehmbaren) inhärenten Risiko auszugehen schien,

Auch der Zusammenhang mit dem Zulassungsverfahren stellt sich eher uneinheitlich dar. Einerseits sind Zulassung und Kennzeichnung nach wie vor getrennt geregelt[47]. Andererseits laufen sie nach der Neuregelung und der Abschaffung des Anzeigeverfahrens weitgehend parallel[48], so dass die Feststellung schwierig ist, ob die Kennzeichnungspflicht auch unabhängig vom Risiko eingreift. Dies lässt sich allenfalls anhand der unterschiedlichen Schwellenwerte bestimmen. Ein Lebensmittel kann ohne Zulassung vermarktet werden, wenn es nicht mehr als 0,5% an Material enthält, das GVO enthält, aus solchen besteht oder aus solchen hergestellt ist, sofern das Vorhandensein zufällig oder unvermeidbar ist und vor allem eine befürwortende Stellungnahme der Europäischen Behörde für Lebensmittelsicherheit vorliegt. Dagegen greift die Kennzeichnungspflicht erst ab einem Schwellenwert von 0,9% an zugelassenen GVO ein[49]. Dies führt zwar dazu, dass nur Lebensmittel, die zulassungspflichtig sind (und damit in Bezug auf ihr Risiko bewertet wurden), auch kennzeichnungspflichtig sind. Aber es ist nicht ersichtlich, dass mit der Festlegung eines höheren Schwellenwertes für die Kennzeichnung auch ein entsprechend höheres Risiko angenommen wurde, auf das die Kennzeichnung in Form der Risikoinformation hinweisen soll, zumal die Verfahrenskennzeichnung nicht im Endprodukt nachweisbare gentechnische Veränderungen betrifft, sondern nur das Vorhandensein von Material, das von GVO stammt, unabhängig von dessen Nachweisbarkeit. Ebenso spricht die Art und Weise der Kennzeichnung im Zutatenverzeichnis weiterhin für das Vorliegen einer allgemeinen Verbraucherinformation.

Zusammenfassend ist damit festzuhalten, dass die NFFVO erhebliche Änderungen im Kennzeichnungssystem durch den Übergang von einer produktbezogenen auf eine verfahrensbezogene Kennzeichnung bewirkt. Der dahinter liegende Kennzeichnungszweck stellt sich dagegen weniger eindeutig dar als in der NFVO.

b) Verordnung über die Rückverfolgbarkeit von GVO und gentechnisch veränderten Lebens- und Futtermitteln

Als Ergänzung zu den Kennzeichnungsvorschriften der NFFVO hat die EG auf Vorschlag der Kommission[50] eine Verordnung zur Rückverfolgbarkeit erlas-

---

wurde gestrichen, so dass aus der bloßen Tatsache der Verfahrenskennzeichnung nicht auf das Vorliegen einer Risikokennzeichnung geschlossen werden kann.

[47] Die Zulassung ist in Abschnitt 1 von Kapitel 2 des NFFVO-Vorschlags geregelt, während die Kennzeichnung in Abschnitt 2 steht.

[48] Ebenso die Begründung zum NFFVO-Vorschlag, oben Fn. 11, S. 10.

[49] *Dederer*, ZLR 2005, S. 307 ff. (325); *Girnau*, ZLR 2004, S. 343 ff. (353).

[50] Geänderter Vorschlag für eine Verordnung des Europäischen Parlaments und des Rates über die Rückverfolgbarkeit und Kennzeichnung genetisch veränderter Organis-

§ 12 Zusammenfassung und Ausblick 387

sen[51]. Ziel der Verordnung ist es, die Rückverfolgbarkeit von GVO und daraus hergestellten Lebensmitteln durch die ganze Produktions- und Vertriebskette sicherzustellen[52], um im Falle von unerwarteten schädlichen Auswirkungen einen effektiven Rückruf der Produkte zu gewährleisten[53].

Zu diesem Zweck wird für GVO die Zuteilung eines eindeutigen Codes[54] vorgeschrieben, der zusammen mit der Information, dass das Produkt GVO enthält oder daraus besteht, auf jeder Stufe des Inverkehrbringens übermittelt werden muss[55]. Gleichzeitig werden die Beteiligten verpflichtet, Systeme bereitzustellen, mit deren Hilfe 5 Jahre lang ermittelt werden kann, wer welches Produkt für wen bereitgestellt hat[56]. Dies läuft im Ergebnis auf eine umfassende Speicherpflicht der Kaufs- und Verkaufsdaten hinaus[57]. Für Lebens- und Futtermittel, die aus GVO hergestellt sind, ohne aber GVO zu enthalten, genügt die Übermittlung der aus GVO hergestellten Zutaten bzw. bei Produkten ohne Zutatenverzeichnis die Angabe, dass das Produkt aus GVO hergestellt wurde[58]. Beide Vorschriften lassen die übrigen gemeinschaftsrechtlichen Vorgaben für die Kennzeichnung und Rückverfolgbarkeit von GVO und daraus hergestellten Lebensmitteln unberührt[59]. Eine Anwendbarkeit dieser Vorschriften entfällt al-

---

men und über die Rückverfolgbarkeit von aus genetisch veränderten Organismen hergestellten Lebensmitteln und Futtermitteln sowie zur Änderung der Richtlinie 2001/18, KOM(2002) 515 endg. vom 13.9.2002. Zum ursprünglichen Vorschlag *Stökl*, S. 110 ff.; *Ittershagen/Runge*, NVwZ 2003, 549 ff. (554 ff.).

[51] Verordnung (EG) Nr. 1830/2003 des Europäischen Parlaments und des Rates vom 22. September 2003 über die Rückverfolgbarkeit und Kennzeichnung von genetisch veränderten Organismen und über die Rückverfolgbarkeit von aus genetisch veränderten Organismen hergestellten Lebensmitteln und Futtermitteln sowie zur Änderung der Richtlinie 2001/18/EG, ABl. Nr. L 268 vom 18.10.2003, S. 24 ff.

[52] Erwg. 5; Art. 3 Nr. 3. Dazu *Fuchs/Herrmann*, ZLR 2001, S. 789 ff. (802); *Stökl*, S. 111. Dies umfasst auch Einfuhren aus Drittstaaten in Form von Massengütern. Sofern die erforderlichen Daten oder Tests nicht vom Exporteur zu erlangen sind, fällt diese Pflicht dann auf den in der EG ansässigen Importeur zurück. Dazu *Francescon*, RECIEL 2001, S. 309 ff. (315).

[53] Art. 1. Vgl. die Begründung zum ursprünglichen Verordnungsvorschlag, oben Fn. 12, S. 3. *Girnau*, ZLR 2004, S. 343 ff. (356).

[54] Dazu *Stökl*, S. 111. Dieser soll auch spezifische Informationen über die genetische Veränderung an sich enthalten; vgl. die Begründung zum ursprünglichen Verordnungsvorschlag oben Fn. 12, S. 5 ff.

[55] Art. 4 Abs. 1, 2, Art. 8. Dazu *Girnau*, ZLR 2004, S. 343 ff. (357).

[56] Art. 4 Abs. 4, sowie Art. 5 Abs. 2 für aus GVO hergestellte Produkte. Dazu *Fuchs/Herrmann*, ZLR 2001, S. 789 ff. (803).

[57] Ausgenommen davon ist der Verkauf an Endverbraucher, da dieser nicht Beteiligter ist. Vgl. Art. 3 Nr. 5. Ebenso *Dederer*, ZLR 2005, S. 307 ff. (321).

[58] Art. 5 Abs. 1. Die etwas leichter zu erfüllenden Vorschriften für Lebensmittel, die aus GVO hergestellt sind, ohne diese zu enthalten, werden damit begründet, dass schädliche Umweltauswirkungen bei Lebensmitteln, die keine lebenden GVO enthalten, unwahrscheinlicher sind. Dazu *Francescon*, RECIEL 2001, S. 309 ff. (315); *Dederer*, ZLR 2005, S. 307 ff. (322).

[59] Art. 4 Abs. 7, 8; Art. 5 Abs. 4.

lerdings unterhalb der Kennzeichnungsschwellenwerte in der NFFVO und der RL 2001/18/EG[60].

Bislang unklar bleibt das Zusammenspiel der Kennzeichnungsvorschriften zwischen der NFFVO und der Rückverfolgbarkeitsverordnung. So überschneiden sich die Kennzeichnungsanforderungen beider Verordnungen zumindest was die Kennzeichnung von Lebensmitteln zur Abgabe an den Endverbraucher angeht. GVO enthaltende oder aus GVO hergestellte Lebensmittel sind demnach bereits nach der NFFVO zu kennzeichnen, die die spezifischeren Anforderungen in Bezug auf die Art und Weise der Kennzeichnung enthält[61]. Lediglich die Angabe auf dem Etikett „Dieses Produkt enthält genetisch veränderte Organismen" in Art. 4 Abs. 6 der Verordnung zur Rückverfolgbarkeit ist so in der NFFVO nicht enthalten und scheint zusätzlich dazu vorgesehen zu sein[62]. Der „Mehrwert" einer doppelten Angabe, dass ein Produkt GVO enthält, ist aber nicht ganz einsichtig. Insofern scheint es in diesem Bereich noch Abstimmungsbedarf zu geben.

Die originäre Leistung der Rückverfolgbarkeitsverordnung liegt damit in der Zuteilung eines eindeutigen Codes für GVO und die Erstreckung der Kennzeichnungsanforderungen über die ganze Phase des Inverkehrbringens[63]. Ansonsten hat die Verordnung vor allem eine akzessorische Funktion zur NFFVO[64], indem durch die Rückverfolgbarkeit die Überprüfbarkeit der Kennzeichnungsangaben der NFFVO gewährleistet wird[65]. Dementsprechend wird in der Begründung der Verordnung nicht primär die Verbraucherinformation hervorgehoben[66], sondern Sicherheits- und Überwachungserwägungen stehen im Vordergrund[67].

---

[60] Art. 6 Abs. 3 und 4. Durch Art. 7 der Verordnung wird der Schwellenwert zur Kennzeichnung in der RL 2001/18/EG auf 0,9% für zufällige oder nicht vermeidbare Spuren von zugelassenen GVO festgesetzt. Dazu *Dederer*, ZLR 2005, S. 307 ff. (321, 325).

[61] Dazu bereits oben II.1.a). Ebenso *Girnau*, ZLR 2004, S. 343 ff. (356).

[62] Dies gilt zumindest, wenn man annimmt, dass Art. 13 Abs. 1 NFFVO auch für GVO in Lebensmitteln als solche gilt. Dies ist aber anzunehmen, da Art. 12 Abs. 1 1. Alt. diese Lebensmittel ausdrücklich einbezieht und Art. 13 Abs. 1 in der Formulierung der Kennzeichnungsanforderungen so offen ist, dass auch GVO als „genetisch verändert" gekennzeichnet werden könnten.

[63] Die Einzelheiten dieses Codes wurden in der Verordnung (EG) Nr. 65/2004, oben Fn. 14, festgelegt. Dazu *Dederer*, ZLR 2005, S. 307 ff. (322 f.).

[64] Ähnlich *Francescon*, RECIEL 2001, S. 309 ff. (315); *Stökl*, S. 111.

[65] Dazu Erwg. 4 und die Begründung zum ursprünglichen Verordnungsvorschlag, oben Fn. 12, S. 9. Ebenso *Sheridan/Coleman*, S. 189; *Girnau*, ZLR 2004, S. 343 ff. (356).

[66] Diese findet nur am Rande Erwähnung. Vgl. Erwg. 4, 11 sowie die Begründung zum ursprünglichen Verordnungsvorschlag, oben Fn. 12, S. 9.

[67] Erwg. 3, 4, 11; Art. 1. Vgl. auch die Begründung zum ursprünglichen Verordnungsvorschlag, oben Fn. 12, S. 3, 4, 9–11.

Für die Frage des Vorliegens von Verbraucher- oder Risikoinformation tendiert die Verordnung damit eindeutig hin zur Risikoinformation[68]. So werden bestimmte Risiken von GVO, denen die Verordnung vorbeugen soll, ausdrücklich erwähnt[69]. Auch die Sicherstellung einer Rückrufbarkeit von Lebensmitteln mittels eines Codes hat nichts mit Verbraucherinformation zu tun, sondern ausschließlich mit Risikomanagement, zumal der vorgesehene alphanumerische Code an sich keinen informativen Wert für den Verbraucher haben dürfte[70]. Die Intention des Verordnungsgebers, wie sie sich in der Begründung und den Erwägungsgründen der Verordnung niedergeschlagen hat, spricht damit eher für eine Risikokennzeichnung[71]. Das entspricht auch der Zielvorgabe der Verordnung in Art. 1, wonach sie der Überwachung einer genauen Kennzeichnung und der Erleichterung von Risikomanagementmaßnahmen dient, die Verbraucherinformation selbst aber nicht erwähnt. Daneben übernimmt die Verordnung auch das verfahrensbezogene Kennzeichnungskonzept der NFFVO, da es nicht mehr auf das Vorliegen von GVO oder gentechnisch veränderter DNS oder entsprechenden Proteinen ankommt, sondern nur darauf, dass ein Produkt daraus hergestellt wurde[72].

2. Zu erwartende Konflikte mit dem Welthandelsrecht

Angesichts der durch die beiden Verordnungen vorgenommenen umfassenden Änderungen am bisherigen Regelungskonzept der Kennzeichnung und damit am Gegenstand der vorliegenden Arbeit, können die nunmehr drohenden Konflikte mit dem Welthandelsrecht nur schlaglichtartig beleuchtet werden, ohne sie einer abschließenden Bewertung zuzuführen. Sicher ist allerdings schon jetzt, dass die

---

[68] Vgl. auch *Dederer*, ZLR 2005, S. 307 ff. (320, 323), der allerdings auch die Wahlfreiheit als Regelungsziel annimmt, indem die Verordnung die Kennzeichnungsregelung der NFFVO flankiert. Eine veritable Verbraucherinformation ergibt sich daraus nach den hier aufgestellten Zuordnungskriterien aber nicht.
[69] Vgl. die Begründung zum ursprünglichen Verordnungsvorschlag, oben Fn. 12, S. 4, 9–11.
[70] Davon scheint auch die Kommission auszugehen. Vgl. die Begründung zum ursprünglichen Verordnungsvorschlag, oben Fn. 12, S. 9.
[71] Vgl. oben Fn. 67.
[72] Art. 3 Nr. 2. Dagegen forderte das Parlament in seiner ersten Lesung einerseits die Beibehaltung von gentechnisch veränderter DNS bzw. Proteinen als Kennzeichnungskriterium (Änderung 18), andererseits die Erstreckung der Kennzeichnung auf Produkte von Tieren, die mit gentechnisch veränderten Futtermitteln gefüttert wurden (Änderung 19, 23). Zum Ganzen Report on the Proposal for a European Parliament and Council Regulation concerning traceability and labelling of genetically modified organisms and traceability and labelling of food and feed produced from genetically modified organisms and amending Directive 2001/18/EC, A5-0229/2002 final, vom 12.6.2002.

390 3. Teil: Vereinbarkeit der Kennzeichnungsvorschriften mit den WTO-Regeln

Gefahr eines Handelskonflikts zwischen den USA und der EG durch die neuen Verordnungen keinesfalls gebannt wird[73].

Zunächst bedürfte es wiederum einer Bestimmung der Anwendbarkeit des SPS- und des TBT-Übereinkommens nach dem Kennzeichnungszweck. Für die geänderte NFFVO ließe sich unter Umständen noch von einer Kennzeichnung zur Verbraucherinformation ausgehen, da diese zumindest in der Intention des Verordnungsgebers und der Art und Weise der Kennzeichnung zum Ausdruck kommt[74]. Damit wäre insoweit das TBT-Übereinkommen anwendbar. Für den Verordnungsvorschlag zur Rückverfolgbarkeit ist eine Kennzeichnung aus Gründen der Verbraucherinformation aber abzulehnen. Stattdessen geht es bei der Kennzeichnung um eine Maßnahme des Risikomanagements[75], für die, soweit sie die Lebensmittelsicherheit betrifft, das SPS-Übereinkommen anwendbar wäre[76].

Soweit die Verordnungen der Lebensmittelsicherheit dienen und damit unter SPS geprüft würden, stellen sich zunächst dieselben Probleme, wie bei den geltenden Verordnungen. Insbesondere kommt ein Verstoß gegen das Erfordernis der wissenschaftlichen Begründetheit einer Maßnahme nach Art. 2 Abs. 2 und Art. 5 Abs. 1–3 in Betracht, da die EG nicht in der Lage wäre, hinreichende Risiken für gentechnisch veränderte Lebensmittel nachzuweisen[77], zumal die

---

[73] Vgl. zur Kritik, die die USA bereits an den Verordnungsvorschlägen geübt hat: G/SPS/GEN/337 vom 26.7.2002 und G/SPS/GEN/338 vom 26.7.2002. Dazu auch *Thiele*, EuR 2004, S. 794 ff. (795); *Fuchs/Herrmann*, ZLR 2001, S. 789 ff. (803 f.); *Stökl*, S. 104, 112; *Dederer*, ZLR 2005, S. 307 ff. (326 ff.); *Ittershagen/Runge*, NVwZ 2003, 549 ff. (556); *Lell*, EuZW 2004, S. 108 ff.

[74] Ebenso *Fuchs/Herrmann*, ZLR 2001, S. 789 ff. (805 f.); *Stökl*, S. 221 ff. Im Ergebnis auch *Thiele*, EuR 2004, S. 794 ff. (795), der allerdings generell für einen Gesundheitsschutz durch Kennzeichnung neben den Zulassungsverfahren keinen Raum sieht. Gegen die Einordnung als Maßnahme der Verbraucherinformation spricht allerdings die Bedeutung des Vorsorgeprinzips in der Verordnung. Vgl. oben II.1.a).

[75] A.A. *Fuchs/Herrmann*, ZLR 2001, S. 789 ff. (805), die einer Kennzeichnungspflicht generell die Eignung als Vorsorgemaßnahme absprechen. Dagegen spricht aber die neuere Risikodogmatik, gemäß der auch Kennzeichnungen Maßnahmen der Risikovorsorge darstellen können. Dazu oben § 3 I.3.b). Auch ein unmittelbarer Zusammenhang mit der Lebensmittelsicherheit dürfte wohl bejaht werden, wenn im Falle von Gefahren durch die Kennzeichnung eine effektive Rückholbarkeit für Lebensmittel gewährleistet wird, wie dies die Zielsetzung in Art. 1 Abs. 1 vorsieht.

[76] Ebenso *Dederer*, ZLR 2005, S. 307 ff. (327). Soweit dagegen die Akzessorietät der Verordnung über die Rückverfolgbarkeit in den Vordergrund gestellt wird, die eine wahrheitsgemäße Kennzeichnung nach der NFFVO zur Verbraucherinformation sicherstellen soll, ließe sich unter Umständen eine Prüfung unter dem TBT-Übereinkommen vertreten. So wohl *Stökl*, S. 236 f. Mit anderem Ansatz *Lell*, EuZW 2004, S. 108 ff. (109), der für die Kennzeichnung als GVO-enthaltend das SPS-Übereinkommen anwendbar sieht und ansonsten das TBT-Übereinkommen. Diese Zuordnung überzeugt aber nicht, denn eine Zielsetzung der EG, beim Vorkommen von GVO pauschal den Gesundheitsschutz zu verfolgen, ansonsten aber der Verbraucherinformation Rechnung zu tragen, lässt sich nicht belegen und widerspricht der dargestellten allgemeinen Entwicklung der Lebensmittelkennzeichnung.

Risiken nach dem Übergang zu einer Verfahrenskennzeichnung dem Verfahren der gentechnischen Veränderung inhärent sein müssten. Allenfalls für die Kennzeichnung zur Rückverfolgbarkeit ließen sich unter Umständen ausreichende Belege für Gefahren finden, die durch die unkontrollierbare Ausbreitung von GVO entstehen[78]. Da allerdings alle GVO zum Zwecke der Rückverfolgbarkeit gekennzeichnet werden müssen, auch solche, bei denen eine Ausbreitung mangels Vermehrungskompatibilität mit einheimischen Arten nicht zu befürchten ist, dürfte die Regelung über das hinausgehen, was nach Art. 2 Abs. 2 SPS notwendig und zu rechtfertigen ist[79].

Eine Umgehung des Erfordernisses der wissenschaftlichen Begründetheit unter Berufung auf Art. 5 Abs. 7 SPS oder das Vorsorgeprinzip dürfte angesichts der dargestellten, ablehnenden Haltung der Streitschlichtungsorgane aussichtslos sein. Zwar würde eine Kennzeichnung aus Gründen der Rückverfolgbarkeit von Art. 18 Abs. 2 lit. a) bzw. c) des Cartagena Protokolls über die biologische Sicherheit gestützt werden[80]. Einer Berufung auf das Cartagena Protokoll steht das WTO Panel aber weiterhin ablehnend gegenüber[81]. Außerdem käme noch ein Verstoß gegen Art. 5 Abs. 5 wegen eines ungerechtfertigten Unterschieds in den Schutzniveaus Betracht. Dieser läge jedenfalls insofern vor, als dass Produkte, die *aus GVO hergestellt* sind, ohne diese zu enthalten, der Kennzeichnungspflicht unterfallen, während Produkte, die *mit Hilfe von GVO hergestellt* sind, ohne diese zu enthalten, nicht erfasst werden. Dies dürfte bei den Streitschlichtungsorganen auf Unverständnis treffen, zumal unter die letzte Kategorie in Europa mit Hilfe von gentechnisch verändertem Chymosin hergestellter Käse

---

[77] Dazu ausführlich oben § 10 II.1. Dies übersieht *Lell*, EuZW 2004, S. 108 ff. (110), der sich insofern mit dem pauschalen Hinweis begnügt, solche Risiken seien nicht auszuschließen. Dies genügt den Anforderungen der WTO an eine Risikoabschätzung jedoch nicht.

[78] In diesem Punkt ist allerdings fraglich, inwieweit das SPS-Übereinkommen anwendbar ist, da es nur Gefahren für das Leben und die Gesundheit von Menschen, Tieren und Pflanzen umfasst, nicht aber Gefahren für die Umwelt allgemein. Allenfalls ließe sich eine Anwendung über Anhang A Nr. 1 d) („zur Verhütung von Schäden durch die Verbreitung von Schädlingen") konstruieren. Dagegen *Josling*, S. 117 ff. (122.). Das WTO-Panel hat in *EC-Biotech* aber durch eine großzügige Interpretation des Wortlauts und des Kriteriums der „rational relationships" zwischen einer Maßnahme und ihrem Zweck die Anwendbarkeit des SPS-Abkommens in den Bereich des Umweltschutzes ausgedehnt. Vgl. *EC-Biotech*, Panel Report, paras. 7.189–7.393. Dazu *Franken/Burchardi*, JEEPL 2007, S. 47 ff. (52 f.).

[79] Vgl. auch *Dederer*, ZLR 2005, S. 307 ff. (327).

[80] Vgl. *Fuchs/Herrmann*, ZLR 2001, S. 789 ff. (803).

[81] So hat das Panel in *EC-Biotech* eine Berufung auf das Cartagena Protokoll in dem Fall abgelehnt, dass nicht alle Mitglieder der WTO-Übereinkommen gleichzeitig Mitglieder das Cartagena Protokolls sind; *EC-Biotech*, Panel Report, para. 7.70. Kritisch zu dieser auf Art. 31 Abs. 3 lit. c) der Wiener Vertragsrechtskonvention gestützten Auslegung *Franken/Burchardi*, JEEPL 2007, S. 47 ff. (49 f.). Auch nach Inkrafttreten des Cartagena Protokolls dürfte dessen Einfluss auf die Streitschlichtung der WTO daher eher gering sein.

fällt, so dass ein Verdacht auf Protektionismus zumindest nicht ausgeschlossen ist[82]. Beide Verordnungen verstießen damit, jedenfalls in der jetzigen Form, gegen das SPS-Übereinkommen[83].

In Bezug auf das TBT-Übereinkommen stellt die Umstellung des Kennzeichnungssystems auf eine Verfahrenskennzeichnung das größte Problem dar, soweit diesbezüglich überhaupt dessen Anwendungsbereich eröffnet wäre[84]. Zwar ließe sich davon ausgehen, dass die Verordnungen berechtigte Ziele nach Art. 2.2, wie die Verhinderung irreführender Praktiken oder den Umweltschutz, verfolgen und nicht handelshemmender als notwendig sind. Es bliebe aber, jedenfalls nach der bisherigen Streitschlichtungspraxis, bei einem Verstoß gegen das Diskriminierungsverbot nach Art. 2.1 TBT, da *aus GVO hergestellte* Lebensmittel im Vergleich zu gleichartigen Produkten, zumindest in Bezug auf *mit Hilfe von GVO hergestellte* Lebensmittel, die nicht zu kennzeichnen sind, weniger günstig behandelt werden[85].

Daran ändert auch die großzügigere Berücksichtigung von Verbrauchererwartungen nach der neueren Streitschlichtungspraxis nichts[86]. Zwar wird darauf verwiesen, dass es nicht darauf ankommen könne, ob Verbrauchererwartungen plau-

---

[82] Ähnlich *Dederer*, ZLR 2005, S. 307 ff. (312, 319 Fn. 80). Vgl. auch *Lell*, S. 307 f., der diese Unterscheidung mit der Nähe der Anwendung der Gentechnik am Endprodukt rechtfertigt.

[83] A. A., allerdings zu den Verordnungsvorschlägen *Stökl*, S. 237.

[84] So lehnt die Literatur jedenfalls überwiegend die Anwendung des TBT-Übereinkommens auf Verfahrensregelungen ab. Dazu ausführlich oben § 11 I.1.a). Vgl. auch *Dederer*, ZLR 2005, S. 307 ff. (327 f.); *Böckenförde*, S. 267. Dies übersehen *Fuchs/Herrmann*, ZLR 2001, S. 789 ff. (806). A.A. *Stökl*, S. 194 ff., 222; *Thiele*, EuR 2004, S. 794 ff. (802); *Lell*, S. 178.

[85] Dies übersieht *Thiele*, EuR 2004, S. 794 ff. (805), der vom Vorliegen analytischer Unterschiede im Endprodukt ausgeht. Das gleiche Problem würde sich unter Art. III Abs. 4 GATT stellen, sollte die Anwendbarkeit des TBT-Übereinkommens verneint werden. Eine Rechtfertigung nach Art. XX GATT wäre dabei unwahrscheinlich, da die möglicherweise einschlägigen Ausnahmen nach lit. a) (öffentliche Sittlichkeit), lit. b) (Schutz der Gesundheit) und lit. g) (Erhaltung erschöpflicher Naturschätze) jedenfalls in Bezug auf gentechnisch veränderte Lebensmittel, die aus GVO hergestellt sind, ohne diese zu enthalten, und nur aufgrund des Herstellungsverfahrens gekennzeichnet werden, voraussichtlich nicht greifen. Siehe zur Auslegung der Ausnahmen nach Art. XX GATT *Gaston/Abate*, PACEILR 2000, S. 107 ff. (149); *Biermann*, JWT 2001, S. 421 ff. (432 f.); *Epiney*, DVBl. 2000, S. 77 ff. (81); *Teel*, RNYUELJ 2000, S. 649 ff. (686); *Josling*, S. 117 ff. (123 f.); *Ginzky*, ZUR 1999, S. 216 ff. (219 f.). Dagegen sieht *Lell*, EuZW 2004, S. 108 ff. (110) in Art. 2.2 TBT einen Rechtfertigungsgrund, ähnlich wie Art. XX GATT, durch den der Verstoß gegen Art. 2.1 TBT gerechtfertigt würde. Dies ist jedoch unzutreffend, da Art. 2.2 eigenständige Anforderungen an die Mitgliedstaaten stellt, nicht aber einen Verstoß gegen Art. 2.1 beseitigt.

[86] Dazu oben § 11 II.1.d). Zutreffend *Fuchs/Herrmann*, ZLR 2001, S. 789 ff. (806). A.A. *Sander/Sasdi*, EuZW 2006, S. 140 ff. (144), die die Verbrauchererwartungen als das entscheidende Kriterium für die Bestimmung der Gleichartigkeit sehen. Allerdings würdigen sie die von der EG eingeführte Unterscheidung von „aus GVO"

§ 12 Zusammenfassung und Ausblick

sibel sind, so dass auch irrationale Ängste von Verbrauchern vor gentechnischen Verfahren im Allgemeinen berücksichtigt werden müssten[87]. Insbesondere ließe sich in den Verbraucherumfragen zeigen, dass Verbraucher auch Produkte ablehnen, die gentechnisch verändert wurden, ohne dass diese Änderungen im Endprodukt nachweisbar wären[88]. Verbraucherinformation würde damit zwar prinzipiell auch eine Verfahrenskennzeichnung stützen, sie könnte aber die vorgesehene Ungleichbehandlung von (zu kennzeichnenden) Lebensmitteln, die aus GVO hergestellt sind, ohne diese zu enthalten, und solchen (nicht zu kennzeichnenden), die mit Hilfe von GVO hergestellt sind, nicht rechtfertigen, zumal Verbraucher in ihrem Informationsbedürfnis diese Unterscheidung nicht vornehmen[89].

Diese Ungleichbehandlung lässt sich auch nicht mit dem Hinweis darauf rechtfertigen, dass die Kennzeichnung sonst unpraktikabel oder bedeutungslos würde[90]. Sinn der neuen Verordnungen, insbesondere über das Instrument der Rückverfolgbarkeit, ist es, eine lückenlose Überwachung der Lebensmittel zu gewährleisten. In Rahmen dieser Überwachung ist nicht ersichtlich, warum nicht auch die Information darüber, ob gentechnisch veränderte Hilfsstoffe benutzt wurden, gespeichert und gekennzeichnet werden könnte.

Auch der Hinweis darauf, dass ansonsten nahezu alle verarbeiteten Lebensmittel zu kennzeichnen wären, was dem Verbraucher keine Wahlmöglichkeit lasse, überzeugt nicht. Zwar hat der Einsatz von gentechnisch veränderten Hilfsstoffen in der Lebensmittelproduktion stark zugenommen, so dass tatsächlich ein Großteil der Lebensmittel zu kennzeichnen wäre[91]. Verbraucherinfor-

---

und „mit Hilfe von GVO" hergestellten Produkten in diesem Zusammenhang nicht ausreichend. Diese Unterscheidung dürfte vor der WTO gerade im Hinblick auf Verbrauchererwartungen aber nicht zu vermitteln sein.

[87] *Stökl*, S. 194 ff., 222 ff.
[88] *Stökl*, S. 194 ff., 222 f. Der Schluss von *Dederer*, ZLR 2005, S. 307 ff. (329), dass durch die Grundsatzentscheidung der EG für eine Zulassung von gentechnisch veränderten Lebensmitteln entsprechenden Verbrauchererwartungen an gentechnikfreien Lebensmitteln der Boden entzogen sei, lässt sich so nicht ziehen. Weder ändert eine Normenentscheidung der EG etwas an faktischen Erwartungen, noch lässt sich aus der Grundsatzentscheidung der EG ableiten, dass der Verbraucher mit ungekennzeichneten Produkten rechnen muss.
[89] Vgl. *Stökl*, S. 194 ff., 224. A.A. *Lell*, EuZW 2004, S. 108 ff. (111), der offensichtlich davon ausgeht, dass das Informationsbedürfnis der Verbraucher nicht in Bezug auf „mit Hilfe von GVO" hergestellte Produkte besteht. Grundsätzlich a.A. *Dederer*, ZLR 2005, S. 307 ff. (328 Fn. 141), der die unterschiedlichen Verbrauchererwartungen erst durch die unterschiedliche Kennzeichnung begründet sieht; ähnlich *Krell*, ZLR 2005, S. 563 ff. (574). Dagegen spricht aber, dass die Kennzeichnung nicht bestimmte Verbrauchererwartungen weckt, da diese bereits seit den ersten Diskussionen um die Gentechnik bestehen, sondern diese nur bestimmten Produkten zuordnet. Dies ist gerade die Funktion von Verbraucherinformation.
[90] So aber *Stökl*, S. 194 ff., 224 f.
[91] *Stökl*, S. 20, geht von bis zu zwei Dritteln der Lebensmittel in Deutschland aus. Aus Sicht der WTO wäre aber zu prüfen, ob auch ein Großteil aller Lebensmittel, der

mation ist aber Voraussetzung für die Lenkungsfunktion der Nachfrage. Ein Unterlassen von Verbraucherinformation mit der Begründung, es gäbe ohnehin keine echte Wahlmöglichkeit, verhindert dagegen, dass sich der Markt entsprechend den Verbraucherbedürfnissen weiterentwickelt und eine solche Möglichkeit schafft[92]. Aus Sicht eines WTO-Panels dürfte dabei entscheidend sein, dass die EG das Informationsbedürfnis der Verbraucher gerade dort nicht berücksichtigt, wo der Einsatz von gentechnischen Verfahren in der EG besonders weit fortgeschritten ist[93]. Damit läge jedenfalls nach der gegenwärtigen Streitschlichtungspraxis ein Verstoß gegen Art. 2.1 des TBT-Übereinkommens nahe[94].

3. Die Panelentscheidung in EC-Biotech

Die aufgezeigten Konflikte mit dem Welthandelsrecht wurden, gerade was die Kennzeichnung angeht, auch nicht durch die kürzlich ergangene Panelentscheidung in *EC-Biotech* entschärft[95]. Dafür gibt es mehrere Gründe. Zum einen bezog sich die Entscheidung auf die (alte) NFVO und die Richtlinie 2001/18, nicht aber auf die neuen Verordnungen zu Lebens- und Futtermitteln oder zur Rückverfolgbarkeit. Außerdem war die Entscheidung vom Prüfungsumfang auf das „de facto" Moratorium, sowie die verzögerte Zulassung bestimmter Produkte und die Schutzklauseln einiger Mitgliedstaaten beschränkt. Das Panel hat dabei festgestellt, dass die EG zwischen Juni 1999 und August 2003 unter Verstoß gegen Annex C(1)(a), erster Abschnitt, und Art. 8 des SPS-Übereinkommens ein „de facto" Moratorium in Bezug auf GVO angewandt hat. Auch 24 der 27 angegriffenen Zulassungsverfahren verstießen gegen diese Vorschriften aufgrund der dabei eingetretenen ungerechtfertigten Verzögerungen. Und auch die von einigen Staaten, darunter Deutschland, angewandten Schutzklauseln nach der Freisetzungsrichtlinie verstießen sowohl gegen Art. 5.1 und 2.2 als auch gegen Art. 5.7 SPS[96].

---

nach Europa importiert wird, darunter fällt. Davon wird aber, zumindest für Lebensmittelimporte, nicht auszugehen sein, so dass das Argument, der Verbraucher würde durch eine solche Kennzeichnung keine verwertbaren Informationen erhalten, nicht verfängt.

[92] *Stökl*, S. 225, unterschätzt dabei die Möglichkeit der Verbraucher, auf Bio-Produkte auszuweichen, die gänzlich ohne gentechnische Verfahren auskommen.

[93] Dazu gehört beispielsweise die Nutzung von gentechnisch veränderten Enzymen bei der Herstellung von Käse. Dazu oben Fn. 25. Vgl. auch *Stökl*, S. 19 f., 225.

[94] Im Ergebnis ebenso *Fuchs/Herrmann*, ZLR 2001, S. 789 ff. (806). Vgl. auch *Dederer*, ZLR 2005, S. 307 ff. (328 ff.), der allerdings für eine engere Auslegung von Art. 2.1 TBT plädiert. A. A. *Stökl*, S. 225 und *Thiele*, EuR 2004, S. 794 ff. (806).

[95] EC – Measures Affecting the Approval and Marketing of Biotech Products, Reports of the Panel, WT/DS291/R, WT/DS292/R, WT/DS293/R, 29. September 2006. Gegen die Panelentscheidung haben weder die EG noch die Beschwerdeführer USA, Kanada und Argentinien Berufung beim AB eingelegt, so dass die Entscheidung rechtskräftig ist.

§ 12 Zusammenfassung und Ausblick

Obwohl die Entscheidung damit nur auf einige wenige Aspekte der europäischen Gentechnikregelungen einging, hat sie dennoch als erste Entscheidung über GVO eine Leitfunktion für die zukünftige Behandlung der Gentechnik durch die WTO[97]. Sie hat dabei einige der in dieser Arbeit aufgestellten Thesen, direkt oder indirekt, in eindrucksvoller Weise bestätigt, auch wenn die Entscheidung nicht in allen Punkte überzeugt. Hier soll, im Wege des Ausblicks, nur kurz auf die wichtigsten Aspekte der Entscheidung für die Frage der Kennzeichnung eingegangen werden.

Zunächst hatte das Panel über die Frage des Anwendungsbereichs des SPS-Übereinkommens zu entscheiden. Die Beschwerdeführer hatten argumentiert, dass die EG-Regelungen, die die Grundlage der angegriffenen Maßnahmen bildeten, alle ausschließlich unter das SPS-Übereinkommen fielen. Die EG hatte dagegen betont, dass die Regelungen nur zum Teil unter das SPS-Übereinkommen fielen, nämlich insoweit als sie dem Gesundheitsschutz dienten. Dagegen fielen andere Teile der Regelungen, die anderen Zielen wie der Verbraucherinformation dienten, nicht unter das SPS- sondern unter das TBT-Übereinkommen. Das Panel musste daher zunächst entscheiden, ob eine Regelung sowohl eine unter das SPS-Übereinkommen wie eine unter das TBT-Übereinkommen fallende Maßnahme umfassen kann. In seiner Begründung bestätigte das Panel den auch hier vertretenen Ansatz, dass es für die Bestimmung der Anwendbarkeit von SPS- oder TBT-Übereinkommen auf das vom Mitgliedstaat verfolgte Ziel der Maßnahme ankomme. Dabei sei es auch möglich, dass ein und dieselbe Maßnahme zwei verschiedenen Zielen diene und je nach Ziel das SPS- oder das TBT-Übereinkommen anwendbar wäre. In diesem Zusammenhang betonte das Panel ausdrücklich, dass es das Recht der Mitgliedstaaten wäre, mit einer Maßnahme mehrere Ziele zu verfolgen und damit auch mehrere Rechtfertigungen zur Verfügung zu haben.

Diese Auslegung bestätigt den hier verfolgten Ansatz, über die Anwendbarkeit des SPS- oder TBT-Übereinkommen nach Maßgabe des Ziels der Kennzeichnung zu entscheiden. Gleichzeitig wird dadurch bestätigt, dass die EG durch die Maßnahme „Kennzeichnung" verschiedene Ziele (Gesundheitsschutz oder Verbraucherinformation) verfolgen kann. Auch wenn das Panel nicht ausdrücklich die von der EG gezogene Schlussfolgerung bestätigte, dass es in solch einem Fall genüge, die gegen die WTO-Regeln verstoßende Zielsetzung aufzuheben anstelle der Maßnahme als solcher, ist dies die sich aus der Entscheidung ergebende Konsequenz.

---

[96] Ausführlich zum Panel-Report *Franken/Burchardi*, JEEPL 2007, S. 47 ff. m.w.N.; *Krell Zbinden*, ZLR 2007, S. 125 ff. A.A. zur WTO-Konformität des EG-Moratoriums *Sander/Sasdi*, EuZW 2006, S. 140 ff. (141 ff.).

[97] *Franken/Burchardi*, JEEPL 2007, S. 47 ff. (60).

Obwohl die Kennzeichnung nicht Gegenstand des Streitverfahrens war, hat das Panel zumindest ansatzweise dazu Stellung genommen. So ordnete es die Kennzeichnung unter RL 2001/18/EG als dem Gesundheits- und Umweltschutz dienend ein, so dass sie unter dem SPS-Übereinkommen zu prüfen wäre[98]. Dagegen fiel nach Ansicht des Panels die Kennzeichnung nach der NFVO, mit Ausnahme der Gesundheitskennzeichnung nach Art. 8 Abs. 1 lit. b) NFVO nicht in den Anwendungsbereich des SPS-Übereinkommens[99]. Auch wenn im endgültigen Panelbericht nicht auf die Frage eingegangen wird, ob eine Kennzeichnung zur Verbraucherinformation unter dem TBT-Übereinkommen gerechtfertigt wäre, enthielt der Interim Report, der noch mit den Parteien des Panelverfahrens abgestimmt werden musste, ein *obiter dictum* zur Kennzeichnung. Darin stellte das Panel fest: „Um nur ein Beispiel zu bringen, ist es vorstellbar, dass unter den bestehenden WTO-Regeln eine bestimmte Kennzeichnungsbestimmung nicht aus Gründen der Lebensmittelsicherheit, aber zum Zwecke der Verbraucherinformation aufrecht erhalten werden darf"[100]. Das Panel hat damit zu erkennen gegeben, dass es eine Kennzeichnung aus Gründen der Verbraucherinformation, nicht aber zum Zweck der Risikoinformation, dulden würde. Dies bestätigt eindrucksvoll den hier vertretenen Ansatz und das gefundene Ergebnis. Es macht aber auch deutlich, dass die Neuerungen bei den Kennzeichnungsbestimmungen für gentechnisch veränderte Lebensmittel mehr als bisher Gefahr laufen, den Anforderungen des WTO-Rechts nicht zu genügen.

Neben diesen, unmittelbar die Kennzeichnung betreffenden Aussagen hat das Panel in *EC-Biotech* weitere Schlussfolgerungen gezogen, die mittelbar einen Einfluss auf die Vereinbarkeit der europäischen Kennzeichnungsregeln mit dem WTO-Recht haben werden. So hat auch dieses Panel es abgelehnt, sich zur Frage der rechtlichen Stellung des Vorsorgeprinzips im internationalen Recht und dessen Einfluss auf das WTO-Recht zu äußern[101], auch wenn dies angesichts der weit fortgeschrittenen Kodifizierung des Vorsorgeprinzips im Bereich

---

[98] *EC-Biotech*, Panel Report, para. 7.389 ff. Allerdings geht das Panel von einer weiten Anwendbarkeit des SPS-Übereinkommens auf Kennzeichnungsvorschriften aus. So sieht es die Voraussetzung von Anhang A(1), dass die Kennzeichnung „unmittelbar mit der Sicherheit von Nahrungsmitteln zusammenhängen muss" nur als ein Beispiel an, so dass auch eine Umweltkennzeichnung unter das SPS-Übereinkommen fällt. Diese Auslegung überzeugt nicht, da dass Panel nicht hinreichend erklärt, warum auf eine Kennzeichnung aus sonstigen, nicht die Lebensmittelsicherheit betreffenden Gründen, die dem Wortlaut nach unter das TBT-Übereinkommen fiele, nun dennoch das SPS-Übereinkommen Anwendung findet. Kritisch zu der Ausdehnung des Anwendungsbereichs *Franken/Burchardi*, JEEPL 2007, S. 47 ff. (53 f.).

[99] *EC-Biotech*, Panel Report, para. 7.411 f.

[100] *EC-Biotech*, Interim Report, Fn. 292. Der Interim Report, der an sich vertraulich ist und nur den Parteien des Streitschlichtungsverfahrens zugeht, wurde kurz darauf von einer NGO im Internet veröffentlicht.

[101] *EC-Biotech*, Panel Report, para. 7.89.

§ 12 Zusammenfassung und Ausblick

des Gentechnikrechts nahe gelegen hätte[102]. Das Panel beleuchtete ferner das Verhältnis zwischen Art. 5.1 und 5.7 des SPS-Übereinkommens und stellte fest, dass Art. 5.7 keine Ausnahme zu Art. 5.1 ist, sondern ein „qualified right". Diese Feststellung, die in erster Linie Auswirkungen auf die Frage der Beweis- und Darlegungslast eines Verstoßes auch gegen Art. 5.7 hat[103], wird aber nicht zu einer größeren Wahrscheinlichkeit der Rechtfertigung der EG-Regelungen führen, da das Panel ausdrücklich die strengen Anforderungen an die Risikoabschätzung unter Art. 5.1[104] und die Frage, ob ausreichende wissenschaftliche Erkenntnisse vorliegen[105], bestätigt hat.

Neben dem SPS-Übereinkommen betraf EC-Biotech auch Beschwerden bezüglich des TBT-Übereinkommens und des GATT. Angesichts der festgestellten SPS-Widrigkeit der angegriffenen Maßnahmen sah sich das Panel zumeist allerdings nicht zu einer Prüfung von TBT und GATT genötigt[106]. Lediglich für wenige Maßnahmen prüfte es Verstöße gegen die Meistbegünstigungsklausel nach Art. III:4 GATT. Allerdings ließ es dabei die Frage, ob GVO und konventionelle Produkte gleichartig sind, ausdrücklich offen und begnügte sich mit der Feststellung, dass die Beschwerdeführer nicht hinreichend dargelegt hätten, dass die behauptete Ungleichbehandlung aufgrund der ausländischen Herkunft erfolgt wäre, anstelle der von Verbrauchern wahrgenommenen Unterschiede zwischen gentechnisch veränderten und nicht veränderten Produkten[107].

Diese Feststellung überrascht insofern, als dass das Panel damit letztlich die Darlegung eines „Diskriminierungsvorsatzes" verlangt, was gegenüber der bisherigen Streitschlichtungspraxis zu „like products" entgegen der Darstellung des Panels ein Novum ist[108]. Konsequenter und in Übereinstimmung mit der bisherigen Streitschlichtungspraxis wäre es gewesen, von den Verbrauchern wahrgenommene Produktunterschiede bei der Frage der Ungleichartigkeit zu berücksichtigen, statt eine „Herkunftsdiskriminierung" unabhängig von der Frage der Gleichartigkeit zu verlangen. Auch hier schien das Panel aber grundsätzlich geneigt, der Verbraucherwahrnehmung in Europa zumindest eine gewisse Bedeutung beizumessen.

Was den Einfluss internationaler Normen außerhalb des WTO-Rechts angeht, so hat es das Panel abgelehnt, das Cartagena Protokoll im Streitschlichtungsver-

---

[102] Vgl. dazu die Argumentation der EG, *EC-Biotech,* Panel Report, para. 7.77 ff.
[103] Danach muss der Beschwerdeführer sowohl einen Verstoß gegen Art. 5.1 und Art. 5.7 SPS darlegen; *EC-Biotech,* Panel Report, para. 7.3000.
[104] *EC-Biotech,* Panel Report, para. 7.3008 ff.
[105] *EC-Biotech,* Panel Report, para. 7.3232–7.3261.
[106] *EC-Biotech,* Panel Report, para. 7.2505, 7.2524, 7.3412, 7.3422.
[107] *EC-Biotech,* Panel Report, para. 7.2512. Vgl. auch para. 7.2411.
[108] Ausführlich dazu *Franken/Burchardi,* JEEPL 2007, S. 47 ff. (59 f.).

fahren zu berücksichtigen. Grund für diese Weigerung ist die Panelauslegung von Art. 31 Abs. 3 lit. c) der Wiener Vertragsrechtskonvention[109]. Danach sind bei der Auslegung von WTO-Recht zu berücksichtigende „sonstige relevante Regeln des internationalen Rechts" nur solche Regeln, die für alle WTO-Mitglieder gelten[110]. Das Cartagena Protokoll könnte also nur dann zur Auslegung herangezogen werden, wenn alle WTO-Mitglieder auch Mitglieder des Cartagena Protokolls wären[111].

Diese Auslegung des Panels von der Wiener Vertragsrechtskonvention überzeugt jedoch nicht. Weder ist sie nach Wortlaut und Sinn der Vorschrift zwingend. Noch kann das Panel erklären, warum es aller WTO-Mitglieder bedarf, um eine Auslegung von WTO-Regeln anhand des Cartagena Protokolls gemäß Art. 31 Abs. 3 lit. c) WVK vorzunehmen, während Art. IX:2 des Marrakesh Übereinkommens zur Schaffung der WTO bloß eine Dreiviertelmehrheit für eine verbindliche Auslegung der WTO-Vorschriften vorsieht[112]. Wenn zukünftige Streitschlichtungsverfahren jedoch dem vom Panel in EC-Biotech gewählten Ansatz folgen, wird das Cartagena Protokoll, trotz seines zwischenzeitlich erfolgten Inkrafttretens, nicht dazu führen, dass die EG-Regeln zur Kennzeichnung von gentechnisch veränderten Lebensmitteln in Bezug auf das SPS-Übereinkommen als WTO-konform zu beurteilen sind, da die USA das Protokoll in absehbarer Zeit nicht ratifizieren werden.

Nach dem Panel-Report in *EC-Biotech* scheinen die hier vertretenen Thesen auch angesichts der neuen Streitschlichtungspraxis der WTO Bestand zu haben. Auch wenn noch viele Fragen durch *EC-Biotech* nicht abschließend oder zufrieden stellend beantwortet werden, bleibt es bei der Feststellung, dass die novellierten EG-Vorschriften zur Kennzeichnung gentechnisch veränderter Lebensmittel erhebliche Gefahr laufen, von zukünftigen Panels als WTO-widrig beurteilt zu werden.

III. Fazit

Während die ursprünglich geltenden europäischen Vorschriften zur Kennzeichnung von gentechnisch veränderten Lebensmitteln in einem eventuellen WTO-Streitverfahren gute Aussichten hätten, als WTO-konform beurteilt zu werden, birgt der neue Ansatz der EG, insbesondere was den Übergang zu einer Verfahrenskennzeichnung angeht, erhebliche Risiken eines Verstoßes gegen

---

[109] Dazu oben § 10 III.1.a).
[110] *EC-Biotech*, Panel Report, para. 7.65 ff.
[111] Auch die Unterzeichnung des Protokolls bzw. die Teilnahme am Biosafety Clearing House Mechanismus ersetzt nach Ansicht des Panels eine formelle Ratifikation nicht; *EC-Biotech*, Panel Report, para. 7.74 sowie Fn. 251.
[112] Ausführlich zur Kritik *Franken/Burchardi*, JEEPL 2007, S. 47 ff. (49 f.).

§ 12 Zusammenfassung und Ausblick

die WTO-Vorschriften. Die EG wäre daher gut beraten gewesen, bei der Ausarbeitung der neuen Verordnungen das Welthandelsrecht nicht völlig aus dem Blick zu verlieren.

Trotz der erheblichen Bedeutung, die ein Streitverfahren vor der WTO für die EG hätte, wird die Zukunft von gentechnisch veränderten Lebensmitteln und den europäischen Kennzeichnungsregeln aber auch von anderen, faktischen Einflüssen abhängen. Zumindest in Europa wird der Frage der Verbraucherakzeptanz eine wesentliche Rolle zukommen, da letztlich der Markt und damit der Verbraucher über die Zukunft der Gentechnik bei Lebensmitteln entscheiden wird[113]. Diesbezüglich könnte die Verbraucherinformation im Wege der Kennzeichnung tatsächlich auf lange Sicht zur Schaffung von Akzeptanz beitragen[114] und damit die Zukunft der Gentechnik sicherstellen. Gleichermaßen sollte die Verbraucherakzeptanz nicht künstlich durch „Nicht-Kennzeichnung" erzwungen werden[115], wenn sich Unternehmen nicht dem Vorwurf aussetzen wollen, die berechtigten Interessen der Verbraucher zu missachten. Sofern jeder Verbraucher im Wege der Kennzeichnung in die Lage versetzt wird, eine informierte Auswahlentscheidung zu treffen, wird daher die Lenkungswirkung des Marktes über Erfolg oder Scheitern gentechnisch veränderter Lebensmittel bestimmen.

Neben der Frage der Verbraucherakzeptanz in Europa wird auch die internationale Entwicklung, insbesondere was den Handel mit gentechnisch verändertem Saatgut und Lebensmitteln betrifft, eine entscheidende Rolle spielen. Sollte sich der gegenwärtige Trend, gentechnisch verändertes Saatgut insbesondere nach Afrika zu exportieren, fortsetzen, so wird eine wirksame Kontrolle der Ausbreitung und Verwendung gentechnisch veränderter Ausgangsstoffe für die Nahrungsmittelproduktion nicht mehr zu gewährleisten sein. Diese Staaten werden auch kaum die Möglichkeiten haben, hinreichend genaue Angaben über GVO in Exporten nach Europa zu machen, so dass ein wirksames Trennungs- und Kennzeichnungssystem auch in Europa kaum noch durchführbar wäre[116]. Andererseits stützen parallele Kennzeichnungsbemühungen in anderen Staaten die Position der EG, da dadurch die Nachfrage nach GVO-freien Lebensmitteln steigt, was einen erheblichen Anreiz für eine entsprechende Produktion darstellt[117]. Insgesamt bleibt daher festzuhalten, dass die Frage der Kennzeichnung

---

[113] *Falkner*, International Affairs 2000, S. 299 ff. (312). Zum Zusammenhang zwischen Wirtschaftsrecht und Verbraucherrecht auch *Keßler*, VuR 1999, S. 415 ff. (416).

[114] Ebenso *Stewart/Johanson*, DRAKEJAL 1999, S. 243 ff. (295); *Unnevehr/Hill/Cunningham,* S. 131 ff. (137). Vgl. auch *Lange*, NUR 1999, S. 247 ff., der betont, dass wer nicht isst, was er nicht kennt, nicht mehr viel zu essen findet.

[115] Vgl. *Katzek*, EFLR 1993, S. 205 ff. (217).

[116] Laut *Hamilton*, DRAKEJAL 2001, S. 81 ff. (86 f.) scheint dies die gegenwärtige Strategie der USA zu sein, die umfangreiche Lieferungen von gentechnisch verändertem Saatgut als Hungerhilfe nach Afrika exportiert haben. Zu den Befürchtungen der afrikanischen Länder *Krell*, ZLR 2005, S. 563 ff. (564).

[117] Vgl. *Unnevehr/Hill/Cunningham,* S. 131 ff. (134).

auch in Zukunft ein Schlüsselproblem in Bezug auf gentechnisch veränderte Lebensmittel bleiben wird, das sich zufriedenstellend nur unter Berücksichtigung der internationalen Ebene und deren rechtlicher und politischer Verflechtungen lösen lassen wird.

Anhang

Verordnung (EG) Nr. 258/97 des Europäischen Parlaments und des Rates

vom 27. Januar 1997 über neuartige Lebensmittel und neuartige Lebensmittelzutaten

Artikel 8

(1) Unbeschadet der übrigen Anforderungen der gemeinschaftlichen Rechtsvorschriften für die Etikettierung von Lebensmitteln gelten folgende zusätzliche spezifische Etikettierungsanforderungen für Lebensmittel zur Unterrichtung der Endverbraucher über:

a) alle Merkmale oder Ernährungseigenschaften, wie

 – Zusammensetzung,

 – Nährwert oder nutritive Wirkungen,

 – Verwendungszweck des Lebensmittels,

die dazu führen, daß ein neuartiges Lebensmittel oder eine neuartige Lebensmittelzutat nicht mehr einem bestehenden Lebensmittel oder einer bestehenden Lebensmittelzutat gleichwertig ist.

Ein neuartiges Lebensmittel oder eine neuartige Lebensmittelzutat gilt als nicht mehr gleichwertig im Sinne dieses Artikels, wenn durch eine wissenschaftliche Beurteilung auf der Grundlage einer angemessenen Analyse der vorhandenen Daten nachgewiesen werden kann, daß die geprüften Merkmale Unterschiede gegenüber konventionellen Lebensmitteln oder Lebensmittelzutaten aufweisen, unter Beachtung der anerkannten Grenzwerte für natürliche Schwankungen dieser Merkmale.

In diesem Fall sind auf der Etikettierung diese veränderten Merkmale oder Eigenschaften sowie das Verfahren, mit dem sie erzielt wurden, anzugeben;

b) vorhandene Stoffe, die in bestehenden gleichwertigen Lebensmitteln nicht vorhanden sind und die Gesundheit bestimmter Bevölkerungsgruppen beeinflussen können;

c) vorhandene Stoffe, die in bestehenden gleichwertigen Lebensmitteln nicht vorhanden sind und gegen die ethische Vorbehalte bestehen;

d) vorhandene genetisch veränderte Organismen, die durch die in der nicht erschöpfenden Liste in Anhang I A Teil 1 der Richtlinie 90/220/EWG genannten Verfahren der Gentechnik genetisch verändert wurden.

(2) Gibt es keine gleichwertigen Lebensmittel oder Lebensmittelzutaten, so werden gegebenenfalls geeignete Bestimmungen erlassen, um sicherzustellen, daß der Verbraucher in angemessener Weise über die Art des Lebensmittels oder der Lebensmittelzutat informiert wird.

(3) Etwaige Durchführungsbestimmungen zu diesem Artikel werden nach dem Verfahren des Artikels 13 erlassen.

Verordnung (EG) Nr. 1139/98 des Rates

vom 26. Mai 1998 über Angaben, die zusätzlich zu den in der Richtlinie 79/112/EWG aufgeführten Angaben bei der Etikettierung bestimmter aus genetisch veränderten Organismen hergestellter Lebensmittel vorgeschrieben sind,

geändert durch:

Verordnung (EG) Nr. 49/2000 der Kommission

vom 10. Januar 2000 zur Änderung der Verordnung (EG) Nr. 1139/98 des Rates über Angaben, die zusätzlich zu den in der Richtlinie 79/112/EWG aufgeführten Angaben bei der Etikettierung bestimmter aus genetisch veränderten Organismen hergestellter Lebensmittel vorgeschrieben sind.

Artikel 2

(1) Für die genannten Lebensmittel gelten die zusätzlichen spezifischen Etikettierungsanforderungen nach Absatz 3.

(2) Für die genannten Lebensmittel gelten die zusätzlichen spezifischen Etikettierungsanforderungen nicht, sofern

a) weder die in Artikel 1 Absatz 1 festgelegten genetisch veränderten Proteine noch genetisch veränderte DNS in ihren einzelnen Lebensmittelzutaten oder in einem Lebensmittel aus einer einzigen Zutat enthalten sind,

oder,

b) das Material aus genetisch veränderten Organismen, auf das in Artikel 1 Absatz 1 Bezug genommen wird, zusammen mit Material aus anderen genetisch veränderten Organismen, das gemäß der Verordnung (EG) Nr. 258/97 in Verkehr gebracht wurde, in ihren Lebensmittelzutaten oder in einem Lebensmittel aus einer einzigen Zutat mit einem Prozentsatz von höchstens 1 % der jeweils einzeln betrachteten Lebensmittelzutaten oder Lebensmittel aus einer einzigen Zutat zufällig vorhanden ist.

Um glaubhaft machen zu können, daß das Vorhandensein dieses Materials zufällig ist, müssen die Handelnden gegenüber den zuständigen Behörden nachweisen können, daß sie geeignete Maßnahmen ergriffen haben, um zu vermeiden, die unter Buchstabe b) Unterabsatz 1 genannten genetisch veränderten Organismen (oder Produkte daraus) als Ausgangsprodukt zu verwenden.

(2a) Um die Anwendung von Absatz 2 Buchstabe a) zu erleichtern, wird eine nicht erschöpfende Liste der Lebensmittelzutaten oder Lebensmittel, die aus einer einzigen Zutat bestehen, in denen weder genetisch veränderte Proteine noch genetisch veränderte DNS im Sinne von Artikel 1 Absatz 1 vorhanden sind, gemäß dem in Artikel 17 der Richtlinie 79/112/EWG festgelegten Verfahren erstellt, wobei der technische Fortschritt, Stellungnahmen des Wissenschaftlichen Lebensmittelausschusses und sonstige einschlägige wissenschaftliche Beratungen berücksichtigt werden.

(3) Bei den zusätzlichen spezifischen Etikettierungsanforderungen handelt es sich um folgende:

a) Wenn ein Lebensmittel aus mehr als einer Zutat besteht, erscheint auf dem Verzeichnis der Zutaten gemäß Artikel 6 der Richtlinie 79/112/EWG in Klammern direkt hinter der Angabe der betreffenden Zutat die Angabe „Aus genetisch veränderten Sojabohnen hergestellt" bzw. „Aus genetisch verändertem Mais hergestellt". Diese Angaben können auch in einer deutlich erkennbar angebrachten Fußnote zum Verzeichnis der Zutaten mit Hilfe eines Sternchens (*) zu der betreffenden Zutat erfolgen. Ist eine Zutat bereits als aus Sojabohnen oder Mais hergestellt aufgelistet, so dürfen die Worte „aus genetisch veränderten/m ... hergestellt" zu „genetisch verändert" abgekürzt werden; wird die Kurzform als Fußnote verwendet, so ist das Sternchen direkt an das Wort „Sojabohnen" oder „Mais" anzufügen. Erscheint eine dieser Angaben in der Fußnote, so muß der Schrifttyp mindestens die gleiche Größe haben wie das Verzeichnis der Zutaten selbst.

b) Bei Produkten, für die kein Verzeichnis der Zutaten vorhanden ist, enthält die Etikettierung des Lebensmittels deutlich ersichtlich die Angabe „Aus genetisch veränderten Sojabohnen hergestellt" bzw. „Aus genetisch verändertem Mais hergestellt".

c) Wird gemäß den Bestimmungen von Artikel 6 Absatz 5 Buchstabe b) erster Gedankenstrich der Richtlinie 79/112/EWG eine Zutat mit dem Namen ihrer Klasse bezeichnet, so wird diese Angabe gegebenenfalls durch die Worte „Enthält aus genetisch veränderten Sojabohnen/aus genetisch verändertem Mais hergestellte(s/n) ...(*)" ergänzt.

d) Wurde eine Zutat eines Mischprodukts aus den genannten Lebensmitteln gewonnen, so muß dies auf dem Etikett des Endprodukts mit dem unter Buchstabe b) festgelegten Wortlaut angegeben werden.

(4) Dieser Artikel gilt unbeschadet der sonstigen gemeinschaftlichen Etikettierungsanforderungen an Lebensmittel.

Anhang

Verordnung (EG) Nr. 50/2000 der Kommission

vom 10. Januar 2000 über die Etikettierung von Lebensmitteln und Lebensmittelzutaten, die genetisch veränderte oder aus genetisch veränderten Organismen hergestellte Zusatzstoffe und Aromen enthalten

Artikel 2

Unbeschadet anderer Rechtsvorschriften der Gemeinschaft für die Etikettierung von Lebensmitteln muß das Etikett der betreffenden Lebensmittel folgende Informationen für den Endverbraucher und gemeinschaftliche Einrichtungen enthalten:

a) gemäß Artikel 4 Absatz 1 alle Merkmale oder Enährungseigenschaften wie

– Zusammensetzung,

– Nährwert oder nutritive Wirkungen und

– Verwendungszweck der Zusatzstoffe oder Aromen,

die dazu führen, daß die betreffenden Zusatzstoffe oder Aromen bestehenden Zusatzstoffen oder Aromen nicht mehr gleichwertig sind;

b) das Vorhandensein von Stoffen, die in bestehenden gleichwertigen Zusatzstoffen oder Aromen nicht vorhanden sind und die Gesundheit bestimmter Bevölkerungsgruppen beeinflussen können;

c) das Vorhandensein von Stoffen, die in bestehenden gleichwertigen Zusatzstoffen oder Aromen nicht vorhanden sind und gegen die ethische Vorbehalte bestehen;

d) gemäß Artikel 4 Absatz 2 das Vorhandensein von Zusatzstoffen oder Aromen, die einen Organismus enthalten oder aus einem Organismus bestehen, der anhand eines gentechnischen Verfahrens der nicht erschöpfenden Liste in Anhang I A Teil 1 der Richtlinie 90/220/EWG genetisch verändert wurde.

Artikel 3

Die betreffenden Zusatzstoffe oder Aromen gelten als nicht mehr gleichwertig im Sinne von Artikel 2 Buchstabe a), wenn durch eine wissenschaftliche Beurteilung auf der Grundlage einer angemessenen Analyse der vorhandenen Daten nachgewiesen werden kann, daß die geprüften Merkmale Unterschiede gegenüber konventionellen Zusatzstoffen oder Aromen aufweisen, wobei die anerkannten Grenzwerte für natürliche Schwankungen dieser Merkmale zu berücksichtigen sind. Dies ist der Fall, wenn die Zusatzstoffe oder Aromen Proteine und/oder DNA infolge einer genetischen Veränderung enthalten.

Artikel 4

(1) Bei den ergänzenden Etikettierungsanforderungen hinsichtlich der in Artikel 2 Buchstabe a) beschriebenen Informationen handelt es sich um folgende Bestimmungen:

Auf der in Artikel 6 der Richtlinie 79/112/EWG vorgesehenen Zutatenliste erscheint unmittelbar nach dem betreffenden Zusatzstoff bzw. Aroma in Klammern die Angabe „Aus genetisch verändertem ... hergestellt".

Diese Angabe kann auch in einer gut sichtbaren Fußnote zur Zutatenliste erfolgen; der Bezug zu dem betreffenden Zusatzstoff bzw. Aroma wird durch ein Sternchen (*) hergestellt. Die Angabe muß in einem Schrifttyp von mindestens der gleichen Größe wie der Schrifttyp der eigentlichen Zutatenliste gedruckt werden.

Bei Produkten, für die keine Zutatenliste erstellt wird, ist die Angabe deutlich auf dem Etikett der betreffenden Lebensmittel anzubringen.

(2) Bei den ergänzenden Etikettierungsanforderungen hinsichtlich der in Artikel 2 Buchstabe d) beschriebenen Informationen handelt es sich um folgende Bestimmungen:

Auf der Zutatenliste erscheint unmittelbar nach dem betreffenden Zusatzstoff bzw. Aroma die Angabe „genetisch verändert".

Diese Angabe kann auch in einer gut sichtbaren Fußnote zur Zutatenliste erfolgen; der Bezug zu dem betreuenden Zusatzstoff bzw. Aroma wird durch ein Sternchen (*) hergestellt. Die Angabe muß in einem Schrifttyp von mindestens der gleichen Größe wie der Schrifttyp der eigentlichen Zutatenliste gedruckt werden.

Bei den betreffenden Lebensmitteln, für die keine Zutatenliste erstellt wird, ist die Angabe deutlich auf dem Etikett des betreffenden Lebensmittels anzubringen.

Anhang

Richtlinie 2001/18/EG des Europäischen Parlaments und des Rates

vom 12. März 2001 über die absichtliche Freisetzung genetisch veränderter Organismen in die Umwelt und zur Aufhebung der Richtlinie 90/220/EWG des Rates

zuletzt geändert durch

Verordnung (EG) Nr. 1830/2003 des Europäischen Parlaments und des Rates vom 22. September 2003

Artikel 21 Kennzeichnung

(1) Die Mitgliedstaaten ergreifen alle erforderlichen Maßnahmen, um sicherzustellen, dass die Kennzeichnung und die Verpackung der als Produkt oder in Produkten in den Verkehr gebrachten GVO auf allen Stufen des Inverkehrbringens den einschlägigen Anforderungen der gemäß Artikel 15 Absatz 3, Artikel 17 Absätze 5 und 8, Artikel 18 Absatz 2 und Artikel 19 Absatz 3 erteilten schriftlichen Zustimmung entsprechen.

(2) Für Produkte, bei denen zufällige oder technisch nicht zu vermeidende Spuren zugelassener GVO nicht ausgeschlossen werden können, kann ein Schwellenwert festgelegt werden, unterhalb dessen diese Produkte nicht entsprechend den Bestimmungen des Absatzes 1 gekennzeichnet werden müssen. Die Höhe dieses Schwellenwertes wird entsprechend dem betreffenden Produkt nach dem Verfahren des Artikels 30 Absatz 2 festgelegt.

(3) Bei Produkten, die für eine unmittelbare Verarbeitung vorgesehen sind, gilt Absatz 1 nicht für Spuren von zugelassenen GVO mit einem Anteil, der nicht höher ist als 0,9% oder gemäß Artikel 30 Absatz 2 festgelegte niedrigere Schwellenwerte, sofern diese Spuren zufällig oder technisch nicht zu vermeiden sind.

Artikel 26 Kennzeichnung von GVO gemäß Artikel 2 Nummer 4 zweiter Unterabsatz

(1) Für GVO, die für Vorgänge gemäß Artikel 2 Nummer 4 zweiter Unterabsatz zur Verfügung zu stellen sind, gelten angemessene Kennzeichnungsvorschriften in Übereinstimmung mit den entsprechenden Abschnitten des Anhangs IV, um sicherzustellen, dass auf einem Etikett oder in einem Begleitdokument das Vorhandensein von GVO deutlich angegeben wird. Hierzu müssen die Worte – Dieses Produkt enthält genetisch veränderte Organismen – entweder auf einem Etikett oder in einem Begleitdokument erscheinen.

(2) Die Durchführungsbestimmungen zu Absatz 1 werden nach dem Verfahren des Artikels 30 Absatz 2 festgelegt, wobei zu vermeiden ist, dass es zu Überschneidungen

mit oder Widersprüchen zu den bestehenden Kennzeichnungsvorschriften im Gemeinschaftsrecht kommt. Dabei ist gegebenenfalls den von den Mitgliedstaaten in Übereinstimmung mit dem Gemeinschaftsrecht festgelegten Kennzeichnungsvorschriften Rechnung zu tragen.

Verordnung (EG) Nr. 1829/2003 des Europäischen Parlaments und des Rates

vom 22. September 2003 über genetisch veränderte Lebensmittel und Futtermittel

Abschnitt 2 Kennzeichnung

Artikel 12 Geltungsbereich

(1) Dieser Abschnitt gilt für Lebensmittel, die als solche an den Endverbraucher oder an Anbieter von Gemeinschaftsverpflegung innerhalb der Gemeinschaft geliefert werden sollen und die

a) GVO enthalten oder daraus bestehen oder

b) aus GVO hergestellt werden oder Zutaten enthalten, die aus GVO hergestellt werden.

(2) Dieser Abschnitt gilt nicht für Lebensmittel, die Material enthalten, das GVO enthält, aus solchen besteht oder aus solchen hergestellt ist, mit einem Anteil, der nicht höher ist als 0,9 Prozent der einzelnen Lebensmittelzutaten oder des Lebensmittels, wenn es aus einer einzigen Zutat besteht, vorausgesetzt, dieser Anteil ist zufällig oder technisch nicht zu vermeiden.

(3) Damit festgestellt werden kann, dass das Vorhandensein dieses Materials zufällig oder technisch nicht zu vermeiden ist, müssen die Unternehmer den zuständigen Behörden nachweisen können, dass sie geeignete Schritte unternommen haben, um das Vorhandensein derartiger Materialien zu vermeiden.

(4) Nach dem in Artikel 35 Absatz 2 genannten Verfahren können, insbesondere in Bezug auf Lebensmittel, die GVO enthalten oder aus solchen bestehen, oder um Fortschritten in Wissenschaft und Technologie Rechnung zu tragen, angemessene niedrigere Schwellenwerte festgelegt werden.

Artikel 13 Anforderungen

(1) Unbeschadet der anderen Anforderungen des Gemeinschaftsrechts hinsichtlich der Kennzeichnung von Lebensmitteln gelten für Lebensmittel, die unter diesen Abschnitt fallen, folgende spezifische Kennzeichnungsanforderungen:

a) Besteht das Lebensmittel aus mehr als einer Zutat, ist der Zusatz „genetisch verändert" oder „aus genetisch verändertem [Bezeichnung der Zutat] hergestellt" in dem in Artikel 6 der Richtlinie 2000/13/EG vorgesehenen Verzeichnis der Zutaten in Klammern unmittelbar nach der betreffenden Zutat aufzuführen.

b) Wird die Zutat mit dem Namen einer Kategorie bezeichnet, sind die Wörter „enthält genetisch veränderten [Bezeichnung des Organismus]" oder „enthält aus genetisch verändertem [Bezeichnung des Organismus] hergestellte(n) [Bezeichnung der Zutat]" in dem Verzeichnis der Zutaten aufzuführen.

c) Wird kein Verzeichnis der Zutaten angegeben, sind die Wörter „genetisch verändert" oder „aus genetisch verändertem [Bezeichnung des Organismus] hergestellt" deutlich auf dem Etikett anzubringen.

d) Die unter den Buchstaben a) und b) genannten Angaben können in einer Fußnote zum Verzeichnis der Zutaten aufgeführt werden. In diesem Fall sind sie in einer Schriftgröße zu drucken, die mindestens so groß ist wie die Schriftgröße in dem Verzeichnis der Zutaten. Wird kein Verzeichnis der Zutaten angegeben, sind die Angaben deutlich auf dem Etikett anzubringen.

e) Wird das Lebensmittel dem Endverbraucher unverpackt oder in kleinen Verpackungen angeboten, deren größte Oberfläche 10 cm^2 unterschreitet, sind die in diesem Absatz geforderten Angaben entweder auf oder in unmittelbarem Zusammenhang mit der Auslage des Lebensmittels oder aber auf der Verpackung in dauerhafter und sichtbarer Form anzubringen, und zwar in einer Schriftgröße, die gute Lesbarkeit und Identifizierbarkeit gewährleistet.

(2) Neben den in Absatz 1 genannten Kennzeichnungsanforderungen sind in folgenden Fällen auf der Etikettierung auch alle Merkmale oder Eigenschaften gemäß der Zulassung anzugeben,

a) sofern ein Lebensmittel sich von dem entsprechenden herkömmlichen Erzeugnis in Bezug auf die folgenden Merkmale und Eigenschaften unterscheidet:

   i) Zusammensetzung,

   ii) Nährwert oder nutritive Wirkungen,

   iii) Verwendungszweck,

   iv) Auswirkungen auf die Gesundheit bestimmter Bevölkerungsgruppen;

b) sofern ein Lebensmittel Anlass zu ethischen oder religiösen Bedenken geben könnte.

(3) Neben den in Absatz 1 festgelegten Kennzeichnungsanforderungen und gemäß der Zulassung sind auf der Etikettierung von Lebensmitteln, die unter diesen Abschnitt fallen und zu denen es kein entsprechendes herkömmliches Erzeugnis gibt, die entsprechenden Informationen über Art und Merkmale der betreffenden Lebensmittel anzubringen.

Artikel 14 Durchführungsbestimmungen

(1) Durchführungsbestimmungen zu diesem Abschnitt, unter anderem bezüglich der Maßnahmen, die die Unternehmer treffen müssen, um den Kennzeichnungsanforderungen nachzukommen, können nach dem in Artikel 35 Absatz 2 genannten Verfahren erlassen werden.

(2) Nach dem in Artikel 35 Absatz 2 genannten Verfahren können besondere Bestimmungen für die von Anbietern von Gemeinschaftsverpflegung, die Lebensmittel an den Endverbraucher abgeben, zu erteilenden Informationen erlassen werden.

Zur Berücksichtigung der besonderen Situation von Anbietern von Gemeinschaftsverpflegung kann in diesen Bestimmungen die Anpassung der Anforderungen des Artikels 13 Absatz 1 Buchstabe e) vorgesehen werden.

Verordnung (EG) Nr. 1830/2003 des Europäischen Parlaments und des Rates

vom 22. September 2003 über die Rückverfolgbarkeit und Kennzeichnung von genetisch veränderten Organismen und über die Rückverfolgbarkeit von aus genetisch veränderten Organismen hergestellten Lebensmitteln und Futtermitteln sowie zur Änderung der Richtlinie 2001/18/EG

Artikel 4   Bestimmungen über die Rückverfolgbarkeit und Kennzeichnung von Produkten, die aus GVO bestehen oder GVO enthalten

A. Rückverfolgbarkeit

(1) In der ersten Phase des Inverkehrbringens eines Produkts, das aus GVO besteht oder GVO enthält, einschließlich Massengut, gewährleisten die Beteiligten, dass dem Beteiligten, der das Produkt bezieht, schriftlich Folgendes übermittelt wird:

a) die Angabe, dass es GVO enthält oder aus GVO besteht;

b) der/die den betreffenden GVO nach Artikel 8 zugeteilte(n) spezifische(n) Erkennungsmarker.

(2) In allen nachfolgenden Phasen des Inverkehrbringens des in Absatz 1 genannten Produkts gewährleisten die Beteiligten, dass dem Beteiligten, der das Produkt bezieht, die nach Absatz 1 erhaltenen Angaben schriftlich übermittelt werden.

(3) Bei aus GVO-Gemischen bestehenden oder GVO-Gemische enthaltenden Produkten, die ausschließlich und unmittelbar als Lebensmittel oder Futtermittel oder zur Verarbeitung verwendet werden sollen, kann die Angabe gemäß Absatz 1 Buchstabe b) durch eine Erklärung des Beteiligten über diese Verwendung zusammen mit einem Verzeichnis der spezifischen Erkennungsmarker für sämtliche GVO ersetzt werden, aus denen das Gemisch zusammengestellt wurde.

(4) Unbeschadet des Artikels 6 müssen die Beteiligten über Systeme und standardisierte Verfahren verfügen, mit denen die Angaben nach den Absätzen 1, 2 und 3 gespeichert werden können und während eines Zeitraums von fünf Jahren nach jeder Transaktion ermittelt werden kann, von welchem Beteiligten und für welchen Beteiligten das in Absatz 1 genannte Produkt bereitgestellt worden ist.

(5) Die Absätze 1 bis 4 lassen andere spezifische Bestimmungen des Gemeinschaftsrechts unberührt.

B. Kennzeichnung

(6) Bei Produkten, die aus GVO bestehen oder GVO enthalten, stellen die Beteiligten sicher, dass

a) bei vorverpackten Produkten, die aus GVO bestehen oder GVO enthalten, der Vermerk „Dieses Produkt enthält genetisch veränderte Organismen" oder „Dieses Produkt enthält [Bezeichnung des Organismus/der Organismen], genetisch verändert" auf dem Etikett erscheint;

b) bei nicht vorverpackten Produkten, die dem Endverbraucher angeboten werden, der Vermerk „Dieses Produkt enthält genetisch veränderte Organismen" oder „Dieses Produkt enthält [Bezeichnung des Organismus/der Organismen], genetisch verändert" auf dem Behältnis, in dem das Produkt dargeboten wird, oder im Zusammenhang mit der Darbietung des Produkts erscheint.

Dieser Absatz lässt andere spezifische Bestimmungen des Gemeinschaftsrechts unberührt.

C. Ausnahmen

(7) Die Absätze 1 bis 6 gelten nicht für Spuren von GVO in Produkten mit einem Anteil, der nicht höher ist als die gemäß Artikel 21 Absatz 2 oder Absatz 3 der Richtlinie 2001/18/EG und gemäß anderen spezifischen Gemeinschaftsvorschriften festgelegten Schwellenwerte, sofern diese Spuren von GVO zufällig oder technisch nicht zu vermeiden sind.

(8) Die Absätze 1 bis 6 gelten nicht für Spuren von GVO in Produkten, die für die unmittelbare Verwendung als Lebens- oder Futtermittel oder zur Verarbeitung vorgesehen sind, mit einem Anteil, der nicht höher ist als die gemäß den Artikeln 12, 24 oder 47 der Verordnung (EG) Nr. 1829/2003 für solche GVO festgelegten Schwellenwerte, sofern diese Spuren von GVO zufällig oder technisch nicht zu vermeiden sind.

Artikel 5 Bestimmungen über die Rückverfolgbarkeit von aus GVO hergestellten Lebensmitteln und Futtermitteln

(1) Beim Inverkehrbringen eines aus GVO hergestellten Produkts gewährleisten die Beteiligten, dass dem Beteiligten, der das Produkt bezieht, schriftlich Folgendes übermittelt wird:

a) die Angabe jeder einzelnen aus GVO hergestellten Lebensmittelzutat;

b) die Angabe jedes einzelnen aus GVO hergestellten Futtermittel-Ausgangserzeugnisses oder Zusatzstoffs;

c) bei Produkten ohne Verzeichnis der Zutaten die Angabe, dass das Produkt aus GVO hergestellt wurde.

(2) Unbeschadet des Artikels 6 müssen die Beteiligten über Systeme und standardisierte Verfahren verfügen, mit denen die Angaben nach Absatz 1 gespeichert werden können und während eines Zeitraums von fünf Jahren nach jeder Transaktion ermittelt werden kann, von welchem Beteiligten und für welchen Beteiligten das in Absatz 1 genannte Produkt bereitgestellt worden ist.

(3) Die Absätze 1 und 2 lassen andere spezifische Bestimmungen des Gemeinschaftsrechts unberührt.

(4) Die Absätze 1, 2 und 3 gelten nicht für Spuren von GVO in aus GVO hergestellten Lebens- oder Futtermitteln mit einem Anteil, der nicht höher ist als die gemäß den Artikeln 12, 24 oder 47 der Verordnung (EG) Nr. 1829/2003 für solche GVO festgelegten Schwellenwerte, sofern diese Spuren von GVO zufällig oder technisch nicht zu vermeiden sind.

Artikel 6   Ausnahmen

(1) In Fällen, in denen das Gemeinschaftsrecht spezifische Identifizierungsverfahren wie die Nummerierung von Posten vorverpackter Produkte vorschreibt, sind die Beteiligten nicht verpflichtet, die in Artikel 4 Absätze 1, 2 und 3 sowie in Artikel 5 Absatz 1 genannten Angaben zu speichern, sofern diese Angaben und die Postennummer deutlich auf der Verpackung vermerkt sind und die Informationen zu den Postennummern während der in Artikel 4 Absatz 4 und Artikel 5 Absatz 2 genannten Zeiträume gespeichert werden.

(2) Absatz 1 gilt nicht für die erste Phase des Inverkehrbringens eines Produkts oder für die eigentliche Herstellung oder das Umverpacken eines Produkts.

WTO-Übereinkommen: Anhang 1A

(Anmerkung des Verfassers:

Die WTO-Texte werden aus Gründen der Verständlichkeit in der deutschen Übersetzung angegeben. In der Arbeit berücksichtigt wurde aber primär die authentische englische Fassung.)

Multilaterale Handelsübereinkünfte

Allgemeine Auslegungsregel zu Anhang 1A:

Bei Vorliegen eines Widerspruchs zwischen Bestimmungen des Allgemeinen Zoll- und Handelsabkommens 1994 und Bestimmungen einer anderen Übereinkunft in Anhang 1A des Abkommens zur Errichtung der Welthandelsorganisation (im folgenden „WTO-Abkommen" genannt) sind die Bestimmungen der anderen Übereinkunft maßgebend.

Übereinkommen über die Anwendung gesundheitspolizeilicher und pflanzenschutzrechtlicher Maßnahmen

Die Mitglieder –

unter erneuter Bekräftigung der Tatsache, daß kein Land daran gehindert werden soll, Maßnahmen zum Schutz des Lebens oder der Gesundheit von Menschen, Tieren oder Pflanzen zu treffen, sofern solche Maßnahmen nicht so angewendet werden, daß sie ein Mittel zur willkürlichen oder ungerechtfertigten Diskriminierung zwischen Ländern, in denen die gleichen Bedingungen herrschen, oder eine verschleierte Beschränkung des internationalen Handels darstellen;

in dem Wunsch, die Gesundheit von Menschen und Tieren und die pflanzenschutzrechtliche Lage im Gebiet aller Mitglieder zu verbessern;

in der Erkenntnis, daß gesundheitspolizeiliche und pflanzenschutzrechtliche Maßnahmen häufig aufgrund von bilateralen Abkommen oder Protokollen angewendet werden;

in dem Wunsch, einen multilateralen Rahmen von Regeln und Disziplinen für die Entwicklung, Annahme und Durchsetzung von gesundheitspolizeilichen und pflanzenschutzrechtlichen Maßnahmen zu schaffen, um deren nachteilige Auswirkungen auf den Handel auf ein Mindestmaß zu beschränken;

in Anerkennung dessen, daß internationale Normen, Richtlinien und Empfehlungen in dieser Hinsicht einen wichtigen Beitrag leisten können;

in dem Wunsch, die Anwendung von gesundheitspolizeilichen und pflanzenschutzrechtlichen Maßnahmen zu fördern, die zwischen den Mitgliedern auf der Grundlage von internationalen Normen, Richtlinien und Empfehlungen, die von den zuständigen internationalen Organisationen einschließlich der Kommission des Codex Alimentarius, des Internationalen Tierseuchenamts und der im Rahmen der Internationalen Pflanzenschutzkonvention tätigen einschlägigen internationalen und regionalen Organisationen entwickelt worden sind, harmonisiert werden, ohne daß die Mitglieder gezwungen werden, das ihnen angemessen erscheinende Niveau des Schutzes des Leben oder der Gesundheit von Menschen, Tieren oder Pflanzen zu ändern;

in Anerkennung dessen, daß für Entwicklungsland-Mitglieder bei der Einhaltung der gesundheitspolizeilichen und pflanzenschutzrechtlichen Maßnahmen der Einfuhrmitglieder und folglich beim Marktzugang besondere Schwierigkeiten auftreten können, und in dem Wunsch, sie bei ihren Bemühungen auf diesem Gebiet zu unterstützen;

in dem Wunsch, dementsprechend Durchführungsbestimmungen zu den Artikeln des GATT 1994 auszuarbeiten, die die Anwendung gesundheitspolizeilicher und pflanzenschutzrechtlicher Maßnahmen betreffen, insbesondere zu Artikel XX Buchstabe b)[1] –

kommen wie folgt überein:

---

[1] In diesem Übereinkommen gilt die Bezugnahme auf Artikel XX Buchstabe b) auch für die einführenden Bestimmungen zu diesem Artikel.

Artikel 1   Allgemeine Bestimmungen

1. Dieses Übereinkommen gilt für alle gesundheitspolizeilichen und pflanzenschutzrechtlichen Maßnahmen, die sich mittelbar oder unmittelbar auf den internationalen Handel auswirken können. Solche Maßnahmen werden gemäß diesem Übereinkommen entwickelt und angewendet.

2. Für die Zwecke dieses Übereinkommens gelten die Definitionen in Anhang A.

3. Die Anhänge sind Bestandteil dieses Übereinkommens.

4. Dieses Übereinkommen lässt die Rechte der Mitglieder nach dem Übereinkommen über technische Handelshemmnisse in bezug auf nicht in den Geltungsbereich dieses Übereinkommens fallende Maßnahmen unberührt.

Artikel 2   Grundlegende Rechte und Pflichten

1. Die Mitglieder haben das Recht, gesundheitspolizeiliche und pflanzenschutzrechtliche Maßnahmen zu treffen, die zum Schutz des Lebens oder der Gesundheit von Menschen, Tieren oder Pflanzen notwendig sind, sofern solche Maßnahmen nicht im Widerspruch zu diesem Übereinkommen stehen.

2. Die Mitglieder stellen sicher, daß eine gesundheitspolizeiliche oder pflanzenschutzrechtliche Maßnahme nur insoweit angewendet wird, wie dies zum Schutz des Lebens oder der Gesundheit von Menschen, Tieren oder Pflanzen notwendig ist, auf wissenschaftlichen Grundsätzen beruht und ausser in Fällen nach Artikel 5 Absatz 7 nicht ohne hinreichenden wissenschaftlichen Nachweis beibehalten wird.

3. Die Mitglieder stellen sicher, daß ihre gesundheitspolizeilichen und pflanzenschutzrechtlichen Maßnahmen keine willkürliche oder ungerechtfertigte Diskriminierung zwischen Mitgliedern, in denen die gleichen oder ähnliche Bedingungen herrschen, oder zwischen ihrem eigenen Gebiet und anderen Mitgliedern bewirken. Gesundheitspolizeiliche und pflanzenschutzrechtliche Maßnahmen werden nicht so angewendet, daß sie zu einer verschleierten Beschränkung des internationalen Handels führen.

4. Gesundheitspolizeiliche oder pflanzenschutzrechtliche Maßnahmen, die mit den einschlägigen Bestimmungen dieses Übereinkommens übereinstimmen, gelten als im Einklang mit den die Anwendung von gesundheitspolizeilichen oder pflanzenschutzrechtlichen Maßnahmen betreffenden Verpflichtungen der Mitglieder aufgrund des GATT 1994, insbesondere mit Artikel XX Buchstabe b).

Artikel 3   Harmonisierung

1. Mit dem Ziel, eine möglichst weitgehende Harmonisierung der gesundheitspolizeilichen und pflanzenschutzrechtlichen Maßnahmen zu erreichen, stützen sich die Mitglieder bei ihren gesundheitspolizeilichen oder pflanzenschutzrechtlichen Maßnahmen auf internationale Normen, Richtlinien oder Empfehlungen, soweit diese bestehen, es sei denn, daß in diesem Übereinkommen und insbesondere in Absatz 3 etwas Gegenteiliges bestimmt ist.

2. Gesundheitspolizeiliche oder pflanzenschutzrechtliche Maßnahmen, die internationalen Normen, Richtlinien oder Empfehlungen entsprechen, gelten als notwendig zum Schutz des Lebens oder der Gesundheit von Menschen, Tieren oder Pflanzen und als im Einklang mit den einschlägigen Bestimmungen dieses Übereinkommens und des GATT 1994.

3. Die Mitglieder können gesundheitspolizeiliche oder pflanzenschutzrechtliche Maßnahmen einführen oder beibehalten, die ein höheres gesundheitspolizeiliches oder pflanzenschutzrechtliches Schutzniveau bewirken als das, welches durch Maßnahmen auf der Grundlage der einschlägigen internationalen Normen, Richtlinien oder Empfehlungen erreicht würde, wenn eine wissenschaftliche Begründung vorliegt oder sich dieses höhere Niveau als Folge des von einem Mitglied gemäß den einschlägigen Bestimmungen des Artikels 5 Absätze 1 bis 8 als angemessen festgelegten gesundheitspolizeilichen oder pflanzenschutzrechtlichen Schutzes ergibt[2]. Unbeschadet der vorstehenden Bestimmung dürfen Maßnahmen, die ein gesundheitspolizeiliches oder pflanzenschutzrechtliches Schutzniveau erreichen, das sich von dem unterscheidet, das durch auf internationalen Normen, Richtlinien oder Empfehlungen beruhende Maßnahmen erreicht würde, nicht im Widerspruch zu den übrigen Bestimmungen dieses Übereinkommens stehen.

4. Die Mitglieder beteiligen sich im Rahmen ihrer Möglichkeiten voll und ganz an den Arbeiten der zuständigen internationalen Organisationen und ihrer Unterorganisationen, insbesondere der Kommission des Codex Alimentarius, des Internationalen Tierseuchenamts und der im Rahmen der Internationalen Pflanzenschutzkonvention tätigen internationalen und regionalen Organisationen, um in deren Rahmen die Entwicklung und regelmässige Überprüfung von Normen, Richtlinien oder Empfehlungen in bezug auf alle Aspekte gesundheitspolizeilicher und pflanzenschutzrechtlicher Maßnahmen zu fördern.

5. Der Ausschuß für gesundheitspolizeiliche und pflanzenschutzrechtliche Maßnahmen gemäß Artikel 12 Absätze 1 und 4 erarbeitet ein Verfahren zur Überwachung des internationalen Harmonisierungsprozesses und koordiniert die diesbezueglichen Anstrengungen mit den zuständigen internationalen Organisationen.

Artikel 4 Gleichwertigkeit

1. Die Mitglieder erkennen gesundheitspolizeiliche oder pflanzenschutzrechtliche Maßnahmen anderer Mitglieder als gleichwertig an, selbst wenn sich diese Maßnahmen von ihren eigenen oder von denen anderer mit der gleichen Ware handelnder Mitglieder unterscheiden, wenn das Ausfuhrmitglied dem Einfuhrmitglied objektiv nachweist, daß seine Maßnahmen das von dem Einfuhrmitglied als angemessen betrachtete gesundheitspolizeiliche oder pflanzenschutzrechtliche Schutzniveau erreichen. Für diesen Zweck erhält das Einfuhrmitglied auf Ersuchen vertretbaren Zugang zu Kontroll-, Prüf- und sonstigen einschlägigen Verfahren.

---

[2] Für die Zwecke des Artikels 3 Absatz 3 liegt eine wissenschaftliche Begründung vor, wenn ein Mitglied auf Grundlage einer Prüfung und Bewertung verfügbarer wissenschaftlicher Angaben gemäß den einschlägigen Bestimmungen dieses Übereinkommens festlegt, daß die einschlägigen internationalen Normen, Richtlinien oder Empfehlungen nicht ausreichen, um das für angemessen erachtete Schutzniveau zu erreichen.

2. Die Mitglieder treten auf Ersuchen in Konsultationen ein mit dem Ziel, bilaterale und multilaterale Übereinkünfte über die Anerkennung der Gleichwertigkeit bestimmter gesundheitspolizeilicher oder pflanzenschutzrechtlicher Maßnahmen zu erzielen.

Artikel 5 Risikobewertung und Festlegung des angemessenen gesundheitspolizeilichen oder pflanzenschutzrechtlichen Schutzniveaus

1. Die Mitglieder stellen sicher, daß ihre gesundheitspolizeilichen oder pflanzenschutzrechtlichen Maßnahmen auf einer den Umständen angepassten Bewertung der Gefahren für das Leben oder die Gesundheit von Menschen, Tieren oder Pflanzen beruhen, wobei die von den zuständigen internationalen Organisationen entwickelten Risikobewertungsmethoden zugrunde gelegt werden.

2. Bei der Bewertung der Gefahren berücksichtigen die Mitglieder das verfügbare wissenschaftliche Beweismaterial, die einschlägigen Verfahren und Produktionsmethoden, die einschlägigen Inspektions-, Probenahme- und Prüfverfahren, das Vorkommen bestimmter Krankheiten oder Schädlinge, das Bestehen schädlings- oder krankheitsfreier Gebiete, die einschlägigen ökologischen und Umweltbedingungen sowie Quarantäne oder sonstige Behandlungen.

3. Bei der Bewertung der Gefahren für das Leben oder die Gesundheit von Tieren oder Pflanzen und bei der Festlegung der Maßnahme, durch die ein angemessener gesundheitspolizeilicher oder pflanzenschutzrechtlicher Schutz vor solchen Gefahren erreicht werden soll, berücksichtigen die Mitglieder die einschlägigen wirtschaftlichen Faktoren, den potentiellen Schaden durch Produktions- oder Absatzausfälle im Falle der Einschleppung, des Auftretens oder der Verbreitung eines Schädlings oder einer Krankheit, die Kosten der Bekämpfung oder Ausrottung im Gebiet des Einfuhrmitglieds und die relative Kostenwirksamkeit alternativer Methoden zur Risikobegrenzung.

4. Bei der Festlegung des angemessenen gesundheitspolizeilichen oder pflanzenschutzrechtlichen Schutzniveaus berücksichtigen die Mitglieder das Ziel, die nachteiligen Auswirkungen auf den Handel auf ein Mindestmaß zu beschränken.

5. Mit dem Ziel einer konsequenten Anwendung des Konzepts eines angemessenen Niveaus des gesundheitspolizeilichen und pflanzenschutzrechtlichen Schutzes vor Gefahren für das Leben oder die Gesundheit von Menschen, Tieren oder Pflanzen vermeidet jedes Mitglied willkürliche oder ungerechtfertigte Unterschiede des Schutzniveaus, das er unter unterschiedlichen Umständen als angemessen erachtet, wenn solche Unterschiede zu Diskriminierung oder verschleierten Beschränkungen des internationalen Handels führen. Die Mitglieder arbeiten gemäß Artikel 12 Absatz 1, 2 und 3 im Ausschuß zusammen, um Richtlinien zur Förderung der praktischen Umsetzung dieser Bestimmung zu entwickeln. Bei der Entwicklung von Richtlinien berücksichtigt der Ausschuß alle einschlägigen Faktoren einschließlich der aussergewöhnlichen Natur von Gesundheitsrisiken für den Menschen, denen sich Personen freiwillig aussetzen.

6. Unbeschadet des Artikels 3 Absatz 2 stellen die Mitglieder bei der Einführung oder Beibehaltung von gesundheitspolizeilichen oder pflanzenschutzrechtlichen Maßnahmen zur Erreichung des angemessenen gesundheitspolizeilichen oder pflanzen-

schutzrechtlichen Schutzniveaus sicher, daß solche Maßnahmen nicht handelsbeschränkender sind als notwendig, um unter Berücksichtigung der technischen und wirtschaftlichen Durchführbarkeit[3] das angemessene gesundheitspolizeiliche oder pflanzenschutzrechtliche Schutzniveau zu erreichen.

7. In Fällen, in denen das einschlägige wissenschaftliche Beweismaterial nicht ausreicht, kann ein Mitglied gesundheitspolizeiliche oder pflanzenschutzrechtliche Maßnahmen vorübergehend auf der Grundlage der verfügbaren einschlägigen Angaben einschließlich Angaben zuständiger internationaler Organisationen sowie auf der Grundlage der von anderen Mitgliedern angewendeten gesundheitspolizeilichen oder pflanzenschutzrechtlichen Maßnahmen einführen. In solchen Fällen bemühen sich die Mitglieder, die notwendigen zusätzlichen Informationen für eine objektivere Risikobewertung einzuholen, und nehmen innerhalb einer vertretbaren Frist eine entsprechende Überprüfung der gesundheitspolizeilichen oder pflanzenschutzrechtlichen Maßnahme vor.

8. Hat ein Mitglied Grund zu der Annahme, daß eine bestimmte gesundheitspolizeiliche oder pflanzenschutzrechtliche Maßnahme, die von einem anderen Mitglied eingeführt oder beibehalten wird, seine Ausfuhren beschränkt oder beschränken könnte, und stützt sich die betreffende Maßnahme nicht auf die einschlägigen internationalen Normen, Richtlinien oder Empfehlungen oder gibt es keine solchen Normen, Richtlinien oder Empfehlungen, so kann eine Erläuterung der Gründe für diese gesundheitspolizeiliche oder pflanzenschutzrechtliche Maßnahme verlangt werden, die von dem Mitglied, das die Maßnahme beibehält, zu liefern ist.

Anhang A

Definitionen[4]

Für die Zwecke dieses Übereinkommens gelten die folgenden Definitionen:

1. Gesundheitspolizeiliche oder pflanzenschutzrechtliche Maßnahme – Jede Maßnahme, die angewendet wird

a) zum Schutz des Lebens oder der Gesundheit von Tieren oder Pflanzen im Gebiet des Mitglieds vor Gefahren, die durch die Einschleppung, das Auftreten oder die Verbreitung von Schädlingen, Krankheiten, krankheitsübertragenden oder krankheitsverursachenden Organismen entstehen;

b) zum Schutz des Lebens oder der Gesundheit von Menschen oder Tieren im Gebiet des Mitglieds vor Gefahren, die durch Zusätze, Verunreinigungen, Toxine oder

---

[3] Für die Zwecke des Artikels 5 Absatz 6 ist eine Maßnahme nicht handelsbeschränkender als notwendig, wenn keine andere Maßnahme und vertretbaren technischen und wirtschaftlichen Bedingungen zur Verfügung steht, die das angemessene Schutzniveau erreicht und wesentlich weniger handelsbeschränkend ist.

[4] Für die Zwecke dieser Definitionen schließt der Begriff „Tiere" Fische und wildlebende Tiere, der Begriff „Pflanzen" Wälder und wildlebende Pflanzen, der Begriff „Schädlinge" Unkraut und der Begriff „Verunreinigungen" Rückstände von Pestiziden und Tierarzneimitteln sowie Fremdstoffe mit ein.

krankheitsverursachende Organismen in Nahrungsmitteln, Getränken oder Futtermitteln entstehen;

c) zum Schutz des Lebens oder der Gesundheit von Menschen im Gebiet des Mitglieds vor Gefahren, die durch von Tieren, Pflanzen oder Waren daraus übertragene Krankheiten oder durch die Einschleppung, das Auftreten oder die Verbreitung von Schädlingen entstehen;

d) zur Verhütung oder Begrenzung sonstiger Schäden im Gebiet des Mitglieds, die durch die Einschleppung, das Auftreten oder die Verbreitung von Schädlingen entstehen.

Zu den gesundheitspolizeilichen oder pflanzenschutzrechtlichen Maßnahmen gehören alle einschlägigen Gesetze, Erlasse, Verordnungen, Auflagen und Verfahren, einschließlich Kriterien in bezug auf das Endprodukt, ferner Verfahren und Produktionsmethoden, Prüf-, Inspektions-, Zertifizierungs- und Genehmigungsverfahren, Quarantänemaßnahmen einschließlich der einschlägigen Vorschriften für die Beförderung von Tieren oder Pflanzen oder die für ihr Überleben während der Beförderung notwendigen materiellen Voraussetzungen, Bestimmungen über einschlägige statistische Verfahren, Verfahren der Probenahme und der Risikobewertung sowie unmittelbar mit der Sicherheit von Nahrungsmitteln zusammenhängende Verpackungs- und Kennzeichnungsvorschriften.

2. Harmonisierung – Die Festlegung, Anerkennung und Anwendung gemeinsamer gesundheitspolizeilicher und pflanzenschutzrechtlicher Maßnahmen durch verschiedene Mitglieder.

3. Internationale Normen, Richtlinien und Empfehlungen

a) für die Nahrungsmittelsicherheit die Normen, Richtlinien und Empfehlungen der Kommission des Codex Alimentarius in bezug auf Nahrungsmittelzusätze, Rückstände von Tierarzneimitteln und Pestiziden, Verunreinigungen, Analyse- und Probenahmemethoden sowie Verhaltenskodizes und Richtlinien für die Praxis;

b) für Tiergesundheit und Zoonosen die Normen, Richtlinien und Empfehlungen, die unter der Schirmherrschaft des Internationalen Tierseuchenamts entwickelt werden;

c) für Pflanzengesundheit die internationalen Normen, Richtlinien und Empfehlungen, die unter der Schirmherrschaft des Sekretariats der Internationalen Pflanzenschutzkonvention in Zusammenarbeit mit im Rahmen der Internationalen Pflanzenschutzkonvention tätigen regionalen Organisationen entwickelt werden;

d) für Angelegenheiten, die nicht durch die obengenannten Organisationen abgedeckt sind, geeignete Normen, Richtlinien und Empfehlungen anderer einschlägiger internationaler Organisationen, deren Mitgliedschaft nach Feststellung des Ausschusses allen Mitgliedern offensteht.

4. Risikobewertung – Die Bewertung der Wahrscheinlichkeit der Einschleppung, des Auftretens oder der Verbreitung von Schädlingen oder Krankheiten im Gebiet eines Einfuhrmitglieds unter Berücksichtigung der gesundheitspolizeilichen oder pflanzenschutzrechtlichen Maßnahmen, die angewendet werden könnten, und der potentiellen biologischen oder wirtschaftlichen Folgen oder die Bewertung der möglichen schädlichen Auswirkungen auf die Gesundheit von Menschen oder Tieren, die durch

das Vorkommen von Zusätzen, Verunreinigungen, Toxinen oder krankheitsverursachenden Organismen in Nahrungsmitteln, Getränken oder Futtermitteln entstehen.

5. Angemessenes gesundheitspolizeiliches oder pflanzenschutzrechtliches Schutzniveau – Das Schutzniveau, das von dem Mitglied, welches eine gesundheitspolizeiliche oder pflanzenschutzrechtliche Maßnahme zum Schutz des Lebens oder der Gesundheit von Menschen, Tieren oder Pflanzen in seinem Gebiet trifft, als angemessen erachtet wird.

Anmerkung: Viele Mitglieder bezeichnen diesen Begriff ansonsten als „annehmbares Risikoniveau".

Übereinkommen über technische Handelshemmnisse

Die Mitglieder –

im Hinblick auf die Multilateralen Handelsverhandlungen der Uruguay-Runde,

in dem Wunsch, die Ziele des GATT 1994 zu fördern,

in Anerkennung des bedeutenden Beitrages, den internationalen Normen und Konformitätsbewertungssysteme durch Verbesserung der Leistungsfähigkeit der Produktion und Erleichterung des internationalen Handels in dieser Hinsicht leisten können,

in dem Wunsch, die Entwicklung solcher internationaler Normen und Konformitätsbewertungssysteme zu fördern,

in dem Wunsch, dennoch sicherzustellen, daß technische Vorschriften und Normen einschließlich Erfordernisse der Verpackung, Kennzeichnung und Beschriftung sowie Verfahren zur Bewertung der Übereinstimmung mit technischen Vorschriften und Normen keine unnötigen Hemmnisse für den internationalen Handel schaffen,

in Anerkennung dessen, daß kein Land daran gehindert werden sollte, auf als geeignet erachteter Ebene Maßnahmen zu treffen, die notwendig sind, um die Qualität seiner Ausfuhren zu erhalten, das Leben oder die Gesundheit von Menschen, Tieren oder Pflanzen sowie die Umwelt zu schützen oder irreführende Praktiken zu verhindern, sofern solche Maßnahmen nicht so angewendet werden, daß sie ein Mittel zur willkürlichen oder ungerechtfertigten Diskriminierung zwischen Ländern, in denen die gleichen Bedingungen herrschen, oder eine verschleierte Beschränkung des internationalen Handels darstellen, und ansonsten mit diesem Übereinkommen übereinstimmen,

in Anerkennung dessen, daß kein Land daran gehindert werden sollte, Maßnahmen zu treffen, die für den Schutz seiner wesentlichen Sicherheitsinteressen notwendig sind,

in Anerkennung des Beitrags, den die internationale Normung zum Technologietransfer aus Industrieland-Mitgliedern nach Entwicklungsland-Mitgliedern leisten kann,

in Anerkennung dessen, daß für die Entwicklungsland-Mitglieder bei der Ausarbeitung und Anwendung technischer Vorschriften und Normen und Verfahren für die Bewertung der Übereinstimmung mit technischen Vorschriften und Normen besondere Schwierigkeiten auftreten können, und in dem Wunsch, sie bei ihren Bemühungen auf diesem Gebiet zu unterstützen –

kommen wie folgt überein:

Artikel 1 Allgemeine Bestimmungen

1.1. Die allgemeinen Begriffe für Normung und Konformitätsbewertungsverfahren haben normalerweise unter Berücksichtigung ihres Zusammenhangs und im Hinblick auf die Ziele und Zwecke dieses Übereinkommens die Bedeutung, die ihnen durch die im Rahmen der Vereinten Nationen und durch internationale Normenorganisationen angenommenen Definitionen gegeben wurden.

1.2. Für die Zwecke dieses Übereinkommens werden die Begriffe jedoch in der in Anhang I aufgeführten Bedeutung verwendet.

1.3. Alle Waren einschließlich Industrieprodukte und landwirtschaftliche Erzeugnisse fallen unter dieses Übereinkommen.

1.4. Einkaufsspezifikationen, die von staatlichen Stellen für die Produktion oder den Verbrauch durch staatliche Stellen erstellt werden, fallen nicht unter dieses Übereinkommen, sondern sind Gegenstand des Übereinkommens über das öffentliche Beschaffungswesen gemäß seinem Geltungsbereich.

1.5. Dieses Übereinkommen gilt nicht für gesundheitspolizeiliche und pflanzenschutzrechtliche Maßnahmen, die in Anhang A des Übereinkommens über die Anwendung gesundheitspolizeilicher und pflanzenschutzrechtlicher Maßnahmen beschrieben sind.

1.6. Jede Bezugnahme in diesem Übereinkommen auf technische Vorschriften, Normen und Konformitätsbewertungsverfahren ist so auszulegen, daß sie auch alle Änderungen hierzu sowie alle Ergänzungen der Regeln oder der in deren Anwendungsbereich fallenden Waren, ausgenommen Änderungen und Ergänzungen unbedeutender Art, einschließt.

Technische Vorschriften und Normen

Artikel 2 Ausarbeitung, Annahme und Anwendung technischer Vorschriften durch Stellen der Zentralregierung

In bezug auf die Stellen der Zentralregierung gilt folgendes:

2.1. Die Mitglieder stellen sicher, daß aus dem Gebiet eines anderen Mitglieds eingeführte Waren in bezug auf technische Vorschriften eine nicht weniger günstige Behandlung erhalten als gleichartige Waren inländischen Ursprungs oder gleichartige Waren mit Ursprung in einem anderen Land.

2.2. Die Mitglieder stellen sicher, daß technische Vorschriften nicht in der Absicht oder mit der Wirkung ausgearbeitet, angenommen oder angewendet werden, unnötige Hemmnisse für den internationalen Handel zu schaffen. Zu diesem Zweck sind technische Vorschriften nicht handelsbeschränkender als notwendig, um ein berechtigtes Ziel zu erreichen, wobei die Gefahren, die entständen, wenn dieses Ziel nicht erreicht würde, berücksichtigt werden. Berechtigte Ziele sind unter anderem Erfordernisse der nationalen Sicherheit, Verhinderung irreführender Praktiken, Schutz der Gesundheit und Sicherheit von Menschen, des Lebens oder der Gesundheit von Tieren und Pflanzen oder der Umwelt. Bei der Bewertung solcher Gefahren werden unter anderem verfügbare wissenschaftliche und technische Informationen, verwandte Produktionstechniken oder der beabsichtigte Endverbrauch der Waren zugrunde gelegt.

2.3. Technische Vorschriften werden nicht beibehalten, wenn die Umstände oder Ziele, die zu ihrer Annahme geführt haben, nicht mehr bestehen oder wenn veränderte Umstände oder Ziele in einer weniger handelsbeschränkenden Weise behandelt werden können.

2.4. Soweit technische Vorschriften erforderlich sind und einschlägige internationale Normen bestehen oder deren Fertigstellung unmittelbar bevorsteht, verwenden die Mitglieder diese oder die einschlägigen Teile derselben als Grundlage für ihre technischen Vorschriften, es sei denn, diese internationalen Normen oder die einschlägigen Teile derselben wären unwirksame oder ungeeignete Mittel zur Erreichung der angestrebten berechtigten Ziele, zum Beispiel wegen grundlegender klimatischer oder geographischer Faktoren oder grundlegender technologischer Probleme.

2.5. Bei der Ausarbeitung, Annahme oder Anwendung einer technischen Vorschrift, die eine erhebliche Auswirkung auf den Handel anderer Mitglieder haben kann, erläutert das Mitglied auf Ersuchen eines anderen Mitglieds die Rechtfertigung dieser technischen Vorschrift im Sinne der Absätze 2 bis 4. Wird eine technische Vorschrift für eines der in Absatz 2 ausdrücklich genannten Ziele ausgearbeitet, angenommen oder angewendet und ist sie konform mit einschlägigen internationalen Normen, so besteht die widerlegbare Vermutung, daß sie kein unnötiges Hemmnis für den internationalen Handel schafft.

2.6. Die Mitglieder beteiligen sich im Rahmen ihrer Möglichkeiten und mit dem Ziel, eine möglichst weitgehende Harmonisierung der technischen Vorschriften zu erreichen, voll und ganz an der Ausarbeitung von internationalen Normen durch die zuständigen internationalen Normenorganisationen, wenn sie für die betreffenden Waren technische Vorschriften angenommen haben oder vorsehen.

2.7. Die Mitglieder prüfen wohlwollend die Anerkennung der Gleichwertigkeit technischer Vorschriften anderer Mitglieder, selbst wenn sich diese Vorschriften von ihren eigenen unterscheiden, sofern sie sich davon überzeugt haben, daß durch diese Vorschriften die Ziele ihrer eigenen Vorschriften angemessen erreicht werden.

2.8. Soweit angebracht, umschreiben die Mitglieder die technischen Vorschriften eher in bezug auf die Gebrauchstauglichkeit als in bezug auf Konstruktion oder beschreibende Merkmale.

2.9. Besteht keine einschlägige internationale Norm oder weicht der technische Inhalt einer entworfenen technischen Vorschrift wesentlich vom technischen Inhalt einschlägiger internationaler Normen ab und kann die technische Vorschrift eine erhebliche Auswirkung auf den Handel anderer Mitglieder haben, so werden die Mitglieder

2.9.1. die beabsichtigte Einführung einer bestimmten technischen Vorschrift zu einem angemessenen frühen Zeitpunkt in einem Publikationsorgan so bekanntmachen, daß interessierte Parteien anderer Mitglieder davon Kenntnis nehmen können;

2.9.2. den anderen Mitgliedern über das Sekretariat die Waren notifizieren, für die die entworfenen technischen Vorschriften gelten werden, und kurz Zweck und Gründe der Einführung dieser Vorschriften angeben. Solche Notifikationen erfolgen zu einem angemessen frühen Zeitpunkt, wenn noch Änderungen angebracht und Bemerkungen in Betracht gezogen werden können;

2.9.3. auf Ersuchen anderen Mitgliedern Einzelheiten oder Kopien der entworfenen technischen Vorschriften zur Verfügung stellen und, sofern möglich, die Teile bezeichnen, deren Inhalt wesentlich von den einschlägigen internationalen Normen abweicht;

2.9.4. anderen Mitgliedern ohne Diskriminierung eine angemessene Frist für schriftliche Bemerkungen einräumen, diese Bemerkungen auf Ersuchen erörtern sowie die schriftlichen Bemerkungen und die Ergebnisse der Erörterungen in Betracht ziehen.

2.10. Vorbehaltlich der einführenden Bestimmungen des Absatzes 9 kann ein Mitglied, sofern es dies als notwendig erachtet, in Absatz 9 aufgezählte Schritte unterlassen, wenn sich für es dringende Probleme der Sicherheit, der Gesundheit, des Umweltschutzes oder der nationalen Sicherheit ergeben oder zu ergeben drohen, vorausgesetzt, daß dieses Mitglied nach Annahme einer technischen Vorschrift

2.10.1. den anderen Mitgliedern über das Sekretariat unverzüglich die betreffende technische Vorschrift und die Waren, für die sie gilt, sowie den Zweck und die Gründe der Einführung der technischen Vorschrift einschließlich der Art der dringenden Probleme notifiziert;

2.10.2. auf Ersuchen den anderen Mitgliedern Kopien der technischen Vorschrift zur Verfügung stellt;

2.10.3. anderen Mitgliedern ohne Diskriminierung die Möglichkeit einräumt, schriftliche Bemerkungen abzugeben, diese Bemerkungen auf Ersuchen erörtert sowie diese schriftlichen Bemerkungen und die Ergebnisse dieser Erörterungen in Betracht zieht.

2.11. Die Mitglieder stellen sicher, daß alle angenommenen technischen Vorschriften unverzüglich so veröffentlicht oder in anderer Weise verfügbar gemacht werden, daß die interessierten Parteien anderer Mitglieder davon Kenntnis nehmen können.

2.12. Sofern keine der in Absatz 10 erwähnten dringenden Umstände vorliegen, räumen die Mitglieder zwischen der Veröffentlichung und dem Inkrafttreten technischer Vorschriften eine ausreichende Frist ein, damit die Hersteller in den Ausfuhrmitgliedern und vor allem in den Entwicklungsland-Mitgliedern Zeit haben, ihre Produkte oder Produktionsmethoden den Erfordernissen des Einfuhrmitglieds anzupassen.

Anhang 1

Begriffe und Definitionen für die Zwecke dieses Übereinkommens

Die Begriffe, die in dem ISO/IEC-Leitfaden 2 „Allgemeine Begriffe im Bereich der Normen und verwandter Tätigkeiten und ihre Definitionen" (6. Auflage, 1991) erfasst sind, haben in diesem Übereinkommen die Bedeutung, die der Definition in dem Leitfaden entspricht, wobei zu berücksichtigen ist, daß Dienstleistungen aus dem Geltungsbereich dieses Übereinkommens ausgenommen sind.

Für die Zwecke dieses Übereinkommens gelten jedoch die folgenden Definitionen:

1. Technische Vorschrift

Ein Dokument, das Merkmale eines Produkts oder die entsprechenden Verfahren und Produktionsmethoden einschließlich der anwendbaren Verwaltungsbestimmungen festlegt, deren Einhaltung zwingend vorgeschrieben ist. Es kann unter anderem oder ausschließlich Festlegungen über Terminologie, Bildzeichen sowie Verpackungs-,

Kennzeichnungs- oder Beschriftungserfordernisse für ein Produkt, ein Verfahren oder eine Produktionsmethode enthalten.

Erläuternde Bemerkung:

Die Definition in dem ISO/IEC-Leitfaden 2 ist nicht eigenständig zu verwenden, sondern beruht auf dem sogenannten „Bausteinsystem".

2. Norm

Ein von einer anerkannten Stelle angenommenes Dokument, das zur allgemeinen und wiederholten Anwendung Regeln, Richtlinien oder Merkmale für ein Produkt oder die entsprechenden Verfahren oder Produktionsmethoden festlegt, deren Einhaltung nicht zwingend vorgeschrieben ist. Es kann unter anderem oder ausschließlich Festlegungen über Terminologie, Bildzeichen sowie Verpackungs-, Kennzeichnungs- oder Beschriftungserfordernisse für ein Produkt, ein Verfahren oder eine Produktionsmethode enthalten.

Erläuternde Bemerkung:

Die Definitionen in dem ISO/IEC-Leitfaden 2 erfassen Produkte, Verfahren und Dienstleistungen. Dieses Übereinkommen erfasst nur technische Vorschriften, Normen und Konformitätsbewertungsverfahren in bezug auf Produkte oder Verfahren und Produktionsmethoden. Normen im Sinne des ISO/IEC-Leitfadens 2 können verbindlich oder freiwillig sein. Für die Zwecke dieses Übereinkommens werden Normen als freiwillig und technische Vorschriften als verbindlich definiert. Von der internationalen Normungsgemeinschaft ausgearbeitete Normen gründen sich auf Konsens. Dieses Übereinkommen erfasst auch Dokumente, die sich nicht auf Konsens gründen.

3. Konformitätsbewertungsverfahren

Jedes Verfahren, das mittelbar oder unmittelbar der Feststellung dient, daß einschlägige Erfordernisse in technischen Vorschriften oder Normen erfüllt sind.

Erläuternde Bemerkung:

Konformitätsbewertungsverfahren schließen unter anderem Verfahren für Probenahme, Prüfung und Kontrolle, Bewertung, Nachprüfung und Bescheinigung der Konformität, Registrierung, Akkreditierung und Genehmigung sowie Kombinationen solcher Verfahren ein.

4. Internationale Organisation oder internationales System

Eine Organisation oder ein System, der bzw. dem zuständige Stellen zumindest aller Mitglieder beitreten können.

Übersetzung

Protokoll von Cartagena über die biologische Sicherheit

zum Übereinkommen über die biologische Vielfalt

(9) in der Erkenntnis, dass sich Handels- und Umweltübereinkünfte wechselseitig stützen sollten, um eine nachhaltige Entwicklung zu erreichen;

(10) in Bekräftigung der Tatsache, dass dieses Protokoll nicht so auszulegen ist, als bedeute es eine Änderung der Rechte und Pflichten einer Vertragspartei aufgrund geltender völkerrechtlicher Übereinkünfte;

(11) in dem Verständnis, dass vorstehender Beweggrund nicht darauf abzielt, dieses Protokoll anderen völkerrechtlichen Übereinkünften unterzuordnen –

Artikel 1 Ziel

Im Einklang mit dem Vorsorgeprinzip in Grundsatz 15 der Erklärung von Rio über Umwelt und Entwicklung zielt dieses Protokoll darauf ab, zur Sicherstellung eines angemessenen Schutzniveaus bei der sicheren Weitergabe, Handhabung und Verwendung der durch moderne Biotechnologie hervorgebrachten lebenden veränderten Organismen, die nachteilige Auswirkungen auf die Erhaltung und nachhaltige Nutzung der biologischen Vielfalt haben können, beizutragen, wobei auch Risiken für die menschliche Gesundheit zu berücksichtigen sind und ein Schwerpunkt auf der grenzüberschreitenden Verbringung liegt.

Artikel 18 Handhabung, Transport, Verpackung und Identifizierung

(1) Um nachteilige Auswirkungen auf die Erhaltung und nachhaltige Nutzung der biologischen Vielfalt zu vermeiden, wobei auch Risiken für die menschliche Gesundheit zu berücksichtigen sind, erlässt jede Vertragspartei die erforderlichen Vorschriften, damit lebende veränderte Organismen bei der absichtlichen grenzüberschreitenden Verbringung innerhalb des Geltungsbereichs dieses Protokolls unter Berücksichtigung einschlägiger internationaler Regeln und Normen auf sichere Weise gehandhabt, verpackt und transportiert werden.

(2) Jede Vertragspartei sorgt dafür, dass die Begleitunterlagen folgende Angaben enthalten:

a) Bei lebenden veränderten Organismen, die zur unmittelbaren Verwendung als Lebens- oder Futtermittel oder zur Verarbeitung vorgesehen sind, muss aus den Unterlagen deutlich hervorgehen, dass diese Produkte lebende veränderte Organismen „enthalten können" und dass sie nicht zur absichtlichen Einbringung in die Umwelt bestimmt sind; auch muss eine Kontaktstelle für weitere Informationen genannt werden. Die Konferenz der Vertragsparteien, die als Tagung der Vertragsparteien dieses Protokolls dient, trifft spätestens zwei Jahre nach dem Inkrafttreten dieses Protokolls eine Entscheidung über die diesbezüglichen Anforderungen im Einzelnen einschließlich genauer Angaben zu ihrer Identität und einer eindeutigen Identifizierung;

...

(3) Die Konferenz der Vertragsparteien, die als Tagung der Vertragsparteien dieses Protokolls dient, prüft in Abstimmung mit anderen einschlägigen internationalen Gremien die Notwendigkeit und die näheren Einzelheiten der Entwicklung von Normen für Identifizierungs-, Handhabungs-, Verpackungs- und Transportverfahren.

Literaturverzeichnis

Abboud, Wisam: The WTO's Committee on Trade and Environment: Reconciling GATT 1994 with Unilateral Trade-Related Environmental Measures, European Environmental Law Review 2000, S. 147 ff.

Adler, Jonathan H.: More Sorry Than Safe: Assessing the Precautionary Principle and the Proposed International Biosafety Protocol, Texas International Law Journal 2000, S. 173 ff.

Albrecht, Franz-Josef: Konsumerismus und Konsumenteninformation, 1979.

Alexy, Robert: Theorie der Grundrechte, 2. Aufl., 1994.

Altemöller, Frank: Möglichkeiten und Grenzen der Berücksichtigung von Umweltschutzzielen in den Vertragstexten der Welthandelsorganisation: Die GATT/WTO-Spruchpraxis in umweltrelevanten Streitfällen, 1997.

– Welthandelsordnung und einzelstaatliche Umweltschutzpolitik – Ein Widerspruch?, Rabels Zeitschrift für ausländisches und internationales Privatrecht 2000, S. 213 ff.

Amtenbrink, Fabian: Harmonisierungsmaßnahmen im Binnenmarkt im Lichte der Entscheidung des Europäischen Gerichtshofes zur Tabakwerberichtlinie, Verbraucher und Recht 2001, S. 163 ff.

Appel, Ivo: Stufen der Risikoabwehr, Natur und Recht 1996, S. 227 ff.

– Europas Sorge um die Vorsorge, NVwZ 2001, S. 395 ff.

Appleton, Arthur Edmond: Environmental Labelling Programmes: International Trade Law Implications, 1997.

– The Labelling of GMO Products Pursuant to International Trade Rules, New York University Environmental Law Journal 2000, S. 566 ff.

Arnold, Dieter: Lebensmittelsicherheit und Vorsorge – medizinisch-naturwissenschaftlich begründete Anforderungen, ZLR 2000, S. 227 ff.

Babinard, Julie/*Josling,* Timothy: The Stakeholders and the Struggle for Public Opinion, Regulatory Control and Market Development, in: Nelson (Hrsg.), Genetically Modified Organisms in Agriculture, 2001, S. 81 ff.

Baram, Michael/*Juma,* Calestous/*Krimsky,* Sheldon/*King,* Rufus C.: Transgenic Agriculture: Biosafety and International Trade, Boston University Journal of Science and Technology Law 1998, S. 1 ff.

Barcelo, John J.: Product Standards to Protect the Local Environment – the GATT and the Uruguay Round Sanitary and Phytosanitary Agreement, Cornell International Law Journal 1994, S. 755 ff.

Barling, David: Environmental sustainability or commercial viability? Evolution of the EC Regulation on genetically modified foods, European Environment 1996, S. 48 ff.

Bartels, Lorand: Applicable Law in WTO Dispute Settlement Proceedings, Journal of World Trade 35(3), 2001, S. 499 ff.

Bartenhagen, Erik P.: The Intersection of Trade and the Environment: An Examination of the Impact of the TBT Agreement on Ecolabelling Programs, Virginia Environmental Law Journal 1997, S. 51 ff.

Bayerische Rück (Hrsg.): Risiko ist ein Konstrukt, 1993.

Beaucamp, Guy: Chancen und Risiken der Gentechnik, Natur und Recht 2001, S. 450 ff.

Bechmann, Gotthard: Risiko und Gesellschaft, 1993.

Becker-Schwarze, Kathrin/*Godt,* Christine/*Schlacke,* Sabine: Umweltrecht und Gentechnik, ZUR 1999, S. 2 ff.

Benedek, Wolfgang: Die Welthandelsorganisation, 1998.

Bentley, Philip: A Re-Assessment of Article XX, Paragraphs (b) and (g) of GATT 1994 in the Light of Growing Consumer and Environmental Concern about Biotechnology, Fordham International Law Journal 2000, S. 107 ff.

Berg, Werner: Kommentierung zu Art. 152 EGV, in: Schwarze (Hrsg.), EU-Kommentar, 2000.

– Kommentierung zu Art. 153 EGV, in: Schwarze (Hrsg.), EU-Kommentar, 2000.

Berg, Wilfried: Risikokommunikation als Bestandteil der Risikoanalyse, ZLR 2003, S. 527 ff.

– Riskmanagement im Rechtsstaat am Beispiel der Novel Food-Verordnung (NFV), ZLR 1998, S. 375 ff.

– Riskmanagement im Rechtsstaat am Beispiel der Novel Food-Verordnung (NFV), in: Streinz (Hrsg.), Neuartige Lebensmittel, 1999, S. 31 ff.

Bernasconi-Osterwalder, Nathalie: The Cartagena Protocol on Biosafety: A Multilateral Approach to Regulate GMOs, in: Weiss/Jackson (Hrsg.), Reconciling Environment and Trade, 2001, S. 689 ff.

Berrisch, Georg M./*Kamann,* Hans-Georg: WTO-Recht im Gemeinschaftsrecht – (k)eine Kehrtwende des EuGH, Europäisches Wirtschafts- und Steuerrecht 2000, S. 89 ff.

Beutler, Bengt/*Bieber,* Roland/*Pipkorn,* Jörn/*Streil,* Jochen: Die Europäische Union, 1993.

Beyerlin, Ulrich: Umweltvölkerrecht, 2000.

Biermann, Frank: The Rising Tide of Green Unilateralism in World Trade Law, Journal of World Trade 35(3), 2001, S. 421 ff.

Bjerregaard, Ritt: Labelling of Novel Foods – Providing full information to consumers, European Food Law Review 1998, S. 1 ff.

Blanpain, Robert (Hrsg.): International Encyclopaedia of Laws, 1999.

Böckenförde, Markus: Grüne Gentechnik und Welthandel, 2004.

von Bogdandy, Armin/*Makatsch,* Tilman: Kollision, Koexistenz oder Kooperation?, EuZW 2000, S. 261 ff.

Bohanes, Jan: Risk Regulation in WTO Law: A Procedure-Based Approach to the Precautionary Principle, Columbia Journal of Transnational Law 2002, S. 323 ff.

Böhm, Monika: Der Normmensch, 1996.

– Abschied vom Vorsorgeprinzip im umweltbezogenen Gesundheitsschutz, in: Lange (Hrsg.), Gesamtverantwortung statt Verantwortungsparzellierung im Umweltrecht, 1997, S. 43 ff.

– Das Vorsorgeprinzip im Lebensmittelrecht, ZLR 2000, S. 241 ff.

– Risikoregulierung und Risikokommunikation als interdisziplinäres Problem, NVwZ 2005, S. 609 ff.

Bothe, Michael: „Soft Law" in den Europäischen Gemeinschaften, in: von Münch (Hrsg.), Staatsrecht – Völkerrecht – Europarecht, Festschrift für Hans-Jürgen Schlochauer zum 75. Geburtstag, 1981, S. 761 ff.

Brandt, Edmund: Warnungen vor Gesundheitsrisiken – öffentlich rechtliche Probleme, in: Damm/Hart (Hrsg.), Rechtliche Regulierung von Gesundheitsrisiken, 1993, S. 187 ff.

Breuer, Rüdiger: Anlagensicherheit und Störfälle – Vergleichende Risikobewertung im Atom- und Immissionsschutzrecht, NVwZ 1990, S. 211 ff.

– Probabilistische Risikoanalysen und Gentechnikrecht, Natur und Recht 1994, S. 157 ff.

Bronckers, Marco/*McNelis,* Natalie: Rethinking the „Like Product" Definition in GATT 1994: Anti-Dumping and Environmental Protection, in: Cottier/Mavroidis (Hrsg.), Regulatory Barriers and the Principle of Non-Discrimination in World Trade Law, 2000, S. 345 ff.

Bryde, Brun-Otto: Umweltschutz durch allgemeines Völkerrecht, Archiv für Völkerrecht, Bd. 31, 1993, S. 1 ff.

Buck, Matthias: Das Cartagena Protokoll über Biologische Sicherheit in seiner Bedeutung für das Verhältnis zwischen Umweltvölkerrecht und Welthandelsrecht, ZUR 2000, S. 319 ff.

Buckingham, Donald E./*Phillips,* Peter W. B.: Hot Potato, Hot Potato: Regulating Products of Biotechnology by the International Community, Journal of World Trade 35(1), 2001, S. 1 ff.

Bullock, David/*Nitsi,* Elisavet I.: GMO Adoption and Private Cost Savings: GR Soybeans and *Bt* Corn, in: Nelson (Hrsg.), Genetically Modified Organisms in Agriculture, 2001, S. 21 ff.

Bundesministerium für Umwelt, Naturschutz und Reaktorsicherheit: Umweltgesetzbuch (UGB-KomE), Entwurf der Unabhängigen Sachverständigenkommission zum

Umweltgesetzbuch beim Bundesministerium für Umwelt, Naturschutz und Reaktorsicherheit, 1998.

Burchardi, Jan-Erik: Labelling of Genetically Modified Organisms: A Possible Conflict with the WTO?, ZLR 2001, S. 83 ff.

Van Calster, Geert: International & EU Trade Law: The Environmental Challenge, 2000.

- Getting There Slowly: International Trade and Public Health in the WTO Asbestos Panel, European Environmental Law Review 2001, S. 113 ff.

- Health Protection and International Trade: Back on the Right Track after Appellate Body Intervention in Asbestos, European Environmental Law Journal 2001, S. 163 ff.

Cameron, James: Public Risk Management in English Law – Länderbericht Großbritannien, in: Riedel (Hrsg.), Risikomanagement im öffentlichen Recht, 1997, S. 151 ff.

Cameron, James/*Campbell,* Karen: Challenging the Boundaries of the DSU through Trade and Environment Disputes, in: Cameron/Campbell (Hrsg.), Dispute Resolution in the World Trade Organization, 1998, S. 204 ff.

Cameron, James/*Gray,* Kevin R.: Principles of International Law in the WTO Dispute Settlement Body, International and Comparative Law Quarterly 2001, S. 248 ff.

Cendrovicz, Leo: La problématique transatlantique de la biotechnologie et des OGM, Europe Environnemental (supplément) 1998, S. 1 ff.

Chang, Seung Wha: GATTing a Green Trade Barrier – Eco-Labelling and the WTO Agreement on Technical Barriers to Trade, Journal of World Trade 31(1), 1997, S. 137 ff.

Charnovitz, Steve: Environment and Health Under WTO Dispute Settlement, The International Lawyer 1998, S. 901 ff.

- The Supervision of Health and Biosafety Regulation by World Trade Rules, Tulane Environmental Law Journal 2000, S. 271 ff.

- The Law of Environmental „PPMS" in the WTO: Debunking the Myth of Illegality, Yale Journal of International Law 2002, S. 59 ff.

Citlak, Banu/*Kreyenfeld,* Michaela: Wahrnehmung von Umweltrisiken – Empirische Ergebnisse für die Bundesrepublik Deutschland, ZAU 1999, S. 112 ff.

Classen, Claus Dieter: Ein Herkunftslandsprinzip auf internationaler Ebene? Zur Rechtfertigung nationaler Lebensmittelstandards nach europäischem und internationalem Wirtschaftsrecht, UTR 49 (1999), S. 345 ff.

Cone, Sydney M.: The Asbestos Case and the Dispute Settlement in the World Trade Organization: The Uneasy Relationship between Panels and the Appellate Body, Michigan Journal of International Law 2001, S. 103 ff.

Cottier, Thomas: Dispute Settlement in the World Trade Organization: Characteristics and Structural Implications for the European Union, Common Market Law Review 1998, S. 325 ff.

Cozigou, Gwenole: Un nouveau cadre juridique pour les applications biotechnologiques dans le secteur alimentaire: le règlement „Nouveaux aliments", Revue du Marché Unique Européen 1997, S. 67 ff.

Cripps, Yvonne: Patenting Resources: Biotechnology and the Concept of Sustainable Development, Indiana Journal of Global Legal Studies 2001, S. 119 ff.

van den Daele, Wolfgang: Hintergründe der Wahrnehmung von Risiken der Gentechnik: Naturkonzepte und Risikosemantik, in: Bayerische Rück (Hrsg.), Risiko ist ein Konstrukt, 1993, S. 169 ff.

– Von rechtlicher Risikovorsorge zu politischer Planung, in: Bora (Hrsg.), Rechtliches Risikomanagement, 1999, S. 259 ff.

Damm, Reinhard/*Hart,* Dieter: Einleitung – Rechtliche Regulierung von Gesundheitsrisiken, in: Damm/Hart (Hrsg.), Rechtliche Regulierung von Gesundheitsrisiken, 1993, S. 7 ff.

Dannecker, Gerhard: Einfluß des EG-Rechts auf den strafrechtliche Täuschungsschutz im Lebensmittelrecht, WiVerw 1996, S. 190 ff.

– Sorgfaltspflichten im Hinblick auf das Inverkehrbringen und die Kennzeichnung neuartiger Lebensmittel und neuartiger Lebensmittelzutaten nach der Novel Food-Verordnung und der Neuartige-Lebensmittel- und Lebensmittel-Zutaten-Verordnung, ZLR 1998, S. 425 ff.

Darnstädt, Thomas: Gefahrenabwehr und Gefahrenvorsorge, 1983.

Dauses, Manfred A./*Sturm,* Michael: Rechtliche Grundlagen des Verbraucherschutzes im EU-Binnenmarkt, ZfRV 1996, S. 133 ff.

Davey, William J./*Pauwelyn,* Joost: MFN Unconditionality: A Legal Analysis of the Concept in Views of its Evolution in the GATT/WTO Jurisprudence with Particular Reference to the Issue of „Like Product", in: Cottier/Mavroidis (Hrsg.), Regulatory Barriers and the Principle of Non-Discrimination in World Trade Law, 2000, S. 13 ff.

Dederer, Hans-Georg: Gentechnikrecht im Wettbewerb der Systeme, 1998.

– Die neuen EG-Richtlinien über die ionisierende Bestrahlung von Lebensmitteln im welthandelsrechtlichen Rahmen der WTO, ZLR 1999, S. 695 ff.

– Kennzeichnung gentechnischer Lebensmittel nach Europäischem Gemeinschaftsrecht, EWS 1999, S. 247 ff.

– Neues von der Gentechnik, ZLR 2005, S. 307 ff.

– Novel Food im EG-Kennzeichnungsdickicht, Teil 1, ZFL 49, Nr. 5 (1998), S. 52 ff.

– Novel Food im EG-Kennzeichnungsdickicht, Teil 2, ZFL 49, Nr. 6 (1998), S. 46 ff.

Diem, Andreas: Freihandel und Umweltschutz in GATT und WTO, 1996.

Douma, Wybe Th.: The Precautionary Principle in the European Union, Review of European Community & International Environmental Law 2000, S. 132 ff.

Douma, Wybe Th./*Jacobs,* M.: The Beef Hormons Dispute and the Use of National Standards under WTO Law, EELR 1999, S. 137 ff.

Douma, Wybe Th.*/Matthee,* Marielle: Towards new EC rules on the Release of Genetically Modified Organisms, Review of European Community & International Law 1999, S. 152 ff.

Drews, Bill*/Wacke,* Gerhard*/Vogel,* Klaus*/Martens,* Wolfgang: Gefahrenabwehrrecht, 1986.

Driessen, Bart: New Opportunities or Trade Barrier in Disguise? The EC-Ecolabelling Scheme, European Environmental Law Review 1999, S. 5 ff.

Duvigneau, Johann Ludwig: Die Konstitutionalisierung des WTO-Rechts, Aussenwirtschaft 2001, S. 295 ff.

Echols, Marsha A.: Food Safety Regulation in the European Union and the United States: Different Cultures, Different Laws, Columbia Journal of European Law 1998, S. 525 ff.

Eckert, Dieter: Gestaltungsfragen des Lebensmittelrechts in Deutschland und Europa, ZLR 1991, S. 221 ff.

– Die neue Welthandelsordnung und ihre Bedeutung für den internationalen Verkehr mit Lebensmitteln, ZLR 1995, S. 363 ff.

– Auswirkungen des Vertrages von Amsterdam auf das Gemeinschaftrechtliche Lebensmittelrecht, ZLR 1998, S. 119 ff.

– Das Lebensmittelrecht an der Schwelle zum 21. Jahrhundert, ZLR 1999, S. 579 ff.

– 15. Sitzung des Codex Committees „General Principles" 10.–14. April 2000 in Paris, ZLR 2000, S. 414 ff.

Eeckhout, Piet: The Domestic Legal Status of the WTO Agreement: Interconnecting Legal Systems, Common Market Law Review 1997, S. 11 ff.

Eggers, Barbara: Die Entscheidung des WTO Appellate Body im Hormonfall, EuZW 1998, S. 147 ff.

Eggers, Barbara*/Mackenzie,* Ruth: The Cartagena Protocol on Biosafety, Journal of International Economic Law 2000, S. 525 ff.

Eiseman, Katy: Food Labeling: Free Trade, Consumer Choice, and Accountability, in: Weiss/Jackson (Hrsg.), Reconciling Environment and Trade, 2001, S. 373 ff.

Engel, Christoph: Risikovorsorge im demokratischen Rechtsstaat, Die Verwaltung 1996, S. 265 ff.

Engelbrechten, Ludolf von: Europäische Entwicklungen im Lebensmittelrecht, ZLR 2000, S. 428 ff.

Epiney, Astrid: Umweltrecht in der Europäischen Union, 1997.

– Welthandel und Umwelt, DVBl. 2000, S. 77 ff.

Di Fabio, Udo: Entscheidungsprobleme der Risikoverwaltung, Natur und Recht 1991, S. 353 ff.

– Gefahrbegriff und Nachmarktkontrolle, in: Damm/Hart (Hrsg.), Rechtliche Regulierung von Gesundheitsrisiken, 1993, S. 109 ff.

– Risikoentscheidungen im Rechtsstaat, 1994.

- Gefahr, Vorsorge, Risiko: Die Gefahrenabwehr unter dem Einfluß des Vorsorgeprinzips, Jura 1996, S. 566 ff.
- Information als hoheitliches Gestaltungsmittel, JuS 1997, S. 1 ff.
- Voraussetzungen und Grenzen des umweltrechtlichen Vorsorgeprinzips, in: Kley u. a. (Hrsg.), Festschrift für Wolfgang Ritter zum 70. Geburtstag, 1997, S. 807 ff.

Falck-Zepeda, José Benjamin/*Traxler,* Greg/*Nelson,* Robert G.: Cotton GMO Adoption and Private Profitability, in: Nelson (Hrsg.), Genetically Modified Organisms in Agriculture, 2001, S. 47 ff.

Falke, Josef: Aktuelles zum Vorsorgeprinzip und anderen programmatischen Orientierungen im Europäischen Umweltrecht, ZUR 2000, S. 265 ff.

Falkner, Robert: Regulating biotech trade: the Cartagena Protocol on Biosafety, International Affairs 2000, S. 299 ff.

Feldmann, Ulrich C.: „Gentechnikfrei" – erlaubte Lebensmittelwerbung?, ZLR 1997, S. 493 ff.

Filippi, Ilaria: Food Safety in the WTO: Where Do We Stand?, International Trade Law Review 2005, S. 71 ff.

Fisher, Elizabeth: Is the Precautionary Principle justiciable?, Journal of Environmental Law 2001, S. 315 ff.

Fleury, Roland: Das Vorsorgeprinzip im Umweltrecht, 1994.

Francer, Jeffrey K.: Frankenstein Foods or Flavor Savor?: Regulating Agricultural Biotechnology in the United States and the European Union, Virginia Journal of Social Policy and the Law 2000, S. 257 ff.

Francescon, Silvia: The New Directive 2001/18/EC on the Deliberate Release of Genetically Modified Organisms into the Environment: Changes and Perspectives, Review of European Community & International Environmental Law 2001, S. 309 ff.

Franken, Lorenz/*Burchardi,* Jan-Erik: Assessing the WTO Panel Report in EC-Biotech, Journal of European Environmental and Planning Law 2007, S. 47 ff.
- Beyond Biosafety – An Analysis of the EC-Biotech Panel Report, Aussenwirtschaft 2007, S. 77 ff.

Fredland, John Stephen: Unlabel Their Frankenstein Foods!: Evaluating a U.S. Challenge to the European Commission's Labelling Requirements for Food Products Containing Genetically-Modified Organisms, Vanderbilt Journal of Transnational Law 2000, S. 183 ff.

Fuchs, Lars/*Herrmann,* Christoph: Die Regulierung genetisch veränderter Lebensmittel im Lichte aktueller Entwicklungen auf europäischer und internationaler Ebene, ZLR 2001, S. 789 ff.

Gaines, Sanford: Processes and Production Methods: How to Produce Sound Policy for Environmental PPM-Based Measures?, Columbia Journal of Environmental Law 2002, S. 383 ff.

Gassen, Hans Günter: Abschätzung der Risiken der Gentechnik, Bioinformatik und Biotechnologie, in: Knoepfel (Hrsg.), Risiko und Risikomanagement, 1988, S. 11 ff.

Gassen, Hans Günter/*Bangsow,* Thorsten/*Hektor,* Thomas/*König,* Bernd/*Sinemus,* Kristina: Neue Entwicklungen der Biotechnologie und ihre Bedeutung für die Lebensmittelwirtschaft, ZLR 1996, S. 381 ff.

Gaston, Gretchen L./*Abate,* Randall S.: The Biosafety Protocol and the World Trade Organization: Can the Two Coexist?, Pace International Law Review 2000, S. 107 ff.

Geiger, Rudolf: EG-Vertrag, 1995.

Gibson, Leigh: Subsidiarity: The Implications for Consumer Policy, in: Reich/Woodroffe (Hrsg.), European Consumer Policy after Maastricht, 1994, S. 41 ff.

Gill, Bernhard/*Bizer,* Johann/*Roller,* Gerhard: Riskante Forschung, 1998.

Ginzky, Harald: Garnelen und Schildkröten – Zu den umweltpolitischen Handlungsspielräumen der WTO-Mitgliedstaaten, 1999, S. 216 ff.

Giraudel, Catherine: Consommation et environnement, Revue Juridique de l'Environnement 1998, S. 327 ff.

Girnau, Marcus: Die neuen Regelungen zur Kennzeichnung und Rückverfolgbarkeit von gentechnisch veränderten Lebensmitteln (Verordnungen (EG) Nr. 1829/2003 und 1830/2003), ZLR 2004, S. 343 ff.

Godt, Christine: Der Bericht des Appellate Body der WTO zum EG-Einfuhrverbot von Hormonfleisch, EWS 1998, S. 202 ff.

Goh, Gavin/*Ziegler,* Andreas R.: A Real World Where People Live and Work and Die, Journal of World Trade 32(5), 1998, S. 271 ff.

Goldberg, Gary: Genetically Modified Crops and the American Agricultural Producer, in: Nelson (Hrsg.), Genetically Modified Organisms in Agriculture, 2001, S. 157 ff.

Gorny, Dietrich: Novel Foods-Verordnung und Gentechnikgesetz, ZLR 1993, S. 105 ff.

Grabowski, Gene: Food Industry Perspective on Safety and Labeling of Biotechnology, in: Nelson (Hrsg.), Genetically Modified Organisms in Agriculture, 2001, S. 225 ff.

Gramlich, Ludwig: GATT und Umweltschutz – Konflikt oder Dialog? Ein Thema für die neunziger Jahre, Archiv des Völkerrechts (1995), S. 131 ff.

Gramm, Christof: Prävention durch staatliche Information, ZRP 1990, S. 183 ff.

Griller, Stefan: Judicial Enforceability of WTO Law in the European Union: Annotation to Case C-149/96, Portugal v. Council, Journal of International Economic Law 2000, S. 441 ff.

Groß, Detlef: Die Produktzulassung von Novel Food, 2001.

– Tücken des Gentechnikrechts bei der Auskreuzung von Gen-Raps, ZLR 2001, S. 243 ff.

Grote, Ulrike/*Kirchhoff*, Stefanie: Environmental and Food Safety Standards in the Context of Trade Liberalization: Issues and Options, ZEF – Discussion Papers On Development Policy No. 39, 2001, S. 1 ff.

Grube, Claudia: Verbraucherschutz durch Lebensmittelkennzeichnung?, 1997.

Grugel, Christian: Die Novel Food-Verordnung in der Praxis – Fortschreiten der analytischen Möglichkeiten und Kennzeichnungsanforderungen –, ZLR 1998, S. 71 ff.

Grunert, Klaus G.: Korrekte Entscheidung in Kenntnis der Sachlage? Anmerkungen zum Verbraucherleitbild im Weißbuch zur Lebensmittelsicherheit, ZLR 2000, S. 831 ff.

Gupta, Aarti: Governing Trade in Genetically Modified Organisms: The Cartagena Protocol on Biosafety, Environment 2000, S. 22 ff.

Hagen, Paul E./*Weiner*, John Barlow: The Cartagena Protocol on Biosafety: New Rules for International Trade in Living Modified Organisms, Georgetown International Environmental Law Review 2000, S. 697 ff.

Hamilton, Neil D.: Legal Issues Shaping Society's Acceptance of Biotechnology and Genetically Modified Organisms, Drake Journal of Agricultural Law 2001, S. 81 ff.

Hammerl, Christoph: Produktsicherheit: Der Standort des Lebensmittelrechts, ZLR 1998, S. 299 ff.

– Kennzeichnung potentieller Allergene, ZLR 2000, S. 723 ff.

Hammes, Walter Peter/*Bräutigam*, Martin/*Schmidt*, Gudrun/*Hertel*, Christian: Neuartige Lebensmittel – ein Vergleich von Abhandlungen und Gesetzesvorlagen zu ihrer Inverkehrbringung unter besonderer Berücksichtigung wissenschaftlicher Aspekte, ZLR 1996, S. 525 ff.

Haniotis, Tassos: The Economics of Agricultural Biotechnology: Differences and Similarities in the US and the EU, in: Nelson (Hrsg.), Genetically Modified Organisms in Agriculture, 2001, S. 171 ff.

Hansen, Michael: Genetically Engineered Food: Make Sure It's Safe and Label It, in: Nelson (Hrsg.), Genetically Modified Organisms in Agriculture, 2001, S. 239 ff.

Hansjürgens, Bernd: Umweltpolitik – Einführung und Überblick –, ZAU (Sonderheft 10) 1999, S. 7 ff.

Hartig, Martin/*Untermann*, Friedrich: Betriebliche Eigenkontrolle und HACCP: Entwicklung und Rechtsetzung in der EU, ZLR 1997, S. 602 ff.

Heintschel von Heinegg, Wolff: Das Gewohnheitsrecht, in: Ipsen (Hrsg.), Völkerrecht, 4. Aufl., 1999, S. 181 ff.

– Gewohnheitsrechtliche Grundsätze und Regeln des internationalen Umweltrechts, in: Ipsen (Hrsg.), Völkerrecht, 4. Aufl., 1999, S. 907 ff.

Heintzen, Markus: Behördliches Informationshandeln bei ungewissem Sachverhalt, Natur und Recht 1991, S. 301 ff.

Heiss, Helmut: Verbraucherschutz im Binnenmarkt: Art. 129a EGV und die wirtschaftlichen Verbraucherinteressen, ZEuP 1996, S. 625 ff.

Hellmich, Richard L./*Siegfried,* Blair D.: Bt Corn and the Monarch Butterfly: Research Update, in: Nelson (Hrsg.), Genetically Modified Organisms in Agriculture, 2001, S. 283 ff.

Helm, Carsten: Sind Freihandel und Umweltschutz vereinbar?, 1995.

Hemmer, Wolfram/*Pauli,* Urs: Labelling of Food Products Derived from Genetically Engineered Crops, European Food Law Review 1998, S. 27 ff.

Henning, Werner: Gentechnik, in: Streinz (Hrsg.), Lebensmittelrechtshandbuch, Stand 2001.

Herdegen, Matthias: Internationales Wirtschaftsrecht, 3. Aufl., 2002.

Herdegen, Matthias/*Dederer,* Hans-Georg: Adventitious presence of GMO's in seed, Praxis Umweltrecht 2001, S. 1 ff.

Hermle, Stefan/*Koch,* Hans-Jörg: Anmerkung zum EuGH-Urteil vom 14. Juli 1998 – C-385/96, ZLR 1998, S. 454 ff.

Herrmann, Christoph: WTO-Panel verurteilt EG wegen Kennzeichnung für Sardinen, ZLR 2002, S. 537 ff.

– Irreführungsschutz im Welthandelsrecht, ZLR 2002, S. 794 ff.

Herrup, Andrew: Eco-Labels: Benefits Uncertain, Impacts Unclear?, European Environmental Law Review 1997, S. 144 ff.

Hervey, Tamara K.: Regulation of Genetically Modified Products in a Multi-Level System of Governance: Science or Citizens?, Review of European Community & International Environmental Law 2001, S. 321 ff.

Heselhaus, Sebastian: Individualrechtsschutz in der EG und der WTO, DVBl. 2001, S. 616 ff.

Heydebrand, Hans-Christoph von: Free Movement of Foodstuffs, Consumer Protection and Food Standards in the European Community: Has the Court of Justice Got it Wrong?, European Law Review 1991, S. 391 ff.

Hilf, Meinhard: Freiheit des Welthandels contra Umweltschutz, NVwZ 2000, S. 481 ff.

Hilf, Meinhard/*Eggers,* Barbara: Der WTO-Panelbericht im EG/USA-Hormonstreit, EuZW 1997, S. 559 ff.

Hilf, Meinhard/*Reuß,* Matthias: Verfassungsfragen lebensmittelrechtlicher Normierung im europäischen und internationalen Recht, ZLR 1997, S. 289 ff.

Hilf, Meinhard/*Schorkopf,* Frank: WTO und EG: Rechtskonflikte vor den EuGH?, EuR 2000, S. 74 ff.

Hiller, Petra: Probleme prozeduraler Risikoregulierung, in: Bora (Hrsg.), Rechtliches Risikomanagement, 1999, S. 29 ff.

Hirsch, Günther/*Schmidt-Didczuhn,* Andrea: Gentechnikgesetz, Kommentar, 1991.

Hochhuth, Martin: Staatsräson – Geldräson – Menschenräson: Die Selbstpreisgabe des Staates, besonders im Völkerrecht, und wem sie nützt, in: Callies/Mahlmann (Hrsg.), Der Staat der Zukunft, 2002, S. 85 ff.

Hohmann, Harald: Ergebnisse des Erdgipfels von Rio, NVwZ 1993, S. 311 ff.

- Der Konflikt zwischen freiem Handel und Umweltschutz in WTO und EG, RIW 2000, S. 88 ff.
- Die WTO-Streitbeilegung in den Jahren 1998–1999, EuZW 2000, S. 421 ff.
- WTO-Streitbeilegung im Jahr 2002, RIW 2004, S. 328 ff.

Honnefelder, Ludger: Novel Food – Zu den ethischen Aspekten der gentechnischen Veränderung von Lebensmitteln, in: Nordrhein-Westfälische Akademie der Wissenschaften (Hrsg.), Vorträge N 446, 2000, S. 21 ff.

Horst, Matthias: Verbraucherinformationen bei verpackten Lebensmitteln, 1988.

- Entwicklung des gemeinschaftlichen Kennzeichnungsrechts, ZLR 1993, S. 133 ff.
- Dachregelung europäisches Lebensmittelrecht – Vorschläge zur Umsetzung des Weißbuchs zur Lebensmittelsicherheit, ZLR 2000, S. 475 ff.
- Lebensmittelrecht, in: Dauses (Hrsg.), Handbuch des EU-Wirtschaftsrechts, Stand Aug. 2000.

Horst, Matthias/*Mrohs,* Angelika: Das Europäische Lebensmittelrecht am Scheideweg – Das Weißbuch der Kommission zur Lebensmittelsicherheit, ZLR 2000, S. 125 ff.

Hottinger, Herbert: Novel Food – Chancen und Risiken in der Lebensmittelherstellung, in: Streinz (Hrsg.), „Novel Food", 2. Aufl., 1995, S. 29 ff.

Howse, Robert/*Mavroidis,* Petros C.: Europe's Evolving Regulatory Strategy for GMOs – The Issue of Consistency with WTO Law: Of Kine and Brine, Fordham International Law Journal 2000, S. 317 ff.

Howse, Robert/*Regan,* Donald: The Product/Process Distinction – An Illusory Basis for Disciplining ‚Unilateralism' in Trade Policy, European Journal of International Law 2000, S. 249 ff.

Huber, Peter Michael: Neue Lebensmittel: Marktfreiheit oder Zulassungsprinzip?, ZLR 1996, S. 277 ff.

Hudec, Robert: GATT/WTO Constraints on National Regulation: Requiem for an „Aims and Effects" Test, The International Lawyer 1998, S. 619 ff.

- „Like Product": The Differences in Meaning in GATT Articles I and III, in: Cottier/Mavroidis (Hrsg.), Regulatory Barriers and the Principle of Non-Discrimination in World Trade Law, 2000, S. 101 ff.

Hufen, Friedhelm: Lebensmittelrecht, Die Verwaltung 1994, S. 329 ff.

- Deutsches und Europäisches Lebensmittelrecht im Wandel, ZLR 1998, S. 1 ff.

Hurst, David R.: Hormones: European Communities – Measures Affecting Meat and Meat Products, European Journal of International Law 1998, S. 1 ff.

Ipsen, Jörn: Die Bewältigung der wissenschaftlichen und technischen Entwicklung durch das Verwaltungsrecht, VVDStRL 48 (1990), S. 177 ff.

Ittershagen, Martin/*Runge,* Tobias: Die europäischen Vorschriften zur Zulassung und Kennzeichnung genetisch veränderter Produkte und die Vorschläge zu ihrer Reform, NVwZ 2003, 549 ff.

Jackson, John H.: Dispute Settlement and the WTO: Emerging Problems, in: WTO Secretariat (Hrsg.), From GATT to the WTO: The Multilateral Trading System in the New Millennium, 2000, S. 67 ff.

Jenner, Mark W.: Biotechnology Crops – A Producer's Perspective, in: Nelson (Hrsg.), Genetically Modified Organisms in Agriculture, 2001, S. 151 ff.

Joerges, Christian: Verbraucherschutz als Rechtsproblem, 1981.

– Die Europäisierung des Rechts und die rechtliche Kontrolle von Risiken, KritV 1991, S. 416 ff.

Joerges, Christian/*Falke,* Josef/*Micklitz,* Hans-Wolfgang/*Brüggemeier,* Gert: Die Sicherheit von Konsumgütern und die Entwicklung der Europäischen Gemeinschaft, 1988.

Josling, Timothy: International Institutions, World Trade Rules, and GMOs, in: Nelson (Hrsg.), Genetically Modified Organisms in Agriculture, 2001, S. 117 ff.

Kapteina, Matthias: Die Freisetzung von gentechnisch veränderten Organismen, 2000.

Karthaus, Arnim: Risikomanagement durch ordnungsrechtliche Steuerung, 2001.

Katz, Deborah: The Mismatch between the Biosafety Protocol and the Precautionary Principle, Georgetown International Environmental Law Review 2001, S. 949 ff.

Katzek, Jens: Anforderungen an die Kennzeichnung gentechnisch hergestellter oder modifizierter Lebensmittel, European Food Law Review 1993, S. 205 ff.

Kemper, Rainer: Verbraucherschutzinstrumente, 1994.

Kennedy, Kevin C.: Resolving International Sanitary and Phytosanitary Disputes in the WTO: Lessons and Future Directions, Food and Drug Law Journal 2000, S. 81 ff.

Kerr, William A.: International Trade in Transgenic Food Products: A New Focus for Agricultural Trade Disputes, The World Economy 1999, S. 245 ff.

Keßler, Jürgen: European Consumer Law – zu den dogmatischen und didaktischen Konzepten des europäischen Verbraucherrechts, Verbraucher und Recht 1999, S. 415 ff.

King, Mark A.: The Dilemma of Genetically Modified Products at Home and Abroad, Drake Journal of Agricultural Law 2001, S. 241 ff.

Klinke, Andreas/*Renn,* Ortwin: Risikokommunikation als integraler Bestandteil von Umweltrisikopolitik, ZAU (Sonderheft 10) 1999, S. 138 ff.

Kloepfer, Michael: Langzeitverantwortung im Umweltstaat, in: Gethmann/Kloepfer/ Nutzinger (Hrsg.), Langzeitverantwortung im Umweltstaat, 1993, S. 22 ff.

– Umweltrecht, 1998.

Kloepfer, Michael/*Rehbinder,* Eckard/*Schmidt-Aßmann,* Eberhard/*Kunig,* Philip: Umweltgesetzbuch – Allgemeiner Teil, 1991.

Knemeyer, Franz-Ludwig: Polizei- und Ordnungsrecht, 2000.

Kniesel, Michael/*Müllensiefen,* Wolfgang: Die Entwicklung des Gentechnikrechts seit der Novellierung 1993, NJW 1999, S. 2564 ff.

Knoepfel, Peter (Hrsg.): Risiko und Risikomanagement, 1988.

Knorr, Andreas: Umweltschutz, nachhaltige Entwicklung und Freihandel: WTO und NAFTA im Vergleich, 1997.

Knörr, Georg Oliver: Die Kennzeichnungspflicht gentechnisch veränderter Lebensmittel, 2000.

Koch, Frank/*Ibelgaufts*, Horst: Gentechnikgesetz, Stand Juni 1994.

Köck, Wolfgang: Die rechtliche Bewältigung technischer Risiken, KJ 1993, S. 125 ff.

– Risiko-Information – Zur Diskussion um produktbezogene behördliche Informationstätigkeit im Umwelt- und Gesundheitsbereich, in: Damm/Hart (Hrsg.), Rechtliche Regulierung von Gesundheitsrisiken, 1993, S. 215 ff.

– Risiko und Recht, ZUR 1995, S. 340 ff.

– Grundzüge des Risikomanagements im Umweltrecht, in: Bora (Hrsg.), Rechtliches Risikomanagement, 1999, S. 129 ff.

– Risikovorsorge als Staatsaufgabe, AöR 121 (1996), S. 1 ff.

Köhler, Helmut: EG-Recht, nationales Wettbewerbsrecht und Verbraucherschutz, JuS 1993, S. 447 ff.

Komindr, Athita: To Label Or Not To Label: Leveling The Trading Field, in: Weiss/Jackson (Hrsg.), Reconciling Environment and Trade, 2001, S. 673 ff.

König, Doris: New Approaches to Achieve Sustainable Management of Tropical Timber, in: Wolfrum (Hrsg.), Enforcing Environmental Standards: Economic Mechanisms as Viable Means?, 1996, S. 337 ff.

Krämer, Ludwig: Kommentierung von Artikel 129a EGV, in: von der Groeben/Thiesing/Ehlermann (Hrsg.), Kommentar zum EU-/EG-Vertrag, 1998.

– Vorbemerkung zu Artikel 129a EGV, in: von der Groeben/Thiesing/Ehlermann (Hrsg.), Kommentar zum EU-/EG-Vertrag, 1998.

Krell, Karola: The EU Policy on Genetically Modified Foods in the International Environment, ZLR 2005, S. 563 ff. (564).

Krell Zbinden, Karola: Freie Fahrt für den internationalen Handel mit GVO – Die WTO hat entschieden, ZLR 2007, S. 125 ff.

Krenzler, Horst G./*MacGregor*, Anne: GM Food: The Next Major Transatlantic Trade War?, European Foreign Affairs Review 2000, S. 287 ff.

Krohn, Axel: Die besondere werbemäßige Hervorhebung der „Gentechnikfreiheit" und ihre wettbewerbsrechtlichen Auswirkungen, ZLR 1998, S. 257 ff.

Kucinich, Dennis J.: Genetic Engineering: A Technology Ahead of the Sience and Public Policy, in: Nelson (Hrsg.), Genetically Modified Organisms in Agriculture, 2001, S. 217 ff.

Kuilwijk, Kees Jan/*Pouncey*, Craig: Genetically Modified Organisms: Proposed Changes to the E.U. Regulatory Regime, International Trade Law Review 1999, S. 89 ff.

Ladeur, Karl-Heinz: Risikowissen und Risikoentscheidung, KritV 1991, S. 241 ff.

– Gefahrenabwehr und Risikovorsorge bei der Freisetzung von gentechnisch veränderten Organismen nach dem Gentechnikgesetz, Natur und Recht 1992, S. 254 ff.

– Das Umweltrecht in der Wissensgesellschaft, 1995.

– Risikobewältigung durch Flexibilisierung und Prozeduralisierung des Rechts – Rechtliche Bindung von Ungewißheit oder Selbstverunsicherung des Rechts?, in: Bora (Hrsg.), Rechtliche Risikomanagement, 1999, S. 41 ff.

Lange, Klaus: Anforderungen an gentechnisch veränderte Lebensmittel nach der Novel-Food-Verordnung und deren Durchsetzung, NUR 1999, S. 247 ff.

Lange, Peter: „One door, one key" – Ein abgestimmter Rechtsrahmen vom Saatgut bis zum Lebensmittel?, ZLR 1998, S. 415 ff.

– EG-Richtlinie „Freisetzung", Einleitung, in: Eberbach/Lange/Ronellenfitsch (Hrsg.), Recht der Gentechnik und der Biomedizin, Band IV, Stand Nov. 2001.

Lee, Philip/*Kennedy,* Brian: The Potential Direct Effect of GATT 1994 in European Community Law, Journal of World Trade 30(1), 1996, S. 67 ff.

Lehner, Stefan/*Meiklejohn,* Roderick: Fairer Wettbewerb im Binnenmarkt: Die Beihilfepolitik der Europäischen Gemeinschaft, Teil I, Europäische Wirtschaft 1991, S. 7 ff.

Leible, Stefan: Kennzeichnung gentechnisch hergestellter Lebensmittel, EuZW 1992, S. 599 ff.

– Abschied vom „flüchtigen Verbraucher"?, DZWir 1994, S. 177 ff.

– Gentechnik und Lebensmittel – Eine Bibliographie, in: Streinz (Hrsg.), „Novel Food", 1995, S. 299 ff.

Leisner, Walter: Der mündige Verbraucher in der Rechtsprechung des EuGH, EuZW 1991, S. 498 ff.

Lell, Ottmar: Umweltbezogene Produktkennzeichnungen im deutschen, europäischen und internationalen Recht, 2003.

– Die neue Kennzeichnungspflicht für gentechnisch hergestellte Lebensmittel – ein Verstoß gegen das Welthandelsrecht?, EuZW 2004, S. 108 ff.

von Lersner, Heinrich: Vorsorgeprinzip, in: Kimminich/von Lersner/Storm (Hrsg.), Handwörterbuch des Umweltrechts, Band II, 2. Aufl., 1994,

Lienhard, Ulrich: Der mehrstufige gemeinschaftliche Verwaltungsakt am Beispiel der Freisetzungsrichtlinie, Natur und Recht 2002, S. 13 ff.

Lisken, Hans/*Denninger,* Erhard: Handbuch des Polizeirechts, 2001.

Long, Antoinette/*Cardonnel,* Pascal: Practical Implications of the Novel Foods Regulation, European Food Law Review 1998, S. 11 ff.

Loosen, Peter: Quid-Mengenkennzeichnung von Zutaten, ZLR 1998, S. 627 ff.

– Lösungsansätze bei der Mengenkennzeichnung von Zutaten, ZLR 1999, S. 682 ff.

– Zur Kennzeichnung neuartiger Lebensmittel, ZLR 2000, S. 434 ff.

Macmillan, Fiona/*Blakeney,* Michael: Regulating GMOs: Is the WTO Agreement on Sanitary and Phytosanitary Measures Hormonally Challenged? Part I, International Trade Law Review 2000, S. 131 ff.

- Regulating GMOs: Is the WTO Agreement on Sanitary and Phytosanitary Measures Hormonally Challenged? Part II, International Trade Law Review 2000, S. 161 ff.
- Genetically Modified Organisms and the World Trade Organization, Tulane Journal of Technology and Intellectual Property 2001, S. 93 ff.

Marceau, Gabrielle: A Call for Coherence in International Law, Journal of World Trade 33(5), 1999, S. 87 ff.
- Conflicts of Norms and Conflicts of Jurisdictions, Journal of World Trade 35(6), 2001, S. 1081 ff.

Matthee, Marielle: The International Integration of European Precautionary Measures on Biosafety, European Environmental Law Review 2001, S. 183 ff.

Mavroidis, Petros C.: „Like Products": Some Thoughts at the Positive and Normative Level, in: Cottier/Mavroidis (Hrsg.), Regulatory Barriers and the Principle of Non-Discrimination in World Trade Law, 2000, S. 125 ff.
- Trade and Environment after the Shrimps-Turtles Litigation, Journal of World Trade 34(1), 2000, S. 73 ff.

McIntyre, Owen/*Mosedale*, Thomas: The Precautionary Principle as a Norm of Customary International Law, Journal of Environmental Law 1997, S. 221 ff.

Meier, Alexander: Risikosteuerung im Lebensmittel- und Gentechnikrecht, 2000.

Meier, Gert: Zur Verkehrsbezeichnung ausländischer Lebensmittel – Maßgeblichkeit des Bezeichnungsrechts des Hersteller- oder des Verbrauchsstaates?, GRUR Int. 1986, S. 701 ff.
- Einschränkung des deutschen Wettbewerbsrechts durch das Europäische Gemeinschaftsrecht, GRUR Int. 1990, S. 817 ff.

Meng, Werner: Gedanken zur Frage unmittelbarer Anwendung von WTO-Recht in der EG, in: Beyerlin (Hrsg.), Recht zwischen Umbruch und Bewahrung: Völkerrecht, Europarecht, Staatsrecht, 1995, S. 1063 ff.

Merkle, Rüdiger: Der Codex Alimentarius der FAO und WHO: Die Entwicklung von Codex-Standards und deren Auswirkungen auf das Europäische Gemeinschaftsrecht und die nationalen Lebensmittelrechte, 1994.

Meyer, Alfred Hagen: Kennzeichnung importierter Lebensmittel – Die deutsche Wettbewerbsrechtsprechung im Lichte der europäischen Rechtsentwicklung, 1992.
- Das Verbraucherleitbild des Europäischen Gerichtshofs – Abkehr vom „flüchtigen Verbraucher" –, WRP 1993, S. 215 ff.
- Novel Food: Information, Kennzeichnung, Produkthaftung, ZLR 1996, S. 403 ff.
- Lebensmittelrecht, 1998.

Michaelis, Jochen: Lebensmitteletikettierung – die Sichtweise eines Ökonomen, ZLR 1990, S. 233 ff.

Micklitz, Hans-W.: Organisierte Rechtsdurchsetzung im Binnenmarkt, KritV 1992, S. 172 ff.

Micklitz, Hans-W./*Reich,* Norbert: Verbraucherschutz im Vertrag über die Europäische Union – Perspektiven für 1993, EuZW 1992, S. 293 ff.

Micklitz, Hans-W./*Weatherill,* Stephen: Consumer Policy in the European Community: Before and after Maastricht, in: Reich/Woodroffe (Hrsg.), European Consumer Policy after Maastricht, 1994, S. 3 ff.

van Miert, Karel: Verbraucher und Binnenmarkt – Drei-Jahres-Aktionsplan der Kommission, EuZW 1990, S. 401 ff.

Millstone, Erik: Recent development in EU food policy: institutional adjustments or fundamental reforms?, ZLR 2000, S. 815 ff.

Minol, Klaus: Der Begriff der „Gleichwertigkeit" aus naturwissenschaftlicher Sicht, in: Streinz (Hrsg.), Neuartige Lebensmittel, 1999, S. 137 ff.

Montaguti, Elisabetta/*Lugard,* Maurits: The GATT 1994 and Other Annex 1A Agreements: Four Different Relationships?, Journal of International Economic Law 2000, S. 473 ff.

Motaal, Doaa Abdel: Multilateral Environmental Agreements (MEAs) and WTO Rules: Why the „Burden of Accommodation" Should Shift to MEAs, Journal of World Trade 35(6), 2001, S. 1215 ff.

Müller-Graff, Peter-Christian: Die Maßstäbe des Übereinkommens über technische Handelshemmnisse (ÜTH) als Bauelemente eines Weltmarktrechts, in: ders. (Hrsg.), Die Europäische Gemeinschaft in der Welthandelsorganisation, 2000, S. 111 ff.

Murphy, Sean D.: Biotechnology and International Law, Harvard International Law Journal 2001, S. 47 ff.

Murswiek, Dietrich: Die staatliche Verantwortung für die Risiken der Technik, 1985.

– Artikel „Gefahr", in: Kimminich/von Lersner/Storm (Hrsg.), Handwörterbuch des Umweltrechts, Band I, 2. Aufl., 1994, Sp. 803 ff.

– Artikel „Restrisiko", in: Kimminich/von Lersner/Storm (Hrsg.), Handwörterbuch des Umweltrechts, Band II, 2. Aufl., 1994, Sp. 1719 ff.

– Umweltschutz als Staatszweck, 1995.

– Staatliche Warnungen, Wertungen, Kritik als Grundrechtseingriffe, DVBl. 1997, S. 1021 ff.

– Die Bewältigung der wissenschaftlichen und technischen Entwicklungen durch das Verwaltungsrecht, VVDStRL 48 (1990), S. 207 ff.

Nelson, Gerald C.: Traits and Techniques of GMOs, in: Nelson (Hrsg.), Genetically Modified Organisms in Agriculture, 2001, S. 7 ff.

Nelson, Gerald C./*Babinard,* Julie/*Josling,* Timothy: The Domestic and Regional Regulatory Environment, in: Nelson (Hrsg.), Genetically Modified Organisms in Agriculture, 2001, S. 97 ff.

Nelson, Gerald C./*De Pinto,* Alessandro: GMO Adoption and Nonmarket Effects, in: Nelson (Hrsg.), Genetically Modified Organisms in Agriculture, 2001, S. 59 ff.

Nentwich, Michael: Das Lebensmittelrecht der Europäischen Union, 1994.

Neugärtner, Ilka/*Puth,* Sebastian: Die Wirkung der WTO-Übereinkommen im Gemeinschaftsrecht, JuS 2000, S. 640 ff.

Nöh, Ingrid: Erfahrungen des Umweltbundesamtes (UBA) beim Vollzug des Gentechnikgesetzes bzw. der EU-Richtlinie 90/220/EWG, ZUR 1999, S. 12 ff.

Oberender, Peter/*Herzberg,* Klaus/*Kienle,* Markus: Brauchen wir eine Zulassungspflicht für neuartige Lebensmittel oder Lebensmittelzutaten? Grundsätzliche Ordnungspolitische Bemerkungen, in: Streinz (Hrsg.), „Novel Food", 2. Aufl., 1995, S. 43 ff.

O'Connor, Bernard: EC measures concerning meat and meat products (hormones), European Food Law Review 1998, S. 143 ff.

Ohler, Christoph: Diskussionsbericht, in: Streinz (Hrsg.), „Novel Food", 1995, S. 165 ff.

Okonek, Andreas: „Ohne Gentechnik", ZLR 2000, S. 733 ff.

Okubo, Atsuko: Environmental Labelling Programs and the GATT/WTO Regime, Georgetown International Environmental Law Review 1999, S. 599 ff.

Oppermann, Thomas: Europarecht, 1999.

Orson, Jim: Gene stacking in herbicide tolerant oilseed rape: lessons from the North American experience, English Nature Research Reports No. 443 2002, S. 1 ff.

Ossenbühl, Fritz: Vorsorge als Rechtsprinzip im Gesundheits-, Arbeits- und Umweltschutz, NVwZ 1986, S. 161 ff.

– Rechtsquellen und Rechtsbindung der Verwaltung, in: Erichsen (Hrsg.), Allgemeines Verwaltungsrecht, 1998, S. 127 ff.

Oxman, Bernard H.: International Decisions, American Journal of International Law 2002, S. 435 ff.

Palme, Christoph: Das neue Gentechnik-Gesetz, NVwZ 2005, S. 253 ff.

Palmeter, David/*Mavroidis,* Petros C.: The WTO Legal System: Sources of Law, American Journal of International Law 1998, S. 398 ff.

Paschke, Marian: Warnungen vor Gesundheitsrisiken im Privatrecht, in: Damm/Hart (Hrsg.), Rechtliche Regulierung von Gesundheitsrisiken, 1993, S. 199 ff.

Pauwelyn, Joost: The WTO Agreement on Sanitary and Phytosanitary (SPS) Measures as Applied in the First Three SPS Disputes: EC-Hormones, Australia-Salmon and Japan-Varietals, Journal of International Economic Law 1999, S. 641 ff.

– An overview of the WTO agreements on health and technical standards and their impact on communication, ZLR 2000, S. 843 ff.

Perdikis, Nicholas/*Kerr,* William A./*Hobbs,* Jill E.: Reforming the WTO to Defuse Potential Trade Conflicts in Genetically Modified Goods, The World Economy 2001, S. 379 ff.

Petersmann, Ernst-Ulrich: The Dispute Settlement System of the World Trade Organization and the Evolution of the GATT Dispute Settlement since 1994, Common Market Law Review 1994, S. 1157 ff.

- Rights and Duties of States and Rights and Duties of Their Citizens – Towards the „Constitutionalization" of the Bretton-Woods-System Fifty Years after its Foundation, in: Beyerlin (Hrsg.), Recht zwischen Umbruch und Bewahrung: Völkerrecht, Europarecht, Staatsrecht, 1995, S. 1087 ff.
- Darf die EG das Völkerrecht ignorieren?, EuZW 1997, S. 325 ff.
- The GATT/WTO Dispute Settlement System, 1997.
- GATT/WTO-Recht: Duplik, EuZW 1997, S. 651 ff.

Pfahl, Stefanie: Internationaler Handel und Umweltschutz, 2000.

Pfleger, Helmut: „Novel Food-Verordnung" – Zur Kennzeichnung gentechnisch hergestellter oder veränderter Lebensmittel, ZLR 1993, S. 367 ff.

Pfundt, Birte Susanne/*Zimmer,* Tilman: Die Entwicklung des Europäischen Umweltrechts im Jahr 2000, UTR 58 (2001), S. 563 ff.

Philipp, Renate: Staatliche Verbraucherinformation im Umwelt- und Gesundheitsrecht, 1989.

Phillips, Peter W. B./*Kerr,* William A.: The WTO Versus the Biosafety Protocol for Trade in Genetically Modified Organisms, Journal of World Trade 34(4), 2000, S. 63 ff.

Pinstrup-Andersen, Per/*Cohen,* Marc J.: Modern Agricultural Biotechnology and Developing Country Food Security, in: Nelson (Hrsg.), Genetically Modified Organisms in Agriculture, 2001, S. 180 ff.

Pitschas, Christian: Anmerkung zum Gutachten 2/00 des EuGH über die Zuständigkeit der EG zum Abschluß des Protokolls von Cartagena, EuZW 2002, S. 117 ff.

Pitschas, Rainer: Die Bewältigung der wissenschaftlichen und technischen Entwicklungen durch das Verwaltungsrecht, DÖV 1989, S. 785 ff.

- Staatliches Management für Risikoinformation zwischen Recht auf informationelle Selbstbestimmung und gesetzlichem Kommunikationsvorbehalt, in: Hart (Hrsg.), Privatrecht im „Risikostaat", 1997, S. 215 ff.
- Öffentlich-rechtliche Risikokommunikation, UTR 36 (1996), S. 175 ff.

Quick, Reinhard: The Agreement on the Technical Barriers to Trade in the Context of the Trade and Environment Discussion, in: Bourgeois/Berrod/Fournier (Hrsg.), The Uruguay Round Results, 1997, S. 311 ff.

Quick, Reinhard/*Blüthner,* Andreas: Has the Appellate Body Erred? An Appraisal and Criticism of the Ruling in the WTO Hormones Case, Journal of International Economic Law 1999, S. 603 ff.

Quintillán, Sara Pardo: Free Trade, Public Health Protection and Consumer Information in the European and WTO Context, Journal of World Trade 33(6), 1999, S. 147 ff.

Rabe, Hans-Jürgen: Auswirkungen der Welthandelsordnung auf das deutsche und das europäische Lebensmittelrecht, ZLR 1998, S. 129 ff.

Rao, Pinninti Krishna: The World Trade Organization and the Environment, 2000.

Rehbinder, Eckard: Das Vorsorgeprinzip im internationalen Vergleich, 1991.

- Das Konzept des anlagen- und produktbezogenen EG-Gentechnikrechts – die Freisetzungsrichtlinie und die Novel Foods-Verordnung, ZUR 1999, S. 6 ff.

Reich, Andreas: Gefahr – Risiko – Restrisiko, 1989.

Reich, Norbert: Europäisches Verbraucherschutzrecht, 1993.

- Zur Theorie des Europäischen Verbraucherrechts, ZEuP 1994, S. 381 ff.
- Europäisches Verbraucherrecht, 1996.
- Verbraucherpolitik und Verbraucherschutz im Vertrag von Amsterdam, Verbraucher und Recht 1999, S. 3 ff.
- Rechtsangleichung im Binnenmarkt – Marktöffnung oder Sozialschutz?, Verbraucher und Recht 2001, S. 203 ff.

Reichenbach, Horst: Die neue Politik der Kommission zur Lebensmittelsicherheit und zum Schutz der Verbrauchergesundheit, EuZW 1997, S. 673 ff.

Reinisch, August: Entschädigung für die unbeteiligten „Opfer" des Hormon- und Bananenstreites nach Art. 288 II EG?, EuZW 2000, S. 42 ff.

Rengeling, Hans-Werner: Umweltvorsorge und ihre Grenzen im EWG-Recht, 1989.

- Bedeutung und Anwendung des Vorsorgeprinzips im europäischen Umweltrecht, DVBl. 2000, S. 1473 ff.

Ritter, Markus: Das WTO-Übereinkommen und seine Auswirkungen auf das Deutsche und Europäische Lebensmittelrecht, EuZW 1997, S. 133 ff.

Roberts, Donna: Preliminary Assessment of the Effects of the WTO Agreement on Sanitary and Phytosanitary Trade Regulations, Journal of International Economic Law 1998, S. 377 ff.

Roller, Gerhard: Die Genehmigung zum Inverkehrbringen gentechnisch veränderter Produkte und ihre Anpassung an Änderungen des Standes der Wissenschaft, ZUR 2005, S. 113 ff.

Romi, Raphaël: Codex Alimentarius: De l'ambivalence à l'ambiguïté, Revue Juridique de l'Environnement 2001, S. 201 ff.

Ronellenfitsch, Michael: Kommentierung zur EG-Verordnung „neuartige Lebensmittel und -zutaten" – Einleitung, in: Eberbach/Lange/Ronellenfitsch (Hrsg.), Recht der Gentechnik und der Biomedizin, Stand Juni 2000.

- Kommentierung zu § 3 GenTG, in: Eberbach/Lange/Ronellenfitsch (Hrsg.), Recht der Gentechnik und der Biomedizin, Stand: Nov. 2001.

Rosegrant, Mark W.: Simulation of World Market Effects: The 2010 World Market With and Without *Bt* Corn and GR Soybeans, in: Nelson (Hrsg.), Genetically Modified Organisms in Agriculture, 2001, S. 39 ff.

Royla, Pascal: WTO-Recht – EG-Recht: Kollision, Justiziabilität, Implementation, EuR 2001, S. 495 ff.

Rücker, Agnes: Die Entstehung der Novel Food Verordnung der Europäischen Union, 2000.

Runge, C. Ford/*Jackson,* Lee Ann: Labelling, Trade and Genetically Modified Organisms: A Proposed Solution, Journal of World Trade 34(1), 2000, S. 111 ff.

Rützler, Hanspeter: Grundlagen des Lebensmittelrechts: Kennzeichnungsrecht, in: Streinz (Hrsg.), Lebensmittelrechtshandbuch, 1999.

Sack, Jörn: Von der Geschlossenheit und den Spannungsfeldern in einer Welthandelsordnung des Rechts, EuZW 1997, S. 650 ff.

Saigo, Holly: Agricultural Biotechnology and the Negotiation History of the Biosafety Protocol, Georgetown International Environmental Law Review 2000, S. 779 ff.

Saint, Valerie: Objectives and purposes of consumer information in Community legislation, European Food Law Review 1997, S. 377 ff.

Sander, Gerald G.: Gesundheitsschutz in der WTO – eine neue Bedeutung des Codex Alimentarius im Lebensmittelrecht?, 2000, S. 335 ff.

Sander, Gerald G./*Sasdi,* Andreas: Welthandelsrecht und „grüne" Gentechnik – Eine transatlantische Auseinandersetzung vor den Streitbeilegungsorganen der WTO, EuZW 2006, S. 140 ff.

Sands, Phillip: Principles of International Environmental Law, Band 1, 1995.

Schauzu, Marianna: Chancen und Risiken beim Einsatz gentechnischer Methoden bei der Lebensmittelherstellung, ZLR 1996, S. 655 ff.

– Nachweismöglichkeiten der gentechnischen Herkunft in der Praxis, in: Streinz (Hrsg.), Neuartige Lebensmittel, 1999, S. 147 ff.

– Risiken und Chancen der Gentechnik für die Lebensmittelherstellung, ZUR 1999, S. 3 ff.

Schenek, Matthias: Das Gentechnikrecht in der Europäischen Gemeinschaft, 1995.

Scherzberg, Arno: Risiko als Rechtsproblem, VerwArch 84 (1993), S. 484 ff.

– Risikomanagement vor der WTO, ZUR 2005, S. 1 ff.

Schilling, Theodor: The labelling of foodstuffs in a language easily understood by purchasers, European Food Law Review 1996, S. 57 ff.

Schlacke, Sabine: Der Entwurf zu einer europäischen Novel Food-Verordnung, ZUR 1996, S. 285 ff.

– Der Gesetzentwurf zur Durchführung von EG-Verordnungen zu gentechnisch veränderten Lebens- und Futtermitteln, ZLR 2004, S. 161 ff.

– Risikoentscheidungen im europäischen Lebensmittelrecht, 1998.

Schlagenhof, Markus: Trade Measures Based on Environmental Processes and Production Methods, Journal of World Trade 29(6), 1995, S. 123 ff.

Schmidt, Reiner/*Kahl,* Wolfgang: Umweltschutz und Handel, in: Rengeling (Hrsg.), Handbuch zum europäischen und deutschen Umweltrecht, Band II Besonderes Umweltrecht, 1998, S. 1408 ff.

Schmidt am Busch, Birgit: Kommentierung zu Art. 152 EGV, in: Grabitz/Hilf (Hrsg.), Das Recht der Europäischen Union, Band 1 (Amsterdamer Fassung), 1999.

- Kommentierung zu Art. 129 EGV, in: Grabitz/Hilf (Hrsg.), Das Recht der Europäischen Union, Band 1 (Fassung des Vertrages von Maastricht), Stand: Mai 1998.

Schoch, Friedrich: Staatliche Informationspolitik und Berufsfreiheit, DVBl. 1991, S. 667 ff.

Schohe, Gerrit: The WTO Appellate Decision on Hormone-Treated Meat: Seriously Bridling EC Protectionism?, European Food Law Review 1998, S. 253 ff.

von Schomberg, René: An appraisal of the working in practice of directive 90/220/EEC on the deliberate release of Genetically Modified Organisms – Final Study –, 1998.

Schroeder, Werner/*Schonard,* Pascal: Die Effektivität des WTO-Streitbeilegungssystems, RIW 2001, S. 658 ff.

Schroeter, Klaus Alfred: Anwendungsprobleme der Novel Food-Verordnung, ZLR 1997, S. 373 ff.

- Das Antrags- und Prüfungsverfahren nach der Novel Food-Verordnung, ZLR 1998, S. 39 ff.

- Die Novel Food-Verordnung – Ausgewählte Abgrenzungsfragen und Ausnahmen, ZLR 1998, S. 397 ff.

- Zwischen Marktfreiheit und Verbotsprinzip, ZLR 2005, S. 191 ff.

Schuldt, Nicola: Rationale Umweltvorsorge: Ökonomische Implikationen einer vorsorgenden Umweltpolitik, 1997.

Schultz, Jennifer: Environmental Reform of the GATT/WTO International Trading System, World Competition 1994, S. 77 ff.

Séché, Marcel/*Wiesendahl,* Stefan: Die Entwicklung der Rechtsprechung des Europäischen Gerichtshofs zum Umweltrecht im Jahre 2000, UTR 58 (2001), S. 689 ff.

Seidl-Hohenveldern, Ignaz/*Stein,* Torsten: Völkerrecht, 10. Aufl., 2000.

Senti, Richard: WTO, 2000.

Shaw, Sabrina/*Schwartz,* Risa: Trade and Environment in the WTO, Journal of World Trade 36(1), 2002, S. 129 ff.

Sheridan, Brian/*Coleman,* Coleman: EU Biotechnology Law and Practice, 2001.

Shiva, Vandana: GMOs: A Miracle?, in: Nelson (Hrsg.), Genetically Modified Organisms in Agriculture, 2001, S. 191 ff.

Silvestro, Massimo/*Juarez-Boal,* Pilar: La contribution du Parlement Européen au débat sur les biotechnologies, Revue du Marché Unique Européen 1997, S. 592 ff.

Simon, Jürgen: Die Regelung gentechnisch hergestellter Lebensmittel in der Novel Food Verordnung und im Gentechnikgesetz – Wertungsdifferenzen, Gesetzeslücken und Lösungsmöglichkeiten, in: Streinz (Hrsg.), „Novel Food", 1993, S. 81 ff.

- Die Regelung gentechnisch hergestellter Lebensmittel in der Novel Food Verordnung und im Gentechnikgesetz – Wertungsdifferenzen, Gesetzeslücken und Lösungsmöglichkeiten, in: Streinz (Hrsg.), „Novel Food", 2. Aufl., 1995, S. 85 ff.

Smitherman, Charles W.: World Trade Organization Adjudication of the European Union – United States Dispute over the Moratorium on the Introduction of New Genetically Modified Foods to the European Common Market: A Hypothetical Opinion of the Dispute Panel, Georgia Journal of International and Comparative Law 2002, S. 475 ff.

Souza, Henrique Freire de Oliveira: Genetically Modified Plants: A Need for International Regulation, Annual Survey of International & Comparative Law 2000, S. 129 ff.

Spranger, Tade Matthias: Neue Vorgaben für den Bereich der Novel Foods durch die Verordnungen (EG) Nr. 49/2000 und 50/2000, ZLR 2000, S. 51 ff.

– WTO-rechtliche Probleme der Genehmigungspflicht für neuartige Lebensmittel im Hinblick auf das SPS-Übereinkommen, ZLR 2000, S. 111 ff.

Staffin, Elliot B.: Trade Barrier or Trade Boon? A Critical Evaluation of Environmental Labeling and its Role in the „Greening" of World Trade, Columbia Journal of Environmental Law 1996, S. 205 ff.

Steinberg, Rudolf: Staatliches Risikomanagement im europäischen Anlagenrecht – Generalbericht, in: Riedel (Hrsg.), Risikomanagement im öffentlichen Recht, 1997, S. 17 ff.

Steinhart, Hans/*Biernoth,* G.: Begriff der neuartigen Lebensmittel – Anwendungsfälle, in: Streinz (Hrsg.), Neuartige Lebensmittel, 1999, S. 61 ff.

Steinmann, Arthur/*Strack,* Lutz: Die Verabschiedung des „Biosafety-Protokolls" – Handelsregelung im Umweltgewand?, Natur und Recht 2000, S. 367 ff.

Stewart, Terence P./*Johanson,* David S.: Policy in Flux: The European Union's Laws on Agricultural Biotechnology and their Effects on International Trade, Drake Journal of Agricultural Law 1999, S. 243 ff.

Stökl, Lorenz: Das Verhältnis multilateraler Umweltschutzabkommen zum WTO-Recht, dargestellt am Beispiel des Biosafety Protocol, Aussenwirtschaft 2001, S. 327 ff.

– Der welthandelsrechtliche Gentechnikkonflikt, 2003.

– WTO und Gentechnik: Die Anforderungen des WTO-Rechts für Beschränkungen des Handels mit gentechnisch veränderten Organismen, in: Nettesheim/Sander (Hrsg.): WTO-Recht und Globalisierung, 2003, S. 73 ff.

Stoll, Peter-Tobias: Die WTO: Neue Welthandelsorganisation, neue Welthandelsordnung, ZaöRV (54) 1994, S. 241 ff.

– Freihandel und Verfassung. Einzelstaatliche Gewährleistung und die konstitutionelle Funktion der Welthandelsordnung (GATT/WTO), ZaöRV (57) 1997, S. 83 ff.

– Controlling the Risks of Genetically Modified Organisms: The Cartagena Protocol on Biosafety and the SPS-Agreement, Yearbook of International Environmental Law 1999, S. 82 ff.

Straus, Joseph: Patentierbarkeit biotechnologischer Erfindungen, in: Streinz (Hrsg.), „Novel Food", 2. Aufl., 1995, S. 269 ff.

Streinz, Rudolf: Die Herstellung des Binnenmarktes im Bereich des Lebensmittelrechts – Rechtsangleichung und gegenseitige Anerkennung als ergänzende Instrumente, ZfRV 1991, S. 357 ff.
- Gibt es eine europäische Verkehrsauffassung, ZLR 1991, S. 243 ff.
- Entwicklung und Stand der Herstellung des Binnenmarktes im Bereich des Lebensmittelrechts, ZLR 1992, S. 233 ff.
- Das Prinzip der gegenseitigen Anerkennung und seine Auswirkungen auf die nationalen Lebensmittelrechte, ZLR 1993, S. 31 ff.
- Deutsches und Europäisches Lebensmittelrecht, WiVerw 1993, S. 1 ff.
- Gesundheitsschutz und Verbraucherinformation im Lebensmittelrecht der Europäischen Gemeinschaft, in: Damm/Hart (Hrsg.), Rechtliche Regulierung von Gesundheitsrisiken, 1993, S. 151 ff.
- Diverging risk-assessment and labelling, European Food Law Review 1994, S. 155 ff.
- Divergierende Risikoabschätzung und Kennzeichnung, in: Streinz (Hrsg.), „Novel Food", 2. Aufl., 1995, S. 131 ff.
- Novel Food-Verordnung: Gemeinsamer Standpunkt beschlossen, ZLR 1995, S. 720 ff.
- Rechtliche Probleme der Novel Food-Verordnung, ZLR 1995, S. 397 ff.
- Der Stand der europäischen „Novel Food" Diskussion, ZLR 1996, S. 123 ff.
- Werbung für Lebensmittel – Verhältnis Lebensmittel- und Wettbewerbsrecht, GRUR 1996, S. 16 ff.
- Die EG-Verordnung über neuartige Lebensmittel und neuartige Lebensmittelzusätze, EuZW 1997, S. 487 ff.
- Novel Food-Verordnung beschlossen: Europäisches Parlament und Rat billigen Kompromiß des Vermittlungsausschusses, ZLR 1997, S. 99 ff.
- Allgemeine Voraussetzungen und Fragen zur Kennzeichnung von Novel Food, ZLR 1998, S. 53 ff.
- Anwendbarkeit der Novel Food-Verordnung und Definition von Novel Food, ZLR 1998, S. 19 ff.
- The Novel Foods Regulation – A Barrier to Trade in the International Movement of Goods?, European Food Law Review 1998, S. 265 ff.
- The Precautionary Principle in Food Law, ZLR 1998, S. 413 ff.
- Trends und Perspektiven des Europäischen Lebensmittelrechts im Zeichen des „Grünbuchs" und der Mitteilung der EG-Kommission „Gesundheit der Verbraucher und Lebensmittelsicherheit", ZLR 1998, S. 145 ff.
- Die Novel Food-Verordnung – Handelshemmnis im internationalen Warenverkehr?, in: Streinz (Hrsg.), Neuartige Lebensmittel, 1999, S. 239 ff.
- Umwelt- und Verbraucherschutz durch den Einkaufskorb – Möglichkeiten und Grenzen der Kennzeichnung neuartiger Lebensmittel, ZUR 1999, S. 16 ff.

- Europarecht, 2001.
- Die Bedeutung des WTO-Übereinkommens für den Lebensmittelverkehr, UTR 36 (1996), S. 435 ff.
- Vorgaben des Völkerrechts für das deutsche Umweltrecht, UTR 49 (1999), S. 319 ff.
- Kommentierung zu Novel Food, in: Streinz (Hrsg.), Lebensmittelrechtshandbuch, Stand April 2001.
- (Hrsg.): Lebensmittelrechtshandbuch, Stand 2000.

Tappeser, Beatrix: Die Risiken der Gentechnik bei der Lebensmittelherstellung und -verarbeitung, in: Streinz (Hrsg.), „Novel Food", 2. Aufl., 1995, S. 75 ff.

Teel, Julie: Regulating Genetically Modified Products and Processes: An Overview of Approaches, New York University Environmental Law Journal 2000, S. 649 ff.

Teuber, Michael: Gentechnik für Lebensmittel und Zusatzstoffe – Leben mit der Gentechnik, in: Nordrhein-Westfälische Akademie der Wissenschaften (Hrsg.), Vorträge N 446, 2000, S. 7 ff.

Thiele, Dominic: Die neue europäische Kennzeichnungspflicht für genetisch veränderte Lebensmittel auf dem Prüfstand des Welthandelsrechts, EuR 2004, S. 794 ff.

Tietje, Christian: Voluntary Eco-Labelling Programmes and Questions of State Responsibility in the WTO/GATT Legal System, Journal of World Trade 29(5), 1995, S. 123 ff.

- Normative Grundstrukturen der Behandlung nichttarifärer Handelshemmnisse in der GATT/WTO-Rechtsordnung, 1998.

Toussaint, Christiane: Gemeinsamer Standpunkt zur Novel-Food-Verordnung, ZLR 1995, S. 723 ff.

- Kennzeichnungsfragen aus der Sicht der Wirtschaft, ZLR 1998, S. 81 ff.

Trachtman, Joel: Decisions of the Appellate Body of the World Trade Organization, European Journal of International Law 2001, S. 793 ff.

Triebold, Claudius: Rechtliche Grundlagen des Umweltschutzes in GATT und WTO, 1999.

Trute, Hans-Heinrich: Staatliches Risikomanagement im Anlagenrecht – Länderbericht Deutschland, in: Riedel (Hrsg.), Risikomanagement im öffentlichen Recht, 1997, S. 55 ff.

Tünnesen-Harmes, Christian: Risikobewertung im Gentechnikrecht, 2000.

Unnevehr, Laurian/*Hill,* Lowell/*Cunningham,* Carrie: Market Responses to Consumer Demand and Regulatory Change, in: Nelson (Hrsg.), Genetically Modified Organisms in Agriculture, 2001, S. 131 ff.

Verdross, Alfred/*Simma,* Bruno: Universelles Völkerrecht, 3. Aufl., 1984.

Victor, David G.: The Sanitary and Phytosanitary Agreement of the World Trade Organization: An Assessment after Five Years, New York Journal of International Law and Politics 2000, S. 865 ff.

Graf Vitzthum, Wolfgang: Raum und Umwelt im Völkerrecht, in: Graf Vitzthum (Hrsg.), Völkerrecht, 2. Aufl., 2001, S. 379 ff.

Völker, Edmond: The Agreement on Technical Barriers to Trade, in: Bourgeois/Berrod/Fournier (Hrsg.), The Uruguay Round Results, 1997, S. 281 ff.

Wägenbaur, Rolf: Das Vorsorgeprinzip als Leitlinie für das Tätigwerden der Gemeinschaft, EuZW 2000, S. 162 ff.

Wahl, Rainer: Artikel „Erlaubnis", in: Kimminich/von Lersner/Storm (Hrsg.), Handwörterbuch des Umweltrechts, Band I, 2. Aufl., 1994, Sp. 528 ff.

– Risikobewertung und Risikobewältigung im Lebensmittelrecht, ZLR 1998, S. 275 ff.

– Internationalisierung des Staates, in: Bohnert/Gramm/Kindhäuser/Lege/Rinken/ Robbers (Hrsg.), Verfassung – Philosophie – Kirche, Festschrift für Alexander Hollerbach zum 70. Geburtstag, 2001, S. 193 ff.

– Forschungs- und Anwendungskontrolle technischen Fortschritts als Staatsaufgabe? – dargestellt am Beispiel der Gentechnik, UTR 14 (1990), S. 7 ff.

– Der Einzelne in der Welt jenseits des Staates, DER STAAT 40 (2001), S. 45 ff.

– Kommentierung zu § 3 GenTG, in: Landmann/Rohmer (Hrsg.), Umweltrecht, Band III, Stand Okt. 2000.

– Vorbemerkung GenTG, in: Landmann/Rohmer (Hrsg.), Umweltrecht, Band III, Stand Okt. 2001.

Wahl, Rainer/*Appel*, Ivo: Prävention und Vorsorge: Von der Staatsaufgabe zur rechtlichen Ausgestaltung, in: Wahl (Hrsg.), Prävention und Vorsorge, 1995, S. 1 ff.

Wahl, Rainer/*Groß*, Detlef: Die Europäisierung des Genehmigungsrechts am Beispiel der Novel Food-Verordnung, DVBl. 1998, S. 2 ff.

Wahl, Rainer/*Melchinger*, Hansjörg: Das Gentechnikrecht nach der Novellierung, JZ 1994, S. 973 ff.

Walker, Vern R.: Keeping the WTO from Becoming the „World Trans-Science Organization": Scientific Uncertainty, Science Policy, and Factfinding in the Growth Hormones Dispute, Cornell International Law Journal 1998, S. 251 ff.

Weatherill, Stephen/*Beaumont*, Paul: EU Law, 1999.

Weber, Albrecht/*Moos*, Flemming: Rechtswirkungen von WTO-Streitbeilegungen im Gemeinschaftsrecht, EuZW 1999, S. 229 ff.

Weiler, Joseph H. H.: The Constitution of the Common Market Place: Text and Context in the Evolution of the Free Movement of Goods, in: Craig/de Búrca (Hrsg.), The Evolution of Europe, 1999, S. 349 ff.

Werner, Sascha: Das Vorsorgeprinzip – Grundlagen, Maßstäbe und Begrenzungen, UPR 2001, S. 337 ff.

Wetzig, Wolfram: Bedeutung des SPS-Übereinkommens der WTO für das europäische Lebensmittelrecht und umgekehrte Diskriminierung am Beispiel des Hormonverbots, ZLR 2000, S. 11 ff.

– Einfluß der EG und der WTO auf das Lebensmittelrecht, 2000.

Wichard, Johannes Christian: Kommentierung Art. 152 EGV, in: Callies/Ruffert (Hrsg.), Kommentar des Vertrages über die Europäische Union und des Vertrages zur Gründung der Europäischen Gemeinschaft – EUV/EGV –, 1999.

– Kommentierung zu Art. 153 EGV, in: Callies/Ruffert (Hrsg.), Kommentar des Vertrages über die Europäische Union und des Vertrages zur Gründung der Europäischen Gemeinschaft – EUV/EGV –, 1999.

Wiedemann, Peter M.: Experten und Interessenvertreter im Entscheidungsprozeß über Risiken, ZAU (Sonderheft 10) 1999, S. 63 ff.

Wiemer, Frederik: Produktsicherheit und freier Warenverkehr in GATT/WTO, 2000.

Willms, Benno: Kommentierung zu Artikel 129 EGV, in: von der Groeben/Thiesing/ Ehlermann (Hrsg.), Kommentar zum EU-/EG-Vertrag, 1998.

Wirth, David A.: International Decisions: Commentary, American Journal of International Law 2002, S. 438 ff.

Wolf, Rainer: Die Risiken des Risikorechts, in: Bora (Hrsg.), Rechtliches Risikomanagement, 1999, S. 65 ff.

Wolfrum, Rüdiger (Hrsg.): Enforcing Environmental Standards: Economic Mechanisms as Viable Means?, 1996.

Würtenberger, Thomas/*Heckmann,* Dirk/*Riggert,* Rainer: Polizeirecht in Baden-Württemberg, 1999.

Yavitz, Laura: The World Trade Organization Appellate Body Report, European Communities – Measures Affecting Asbestos and Asbestos-Containing Products, Mar. 21, 2001, WT/DS135/AB/R, Minnesota Journal of Global Trade 2002, S. 43 ff.

Yu, Vincente Paolo B.: Compatibility of GMO Import Regulations with WTO Rules, in: Weiss/Jackson (Hrsg.), Reconciling Environment and Trade, 2001, S. 575 ff.

Zedalis, Rex J.: Labelling of Genetically Modified Foods, Journal of World Trade 35(2), 2001, S. 301 ff.

Zipfel, Walter/*Rathke,* Kurt-Dietrich (Hrsg.): Lebensmittelrecht, Band II, Stand Feb. 2000.

– Lebensmittelrecht, Band III, Stand Okt. 2000.

Zonnekeyn, Geert A.: The Status of WTO Law in the EC Legal Order: The Final Curtain?, Journal of World Trade 34(3), 2000, S. 111 ff.

Sachwortverzeichnis

Agrarmassengüter 31, 37, 175
Agrobiotechnologie 20
- Wirtschaftliche Bedeutung 21
Allergiekennzeichnung 113
Allergien 24, 156
Allergiker 124, 157
Antibiotikaresistenzen 25
Antibiotikaresistenzmarker 25
Appellate Body *siehe* WTO
Aromen 146, 170, 194
Auslegung
- harmonische 312
- souveränitätsfreundliche 313
Auswahlfreiheit 68, 73, 74, 79, 85, 133, 140, 161

Berufungsgreminum *siehe* Appellate Body
bulk shipments *siehe* Agrarmassengüter

Cartagena-Protokoll 204, 293, 303, 361, 391, 397
- Advance Informed Agreement 305
- Biosafety Clearing House 305
- Präambel 311
- Verhältnis zum SPS-Übereinkommen 310
Chymosin 151
Codex Alimentarius Kommission 30, 265, 289, 291
Codex-Standards 289

EC-Biotech 394
Eröffnungskontrolle 164
Europäische Kommission 202, 211
Europäischer Rat 134, 213
Europäisches Parlament 132, 136, 212
Extraktionslösungsmittel 146, 170

FAO 289, 361
Freisetzungsrichtlinie *siehe* Richtlinie 2001/18/EG

GATT 224, 226
- Art. XX 227
- Gleichartigkeit 332
- Inländergleichbehandlung 226, 276
- Meistbegünstigungsprinzip 226, 276
- Verhältnis zum SPS-Übereinkommen 234
- Verhältnis zum TBT-Übereinkommen 236
Gefahr *siehe* Risiko
Gefahrstoffrecht 201
Gemeinsamer Markt 80
Gemeinschaftsverpflegung 186
Gentechnik 19
- Gefahren 24
- Lebensmittelproduktion 19
- Verbraucherreaktionen 28
- Vorteile 22
- Wissenschaftliche Erkenntnisse 27
Gentechnik-Kennzeichnung 30
- Systemunterschiede USA/EG 31
- Technische Probleme 37
- Wirtschaftliche Konsequenzen 38
Gesundheitsinformation 114
Gesundheitsschutz 55, 92, 114, 118, 141, 202, 248, 322, 383
- Harmonisierung 56
- Verbotsprinzip 58
Gleichartigkeit
- aims-and-effects-Test 333
- Diskriminierungsverbot 335
- unter Gatt 332
- unter TBT 340

Gleichwertigkeit 134, 138
Golden Rice 21
GVO 144, 161
– Definition 205

IGH 299
Impfstoffe 21
Informationsvermittlung 106

Kann-Enthalten-Kennzeichnung 174, 273, 310, 356, 364
Kaufverhalten 90
Kennzeichnungszweck 115, 390
– Abgrenzung 115
– Indizien 122
– Literaturmeinung 117
– Normzweck 122
– Zuordnungskriterien 119
Komitologieverfahren 207, 216
Kommission 129, 133
Konformitätsvermutung 285
Kontamination 192, 199
Konvention über die Biologische Vielfalt 303
Krankheitsrisiken 254

Langzeitrisiken 27, 264, 298, 316
Lebensmittelkennzeichnung 85, 112, 117
– Doppelfunktionalität 114
– Globalindikatoren 90
– Informationsvermittlung 88
– Verbraucherrezeption 89
– Verkehrsbezeichnung 85
– Zutatenverzeichnis 85, 86, 117, 328
– Zweck siehe Kennzeichnungszweck
Lebensmittelrecht 51
– Cassis de Dijon 53, 81
– Dassonville 80
– Gegenseitige Anerkennung 53
– geschichtliche Entwicklung 51
– Harmonisierung 52, 55
– Keck 83

– Missbrauchsprinzip 58, 110
– Risiko 109
– Vorsorge 109
Lebensmittelrisiken 254
Lebensmittelzusatzstoffe 146, 170
like products siehe Gleichartigkeit
LMO 304
– LMO-FFP 304

MEA siehe Umweltübereinkommen
Moratorium 38, 394

Negativkennzeichnung 47, 177, 273, 355
Novel Food und Feed Verordnung siehe Verordnung (EG) 1829/2003
Novel Food-Verordnung 127
– Anwendungsbereich 143
– Anzeigeverfahren 165
– Entstehungsgeschichte 128
– Ethikkennzeichnung 159
– Gesundheitskennzeichnung 156
– Gleichwertigkeit 150, 151, 165, 183
– GVO-Kennzeichnung 161
– Kann-Enthalten-Kennzeichnung 173
– Kennzeichnung 146
– Kennzeichnungsanforderungen 171
– Reichweite der Kennzeichnung 169
– Ungleichwertigkeit 148, 184
– Zielsetzung 139
– Zulassungsverfahren 164, 168

OECD 293, 361

Panel siehe WTO
Produktkennzeichnung 88, 132, 151
Produktregelungen 323

Register 209
Restrisiko siehe Risiko
Richtlinie 90/220/EWG 201, 209
Richtlinie 2000/13/EG siehe Lebensmittelkennzeichnung

Sachwortverzeichnis

Richtlinie 2001/18/EG 201
- Anmeldungsverfahren 207
- Anwendungsbereich 205
- Entstehungsgeschichte 201
- Entwicklung der Kennzeichnung 209
- Genehmigungsverfahren 206
- Kennzeichnung 214
- Kennzeichnungsausnahmen 215
- Regelungsziele 203
- Risikokennzeichnung 217
- Risikosteuerung 208
- Step-by-step-Verfahren 204
- Umweltverträglichkeitsprüfung 204
- Verbraucherkennzeichnung 217
- Zulassungsverfahren 217
Rio-Erklärung 308
Risiko 93
- Definition 94
- Gefahr 96
- Gefahrenbegriff 94
- hypothetisches 95
- Restrisiko 93
- Risikoabschätzung 121
- spekulatives 95
Risikoinformation 114, 219, 220
Risikosteuerung 98, 218, 298
- EuGH-Rechtsprechung 111
- im Lebensmittelrecht 109
- Kennzeichnung 106
- Kritik 104
- Lebensmittelkennzeichnung 112
- Risikobeschreibung 100
- Risikobewertung 100, 123
- Risikokommunikation 103, 113
- Risikomanagement 101, 113, 164
- Zulassungsverfahren 123, 142
Risikovorsorge 93
- Risikominimierung 95
Rückverfolgbarkeit 204, 212
Rückverfolgbarkeitsverordnung *siehe* Verordnung (EG) 1830/2003

Schädlingsrisiken 254
Schwellenwert 188, 216, 386
Selbstbestimmungsrechts 78
SPS-Übereinkommen 116, 227, 243
- Anwendbare Vorschriften 250
- Anwendung auf die europäischen Kennzeichnungsvorschriften 262, 272, 282, 291
- Anwendungsbereich 243, 395
- Beruhen auf einer Risikobewertung 258
- Beweislastverteilung 251
- Diskriminierung 276, 281
- Einwirkung des Vorsorgeprinzips 298
- Einwirkungen des Völkerrechts 295
- Gleichwertigkeit anderer Schutzmaßnahmen 284
- Handelsbeeinträchtigung 248
- Harmonisierung 285
- Internationale Standards 285
- Minimierung negativer Handelsauswirkungen 269
- Rationales Verhältnis 259
- Risikobewertung 253
- Sanitärer Zweck 245
- Schutzniveau 269, 272, 277
- Verhältnis zu GATT 233
- Verhältnis zum TBT-Übereinkommen 232
- Verschleierte Handelsbeschränkungen 276, 281
- Wissenschaftlichkeit 253
Streitschlichtungsverfahren *siehe* WTO
Subsidiarität 83

Täuschungsschutz 60, 92, 114
- EuGH-Rechtsprechung 63
- Gegenseitige Anerkennung 60, 67, 76, 81
- Harmonisierung 61
- Herkunftslandprinzip 60, 64
- informed choice 68, 74
- Verbraucherinformation 69

– Verbraucherleitbild 63
– Verhältnismäßigkeit 61
TBT-Übereinkommen 116, 227, 322
– Abgrenzung zu GATT 323
– Anwendbarkeit auf die europäischen Kennzeichnungsregeln 327
– Anwendung auf die europäischen Kennzeichnungsvorschriften 341, 351, 361
– Anwendungsbereich 322
– Beweislast 349, 360
– Committee on Technical Barriers to Trade 230
– Diskriminierungsverbot 331
– Einwände 41
– Einwirkungen des Völkerrechts 368
– Gegenseitige Anerkennung 365
– Gleichartigkeit 340, 342
– Harmonisierung 358
– Irreführende Praktiken 352
– Minimierung negativer Handelsauswirkungen 347
– Notifizierung 366
– PPM 324
– Produktregelungen 323
– Technische Vorschriften 366
– Überblick 329
– Verhältnis zu GATT 233
– Verhältnis zum SPS-Übereinkommen 232
TRIPS 49

Übermaßverbot 269
Umweltübereinkommen 310
Umweltverträglichkeitsprüfung *siehe* Richtlinie 2001/18/EG
UNEP 361
Ursprungskennzeichnung 274
Uruguay-Runde 223, 241
USA 192
– FDA 34
– Kennzeichnung 33
– Regelungssystem 32

Verbraucherängste 256
Verbraucherforschung 89
Verbraucherinformation 69, 114, 117, 141, 147, 156, 162, 196, 248, 322, 352, 383
– Bedeutungswandel 79
– Binnenmarktpolitische Bedeutung 75
– Entwicklung 67
– Sozialpolitische Bedeutung 77
– Wettbewerbssichernde Bedeutung 77
Verbraucherleitbild *siehe* Täuschungsschutz
Verfahrenskennzeichnung 88, 132, 137, 385, 391
Verfahrensregelungen 323, 340
Verordnung (EG) 49/2000 186
– Anwendungsbereich 186
– Kennzeichnung 187
– Regelungsziele 186
Verordnung (EG) 50/2000 194
– Anwendungsbereich 194
– Gleichwertigkeit 197
– Kennzeichnung 197
– Regelungsziele 194
Verordnung (EG) 1139/98 172, 179
– Anwendungsbereich 181
– Entstehungsgeschichte 179
– Kennzeichnung 182
– Regelungsziele 179
Verordnung (EG) 1813/97 180
Verordnung (EG) 1829/2003 382
– WTO-Konflikte 389
– Zulassungsverfahren 386
Verordnung (EG) 1830/2003 386
– WTO-Konflikte 389
Verordnung über gentechnisch veränderte Lebens- und Futtermittel *siehe* Verordnung (EG) 1829/2003
Völkerrecht 295
– Gewohnheitsrecht 299, 312
Vorsorge *siehe* Risikovorsorge
Vorsorgeprinzip 97, 99, 101, 110, 122, 203, 206, 295, 383, 391, 396

Sachwortverzeichnis

- Einwirkung auf das SPS-Übereinkommen 298

Wahlfreiheit *siehe* Auswahlfreiheit
Weißbuch 128
Wettbewerb 336
Wettbewerbspolitik 77
WHO 289
Wiener Vertragsrechtskonvention 296, 311, 326
Wirtschafts- und Sozialausschuss 131, 212
WTO 40, 115, 223
- Appellate Body 225
- Dispute Settlement Understanding 224
- Panel 225
- Streitforum 40
- Überblick 223
- Unmittelbare Anwendbarkeit 241
- WTO-Übereinkommen 224
WTO-Verfahren 229
- Folgen 239
- Politische Hintergründe 229

Zusatzstoffe 194
Zutat 86
Zutatenverzeichnis 157, *siehe* Lebensmittelkennzeichnung
Zweck *siehe* Kennzeichnungszweck